KB137776

인간의 글쓰기

혹은

글쓰기 너머의 인간

김영민 지음

글항아리

1. 이 책은 지난 20여 년 사이에 이뤄진 글쓰기의 고민과 모색, 비판과 실험의 결과를 한데 모은 것입니다. 글쓰기의 경우 누구에게나 그런 면이 있겠지만 특히 내게는 사적인 연원이 두터운데, 내 인생에도 실존주의가 있었다면 그것은 무엇보다 '글쓰기의 실존주의'와 겹칠 것이기 때문입니다. 아도르노의 경우와는 조금 다르긴 하지만, 흑연심을 입으로 빨던 어린 날부터 글쓰기는 이미 '내 정신의 거처'였습니다. 말하자면 '정신의 장소화'로서의 글쓰기 체험은 가령 조지 오웰류의 글쓰기론이나 그런 식의 분류를 천박하게 여기도록 종용하기도 했지요. 돌이켜보면 나는 '글을 쓰지 않고 넘긴 날이 없을nulla dies sine linea' 정도였는데, 그러니까 여기에 모은 글들은 그저 글모음이 아니라 글이 된 날들이 다시 메타성을 얻으면서 그 흔적으로 자신을 드러낸 셈이지요.

2. 달리 생각해보자면, 각자의 삶에 성실하고 철저한 채로 글을 남기지 않은 현성賢聖들이 있듯이, 좋은 삶에 글쓰기가 필수불가결한 행위도 아니며, 넓은 뜻의 공부나 수행에서 반드시 뺄 수 없는

것도 아닙니다. 나는 긴 세월 '글로써 공부하고 글 쓰면서 공부하는' 형식을 택했고 또 그러한 실천을 옹호해오긴 했습니다. 그러나 글은 인간과 세상을 대하는 하나의 (중요한) 매체일 뿐이며, '쓸모 있는 사람이 되어 이웃을 돕고 한세상 뜻있게 살아가는 데'에 꼭 필요한 것은 아니지요. 이 판단은, 글쓰기에 흔히 개입하곤 하는 허영과 퇴폐와 과장과 나르시시즘 등속의 폐해를 말하려는 게 아닙니다. 인간의 존재와 삶에서 글(쓰기)은 무엇일까, 라는 좀더 근본적인 물음을 제기할 필요가 있다는 것입니다. 요컨대 신神과 여타의 짐승은 글을 남기지 않고 그 사이존재Zwischen-sein인 인간만이 글쓰기에 집착하고 있다면, 글쓰기 역시 인간이라는 명암에 지펴 있는 활동이겠지요. 그런 뜻에서 나는 글(쓰기)을, 그것이 제아무리 탁월하고 심오한 생산물이라도, 결핍과 원망願望의 층을 깔고 있다고 여깁니다. 이 이치는 이미 정신분석학 등에서 잘 해명해준 것처럼 욕망désir이나 선물의 메커니즘과 닮아 있기도 합니다.

3. 비슷한 취지를 조금 더 이어가자면, 엄밀히 말해 글쓰기는 자유와 행복과 구원의 표지라기보다는 그 역逆에 가까운 게 사실입니다. 과장과 표절과 말 끌기와 혼성모방의 붕어빵이 번식하는 아카데미아의 이야기는 잠시 치지도외합니다. 요컨대 글쓰기는, 혹은 최소한 그 동력은 그 어떤 경우에도 삶의 결핍과 실착과 어리석음과 연루되어 있습니다. 나 역시 '어긋나는 인생儘ならぬ世'을 주제로 여러 글을 쓴 적도 있는데, 글쓰기는 바로 이 어긋나는 틈에서 기생하는 법입니다. 이미 다른 책에서 상설했지만, '글쓰기 없는

삶'에 관한 현성賢聖의 이치가 간접적이나마 이를 적시합니다. 나는 그 누구나의 경우처럼 내 실존의 거처—'슬픔은 말로 옮겨 이야기를 만들면 견딜 수 있다'(카렌 블릭센)는 식으로—로서 글쓰기를 시작했고, 한때 문청文靑이기도 했으며, '글쓰기에 있어서의 탈식민성' 문제를 제기하면서 이후 꽤 긴 세월 글쓰기의 철학에 골몰하기도 했습니다.

이 문제에 관한 근년의 내 생각이나 그 변화는 한나 아렌트도 언질한 바 있는 '무기록의 삶'에 관한 성찰과 관련됩니다. (이 성찰의 일단은 2017년에 상재한 『집중과 영혼』에 상설되어 있습니다.) 아렌트는 (가령) '소크라테스의 무기록은 중요한데 (…) 사상가는 기록하는 순간 영원성을 버리고 자기 흔적痕迹을 남기는 데 치중'하기 때문이라고 말합니다. 다시 그의 말로 고쳐 표현하자면, '살아 있는 정신이 죽은 글자로' 대체되기 때문이라는 것이지요. 나는 지난 수십 년간 쉼 없이 글을 써왔고, 그 와중에 글쓰기의 철학적-인문학적 함의를 탐색해왔지만, 글쓰기 실천의 적지 않은 기능과 가치에도 불구하고 결국 글은, 혹은 글쓰기는 삶의 결핍과 어긋남을 드러내는 표식일 수밖에 없다는 결론에 도달하게 되었던 것입니다. 내가 언젠가 어느 글에서 '글이 좋은 사람보다는 말이 좋은 사람이 되고, 말이 좋은 사람보다는 생활이 좋은 사람이 되라'라는 문장을 남긴 것이 바로 이런 취지를 품고 있습니다. 거꾸로 말하자면, 우리는, 혹은 최소한 나는 생활에서 결핍된 것을, 혹은 말에서 결핍된 것을 글 속에서 부활시키고 있는 셈이지요.

4. 하지만 인간의 정신이 언어성Sprachlichkeit을 통해 이차 의식을 틔웠듯이, 인간의 문화와 공부도 언어를 매체로 삼아 여타의 동물들이 상상할 수 없을 정도의 성취를 이룬 게 사실입니다. 인간을 일러 '언어적 동물homo linguisticus', 서사구성적 존재 혹은 '상징적 존재homo symbolicus'(에른스트 카시러)라거나, 이윽고 인간을 '언어의 목자Hirt der Sprache'(하이데거)라고 부르는 것은 결코 예사 노릇이 아니지요. '이언의언離言依言'(휴정休靜, 1520~1604)이라는 말처럼, 인간이라면 말의 틀에서 벗어나려는 초월적 움직임이 있는 게 당연하지만, 언어성과 돌이킬 수 없이 연루된 인간이라는 정신의 특이성을 살피자면 또한 말에 의지하지 않을 도리가 없는 것도 사실입니다. 제럴드 에덜먼은 "성숙한 뇌는 주로 자기 자신에게 말한다the mature brain speaks mainly to itself"면서 이 사실을 뇌과학적으로 방증하고, 수전 블랙모어는 밈 경합meme-emulation의 차원에서 인간이라는 기이한 말꾸러기를 매우 흥미롭게 설명한 바 있지요. 이렇게 보자면 '지자불언知者不言'(노자)의 차원마저 은근히 의심하지 않을 수 없어 보입니다.

5. 물론 글은 말이 아닙니다. 둘의 기원은 진화사적으로도 구별되며 뇌 기능적으로도 뚜렷이 변별되는 영역과 메커니즘을 확보하고 있습니다. 그러나 장구한 문명문화사는 그 모방과 경합과 창의를 매개로 인류의 정신계를 뒤덮게 된 글(들)의 다양한 분화와 정교한 구성을 통해서, 다른 한편 언문일치言文一致의 제도적 근대화를 통해서 말을 글의 코드에 접합시키는 데 대체로 성공해왔습니

인간의 글쓰기, 혹은 글쓰기 너머의 인간

다. 특히 소설과 신문이 일상화되는 시대를 지나오면서 인간의 말과 글은 거의 통합되다시피 했고, 이로써 글의 정신문화적 중요성은 보편성을 획득하게 되었지요. 물론 눈부신 신매체들이 기승을 부리는 사이 이른바 구텐베르크 혁명의 후과는 어느덧 그 효용을 다해간다는 의심의 기운들도 적지 않아 보이긴 합니다. 그러나 촘스키의 낡은 주장이 아니더라도 인간의 말-글은 이미 유전적으로 각인되어 있으며, 하이데거나 에덜먼의 말처럼 인간의 존재와 의식은 언어성과 뗄 수 없이 습합되어 있습니다. 인간의 활동이 돌이킬 수 없이 매개적일 수밖에 없도록 중층나선화重層螺線化된 현실 속에서 인간이 만든 도구 가운데 가장 유연하고 정치한 매개인 말-글의 역할과 가치는 쉽게 사위지 않을 것입니다.

6. 이 책의 초반부를 이루고 있는 원고는 『탈식민성과 우리 인문학의 글쓰기』(1996, 이하 『탈식민성』)입니다. 내가 미국 유학을 마치자마자 서울의 한 대학에 초청받아 취업한(1990) 이후 이미 여러 권의 책을 상재했지만, 실제로 학계와 독서 대중에게 알려진 계기는 바로 이 책이었지요. 당시의 내 학문적 관심은 이미(!) "인식과 해석을 넘어 성숙과 해방의 지경을 개척하는 것"[1]으로 옮아가고 있었습니다. 조금 다르게 표현해서, "내 학문의 축이 '정확히 아는 것'에서 '깊이 걷는 것', 혹은 '잘 사는 것'으로 옮아가고" 있다고도 언질한 바 있습니다. 이제야 되돌려 헤아리면, 채 마흔에 이르지 못한 당시의 나로서는 얼마간의 경조輕燥나 욕속慾速에 먹힌 느낌이 없지 않지만, 그 누구에게나 그 나이만큼의 절박함을 피할 수

없겠고, 내 이름자敏처럼 '때를 좇아 애쓰는 것時敏時逐'을 어쩔 수 있었겠습니까. 이것마저 '어진 선생을 얻지 못해 헛힘을 쏟은不得賢師旺費工夫'(서화담) 꼴이라고 자인, 자책할 수밖에 없겠습니다. 아무튼 '인식에서 성숙으로'라는 글귀가 40대 초반의 내 주요한 관심이었다는 사실도 이로써 쉽게 염출할 수 있습니다.

『탈식민성』은 겉보기에 글쓰기 문제에 천착하고 있습니다. 그러나 그 저변에는 "앎의 권리 원천이 오직 삶의 터와 역사 속에 있다"는 좀더 일반적인 주장이 흐르고 있었습니다.

이는 이른바 앎과 삶의 통풍을 가능케 하는 학문적 실천을 통해 새로운 인문학의 복원과 그 일리지평一理地坪을 제시하려는 당시의 의욕과 젊게, 그러나 낡게 결부되어 있었습니다. 낡았다는 진단은, 가령 거의 100년 전에 육당六堂과 그 후예들이 온몸으로 외쳐온 '정신과 사상과 학술의 독립'에 다름 아니기 때문입니다. "정신부터 독립할 것이다. 사상으로 독립할 것이다. 학술에 독립할 것이다. 특별히 자기를 지키는 정신, 자기를 발휘하는 사상, 자기를 구명하는 학술상으로 적대한 자주, 완전한 독립을 실현할 것이다. 조선인의 손으로 조선학을 세울 것이다."[2] 나는 이 같은 정신에 동의하고 이러한 과업에 참여하기로 결심한, 멀고 미미한 후학의 한 사람으로서 이를 위해 우선 '(인문학적) 탈식민성'을 선결 과제로서 절실하게 맞아들였고, 이 과제를 특히 내가 장기간 관심을 지니며 실천해온 글쓰기의 매개를 통해 구체화하게 된 것이지요. 이미 탈식민성 문제가 "종속적 대외 관계에 국한되지 않고 (…) 정작 중요한 것은 오히려 이미 그 종속성이 우리 자신의 삶과 앎을 서로 소외시

　　　인간의 글쓰기, 혹은 글쓰기 너머의 인간

키고, 속으로부터 우리 정신을 피폐하게 만드는 내면의 문제로 체화되어 있다는 사실"을 뼈저리게 통감했던 것입니다. 당시의 나는 부족한 견식과 일천한 경력에도 불구하고 정신적 강점強占의 상태로 세貰낸 집 속에서는 더 이상 살아갈 수 없노라고, 내 생각과 글로써 나 자신의 정신이 독립할 거처를 새롭게 짓겠노라고, 장판교의 장비라도 된 듯 외친 것이지요. "이미 우리는 남의 생각과 남의 집 속에서 너무나 '편하게' 살고 있다. 눈을 씻고 찾아보라. 책의 안팎에, 교실의 안팎에, 대체 우리의 것, 우리 역사의 터를 거쳐서 법고창신法固暢新과 온고지신溫故之新의 바람을 맞으면서 키워온 것이 무엇인가. 무엇이 남아 있는가." 이미 근대화 그 자체의 역사구조적 잔핍殘乏과 왜곡에 의해서 이 나라 전체가 법고창신을 말아먹었을 때, 학인 개인의 실천으로 할 수 있는 일을 찾고자 한 것입니다.

7. 이 책의 중반부는 『탈식민성』이 출간된 지 2년 후에 상재한 『손가락으로, 손가락에서: 글쓰기와 철학』(1998, 이하 『손가락』)입니다. 이 글은 그 부제가 잘 압축하고 있듯이, 철학/인문학의 글쓰기로부터 방향과 관심을 내려앉혀 '글쓰기의 철학'을 주제로 삼아 쓴 것들입니다. 이 문제의식은 오래전부터 이어져오던 것으로서 이미 『탈식민성』 서문에서 다음과 같이 정리해놓은 바 있습니다. "소위 '글쓰기 철학'은 최근 수년간 주력하고 있는 내 학문의 중요한 한 갈래다. 더 이상 언어를 단순한 도구나 기호로 여기지 않듯이 글쓰기는 더 이상 의미와 진리로 통하는 터널이 아니다. 터널은 '빈 것'이지만 글쓰기는 꽉 찬 것이기 때문이며, 철학의 매개 혹은 그 결

과가 글쓰기가 아니라, 글쓰기 그 자체가 가장 심각하고 심오한 철학적 지경 그리고 성숙과 해방의 지평을 열어놓고 있기 때문이다." 『탈식민성』에서는 좀더 긴급한 의제에 적극적으로 임하느라 본격적인 글쓰기 철학에 개입하지는 않았으며, 이러한 관심은 『손가락』에서부터 전면적으로 심화된 주제입니다. (아울러 지적해두면, 굳이 '손가락'을 말한 것은, 여기서 상설할 주제는 아니지만 훗날 『공부론』이나 『집중과 영혼』 등에서 다양하게 천착한 바 있는 '3의 공부'나 '알면서 모른 체하기' 등의 개념과 관련해서 그 함의를 살펴볼 수 있습니다.)

탈식민성이라는 현실 타개의 글쓰기로부터 글쓰기에 대한 철학적 분석으로 주제 전환이 이뤄지는 사이에 중요한 매개 노릇을 한 게 바로 '복잡성', 혹은 '복잡성의 철학'과 함께 '일리—理의 해석학'이라는 개념입니다. 여기서 자세히 해설할 노릇은 아니지만, 그 취지만을 살피자면, 우리 학문의 대외적 종속성이 우리 자신의 삶과 앎을 서로 소외시키고 속으로부터 피폐하게 만들고 있다는 진단 아래, "우선 우리 삶의 현실을 제대로 보자는 배려이며, 그 복잡한 현실을 우리의 언어와 스타일로 일리 있게 읽어내자는 줏대"를 개인의 학문적 실천 속에서 다양하게 구체화하려는 것이었습니다. 우리 삶의 일상에 박진해서 제대로 웅하는 일로부터 우리 학문의 주체성과 자생력을 회복시킬 수 있을 것이기 때문이고, 이는 그 현실의 복잡성, 그리고 그 복잡성의 해석에 터한 실팍한 일리들을 간추려내는 노력에 의해서 결절結節할 것이기 때문이었습니다. 이것은, 역사적 고민을 계승하지도 않고 실존적 무게의 책임도 없이 이식된 "진리의 빈 궁궐 그리고 무리의 가건물을 빠져나와 다양한 일리로 뒤엉킨 삶의 모습을 솔직하고 세세하게 파악하며 그 이치의 길을 좇아가면서 성숙과 변혁의 가능성을 모색하는 것, 바로 이것이 내가 동참할 학문의 길이요, 우리 인문학의 길 없는 길이 될 것"이라고 믿었기 때문이지요. 이는 아카데미아 중심으로 진행돼온 우리 학문의 제도적 내면만이 아니라 우리의 근대화 일반을 통해 캐면 캘수록 넓고 아프게 만날 수밖에 없으면서도 줄곧 은폐된 곳을 일컫습니다. 우리 땅과 그 역사에 진솔하게 박진해서 내 삶과 내 정신으로 학문의 경위와 안팎을 구성해내려는 학인이라면 누구라도 이 은폐된 비밀의 지역[3]을 통과하지 않을 도리가 없습니다. 나라가 통으로 실패한 자리에서 개인들은 자신만의 방식과 스타일로, 자신의 관심과 문제의식으로 우리 학문의 법고창신과 입고출신入古出新에 나서야 하게 된 것입니다. 다소 지나친 사례이긴 하지만 벽초 홍명희는 『소설 임꺽정』을 쓴 이유를 밝히는 자리에서, "조선 문학이라 하면 예전 것은 거지반 중국 문학의 영향을 많이 받아서 사건이나 담기어진 정조들이 우리와 유리된 점이 많았고, 그리고 최근의 문학은 또 구미 문학의 영향을 많이 받아 양취洋臭가 있는 터"[4]라고 하면서, "사건이나 인물이나 묘사로나 정조로나 모두 남에게서 옷 한 벌 빌려 입지 않고 순純 조선 정조에 일관된 작품"을 쓰고자 했다고 했습니다.

8. 『손가락』은 『탈식민성』과는 달리 말 그대로 손가락을 움직이면서 글 쓰는 개인과 그의 세계를, 그리고 그 세계의 철학적·인간학적 함의를 탐색하게 됩니다. 앞에서 역사와 제도의 문제를 아프

게 건드렸다면 뒤에서는 개인과 실존의 문제를 절실히 파들어가고자 했습니다. "손가락에 스며드는 나와 세상의 만남과 그 대화에 유의하려는 것"이라고 간결하게 압축하기도 했지만, 이 작업은 내 학문이 삶과 앎의 통합으로 나아가려는 길목에서 거치게 되는, 아니 반드시 거쳐야만 하는 다양한 불이不二의 체험 중 기초적인 하나일 뿐입니다. 다른 글들에서 다양한 소재를 통해 상설하기도 했듯이, 불이의 체험은 인간이라는 독특한 정신적인 존재를 매개로 벌어지는 갖은 공부와 수행 과정이 스스로의 본질을 증명하면서 합류하는 지점입니다. 명상과 호흡이라거나 장인과 달인의 연성練成, 무의식이라거나 심지어 외상성 반응traumatic reactions이라거나 각종 예조豫兆(前触れ) 현상 등등, 몸과 마음이 융통하면서 엮어내는 불이의 자리는 실로 여럿이지만, 여기서는 특별히 글쓰기가 이뤄지는 현장인 손가락에 주목한 것입니다. 그 취의의 요지로서 "머리를 맴도는 관념의 계몽을 넘어서려는 자라면 '손가락으로' 내려갈 법하고, '손가락에서' 벌어지는 일들에 조그만 희망을 가질 법하다"고 압축한 바 있지요. 당시의 나로서는 이 손가락의 자리에서부터 "우리 철학과 인문학의 자생력을 엿보는 창구"라는 '좁은 문狹智'을 열어내고자 애쓰는 일이 시급했던 것입니다.

9. 이어지는 세 편의 글(「글쓰기의 묵시록: 총체와 비약」 「글쓰기의 징후, 혹은 징조의 글쓰기」 「미안하다, 비평은 논문이 아니다」)은 그 이후에 이런저런 계기로 쓴 것이며, 그간 지속해왔던 글쓰기 철학의 관심에서 연계되고 추가된 것입니다. 「글쓰기의 징후, 혹은 징조의

글쓰기」는 『탈식민성』과 『손가락』이 출간되고 글쓰기 문제가 학계의 의제로 널리 논의되는 가운데 특히 내 생각이나 주장과 관련되어 제기된 이슈들에 대해서 나 자신이 개입한 자리를 밝히려는 의도로 쓰인 것입니다. 그중에는 당시 학계 일각에서 화제가 된 이른바 '표현인문학' 논쟁에 대한 나 자신의 개입, 혹은 비판이 담겼고, 이는 글쓰기에 대한 내 지론이 공세적으로 성글어지는 중에도 한편 전형화하는 모습을 엿볼 수 있는 대목이기도 합니다. 「글쓰기의 묵시록」은 역시 글의 제목처럼 글쓰기의 미래에 관한 철학적 전망을 다룬 소고小考로서, 특히 전자매체적 기술과 문화의 급속한 변동에 조응할 수밖에 없는 글쓰기의 운명을 살피되, 그 매체론적, 형이상학적 혹은 신학적 분석과 평가를 내놓습니다. 마지막 글인 「미안하다, 비평은…」은 특별히 이 작업 이후의 생각과 저작 속에서 자못 중요한 역할을 하게 될 '비평' 개념의 내력을 살피기에 좋은 참조점이 됩니다. 비평을 형식적으로는 논문과, 내용상으로는 이론과 달리 배치함으로써 "비평의 싸움은 무엇보다 '자기-생각'과의 결별을 실행하는 실존적 도약의 실천"이며, "앎을 삶 속에서 벼리고 담금질하는 방식"으로 읽어냅니다. 이로써 이후 『동무론』(3부작) 등에서 구체화하는 인문 공동체적 실천의 개념적 밑돌이 구성되는 셈이지요.

10. 나는 긴 세월 글을 통해서, 글쓰기로써, 그리고 글과 함께 공부길을 걸어왔습니다. 하루 몇 시간은 변함없이 책을 읽고 몇 시간은 역시 변함없이 글을 쓰는 중에 어느새 상유桑楡에 노을의 붉은

빛이 짙어가는 자리에까지 이르게 되었지요. 글쓰기는 내 정신의 거처였고, 내 일상의 노동이었으며, 내 성숙의 묘판苗板이었고, 내 초월의 실험장이었습니다. 실로, 긴 세월 글쓰기 없는 내 생활은 상상할 수 없었지요. 마치 그 발톱으로 짐승을 알아채듯이 어느새 독자들은 글로써 나를 알아내게 되었고, 더불어 갖은 평판에 노출되기도 했습니다. 그 와중에 필자로서 얻을 수 있는 무상의 상찬이 그야말로 원 없이 베풀어지기도 했습니다. 말글처럼 정교한 매체가 없기에 글쓰기도 그 필자의 정신세계를 비교적 적확하게 드러내는데, 내가 글쓰기의 수행遂行, 修行을 거치면서 얻게 된 사연은 역시 결국은 내 정신세계의 내력을 알리고 우리 시대의 주류와 버성겨 온 지표일 것입니다.

나는 글과 함께 성장했고, 글로써 입신했으며, 글로써 내 길을 찾아왔고, 마침내 공부길의 긴 도정에서 글쓰기를 넘어서는 자리를 말하게 되었습니다. '쓰지 않으면 죽겠는지'를 말하던 릴케를 지나고 '어떤 상황에서나 처음이자 마지막 수단으로 글에 의지하곤 했'던 트로츠키를 경유했으며, '입을 벌리면 글詩이 콸콸 쏟아진다'는 어떤 아이[5]를 통과해서 이윽고, 글들이 무너지고 부서져서 생활의 하아얀 점 속으로 사라지는 이야기를 할 수 있게 되었습니다. 내 최초의 글쓰기에 대한 기억은 시詩-쓰기였습니다. 그리고 어느새 공자께서 '시를 배우지 않으면 말조차 못 한다不學詩無以言'는 자리의 한 끄트머리를 엿보게 되었습니다. 이 책은 그 과정과 변화의 기록입니다. 그리고 이 변화의 기운은 내 공부의 미래를 암시하는 묘맥이 될 수 있을 듯합니다.

끝으로 서투른 인사치레 한마디를 처음으로 챙깁니다. 글항아리의 이은혜씨가 오랜 세월 좋은 인연을 맺어 늘 군말 없이 책을 출간해주었습니다. 이 합본-증간본의 원고도 이 편집장의 관심과 호의 속에서 새 옷을 입고 외출할 수 있었으니, 각별히 감사의 뜻을 전합니다.

밀양의 동암東庵에서 필자

차례

1부

기지촌의 지식인:

탈식민성과 글쓰기

1. 논문중심주의와 우리 인문학의 글쓰기

논문을 쓰는 것은 학문을 업으로 삼는 이들에게는 무척 친숙한 행위다. 사실 그들에게 논문이란 종종 남편만큼 다루기 힘들지만, 동시에 바로 그 남편만큼 친근한 삶의 반려자이기도 하다. 그러므로 곱든 밉든 함께 뒹굴어야 하는 운명은 학자와 논문의 관계에서도 마찬가지다.

논문이란 그저 글쓰기의 여러 형태 가운데 하나에 지나지 않으며, 궁극적으로는 학인學人들이 자율적으로 취사할 수 있는 선택 행위에 불과한데도, 논문에 목이 매여 일생을 질질 끌려다니면서 가끔씩 그 목에 힘이나 주는 것으로 체면을 유지하는 우리, '우리'의 정체는 대체 무엇일까? 특권인 양, 혹은 형벌인 양 꾸역꾸역 논문을 쓰면서 근근이 자신의 정체를 인정받는 소위 '학자'들은 대체 누구일까?

이는 결국 이 글의 핵을 건드리게 될 문제지만, 아직은 그 물음조차 명료하지 않다. 아니, 단답은커녕 제기된 의문의 뜻과 그 문제성을 분명히 밝히는 것만으로 만족해야 하는 경우가 적지 않은 인문학에서 어쩌면 이런 글머리에 너무 많은 것을 요구할 필요는 없을 것이다. '학자'나 '논문' 같은 용어도 그저 대다수 언중의 일상적 용례에 준하여 이해하면 글의 전개를 좇는 데에는 별 무리가 없으니, 정의를 합네 하면서 어쭙잖게 기하학적 엄밀성을 흉내 낼 필요는 없을 것으로 본다. 굳이 변별하자면 우리가 주로 노는 곳은, 파스칼의 표현을 빌리면, 섬세의 정신esprit de finesse이니까.

자신을 학자로 이해하고 또 그렇게 인정받기를 원하는 이들은, 원하든 원치 않든 논문이라는 특정한 글쓰기 형태를 현실적으로 피할 수 없고, 글의 양과 질에 관계없이 원칙적으로 논문은 그의 정신적 삶을 집약적으로 대변한다고 여겨진다. 경험의 내용과 밀도가 사람마다 다르고 의사 전달 방식이나 그 층위도 다양한 만큼, 글쓰기의 형태도 각 경우에 따라 자유롭게 선택되어야 한다는 지적은 극히 평범한 상식이고, 또 학술 논문처럼 직절直截한 형식을 갖춘 글쓰기 외에도 다른 형태가 얼마든지 가능하다는 사실은 동서양의 지성사가 넉넉히 입증하는 바와 같다.

그러나 우리 학계의 사정은 사뭇 다르다고 할 수밖에 없다. 결론부터 밝히자면, 우리가 쓰고 있는 논문은 다른 여러 형태의 글과 공정한 경쟁관계에 있지 않다. 이미 우리에게 하나의 강박으로 군림하고 있는 논문은, 글을 쓰는 학자의 삶과 경험 그리고 표현하고 전달하려는 대상의 성격과 층위에 따라서 주체적이고 탄력성 있게 '선택'되는 것이 아니다. 만일, 가령 (드문 일이 아니듯이) 시를 쓰는 사람이 가끔 시론을 쓰는 것은 '주체적이고 탄력성 있는 선택'의 행위라고 반박한다면, 낮 노동을 끝낸 어느 유대인 피수용자가 (영화 「소피의 선택」에서처럼) 주린 배를 다스리며 아우슈비츠의 독일 경비병들을 위해 바이올린을 연주하는 것 역시 '주체적이고 탄력성 있는' 선택의 사례가 되는지를 물어야 할 것이다. 선택항이 여럿이라고 해서 선택이 반드시 그 이름값을 하는 주체적이고 탄력성 있는 행위가 되는 것은 아니다. 이는 후보의 숫자만으로 선거의 공명성을 판별할 수 없는 것과 같은 이치다. 따라서 논문을 쓰기로 선택했더라도 그 선택의 자율성과 주체성은 그 행위에 직간접적으로 영향을 미치고 있는 제반 (넓은 의미에서) '역학'을 근거로 판정될 일이지, 그간 행했던 선택의 종류와 그 횟수가 결정권을 쥐고 있는 문제는 아니다. 논문이 학계의 글쓰기 시장에서 공정거래법을 어기고 독과점을 자행해왔으며, 급기야 문약한 여러 학인의 머리 위에 강박으로 군림하는 지경에 이르렀다는 내 판단은, 한 편의 논문이 쓰이는 구체적인 과정과 그 전후 사정에는 뭔가 잘못되고 떳떳하지 못한 구석이 적지 않다는 혐의로 소급된다. (물론 이 혐의를 해명하는 것이 이 글의 기본적 의도이며, 이는 이를테면 '논문의 정치학'과 '논문의 심리학'을 한데 버무린 모양을 띠게 될 것이다.)

한 편의 논문을 쓰는 일은 학자 개인의 의도와 결심만으로 이뤄지지 않는다. 정치와 심리가 어떤 식으로든 역학적으로 운용될 수밖에 없는 것처럼, 굳이 '텍스트의 역사성the historicity of texts' 등의 개념을 빌리지 않더라도 논문의 안은 그 바깥의 여러 기운으로부터 자유로울 수 없다. 그러므로 논문 작성 과정에 혐의를 둔다는 말을 일종의 도덕적인 비난으로 읽어서는 곤란하다. 이미 시사한 바와 같이 이 명제를 따져가는 논의의 층위는 넓은 의미의 역학이며, 또한 논문을 매개로 학자의 '양심'을 평가하는 태도는 사람

됨을 매개로 그의 주장을 공박하는 인신공격의 오류argumentum ad hominem와 크게 다를 바 없기 때문이다.

논문 작성을 곱지 못한 시선으로 보게 만드는 것은 오히려 논문의 '독재성'에서 찾아야 한다. 논문 작성 과정에 끼어든 '혐의'라는 말도, 학자들 자신이 이 논문의 독재에 짓눌려 사는 일차적 피해자일 뿐 아니라 동시에 공범이기 때문에 가능한 것이다. 이 같은 문맥에 따라 고쳐 말하자면, 다소 거창하지만 '논문의 독재와 그 폐해로부터 학자들을 해방시키는 계기를 찾는 것'이 이 작은 글의 취지가 될 것이다. 학자들을 그 신민臣民으로 두고 논문이 독재자로서 군림한다는 생각은 단순한 수사나 비유가 아니다.

우선 논문이 학자들의 생존 수단인 점에 주목해야 한다. 지금의 우리에게 논문 쓰기는 메뉴에 등장하는 선택항 중 하나가 아니다. 자신에게 '학자'라는, 애매하고 위협적인 이름이 계속 붙어다니기를 원하는 이들은 논문 쓰기를 '선택'하는 것이 아니다. 철학과는 내가 선택해 들어갔지만, 플라톤·아우구스티누스·뉴턴·칸트·헤겔·비트겐슈타인·하버마스·데리다·로티 따위는 내가 선택한 이름이 아니듯이, 내 생각을 담아내는 논문이라는 그릇도 사실은 내가 선택한 것이 아니다. 잘라 말해서 그것은 서구 정신문화의 정화精華로서 수입된 상품이며, 이 땅이 서구 문화의 중계상商 노릇을 멈추지 않는 한 그 상품은 학계라는 시장을 계속 독식할 것이다. 어느 날 '멋모르고' 미국 쌀을 사 먹게 될 것처럼, 대학 신입생일 때 숙제한답시고 '멋모르고' 논문을 쓰기 시작한 이래 나는 논문이라는 글쓰기 형식에 대해 단 한 차례의 진지한 반성도 없이 지금까지 줄기차게 논문을 쓰는 중이다. 그리스어인 하이레시스ₕₐᵢᵣₑₛᵢₛ(선택하다)로부터 이단ₕₑᵣₑₛy이 파생한 것처럼, 글쓰기의 형식에 관한 한 '선택'을 욕심 내는 것은 이 땅에서는 아직도 이단이다. '학문성'을 보장한다는 명목 아래, 경쟁이 필요 없는 전권을 쥔 논문은 이래저래 주눅든 학인들 위에 독재자로 군림하는 것이다. 말썽 많은 '표현의 자유'는 그 내용에만 국한될 뿐, 표현의 형식에 관한 한 실질적으로 자유가 없는 실정이라고 봐야 할 것이다. '매체도 메시지다'라는, 이제는 상식이 된 명제를 들어, 매체(형식)의 자유가 없으면 결국 표현의 자유도 없는 것이라고 (꽤 괜찮은) 반박을 해도 대체 누가 귀를 기울일 것인가. 진위나 적부適否보다는 힘의 분배와 응집 상태에 따라 움직이는 것이 학계의 속성이기도 하고, 또 이미 권력화된 타성을 타고 기득의 안온함을 누리고 있는 세력을 설득으로 퇴위시킬 수는 없는 법이기 때문이다. 이 땅의 정신문화적 풍토를 일러 '서구추수주의'니, 심하게는 '예속 상태'라고까지 비판해온 이가 적지 않지만, 나는 논문이라는 글쓰기의 형식이야말로 줏대 없이 학문을 해온 이 땅의 지식인들을 묶어두는 가장 원형적인 차꼬라고 생각할 수밖에 없다. 우리의 학문적 풍토가 어떤 식이든, 또 어느 정도는 서구에 예속되어 있다고 한다면, 이 '논문중심주의'야말로 그 예속의 가장 성공적인 사례이자 가장 분명한 증좌일 것이다. 지금의 우리에게 논문은 표현과 전달을 위한 하나의 수단이 아니다. 그것은 '학문성'이라는 우리의 생명력을 독점함으로써 우리의 생존을 좌우하는 독재자다. 이미 우리 학문은 논문에게 바치는 연중 제사로 전락하고 말았다.

그러므로 논문은 누구든지 자유롭게 선택하거나 폐기할 수 있는 '하나의a' 방식이 아니라 학자로 행세하려는 자라면 반드시 따라야만 하는 '하나뿐인the' 방식이다. 이 하나뿐인 방식이 우리 땅과 역사 가운데에서 자생하지 못한 채 서세동점의 파도를 타고 바깥으로부터 이식되었다는 사실을 두고 필요 이상으로 과민해하거나 까탈을 부릴 작정은 아니다. 보편성은 여전히 학문성이 우선적으로 배려해야 할 미덕이고, 명색 학문을 한다는 사람이 민족이나 국가 색으로 배변背番을 다는 것은 역사가 그 무거운 입으로 일러주듯이 매우 근시안적인 처사이기 때문이다. 피의 논리나 동질 집단의 정서적 유대감만을 내세워서는 신토불이도 속된 국수주의를 넘어서지 못한다. 수입되었다는 단순한 사실 자체에 집착하는 태도는 사안을 흐리게 만들 뿐이다. 문제는 수입의 경로와 조건과 방식 그리고 그 수입품이 국내에서 경쟁하게 될 상대다. 내가 논문을 문제시하는 것도 이와 유사한 맥락에서다.

문화적 예속 상태에서 자율적 비판 및 선택의 권리를 망실해버린 채 맹목적으로 따라야만 했던 논문이라는 글쓰기는, 우리가 의식하든 말든, 처음부터 우리를 지배하는 상전으로 군림해온 것이다. 마찬가지로 논문은 이 땅의 정신적 자원들을 실질적으로 통제하는 가장 미시적 지배의 '전략'(실제 이 전략의 입안자가 있든 없든 관계없이)으로 기능해왔던 것이 사실이다.

물론 논문이 우리를 효과적으로 지배할 수 있었던 배경에는 서구를 추수할 수밖에 없었던 우리의 불행한 근대사와, 그 역사 속에 매몰되어 '물 건너온 것'이라면 무엇이든 최고의 가치를 부여했던 맹목이 있었다. 이 맹목은 논문만이 가장 이상적인 형태의 글쓰기이며, 오직 논문을 통해서만 학문성이 보장된다는 지적 허위의식을 조장해왔던 것이다. 한 편의 논문을 쓰는 전후 사정을 심리역학적으로 면밀히 검토해본다면, 이 '허위의식'이야말로 우리 학자들의 가장 무서운 병증임이 드러나리라고 생각한다. 그리고 논문이라는 글쓰기의 형식이 우리 생존을 '독재적으로' 보장해주는 한 이 허위의식은 계속될 수밖에 없을 것이다. 말하자면 논문과 이 허위의식은 서로 조응하면서 나쁜 의미에서의 상호 상승 작용을 하고 있는 셈이다. 논문중심주의의 허위의식에 빠져 있는 학자들은 논문을 글쓰기의 유일무이한 원형으로 보고, 특히 시적 표현이나 이야기식의 즉물적인 묘사에 타성적인 거부감을 거두지 않는다. 흔히 원질原質로서 번역되는 그리스어 아르케arche가 '지배한다govern'라는 뜻을 가지고 있듯이, 글쓰기의 원형으로 등극한 논문은 허위의식을 매개로 우리를 지배하고 있는 것이다.

논문이 우리 의식세계를 지배하는 하나의 강박증으로 나타나는 것은 바로 이 허위의식이 명백한 병증으로 진전되었다는 증거로 봐야 한다. 이미 서구에서조차 논문 같은 중앙집권적이고 폐쇄적 형태의 글쓰기에 진지한 반성을 촉구하는 목소리(가령 삶의 복잡성과 구체성, 인간 정신을 포함한 모든 텍스트의 역사성, 그리고 글쓰기의 세속성 등)가 적지 않는데, 우리는 여전히 우리 선배들이 물려준 형식적 강박으로부터 한 걸음도 내딛지 못하고 있는 것이다. 남의 생각을 구걸해서 머리를 채우고 지적 허영을 만족시키던 시기에는 동냥 그릇까지도 구걸했지만, 이제 생각의 자립을 구하는 우리는 그

룻부터 지금 우리 실정에 맞도록 고쳐 만들어야만 한다. 논문의 독
재성과 우리의 타성적 허위의식이 공모하여 심어놓은 병증은 일종
의 수세강박증水洗强迫症이다. 자신의 생활세계가 처해 있는 현실을
무시한 채, 끊임없이 손을 씻어야만 심리적인 안정을 얻는 이 순결
콤플렉스purity complex는 글쓰기의 구체적인 콘텍스트를 무시한 채
논문이라는 단정한 형식만을 고집하는 우리 학자들의 고유한 정
신 질환인 것이다.

논문이란 형식성의 체계다. 따라서 이 글에서 비판하고 있는 소
위 논문중심주의란 형식 숭배주의의 일종이라고 볼 수 있겠다. 정
형과 질서를 바라고 이를 숭배하는 습성은 사실 본능적일 만큼 집
요하고, 익히 아는 대로 사실 서구 학문 정신의 원형적인 모습은
'질서 있는 세계kosmos'를 규칙적으로 이해하려는 발상 속에서 찾
을 수 있기도 하다. 논문이라는 글쓰기는 서구적 합리성이 근대를
거치면서 스스로의 형식적 체계를 갖춘 것인데, 이러한 글쓰기 방
식은 그들의 고유한 세계 이해를 그 형이상학적 근거로 두고 있으
며, 또한 이는 그들의 인성론과 공조관계에 있다고 보인다. 그러므
로 논문은 나름대로 자신의 형이상학과 인성 이론을 갖추고 있는
셈이다. 존재와 인식, 나아가서는 언어의 기본 단위를 동사보다는
명사적인 것으로 보는 태도를 '명사주의名詞主義'[1]라고 불러본다면,
논문의 형식 숭배주의도 일종의 명사주의로 볼 수 있을 것이다. 형
식성에 집착하는 태도는 합리성을 주로 형식성과 방법성으로 이해
해왔던 (근대) 서구의 특산물이지만, 엄밀히 말하자면 이러한 국지
성을 넘어서는 인성론적 뿌리를 가지고 있다.

사상사에서 확인할 수 있는 서구인들의 명사주의적 태도는 다음과 같은 여러 모습으로 나타났다. 가령 사물의 불변하는 원질이나 단위를 통해 세계를 이해하는 환원주의적 요소론, 데카르트 등에서 볼 수 있듯이 공간조차 가장자리가 분명한 물체의 일종으로 여기는 기하학주의, 근대 과학과 서구 물질문명의 방법론적 토대가 되었던 수학주의, 주체의 시점과 해석보다는 객체의 존재를 앞세웠던 객관주의, 대상 세계의 실재성을 분명히 하려는 각종 이원론 그리고 서구 철학의 변함없는 터줏대감 격인 본질 철학과 실체주의 등은 명사체를 존재와 인식의 기본 단위로 보는 명사주의의 다양한 변주일 것이다. 이는 움직임보다는 정지, 변화와 생성보다는 불변과 존재를 우대했던 서구인들의 원형적 상상력과 관계되는 부분이기도 하다. 그러나 상술한 것처럼 형식성에 집착하는 명사주의는 서구라는 정신문화적 국지성을 넘어 인성론적 뿌리를 갖는다. 여기에 상설할 수 있는 성격의 논의는 아니지만, 예를 들어 몸이라는 생물학적 조건, 영원과 불변을 앙망하는 종교적인 동경, 소유와 누림을 희구하는 이기적 욕망, 주로 시각적 집착에서 연유하는 기하학적 타성, 안정과 정체를 지향하는 심리적 동기 등은 모두 명사적 태도의 준準본능적 뿌리라고 볼 수 있을 것이다.

이처럼 서구 사상사의 구조와 성격에 비춰 논문이라는 형식을 이해하면 논문의 의의와 한계를 비교적 쉽게 시사받을 수 있다. '인간의 정신과 그 구조도 역사적 성격을 띤다'는 역사심리학historical psychology의 중심 명제나 무의식의 역사성을 말하는 카를 융의 주장이 시사하듯이, 정신문화적 산물로서 역사성의 무게를 비켜갈 수 있는 것은 찾기 어려울 것이다. 마찬가지로 논문의 형식은 서구의 글쓰기 역사를 통해서 제 모습을 갖춰왔고, 따라서 그 의의와 가치도 그들 역사의 정황 속에서만 선명해질 수 있다.

이 글을 논문 폐기론으로 읽어서는 곤란하다. 논문이 서구의 정신문화적 역사 가운데에서 스스로의 의미를 찾았고, 그 이름에 값하는 가치를 증명했다는 사실을 부인할 수는 없다. 문제는 '지금 이 땅에서' 학문을 하고 있는 이들에게 이 땅의 특수성과 이 시대의 보편성을 아울러 살릴 수 있는 글쓰기 방식이 있는가 하는 점이다. 안타깝지만 우리 실정은 서구의 논문중심주의에 매몰된 채 글쓰기에 대한 자생적 반성조차 찾아보기 힘든 지경이다.

논문이 형성되는 과정을 서구 사상사의 맥락 속에서 계보학적으로 추적하게 되면, 논문에 대한 우리의 타성적 태도를 비판적으로 점검해야 하는 당위성과 그 가능성을 알 수 있다.

우선, 약술했듯이 서구 사상사의 명사주의가 논문이라는 글쓰기 형식을 배태시켰던 상상력의 틀이라고 본다면, 서구와는 다른 정신문화와 사상의 토양에서 자생적 학풍을 계승해왔던 이 땅에 무비판적으로 논문을 이식하는 태도는, 가령 강원도의 어느 고랭지에 바나나를 심는 무모함과 크게 다를 바 없지 않겠는가. 서구적 학문 정신의 결정체인 논문이 자신의 기량과 가치를 인정받을 수 있는 콘텍스트는 바로 그 명사주의적 관점과 세계 이해(그 적실성은 차치하더라도)인데, 그 콘텍스트에 대한 이해나 배려 없이 텍스트(논문)만을 일방적으로 강요하는 짓은 당연히 불합리하다. 논문도 자신의 역사와 터가 있는 것이고 영향사Erwirkungsgeschichte의 산물일 수밖에 없다. 그러므로 논문을 어느 특정한 역사성의 산물로 이해한다면, 콘텍스트를 무시한 채 밖으로부터 차용해온 형식을 절대시하는 '방법지상주의methodicism'는 더 이상 허세를 부릴 수 없을 것이다. 가장 효과적인 우상 파괴 전략이 항용 역사적 탐구였듯이, 논문의 경우도 역사성에 주목하는 것은 정전화正典化 과정에서 보이는 몽매주의를 예방할 수 있게 하고, 동시에 우리의 글쓰기를 진지하게 모색할 계기를 준다. 따라서 논문을 둘러싸고 있는 별 근거 없는 후광을 벗겨내고, 논문이라는 형식이 이뤄져왔던 구체적인 역사의 토양을 대비시킨다면, 논문중심주의야말로 제 설자리를 잃어버린 이민이요, 백성 없는 벌거벗은 왕임이 드러날 것이다. 현실감 있는 임금 인상은 전적으로 도외시한 채 사회적 책임과 도덕적 명분만을 외치는 고용주의 호소가 설득력 없듯이, 정황을 무시하고 새로운 방식만을 찬양하는 것은 지배를 위한 전략적 기만이든지, 좋게 해석해서 졸속한 낭만주의의 '이국 동경Fermweh'에 불과할 것이다. 방법이란 적용되는 터와의 연관성 속에서 선택되고 그 가치를 인정받을 수 있는 법이며, 역사의 배경과 삶의 터를 무시한 채 수입된 방법은 스스로의 존립을 위해서 협박과 몽매주의에 의지할 수밖에 없다. 논문의 진정한 가치는 그 논문이 태어나서 성장한 고향만이 올바로 이해할 수 있을 것이며, 이 글은 그러한 평가를 무시하고자 함이 아니다. 반복하지만, 이 글이 백안시하는 것은 논문중심주의이지 논문이 아니다. 논문은 자기 목적에 부합하는 담론의 형식을 어느 정도(물론 바로 이 '정도'가 문제지만) 갖추고 있는 글쓰기의 형식이며, 따라서 다른 형태의 글쓰기와 구별되는 나름의 층위를 인정받을 수 있다. 논문중심주의에 대한 비판은 논문이라는 형식 자체를 일방적으로 부정하자는 것이 아니라, 논문이라는 형식성이 학문성을 전유할 수 있다고 믿는 허위의식과 강박 그리고 이를 가능케 만든 문화 역학을 교정하자는 발상이다.

이미 지적한 대로, 서구와는 다른 삶의 터와 세계 및 인간 이해 속에서 살아가고 있다는 사실은 서구형 글쓰기인 논문을 무조건적으로 수용할 수 없다는 반성을 낳는다. 물론 삶의 형태에 알맞은 글의 형태를 고르자는 욕심은 그렇게 단순하게 충족되지 않는다. 애초에 이 글이 논문을 폐기하자는 취지에서 출발한 것도 아니었지만, 설사 논문을 폐기할 수 있다 하더라도 우리 삶의 모습에 적실한 글의 모습이 무엇인지를 밝히는 것은 난지난사難之難事일 뿐 아니라, 마치 언어처럼 민족과 지역마다 다른 글쓰기의 형식을 고집하는 것도 감당할 수 없는 상대주의에 머물 위험이 크다. 논문은 원칙적으로 진위 판정을 지향하는 논증적 담화의 틀이고, 그런 만큼 문화상대주의적 변수를 지나치게 의식할 필요가 없을지도 모른다. 그러나 어쨌든 텍스트와 콘텍스트의 교차 대구적對句的 영향을 밝히는 작업이 인문학의 여러 분야에서 유행처럼 이뤄지고 있는 지금, 글쓰기의 형식과 삶의 모습을 별개로 볼 수 없다는 점만은 최소한 기억해야 한다.

흔히 '워프-사피어 가설Whorf-Sapir hypothesis'이라는 이름으로 알려진 '언어 상대성 원리linguistic relativity principle'에 의하면, 특정 언어의 구조와 형식은 언중言衆의 사유와 의식을 좌우한다. 언어 상대성 원리의 극단적인 형태에 이르면, 사실상 개인은 언어 체계의 조종을 피할 수 없는 괴뢰로 전락해버린다. 이러한 태도는 여러 개별적 현상의 가변성 밑에 감춰진 변하지 않는 질서와 구조를 탐색하는 구조주의적 발상으로 분류될 수 있다. 물론 이 가설을 취해, 논문의 형식이 학자의 사유와 의식을 좌우한다는 쪽으로 논의를 유도하고 싶은 유혹이 없는 것은 아니다. 그러나 이처럼 단순한 빗댐이 성립하지 않는 이유는, 일단 언어와 논문의 차이도 고려되지 않았을 뿐 아니라, '좌우'하는 방향의 일방성도 실제 역학과는 다르기 때문이리라. 워프식의 언어 상대성 원리는 스스로의 정당성을 얻는 것마저 쉽지 않은 처지에 있어왔으며, 설혹 그 가설 자체의 실행 가능성이 입증되더라도 논문에 적용되려면 언어와 논문의 등가성이 따로 논증되어야 한다는 뜻이다. 그러므로 논문 상대성 원리를 꾸며서 논문이라는 글쓰기 형식이 학자들의 사유 구조를 지배한다는 쪽으로 몰아붙이는 것은 재치 있게 보일지 몰라도 지나치게 무모할 수밖에 없다.

개인의 실존과 의식 속에 의미와 가치의 원천을 두었던 실존주의나 현상학이 언어, 혹은 언어적 구조를 상대적으로 등한시했다면, 1960년대의 프랑스를 기점으로 실존주의의 한계가 노출되면서 각광받기 시작한 구조주의는 익히 아는 대로 이원론적 사고와 전체주의적 발상에 지나치게 물들어 있었다. '언어와 의식 사이의 관계'라는 문제에 한정해 평해본다면, 실존주의나 현상학은 의식에, 반면 구조주의는 언어에 일방적으로 기울어져 있었던 셈이다. 어쨌든 여기서는 언어와 의식 사이의 관계를 심도 있게 논의하기 어렵다. 소위 '언어학적 전회the linguistic turn' 이후의 금세기 철학은 직절한 초기 분석철학에서 담론 철학에 이르기까지 언어를 향한 과도한 정열을 아끼지 않았던 것이 사실이고, 의식은 이제 더 이상 진지한 철학적 주제로 부상할 수 없을 만큼 몰각해버린 느낌마저 없지 않다. 그러나 의식 철학이 실각한 자리에 언어철학 등이 들어선 사실은 당시 사상계의 풍향과 정신적 악센트를 반영한 세대 교체의 성격을 띠며, 특정 사상과 이론의 진위 판정에 따른 결과는 아니다. 푸코의 역사 이해나 신역사주의 비평New Historicism에서 주장하는 것처럼, 문화사의 변천 과정을 주도하는 단위는 사상이 아니라 오히려 힘으로 봐야 한다고 믿기 때문이다. 따라서 의식과 언어의 관계는 일단 특정 시대와 장소의 문화사적 역학에 따라서 다양하게 해석될 것이며, 어느 한쪽이 다른 쪽에 일방적으로 영향을 미치고 통제한다고 볼 수는 없을 것이다. 텍스트와 콘텍스트의 관계가 으레 그러하듯이, 논의 중인 언어와 의식 사이의 관계도 일방적이거나 일의적으로 규정될 수 없는 다이내미즘을 보인다. 그러나 다행스럽게도 이 글의 논지를 이어가기 위해서 언어와 의식이 교류하는 모습을 딱 부러지게 정의할 필요가 있는 것은 아니다. 논의의 발판은, 언어와 의식이 상호 영향 속에 있다는 일견 평범한 듯한 사실을 확인하기만 하면 마련될 수 있다.

언어와 의식의 상관성이라는 발판 위에 서서 할 수 있는 주장은 다음과 같이 요약될 수 있다. 이 땅의 학자들의 의식과 그들이 언어를 사용하는 거의 유일한 형태인 논문은 역시 모종의 상호 관련성을 갖지 않을 수 없다. 그러나 우리의 학자적 의식과 논문 사이의 관계 역학 역시 단일하고 고정된 모양을 갖추었다고 볼 수는 없으며, 아울러 당장 그 모양을 구체적으로 적시할 필요도 없다. 문제는, 첫째 논문이 우리 의식사(학문사)로부터 자연스럽게 만들어진 글쓰기 형식이 아니며, 둘째 따라서, '상호 영향사적'이라는 원칙적인 평가에도 불구하고 논문과 학자(의식) 사이의 관계가 대단히 일방적(논문⇒학자)이며 타율적이라는 점이다.

'글쓰기의 형태가 사유의 구조를 지배한다'는 식의, 지나치게 편향된 상대주의를 수용하지 않더라도, 논문이 논문에 묶여 사는 이들의 정신세계에 일정한 규제적 영향을 준다는 원칙론을 도출하는 것은 어렵지 않으며, 이런 점에서 상술한 언어 상대성 원리는 자체의 이론적인 한계점에도 불구하고 그 유비적 전거로서 유용하게 쓰일 수 있을 것이다.

따라서 우리 삶과 학문의 역사에 좀더 잘 어울리는 형태의 글쓰기 방식을 진지하게 숙의하자는 제안은 설득력 있다.

'소설이야말로 헤겔 이후 시대의 가장 전형적인 산물이다'[2]라는 말은 아이리스 머독 혼자만의 통찰이 아니다. 그녀가 소설이라는 문학적 글쓰기의 양식을 군이 헤겔에 빗댄 것은 논문이라는 형식을 고집하는 것으로 인문학자를 자처하는 이들에게는 매우 귀중한 시사가 될 수도 있을 것이다. 실상 머독이 포착한 통찰은 단순한 시사로 끝나지 않고 금세기의 중요한 정신사적 특성으로 응집된 바 있다. 아마도 실존주의 계열의 작가와 사상가들이 보여준 다양한 형태의 글쓰기나 최근의 포스트모더니즘 작가군의 탈장르적 글쓰기 정신이 적절한 사례가 될 것이다. 그러나 이 땅에서 학자로 행세하는 대부분의 인문학도는 여전히 이 새로운 도전에 적극적으로 응하지 않고 있다. 그들의 글쓰기를 의식·무의식적으로 계도하는 규제 이념은 여전히 수백 년 전 남의 땅의 시대정신이었던 계몽주의적 근대성에 머물고 있다고 여겨진다.

산문의 정신마저 그 근본에서 재고해볼 것을 주장하는 문학적 상상력이 낯설지 않은 시대에 살면서도, 도대체 언제까지 우리의 글쓰기는 구태의연한 독선의 하품을 계속할 것인가.

논문의 불행은 복잡한 인간의 다양한 경험을 하나의 경직된 스타일 속에 담을 수 있다는 독선적 태도에서 연유한다. 이 독선적 태도를 지탱하는 것은 상술했듯이 학자들의 허위의식이며, 이 허위의식 이면에는 글쓰기의 위계성이라는 '수입된' 차별지差別知가 작용한다. 알다시피, 운문과 산문 그리고 산문의 직절한 형태인 논문 등은 각자 독특한 기능과 의의를 인정받고 있는 글쓰기 방식이다. 그중에서도 논문은 대체로 진위라는 기준점을 최고의 잣대로 삼아 전개되는 논증적 담론으로 볼 수 있다. 그러므로 소위 객관성과 참됨, 타당성, 혹은 진정성 등의 미덕을 추구하는 학문적 시도가 논문의 형식을 빌려왔던 것은 나름의 역사 가운데서 정당화될 수 있겠다. 다시 말하는데, 이 글의 표적은 논문이라는 글쓰기 형식에만 최량최고最良最高의 진리를 담을 수 있다고 믿는 허위의식과 이를 부추기고 뒷받침하는 문화 조건들이며, 나는 이를 '논문중심주의'라고 일괄해서 비판하고 있다. 논문이 아닌 여타의 산문이나 운문들이 나름 독자적인 가치와 의의를 가지고 있다는 평가를 선선히 내릴 수 있는 학자는 물론 적지 않다. 그러나 오산하지 말 것. 운문이나 여타 잡문에 그들이 부여하는 가치와 의의가 논문에 대한 그들의 숭배와 동등하다고 믿는 것은 큰 착각이다. 그들은 소설이 재미있다고, 시는 아름답다고, 수필은 때로 유익하다고 말하는 데 인색하지 않다. 그러나 그런 말을 하는 순간에도 그들의 은폐된 허위의식은 논문이야말로 가장 가치 있는 글쓰기 방식이라는 위계적 믿음을 포기하지 않는다.

이 은폐된 허위의식과 그 속에서 꿈틀거리는 위계적 믿음을 드러내 보이는 손쉬운 사례는 '학문성'이라는 개념을 둘러싸고 벌어지는 여러 에피소드일 것이다. 학자의 일을 논문으로 친다면 동어반복적 언사에 불과하겠지만, 학자의 자기 정체와 그 가치를 인정받을 수 있는 조건은 바로 논문의 학문성일 수밖에 없다. 따라서 학문성은 논문을 쓰는 학자들이 추구해야 할 지상 과제이며, 이 학문성의 여부 및 높낮이에 따라 학자들이 평가받는 것은 지극히 당연한 처사로 보인다. 문제는 학문성을 평가하는 기준의 중요한 일부가 논문이라는 글쓰기의 형식성이라는 점이다. 물론 좀더 큰 문제는 이 형식성을 둘러싸고 있는 신화(논문중심주의의 허위의식)이지만.

학위 과정을 이수해본 사람이라면 이러한 지적을 가슴 깊이 공감할 수 있으리라 본다. 형식성을 빌려 권위를 세우는 심사, 그 심사를 통과하기 위해서 논문이라는 형식성과 공모해야만 하는 학생들의 허위의식은 이제는 공공연한 비밀이다. 이 땅에서 시행되는 논문 쓰기라는 형식은 학자의 문턱에 서성이고 있는 학생들을 지배하기 위한 기존 학자들의 통제 장치로 전락한 느낌이 들 정도다.

누구나 인상을 찌푸리면서 통과의례를 치르지만 일단 통과하기만 하면 못 본 체하는 재래식 변소 같은 것, 바로 이것이 그들이 숭배하는 논문인 것이다. 다소 심하게 평하자면, 현재 이 땅의 대학에서 시행되고 있는 논문 제도는 '논문의 학문성'보다는 오히려 '논문이라는 학문성'을 따지기 위한 방식으로 타락하고 있는 듯하다.

논문을, 전문성을 익혀나가야 할 학생들에게 훈련 삼아 요구하는 적절한 제도쯤으로 가볍게 이해하는 것은 사안을 근본적으로 오도하는 짓이다. 내가 문제 삼는 것은 논문이 아니라 논문중심주의 문화인 점을 잊지 말아야 한다.

논문이야말로 학문성을 보장받을 가장 훌륭한 글쓰기 방식이라는 이 소박한 믿음 속에는 그리 소박하지 못한 욕망과 힘 그리고 허위의식이 자리잡고 있는 셈이다. 인문학의 뿌리가 어차피 인간들의 생활세계일 수밖에 없고, 하나의 경직된 글쓰기 스타일로 인간들의 복잡한 이 생활세계를 제대로 표현할 수 없다는 상식이 인정받기 위해서는 지금껏 우리의 글쓰기를 중앙집권적으로 통제해온 논문중심주의의 허위의식으로부터 적극 벗어날 필요가 있다. 여전히 정밀성과 객관성이라는 근대적 이념의 틀로써만 우리의 글쓰기를 좌지우지하는 태도는 결국 남의 쓰레기를 수집하는 짓으로 생계를 유지하는 것과 다를 바 없다. 음식 구걸도 서러운데 깡통조차 빌려 쓰랴.

글쓰기의 수직적·위계적 차별을 수평적·층위적 차이로 고침으로써 논문중심주의를 '논문의 지방자치화'로 개선해갈 수 있기 위해서는, 우선 과학주의에 물든 근대성의 논리에 따라 글쓰기의 형태나 담론의 가치를 평가하는 행태에서 벗어나야 할 것이다. 사실 과학적 담론과 그 전형인 논문을 다른 형태의 담론 및 글쓰기보다 별 나은 것이 없다고 보는 관점도 적지 않다. (물론 이 관점 자체가 우리와는 다른 정황 속에서 형성된 것이기는 하지만.)

> 그것(실용주의)은 과학을 문학의 한 장르로, 돌려서 표현하면 문학과 예술을 과학적 탐구와 같은 수준으로 취급한다. 이처럼 윤리학도 과학 이론보다 더 '상대적'이거나 '주관적'으로 보지 않으며, '과학적'이어야 할 필요가 있다고 생각하지도 않는다.[3]

이 인용이 시사하듯이, 서양의 인문학이 이미 과학의 콤플렉스로부터 벗어나 자율적이고 독특한 역사를 꾸려가고 있는 것은 어제오늘의 일이 아니다. 물론 서양과는 다른 역사와 정황 속에 살아가고 있지만, 아직도 이 땅을 지배하고 있는 논문중심주의는 그 근본에서 서양 과학이 부추겼던 방법지상주의와 한통속이라는 점을 명심하고, 또 바로 여기서 문제의 해결책을 모색하는 출발점을 찾을 수 있을 것이다. 이런 뜻에서 본다면, 서사학narratology의 부흥과 '이야기'를 하나의 인식론적 범주로까지 격상시키는 작금의 여러 분위기는 우리 학문의 글쓰기 방식을 찾아가는 하나의 단서가 될지도 모른다. 어쨌든 개인들의 구체적 삶의 경험과 역사가 배제된 채, 수입되고 전수된 이질적 유물 같은 체계와 신조와 형이상학과 형식들이 중앙집권적으로 통제하던 시대는 지나가고, 다양성과 관용 그리고 손과 가슴의 질감 속에서 확인할 수 있는 각자의 이야기가 새로운 가치와 위상을 부여받는 분위기를 어렵잖게 찾아볼 수 있게 되었다.

익히 아는 대로, 서구의 근대를 지배하던 선험적 초자아는 과학이라는 담론이었다. 반신半神 뉴턴의 '원리의 물리학physics of principle'은 이 선험적 초자아를 형성하는 소프트웨어였고, 그 과학적 담론의 미덕은 객관성·명료성·형식성 등으로 집약될 수 있었다. 그리고 수학주의나 방법지상주의에서 이 같은 미덕의 출처를 캘 수 있음은 이미 지적한 바와 같다. 환경주의나 생태학적 관심의 분위기를 타고 여러 형태의 과학 비판이 다소 선정적·파편적으로 이뤄지고 있긴 하지만, 실상 근대 과학의 성과는 기름 대신 먹물을 묻히고 사는 인문학자들이 쉽사리 폄하할 수 있는 것이 아닌 줄 안다. 그러나 인문학주의자들의 주장도 과학적 담론을 폐기하자는 식의 일방적 매도가 아니라 다양한 담론의 자유로운 경쟁과 상호 보완에 있는 만큼, 근대인을 지배했던 '과학성'도 스스로의 체질을 좀더 나긋나긋하게 만들어 인간성과의 조화를 적극적으로 모색해야 하며, 실제로 그런 분위기는 다양한 형태의 학제적 연구를 통해서 느낄 수 있을 정도가 되었다.

요컨대 과학성을 학문성의 필요충분조건으로 봤던 실증주의적 태도는, 물리학의 영역에서조차 지나치게 경직되고 협애한 관점으로 비판받은 지 오래다. 그러나 이 땅의 불행은, 서구에서 쫓겨난 후 오갈 데 없이 방황하고 있는 경박하고 직절한 과학적 실증주의가 여전히 우리 학자들의 무의식을 지배하는 망령으로 군림한다는 사실에 있다. 환원주의적 형이상학과 추상화 과정을 통해 이론의 명증성을 추구했던 근대의 과학 정신은 이제 자기 땅에서 먹거리를 구하지 못한 채, 서구의 팽창주의와 문화제국주의를 틈타 남의 땅과 정신을 무상으로 갉아먹고 있다. (정부는 편벽된 정책으로, 국민은 몰상식한 과학적 상식으로 이를 방관해왔고, 이는 결국 이 땅의 도도했던 인문학 전통을 조만간 말살하고 말 것이다. 아아, 애석하다 인문학이여, 너 어찌 이 땅에서 태어났던고.) 이런 뜻에서, 지금도 우리 학자들을 의식·무의식적으로 지배하고 통제하는 규제 이념은 그 옛날 남의 땅에서 폐기 처분한 과학주의이며, 논문중심주의란 바로 이 과학주의의 형식적 변종인 것이다.

가령 이 속 좁은 과학주의에 따르면, 등식이나 추론 같은 엄밀성도 없고 분석이나 설명 같은 논변도 없는 수사는 학문적 가치를 인정받을 수 없는 허구에 불과하다. 한편에서는 철학자연然하는 문투만 보이기 시작하면 등단登壇을 훼방하고, 다른 편에서는 수사만 좀 깊어지면 무조건 잡문 나부랭이로 폄하하려는 태도는 아직도 문학과 철학의 상극적 대결 구도에 빠져 있는 이 땅의 정신문화적 강직성을 단적으로 보여준다. 이 글이 비판하고 있는 논문중심주의는 바로 이 강직성이 스스로의 병증을 이기지 못해 생기는 자기 함몰적 퇴행 현상에 다름 아니다.

그러나 이 글은 논문의 정치학과 논문의 심리학으로 만족하지 않는다. 알다시피, 수평적·공시적 접근 방법을 취하는 사회학이나 인류학의 근본 문제점은 시간성에 대한 정당한 배려가 없다는 사실이다. 논문이라는 효율적이고 참신한 글쓰기 방식이, 자신의 일리지평—理地平을 건사하지 못한 채 감당 못 할 진리의 권좌에 앉아 논문중심주의의 후광을 입고 타락해가는 모습을 제대로 잡아내기 위해서는 '논문의 역사학'이 당연히 요청된다. 그러나 푸코가 최소한 프랑스인만 아니었더라도 썼을 법한 논문의 역사를 여기서 용장스럽게 재현할 수도, 또 그럴 뜻도 없다. 다만 이 글의 논지를 유지할 수 있을 정도의 시사면 족하다. 그리고 그 시사는, 논문도 논문중심주의도 역사성의 산물이라는 사실이다. 논문의 역사성이라는 사실만으로도 논문은 논문중심주의의 경직된 독선으로부터 벗어나야 할 이유를 얻을 수 있기 때문이다. '스승께서 그렇게 말씀하셨다Magister dixit'는 한마디면 통했던 시대나, '나는 이렇게 들었다如是我聞'는 투의 이야기로 만상의 이치를 꿰던 땅을 기억하는 것은 그리 어렵지 않은 일이고, 또 그 소박한 기억만으로도 논문중심주의를 반성할 만한 단서를 얻을 수 있을 텐데 말이다.

논문중심주의 및 글쓰기와 관련된 지식인의 허위의식을 비판적으로 분석하는 일을 그 주요 소임으로 택한 이 글은, 당연히 그 비판의 근거이자 대안이 될 수 있는 새로운 글쓰기에 대한 비전을 자신의 켤레 글로서 요청한다. 실상 논문중심주의에 대한 비판은 내가 구상하고 있는 우리 인문학의 새로운 글쓰기 방식(이른바 '잡된 글쓰기')의 동인이 되었던 것이고, 또한 이 글쓰기는 내가 주창하고 있는 '복잡성의 철학philosophy of complexity'과 직접적인 상보관계에 있다.

위의 글은 논문의 정치학과 심리학이라는 맥락에서 그 문제점을 지적하고 비판했지만, 좀더 근원적인 불만은, '우리 삶의 실제적인 모습에 알맞은 글쓰기 방식'의 모색이 없다는 사실에 있다. 그리고 바로 이 불만의 부하負荷야말로 내가 주장하고 있는 글쓰기 철학의 동력이 된다. 그러나 삶의 실제적인 모습에 알맞은 글쓰기 문화를 계발함으로써 논문 문화의 폭력성과 허위의식을 점진적으로 광정하려는 욕심은 당연히 이 짧은 글에서는 제대로 충족될 수 없다. 여기서는, 논문중심주의의 어두운 면을 걷어내고 우리 인문학을 위한 새로운 글쓰기 문화를 계발하기 위한 나의 철학과 그 방법론적 시론을 극히 소략하게 시사하는 것으로 글을 끝맺어야 할 것 같다.

억압과 왜곡과 허위의 표찰을 숨긴 채 이 땅의 학계에서 '위대한 디자이너'로 군림하고 있는 논문 문화가 오히려 우리 삶의 실제적인 모습에서 동떨어져 있다는 비판이 출발점이 된다. 그렇다면, 우리 눈으로 본 삶의 현실적인 모습이 글쓰기 철학을 향도하는 결정적 준거가 될 것은 자명한 일이다. 이는 마치 논문이 근대 서구의 정신문화적 역사와 성격으로부터 뒷받침을 받는 글쓰기 방식이었음을 지적한 것과 마찬가지다.

나는 삶의 실제적인 모습을 '복잡성'으로 본다. 즉 '삶은 늘 생각보다 복잡하다'는 주장이다. 이는 결국 인문학의 권리 원천을 우리 삶의 실제 모습에서 찾아야 한다는 말과 다를 바 없다. 개인의 심리사心史를 훑든지, 어느 특정 사회의 공시적 단층을 열어 보든지, 하다못해 신부의 혼숫감을 둘러싸고 벌어지는 긴장의 역학을 관찰하든지 간에, 우리 삶과 그 주변 세계가 한가지 모습으로 그리기 어려운 복잡성과 중층성으로 돌돌 말려 있다는 점은 누구나 느낄수 있는 범박한 경험에 지나지 않을지도 모른다. 그러나 지금도 우리 학인들의 집단적 초자아로서 강박해오고 있는 근대 서구의 문화와 학문 정신을 그 배경에 놓고 보면 이 복잡성의 명제는 각별한 중요성을 띨 수밖에 없다. 주지하듯이, 특히 서구의 근대 학문은 단순성의 정신으로 형성되었을 뿐 아니라 학문 그 자체가 이미 성공적인 단순화였고, 이는 단순하게 설명될 수 있는 세계kosmos의 형이상학으로 뒷받침되고 있었으며, 또한 논문은 그 형식적 단순화의 전범이었기 때문이다.

논문 일변도의 글쓰기 문화를 비판하고 삶과 세상의 제 모습에 충실하고자 하는 '잡스러운 글쓰기'를 제안하는 것은, 설익고 왜곡된 단순화의 학문 정신을 넘어서 삶과 세상의 원형적 모습으로서의 복잡성을 회복시키려는 발상과 궤를 같이한다. 논의의 요체는, 인문학의 존재론적 토대가 단순성이 아닌 복잡성이라는 사실에 있다. 여기에 상설하지는 못하지만, 나는 이미 다른 글에서 삶의 복잡성을 콘텍스트의 복수성과 역동성으로 번역해서 해명하고자 했다. 무릇 의미와 가치는 콘텍스트의 역사와 터에서 생기는 법이고, 또 우리 삶의 마당이 의미와 가치의 연계망이라면, 삶(의 복잡성)을 콘텍스트(의 복수성과 역동성)의 관점에서 풀이하는 것은 매우 뜻있는 작업이라고 봤기 때문이다. 복잡성이 콘텍스트의 복수성과 역동성을 통해서 인간의 정신적 삶으로 침투해올 때, 그 콘텍스트를 털어버린 채 메시지의 독립성과 자율성 그리고 형식성을 강조하는 순전하고 단순한 글쓰기가 어떻게 우리 삶의 구체성과 역동성을 잡아낼 수 있을 것인가.

우리 인문학은 전처럼 텍스트의 형식적 단순 논리에 안주하지도 못하고, 그렇다고 콘텍스트 속의 잡됨으로 방산放散되지도 못하는 어중간한 머뭇거림의 몸짓을 계속하고 있으며, 혹자들은 이 주저함에 여러 장식을 입혀 이를 성숙의 징표라고 자위하면서 잠시 쉬어가려고 앉았던 자리에서 비석까지 다듬고 있는 실정이다. 내가 주장하는 복잡성의 철학과 글쓰기는 바로 이 머뭇거림 속에서 학문적인 정당성을 찾아보려는 시도다.

현란한 무리無理의 비산飛散도 우리 일상인의 삶의 자리가 아니고, 단순한 진리 속의 좌정도 더 이상 우리를 위로하거나 보호할 수 없는 현실에서 인문학과 철학이 열어야 할 제3의 지평으로서 나는 복잡성의 철학과 잡된 글쓰기를 제의하고 있다. 이는 우리 삶과 세상이 필연성도 우연성도 아닌 제3의 지평, 즉 단순성도 혼란도 아닌 복잡성에서 엮어지고 있으며, 또한 이는 진리도 무리도 아닌 구체성의 일리一理[4]로써 해석학적으로 매개되고 있다는 사실에 근거한다. 그러므로 우리 삶의 현실에서 순간순간 이뤄지고 있는 '일리 잡기'를 주제화하는 해석학 그리고 이를 종이 위에 옮기는 글쓰기는, 진리와 무리 사이, 필연성과 우연성 사이에서 계속되고 있는 덧없는 '머뭇거림의 몸짓'을 중단시키고 '우리의 진리(=일리)'에 좀더 진솔해질 구체적인 발판을 마련해줄 수 있을 것으로 본다. 눈감은 절대성도 아니고, 눈만 달린 상대성도 아닌, 제3의 지평은 일리라는 보편성 속에서 열릴 수 있다고 생각하며, 우리 삶의 다양한 일리는 잡된 글쓰기를 통해서 제 모습에 좀더 근접한 질감을 선사해줄 수 있을 것이다.

이 글은 논문의 정치성과 심리성 그리고 역사성에 대한 소략한 논의를 통해서 논문을 대하고 쓰는 우리 인문학자들의 태도를 '논문중심주의'라는 일종의 허위의식으로 비판하고, 우리 삶의 역사와 터인 복잡성의 현실에 알맞은 글쓰기의 방식을 함께 모색해나갈 계기를 마련하고자 했다. 글머리에서 이미 언급했듯이, 이러한 의문과 모색은 결국 지금 이 땅에서 학자로서의 삶을 살고 있는 이들에게 좀더 솔직하고 용기 있게 자신을 대면하도록 유도한다. 인문학을 체계적으로 박해하여 제한된 교실 속의 소문으로 유폐시킬 뿐 아니라, 이를 사회적 전문성과 임상성이 없는 공소하고 쓸데없는 잡담이나 궤변쯤으로 호도하고 있는 대한민국의 땅에서 살아가면서, 연중행사처럼 근근이 논문 형식이나 짜맞추는 것으로 별 불편 없이 학자 행세를 계속할 수 있는 우리는 누구인가, 하는 물음을 통한 대면 말이다. 피식민지의 아픈 경험과 압제적·서구추수적 근대화의 여러 부작용으로 인해 정신·문화적 몸살을 앓는 것도 안타깝고, 효자 자연과학이나 적자嫡子 정경政經과학에 비해 부당하게 서자나 탕자 취급을 당하는 것도 서러운데, 이 땅의 인문학과 그 글쓰기가 서구의 과학적 담론 앞에서 아직도 '논문중심주의'라는 재롱을 떨어야 하는 이유는 무엇인가? 아, 논문을 쓰고 있는 우리는 대체 누구인가?

2. 원전중심주의와 우리 인문학의 글쓰기

지금은 상식으로 통용되는 것들도 먹물 냄새에 인이 박인 몇몇 전문인 사이의 암구호에 지나지 않았던 때가 있었다. 구름 위에 떠 있는 소문과 신화, 땅속에 누워 있는 비전祕傳과 가설 등도 세월의 그물망을 거치면서 혹은 상식으로 혹은 미신으로 분류되고 그에 상응하는 문화적 대접을 받는다. 여러 종류의 앎이 여러 종류의 잣대로 등급이 매겨지면 그중에서도 대중성과 임상성 그리고 이해 가능성이 높은 지식들은 상식으로 공인되어 공동체의 삶을 유지시키는 소프트웨어의 구실을 담당하게 된다. 흡연과 폐암 사이의 인과성이 좋은 사례가 될 것이다.

역사를 훑어보면, 한 사회의 정신적 골격을 이루던 상식들도 때로는 편견에 지나지 않았고, 과학이라는 이름으로 상식인들을 위압했던 지식들도 때로는 굴종의 이데올로기였다. 그러나 상식의 중요한 특성을 대중성과 임상성 그리고 이해 가능성이 높은 점으로 친다면, 기존 상식을 뒤엎고 그 실질적 폐해를 들춰내는 일이 그리 쉽지 않을 것은 뻔하다. 세태와 시속의 변화 및 그 템포가 전례 없는 정도에 이르렀고, 지구력보다는 어떤 식이든 순발력을 미덕으로

쳤던 근대에는 혁명이니 새로운 패러다임이니 하는 말들이 거부할 수 없는 매력이었지만, 속성속패速成速敗라, 템포와 순발력만으로 이뤄진 새것들이 대중의 지구력을 통해 그 임상성을 증명받은 상식을 단칼에 없애기는 어렵다.

그러나 이미 득세한 상식과 갓 들어온 이설異說을 함께 논할 때는 배전의 주의와 배려가 요구된다. 이 주의와 배려는, 가령 현지의 제반 역학에 익숙한 고참병들과 훈련소에서 갓 배출된 전입병을 한 동아리 속에 품어야 할 소대장의 미덕에 상응할 것이다. 멀리는 교권과 갈릴레오, 가까이는 고참병과 전입병 사이에서 확인할 수 있듯이, 흔히 기지旣知와 미지未知는 공정한 경쟁관계를 이루지 못한다. 미지를 대하는 기지는 흔히 기득권으로 자신을 표현하기 때문이다. 좀더 일반화한다면, 메시지의 주위에는 힘이 넘쳐나고 있고, 텍스트의 이면에는 콘텍스트가 잠복해 있기 때문이다. 수리數理 공간과 다른 우리네 세상사는 명증한 진위나 후회 없는 가부로 결정되기보다는 명분을 업은 힘들의 난장으로 엮이는 것이 보통이다. 그러므로 사태를 명료히 파악하려면 힘이 들고 남에 각별한 관심을 갖는 태도가 요긴하다. 특히 상식을 침범해 들어오는 이설을 다룰 때는 힘의 불균형이 두드러지는 만큼 이러한 태도가 더욱 중요하다.

우리는 이미 글쓰기에 대한 변칙과 이설들에 꽤 친숙해진 편이다. 비단 전위를 이루는 소수 그룹이 아니더라도 새로운 형식의 글쓰기와 이를 뒷받침하는 이론적 바탕에 몽매해서는 곤란한 시점에 도달했음을 피부로 느낀다. 시류를 외면하지 않는 이라면 바야흐로 인문학의 글쓰기에 관한 한 그간의 상식이 더 이상 절대화될 수 없다는 인식이, 더디지만 차분하게 확산되고 있음을 알 수 있다.

그러나 구각舊殼은 두텁다. (그리고 두터운 것에는 정히 뜻이 없지 않다. 통상 구각은 나름의 인성론, 정치학, 역사학, 심지어 형이상학이나 신학으로 무장하고 있기도 하다.) 우리 인문학계의 관행은 여전히 수입형의 직절한 논문 일변도 글쓰기에 고착되어 있다. 나는 이미 논문만이 가장 이상적인 형태의 글쓰기이며, 오직 논문을 통해서만 학문성Wissenschaftlichkeit이 보장된다는 지적 허위의식을 '논문중심주의'라는 개념으로 묶어서 비판적으로 성찰하고 그 대안을 모색한 적이 있다. 이 글은 논문을 이상으로 삼는 인문학의 글쓰기 풍토와 그 정서를 좀더 상세히 되짚어볼 요량으로 쓴다.

반복하는데, 기존 상식과 새로운 이설은 진위나 적부를 가름하는 명료한 잣대에 의해서 승침昇沈한다기보다는 오히려 힘의 난장으로 결판 나는 경우가 잦고, 이는 글쓰기 문제에서도 마찬가지다. 인문학의 글쓰기를 실질적으로 지배하고 있는 논문이라는 형식성도 서구추수적이었고 무분별했던 근대화의 와중에서 힘의 편중으로 말미암은 사고의 경직에 다름 아니기 때문이다. 진위나 적부의 잣대보다는 힘의 역학에 시선을 모으는 태도는 이 글과 이 글을 둘러싼 사유의 패턴이므로 독자들의 주목을 요한다.

이 글은 논문의 내용적인 측면을 비판적으로 따져가면서 이 시대와 이 땅에 알맞은 인문학의 글쓰기를 모색하려는 데 그 주안점이 두어진다. 잘라 말해서 이 글의 화집점火集點이 될 '내용적' 측면이란 '원전중심주의原典中心主義'를 가리킨다.

'원전'은 애매한 낱말이다. 사전에는 '기준이 되는 원래의 전거典據'라고 풀이되어 있지만, '기준'이니 '원래'니 하는 낱말부터 이미 쟁점의 불씨를 한아름씩 안고 있는 판이어서, 그 뜻을 해명하기가 쉽지 않다. 그러나 대개 인문학을 토의하는 마당에서는 뜻풀이가 말끔하지 못해 토의가 결실에 이르지 못하는 경우는 드물다. 오히려 문제는, 논의의 처음을 이루는 뜻풀이들에 지나치게 집착함으로써 겨우 이론적 정합성을 챙기되 마침내 사태의 실상을 놓치는 잘못을 범한다는 데 있다. 치기만만했던 젊은 비트겐슈타인에게서 적절한 예를 볼 수 있을 텐데, 언어를 결벽증적으로 놀리는 발상은 삶의 복잡미묘함을 망각한 일종의 정신적 수세강박水洗強迫이든지, 아니면 기하학을 원류로 삼는 자연과학의 방식에 피상적으로 매료된 뒤끝에 흔한 현상이기 쉽다. 삶의 원천적 복잡성과 애매성을 참아나가는 성숙의 여명이 인문학의 보상인 점을 깨닫기는 그리 쉽지 않기 때문이다.

그러니 원전에 대한 사전적 뜻풀이를 둘러싸고 지레 우울해할 필요는 없다. 더구나 이 글의 관심 대상인 논문 쓰기의 콘텍스트 속에서는 원전의 뜻이 반복된 용례를 통해서 어느 정도 정착되어 있기도 하다.

원전과 비非원전을 구별하는 명료한 잣대가 있는 것도 아니고, 원전의 목록을 적어둔 무슨 비문祕文이 있는 것도 아니지만, 논문을 쓰면서 자기 입지를 유지하고 있는 적잖은 수의 학인들은 글쓰기의 권위적 전거가 될 만한 원전을 손쉽게 알아낸다. '알아서 긴다'는 속된 말처럼, 논문을 써서 먹고사는 속된 이들은 부적처럼 모셔야 할 원전이 무엇인지 진작부터 눈치챈 후 알아서 기고 있는 셈이다. 원전을 알아서 모시는 일이 순수하게 학문적인 동기에서 이뤄진다면 이를 춤추기에 앞서 거쳐야 할 줄서기쯤으로 이해할 수도 있을 것이다. 그러나 원전을 들먹이는 짓은 이제 글의 내실을 견고히 하여 학문성을 높이려는 본래의 목적에서 점차 멀어지고 있다는 느낌을 지우기 어렵다. 논문의 축적과 유통으로 자기 입지를 유지하는 공동체에 몸담아본 사람이라면 이를 사적인 기우라고 흘려버리지는 못할 것이다. 더러는 이를 사감이나 사견에 치우치는 비판일 뿐이라고 역공하겠지만, 내게는 역공이 셀수록 기득의 층이 두터움을 보여줄 뿐이고, 기득의 층이 두터울수록 원전을 오용하고 남용한 역사가 깊음을 보여줄 뿐이다.

물론 원전의 오용과 남용을 들어 학인들의 성실성만을 문제시할 수는 없다. 이 글의 근원적 전제를 건드리는 말이 될 텐데, 무릇 글쓰기란 학인의 정신적 미덕만으로 이뤄지는 것은 아니기 때문이다. 가령 배움의 전통이 절맥의 수모를 당한 채 빌린 그릇에 얻은 밥으로 마음을 채워야 했던 정황을 무시하고 우리의 글쓰기를 제대로 말할 수는 없다. 그러므로 글쓰기의 현황과 전망을 논하면서 역사적 정황과 정신적 미덕에 고른 시선을 주는 일은 매우 바람직해 보인다. 사실 어느 분야의 이야기는 정황과 정신이 서로 통하는 법이어서 엄밀히 말하자면 어느 한쪽을 집어내면서 다른 한쪽을 숨겨둘 수도 없는 것이다. 그러나 이 글에서는, 당장 어떻게 해볼 수도 없는 이 땅의 학맥과 그 역사적 배경에 대한 논의를 유보하고 당장이라도 어떻게 해볼 수 있을 학인들의 정신적 미덕에 관심을 두려고 한다.

원전중심주의의 글쓰기 풍토와 직접 연관되는 학인들의 정신적 악덕은 일종의 포장 심리나 광고 심리에 비견할 수 있겠다. 광고와 포장을 통해 내용물을 실제보다 부풀려 보이게 하는 짓은 특히 자본주의 사회에서 보편화된 심리다. 글쓰기도 광고나 자본의 힘으로부터 자유로울 수 없는 세상이 되었지만, 글쓰기를 규제하는 형식성이나 그 가치를 매기는 잣대들마저 포장과 광고의 수단으로 전락하는 조짐을 보인다는 것은 이 시대의 배움이 봉착한 근원적 화근임을 주목해야 한다. 바야흐로 상혼이 학인들의 몸을 빌려 활개를 치고 있는 셈이다. 자신의 속내에 자부심을 느끼고 이를 담백하고 교치巧緻 없는 자기 말로 표현할 자신이 있다면 포장이나 광고에 마음을 빼앗길 이유가 없다.

물론 좋은 책도 포장과 광고의 선 밖에서는 명맥을 유지하기 힘들고, 심지어 정보화된 지식이 곧 상품으로 거래되는 현실을 외면하자는 취지는 아니다. 또 매체와 메시지의 혼용 현상에 주목한다면 포장과 광고를 내용에서 산뜻하게 떼어내는 것은 사태를 너무 피상적으로 이해하는 것이라는 비난도 할 수 있다. 그러나 학문성을 구성하는 주변의 잡된 변수들을 논의 속에 수렴하여 주제화하는 일은 마땅히 필요한 작업이더라도, 상혼이나 정략 등의 허위의식을 학문성과 아무런 차등 없이 대하는 짓은 혼돈과 무리일 뿐이다. 글의 내실을 치장하거나 호도할 목적으로 행해지는 포장과 광고는 여전히 학문적 미덕이 아니다. 글에 따라서는 아이러니, 기롱, 자조, 강조, ·과장, 위악僞惡 등의 요소를 첨가해 모종의 효과를 이루기도 하지만, 이를 보편화하기는 여전히 시기상조이며 더구나 논문류의 글쓰기에서는 더욱 어려운 제언일 뿐이다.

소위 몇몇 원전을 논의의 출발점이자 귀결점으로 삼는 논문류의 글쓰기와 그 심리를 나는 편의상 '원전중심주의'라고 부른다. 이는 상론한 포장·광고 심리가 학인들의 글쓰기 행태를 타고 구체화된 사례라고 볼 수 있겠다. 이때의 원전이란 2차 참고문헌에 대비되는 1차 문헌만을 가리키지 않는다. 이 글이 문제 삼는 원전은 형식적인 의미의 교과서가 아니라 말하자면 '학인들의 글쓰기를 실질적으로 지배하는 귀소의식의 출처'를 뜻한다. 그러므로 이 원전은 시류와 사조를 타고 앉은 몇몇 비조鼻祖의 대작에 국한되지 않는다. 고전이니 걸작이니 하는 책들이 낱낱의 작품을 지시하는 고유명사라기보다는 언중들의 언어적 상상력을 지배하는 힘이라는 점은 여기서 다루는 원전의 의미를 밝혀주는 잣대가 될 수 있을 것이다.

물론 신발 끈을 단단히 묶으면서 초입의 길눈을 익히려는 이들에게는 1차와 2차 문헌의 차별성이 부각될 필요가 있으리라고 여겨진다. 활연관통豁然貫通의 경지에 오른 소수의 전문인이 펼치는 논의 속에서는 글에 형식적 등급을 매기는 짓 자체가 우스울 수도 있겠지만, 초심자들에게 춤추는 듯한 활안活眼을 기대할 수 없는 법이니, 1차니 2차니, 혹은 1단계니 2단계니 하는 직절한 절차를 강요하는 방법도 때로는 필요할 것이다. 그러므로 인문학의 글쓰기에서도 원전 중시의 풍조 자체를 나무라려는 뜻은 없으며 이 글을 쓰는 내 의도도 아니다. (원전 자체가 아니라 원전중심주의를 비판하는 뜻은, '논문이 아니라 논문중심주의라는 문화'를 비판했던 취지와 어울린다.) 원전이 그저 전문성을 익혀나가야 할 학생들에게 훈련 삼아 요구하는 직절하고 한시적인 제도의 구심점쯤으로 기능하고 있다면 붓날을 세워 장황한 논의를 펴는 이 글은 스스로의 무게를 잃어버릴 것이다. 반복하는데, 이 글이 비판적 관심을 모으는 대상은 원전과 학인들의 떳떳하지 못한 공모 현상이며, 또 이로 인한 왜곡된 글쓰기 문화다. 따라서 원전과 비원전을 경직되게 나누어 초심자들의 학문적 훈육을 위한 단서로 이용하는 일은 널리 용납되고 있고, 또 그 유익함도 익히 알려져 있으므로 별스런 비난거리로 삼을 마음이 없다. 다만 이 경직된 분할과 이에 따른 통제가 도를 넘어서 제도의 묘妙를 스스로 와해시킬 만큼 턱없이 증폭되었다는 사실을 거론하고자 할 뿐이다. 원전이란 모든 논의의 처음과 마지막을 교통 정리하는 경전이 아니라 학생들로 하여금 스스로 자신의 길을 찾아가게 만드는 교육적 목적을 위한 다리 구실에 한정되어야 한다.

소수의 원전에 기대고 싶어하는 마음은 얼핏 인지상정이라는 느낌이 들 정도로 수긍이 간다. 이 같은 심인心因은 보편성을 얻을 만한 호소력이 있다. 그러나 좋은 부모와 좋은 교사의 역할이 자식과 학생을 가정과 교실에 붙박아두고 종복으로 부리는 것에 있지 않듯이, 좋은 원전의 역할도 학인들의 상상력과 창의력을 억누르고 논문을 바쳐 제사나 드리는 사제로 잡아두는 것에 있지 않다. 어릴 때 기대는 것은 나이 들어 홀로 서기 위한 준비요, 착실한 제자의 도를 지키는 것은 선생보다 못한 제자로 남지 않기 위함이 아니던가.

경직된 원전 문화의 배경에는 한반도의 정치적 질곡사로부터 지금 이 순간도 수학의 정석과 영어의 왕도가 힘 있게 외쳐지고 있는 교실의 형편에 이르기까지 다양한 힘이 서식하고 있다. 이조李朝가 병든 쥐처럼 외세에 밀려 왕통의 맥이 끊긴 후, 전승된 우리 것을 창발적으로 수용할 수 없었고 힘 있고 멋있는 남의 것들 속에서 부대끼며 눈치나 살피면서 간신히 자존의 명맥을 유지해야 했던 역사의 구석구석에는 마침내 이 글을 통해 비판되고 있는 원전 중심주의의 인자들이 산적해 있을 것이다.

매우 부정적인 심리 방어기제 중 하나로 '고착'이란 것이 있다. 이는 그 유용성이 소실되어 부적절하게 되어버린 행동 양식을 계속 고집하는 행태를 말한다. 인성의 성숙이란 대체로 반응 양식으로 표현되는 행동 양식의 점진적 변화를 통해서 이뤄지는 법이다. 성숙의 증좌를 여러 모습으로 대별할 수 있겠지만, 아마 가장 일반적인 잣대는 사태에 대한 반응 양식과 이에 따른 생활세계의 변화가 될 것이다. 그러므로 행동 양식이 오랫동안 고착되거나, 비록 표현형은 바뀌어도 유아기의 행동 패턴을 그대로 반복한다면 참된 의미의 성숙을 기대할 수 없다.

내가 원전중심주의라고 부른 정서적 편향도 일종의 고착 현상으로 볼 수 있다. 원전에 조공이라도 바치듯이 매년 줏대 없는 몇 편의 논문이나 바치면서 심리적으로나마 간신히 자기 정체성을 유지하는 대다수 학인의 행태는 말 그대로 고착에 다름 아니다. 경직된 원전 문화의 배경으로 넓게는 한반도의 근대사와 좁게는 우리 교실 문화를 이미 언급했지만, 이 고착의 원인遠因과 근인近因도 이에 상응한다고 생각된다. (앞서 밝힌 대로 이 글에서는 한반도의 근대사보다는 현행 교실 문화에 초점을 맞춰 논의를 전개한다.) 교실 문화 속에서 찾을 수 있는 원전 고착의 행태는 무엇보다 '교과서'들이 행사하는 구심력과 그 패턴에서 여실히 드러난다. 몇몇 교과서를 정전正典, 아니 심지어 성전聖典으로 모셔두고 창발력과 상상력은 저당잡힌 채 일률적인 방식으로 단답을 구걸해 먹던 우리의 교실 문화는 이제 공공연한 스캔들이 되었다. 그리고 일제 군국주의 교육 시스템의 겉모습, 겉멋으로만 든 서구의 말과 글들 그리고 인문학적 감수성이 체계적·제도적으로 폄시당하는 정황 등은 이 스캔들이 스캔들로만 끝나지 않게 만든다.

자발성과 창의성을 무익한 것으로 만드는 원전에 기대어서 마치 사육당하는 날짐승처럼 날개를 잊어버린 채 정해진 모이를 얻어먹는 것으로 만족하는 학인들의 행태는 초등학교에서 고등학교, 심지어 대학에까지 이르는 우리 교실 문화의 연장일 뿐이다. 질문 없는 암기, 소견 없는 해답 속을 부유하며 정답의 출처인 교과서에 코를 박고 살아왔던 숱한 세월이 경직된 학습의 패턴을 낳았고, 마침내 이 패턴은 대학원생 이상의 논문 쓰기를 업으로 삼는 학자들의 행동 양식을 철저히 지배하게 되는 것이다. 자율성과 자발성을 얻는 과정은 성숙을 위해서 반드시 필요하고, 이는 특별히 미성숙의 시기에 자신을 보존하기 위해 의지했던 권위들에 대한 태도에서 더욱 분명해져야만 한다. 니체의 표현처럼 스승보다 못한 놈은 스승에 대한 대접이 소홀하며, 장가들어서도 마마보이로 남는 놈은 제 아내는 물론 제 어머니에 대한 대접마저 소홀한 것이다. 어느 사회, 어느 부문이건 성숙의 증표로서, 자신의 체취를 실은 자신의 음성과 행동을 신중하지만 자신 있게 내보일 수 있는 태도를 빼놓을 수는 없다.

이는 배변과 배뇨를 스스로 감당하지 못하고 여전히 남이 기저귀를 채워주기를 기다리고 있는 성인 아닌 성인을 연상시킨다. 말하자면 배설 훈련은 자기 것을 자기 방식으로 처리하는 첫 관문인 셈인데, 나이 들어서도 '그 유용성이 소실되어 부적절해져버린' 기저귀를 고집하는 짓은 미성숙을 넘어 반反성숙을, 혹은 정신분석적으로 표현하자면 고착을 넘어 퇴행으로 치닫는 꼴이다. 내가 보기에는 원전에 목이 매여 정해진 길만 타박타박 다니는 학인들의 행태도 바로 이 반성숙과 퇴행에서 멀지 않다. 학문적으로 성인이 되어야 할 시점에 이르러서도 '질문이 없는 암기, 소견이 없는 해답 속을 부유하며' 정답의 출처인 교과서들만 눈이 빠지게 바라보고 있는 관행을 버리지 못하는 이들의 행태를 고착이라고 부른다고 무슨 실례가 되겠는가.

정신분석학을 동원하지 않더라도 고착이 퇴행을 동반한다는 사실은 일상의 관찰을 통해서 충분히 추측할 수 있다. 예를 들어 심각한 고착의 경험이 있는 이들이 불안이나 스트레스에 적절히 대응하지 못하면 현실을 기피한 채 옛 기억과 습벽 속으로 빠져드는 모습을 보인다. 불행한 일이지만, 이러한 패턴은 초등학교로부터 대학원까지의 기나긴 교육을 착실하게 마친 후 이 땅에서 학자라는 명패를 붙이고 근근이 행세하고 있는 대다수의 사람에게 그대로 적용될 수 있다. 이들은(우리는) 초·중등 교육에서 고착이라고 불러도 좋을 행태의 배움을 습벽처럼 익힌다. 우리의 교육 체제나 이 체제를 수호하고 있는 이들의 사고방식이 이 습벽을 마치 자신들의 이데올로기처럼 신봉하고 있는 이상 이 습벽의 권위는 의심을 사지 않는다. 이 습벽에 기계적으로 적응해야만 살아남는다는 인식은 말랑말랑한 정신과 팽팽한 육체를 지닌 사춘기의 학동들을 극단적으로 규제할 수밖에 없다. '마음을 가지런히 하고 사물을 대하면 비록 책을 읽지 않아도 덕 있는 군자가 될 수 있다定心應物雖 不讀書可以有德君子'는 옛말은 잊힌 채, 이제는 책을 읽을수록 오히려 줏대 없이 남의 눈치나 살피는 소인들만 낳아놓는 실정이다.

대개 성숙은 담장을 넘겨다보는 시선으로부터 출발한다. 이로써 이웃의 차이들과 그 다양성에 노출되는 모험 및 긴장이 배움의 중요한 과정으로 정착된다. 그러므로 이 과정을 거치면서 이뤄지는 성숙이란 자율과 관용의 정신을 그 핵으로 한다. 예를 들어 탈근대의 제 현상을 한시적인 혼돈으로 폄하하면서, 이와 대조적으로 역사적인 뿌리를 갖춘 인류의 지적 성숙으로 평가할 수 있는 것도 자율, 다양성, 관용 등의 미덕이 정서적으로 보편화되고 있기 때문이다. 이런 유의 성숙은 원전이나 정전을 대하는 태도에서도 찾아볼 수 있어야 한다. 사회의 제반 부문과 그 기능이 점차 다원화되고 구심적·일률적 사고와 행태가 설 자리를 잃고 있는 지금, 여전히 원전이라는 무지개를 쫓아다니고 있는 우리 인문학의 글쓰기를 어떻게 봐야 할까.

고착과 퇴행으로서의 원전중심주의를 완전히 극복하는 길은 결국 사대事大와 추수追隨의 불행한 역사를 뒤엎는 데 있지만 이는 불가능한 공상에 머물 뿐이다. 우선 필요한 일은 줏대 있는 지식인들을 키우는 것이다. 영리한 전문가보다는 창발적 용기와 그 바탕이 될 자긍심에 벅찬 학인들을 생산해내는 일이다. 원전들과 큰 이름 그리고 거대 이론들의 그림자 속에 숨어 권위를 도용하는 전문인보다는 자기 목소리를 낼 줄 알고 그 목소리를 공정한 경쟁관계속에서 놀려볼 줄 아는 실험인의 등장을 권려하는 일이다.

원전에 매달려 그 주위를 뱅뱅 돌며 살아가는 '원전바라기'를 청산하고 아직은 작고 힘이 없지만 자기 목소리를 만들어가는 학문적 성숙은 이제 줏대와 용기와 자긍심의 문제가 되었다. 이는 우리 인문학의 글쓰기 현장이 그만큼 힘의 판도에 의해서 움직이고 있다는 사실을 반영한다. 한 편의 논문이 쓰이는 전 과정을 찬찬히 검색하면서 그 검색의 침에 묻어나는 사상事象들에 솔직할 수 있다면 이런 평결이 과장이라고 몰아붙이지는 못할 것이다. 사실, 이 땅에서 쓰이고 있는 논문의 대다수는 자신에게 직간접적으로 영향을 미치는 힘들에 대한 소극적이며 미약한 반응 양식의 결과물에 지나지 않는 듯하다. 물론 그 반응 양식의 주된 모습은 '눈치 보기'다. 그리고 논문이란 눈치 보는 글쓰기의 전형이며, 글쓰기에서 눈치 보기의 전형이 바로 원전중심주의이다.

별것도 아닌 한 편의 논문을 쓰면서 학인들이 눈치를 보고 있는 대상은 의외로 많다. 원전이라는 내용적 구심력 외에도 논문이라는 형식적 규제, 이미 사계의 권위로 뜻 모를 추앙을 받고 있는 색목인 대가들, 한껏 관세를 먹어 더욱더 무거워진 수입 이론들, 독서 여부를 확인할 수도 없을 지경으로 늘어놓은 참고문헌들, 내 논문을 결코 읽지 않지만 그러나 읽지 않는다는 바로 그 사실 때문에 더욱 무서운 선배 학인들, 절반은 공범 의식으로 절반은 의리와 정분으로 얽혀 있는 동료 학인들, 빈약한 전문지에 그나마 문벌과 파벌로 지면을 독점하는 사계의 기득권층 등의 막힌 벽들을 열거하다보면, 섬세한 관찰과 민활한 상상 그리고 솔직담백한 글쓰기만으로 이뤄진 논문이 얼마나 힘든 작업인지 쉽게 알 수 있을 것이다.

지금의 늙은 학인들이 왜인들의 책을 그리고 젊은 학인들이 색목인의 책을 원전으로 모시듯이, 가령 이조의 지식인 선비들은 중화인의 책을 원전으로 모시는 전통을 고집스레 고수했다. 이들의 글쓰기에서 찾아볼 수 있는 원전 고착 현상은 특히 임금에게 고하는 상소문에서 두드러진다.

사실 문장에 관심 있는 사람에게는 상소문의 매력이 비길 데 없이 다가온다. 학문의 본류로부터 글쓰기가 소외당하고, 문학성과 사상성이 창조적 통합을 이루지 못하고 있는 지금과는 달리 이조의 지식인들은 글쓰기를 배움의 장식이 아닌 요체로 이해했으며, 나아가 지행합일의 인격 도야를 위한 바탕으로 삼았다. 더구나 당쟁과 잦은 사화士禍의 와중에서 자신의 주의주장을 기개 있게 펴고 곧은 말을 회피하지 않으면서도 임금의 심기를 건드리지 않는 곡진함과 부드러움이 덧붙여져 상소문의 교치와 유려함은 종종 우리 같은 한글 세대가 능히 짐작하지 못하는 경지를 이루기도 한다.

내로라하는 선비들 중에서 상소문 한번 올리지 않은 이가 없을 정도였고 그 내용도 다종다양하지만, 쟁점이 될 만한 논지를 이끌

때는 전거가 될 원전을 늘 중국의 책으로 삼는 관행이 왕조 500년 간 변함없었다. 중세 서구의 수도원에서는 성서를 명분의 출처로 삼아 온갖 시시콜콜한 문제로 끝없는 논쟁이 이어졌고, 심지어는 이 원전의 명분을 빌미로 툭하면 사람을 상하게 했던 것처럼 이조 의 사대부들도 부질없는 명분 싸움에 지칠 줄 몰랐다. 더욱 서글픈 일은 중국의 '원전'들이 그 명분 싸움의 표면적인 심판관 역을 담 당했다는 사실이다. 물론 원전을 넘봤던 대찬 선비들이 없는 것은 아니었다.

이율곡은 자신의 호방한 기상과 넓은 도량에 어울리게도 직절 한 주석이나 분석보다 근본 원리를 자유롭게 종합 통찰하는 데 뛰 어난 천재를 보였다. 그는 자신의 이론을 키워나가다가 혹 주자朱子 의 언명과 다른 부분이 생기면 오히려 주자를 비판하는 줏대를 지 켰던 인물이다. 안데르센의 벌거벗은 임금님을 봐야 하는 방식은 정해져 있었고 이 방식은 이미 그것대로 넘볼 수 없는 하나의 원 전을 형성한다. 이 원전을 성공적으로 넘본 것은 꼬마였는데, 꼬마 가 본 방식은 '보이는 대로 본 것'뿐이었다. 실화를 극화한 영화 「로 렌조 오일」은 불치병을 진단받은 아이의 부모가 이에 대처하는 범 상치 않은 태도를 긴박감 있게 그려낸다. 그들은 의사와 의학이 포 기했다고 해서 노력을 멈추기는커녕, 아이의 병과 관련된 의학 지 식을 스스로 체계적으로 습득해감으로써 기존 의학의 원전 밖으 로 과감히 뛰쳐나가는 모험을 감행한다. 전문 지식과 임상 경험으 로 무장한 의사들의 진단은 환자와 그 가족들에게 원전의 권위를 지니게 된다. 그러나 이 부모들은 원전이 절망이라고 선고한 영역에서도 희망을 접지 않고 자식을 살리기 위하여 독자적으로 공부하고 참고 관찰하고 상상하다가 마침내 성공한다. 영화 「로렌조 오일」은 의학 원전의 권위를 뚫고 자율적 창의와 사랑으로 생명을 건지는 노력을 극적으로 묘사한다.

그러므로 원전중심주의라는 고착이 치유되기 위해서는 원전 바깥도 믿을 만하고 살 만하다는 사실을 체득하는 수밖에 없다. 이것이 용기와 성숙의 문제인 점은 여기서도 두드러진다. 자율성과 줏대라는, 학문성을 일구는 데 소용되기에는 다소 어색한 듯한 미덕을 강조할 수밖에 없는 사정은 물론 근대의 우리 학문의 정황과 풍토 탓이다. 그러나 남의 땅에서 수입해온 원전을 넘어서는 용기와 줏대 그리고 홀로 서는 자율성은 민족이나 지역색의 배번을 붙여보자는 의도가 아니다. 이 땅의 학문적 식민성의 가장 뚜렷한 흔적인 타율적 원전바라기는 우선 자긍심과 성숙의 문제이지만, 동시에 학문성 자체를 훼손시키는 심각한 내재적 요인이기도 하다. 기둥서방을 의지하고 사는 짓은 단지 체면 상하는 일일 뿐만 아니라 생활 자체의 균형과 건강성에 심각한 위해危害를 입힐 수 있다. 원전중심주의의 글쓰기는 말하자면 우리 학인들이 집단 무의식적으로 기둥서방을 모시고 있는 꼴이다.

이 글은 '원전'이라 불릴 수 있는 몇몇 책을 비판하려는 취지가 아니다. 낱낱의 책은 그 내용에 비춰서 미시적인 분석을 받으면 그만이다. 마르크스와 다윈과 프로이트와 하이데거의 책들(의 내용)을 비판하는 일은 쉬우며, 그 방면의 학문적 성과도 적지 않다. 그 비판을 군이 쉽다고 평하는 것은 비판으로써 그 책들의 '원전성原

典性'이 훼손되지 않으며, 또 그러한 비판 자체는 기존 학문성의 잣대를 손쉽게 통과할 수 있기 때문이다.

반복하는데 이 글은 원전(그 범주에 드는 책이 어떤 것이든지)이 아니라 원전중심주의를 비판한다. 원전중심주의는 학인들의 글쓰기를 실질적으로 지배하는 타율적 귀소 의식이며, 몇몇 세력 있는 책을 임의로 논의의 프로크루스테스 침대로 삼는 폭력이고, 학인들이 자율적 비판의식은 저당잡힌 채 집단 무의식적으로 섬기는 기둥서방이며, 삿된 눈치 보기로 글 쓰는 방식과 이에 공조하는 온갖 압력이다.

사실 이상적인 형태의 글쓰기는 원전이니 비원전이니 하는 말조차 불필요한 풍토를 필요로 한다. 원전 의식이 고착되어 원전중심주의로 흐르면 진위와 적부를 논의하는 자리에서도 결국 힘의 편향으로 결말을 보게 된다. 힘이 된 지식은 주변의 차이들과 공정한 경쟁관계를 이룰 수 없으므로 고착되어 마침내 역사와 현장을 외면하는 명령어로 화석화할 가능성마저 있다. 이는 되도록 모든 경험에 공평하자는 내 학문적 태도의 근본 전제와도 잘 부합하는 주장이다. 예를 들면 기독교적 종교 경험에 심정적으로 끌리는 종교학자는 결국 기독교 학자의 벽을 넘어설 수 없을지도 모른다.

물론 모든 책이 공정한 경쟁관계에 들어가고 모든 경험이 공평한 대접을 받을 수 있는 분위기 아래에서의 글쓰기를 욕심 내는 것은 지나친 이상이리라. 실상 이러한 이상태理想態는 가능하지도 않아서 비현실적이라는 비판을 면하기 어렵다. 악센트와 포커스가 없는 삶은 기계에 다름 아니겠기 때문이다. 이는 이상적 담론 상태를 상정하여 대화와 의사소통의 논의를 이끌어가는 순박함에 비길 만할 것이다.

그러나 원전중심주의에 대한 비판은 이 같은 이상적 글쓰기를 추구하는 유토피아 철학이 아니다. 모든 참고문헌이 일률적으로 평등화되고 모든 경험의 자료가 공평한 취급을 받는다는 것은 글 쓰는 이의 관점도 의도도 역사도 입장도 사라진다는 뜻이며, 아울러 이는 롤랑 바르트가 비판했던 무문체無文體의 글쓰기, 즉 '백색白色의 글쓰기'에 다름 아니겠기 때문이다. 바르트의 지적처럼 문체도 생활 양식, 가치관, 제도화의 영향 아래 있으며, 따라서 최소한 글쓰기에 문체가 있는 한 중심과 악센트가 전혀 없는 글쓰기는 가능하지 않을 듯하다. 글의 전부를 기계적으로 수용하는 이상적 독자가 없듯이, 콘텍스트의 전부를 기계적으로 종이 위에 옮기는 이상적 글쓰기도 없다. 어쨌든 삶의 역사와 입장과 관심의 망에서 완전히 자유롭지 못한 우리는 모든 경험에 공평할 수도 없고 모든 자료를 중성적으로 다룰 수도 없다. 텍스트(글)를 이루는 자료로서의 콘텍스트는 균질의 평면이 아니라, 글 쓰는 이의 관심과 의도 및 그 삶의 조건과 한계에 따라서 중심과 주변으로 나뉘는 이질적 대상이기 때문이다.

원전중심주의에 대한 비판은 중심을 아예 없애버리자는 것이 아니다. 그것은 고착화·우상화·박제화된 중심을 제 모습으로 되살려놓자는 주장이다. 삶의 복잡성과 역동성에 따르고 중심의 다양성과 가변성을 인정하자는 주장일 뿐이다. 원전과 비원전이라는 유명론적 위계 구조를 철폐하고 글 쓰는 이의 학문적 줏대에 따라 자료의 권위와 유용성을 스스로 평가할 수 있는 경쟁의 마당을 열어놓자는 발상이다. 제 똑똑하다는 이들이 다 몰려 있는 영역의 일이므로 '원전'이니 '정전'이니 하는 이름이 거저 생긴 것은 아닌 줄 알지만, 글 쓰는 이들의 자율적 취사와 검증 없이 제도와 풍조의 압력에 눌려 원전 만만세를 복창하는 폐습은 지양하자는 말이다.

자율인가 타율인가 하는 문제는 단순히 글쓰기의 바깥 풍경이 아니다. 상황이 어려울수록 빛나는 글을 생산한 작가들을 인용하거나 혹은 글의 내용적 자율성을 강조하는 것으로 이 논지를 희석시킬 수는 없다. 글쓰기는 그 근본에서 펜의 주위를 교차해서 흐르는 수많은 힘의 어울림이므로, 자율성을 지키려는 태도는 단순히 글쓰기의 밖을 가지런히 하려는 욕심이 아니라 글의 속내를 제 모습대로 유지하려는 의도에서 취해진다. 그러므로 원전중심주의를 장식하고 있는 타율성과 허위의식은 자존심과 양심의 문제를 넘어서서 글쓰기의 속내를 그 근저에서 훼손시키는 위험을 안고 있다.

고착되어 퇴행으로까지 이어지는 폐습을 끊는 데에는 때로 다소 충격이 필요하다(천관녀의 집으로 향하는 말을 단칼에 쳐버린 김유신의 결기 같은). 기득의 안온함 속에서 순치順治의 나태를 즐기고 있는 관습적 글쓰기를 흔들려면 더욱 그러할 것이다. 이 순치의 고착은 해방 후 반세기를 넘기는 지금에 이르기까지 원전의 수입상과 중간 도매상으로 매명賣名해온 학인들의 삶이 굳어진 것이니 쉽게 끊을 수 없을지도 모른다. 그러나 사상을 다루는 분야에서도 사상가를 찾아보기 힘들고, 나름의 사상가로 입신하려는 태도 자체를 오히려 어색하게 만드는 글쓰기 풍토를 없애려면 더 이상 원전 뒤에 숨어서는 안 된다. 우리 토양과 이 땅의 바람을 맞으며 성숙한 우리의 체취를 드러낼 수 있는 글쓰기를 적극적으로 모색해야만 한다. 다만 우리에게 그 체취를 향기로 만드는 의무가 있음을 잊지 말고.

3. 기지촌의 지식인들
-탈식민성과 우리 학문의 자생성

1. 기지촌 가는 길

누가 뭐라고 하든 이 길은 오르막이었다. 이 길에 들어선 이들은 소수였고 그들은 의심할 수 없는 엘리트였다. 사위四圍를 제대로 살피거나 자신을 둘러볼 겨를은 없었어도 하여튼 멀리 뛸 재간이 있는 이들만을 위한 길이었다. 기억의 맥은 끊어지고, 수족마저 외풍에 놀아나는데 정신을 순전하게 온존시킨다는 것은 어쩌면 사치일 뿐이었다.

허리께에 토담을 끼고 쇠똥이 포탄처럼 박힌 길을 허우적대다가 간신히 오른 이 길은 아스팔트 포장길이었다. 산뜻하게 포장된 탓인지 낮은 구름과 교미하는 고개 마루턱이 한눈에 차올랐다. 처음으로 걸어보는 포장길은 거리가 더해갈수록 겉보기나 처음 발을 디뎠을 때와는 다른 안정감을 주었다. "마음이 든든했다. 산비탈을 깊게 파서 닦은 그 넓은 아스팔트길은 부자 나라 미국이 만든 것임을 말해주었다. 그 나라 군인들이 사는 곳에 살게 되면, 우리 집안도 잘살게 될 터였다."5

2. 건축建築·사 혹은 건·축사畜舍

아침 5시 반쯤이었을까. 서울에서 전화가 걸려왔다. 자신을 건축비평가라고 밝힌 J는 그가 수석연구원으로 있다는 '현실비평연구회'를 짧게 소개한 뒤, 지난겨울 계간『상상』에 실린 내 글을 읽고서 원고를 청탁한다고 했다. 그들 연구회에서 곧 출간할 건축비평 무크지에 내 원고를 싣고자 한다는 취지였다. 『상상』에 실린 내 글의 제목은 「기학嗜虐과 도착倒錯의 인간학: 욕망의 처리와 폭력」이었다. J의 설명으로 미루어보면 청탁 원고의 성격은 도시의 건축 공간·문화가 도시인의 심성에 미치는 영향을 정신분석적으로 해명하는 작업쯤 될 터였다. 하지만 잠에서 덜 깨어 나눈 통화 탓인지 내 귀에 흘러들어오는 J의 설명은 별로 명료하지 못했다. 사실 내게는 기왕에 큰 마음을 먹고 준비 중인 중요한 글들이 밀려 있던 차여서 더 이상의 청탁을 받을 여력이 없었다. 그래서 두어 시간 후 다시 나눈 통화에서도 나는 정중하게 사양할 참한 빌미를 찾아 요리조리 머리를 굴리고만 있는데, 의외로 J의 설득이 완강하고 신선해서 그만 넘어가버린 것이었다.

나는 곧 서울에 있는 몇몇 제자에게 사정을 설명하고 도움을 청했다. 기민하고 영리한 제자들은 지체 없이 복사한 자료물을 적잖이 보내왔다. 늘 내 작업에 각별한 호의를 베풀었던 부산대학교의 이왕주 교수는 지오 폰티의 『건축예찬』을 빌려주었다.

사실 청탁받은 글이란 옮겨 심는 분재와 같다. 보통 이식 행위 자체에도 엉성한 점이 많지만, 별다른 돈줄이 없는 프리랜서들로서는 이식(번역이나 편역 등)이 곧 돈벌이로 통하기 때문에 이식되는 텍스트를 제대로 뒷받침해줄 여러 콘텍스트를 골고루 살펴볼 여유가 없는 법이다. 대체로 톡 쏘는 재치란 주변부에서 기생하므로, 밤새워 술 마신 뒤 허우적대다가 전봇대를 들이박고도 좋은 시 한 수쯤은 나올지 모르지만, 대체로 좋은 글은 '역사'의 흐름이 만든 힘에서 솟아나는 법이다.

'역사의 흐름이 만든 힘'이란 뭐 별다른 것이 아니다. 설명을 조금 사적인 방향으로 돌리자. 나는 유학생활을 마치고 국내에서 활동해온 지난 5년간 적잖은 글을 써오면서 나름의 글쓰기 습관을 이루었다. 지속적으로 글을 써본 이들은 비슷한 체험을 했겠지만, 이런 유의 패턴은 무슨 대단한 작심의 결과이거나 밖으로부터의 지속적인 압력의 영향이 아니다. 워낙 글쓰기란 글 쓰는 사람의 생활사와 밀접한 관련 속에서 이뤄지는 법이라, 좋은 글을 쓸 수 있는 제언을 한답시고 누구에게나 통하는 일상적인 충고를 할 수는 없다. 그간 나는 사실상 매일 글 쓰는 습관에 젖어들었고, 또 글을 쓰지 않은 채로 이틀을 넘기는 짓을 금기시하는 정도에 이르렀다.

이런 습벽만을 요모조모 따지면서 긴 이야기를 펼칠 수도 있겠지만 여기서의 논점이 아니니 피하기로 하자. 논점은, 글쓰기의 세월이 쌓여가고, 또 지속적으로 변용·진화하는 글쓰기의 패턴을 통해 부단히 글이 조율되면서, 내 글이지만 꼭 내가 썼다고만 할 수 없는 묘한 느낌에 빠지는 일이 잦아진다는 것이다. 이 대목에 관해서는 특히 융을 아전인수격으로 동원하면 재미있고 교묘한 설명을 장황하게 늘어놓을 수도 있을 것이다. 그러나 나로서는 일단 무엇이든 쌓이면 힘이 생기고, 힘이 생기면 독립되고, 독립된 힘은 역으로 숙주에 영향을 미치는 이치의 하나라고 본다. 그것이 암이든 아들이든 말이다. 다시 말하자면 워낙 내가 생산한 글들이지만, 이것들이 쌓여 그 역사가 깊어질수록 나로부터 독립된 힘을 이루고, 마침내 이는 역으로 글의 숙주인 내게 되레 영향을 행사한다는 말이다. 논지를 도드라지게 만들 목적으로 다소 과장된 설명을 했지만, 나로서는 글을 쓰면서 늘 느끼는 바를 솔직하게 옮겼을 따름이다. 그러니, 앞서 말한 '역사의 흐름이 만든 힘'이란 '글의 숙주인 내게 되레 영향을 행사'하는 힘의 원천을 가리키는 말이다.

쌓인 글들이 다른 글을 만들어가면서 이것들이 모여서 나름의 힘 있는 흐름을 형성한다고나 할까. 나는 이를 '글의 강'이라고 부른다. 그러니, 어떻게 보면 내게 글쓰기는 이 '글의 강'을 찾아가는 작업이고, 그 속에 몸을 담그는 행위이며, 또 그 강에 조그만 샛강을 하나씩 더하는 작업이다. 글을 쓰다보면 대개 짧은 순간에 불과하지만 마음과 손가락 사이 그리고 손가락과 모니터 스크린 사이에 틈이 없어지는 무극일체無隙─體의 체험이 일어난다. 육체적 감각은 점멸하고, 호흡조차 숙지며, 눈과 손가락은 극도로 기민해진다.

그러나 옮겨 심은 분재처럼 청탁받은 글, 특히 글의 소재나 논점, 그 향방까지 설정된 글은 내 글쓰기 역사가 만든 강물과는 잘 어울리지 못한다. 비유로 말하자면, 내 몸을 그 강 속에 푹 담가서 마침내 내 몸을 통해 그 강이 말하게 하는 방식이 되지 못하고, 간신히 강변에 도착해서 물통에 강물을 담아 나와서는 옮겨 심은 분재와 잘 섞이지 않는 물을 억지로 중화한 뒤 사용하는 방식쯤 된다고 할까. 하여튼 글쓰기의 역사가 만든 강을 선용하지 못하는 글들은 대체로 힘이 없고 뒷맛이 좋지 않다.

사실 나는 '글의 강'이라는 느낌에 닿기 오래전부터 '시詩의 강'이라는 말을 자주 써왔다.

> 시작詩作이란 바로 이것이다. 질료를 느끼는 시심을 우리 언어로 번역하는 행위가 바로 시작詩作이요, 인간의 시작始作이다. 감각의 긴장 속에 체현된 시의 강물을 퍼올려서 고갈된 촉수를 재생시키는 기다림이 시작詩作이다.[6]

다른 글에서도 밝힌 적이 있듯이, 학령기에 들면서 시작된 나의 시 쓰기는 거의 2000편에 이르는 습작을 낳았지만 결국 내게 별스런 시재詩才가 없음을 깨닫게 해주는 데서 그치고 말았다. 대체로 보자면 논증적 산문이 내 성정에 더 어울린다는 생각에는 지금도 큰 변함이 없지만, 가까운 독자들로부터 내 글이 매우 운문적이라는 평을 듣는 배경에는 이런 사정이 작용하고 있을 듯하다. 어쨌든 시로써 일가를 이루는 데에는 실패했고, 또 부푼 마음으로 앞날을 기약하면서 고이 모아왔던 습작들마저 이제는 다 소실되었지만, 그 과정에서는 가치를 쉽게 접칠 수 없는 소득도 있었다. 바로 그것이 '시의 강'을 발견한 사실이다. 묘하게도 이 발견은 내가 태생이 시재가 아니라는 늦은 자각과 함께 찾아들었다.

시감詩感을 얻으려고 몸부림칠 적마다 시의 유유한 강물은 내 몸 바로 인근에서 넘실대고 있었다. 손만 뻗으면 그 물살이 잡힐 만큼 지척인 듯 느껴졌고, 그 물속에만 들어갈 수 있다면 분수 같은 시들이 쏟아질 것을 직감으로 알고 있었다. 그저, 나는 그것을 알 수 있었다. 마치 혐기성嫌氣性 동물들이 물의 존재를 본능적으로 느끼듯이 말이다. 장소 속에 있는 것도 아니고 시간 속에 있는 것도 아닌 그 강은 그러나 시의 물방울을 찾아 헤매는 내게는 너무나 분명하게 느껴졌다. 읽는 이에 따라서는 이런 유의 설명이 지나치게 관념적이고 환상적이라는 인상을 받을 수 있겠지만, 때로는 관념과 환상의 실재성에 우리는 얼마나 끔찍해하는가.

내친김에 결말까지 관념적이고 환상적으로 짓자. 나는 이 시의 강의 연원을 이렇게 추정해본다. 수천 년의 세월을 수천 명의 시재가 시감을 얻기 위해 쥐어짠 땀과 피의 방울들이 자연스러운 친화감으로 때와 곳을 넘어 스스로 모여 함께 흐르고 있는 것이라고.

J가 부탁한 글에만 전적으로 매달릴 수도 없는 입장이었고, 또 이미 확보한 자료들을 제대로 읽을 여유마저 충분치 않았지만, 나는 글의 준비를 빌미 삼아 다른 욕심을 내봤다. 참고문헌에만 의지해서 글을 쓰기에는 건축이 몹시 생소한 분야였으므로 건축 분야의 전공자를 만나 대화함으로써 간접적으로나마 그쪽 세계의 낌새를 얻고 싶었다. 아무리 솔직하고 질박한 글이라도 이미 종이 위의 활자는 상당 부분이 걸러지고 솎아진 것이므로, 사람을 만나 체취를 느끼고 표정을 읽고 분위기를 훑어내고 말 사이의 침묵과 그 깊이를 잡아가는 정도의 이해와는 다를 수밖에 없는 것이다. 말하자면 참여관찰법으로 감각을 활용해 질적인 데이터를 읽어내고 싶었

던 것이다.

곡절 끝에 모 건축연구소 소장을 소개받아 대화를 나눌 기회를 가질 수 있었다. 전공 간의 거리와 관계없이 대화는 순조로웠다. 첫 만남의 긴장이 삭고 호기심이 전문화되면서 우리 대화는 점점 깊이와 템포를 더해갔다. 세 시간쯤 계속된 그와의 대화에서 내가 확인할 수 있었던 것은 분야는 다르지만 관심의 구조나 고민의 향방에서는 서로 매우 닮아 있다는 사실이었다. 그것은 내가 그간 신학자, 국문학자, 영문학자, 사학자, 사회학자, 미술평론가 등을 만나면서 확인했던 '관심의 구조나 고민의 향방'과 정확히 일치하고 있었다.

우리 건축사는 절맥絶脈될 수밖에 없었다. 식민지와 전쟁의 경험을 상흔으로 안은 채 후발개도국으로 고도성장의 틈바구니에서 경쟁하자니 건축의 역사성이니 전통이니 하는 배려는 자연히 도태될 수밖에 없었다. 서울이나 부산의 도시 건물은 우리 터와 역사 속에서 솟아난 것이 아니라 서구라는 이름의 하늘에서 공수된 것이었다. 우리나라 전통 초가지붕의 모양새를 잘 보면 그 지방의 주변 산세와 묘하게 어울리고 있음을 알 수 있다. 그러나 지금의 도시 건물은 자연도 인간도 무시한 채 무분별하게 이식된 썩은 살점에 지나지 않는다. 대안이 없다. 21세기의 새 주거 공간으로 내세울 수 있는 모델이 없다. 설혹 모델을 창안한다 하더라도 건축이라는 분야의 특수성을 고려해볼 때 개혁은 불가능하다. 20세기의 도시, 특히 한국의 도시 건축은 철저히 실패했을 뿐이다.

그 소장의 말은 한국 인문학의 현실과 미래를 염려하는 내게는
이렇게 들렸다.

우리의 인문학은 절맥絕脈될 수밖에 없었다. 식민지와 전쟁의 경험
을 상흔으로 안은 채 후발개도국으로 고도성장의 틈바구니에서 경
쟁하자니 사상의 역사성이니 전통이니 하는 배려는 자연히 도태될
수밖에 없었다. 대학의 강단과 전문 서적의 주註에서 막강한 힘으
로 등장하는 색목인들과 그들의 이론들은 우리 터와 역사 속에서
솟아난 것이 아니라 서구라는 이름의 하늘에서 공수된 것이었다.
우리나라 전통 사상들을 잘 살펴보면 우리 땅의 생활 현장과 묘하
게 어울리고 있음을 알 수 있다. 그러나 지금 학계를 주름잡고 있는
현란한 이름과 원전과 이론들은 우리 터와 역사, 그리고 그 속의 자
연과 인간을 무시한 채 무분별하게 이식된 썩은 살점에 지나지 않
는다. 대안이 없다. 다가올 21세기의 새로운 사상으로 내세울 수 있
는 우리의 모델이 없다. 설혹 모델을 창안한다 하더라도 사상의 특
수성을 고려해볼 때 급진적인 개혁은 불가능하다. 20세기 한국의
인문학은 철저히 실패했을 뿐이다.

그 자리에는 친구인 P 교수와 사진예술을 하는 K씨 그리고 누
구인지 짐작이 가지 않는 젊은 여성도 함께 있었다. 대화가 어느
정도 마무리되면서 논의가 무뎌지는 분위기에 들자 누군가 '소주
나 한잔 하자'는 제의를 했다. 맥주 일곱 병을 다섯 명이 나누어 마
시다보니, 간들어진 취기에 치기가 동했나보다. 나는 내일 오전에

있을 수업을 핑계로 혼자 자리를 떴다. 맥주 마신 뒤에 소주 마신다고 집이 잘 지어질까, 아니면 글이라도 잘 써질까. 마음쓰기나 글쓰기나 집짓기가 매일반인데.

집으로 가려고 240번 해운대행 좌석버스에 올라타자 불현듯 어제 읽은 복거일의 소설 『캠프 세네카의 기지촌』 중 한 대목이 떠올랐다.

골짜기 아래쪽에 미군 부대가 철조망을 두르고 의젓이 앉아 있었다. 그 한쪽에 우리 마을이 혹처럼 붙어 있었다.(37)

3. 기지촌의 학문과 인용 I

1608년 2월 2일, 조선조 선조 임금의 붕어崩御 소식이 전해지기가
바쁘게 인목왕후의 아들 영창대군을 임금으로 옹립하려는 영의정
유영경 등의 소북파小北派 세력과 왕세자 광해군을 등극시키려는
대북파 사이에 한바탕 설전이 벌어졌다. 경운궁 서청西廳에서는 조
복을 입은 백관들이 좌정했고 유영경이 윗자리에 앉아 모임을 주
재했다. 유영경은 선왕이 광해군의 행실과 품성을 미워해서 조석
인사조차 들지 못하게 했고, 인목왕후와의 사이에 태어난 유일한
적자 영창대군을 각별히 사랑한 점을 거론하면서, 향후 소북파의
세력 지반을 위해 중론을 이끌고자 애썼다. 그러나 홍문관의 전한
典翰으로 있던 대북파의 최유원이 특유의 달변으로 왕세자의 적통
을 주장하며 영의정과 소북파의 논리를 공박하기 시작했다. 최유
원 등의 정연한 언설에 부딪혀서 난감해진 데다가 이항복이나 이원
익 그리고 이덕형 등 원임 대신들마저 별무소용으로 함구하자, 유
영경은 일단 임금을 등극시키는 날짜를 최대한 미루어서 뒷일을
도모하고자 했다. 마침 그 모임은 선조 임금이 훙서薨逝한 날에 급
하게 열렸으므로, 유영경은 대행왕이 승하한 지 채 하루도 지나지
않아서 새 임금을 모시는 것은 예법에 어긋난다고 주장했다. 그러
나 고사故事와 실록에 밝은 최유원은 송宋나라 이종理宗이 당일에
즉위한 사실을 인용한 다음, 이에 쐐기를 박을 양으로 아조我朝의
성종成宗도 당일에 즉위한 사실을 재차 인용함으로써 논의의 결말
을 짓는다.

인용을 통해서 문제를 풀어내는 방식은 기지촌의 지식인들에게는 매우 익숙하다. 인용引用은 '끌어다 쓴다'는 뜻이다. 좀더 친절히 풀어보면 남의 글이나 말 중에서 필요한 부분만을 끌어다 쓴다는 뜻이다. 이 뜻풀이만 봐도 언뜻 눈에 띄는 문제점, 특히 기지촌 지식인들의 행태와 연관해서 자주 드러나는 문제점이 몇 있다.

우선, '남의 말이나 글'이라는 대목이다. 물론 쉽게 떠오르는 비판은, 내 문제를 해결하기 위해서 하필 남의 말이나 글을 끌어다 쓰는가 하는 원론적인 것이다. 그러나 상식선에서 살피더라도 이러한 원론이 나와 남이 복잡하게 얽혀 있게 마련인 현실에서는 별 설득력 없는 줏대에 불과함을 알 수 있다. 오히려 이 경우의 쟁점은, 역으로 '남의 말이나 글'을 끌어와서 풀려는 문제가 진정 '나의 문제'인지를 따져보려는 태도에서 분명해진다. '나의 문제'에 대한 혼동은 책 속의 문제와 책 밖의 문제를 혼동하는 지식인들 특유의 허위의식에서 두드러진다. 영어를 알면 영어로 쓰인 책들이 보이고, 일어를 알면 일어로 쓰인 정보들에 기민해진다. 이는 영내 출입증이 있으면 미군 기지 속의 사정이 보이는 것과 마찬가지다. 기지촌 지식인들의 특권의식은 우선 어학 실력에서 출발한다. 남들이 읽지 못하는 문건들을 읽어내고, 남들이 통행할 수 없는 기지 속을 돌아다닐 수 있다는 사실은 기지촌 지식인들의 허위의식이 시작되는 지점이며, 동시에 자신의 현실과 남의 현실을 혼동하기 시작하는 지점이다. 내로라하는 지식인들마저 자신의 현실과 남의 현실을 쉽게 혼동하는 것은 나와 남의 변별이 독서 경험을 통해 구렁이 담 넘어가듯이 소실되기 때문이다.

요컨대 대체로 이들의 문제의식은 자신이 몸담고 있는 현실 속에서 자생해 올라온 것들이 아니다. 이들에게 문제의식이 생기는 계기는 마치 비밀 계좌로 돈을 챙기듯 생소한 남의 말로 쓰인 책을 읽거나 남의 땅 구석구석을 다녀본 경험이다. 남의 말로 쓰인 책 속의 정보를 먼저 접한 이들 기지촌 지식인은 '아하' 하고 무릎을 치며 착안하고 반성하며 깨닫고 판단해서 선각적 계몽인으로서의 자기 소명을 더욱 채근하게 된다. 마침내 이들은 자신의 머리가 속한 현실에서 나온 이론들을 더러는 날것으로, 혹 체면을 위해서는 조금 변형시키거나 짜깁기해서 자기 몸이 속한 현실에 적용하게 된다. 아, 우리는 여전히 식자우환識字憂患과 계몽의 완고한 변증법 사이에서 우왕좌왕하고 있는 셈이다. 배움에는 보편성이라는 전래의 미덕이 있는 법이고 또 나와 너를 명석히 분별할 수 없을 만큼 중층적으로 얽혀 있는 현실이긴 하지만, 거시적·전략적·실천적 차원에서는 여전히 나와 너의 문제를 준별할 줄 아는 식견과 용기가 요청된다고 여겨진다. 특히 자신을 팔아버림으로써 자신의 자존을 도모해왔던 이 땅에서는.

다음으로는 '필요한 부분'이라는 대목을 문제 삼을 수 있다. 알다시피 인용은 남의 글이나 말 중에서 자신에게 필요한 부분만을 발췌해서 끌어오는 방식이다. 남이 내가 아닌 한, 처음부터 내 구미에 완전히 맞는 글을 준비해놓을 수도 없고, 논지란 늘 문맥을 통해서 자신을 세우는 법이니, 문맥이나 또 이 문맥을 뒷받침하는 글쓰기의 정황이 다를 수밖에 없는 타자의 글이 내 글에 부분적으로 이용될 때 어느 정도 왜곡될 것은 필연이다. 그러므로 남의 글이나 말이 내 글에 필요한 부분이 되는 경우, 엄밀히 말하자면 정작 필요한 것은 그 텍스트의 한 '부분'이 아니다. 관건은 어떤 부분이든 '필요에 따라 쓰이는 방식'에 있다. 특히 현대사회처럼 무차별적 등가성의 논리를 피할 만한 구석을 찾아보기 힘든 형편에서는 '무엇'이 아니라 '어떻게'에 주목하는 것이 오히려 사태의 실상을 제대로 파악하게 해준다. 등가성의 논리에 빠진 인용은 순진한 텍스트 중심성의 사고에 매몰되어 있는 셈이다. 콘텍스트라는 덫을 보지 못하고 텍스트의 단맛에 몰입하는 태도는 삶의 구체적 정황에서 면제된 인공의 공간을 상정한 채 그 속의 등가성만을 운용하고 조율하는 관념적 자족에 다름 아니다.

기지촌 지식인들의 행태와 연관해서 지적할 수 있는 인용의 또 다른 문제점은 글 쓰는 사람의 '몸'은 가만히 둔 채 남의 '글'만 끌어온다는 사실에 있다. 요컨대 내 몸을 끌지 않는다는 점에 대한 비판이다. 글의 힘과 그 적실성이 삶을 통해서 도드라져 올라온다는 말은 낡은 원론이나 수사가 아니다. 특히 무엇보다 삶의 깊이와 넓이에 유의해야 하는 인문학의 글은 더욱 그러할 수밖에 없다. 그러니, 인문학자의 글은 인문학자 한 사람 한 사람이 자신의 터와 역사 속에서 몸을 끌어본 경험에 근거해야 한다. 자기 몸을 끌어서 얻어낸 글이 아니라 남의 글에서 필요한 일부를 발췌해 써먹는 글이 수사나 미화를 크게 넘어서지 못할 것은 분명하고, 때로는 자의적인 왜곡이나 표절의 유혹으로까지 진전될 위험마저 있다.

물밀 듯한 정보의 홍수 속에 살고 있는 지금, 인용 자체를 문제시할 수는 없을 것이며, 이 글도 그런 취지에서 쓰지 않는다. 그러나 인용 속에 자신의 떳떳하지 못한 자취를 숨기고, 마치 인용할 수 있는 능력이 학문성의 중요한 담보인 듯 여기는 풍토는 마땅히 사라져야만 한다. 익명의 이론 뒤에 숨어서 기명記名 없이 살아가는 삶을 '학문'이라고 부를 수는 없지 않은가? 더구나 그 인용의 출전을 잣대 삼아 학문의 등급까지 매기려드는 작태는 한심하다 못해 참혹할 지경이다.

"아, 내셔날 가드? 레귤라 아미가 아니고오." 김씨가 고개를 끄덕였다. 그의 기름기 흐르는 검은 얼굴에 경멸감이 어렸다. "내셔날 가드야 레귤라 아미보다 많이 떨어지지."(47)

덩달아 흑인 병사들을 얕보는 마을 사람들도 더러 있었다. 그런 사람들은 흔히 '깜둥이'라는 말을 썼다. 그래서 마침내 흑인 병사들도 '깜둥이'란 말이 자기들을 멸시하는 말임을 알게 됐다. 그래서 그들 앞에서 무심코 그 말을 썼다가 봉변한 사람들도 생겼다.(88)

4. 마이신과 허위의식

기지촌 지식인들은 기지촌의 단맛을 깊숙이 알고 있는 자들이다. 산 너머 자영농들이 어떤 말로 수군거리든 이들은 그 맛을 포기할 수 없다. 그들이 즐기는 그 맛은 삶에서 우러나온 것이 아니다. 그들이 지금까지도 기지촌을 배회하면서 회색의 삶을 계속하고 있는 것은 애초 그들의 삶이 그 맛을 통해서 기생한 것이기 때문이다.

기지촌의 P.X에서 흘러나오는 물건들에 길들여진 혀와 손, 노란색으로 물든 혀와 손을 어떻게 할 것인가. 그 노란색만으로도 행세할 수 있었던 시절이 어제 같은데, 오늘에야 그 노란 물이 든 혀와 손을 마치 병색인 듯 몰아치는 주변인들의 비판을 어떻게 막아낼 것인가. 자율과 성숙을 논하는 일이 사치처럼 느껴졌던 옛날, 외곬로 비틀어진 열정을 모아 생존만을 위해 골몰했던 행위들이 자신도 모르게 낳아놓은 기형의 자식들을 어떻게 할 것인가.

"법 한번 좋아하시는구먼. 보죠. 세상에 당신들만 법을 아는 줄 아쇼? 애당초 정부에서 약포 허가를 내준 취지가 뭐요? 취지가? 무의촌에 사는 사람들두 최소한의 의료 혜택을 받게 허려는 거 아니었소? 그렇다면, 그 취지에 맞게끔 법을 집행해야 할 것 아뇨? 여긴 기지촌이요, 기지촌." 아버지께서 부대 쪽을 가리키셨다. "저기 미군부대 보입니까? 여긴 미군들을 상대하는 젊은 여성들이 많은 곳이오. 그런 데서 마이신을 팔지 말라니. 그 얘긴 여기 사는 색시들보구 고생 좀더 허란 얘기밖에 안 되는 거요. 그게 도청에 있다는 양

반들이 헐 얘기요?"(76)

기지촌 양공주들의 몸을 위한 약은 마이신이지만, 기지촌 지식인의 정신을 위한 약은 '허위의식'이라는 좀 묘한 놈이다. 허위의식이란 삿된 방식으로 정당화된 신념의 콤플렉스라고 정의할 수 있다. 그러나 그 신념은 심한 균열이 나 있는 게 보통이고, 어쩌다 달 밝은 밤 혼자 깨어 창밖이라도 내다볼라치면, 눈은 조금 맑아지고 양심은 나긋나긋해져서 어느새 그 신념은 심한 자조의 대상으로 전락해버리고 마는 그런 종류의 것에 지나지 않는다. 하지만 어쨌든 이들 기지촌의 지식인은 이 허위의식으로 자기 머리통을 보양保養할 수밖에 없는 처지이고 보니 그런 자조에 오래 심각할 수는 없다. 기지의 존재는 우리 역사의 훼손된 부분이 불러들인 어쩔 수 없는 필요악이었고, 그 필요가 사그라들면서 악이 도드라지는 것도 어쩔 수 없는 일이지만, 이들 기지촌의 지식인에게 필요와 악은 서로 분리될 수 없는 켤레일 뿐이다. 기지가 사라져도 양공주들의 몸에 남은 상흔은 사라질 수 없는 것처럼, 지식인들이 '필요악'이라는 애매한 말 속에 함께 수입해 들어왔던 그 '필요'가 사라진 다음에도 '악'은 계속 남아 자신의 텃세를 주장하고 있는 셈이다.

물론 '도청에 있는 양반들'이 마이신에 대해서 왈가왈부할 수 없다. 애초에 기지를 불러들인 것도 그쪽 사람들이었고, 약포상을 허락한 것도 그쪽 사람들이었기 때문이다. 마이신과 허위의식에 대해서 질타할 수 있는 유일한 주체는 이 땅의 터와 역사뿐이다.

'삿된 방식으로 정당화된 신념의 콤플렉스'에 더 이상 정을 붙이지 못하는 지식인들이 늘고 있다는 사실은 주목할 만하다. 그 신념의 벽에는 틈이 생겨 찬바람이 세다. 찬바람을 맞은 기지촌의 지식인들은 그제야 자기 발이 땅에 닿지 않고 있음을 절감한다. 그러니, '참을 수 없는 이 존재의 가벼움'을 어떻게 할 것인가? 무엇으로 허족虛足을 잘라내고 내 존재의 무게를 늘려 내가 살고 있는 터에 뿌리를 내릴 것인가? 무엇으로 허위의식의 바람을 빼고 실속 있는 자긍으로 내 삶과 앎을 채울 것인가?

5. 제도, 학문성, 선생

무릇 제도란 보는 시선에 따라서 보호막이 될 수도 있고 차꼬가
될 수도 있다. 솔직히 이 시선은 욕심의 문제일 수도 있다. 우리가
'작은' 욕심을 부려서 제도가 베풀 수 있는 혜택에 만족하고 그 범
위 내에서 놀고자 한다면, 제도는 즐겨 보호막으로 기능할 것이다.
그러나 '큰' 욕심을 부려서 어떤 식이든 제도를 엎어버리려고 한다
면, 제도는 그 파닥이는 심장의 고동이 숙지고 마침내 절명하는 마
지막 순간까지 우리 손목과 발목에 생채기를 내고야 말 것이다.

한편 이 시선은 줏대와 자긍의 문제이기도 하다. 이는 이 제도를
엎고 저 제도를 세우려는 욕심의 차원이 아니라, 제도에 의해서 역
으로 소외되고 있는 자신을 다시 자리매김하려는 항의이기도 하다.

제도란 절제의 미학이 낳아놓은 산물이어야 한다. 절제란 앞이
보이는데도 앞에 나서지 않고, 위가 보이는데도 위에 오르지 않는
태도를 가리킨다. 그러니, 절제로 만들어진 제도는 늘 스스로의 한
계를 성찰하는 것으로 자양분을 삼는다. 그러나 앞과 위를 한 치
도 알지 못하는 제도는 늘 앞과 위를 알 수밖에 없는 사람들을 압
살하는 모진 역할을 한다. 앞과 위를 모르고, 따라서 제도와 의식
사이에 아무런 긴장이 없는 상태는 죽음 같은 평형이 지배한다. 또
이 평형은 우리가 욕심과 자긍만 포기해버린다면 무중력 속의 사
이버 섹스 같은 쾌감을 선사할 수도 있다. 욕심이나 자긍은 긴장
속의 진실을 찾는 작업이니 경직된 선을 긋는 짓으로 자존을 유지
하는 제도와 어울리기는 어렵다.

어느 날, 부산대학교 문헌정보학과 사무실로부터 전화 연락이 왔다. 계간『오늘의 문예비평』1994년 봄호에 게재된 내 글을 구할 수 없다면서 혹 내게서 한 부 얻을 수 있을까 하는 문의였다. 알고 보니 문헌정보학과 대학원생들이 글쓰기 문제에 대한 내 글 몇몇을 이미 애독하고 있었고, 또 이를 복사해서 자료 회람 시스템에 연계되어 있는 전국의 수십 개 문헌정보학과에 보내기도 했다는 것이었다.[7] 간단히 정리하자면 한국의 도서관 현실에 대해서 우리 터와 역사와 형편에 맞게 고민하다보니 결국은 글쓰기 문제에까지 이르렀다는 것이고, 마침 내 글을 알게 된 학과장 김 교수의 권려勸勵에 힘입어 나로서는 생소한 학과에서 내 글이 읽힌 것이었다.

얼마 후, 이 인연으로 김 교수와 함께 점심을 먹을 기회가 있었다. 김 교수는 미국과 캐나다의 유수한 대학에서 학위 과정을 둘씩이나 이수한 석학으로, 진중하고 날카로운 인상에 무척 호감 가는 분이었다. 박사과정생 세 명도 동석했는데, 대화가 깊어지면서 나는 소재나 자료는 다르지만 우리의 학문적 고민이 매우 유사한 패턴을 이루고 있음을 확인할 수 있었다. 물론 이 패턴은 우리가 공유한 역사와 터와 앎이 오랫동안 서로 어긋나는 가운데 우리에게 남겨놓은 상흔 같았다.

발은 땅에 닿지 않으면서도 머리는 현실 문제에 대한 온갖 사변과 수사로 가득 찼던 기억들이 남긴 상흔, 삶의 꼬리는 봉건의 유습 속에 담가둔 채 머리털은 포스트모더니즘의 노란 물을 들이고 있는 행태들이 남긴 상흔. 앎의 수평 이동과 그 템포에 취해서 삶의 구체성은 뒤풀이하는 술집에서나 확인하면 될 뿐이었던 우리 배움의 현장이 남긴 상흔. 수십 년은 앞서나가 있는 테크닉에 수십 년은 뒤처져 있는 자료와 기재들이 남긴 상흔. 사상은 없고 남의 원전에 대한 주석만 판을 치는 중세 아닌 중세로 살아왔던 20세기 현대 한국 지식인들의 상흔.

모처럼 비싼 '까치복' 지리를 시켜 먹었는데 이런저런 상흔들로 반찬을 한 탓인지 솔직히 '은복'만도 못한 느낌이었다. 그러다가 김 교수는 문득 흥미로운 얘기를 꺼냈다.

묘한 경험을 했어요. 여기 학생들에게 논문 쓰기의 경직된 형식에서 벗어날 수 있도록 배려했더니 전에 볼 수 없었던 능력들을 나타내는 겁니다. 학생마다 개인차가 있지만, 솔직히 논문의 틀과 격식을 짜맞추느라 끙끙대던 시절의 능력이 열이라면 지금은 열다섯 정도의 성과를 보이는 것 같습니다.

보는 이의 시선에 따라서 제도의 역할은 달라진다. 춤은커녕 줄도 제대로 못 서는 학동들에게 직선과 절제의 미학을 일러줄 의향으로 유지되는 제도를 탓할 사람은 없다. 음표가 있으니 노래는 더 아름다운 것이고, 줄이 있으니 곡예는 더 빛난다. 문제는 제도를 명패로 내세우는 힘의 존재와 그 역학이다. 제도라는 명패를 빌미로 힘을 유지하는 이들은 자신의 본명과 체취를 그 명패 뒤에 숨긴 채 힘없는 이들을 억압하고 통제하는 수단으로 제도를 악용한다. 제도라는 틀에 잘 끼이지 않는 것들은 도덕성이니 학문성이니 하는 애매하지만 편리한 잣대에 의해 가차 없이 폐기 처분된다. 사실 '제도라는 틀에 잘 끼이지 않는 것들' 중에는 종종 값을 매길 수 없을 만치 소중한 미덕들이 있고, 제도 주변에 흩어진 것들 중에는 종종 기존 제도를 뒤엎고 새로운 지평을 열어줄 가치와 힘을 지닌 것이 있다는 말은 이제 낯선 지적이 아니다. '혁명은 주변에서 생기고 전체는 부분 속에 들어 있다'는 말은 글줄이나 읽은 사람이면 누구나 읊을 수 있다. 그러나 불행히도 이런 말은 지금도 현장을 갖지 못하고 있다. 수입된 테크닉 속에는 탈근대와 해체의 담론들이 눈부시지만, 우리가 살고 있는 현장에는 봉건과 미성숙한 주체들이 변함없이 허우적대고 있다.

어쩌면 너무나 당연한 말이겠지만, 20대의 나는 학문의 주체성이니 자주성이니 하는 말에 솔깃해하는 사람이 아니었다. 굳이 분류하자면, 나는 논리성·자유·보편성·열정 등을 내 천성인 양, 혹은 미덕인 양 여기길 즐겼던 편이고, 특히 혈연적 동질성이나 특정 지역성을 배번으로 달고 다니는 지식인들을 결코 높이 평가하지 않는 축이었다. 나는 그저 천성이 자유롭고 한곳에 매여 있는 것을 염오하는 성미인 데다 오래 정 붙일 스승도 얻지 못한 탓에 명색이 공부를 한다는 것이 매양 유랑하는 검객의 삶과 진배없는 형국이었다. 그러다가 내 성정이나 배움의 방식이 제도권에 통하지 않는다는 사실을, 처음이지만 그러나 절절히 깨닫게 된 에피소드는 내가 대학 3학년이 되던 1979년 가을의 어느 날에 있었다.

대구 계명대학교에서 이뤄졌던 그 학술 모임의 이름은 '영남지방 철학학술 발표대회'였다. 부산과 대구 등지로부터 6개 대학이 참가했는데, 나는 부산대학 대표로 논문을 준비했다. 영어로 쓴 내 논문은 'On Problems of the Ontological Argument(신의 존재론적 논증의 문제점에 대해서)'였고, 안셀무스의 신 존재 증명을 나름대로 비판한 글이었다. 학생들이 차례로 논문을 발표한 뒤 짧은 질의응답 시간을 가졌고, 끝으로 다른 대학에 소속된 교수가 논문을 강평하는 순서로 모임이 진행되었다.

　문제의 발단은 강평에서 시작되었다. 내 논문평을 맡은 이는 당시 부산의 모 대학교 철학과에 재직하던 P 교수였는데, 그가 한 강평의 요지는 세 가지였다. 첫째로 그는 논문을 발표하고 질문에 응답하는 내 태도가 너무 건방지다는 점을 강조했다. 전체 10분쯤 계속된 것으로 기억되는 그 논문평의 두 번째 대목은, 발표를 들어보니 한글도 곧잘 하는 녀석이 학부생인 주제에 건방지게도 감히 영어로 논문을 썼다는 사실에 집중되었다. 강평의 마지막은, 이제 겨우 대학 3학년인 녀석이 건방지게도 안셀무스라는 대가의 생각을 비판한다는 점을 지적함으로써 마무리되었다. 요컨대 P 교수는 내 논문보다는 나를 평한 셈이었고, 그 평의 요점은 간략히 '김영민은 학생 신분에 어울리지 않게 건방진 놈이다'였다.

　P 교수의 평을 들은 우리 과 선후배들은 불만 어린 냉소를 쏟으면서 술렁거렸지만 마지막 학생에 대한 강평이 끝날 때까지 모임은 외관상 순조롭게 진행되었다. 우울한 심사를 추스르며 마무리를 지켜보고 있던 당시의 내 눈에도 그 행사의 가장 두드러진 성과는 김영민은 더럽게 건방진 놈이라는 사실을 확인한 것 정도로 여겨졌다. 그런데 모임이 막 끝날 무렵, 당시 계명대 철학과 학과장이었던 다른 P 교수가 사회자의 거듭된 만류에도 불구하고 나를 위해

서 한마디 해야겠다며 꾸역꾸역 등단하는 것이 아닌가. 그는 비교 철학 부문에서 상당한 성취를 이룬 사람으로서 이미 당시에 탄탄한 학문적 성가聲價를 지닌 학자였다. 얼굴 사면에 수염을 길러서인지 멀리서 보면 꼭 예쁜 장비처럼 보였던 그는 다소 상기된 음성으로 약 5분 동안 나를 극찬했는데, 그의 말을 유추해서 듣는다면 결국 내 강평자였던 P 교수야말로 '교수 신분에 어울리지 않게 웃기는 놈'이었다.

하여튼 모임은 이런 식으로 뒤죽박죽되었고, 그 와중에 나는 졸지에 유명해져버렸다. 지금 계명대 부총장으로 있는 또 다른 P 교수는 뒤풀이 장소까지 따라와서 '스승보다 못한 제자는 스승에 대한 모독이다'라는 니체의 말을 인용하며 나를 격려해주기도 했지만, 그 모임에 동참했던 부산대학교의 내 은사들만 종내 별말이 없었고, 뜯어 풀기 어려운 묘한 인상만 그리고 있을 뿐이었다.

이후에도 나는 배움의 과정을 밟아나가면서 제도와 잘 어울리지 못하는 행태를 여러 번 반복했다. 내 판단에는, 젊은 날의 객기와 치기도 있었겠지만, 대체로 제도라는 그물망은 쓸모없는 뼈다귀들만 솎아내고 정작 귀중한 살점들은 다 걸러내버리는 그릇된 타성을 계속할 뿐이었다. 가령 주변에서 자주 듣는 지적처럼, 학생의 논문을 심사할 때마다 중요하게 취급'되는' 것은 중요하게 취급'되어야' 할 것과 일치하지 않는다. '당연히' 중요시해야 할 미덕은 창의성·상상력·현실 적용력·실험 정신 등이지만, '정작' 중요시되어왔던 미덕은 김밥 말기·자신을 드러내지 않기·틀에 꼭 끼여서 머리카락도 보이지 않기·재주 없이도 오래 버티기·인용과 표절 능력·명절 치레나 관혼상제 챙기기 등이다.

제도를 운용하는 통제 장치를 쥔 이들은 제도가 주는 권위와 권력에 점점 맛을 들인다. 그 힘맛에 취한 이들은 자기네 속에서 우러나오는 능력을 계발하려는 노력은 포기한 채 제도의 의의와 가치를 증폭시키는 담론을 생산하는 데 바빠진다. 그러면서 부지불식간에 제도와 자신을 동일시하는 타자화와 비인간화의 과정에 순응한다. 그런 어느 순간 이들은 자신보다 커져버린 제도를 뒤늦게 발견하지만, 이미 제도는 내실 없는 자신들의 삶이 기릴 수 있는 유일한 권위임을 동시에 깨닫는다. 이제 그들로서는 제도라는 물신物神 숭배의 사제 역할을 피할 수 없다. 그 물신의 배설물을 잘 챙김으로써 생계는 물론이고 사회적 체면과 권위까지 유지할 수 있는데, 돈도 힘도 못 되는 양심이나 학문성을 위해 제도가 돌보지 않는 사람 속의 위험한 미덕들을 돌볼 수는 없는 것이다.

국내에서의 내 대학생활은 제도와 그 제도에 기생하는 인간들의 무능력을 염오하는 짓으로 피폐해져갔다. 나는 늘 제도권에 기명記名되지 못한 문제들에 혼자 골몰했으며, 외진 구석에 처박혀 책 읽기와 글쓰기에 재미를 붙이면서 아무런 대책 없이 대학생이 되어버린 이 중대한 실수를 간신히 얼버무리며 용케 학점을 채워 졸업할 수 있었다. 누구의 잘못인지 수업은 내 관심을 끌지 못했고, 학교생활은 늘 겉돌 수밖에 없었다.

1학년 때 멋모르고 청강했던 종교철학 수업, 예수의 콧구멍에 대해서 뭔가 열심히 토론했던 현상학 수업, 머릿결이 곱고 미성美聲이었던 어느 외래 강사의 헤겔 특강 수업, 묻는 것마다 '잘 모르겠는데……'로 일관하는 대답을 들어야 했지만 그것만으로도 당시엔 매우 신선하게 느껴졌던 분석철학 수업, 외국어 단어를 판서할 때마다 나를 불안하게 만들었던 어느 교수의 칸트 수업 등, 장마 뒤에 떠오른 부유물처럼 엉뚱하고 득 없는 에피소드들만 기억 속에 남아 있다. 그나마 내가 할 수 있었던 일은, 대학 신문이나 교지에 줄기차게 논문을 써서 데이트 비용과 약간의 독자를 얻는 일, 여러 동아리에 초청 연사로 나서서 할 말 못 할 말 가리지도 못한 채 버벅거리는 일, 영어와 관련된 각종 경시대회나 행사에 참여해 이름 내고 돈 버는 일, 연말이면 태워버릴 시나 소설의 습작, 혼자만의 비밀처럼 깊어만 가는 종교적 열정을 적절히 추스르는 일, 탁월한 어학 실력과 민활敏活한 상상력을 갖춘 인문학도가 할 수 있는 일이 아무것도 없는 사회에 대해 욕하다가 지치고 지치다가 절망하고 절망하다가 마침내 수음하는 일, 그 정도가 전부였다. 스물세 살의 나는 이미 우리 땅의 대학에 치유할 수 없는 알레르기 증상을 나타내고 있었다.

하지만 미국 유학의 경험은 제도에 대한 저간의 내 생각을 어느 정도 교정하는 계기가 되었다. 유학 첫해 첫 학기에 수강한 '근세철학 특강'쯤 되는 세미나에서 처음으로 논문을 쓰게 되었다. 지금도 그런 면모가 없지 않지만 특히 당시의 나는 관찰력보다는 상상력이, 지구력보다는 순발력이 좋은 편이어서 재기발랄하고 또 엉성한 대로 내 나름의 고민과 창의創意를 담은 글을 욕심껏 써냈다. 유학 중에 처음으로 제출한 논문의 결과에 대해 크게 괘념하지 않으려고 작심하면서도 내심 궁금증은 더해갔다. 한 편의 글에 불과하지만 그 결과는 어쩌면 향후 이곳의 대학사회와 내가 맺게 될 공식적 관계의 징표로 읽힐 수도 있겠기 때문이었다. 그러나 잠시의 불안이 지난 후, 담당 교수였던 케네스 C. 클래터바우 교수는 겉장에 '200점 만점'이라고 적은 논문을 다음과 같은 평을 동봉해서 돌려주었다.

> 나는 학생이 글의 논지를 증명했다고 생각하지는 않습니다. 그러나 학생의 논문은 가장 독창적이며 생각이 깊은 글 중 하나였습니다. 내 판단에는 학생이 무언가에 깊숙이 몰두하고 있는 듯합니다. 하지만 나로서도 학생이 그것을 제대로 말하도록 도와줄 수 있는 방식은 잘 모르겠습니다. 탁월한 작업이었습니다.[8]

논문을 돌려받으면서 이 평을 읽었을 때, 순간 내 머릿속을 스친 생각은 '여기서는 내가 통하겠다'는 직감이었다. 나는 내 마음대로 저당잡은 이 가능성에 마음 깊이 환호했다. 주변부를 돌며 작은 접선接線을 긋는 것으로 혁명을 꿈꾸던 학부생활을 보상할 수 있을지도 모른다는, 그리고 독설과 치기 외엔 재능과 열정을 쏟을 만한 창구가 없었던 시절이 혹시 마감될지 모른다는 기대가 희미하게 내 가슴을 눌러왔다. 어쩌면 문제는 제도에 있는 것이 아니라 제도의 합리적인 운용에 있는 것이라는 느낌이, 그리고 학생의 숨은 재능을 찾아 용기 있게 제도를 넘어설 줄 아는 선생의 부재가 오히려 문제라는 느낌이, 그간 제도 자체를 반동적으로 염오했던 내게 오랫동안 막힌 구멍을 뚫어내는 환기처럼 다가왔다.

논지를 증명해내지는 못해도 창의성과 생각의 깊이를 드러내는 실험성만으로도 인정받을 수 있는 수업이라면! 혼돈 속에 있는 학생의 깊이를 읽어내고 혼돈보다는 그 깊이를 격려해주는 선생이라면! 딱딱한 채점 속에 나긋나긋한 가능성까지 배려해줄 수 있는 제도라면!

이후 학위를 마치고 귀국할 때까지 내 학업은 말 그대로 '순풍에 돛 단 듯'한 모습이었다. 순풍에 돛단 내 배의 항진을 방해했던 유일한 사건은 동료 한인 유학생 몇몇이 조작(오해?)해서 유포시킨 소문이었는데, 내용인즉 '김영민이 학위 과정을 저토록 빠르게 순항할 수 있는 것은 총장과 대학원 학장이 개인적으로 도와주기 때문이다'라는 황당한 것이었다.

어쨌든 유학의 경험은, 재기발랄한 많은 젊은이가 느끼는 탈제도에의 갈증이, 많은 경우 제도 자체에서 자생한다기보다는 제도의 잘못된 운용에서 파생한다는 생각을 심어주었다. 이것은 결국 제도와 탈제도 사이의 긴장이란 현실의 성숙도에 의해서 탄력 있게 조정되어야 함을 가리킨다. 우리 대학에서 학문성의 틀로 쓰이고 있는 제도는 근대적인 겉모습을 하고 있지만 적잖이 봉건적으로 운용되고 있으며, 제도의 억압으로부터 학생들의 창의와 줏대, 용기와 상상력을 건져줄 수 있는 선생들은 그들 스스로 제도를 넘어설 내실을 준비하지 못하고 있는 실정이다.

우연히 내 책을 읽은 후배 한 그룹이 언젠가 나를 찾아 해운대로 온 일이 있었다. 그들은 졸업 후 직장생활을 하면서 소모임으로 틈틈이 모여 공부를 계속하고 있었는데, 후문에 의하면 다들 제

깐에는 똑똑하다는 축이었다. 그들은 비교적 자유분방한 삶의 모습을 유지하고 있는 듯했고, 입담이 좋으며 대화 중에 적절히 휘두를 수 있는 참신한 정보에 밝았다. 재치 있는 수사로 권위를 조롱하기도 하고, 묘하게 에둘러 자신들의 은사를 짓누르는 재주를 부리기도 했다. 시쳇말로 그들은 영리하고 잘 튀는 아이들이었다. 그들을 만나 채 한 시간도 지나기 전에 내 눈에 환히 들어오는 것이 있었다.

내 눈에 직감으로 비친 그들은 이런 학생들이었다. 단 한 번도 권위 있는 선생을 만나 그 내실 앞에 진심으로 무릎 꿇어본 적 없는 학생들, 제도를 섣불리 넘어서는 자신들의 재주를 체계적으로 조율해줄 선생을 단 한 번도 만나보지 못한 학생들, 조그만 제도와 조그만 권위와 조그만 봉건들을 쓰러뜨리기에 바빠서 자신의 내실을 규모 있게 가꿔보지 못한 학생들, 그릇된 제도의 운용에 무능력한 선생들만 기생하고 있는 현실에서 스스로 허물어지고 있는 학생들! 내 눈에 비친 그들은 그 불우한 모습의 전형이었다.

해물 안주 몇 개에 20만 원이나 나오도록 술을 마시면서 나는 그들을 턱없이 욕했다. 제도를 욕하지도 말고 선생을 욕하지도 말라. 지난 세기에 태어났더라면 나는 그들에게 회초리라도 대고 싶은 심경이었다. 불행한 시대에 태어난 기지촌의 트기들이여. 이제 제도를 욕하지도 말고 선생을 욕하지도 말라.

그날 밤 아버지께서 나를 조용히 안방으로 부르셨다. 퍼렇게 멍이 든 내 종아리를 한참 바라보시더니, 나직이 말씀하셨다.

기지촌은 이를테면 보호 구역이다. 바깥세상에서 살아갈 힘이 없는 사람들이 모여들어서 가까스루 살아가는 곳이다. 여기서 돈 좀 모아서 바깥세상으루 나간 사람들은 거진 다 거기서 견뎌내지 못허구 다시 여기루 돌아온다. 재근아, 너허구 느이 형제들은 바깥세상으로 나가서 거기 사람들허구 떳떳하게 경쟁허면서 살아가야 헌다. 그러려면, 맏이인 네가 잘해야 헌다. 네가 잘해야, 동생들두 잘허게 된다.(85)

6. 기지촌의 학문과 인용 II

내가 처음으로 지상에 발표한 글은 용돈을 벌 목적으로 대학 신문에 기고했던 원고지 20매 정도의 소논문이었는데, 제목은 대학 1학년생으로서는 다소 위협적이게도 '시간이란 무엇인가'였다. 당시 우리 집은 부산 보수동寶水洞에 있었기에 부산대학까지의 통학 시간이 편도로만 한 시간은 족히 걸렸다. 늘 오징어 짐짝 같은 만원 버스여서 책을 볼 엄두도 낼 수 없었고, 흔한 카세트 플레이어도 없던 시절이라 손잡이에만 의지해 대롱거리며 매일 2시간 이상씩을 속절없이 길거리에 쏟아부어야만 했다.

그러던 어느 날, 나는 버스 속에서 바둥거리며 소득 없는 잡념에 시달리는 행태를 바꿔보기로 결심했다. 어차피 머리 굴리는 짓밖에 안 되더라도 좀 생산적인 일을 해보고 싶었다. 나는 논리나 체계도 없이 순간의 기분에 따라 돌아가는 잡념을 끊고, 하나의 주제를 정해서 집중적으로 생각해볼 궁리를 했다. (나는 지금도 이 버릇을 가지고 있다. 특히 누워 잠들 때까지는 적당한 주제를 잡아 집중적·체계적으로 생각을 진척시켜보는데, 그 소득이 제법 짭짤한 편이다.) 그런데 이 궁산에 잡힌 첫 주제가 다름 아닌 시간이란 무엇인가였던 것이다. 지금으로서는 왜 이 주제를 선택했는지 알 수 없지만, 나는 이후 수개월 동안 버스 속에서 있는 시간만을 이용해 시간의 본성을 '생각'하고 또 생각했다. 「시간이란 무엇인가」라는 소논문은 바로 이 특이한 작업의 결실이었다. 독서에 바탕한 글이 아니었으므로 당연히 인용이 있을 리 없었다. 젊은 날의 객기도 한몫했겠고,

나는 순수하게 나의 사색만으로 만들어진 이 글에 대단한 자부심을 느꼈으며 특별히 그 창의성에 기꺼워했다. 그러나 얼마 지나지 않아 나는 이 짧은 글에 쏟아넣었던 내 '독창적' 사색들이 이미 선배들이 거쳐간 진부한 유물에 지나지 않음을 깨달았다.

이로부터 나는 서서히 인용이라는 방식에 관심을 보이기 시작했고, 고전에 유의하지 않고서는 창의성을 말할 수 없다는 생각에 골몰하기도 했다. 그러나 인용의 중요성과 권위를 인식하면서도 그 방식에 좀처럼 동화될 순 없었다. 애초에 문헌 정보 시스템은 당시 우리 손가락을 아득히 벗어나 있는 데다가, 학부생들이 기말 과제물로 써 내는 논문으로는 인용 방식을 훈련시킬 체계나 깊이를 흉내 낼 수 없었고, 게다가 나는 여전히 도도하고 외진 사색에 골몰하는 타입이어서 알려진 원전들을 들먹이며 권위 있는 짜깁기에 재미를 붙일 수가 없었다. 곧추선 음경陰莖이 있어야 비로소 오줌보에 찬 물이 멀리 갈 수 있는 법. 제도와 선생으로부터 소외당할 수밖에 없는 우리의 재주와 열정은 조루早漏할 수밖에 없었다.

덜 익은 재주로 선생을 질타하고 채 데워지지 못한 열정으로 제도를 깔아뭉개면서 허우적허우적 4년을 보내고 졸업 논문을 써냈다. 졸업 논문도 어김없는 조루였다. 백보 양보해서 열정은 과도했고, 재주는 분방했으며, 사색은 깊었다고 할 수 있을지 모르겠지만, 다시 보면 그 열정은 채널을 얻지 못했고, 그 재주는 초점을 잃었으며, 그 사색은 너무 외진 구석만을 헤집고 있었던 데 지나지 않았다. 졸업 논문의 주제는 내가 처음으로 지상에 발표했던 글의 주제인 '시간론'이었는데, 당시 내 논문 지도를 맡았던 P 교수와는 단한 차례의 면담도 없이 논문은 통과되었다.

단지 나를 관심 있게 보고 있었던 L 교수만은 '참고문헌과 인용이 너무 없다'는 지적을 해주었다. 참고문헌과 인용이 적다는 평은 정확했지만, 어쩌면 그 지적을 던진 L 교수도 자기 말의 함의를 제대로 짚어낼 수 없었을 것이다. 엄밀히 말하자면 참고문헌과 인용이 적다는 사실은 학문성의 문제라기보다는 내 삶의 한편이 만든 흔적일 뿐이었다. 그것은 내게 책을 구할 돈이 없었다는 점, 통풍은 안되고 소음만 몰려다니는 도서관과 관료처럼 행동하는 사서를 싫어했다는 점, 방만한 정보의 나열보다는 외진 사색의 깊이를 즐겼다는 점, 정 붙이며 무릎 꿇을 선생이 없었다는 점 등을 뜻할 뿐이었다. 졸업하는 순간까지도 나는 내 삶의 방식에서 자생한 사색의 순전함만을 고집했을 뿐, 인용을 채근하는 원전의 종류에 무관심했다.

그러다가 유학생활을 시작하면서야 원전 모시기와 인용하기를 체계적으로 배웠다. 아니, 제대로 배우지 못하면 살아남을 수 없는 풍토였다. 제도를 기롱欺弄하는 학생들의 재주와 열정을 기꺼이 보살피는 교수도 적지 않았지만, 우선은 기롱할 그 제도에 정통해야만 생존할 수 있었다. 미국 대학은 마치 도서관을 축으로 움직이는 듯했다. 웬만한 과목의 성패는 원전 및 중요 참고 도서의 파악과 인용 방식에 의해 좌우된다고 해도 과언이 아니었다. 도서관에서 바라보는 미국의 대학은 정보의 호환성互換性과 등가성等價性이 눈부셨다. 수업 중의 토론은 늘 활발했고, 학생들의 사심 없는 창의는 대체로 인정받을 수 있는 분위기였다. 그러나 도서관을 통한 문헌 정보의 효율적인 이용과 인용은 우선적이며 필수였다. 대화의 열정이나 창발적 사색만으로는 쉽게 지치고 처진다. 한 달의 사색과 하루의 토론 끝에 어렵게 얻어낼 수 있는 통찰은 대개 지구 반대편에 살았던 누구누구에 의해서 이미 글로 발표된 것이었고, 이 정보를 얻어내는 데에는 1분간의 손가락 동작이면 충분했다.

비유하자면, 유학생활은 그간 넉넉한 연료는 고사하고 날개조차 없이 날아다니던 나를 땅 위로 내려놓고 피티p.T. 훈련을 강요하는 기간이었다. 조루하는 열정, 현장이 없는 재능, 통제할 수 없는 냉소와 치기, 묘묘杳杳한 종교성의 깊이 속에서 제멋대로 튀던 나를 가로막은 것은 우선 미국 도서관의 문헌 정보 시스템이었다. 어두운 사적 공간에서 외진 성실만을 내세우며 살던 나에게 유학생활은 삭막한 형식성과 정보의 등가성을 철저히 깨우쳐준 기간이었다. 나는 단시간 내에 인용을 포함한 형식성의 원리와 그 묘妙를 깨쳤고, 그들의 대학에서 통용되었던 미덕을 몸에 익혀나갔다.

귀국 후 펴낸 내 두 번째 저서 『서양철학사의 구조와 과학』에는 유학 중에 익혔던 피티 훈련의 성과가 고스란히 드러나 있다. 이 책을 본 어느 철학 교수는 '너무 어려워서 읽기 힘들다'는 말을 쉽게 내뱉었다. 어느 출판사의 간부는 이렇게 반응했다. '정말 공부를 많이 하셨네요. 이렇게 주註가 많은 책을 본 적이 없어요.' 출판업계에서 볼 때 이 책은 사산死産한 셈이지만, 내용만을 두고 보자면 나로서는 꽤 애착이 가는 작품이다.9 그러나 무엇보다 이 책이 내 마음에 두고두고 걸렸던 점은 글쓰기에 대한 반성이 없던 상태에서 쓰였다는 사실이었다.

귀국 후 나는 곧 유학 중에 익혔던 글쓰기가 우리 것도 아니며,

더욱 중요한 사실은 우리 실정에 어울리지도 않는 법식이라는 점을 여러 경험과 경로를 통해 뼈저리게 느꼈다. 정신적 전통이 절맥되지 않고 문화적 자산들이 축적·심화·갱신되어온 역사 속에서 나름의 내용을 나름의 형식으로 담아내는 데 성공한 그들의 학문세계는 매끄러운 자율성과 탐나는 효율성을 지니고 있었지만, 우리 땅에 곧장 수입해서 손질도 없이 사용할 수 있는 것은 아니었다. 아니, 가령 '토착화'로 모든 문제를 풀 수 없다는 신음을 신학계에서도 하고 있듯이, 그것은 '손질'의 문제가 아니었다. 제대로 인용을 못 하던 내가 유학生活을 통해서 인용을 익히고 인용에 능하게 되었지만, 귀국 후에 더 이상 인용을 하기 싫어졌던 것이다. 물론 이는 개개 인용 여부의 문제가 아니었다. 인용에 대한 태도가 근본적으로 바뀐 것이다.

인용으로 대표되는 서구형의 논문식 글쓰기에 대한 반성은 계속되었고, 『오늘의 문예비평』 1994년 봄호에 실린 「글쓰기, 복잡성의 철학: 일리—理의 해석학을 위하여」, 같은 해 가을호 『문학과 사회』에 실린 「논문중심주의와 우리 인문학의 글쓰기」, 1995년 부산대학교 문헌정보학과의 문정 포럼에서 발표한 「원전중심주의와 우리 인문학의 글쓰기」, 같은 해 역시 『오늘의 문예비평』에서 행한 대담 「지금 글쓰기란 무엇인가?」, 1996년 봄호 『철학과 현실』에 실린 「글쓰기(와) 철학」 그리고 비슷한 시기에 쓴 『오늘의 문예비평』의 「글쓰기의 물리학·심리학·철학」 등은 이런 반성을 이론적으로 뒷받침하고 싶은 욕심에서 비롯된 결실이었다.

물론 인용 자체를 문제 삼은 것은 아니었다. 논문중심주의에 대한 비판이 논문 폐기론이 아니고, 원전중심주의에 대한 비판이 원전 폐기론이 아니듯이, 이 글도 인용 폐기론을 옹호하는 주장으로 읽혀서는 곤란하다. 여러 곳에서 누차 밝혔듯이, 인용 뒤에 숨어서 자신의 온존穩存에만 급급하며 심지어 이를 학문성으로 호도하는 허위의식을 비판하고자 할 뿐이다. 인용 방식을 이용하지 '못한' 「시간이란 무엇인가」에서부터 인용을 이용하지 '않은' 「논문중심주의와 우리 인문학의 글쓰기」에 이르기까지 논문 쓰기에 대한 나의 태도는 몇 번의 변화를 겪었다.

그런데 묘한 느낌이 있었다. 논문과 원전 그리고 인용과 주註의 문제를 맞대면하고 고민을 거듭하면서 나는 이것이 단지 글쓰기의 형식성과 그 조율의 문제가 아님을 점점 깊이 느낄 수 있었다. 말하자면, 인용을 모르다가 인용을 배우고 다시 인용에 싫증을 내게 된 이 과정은 인용의 문제가 아니라 오히려 내 '성숙의 문제'라는 느낌이 짙었다. 인용의 문제는 애초부터 풀릴 수 있는 것이 아니었는지 모른다. 풀 수 있는 '문제'가 있었던 것이 아니라, 인용의 권위 앞에서 굳어버린 미성숙한 마음이 있었던 것인지도 모른다. 그래서 마음이 풀리면서 인용도 함께 풀렸는지도 모른다. 나는 인용보다 커져버린 것일까? 내가 두려워하던 그 인용이 이제는 나를 두려워하는 것일까?

출입 금지 명령은 기지촌 사람들이 정말로 두려워하는 것이었다. 그들에겐 그것은 미군 부대가 아예 떠나버리는 것 다음으로 두려운 일이었다.(98)

7. 보건증·식민증·학위증

색시들은 검진에 합격해서 보건증을 받아야 따돌림을 받지 않고 장
사할 수 있었다. 보건증이 없으면, 부대에 들어갈 수 없을 뿐 아니라
홀에서도 받아주지 않았다. 어느 홀 색시하고 잤더니 성병이 걸렸
다는 얘기가 미군들 사이에 퍼지면, 그 홀은 망하는 판이었다. (⋯)
자연히, 검진에 떨어진 색시는 설 땅이 없었고 색시들은 검진에서
떨어지지 않으려고 무던히도 애썼다. 거푸 네 번이나 떨어져 몸도
마음도 지친 색시가 약을 먹고 목숨을 끊은 일도 있었다.(128)

이것을 번역하면,

기지촌의 지식인들은 총독부가 인정하는 학회에 논문을 발표해서
'식민증植民證'을 받아야 따돌림을 받지 않고 행세할 수 있었다. 이
식민증이 없으면 결국 총독부의 연緣으로 형성되는 대학교수 자리
는커녕 강사 자리 하나 얻기도 힘들었다. 총독부 산하의 학회에서
정한 규율을 어기는 교수가 있다는 소문이 퍼지면 그가 속한 학회
나 학과는 망하는 판이었다. (⋯) 자연히, 총독부의 인정을 받으려고
무던히도 애를 썼다. 총독부의 기관지에 투고한 논문이 거푸 네 번
이나 거절당해 몸도 마음도 지친 어느 지식인은 약을 먹고 목숨을
끊은 일도 있었다.

또 이것을 번역하면,

학위 과정에 있는 학생들은 교수들을 잘 접대해서 '착실한' 학생임을 증명받아야 따돌림을 받지도 않고 순조롭게 졸업할 수 있었다. 노력이나 재주에 관계없이, '접대'를 제대로 못 하면 차후에 돈과 지위로 통하게 될 채널에서 영영 쫓겨나는 것은 물론 졸업의 전망조차 불투명해졌다. 지도 교수가 은밀히 앓고 있는 치질, 성병, 혹은 심지어 조루早漏를 발설하는 학생은 그날로 끝장이었다. (…) 자연히, 접대할 돈으로 책을 사고 인사치례할 시간에 글을 쓰는 학생들은 교수들의 눈 밖에 나게 되었고, 대다수의 학생은 교수들의 시선에서 떨어지지 않으려고 무던히도 애썼다. 충량忠良하지만 머리가 좀 모자란 학생들은 자신들의 지도 교수를 더욱 즐겁게 해드릴 심산이었는지, 지도 교수를 넘어서 외국에 유학하거나 다른 대학에서 학위를 마친 동료들을 '전과자'라는 명칭으로 불러댔다. 거푸 네 번이나 논문 심사에 떨어진 후 대접할 돈마저 구하지 못한 어느 학생은 약을 먹고 목숨을 끊은 일도 있었다.

8. 식민지의 지식인들, 혹은 대리전戰의 경비견들

로마 황제 티베리우스의 잠언집에는 '신들이 모욕을 당하거든 자기네가 알아서 처리하도록 하라'는 말이 있다. 턱없이 종교에 밝은 우리 귀에는 불경스러운 독설로 들릴지도 모를 말이다. 그러나 만약이 메시지 하나만이라도 잘 지켜졌더라면 아마 역사에 등장한 모든 종교가 구원한 사람보다 더 많은 이가 치욕과 살육으로부터 구원받을 수 있었을지도 모른다. 그러나 불행히도 인류 역사를 훑어보면 신들이 모욕을 당할 때 그 신들을 대변한다고 자처하는 인간들은 자주 중뿔나게 나섰다. 그것도 두개골 분쇄기 같은 고문 기구로 무장한 채. 사실 신전 속의 우상으로 굳어버린 신들은 자신들이 모욕을 당하고 있는지조차 알 수 없는 경우가 태반이었고, 또알 수 있었다고 하더라도 나름 바쁜 탓에 그리고 인간과의 종차種差가 주는 자긍심도 있고 하니, 어리석고 막돼먹은 인간들의 멱살을 잡고 체벌과 심판을 협박할 생각은 애초에 없었다.

　예나 지금이나 신들은 대개 깊이 침묵하는 버릇이 있다. 그런데이 침묵이 좀 길어지는 사이, 그만 인간 세상은 매우 시끄러워졌다. 신들이 잠시 침묵하시는 동안, 순교하고 배교背敎하고 파문하고 고문하고 분살焚殺하고 그리고 종교 전쟁을 일으키느라고 인간 세상은 난장판이 되고 말았던 것이다. 재미있는 사실은 순교하는 사람이나 순교를 강요하는 사람 모두 신의 이름을 들먹인다는 것이다. 한마디로 그들 모두는 신의 영광을 수호하기 위해서 온갖 발악을 개의치 않았다. 앞에 내세운 종교적 명분 뒤로 음습하고 간특한 욕망이 들끓었고, 이 욕망이 변태적으로 증폭되면서 명분은 참혹한 폭력을 동반했다.

순교와 배교의 경직된 대치 도식은 계속되었고, 이는 참혹한 희극과 우스꽝스러운 비극을 양산했다. 둘 사이의 조화나 절충은 현실 속에서는 찾아보기 힘들었다. 그들은 사랑을 외치고 또 자비를 설파하지만, 자신들의 '으뜸 가르침宗敎'을 따르지 않는 이들에게는 이 사랑과 자비의 관용이 적용되지 않는 듯했다. 몸의 일부가 붙어서 태어나는 샴쌍둥이처럼 종교는 태생에서부터 사랑과 미움이 한데 붙어 있는 이상한 존재였는지도 모른다. 자신만이 옳다는 신념과 남을 사랑한다는 행위는 아무래도 어설픈 동행일 수밖에 없었다.

나는 엔도 슈사쿠遠藤周作의 『침묵』에서 놀라운 종교적 성숙을 통해 차이를 받아들이며 경직된 순교·배교의 대치 구조를 일시에 와해시키는 대화합의 경지를 읽어낼 수 있다고 본다. 작품 속의 예수회 신부 페레이라는 일본의 신도들을 보살피다가 관헌들에게 체포되어 배교를 강요당한다. 당시 예수의 그림이 그려진 목판을 밟는 행위는 배교의 잣대로 사용되었는데, 만일 페레이라 신부가 예수상을 밟고 배교한다면 이미 잡혀들어서 초죽음이 된 신도들의 목숨을 살릴 수 있게 된 형편이었다. 번민으로 지새운 밤이 끝나고, 사랑을 위해서라면 예수라도 배교했을 것이라는 신념을 얻은 신부는 종교나 교회 그리고 어쩌면 선교나 순교보다 더 귀중한 것을 찾아 예수상을 향해 발을 옮긴다. 마침내 그의 흙 묻은 발바닥을 예수의 얼굴 위에 올려놓고 배교하는 순간, 수없는 순교 중에서도 침묵하던 신의 음성이 그의 마음을 친다. '밟아라. 밟아도 좋다.

네 발 속의 극진한 아픔을 나만은 안다.'

하지만 이런 경지를 얻는 일은 쉽지 않다. 자신의 신념에 충순忠純한 열정을 보이면서 동시에 남의 신념 어느 구석에 깃들어 있을 신의 빛을 보는 경지는 쉽게 얻을 수 없다. 계몽기를 지나 문화文禍에 이를 만큼 문화文化에 젖어 있는 우리지만, 자신의 삶이 고스란히 담긴 신실한 열정마저 진리가 아닌 '일리一理'로 볼 수 있을 만큼 높이 날고 있는 정신을 찾아보기는 어렵다. 진리의 빛에서 멀어진 이단을 합법적으로 고문하고 불에 태워 죽이던 시대는 지나갔지만, 진리의 성가聲價는 크게 누그러진 것 같지 않다. 예수도 침묵했던 주제인 '진리'를 두고 사람들은 지금 이 순간까지 줄기차게 싸우고 있는 것이다. 칼과 총으로 진리를 수호하던 시대는 웬만큼 지나갔지만 싸움이 끝난 것은 아니다. 금세기의 엘리트들은 펜과 혀로써 진리를 독점하기 위한 싸움을 계속하고 있다.

진리를 위한 싸움은 신의 대리전이라는 성격을 띤다. 철학 입문서를 보면 몇몇 대표적인 진리설이 소개되어 있고, 그 어느 것도 표면상으로는 신의 권위를 들먹이지 않지만, 진리에 집착하는 심리의 원형은 은폐된 장소에서 홀로 신탁을 받는 사제의 미소 속에서 찾아볼 수 있다. 어쩌면 그들은 진리보다는 미소에 관심이 있다고 하는 편이 더 정확할지 모른다. 옳고 그름의 문제에 성스러움과 경건이 개입하면서 얇은 힘에 기생할 수밖에 없는 구조를 이루게 된다고 할까.

신의 문화가 점차 희석되는 세속화 과정을 통해 신적인 권위와 진리에의 집착을 이어주는 끈마저 희미해져버렸지만, '진리'는 여전히 막강한 힘으로 남아 수없는 대리전과 정신적 불구를 정당화하는 장치로서의 기능을 수행하고 있다. 종교나 도덕 등의 개념에 무비판적으로 맨살이 노출되어 있는 명분주의 사회일수록 이런 유의 대리전이 잦고 정신적 살상이 참학하다는 사실은 쉽게 알 수 있다. 대대로 힘은 적고 명분은 많았던 우리 사회가 좋은 사례일 것이다. 힘이 적으니 대리(전)할 수밖에 없고, 명분이 많으니 (대리)전을 찾을 수밖에 없었다.

신, 혹은 신을 대신하는 우상, 신념, 이데올로기, 명분들을 대리해서 인간들의 대리전은 세세손손 계속되고 있다. 물론 지금은 손발을 찍어버리거나 머리통을 분쇄하는 대리전이 드물다. 그러나 인식과 앎이라고 하는 제3의 매체를 명분으로 삼아 그 싸움은 더 정교하고 사특해진 느낌을 지울 수 없다. 티베리우스 황제의 조언에 따라서 신들이 싸우게 하고, 진리들이 싸우게 하고, 우상들이 싸우게 하고, 신념들이 싸우게 하고, 이데올로기들이 싸우게 하고, 명분들이 서로 싸우게 한 채, 우리는 그저 즐겁고 화평하게 지내면 오죽 좋았으련만!

내 자신은 명분을 앞세운 대리전에 신물을 내는 편이다. 형식성 뒤에 숨어서 자신을 노출시키지 않는 글을 싫어하듯이, 나는 명분 뒤에 숨어서 명분의 충실한 경비견을 자처하는 인간들을 좋아하지 않는다. 그들을 만나면 꼭 허깨비를 대하고 있는 느낌이다. 자신들이 신봉하는 명분과 그 명분을 수호하기 위한 전술을 단단히 익힌 그들을 대하면 얼핏 강력한 자동인형이 연상된다. 그러나 그들의 '강력함'은 바람 맞은 연鳶처럼 자신을 매달고 있는 줄의 강력함에 의해서 조정되는 타율적인 것이다. 그 '강력함'에서는 탄력성이나 자율성이나 즉흥성을 찾아볼 수 없다. 그 '강력함'은 자신들의 신(명분)이 모욕당하는 것을 참지 못하는 대리 분노로 가득 차 있고, 그 분노를 효과적으로 발산하지 못할지도 모른다는 공포로 가득 차 있다.

유학 중에 웃기는 대리전이 한 번 있었다. C는 현직 목사였고 신학 박사 학위의 마지막을 추스르던 중이었다. 내가 보기에는 별 볼일 없었지만, 그를 아는 주변에서는 그가 대학 4년 내내 수석을 놓치지 않았던 수재라고 했다. 나는 '대학 4년 내내 수석을 놓치지 않았던' 놈치고 수재였던 놈을 본 적이 없던지라 다소 의아했지만, 다행히 그 의아함을 풀어볼 만큼 한가하지 못했다. 어느 날, 우연한 기회에 나는 C와 그의 동료였던 K가 논쟁에 얽혀드는 것을 목전에서 지켜보게 되었다. 논쟁의 빌미는 지금 기억도 나지 않을 만큼 소소한 견해 차이였지만, 대화 문화가 빈약한 우리가 흔히 그러하듯이 논쟁이 격해지면서 애초의 논지는 소실되어버린 채 각자의 기질과 성향만을 규모 없이 드러내게 되었다. C는 말하자면 늘 앞뒤를 면밀하게 재면서 처신하는 소심하고 문약한 실속파였는데, 뒤늦게 마르크시즘에 취해서 종종 격에 안 맞는 강성 발언을 해대곤 했다. K는 성정이 올곧고 결심이 섣부른 데마저 있는 의리파였는데, 특히 예술 방면에 두드러진 재능을 지닌 자유주의자였다. 하여튼 논의의 줄기는 잊힌 채, 말꼬리를 물지 않으면 삶에 대한 기본적 정조情調만을 교환하는 식으로 대화 아닌 대화가 계속되었다. 그러다가 K가 '개신교 목사인 당신이 어떻게 그런 발언을 할 수 있는가'라며, 좀 원론적이고 조금은 숙져서 간청하는 듯한 항의를 하는 순간이었다. C는 마치 총살당하기 직전에 '대한독립만세'를 외치는 듯한 표정을 짓더니 자리에서 불쑥 일어섰다. 그러더니, 다음과 같은 말을 마치 성명서라도 낭독하는 듯한 음성으로 내뱉고는 뒤도 돌아보지 않고 나가버리는 것이었다. "예수가 2000년 동안 이룬 것보다 마르크스가 100년 동안 이룬 것이 더 많다는 사실을 알아야 돼!"

이것이 내가 지척에서 목격한 참으로 웃기는 예수와 마르크스의 대리전쟁이었다. 귀국 후 만난 C는 모 신학대학 교수로 있었는데, 보수적 교단 세력이나 변해버린 세태를 제대로 읽었는지, 다시는 마르크스를 들먹이지 않고 있었다. K는 강직하고 분방한 성격 탓인지 변변한 시간 강사 자리도 얻지 못한 채 돈 안 되는 잡문이나 끄적이고 있었다. 교회나 학교의 현실에 대해서 한층 고단수로 비판을 퍼부어대고 있는 그를 보면서 나는 직장 없이도 식지 않는 열정과 의리가 안쓰러울 뿐이었다.

내가 치러야만 했던 대리전의 명분 중 약방의 감초는 예수와 마르크스였고, 종종 비트겐슈타인, 하이데거, 아인슈타인 그리고 이름 없는 허무주의 등도 등장했다. 나 자신도 기독교인 비슷한 종교적 정체감을 지닌 채 수십 년을 지내고 있지만, 종종 우리 예수꾼들의 대리 싸움은 썩은 냄새가 펄펄 날 정도로 한심한 모습을 보이는 것이 사실이다. 예수를 대리해서 전도에 나선 이들의 전투적인 태도는 이미 역사와 전통을 자랑하는 바가 있는데, 내게는 종종 탈을 쓴 투견이나 사냥개를 연상시킬 뿐이다. 그들은 '삶'에 대해서 예수가 던진 메시지를 전적으로 무시한 채, 간신히 1리터를 넘긴 자신들의 뇌에 담은 알량한 '앎'을 떠벌리느라 여념이 없다.

그들은 삶에 배교背教하고 앎에 순교한다. 아마 삶과 앎의 상호 소외 현상이 이처럼 두드러진 경우도 찾아보기 힘들 것이다. 디트리히 본회퍼의 말처럼 '마치 신이 없는 것처럼etsi deus non daretur' 삶을 살아야 할 의무를 진 그들이지만, 묘하게도 '마치 삶이 없는 것처럼' 신을 살고 있는 셈이다. 신과 신의 대리전만 남아 있고 인간과 삶은 사라져버린 현실, 진리와 그 허상의 껍질들만 남아 있고 인간의 삶과 그 일리들은 사라져버린 현실을 개탄하며 나는 다시 한번 본회퍼의 음성을 떠올린다.

> 나는 인간의 한계 상황에서가 아니라 중심에서, 무능에서가 아니라
> 능력에서, 죽음과 죄에서가 아니라 삶과 선에서 신에 관해 말하고
> 자 한다.[10]

기질상 나는 대리전이 싫었다. 예를 들면 축구나 마라톤 경기를 두고 나라별로 편을 갈라 대리전을 벌이는 꼴에 진작부터 신물이 나 있었다. 투견판을 벌이는 물주들도 염오했지만, 뒤에서 돈이나 세고 있는 주인을 위해 투견이 되라니, 그것은 어떤 빌미로도 용납될 수 없는 역할이었다. 책임 있는 당사자 사이의 싸움이 아닌 한 내게 있어 그 싸움은 한갓 타락일 수밖에 없었다. 펜이든 혀든 칼이든, 나는 직접 상대를 만나 싸우고 싶었다. 하이데거나 비트겐슈타인의 졸개들을 상대로 그들이 짜놓은 규칙을 좇아 소득 없는 입

씨름을 벌여야 하는 처지에 나는 늘 절망할 수밖에 없었다. 졸개끼리 모여서 충성의 등급을 정하고, 승급昇級을 위해 충량스럽게 짖어대는 놀음을 나는 경멸하고 또 경멸했다. 주인들이 코 풀다 버린 휴지를 화두처럼 감싸안고 영감과 통찰을 고대하며 깽깽거리는 경비견들의 희망에 나는 절대로 동참할 수 없었다.

캠프 세네카에 경비견이 많았다. 마을 뒷산에서 내려다보면, 부대한쪽에 철망으로 만든 커다란 개집이 보였다. 거기서 개에게 물려도 아프지 않을 것처럼 두꺼운 누비옷을 입은 미군들이 개들을 훈련시키곤 했다.

개들은 모두 셰퍼드들이었는데, 군인들처럼 계급이 있었다. 캠프 세네카에 있는 개들 가운데 계급이 제일 높은 개는 소령이라고 했다. 큰 기지들에 대령 계급을 가진 개들도 있다고 했다. 그런 계급들은 개들 사이의 상하 관계가 아니라 개들이 받는 월급을 나타냈다. 개들이 받는 월급은 미국에 있는 개주인들에게로 돌아갔다.(212)

9. 기지촌의 언어

모임이 끝나자, 마을 사람들은 고개를 설레설레 흔들었다. 한국말
을 쓰는 국군들하고 얘기하는 것이 영어를 쓰는 미군들하고 얘기
하는 것보다 몇 갑절 어렵다고 한숨을 쉬었다.(264)

평등이나 자유니 하는 이념들에 이미 식상할 정도로 익숙해진
우리지만 이상하게도 현실 속의 수평적 관계를 그리 매끄럽게 운
용하지 못하고 있는 듯하다. 앎과 삶이 제대로 이어지지 않고 있
는 불행이 여기서도 반복되고 있는 것일까. 수평적 이념들에 기갈
을 느꼈던 우리지만, 막상 그 이념들을 정착시킬 구체적인 책임 문
제가 제기될 때에는 속수무책으로 엉거주춤해 있을 뿐이다. 우리
가 외친 수평의 이념들이란 전인미답의 숲을 바라보면서 단지 외
침만으로 길을 내보려 했던 무모함일 뿐이었던가. 수평의 이념들이
사람을 현실적으로 움직일 수 있게 하려면 '길'이 필요한데, 우리는
길을 닦을 채비도 능력도 없이 신기루처럼 아롱거리는 목적지만
외쳤던 것일까.

우리는 수직 구조에 익숙한 이들이었다. 우리 사회의 중요한 체
제들과 그 체제를 지도하는 이념들은 모두 중앙집권적 수직형이었
다. 우리 땅의 정치 조직, 기업, 가족, 학교 그리고 사원寺院은, 다소
섣부르지만 민주주의와 자본주의의 종말에 대한 소문이 떠돌던
20세기 후반을 넘기면서도 수직적 위계 구조를 넘어서지 못하고
있었다. 정보의 범람으로 말미암아 어디서나 수평 구조의 담론을

들을 수 있었지만, 그같이 발빠른 정보 매체나 담론의 지면을 돌아서기만 하면 어디서나 완고한 수직 구조를 체험할 수 있었다. 여전히 우리의 얇은 삶을 조소할 뿐이었으며, 우리의 삶은 우리의 앎을 무시할 뿐이었다.

삶과 앎은 서로 소통되지 않았다. 삶은 스스로의 위계 조직에 충실했고, 앎도 스스로의 위계 조직에 충실할 뿐, 앎과 삶 사이의 수평적 상보 구조는 이뤄질 수 없었다. 많이 배운 이든 적게 배운 이든 자기 입장에서 보는 이 피드백 구조는 늘 위험한 불경不敬이 었다. 앎은 앎대로 삶은 삶대로 스스로 충족된 폐쇄적 위계 구조를 지니고 있었다. 텍스트는 텍스트대로 콘텍스트는 콘텍스트대로 각자의 논리와 규율에 따라 때로 행진하다가 때로 춤추곤 할 뿐이었다.

대화를 앎과 삶의 만남, 텍스트와 콘텍스트의 만남 그리고 그 긴장과 참음으로 정의해본다면, 우리 사회에서 대화 문화가 제대로 정착될 수 없었다는 사실은 오히려 자연스러워 보인다. 앎과 삶이 서로를 경계하는 긴장 속에서야 대화의 창의성이 가능해지는 법이 며, 각각의 위계질서를 폐쇄적으로 유지하는 정도에 만족하는 소통으로는 대화가 가능해지지 않는다.

앎을 위해서 모든 것을 바친, 삶 아닌 삶을 살고 있는 이들의 시선은 늘 앎의 마루턱에 정좌해 있는 진리와 이를 담고 있는 원전에 붙박여 있다. 이들에게 삶이 어떠하든 크게 신경 쓸 바 없다. 중요한 것은 진리와 원전 등이 설정해놓은 위계질서에 순종해서 신분 상승이나 도모하는 일이다. 옆을 보고 대화를 나눌 시간이 있으면 위를 보고 미소라도 한 번 더 짓는 것이 유리하고, 따라서 현명하다. 이들에게 대화는 위험한 희망일 뿐이다. 늘 계몽의 객체였고, 또 그 계몽의 광휘에 스스로 놀라워했던 이들은 계몽의 주체를 바라보는 것으로 오랫동안 만족해왔다. 계몽의 객체인 이웃과 대화할 시간이 있으면 계몽의 주체인 바깥을 보고 감사의 미소라도 한 번 더 짓는 것이 유리했고, 따라서 현명했다.

금강산도 식후경이라지만, 그러나 경물景物에 취하면 옆사람 배고픈 줄 모르는 법이다. '계몽'받기 위해서 바깥바라기에 여념 없던 시절에 이웃의 복색이나 음성 따위가 눈과 귀에 들어올 리 없다. 마찬가지로 명령과 주입에 무비판적으로 순치된 정신으로는 비판과 대화를 감당하기 어려울 수밖에 없다. 서구는 애초부터 비판과 대화의 상대가 아니라 계몽의 주체로 들어온 범접할 수 없는 성역이었던가. 그래서 이 계몽의 주체를 신줏단지 모시듯 하면서 수직적 위계 구도만을 확인하는 식의 학문을 일삼았던가.

우리 땅에서 시민 정신이니 사회성이니 공동체성이니 연대성이니 대화성이니 하는 미덕을 늘 아쉬워할 수밖에 없는 이유도 마찬가지다. 윗사람에게 아뢰고 또 그로부터 지시를 받는 구조에만 익숙하다보니 옆사람과의 합리적인 교류가 어려울 수밖에 없다. 배움의 과정에 든 학생들에게 윗사람이란 대개 책이거나 혹은 책을 통해서 주어지는 것들이다. 입시 위주의 교육으로 말미암아 더 악화된 점이 있지만, 고등학교까지의 우리 교육은 '책'이라는 상전을 잘 모시는 데 집중된다. 책에 미주알고주알 아뢰고 또 책으로부터의 지시를 성심껏 따르면서 학생들은 신분 상승의 맛을 조금씩 배워

가는 것이다. 책으로부터 시선을 돌려 옆을 보는 것은 매우 위험한 짓이라고 배운다. 하얀 백지 위에 깨끗이 정돈된 정보를 외면하고 온갖 잡색의 이야기들이 마음대로 부유하는 현실에 관심을 두는 짓은 신분 상승을 포기하는 무모함에 지나지 않는다고 배운다. 어쨌든 학교 교육은 시험을 잘 치르는 일에 집중되고, 시험을 잘 치르기 위해서는 잡색의 현실을 외면한 채 단색의 교과서에만 코를 박고 있어야 한다. 삶을 위한 앎이어야 할 텐데, 묘한 구조를 타고 있는 앎이 필요 이상의 힘을 얻는 것은 오히려 삶을 깔아뭉개고 있는 셈이다.

국제화니 세계화니 하는 또 다른 국풍國風을 맞아 불티나게 장삿속을 채우는 곳은 아무래도 외국어 교육 시설인 듯하다. 조만간 초등학교에서도 영어를 정규 과목으로 채택할 예정이라고 한다. 외국어를 익힌다는 사실 자체를 걸고넘어질 심산은 아니지만, '세계화'의 주된 채비가 외국어 교육이기라도 한 듯이 호도되는 현실은 매우 한심하다.

제 나라 말로 변변한 논쟁을 이끌 만한 훈련도 되어 있지 않으면서 논문을 쓰는 것이나, 한글로 편지 한 장 쓰길 변비 난 놈 인상 쓰듯 하면서 중뿔나게 '팝스 잉글리시'니 뭐니 꼭두새벽부터 법석을 떠는 것이나, 귀가하면 한 치 빗나감이 없는 봉건적 가부장이 집을 나서서는 포스트모더니즘이니 모스트포더니즘이니 입에 거품을 무는 꼴이나, 달동네 철거한답시고 깡패 동원해서 대책 없이 폭력만 휘두르게 한 인간들이 채 반도 분양이 안 될 것이 뻔한 아파트 짓느라 날이면 날마다 '혼을 담은 시공'(언제는 혼을 빼놓고 다

넜는지)으로 폭력 같은 재개발만 일삼고 있는 것이나, 다 한심하긴 마찬가지다. 단언하건대 줏대를 세우기 전에는 세계화란 어불성설일 뿐이다. 간단히 말하자면 세계화란 집을 나선다는 뜻인데, 집을 나서는 놈이 제 자신부터 명확히 해두지 못하고서야 어떻게 남을 만나 제 집의 역사와 전통을 제대로 드러낼 수 있단 말인가.

우리 사회에서는 합리적인 공동체 의식이 아직도 정착되지 못하고 있다. 초합리와 비합리를 부추기는 이론들은 저 혼자 수십 년씩 앞서나가 설익은 춤으로 으스대지만, 우리 사회 곳곳에 찰거머리처럼 들러붙어 있는 봉건 잔재들조차 아직 제대로 떼어놓지 못하고 있다. 공동체의 합리성을 건강하게 하는 '비판적 긴장의 균제'를 잘 참지 못하는 것에도 마찬가지 배경이 있다. 긴장을 갉아먹는 비합리나 긴장을 조롱하는 반합리는 손발만 뻗으면 여기저기서 걸리적대지만, 비판적 긴장을 지켜나가는 합리는 아직도 요원한 느낌이다. 합리성의 방략方略은 당연히 대화와 토론 문화인데, 중앙집권적 수직 구조에 순치된 이들로서는 만나고 대화하고 차이와 긴장을 참아나가는 방식이 오히려 낯설고 두려울 수밖에 없다. 그러니 그들의 선택이 자주 충동적이고 자주 타율적인 것도 납득이 간다.

기지촌 사람들은, '한국말을 쓰는 국군들하고 얘기하는 것이 영어를 쓰는 미군들하고 얘기하는 것보다 몇 갑절 어렵다'고 입을 모았다. 기지촌 학생들로서는 자신들이 몸담고 있는 이 땅의 현실에 주목하는 것이 하얀 종이 위에 남의 말로 쓰인 이야기들을 달달 외는 것보다 몇 갑절 어려울 것이다. 기지촌 지식인들은 자신의 체험을 자신의 언어로 풀어내는 김씨나 이씨의 이야기를 듣는 것이

하이데거의 젖은 독어나 비트겐슈타인의 마른 독어를 해독하는 것
보다 몇 갑절은 더 어려울지 모른다. 기지촌 사람들로서는 한데 모
여 대화의 긴장을 통해서 자율적인 합의를 도출하는 것이 통반장
의 번역을 통해서 시달되는 문서 한 장 읽는 것보다 몇 갑절 더 어
려울지도 모른다.

10. 기지촌을 떠나며

각종 종언주의endism가 현란하게 전시되고 있다. 한편에서는 종말론을 업은 종교 세력들이 천 년 만에 다가오는 절호의 기회를 병풍 삼아 혹세무민하는 짓들이 심상치 않다. 다른 한편에서는 계몽과 진보의 노래가 일시에 끊겨버리기라도 한 듯이 우울해하지만, 밖에서 보기에는 정작 그 우울이 자기모멸에도 이르지 못하는 노리갯감으로 멈춘 듯하다.

무엇이 끝나고 있는가? 냉전 시대의 종식으로부터 국민국가나 민주주의의 종말? 멀티미디어 시대의 도래로 인한 문자 문화의 종말? 계몽 시대 이후 근대성을 이끌어온 진보 의식의, 그러므로 서구 문명의 종말?[11] 토대주의fundamentalism적 사고의 붕괴로 인한 인식론의, 그러므로 철학의 종말? 생태계의 대변이로 인한 도시 문명의 종말?

특정한 종언주의를 이론적으로 입증하는 논의들은 충분히 가능하고, 또 실제로 21세기를 불과 몇 년 앞둔 현금의 여러 담론 중에서 매우 현란한 부분을 이루고 있기도 하다. 21세기를 바라보며 이뤄지고 있는 종언주의들의 특색은 나름의 전문성으로 뒷받침되고 있고, 또 그 전문성이 대체로 '과학적'이라는 표찰을 붙이고 있다는 점에 있다. 한때 미신이나 신화의 영역에 속해 '비합리적'이라는 편이便易한 분류에 묶여 있던 것들마저 이제는 나름대로 의사擬似 과학적 포장을 마친 채, 각종 종언주의 사이에서 심사가 산란해진 독자들을 조금씩 사로잡아가고 있는 풍조까지 감안한다면 의사 과학적 종언주의의 상략과 그 붐은 생각보다 더 대단할지도 모른다.

이론으로 무장해서, 특히 그 이론에 '과학'이라는 위협적인 아우라를 씌워서 향후 삶의 세상이 진행될 청사진을 그려보는 태도와 관점에서 잠시 벗어나보자. 좀 순진하고, 또 순진한 만큼 지금 세상에서는 환상적인 발상일지 모르지만, 이론으로 현실의 지도를 그려가는 연역적 구도를 벗어나, 현실을 살아가고 있는 생활인의 감각으로 현실을 느끼도록 노력해보자. 그래서 우리 삶의 자잘한 에피소드들을 반복해서 겪거나 또는 새로운 패턴의 에피소드들을 반복해서 대하는 경험으로 인해 얻는 '지혜'를 들어보자. 이론의 연역이 주는 일방적이고 명쾌한 '앎'이 아니라, 삶의 소사小事들이 모여서 패턴을 이루고 이 패턴이 열어놓는 예감을 재빠른 몸의 센서 sensor로 느껴보자. 그래서 이 지혜와 센서의 예감이 종언주의를 어떻게 대접하고 있는지 살펴보자.

내 일상 속에서 문득문득 피할 수 없이 느끼는 종말의 예감은 집을 나서는 순간부터 너무나 예사롭게 시작된다. 내가 사는 곳은 최근 관광특구로 지정된 부산의 해운대이지만, 미포尾浦와 청사포靑沙浦를 좌우 발등에 거느린 산자락의 마루턱이어서 2년 전 이곳으로 이사 올 때만 해도 소음이 적고 공기는 도심과 비교할 수도 없이 맑았다. 유흥가도 아니고 행락객이 잦은 해변도 아니니 일없이 붐빌 까닭이 없었다.

하지만 1년이 채 못 되어 사태는 일변했다. 해운대 신도시 개발을 축으로 곳곳에 건축붐이 일더니 이제는 사방 어디를 둘러봐도 편안하게 눈 붙여둘 빈터 하나 찾아보기 힘들게 돼버렸다. 집을 나서기만 하면 벌써 어디선가 쓰레기를 태우는 역한 냄새가 코를 찌른다. 심할 때는 창문마저 다 닫아놓아야 할 실정이다. 오륙도가 한눈에 차는 바닷가의 공기가 이 꼴이라니, 나 자신부터 믿을 수 없을 지경이다. 쓰레기 종량제 실시 후 더욱 심해진 폐습이지만, 빼꼼한 터만 있으면 곳곳에 공사판을 벌여놓으니 태울 일이 오죽 많겠는가. 애초에 인도와 차도를 구별할 정도의 도시 계획을 세워본 적도 없지만, 길에 들어서기 바쁘게 덤프 트럭들이 사방팔방으로 붉은 먼지를 흩뿌리며 쉴 새 없이 오간다. 송정松亭이나 대변大邊 등지의 회촌을 찾는 행락객의 승용차들은 이제 평일과 주말의 구별이 없다.

자동차의 매연과 공사판의 소음과 먼지, 도시 한켠 하늘을 무슨 저주처럼 가득 메우고 있는 스모그, 황사 현상에 대한 구구한 억측들, 언제 안심하고 맞을 만한 비도 없었지만 '이번 비는 절대로 맞지 말아야 한다'며 특별히 정색하는 이웃집 최 선생의 전언, 틈만 나면 라면 국물 색을 내는 수돗물, 하루에 수십 번도 더 지나다니는 확성기 이동 상인들의 기발하고 시끄러운 상략商略의 메시지들, 끝도 없이 초인종을 누르면서도 전혀 미안해하지 않는 잡상인과 전도인들, 2년씩 벽을 사이에 두고 살아도 눈인사 한번 나눌 수 없는 이웃집, 출퇴근 시간이나 주말이면 아예 외출을 포기해야만 하는 살인적인 교통 체증, 모퉁이만 돌아서면 서로 차를 팽개친 채 싸움판을 벌이고 있는 운전자들, 늘 담배 연기를 뿜고 다니는 앞선 행인들, 집을 나서기만 하면 영락없는 전장戰場이 펼쳐져 있고, 어디서나 물과 공기와 나무들이 죽어가고 있다.

개발과 진보를 빌미로 삼는 전쟁은 이제 한계에 도달한 느낌이다. 자료에서 보는 여유와 수치에서 읽는 가능성으로 안경 너머의 현실을 굽어볼 필요는 없다. 도심에 비할 수 없이 공기 좋고 물 맑다고 하는 이곳 해운대에서조차 한두 시간만 외출을 하면 '감'이 잡힌다. 앞에서 말한 것처럼 '이론의 연역이 주는 일방적이고 명쾌한 '앎'이 아니라, 삶의 소사小事들이 모여서 패턴을 이루고 이 패턴이 열어놓는 '예감'이 선연히 잡힌다. 이 예감은 내 삶의 구체적인 일상을 뚫고 마치 무슨 자명종처럼 문득문득 뛰쳐나온다. 더 이상 나아갈 수 없다는 체감, 아니, 더 이상 나아가서는 안 된다는 떨림 그리고 더 이상의 편이는 결국 자기 파멸적이라는 각성이다. 종언주의의 전령은, 책을 덮고 내 집을 나서는 순간부터 내 몸을 친다.

이 종언의 전령서에는 종언을 재촉한 주범들의 명단이 적혀 있다. 그 주범들 가운데 우리 삶과 현실에 대한 임상성과 실천성은 도외시한 채 수입된 이론과 이름들을 마구잡이로 판매했던 상인들도 포함되어 있다. 이른바 식민지의 지식상이다. 이들은 미군 기지 P.X.의 물건들을 헐값에 빼돌려 수월한 장사를 해왔다. 충량한 사대주의와 얄팍한 어학 실력으로 매점한 물품들을 자생력 없는 기지촌에 미끼로 뿌리면서 턱없는 이득과 권리를 누려온 것이었다.

전령서 아래쪽에는 서명한 책임자의 이름과 함께, 필체로 봐 그의 글인 듯한 짧은 소감이 감상에 겨운 문체로 쓰여 있었다.

깜깜한 부대를 바라보면서, 나는 미군들이 마침내 떠났다는 사실을 황량한 가슴에 새겼다. 능선을 따라 선 빈 초소들이 마음을 아프게 했다. 그때 나는 봤다. 불 꺼진 초소들 위에 헤아릴 수 없이 많은 별들이 뿌려져 있는 것을, 서른 해 동안 미군 부대의 불빛에 눌려 숨을 죽였던 별들이 문득 되살아나서 초롱초롱하게 빛나고 있었다.(356)

4. 집짓기, 글쓰기, 마음쓰기
-탈식민성의 걸음걸음

1.

바닷가에서 태어났기 때문인지 아니면 수성水星의 기운이 뻗쳐서
태어났기 때문인지 몰라도 나는 성정이 유난한 친수성이라 늘 물
가에 있기를 좋아했다. 서울의 교수직을 때려치우고 부산에 낙향
하니 나를 보는 인심은 더러 일없이 사나워지고 돈벌이는 더욱 시
원찮아 한두 번 민망한 꼴을 당한 적도 있지만, 무엇보다 좋은 것
은 예부터 모래 곱고 물 맑기로 이름난 해운대 바닷가에 살게 된
점이었다.

청사포에서 해운대의 동편 끝단 미포를 잇는 언덕의 경사면
을 따라 산책을 나설라치면 오륙도가 한눈에 차오른다. 곳곳이 영
화 속에서나 본 이국적인 빌라들로 사뭇 현란하다. 건물의 겉모습
은 물론이고 그 분위기나 정조까지도 묘하게 서구풍인 데다가, 승
용차만 다닐 뿐 행인을 찾아보기 힘든 것마저 그쪽을 빼다박았다.
10년 전만 해도 군데군데 별 소득 없는 밭뙈기만 널려 있던 허적한
산자락이었는데, 이제 해안 쪽의 경사지는 최상급 빌라와 별장, 카

페와 레스토랑으로 빽빽해서 밤에도 숨어서 편히 오줌 눌 빈터조차 흔치 않게 되었다.

볼 것에 상혼이 과열되고 상략이 발빠르게 움직이는 것은 예나 지금이나 한결같다. 마녀 재판이 횡행할 무렵 중세 유럽의 마을에서는 분살焚殺이 집행되는 형장 인근의 집값이 폭등했다고 하는데, 이곳은 관광특구에다가 태평양의 끝자락마저 걸친 현대판 배산임수라, 이미 지감地感으로 아는 명당이 없어진 지금에도 풍광만으로도 가히 명당 취급을 받을 만한 자리다. 상수도 시설이 대중화된 지금 득수得水의 뜻은 적어졌지만, 풍광에마저 상략이 개입하는 터라 담수든 해수든 물은 여전히 돈이다. 대하大河든 지천支川이든 물가의 집 값이 뛴다는 것은 부동산의 ㅂ자도 모르는 이도 짐작할 만한 일이다. 다만, 물을 보면서 집값을 올리는 우리는 불을 보면서 집값을 올렸던 그들과 어떻게 다른지 한가한 틈에 한번쯤 궁구해 볼 일이다.

유비적 상상에 지나지 않을지 모르지만, 주말마다 각진 모양새와 개성 없는 무채색으로 권위를 얹은 대형 자동차나 균제감 없이 '국민형'으로 찌그려놓은 축소형 자동차를 타고 피난 떠나듯이 바닷가를 찾아나서는 도시인들의 심리는 바로 물을 둘러싼 도시의 생리를 반영하고 있는 것이 아닐까. 말하자면 그것은 복개覆蓋의 생리가 개복開腹의 심리로 드러나는 것이 아닐까.

청계천이 서울의 내수內水이듯이, 부산에서도 내수라고 부를 만한 지천들이 더러 있었지만, 복개되어버린 운명은 청계천과 한결같았다. 내가 유년기를 보냈던 보수동에는 구덕산 계곡에서 발원해 자갈치 시장통을 뚫고 남항으로 빠졌던 보수천寶水川이 있었다. 1960년대 후반인 당시만 해도 물이 맑고 물방개나 물여치가 많아서 천변은 온통 우리의 놀이터였다. 우리가 '검정 다리'라고 불렀던 흑교黑橋 주위에는 늣늣하고 쾨쾨한 냄새가 마냥 싫지만은 않았던, 말린 동물의 사체들을 처마마다 매달아놓은 간이 약재상들이 진을 치고 있었는데, 특히 이곳에는 우리의 호기심을 끌 만한 온갖 미신과 소문이 난무했고, 그래서인지 생활은 빈한했지만 우리의 상상력만큼은 늘 풍성했다.

그러나 1970년대에 '증산·수출·개발'의 국풍이 일면서 지형은 일변했다. 낯익고 정들었던 구석들이 하나둘씩 철거되더니 1980년대 들면서 보수천의 전 유역이 복개되고 말았다. 고양이나 살쾡이 말린 시체들이 즐비하던 흑교도 흔적 없이 사라졌다.

복개된 지천들을 생매장당한 원혼에 비기는 짓은 무모한 상상력일까. 그래서 항도의 해변에는 지천의 주검들이 떠다니고 그 원혼들이 진혼을 목말라한다고 여겨 보는 짓은 지나친 수사일 뿐인가. 구태여 땅을 살아 있는 전체로 보는 풍수 사상 등 '전일적 유기론holistic organicism'의 입장에 서지 않더라도, 흐르는 물을 덮어버리는 짓은 고여 있는 우물을 덮어버리는 짓에 담긴 상서롭지 못한 느낌 정도에 비할 바가 아니라는 생각이 든다.

강과 그 지천은 수천수만 년 동안 자연의 삶이 가장 자연스러운 방식으로 닦아놓은 '길'인 셈인데, 불과 100년 앞도 아리송한 인간들의 길을 위해서 하루아침에 없애버린다는 것은 문화적 문화文化的 文禍의 전형으로 폭거나 진배없다. 자연의 길을 없애고 인위의 길을 만든 일을 일러 계몽이니 문화화니 사회화니 해서 으스대지만, 인위의 설계는 반드시 자연의 넓은 지형과 품세를 따르는 것이 멀리 봐서 좋다. 더러워진 물을 맑게 할 생각은 않고 덮어서 주차 공간이나 얻자는 발상을 '개발'이라고 부르는 것은 입 달린 이들의 자유이지만, 내 보기에는 길을 버리고 담을 넘자는 불한당의 심보에 지나지 않는다. 삶다운 삶을 이루려는 데에 존중해야 할 것은 하나둘이 아니지만, 자자손손의 안녕을 꾀한다면 마땅히 자연 속의 '길'에 유념하고 그 조화를 존중해야 할 것이다. 무릇 산 것은 물론이거니와 한 덩어리를 이룰 수 있는 모든 것의 존재 방식에는 그 나름의 고유한 길이 있는 법인데, 이를 끊어버리고서야 어찌 삶의 안녕과 조화를 바랄 수 있겠는가.

지천들을 복개시킨 도시의 생리는 이를테면 복장復腸이 터지는 울화를 복장服裝으로 눈가림하려는 짓에 지나지 않으며, 혹은 진솔한 욕망의 생기를 밀쳐둔 채 곪아터진 도덕을 빌미로 현상태를 유지하는 종단宗團에 지나지 않는다. 복개로 말미암아 밖으로 발산되지 못하는 지천들의 '생리'는 제 몫을 다하지 못한 채 오염된 지하천 속에서 더욱 썩어들어 마침내 해변의 넋으로 떠도는 '병리'가 되어버린 것이다. 말하자면 땅의 전환 히스테리conversion hystery라고 할까. 지천의 숨겨진 병환이 엉뚱하게 해변을 찾는 도시인들의 돌림병 같은 행락 속에서 터져나오는 셈이다. 그렇다면, 주말이면 돌림병처럼 바닷가를 찾는 도시인들은 전환 히스테리를 앓고 있는 도시의 괴뢰傀儡들인가.

조율되지 못한 문화文化는 문화文禍를 낳는 법이고, 문화文禍에 이르도록 곪은 문화文化는 자연히 섣부른 복고주의로 돌아서는 법인데, 관광특구로 지정된 이곳 부산 해운대야말로 문화文化와 문화文禍의 긴장이 서서히 한편으로 기울고 있고, 그 기욺새에 도둑처럼 스며든 상혼이 거죽밖에 남지 않은 복고를 빌미 삼아 자신의 부끄러운 꼬리조차 감추지 않고 설치는 중이다. 지금 이 순간에도 해변에 면한 지역으로 빠끔한 구석이면 영락없이 빌라들이 세워지고 있고 반대쪽 너른 들판에는 주변의 산세나 지형을 전혀 돌보지 않은 채 수백의 아파트가 무슨 군사 작전이라도 치르듯이 급박하게 세워지고 있다. 이른바 '해운대 신도시'다.

처음 이사 오던 2년 전만 해도, 맑은 공기에 밤이면 제법 산사山寺의 적요를 흉내 내고, 밝으면 서구의 잘 정돈된 어느 부촌을 연상시키는 이곳은 나름의 멋이 있었다. 맛있는 음식이 썩으면 더 고약한 냄새를 풍긴다더니, 그 멋에 규모 없는 틈이 도처에 생긴다. '한번 해운대에 들어오면 나가기 힘들다'는 이곳 주민들의 자긍이 어느새 자조로 바뀌고 있는 것이다. 밤낮을 가리지 않는 소음은 땅을 진동시키고, 주말의 행락객은 물론 평일에도 일없이(?) 쏘다니는 자동차들의 행렬로 느긋한 산책조차 어려워졌다. 곳곳에 널린 공사터에서는 진종일을 쓰레기 태우는 냄새로 물가의 공기 맛을 잃게 만든다. 천편일률적인 성냥곽 건물들이 들어섰거나 들어서고 있는 언덕 사면은 갓 쓰고 청바지 입은 꼴을 방불케 한다. 자연과 건물이 서로를 소외시키고, 건물과 인간이 서로를 소외시키니, 마침내 자연과 인간도 원치 않은 이별에 목이 멘다. 한번 도시에 들어오면 나가기 힘든 것일까?

2.

집짓기도 결국 사람의 일이고 따라서 문화적 활동의 패턴을 따르는 작업이라면, 이를 글쓰기와 마음쓰기에 빗대어서 함께 논의해 보는 것도 뜻이 있으리라 생각한다. 땅 위에 집짓기나 종이 위에 글쓰기나 마음 위에 마음쓰기를 한통속으로 몰아붙여 따지려는 발상도 그저 유비類比로만 볼 것이 아니라는 생각에서 하는 말이다.

나는 이미 여러 글에서 우리 인문학의 글쓰기 방식에 문제를 제기하면서 나름의 대안을 계발하려는 의욕을 보인 바 있다. 인문학자들이 자신의 생존과 학문적 체면을 유지하기 위해서 부득불 벗어나지 못하고 있는 것은 '논문'이라는, 사실은 매우 이상해 보일 수 있지만 어떻게 보면 자연스럽고, 또 그 주변을 둘러치고 있는 묘한 권위의 아우라 때문에 섣불리 비판하기도 힘든 글쓰기 방식이다. 논문은 단순성의 이념이 지배했던 서구의 근대 과학적 세계관에서 형성된 글쓰기 방식으로서 일방적으로 수입된 것이지, 우리의 학문적 터와 역사의 검증을 받고 내적인 필요에 의해 자생한 것이 아니다. 논문만을 써온, 그것도 연중행사처럼 한두 편의 의무 논문을 끄적거리며 자위하는 사람들이 흔히 변명하듯이, 논문이란 논증적 담화를 위해 선택하는 '하나의a' 글쓰기 방식이 아니다. 그것은 이 땅에서 학자로서 연명할 수 있으려면 반드시 따라야만 하는 '하나뿐인the' 글쓰기 방식이며, 엄밀히 말하자면 이미 학문에 형식적 강박을 자초함으로써 내용의 창의와 자발성을 역으로 차단하는 부작용을 적잖이 낳고 있다. 그러나 내 비판은 단순히 논문 폐기론으로 진전되는 것이 아니라, 논문이라는 형식성이 학문성을 전유할 수 있다고 믿는 허위의식과 강박 그리고 이를 가능케 한 문화 역학을 '논문중심주의'라고 통칭하고서 이를 교정하자는 발상으로 나아간다. 즉 논문 중심의 '글쓰기'는 강박과 허위의식의 '마음쓰기'에 맞닿아 있는 것이다.

논문이 우리 의식세계를 지배하는 하나의 강박증으로 나타나는 것은 바로 이 허위의식이 명백한 병증으로 진전되었다는 증거로 봐야 한다. 이미 서구에서조차 논문 같은 중앙집권적이고 폐쇄적 형태의 글쓰기에 진지한 반성을 촉구하는 목소리—가령 삶의 복잡성과 구체성, 인간 정신을 포함한 모든 텍스트의 역사성 그리고 글쓰기의 세속성 등—가 적지 않은데, 우리는 여전히 우리 선배들이 물려준 형식적 강박으로부터 한 걸음도 내딛지 못하고 있는 것이다. 남의 생각을 구걸해서 머리를 채우고 지적 허영을 만족시키던 시기에는 동냥 그릇까지 구걸했지만, 이제 생각의 자립을 구하는 우리는 그릇부터 지금 우리 삶의 실정에 맞도록 고쳐 만들어야 한다.

논문의 독재성과 우리의 타성적 허위의식이 공모하여 심어놓은 병증은 일종의 수세강박증水洗強迫症이다. 자신의 생활세계가 처해 있는 현실을 무시한 채, 끊임없이 손을 씻어야만 심리적인 안정을 얻는 이 순결 콤플렉스purity complex는 글쓰기의 구체적인 콘텍스트를 무시한 채 논문이라는 단정한 형식만을 고집하는 우리 학자들의 고유한 정신 질환인 것이다.[12]

어차피 글쓰기란 세상을 만나 해석하는 과정이므로 글이라는 텍스트는 세상이라는 콘텍스트와 유기적 연계성을 맺을 수밖에 없다. 텍스트의 역사성이니 세속성이니 하는 개념들을 거론하지 않더라도 글쓰기를 통해서 글의 안팎이 서로 어울리는 현상은 자연스럽다. 살아 있는 글을 생산하는 글쓰기가 되기 위해서는 늘 글이 생산되는 토양과 그 역사에 유념해야 하는 이유도 같은 배경을 지닐 것이다. 나는 논문 일변도의 식민지적 글쓰기를 지양하고 복잡하고 다층적인 현실 세상의 제 모습에 알맞은 글쓰기 방식을 계발하면서, '잡된 글쓰기'라는 개념을 창안하고 그 내실을 더하는 중이지만 여기서는 상론을 펼 여지가 없다.

어쨌든 글쓰기는 일차적으로 글쓰기가 이뤄져온 역사의 연속된 맥이 주는 힘으로 가능해지는 것이고, 또 글을 둘러싸고 있는 세상의 모습에서 그 최후의 진정성을 얻는 법이다. 이처럼 통시적·공시적 연속성이 보장될 때에만 좋고 힘 있는 글쓰기는 가능해진다. 즉 역사성historicity과 콘텍스트성contextuality의 후원이 있어야만 글은 생명력을 얻는다.

그러나 논문이라는 의사 과학적 글쓰기로 획일화되어버린 학계에서는 이런 공·통시적 맥을 끊어버린 채 이름도 터도 없는 글쓰기에 전념하면서 체면만 내걸고 연구비만 거둬들이는 관행을 계속하고 있다. 좀 심하게 평하자면, 주註와 참고문헌을 대동한 채 적당히 얼버무린 형식성만을 만족시키면 되는 논문 쓰기의 속은 서구를 추수追隨하는 사대주의와 식민지 근성이 남긴 지적 허위의식이요, 겉은 어떻게든 틀만 짜맞추면 된다는 형식 강박이다. 미국의 한인 교포 사이에서 자조적으로 쓰이는 신조어 중에 '바나나 콤플렉스'라는 말이 있다. 말하자면 겉은 노란 것이 속은 흰 체한다는 뜻인데, 유달리 흑인이나 다른 유색인종에 대해서 차별이 심한 데다 스스로를 암묵적으로 백인과 동일시하는 한인들의 허위의식을 꼬집은 낱말이다. 논문만으로 학문성을 전담할 수 있다는 발상은 빗대어 말하자면 바나나 껍질을 한 겹 벗겨서라도 안팎이 다 흰색이 되고 싶다는 소득도 줏대도 없는 울부짖음이다. 이들의 행태는 미군들이 분무기로 뿌려주는 하얀 DDT를 한 줌이라도 더 몸에 발라보려는 전쟁 난민들의 희비극적 모습에서 그리 멀지 않다.

삶을 도외시한 앎, 그것도 백인들로부터 수입한 앎만을 위한 글쓰기가 논문중심주의이고 이 논문중심주의를 뒷받침하고 있는 마음 씀씀이가 형식성과 과학성에 매춘賣春하는 수세강박적 허위의식이라면, 내 자신이 인근에서 매일 목격하고 있는 집짓기 역시 이같은 수준을 벗어나지 못하는 듯하다.

식민지의 경험과 서구추수주의 그리고 무분별하고 줏대 없는 근대주의의 물결에 휩쓸린 흔적은 분야에 관계없이 유사한 패턴의 상흔을 남기고 있다. 우리 인문학의 역사와 전통이 절맥의 수모를 당한 채 무작위로 수입해 들인 이론들과 글쓰기의 방식이 난무하는 것처럼, 근대적 도시 형성의 경험이 일천한 상태에서 '잘 살아보세'의 찢어진 깃발 아래 뭉쳐 빨리빨리 그리고(그러니) 대충대충 건설해버린 우리의 도시들도 통·공시적 연계성을 상실한 채 꿔다놓은 보릿자루처럼 낯선 모습으로 스스로 낙심한 빛을 띤다.

이 시대에 건물 보러 다니는 것은 정말 인간성 더러워지는 짓이라고 내뱉은 어느 건축비평가의 말은 사실 비평가만이 할 수 있는 말도 아니고, 또 건축비평 분야에서만 할 수 있는 말도 아니다. 분야에 관계없이 조금의 관찰력과 상상력만 있으면 같은 아픔을 발견할 수 있고 같은 한숨이 내쉬어진다. 힘도 줏대도 없이 계몽당하고 근대화당할 수밖에 없었던 시절에는 나름의 속아픔이 있었고, 또 그 아픔은 여러 부작용조차 정당화할 수 있는 심정적 보루가 되었던 것이 사실이다. 그러나 지금은 어떠한가. 옛 아픔은 잊히고 작용으로 혹은 부작용으로 남아 있는 근대의 현란한, 혹은 헐렁한 유물들을 안고 살면서 우리가 할 수 있고 또 해야 할 일은 무엇인가.

비평의 훈련을 쌓은 전문인이 아니어도 잠시만 서구에서 살아보면 금방 알 수 있다. 우리 도시의 건물들이 수입품이며, 그것도 진품일 수 없는 모조품인 것을. 그러나 진품과 모조품의 구별보다 더 중요한 사실이 있다. 이는 마치 구미의 어느 사상가에 대한 우리 해석이 옳은가 그른가 하는 문제보다 더 중요한 사실이 있다는 것과 유사한 지적이다. 그 사실은 이 건물들이 우리 건축사의 통시성으로부터 자생하는 힘과 기술로 만들어지지 않았다는 것이며, 우리 땅의 공시성과 자연스럽게 어울리지 못한다는 것이다. 이는 마치 우리 사회에서 활개 치는 이론들과 그 글쓰기가 우리 학문사의 통시성으로부터 자생하는 힘과 지혜로부터 배어난 것이 아니며, 동시에 우리 땅의 정신적 공시성과 현실적으로 이어지지 않고 있다는 사실과 유사한 지적이다.

삶은, 특히 도시의 삶은 어차피 공동체다. 그리고 공동체는 어쨌든 어울림의 미학이라는 빚을 갚아야 하고 또 늘 갚을 준비가 되어 있어야 한다. 그러나 불행히도 이 땅의 도시 건축 문화는 첫발에 어울림을 훼손하는 것으로 시작하고 말았다. 물론 이것은 건축

문화에만 국한된 질정이 아니다. 역사와 전통의 유산을 능동적으로 계승 발전시켜 나온 주역이 아니라, 계몽과 수탈, 근대화와 산업화, 개발과 독재에 늘 수동적인 대상이었던 우리네 형편에서는 어울림을 논의할 만한 여유도 기력도 비전도 없었는지 모른다. 자연과 이웃과 주변의 의미 연관성을 따지면서 과거와 미래의 수평적 연계성을 한 몸에 담은 건축물들을 꿈꾸기에는 우리의 근대사가 너무나 벅찬 짐이었음이 분명하다.

부실한 건물이 주변과 제대로 어울리지 못하듯이, 부실한 텍스트란 텍스트의 내실에 있는 결함과 함께 대체로 콘텍스트를 무시한 결점도 아울러 지니고 있는 법이다. 부실 공사의 보도가 없는 날이 없는 우리네 건축 현장에서는 늘 콘텍스트가 빠져 있다. 하다못해 근처 행인들이 마음 놓고 숨 쉬며 지나다닐 수 있도록 배려하는 공사 현장마저 드물다. 이제는 텍스트에 매달려 생존을 말하던 시기를 지나 어느 정도 진지하게 콘텍스트를 따질 만한 시점에 이르렀다는 말을 욕심 내고자 하는 것이 아니다. 정작 중요한 점은 콘텍스트를 무시한 텍스트는 이미 텍스트로서의 자격을 잃어버린다는 사실이다. 사람은 물론 주변 건물이나 지형지물 그리고 넓게는 그 사회의 생활 정조Lebensstimmung나 정신이라는 콘텍스트에 유의하지 않고서는 텍스트로서의 건물은 고사枯死할 수밖에 없다.

관광특구 해운대 주위에서 보게 되는 건물의 대다수는 정情과 의미를 채워나가며 사는 집이 아니라 욕망의 배설지에 지나지 않는 듯하다. 우리말의 쓰임새에서도 잘 드러나듯이 집은 단순히 건물이라는 물리적 대상을 가리키는 것이 아니다. 집이란 우선 사람의 삶을 중심으로 엮인 장소의 의미 연관성을 뜻한다. 그러므로 집은 삶의 깊이와 성숙을 좇아서 스스로의 뜻자리를 풍성하게 만들어가는 역동적 의미 연관체라고 봐야 할 것이다. 그러나 욕망의 배설지인 건물은 집의 의미 연관성을 벗겨내고 적나라한 단색의 기능성만을 확보한 공간이 되고 만다. 그것은 삶으로 만나는 그리고 삶이 있으므로 더욱 풍성한 의미가 되는 '집'이 아니라, 삶을 지우는, 그래서 익명의 기능성만을 키우며 스스로를 사물화시키는 '건물'에 지나지 않는다. 작은 축구장만 한 갈빗집에 파리떼처럼 꾀는 사람들, 대문짝만 한 간판이 달린 노래방들, 낯선 이름의 카페와 커피 전문점들, 늘 목욕탕과 붙어 있는 안마시술소, 경관 좋은 곳이면 어김없이 들어선 러브 호텔들, 사방팔방으로 질주하는 덤프트럭과 형형색색의 승용차들, 벚꽃과 개나리를 덮어버린 공사장의 붉은 먼지들, 붉은 십자가와 붉은 네온사인 아래로 부유하는 인파. 이곳 해운대에서 목도하는 건물들은 콘텍스트와의 상관성에서 형성되는 의미는 도외시한 채, 오직 '욕망을 담는 텍스트'로만 존재하고 있다.

앎과 삶이 서로를 소외시키는 현상은 섣부른 근대화의 폐해와 식민지의 상흔에 여전히 시달리는 우리 사회 모든 분야의 문제다. 대상으로서의 건물과 의미로서의 집 사이의 소외 현상이나 건물이라는 텍스트와 환경이라는 콘텍스트 사이의 소외 현상도 동일한 문제의 다른 표현으로 생각된다. 교실 내에서의 앎을 위한 고단하고 기계적인 싸움이 교실 밖에서는 통하지 않고, 사원 내에서의 충량하고 열정적인 믿음이 사원 밖에서는 편협한 고집과 독선으로 드러나며, 교과서 속의 진리들은 삶 속의 구체적인 일리一理들을 비켜가고, 한 사회의 명패인 양 천명되는 이념들은 진솔한 욕망 한 줄기를 제대로 다스리지 못하는 이 괴리는 집을 짓는 일에서도 비슷하게 반복되고 있는 셈이다.

집이 되지 못하는 건물, 글이 되지 못하는 논문 그리고 마음이 되지 못하는 이성은 한통속이다. 건물과 논문과 이성은 모두 넓은 의미에서 계몽과 진보의 가능성으로 섣불리 들뜬 근대성의 표현이며, 설명 가능성explicability의 이념 아래 척척 풀려나가는 과학적 세계상[13]의 대표 이사들이다. 그러나 집이 되지 못하는 건물은 의미 자리를 얻지 못한 콘크리트 덩어리에 지나지 않고, 글이 되지 못한 논문은 우리 삶의 복잡성과 관계없는 강박의 덩어리이며, 마음의 깊이와 넓이를 헤아리지 못하는 이성은 다윈이나 프로이트 같은 큰 이름들이 펼친 경지는커녕, 봄 감방의 창틀에 찾아든 쑥한 포기에 시심을 띄우는 이들조차 이해하지 못할 테크닉에 지나지 않는다.

성냥갑 같은 균질의 아파트 건물이 공룡만 한 몸채로 연일 세워지고 있는 해운대의 신도시는 무주택 서민들의 꿈이 이뤄지는 공간으로 선전되고 있다. 성냥갑 같은 종이 위에 형식적 조건으로 순치된 남의 이론들을 잘 짜깁기해서 늘어놓으면 박사 학위를 꿈꾸는 학동들의 꿈이 이뤄지듯이 말이다. 수입된 집짓기는 우리 역사와 산천 속에서 전해진 의미 자리를 돌보지 않고 오직 상혼(요즈음은 너나없이 '혼이 담긴 시공'이라는 캐치프레이즈를 내걸고 있는데, 이 혼이 밉상스런 상혼일 줄이야)에 따라 길 없는 길을 함부로 만들고 있다. 수입된 논문중심주의의 글쓰기가 우리 정신사와 학문의 맥 그리고 삶의 복잡성과 다양성을 무시한 채 붕어빵 같은 글들을 제조해내고 있듯이 말이다. 인심은 민심으로 모이고 민심은 천심으로 오르며 다시 천심은 지심地心으로 내려서 그 땅 위에 흐르는 인심을 어루만져주는 마음쓰기가 속 좁은 근대주의에 쫓겨나듯이 말이다.

이제는 옛말이 된 구석이 없지 않지만, 전통에 좀먹지 않고 규모 있고 범백맞게 살림하는 집안의 특징은 무엇보다 '있을 것이 있을 데 있고 없을 것은 없다'는 점이다. 가령 졸부 된 놈이 수고 없이 번 돈으로 이름자나 얻고서는 집 안 곳곳에 채우는 도자기나 병풍이랑 족자 나부랭이를 살피면 한눈에 이 점을 간취할 수 있다. 역사성이 있는 것이면 무엇이든 길과 맥脈을 잃지 않는 법이다. 속 깊은 힘이나 감칠맛이나 덕 있는 멋은 다 오래 닦아온 길과의 연맥連脈을 통해서 가능해지는 법이다. 전통의 연맥과 역사성의 무게는 부분을 이루는 하나하나가 전체 속에서 아름답게 조화할 수 있는 방식을 자연스럽게 가르친다. 한 자字 한 자든 한 개個 한 개든, 쓰이고 놓일 자리를 제대로 찾는 것은 전체의 콘텍스트와 상관해온 오랜 역사와 전통의 경험을 바탕으로 해서야 비로소 가능해진다. 큰 덕에서 절맥당한 채 작은 재주를 부리는 짓이 학인에게는 반드시 위험하고, 아침에 주운 정보를 자료 삼아 저녁에 좋은 글을 지을 수 없으며, 우연찮게 하루아침에 적빈赤貧을 벗은 졸부의 기호嗜好에 묵고 삭은 맛이 날 리 없고, 마음 씀씀이를 제대로 다스리지 못한 채 돈 씀씀이만 다스려서 이룩한 근대화에 비인간화의 부작용이 따르지 않을 수 없으며, 우리 땅과 하늘을 지나간 수많은 세월을 읽어내지 못한 채 어제 번 돈과 오늘 닦은 기술로 좋은 집을 지을 수 있으랴. '있을 것이 있을 데 있고 없을 것은 없다'는 말은 뼈대 있는 집안의 맏며느리가 살림하는 데에만 소용되었던 경구가 아니다. 이 경구는 식민지의 경험과 전쟁 그리고 외세 추수의 부담을 안은 채 경제지상주의에 골몰하며 섣부르게 쌓아온 이 나라의 건축 문화에 대한 따가운 일갈一喝이 될 것이다. 잘못 쓴 글을 고치는 것도 쉽지 않고, 들쑥날쑥한 마음 다스리기는 더욱 어렵지만, 공룡처럼 세워놓은 건물과 구렁이처럼 닦아놓은 길은 어쩌란 말이냐.

돈 되는 것이면 무엇이든 용인하는 배금의 상흔, 아무 구석이나 병풍 세우고 아무 벽이나 족자 거는 졸부의 취향, 수입된 이론으로 본문을 채우고 수입된 원전原典과 이름들로 주註를 채워야 행세할 수 있는 글쓰기, 아직도 자연을 고문하면서 그 비명을 듣는 것으로 만족하는 과학적 감각, 한 번도 좋은 스승 밑에서 체계적으로 자신의 재능을 다스려보지 못한 분수噴水 같은 재능의 영리한 학생들처럼 한 번도 문화적 연맥과 전통의 조율 속에서 자신들의 문화를 다스려보지 못한 채 마구잡이로 선정적이고 아무렇게나 튀며 제멋대로 현란한 도시의 건물과 그 겉모습들, 절맥당한 전통에의 향수와 세계화라는 모호한 강박관념 사이에서 맴도는 우리의 정체, 이 모든 것은 집짓기와 글쓰기와 마음쓰기를 한 줄로 녹슬게 만드는 우리 시대의 근원적 불행이다.

3.

오늘도 청사포에서 미포에 이르는 경사지를 타고 오륙도를 굽어보면서 산책을 나선다. 대변과 송정 등지에서 빠져나오는 승용차들은 다 어제 뽑은 차처럼 말쑥하고, 승객들은 다 금시발복今時發福이라도 한 듯 깊이 없는 웃음이 역력하다. 이들의 세계에는, 어느 곳이든 어느 것이 있고, 아무 곳이나 아무것이 있다. 전통의 맥과 성숙이 가능하게 만드는 안정감과 깊이는 어디에도 보이지 않는다. 모든 것은 부유한다.

이들의 집짓기, 글쓰기 그리고 마음쓰기의 모토는 '주변은 돌보지 않는다'이다. 주변을 돌보다가는 집은 올라가지 않고 글은 나아가지 않으며 마음은 소득 없이 번잡할 뿐이다. 이는 식민지 학생들의 지상 명제인 '오직 책만 볼 것이며 그 주변은 돌보지 않는다'는 말과 정확히 일치한다. 동일한 중심만 확인할 뿐이지 차이 나는 주변에는 인색한 종교인들에게 '네 이웃을 네 몸과 같이 사랑하라'는 설교를 뱉는 것은 이미 코미디이듯이, 형식과 원전과 대가를 동심원으로 삼고 원무圓舞나 일삼는 학인들에게 일상의 주변성과 그 깊은 복잡성을 일깨우는 것이 코미디이듯이.

벚꽃이 한창인 미포 쪽의 붉은 벽돌색 아파트촌으로 들어서면서 문득 얼마 전 청탁받은 글을 떠올려본다. 봄이면 유난히 심한 이곳의 바닷바람 사이로 글의 상념은 삭아 무너진다. 인근의 집들도 따라서 무너진다. 그 사이로 욕심 많은 내 마음도 조금씩 무너져 내린다.

5. 글쓰기, 복잡성, 일리
: 『하얀 전쟁』과 『이방인』

결국 소설이야말로 헤겔 이후 시대의 가장 전형적인 산물이다.[14]

1. 글쓰기와 상상력

'모든 것이 주어져 있다Tout est donné'는 생각은 민활한 정신의 나긋 나긋함을 일거에 빼앗고 만다. 이같이 차폐된 전제(종교적인 성격이든 혹은 정치적이든) 속의 글쓰기는 관습적 폐쇄성을 벗어나지 못하며 기껏해야 무력하고 분분粉粉한 꽃가루만 만들 뿐이다. 모든 것이 이미 주어져 있고, 이 구석 저 자투리가 모두 기획되어 일률적으로 설명될 수 있다면 상상력은 추락할 것이고 우리는 할·일·이· 없·다.

그러나 우리의 구체적 일상 속에서 확인되는 경험의 세세한 흐름은 기계적이거나 일양적一樣的으로 재단되지 않는다. 요컨대 암기하기 편하도록 역사가 분절된 것은 '교과서'의 작위일 뿐이다. 예를 들자면 쌈박하게 한 권의 책으로 출간될 수 있는 '영국사' 같은 주제는 실제로 존재하지 않는다.[15] 인간들이 '살아내는' 삶의 구체성과 복잡성은 이념과 정치, 혹은 특정한 관심의 도식으로 정리된 단순함으로 간결하게 잡아낼 수 없는 법이다. 서구의 중세적 보편성이 교의를 만든 반면 근세의 개별성은 회명을 몰아왔듯이, 보편으로 분식粉飾한 단순함은 흔히 우리 역사의 절절한 삶을 여실하게 대변하지 못한다. 삶과 역사의 진면목은 실로 그 '환원할 수 없는 복잡성'에서 발견된다. 우리 삶의 구체적 실상은 잡스러울 정도로 복잡 다양하며, 그래서 괴테의 흔한 인용구처럼, 과연 '개별은 필설로 형용하지 못한다'.

보편과 단순함의 표피에 현혹되지 않고, '필설로 형용할 수 없는' 개별을 필설로 형용해보고자 하는 상상적 도약 속에 문학적 감수성을 통한 글쓰기의 어떤 일리一理가 있다. 그리고 복잡한 삶의 세상을 비교적 제 모습대로 드러내는 작품을 통해서 이 일리를 예시하고자 하는 바람이 이 글의 모티브가 된다.

모든 정답이 단순하고 명쾌하게 주어진 표피, 즉 이념의 옷 Ideenkleid이 주는 편익에 마춰된 글쓰기는 기본적으로 처방적 prescriptive이다. 그러나 절절하고 형용할 수 없는 삶의 층층면면과 복잡성을 깊이 살아내는 글쓰기는 종종 기술적descriptive인 고백에서 멈출 도리밖에 없다. 파스칼의 변별처럼 '기하학적 정신esprit de géométrique'을 넘어서 '섬세의 정신esprit de finesse'을 익힌 글쓰기는 주변의 소외된 지역을 찾아다니며 펜 끝으로 어루만져준다.

헤겔식 이성의 전체주의가 마침내 자신의 수족을 부끄러워하고, 섬세의 정신에 포착된 역사와 물상의 복잡성이 그 고유한 개별성과 구체성을 떳떳하게 밝힐 수 있게 된다면, 글쓰기는 그 문학적 상상력을 온전하게 호흡할 수 있게 된다. 즉 과학적 근대성이 문학적 현대성과 제휴할 여지를 스스로 만들 수밖에 없는 감수성을 느낄 때, 상상력은 상승하고 우리는 할·일·이·많·다.

2. 구체와 추상, 혹은 '붙어 있음'과 '떼어냄'

글쓰기는 본질적으로 선택의 메커니즘을 통해 가능해지는 '강조'이며, 또한 이는 엄밀히 말하자면, 주제화된 특정 부분과 측면을 부조浮彫하는 '과장'이자 '왜곡'일 수밖에 없다. 다만 이 과장과 왜곡이 글 읽기를 근본적으로 방해하지 않는 것은 왜곡의 '이면'과 '저편'까지를 읽어주는 독자들의 마음 씀씀이 때문일 뿐이다. 언어는 근본적으로 상징과 추상의 기능을 매개로 한 포커스의 문제이며, 아울러 주변과의 차이가 빚는 역학의 문제다. 비유하자면 배경과 전경의 구분은 결국 시점의 선택에 달려 있고, 의미 작용signification이 차별화differentiation의 음화陰畵인 것도 동일한 이유에서다.

근본적으로 글쓰기가 강조·과장일 수밖에 없는 이유는, 우선 문자의 물질적 형상들과 주변의 여백 간의 대비가 '너무' 두드러지기 때문이다. 즉 실제로 글쓰기의 존재와, 여백이나 침묵 속의 무無[16] 사이에는 메울 수 없는 불연속만 덩그러니 놓인 듯이 보인다. 여기서 상론할 수는 없지만, 이는 공간(에너지의 편만한 방산)과 물체(에너지의 교란된 집결) 간의 시각적 대조만큼이나 그 불연속성의 느낌이 즉각적이며 강하다.[17]

아무튼 바로 이 불연속의 실재성 여부 속에 언어를 포함한 제반 문화적인 활동이 가진 강조와 과장의 본질이 있다. 언어와 침묵, 글쓰기와 실재 간에 내재한 이 같은 대조와 과장은 시니피앙과 시니피에, 혹은 셍볼리장symbolisant과 셍볼리제symbolisé 사이의 자의성, 요컨대 기호론적 자의성의 구조와 대단히 유사하다. 즉 언어가 강조와 과장의 마스크를 쓸 수밖에 없는 이유를 유비적으로 추적할 경우, 기호와 그 의미 사이의 비필연적 연관을 하나의 적절한 방증으로 거론할 수 있을 것이다.

물론 상징은 그 드러냄(상징함)의 깊이 그리고 실재와의 긴밀한 관련성 때문에 다소 특이한 위치를 점한다. '상징이 되기 위해서는 (기호론적 자의성을 넘어서) 시니피앙이 시니피에의 의미에 '참여'해야'[18] 하며, 상징은 무의식 속의 '힘과 형상形相이 서로 겹쳐지는 지점에서 생겨나'[19] 실재의 깊은 모습을 드러낸다. 이 논제 역시 여기서 상론할 성질은 아니며, 다만 상기한 논의의 '구조' 면에서 볼 때 언어학·기호론에서의 상징은 물리학에서의 장場과 에너지 개념에 조응하고 있음을 시사하는 것으로 매듭 짓고자 한다.

붙어 있는concretum 구체성concreteness과 떼어냄abstractum 추상성 abstractness 사이의 긴장과 그 역학은 상기한 형이상학적·기호론적 배경을 갖고 있으며 이는 이미 논급한 대로 글쓰기의 심층적 의미를 캐는 단초가 된다. 모든 글쓰기는 미시적으로 볼 경우 어느 정도의 과장과 '원상 이탈'(복잡한 자연을 단순하게 문화화함)을 필연적으로 수반하며, 따라서 글쓰기의 원초적 의미와 그 정당성에 관여하는 모든 논의는 상기한 구체와 추상, '붙어 있음'과 '떼어냄', 콘텍스트와 텍스트, 주변과 중심 그리고 복잡과 단순 사이를 매개하는 긴장의 맥을 읽는 것으로 출발해야 한다.

요컨대 비교와 대조의 감각이 글쓰기를 지배하는 해석학이다. 인식 활동의 기본 단위라고 볼 수 있는 식별 활동부터가 얼마나 비교적인 시각의 결과인가 하는 것은 이미 광범위한 학제적 공감을 얻고 있다. 자신을 돌아보는 것self-realization을 금세기의 문화적 특징으로 거론하는 것 역시 비교적 시각의 무한한 확산과 밀접한 관련이 있다.

예를 들어 자기동일성이라는 논리학적 개념을 생물학적으로 번역한다면, 그것은 자기 보존을 위한 복제와 신진대사를 독립적으로 지탱시켜주는 막膜(피부)이 될 것이다. 어떤 목적에서든 특정한 대상의 자기동일성이 일단 주제화된다면 이는 이미 그 대상이 아닌 것들을 전제하게 된다. 마찬가지로 모든 막의 존재는 그 막의 바깥을 전제하지 않을 수 없게 한다. 그러므로 비교라는 개념은 자기동일성이라는, 어떻게 보면 가장 대척점에 있을 법한 개념 속에 이미 그 조건으로 함유되어 있다.

실로 비교와 연상 작용은 제반 인식의 메커니즘을 직조하는 기본 논리가 된다. 두 개의 생명체 간에 벌어지는 동화assimilation와 이화différenciation의 긴장 가운데 실재에 대한 새로운 비전이 잉태된다고 하는 리쾨르의 주장도 같은 문맥이라 하겠다. 자기동일성과 차이가 표리表裏를 형성하듯이, 차이와 비교적 시각 또한 마찬가지의 관계를 가지며, 이는 모두 인식을 형성하는 중요한 계기들로 기능한다. 결국 인식과 글쓰기는 둘 다 어느 정도 구체(붙어 있음)에서 추상(떼어냄)으로의 전이를 뜻하며, 따라서 상기한 인식의 계기들은 곧바로 글쓰기의 계기와 그 긴장의 원천이 되는 것이다.

이미 시사한 대로 글쓰기를 포함한 문화적 활동의 근거가 차이의 식별에 있다고 하더라도 이 인지된 차이가 문화적인 체계 내에 수용될 수 있는가 하는 문제는 문화적인 자의성의 구조에 달려 있다. 즉 '떼어낸 것'의 전부가 주제화·추상화되지는 않는다는 말이다. 고쳐 말하자면, 비교적 시각에 바탕한 차이의 식별이, 떼어내는 행위(문화적 입력)의 필요조건은 되지만 충분조건은 아니라는 지적이다. 언어학적으로 국한시켜 보더라도 '있을 수 있는 모든 차이가 그 언어에 뜻있는 것으로 등록되어 있는 것은 결코 아니라는 사실'[20]이 이를 입증한다. 예를 들어 음성학적으로 인지되는 차이들도 언어의 '구조'에는 등록되어 있지 않을 수 있고 따라서 그러한 의미에서 무의미하기 때문에 언중의 문화 속에서는 기능하지 않는다.

정리하자면, 실제적인 차이와 그 차이를 '지각'하는 것은 다른 문제이며, 또한 차이의 지각과 그 문화적인 등록도 다른 문제다. 따라서 '떼어냄(추상화)'에는, 우리가 '등록'이라고 불렀던 문화적 자의성과 체계성이 깊이 관여할 수밖에 없다. 바로 여기에 글쓰기의 기쁨과 괴로움이 함께 배어 있는 셈이다. '차이의 등록'이라는 문화적인 변수는 어느 특정 영역에 국한되는 과정이 아니라 상징화·주제화·추상화가 개입하는 모든 문화적인 활동에 공히 관여한다. 그레고리 베이트슨과 융이 각각의 전문성을 바탕으로 축적한 다음의 통찰은 이에 대한 적절한 방증이 될 것이다.

과학은 지각하는 방법이며 우리의 지각에서 '의미'라고 불리는 것을 만들어가는 방법(이다). (…) 그런데 차이가 없으면 지각은 생기지 않는다. 우리가 받아들이는 정보는 어떠한 경우에도 차이의 전달과 다름없는 것이다. 또한 그 차이의 지각은 역threshold에 의해 한정된

다. 아주 미소한 차이나 아주 천천히 나타나는 차이는 지각되지 않는다.[21]

개념이 그 말 자체인 한에 있어서는 그 차이는 거의 눈에 보이지 않고 실제적인 문제가 되지 않는다. 그러나 정확한 정의나 주의 깊은 설명이 필요한 경우에는 우리는 그 용어의 순수한 지적인 이해의 측면뿐만 아니라 특히 정서적인 색조나 그 적용상에 있어 놀랄 만한 차이를 발견한다. 대체로 이것들의 차이는 잠재적이므로 결코 인지되는 일이 없다. 이와 같은 차이는 일상적인 필요와는 거의 관계가 없는 군더더기나 버려도 좋은 의미의 뉘앙스의 문제라 하여 무시되기 쉽다.[22]

차이의 존재가 식별되고, 또 문화적으로 입력(등록)되는 과정, 특히 '새로운 차이들'이 기존의 문화적인 체계와 빚는 갈등과 마찰의 과정은 글쓰기의 원형적 논리에 개입하는 정치를 잘 드러낸다. 이 정치의 체계적 작위성은 글 쓰는 이들로 하여금 글과 사상事象, 즉 떼어낸 것(추상)과 붙어 있는 것(구체) 사이에 끼어 있는 묘한 긴장, 혹은 소격疏隔을 다시 한번 면밀하게 검토하도록 자극한다.

다른 예를 들어 말하자면, 생명사의 긴 흐름을 한 종단면 위에 배열된 종種·속屬·과科 등으로 분류하는 것은 결국 '인공적인 편의'에 불과하다.[23] 자연은 이를 거부하며, 당연히 생물학자들은 이 거부의 미묘한 메커니즘을 거시적으로 읽어내야만 한다. 글쓰기의 책임과 그 희비는 결국 이 '문화의 편의'와 '자연의 거부' 사이의 긴장을 조절하는 데 모아진다.

그러나 이 긴장의 조절은 엄밀히 말하자면 자기 모순적인 성격을 띤다. 즉 작가는 글 쓰는 작업 속에 내함된 긴장으로 인해서 원천적인 딜레마에 봉착할 수밖에 없다. 그는 글을 써야만 하며(즉, 긴장을 잉태해야만 하며), 동시에 글을 지워야만(즉, 긴장을 조절해야만) 하는 이율배반적인 소임을 떠맡고 있는 셈이다.

이러한 제한된 의미에서 어차피 글쓰기construction는 지우기 deconstruction와의 연장선상에 놓여 있다. 글쓰기라는 투박하고 인위적으로 분절된 행위와 거침없이 흐르는 자연의 민감함, 이 양자 사이를 영원히 배회할 수밖에 없는 운명이 작가의 업業이라고나 할까. 주자朱子의 말처럼, 삶의 길과 이치가 원래 완전히 구비된 것人生道理合下完具인데, 이를 구태여 문자화하려는 작가의 고민은 과연 깊지 않을 수 없겠다.

애초에 이 글은 철학·사상과 문학을 경직되게 구별하고 있는 전통적인 학문 방법론에 대한 필자의 항의로부터 추진된 바가 적지 않다. 철학적 사변의 원천지가 어차피 우리의 일상일 수밖에 없고, 그 정묘한 일상성의 실타래를 가능한 한 그 모습 그대로 진솔하게 기술할 수 있는 촉수가 문학적 감각이라는 상식을 인정한다면, 사상의 추상성·단순함과 문학의 구체성·복잡함을 접맥시키는 시도는 정당한 요구이며 시의성에도 부합한다. 글쓰기의 철학적 의미에 대한 논구와 필자의 복잡성의 철학이 『이방인』이나 『하얀 전쟁』과 만날 수 있는 근거는 이 같은 방법론적 토대로부터 그 정당성을 얻는다.

3. 『이방인』과 『하얀 전쟁』

『이방인』에 나타난 카뮈의 글쓰기는 우리의 논의를 계도하는 선명한 지향점을 갖는다.

> 그러자 그는 이른바 '삶의 변화'가 내게 어떤 호소력을 지니지 않는지를 물어왔다. 나는 누구든 자신의 삶을 변화시킬 수는 없다고 답변했다. 어떤 종류의 삶이든 다른 어떤 것만큼 좋은 것이었다. 그리고 지금의 삶은 내게 꽤나 어울리는 것이었다.[24]

> 그러자 그녀는 내가 그녀를 사랑하는지 재차 물어왔다. 나는 그런 질문 따위는 (거의) 무의미하다고 시큰둥하게 답변했다—하지만 실상 나는 그녀를 사랑하지 않는 것 같았다.[25]

통합된 인격 개념에 대한 니체의 비판은 이 인용문의 적실성을 심리학적으로 확인하는 잣대가 된다. 존재론적 신학onto-theology과 요소론의 긴 전통을 '신의 죽음'이라는 상징적인 오멘omen을 통해 일거에 거꾸러뜨린 그는, 그 문화사적 폭발이 남긴 진공의 니힐을 '신도 동무도 없이' 홀로 견디며, 피안의 무지개가 아닌 이 땅 위의 구체적이고 복잡한 진상을 '있는 그대로' 절절하게 대면한다. 그를 무의식의 개척자로 평가하는 이유는 이 '대면에의 용기' 속에 깃든 '정직'에 기인한다고 볼 수 있다. 즉 정신분석학적 통찰을 통해 누누이 지적되었듯이, 의식의 명증성을 부단히 침탈하는 무의식(혹은 인격 전반)의 복잡성·우연성·비통합성·분절성이 주제화되어 충실하게 논구될 수 있었던 까닭도 결국은 이 같은 (윌리엄 제임스가 근대 정신을 특징적으로 압축할 때 사용했던 표현처럼) '완고한 사실stubborn facts'[26]과 대면할 수 있었던 용기와 정직으로 소급된다.

이는 또 다른 불우했던 이방인, 키르케고르의 감각을 사로잡았던 '있는 그대로의 야만적인 확실성literal and barbaric certitude'[27]에의 집념 어린 성실이기도 하다. 말하자면 이 중성적인 정직에의 충동은, 니체와 키르케고르 두 사람을 지배한 것처럼[28] 소시민 뫼르소의 기술적descriptive 삶의 태도를 좌우하며, 어떤 제한된 의미에서 그를 이 시대적인 이방인들과 동일한 반열에 두게 한다. 논지를 더욱 몰아붙여서 뫼르소와 예수의 이방인적 행태를 비교하는 것[29]은 신학적 선정煽情이 다분한 태도라 하더라도, 뫼르소가 비록 형태나 그 성격은 다르지만 니체나 키르케고르와 같이 스스로의 운명을 짊어지고 나름 정직하게 살아간 자들이었던 점엔 의심의 여지가 없을 것이다.[30]

뫼르소는 배심원들의 동정을 구할 수 있는 당위적인 호소를 어렵잖게 내뱉을 수도 있었을 것이며, '삶의 변화'나 '사랑'이라는 도덕적인 명제를 관습적으로 추종하기도 쉬웠을 것이다. 그러나 역사적인 유물로 액자화되어가는 기독교회와 실체화된 형이상학적 허구의 피안을 절규로써 공박했던 두 선배 이방인처럼, 뫼르소의 시각은 자신의 의도나 관심과 관계없이 사랑과 도덕이라는 '권위의 무게에 스스로 비틀거리는' 개념들을 그의 특이한 기술적·중성적 적나라함 속에서 해체해간다.

이들에게 고유한 탈명사주의적 태도는 실상 이들이 기존의 체계(명사화·액자화·사물화Verdingliching된 체계)에 수렴되지 못한 채 이방인으로 부유하게 만드는 이유가 된다. 이를테면 뫼르소가 살아내고 있는 경험의 사상事象들은 틀에 짜인 사회화 과정을 통해서 보통명사로 익명화될 수 있는 요소들이 아니다. 보통 명사의 공공성과 익명성이 적실하게 담지해낼 수 없는 삶의 복잡미묘한 변인들을 있는 그대로 살아내고 이를 자기식대로 언표하는 '기술적 정직'은 당위적·도덕적 질책이 권위 있게 운위되는 논의의 층위를 비켜간다.

가령 일상성 속에 이미 기득의 논리 체계가 어느 정도 구조화되어 있다는 사실은 이제 누구나 공감할 수 있는 인식이지만, 그럼에도 여전히 삶은 정치·사회적 사실들만으로 구성되는 평면적 전장戰場이 아니다. 알프레드 슈츠의 표현처럼 제반 논의의 일리一理는 '제한된 의미의 영역finite province of meaning'에 부과되는 악센트와 포커스를 감안해야 하며, 이는 실증주의 사회과학류의 단일 현실론을 넘어 소위 '복수의 현실multiple realities'을 가능하게 한다.[31] 푸코나 그의 영향을 받고 있는 신역사 비평the New Historicism도 구역사주의의 거대 담론적 전체성을 지양하고 '복수의 역사들'을 운위하는 것처럼, 삶의 다양한 층위와 다성성多聲性의 각 일리에 좀더 애정 어린 눈으로 접근하는 것은 드문 현상이 아니다.

파스칼의 이른바 '섬세의 정신'의 촉수로써 우리가 '살아가는 것'의 미묘한 층층면면을 깊이 느낀다면, 뫼르소의 어정쩡한 답변이야말로 오히려 글과 말의 추상화가 배태한 근원적·체계적·자의적 왜곡을 견디지 못하는 민감한 자의식의 항의임을 느낄 수 있을지 모른다. 온갖 차이와 변수들을 산뜻하게 제거하고 남은 간단한 체계 그리고 '붙어 있는' 삶의 면밀한 흐름을 떼어내 임의로 조작한 도식에 따른다면 사랑과 도덕에 관한 정답은 참으로 간단할 수밖에 없고, 익명의 '교과서'들은 절절한 고유명사 가운데 살아가는 우리의 구체적인 삶의 교직交織을 부단히 폭압할 수밖에 없다. 이 우울한 정황 속에서도 뫼르소의 자의식을 통해 전개되는 글쓰기 방식은 제도와 정치, 도덕주의와 명분 그리고 모든 '기득'의 논리와 체계 속에 금지당해왔던 감수성과 상상력을 해방시키는 효과를 낳는다.

다른 그리고 스스로에게 고유한 일리의 층위를 살아가면서 삶에 '붙어 있는 복잡성'을 미묘하게 느끼는 이들에게는 감옥의 벽조차 너무 '단순'하여 그를 금압할 수가 없다. '(감옥 속에 있으면서도) (…) 마치 자유로운 듯이 생각하는 나의 버릇은 (…) 예를 들어 나는 갑자기 수영하러 해변에 가고 싶은 충동에 사로잡히곤 하는 것이었다.'32 바로 이 점에서 뫼르소의 자의식은 카뮈의 글쓰기와 동일한 궤를 그려가며 이를 서로에게 부단히 확인시킨다. '고집스런 사실들'·기술적 정직·용기·자유·충동·감수성 등은 이들의 삶과 글쓰기를 지배하는 즉각적인 지향성들이다. 따라서 '영웅적인 태도를 나타내 보이지는 않으면서도 진실을 위해서라면 죽는 것도 마다하지 않는 이야기'라는 카뮈의 자평은, 다소의 도덕주의적 뉘앙스를 중성화하여 듣는다면 그리 민망한 호언이 아니다.

떼어내어 추상화한 이념적 대상들의 명사적·기계적 편익은 언제나 다소 장려한 맛이 있어서, 그 이념으로부터 소외된 음영 속에서

야 비로소 드러나는 생활세계와의 현격한 거리감을 흔히 간과하게
한다. 그러나 지금은 그 쌀쌀맞은 물리학조차 물체보다는 '사건' 중
심의 시각을 개발하면서 '해석학적 진공'[33]을 조롱하듯이, 더 이상
구체성의 복잡미묘한 교착交錯에 둔감한 채 이념과 도덕과 체제와
정치의 인형극 따위를 쓰고 있을 수는 없는 법이다.

안정효는 『하얀 전쟁』 후기에서, 그의 관심이 이런 '인형극'에 있
지 않고 복잡다기한 사건의 현장에서 생존을 도모하는 구체적인
인간들의 구체적인 삶의 질감과 그 지향성에 있다고 언명한다. 그
로서는 '전쟁이라는 집단적인 사건이 지니는 정치적·군사적·역사
적 의미보다는 전쟁 행위에 휘말린 인간의 모습을 내가 봤던 그대
로 전하는 작업이 더 절실한 욕구로 느껴졌기 때문'[34]이다. 바로 이
점에서(마치 카뮈의 글쓰기와 뫼르소의 자의식이 동일한 궤적의 성향을
보이듯이) 안정효의 시각과 한기주의 자의식은 극진하게 교호한다.

정치면과 사회면을 장식하는 어설프게 '떼어진' 통계치가 아니라
전쟁이라는 이름의 '붙어 있던' 역설과 광기와 권태의 현장성을 살
아내는 그들은 '신문의 통계치'를 거부한다. 한태삼 병장의 말처럼
'전쟁은 통계학이 아니'며, (마치 안정효의 심사를 전략적으로 감정 이
입한 듯이 보이는 한기주의 지적처럼) '신문은 소설하고 다르'기 때문
이다.[35] 한기주였던 안정효가 집착하는 기억과 펜의 지향점은 결국
그 '완고하고 끈질긴 사실'과 이를 '신문을 넘어서' 옮기려는 묘사
의 정직함으로 귀착한다.

구체적인 정황이 낳아놓은 체험의 절절한 변인들이 무작위로 걸
러지고, 특정한 관심의 정치학에 의해 짜인 이념의 슬로건들이 판

을 치는 전쟁의 주변에서는 '진짜'들이 모두 이방인으로 소외된다. 자신의 구체적인 세계 속을 난무하는, 기획되지 않은 경험과 그 반응에 즉자적으로 정직했던 뫼르소가 어쩔 수 없이 이방인으로 정죄되었듯이, '전쟁을 직접 싸워서 그 무의미한 음향과 분노를 절절하게 아는'[36] 한기주와 변진수는 이제 미화된 전쟁의 변죽으로 물러서야만 하는, 필연적으로 제거되어야 할 변수에 불과한 것이다. 안정효의 글쓰기도, 한기주의 글쓰기도 그리고 변진수의 죽음도 모두 이 불우한 변수들의 자존을 위한 몸부림으로 이해할 수 있다. 악화가 양화를 구축하듯이, 추상의 이름들이 구체의 삶을 왜곡시키는 '정치적'(그 넓은 의미에서) 도식 위에서 투박하고 질감 어린 삶과 글쓰기는 모두 이방인으로 추방당한다.

'무엇'에서 '어떻게'로의 바뀜은, 예를 들어 서구의 중세와 근세, 혹은 종교와 과학적 세계관을 변별하는 중요한 방법적인 차이가 된다. 교조적인 정답을 일방적으로 처방하는 것으로써 자의식의 부담을 면제받았던 중세의 전체주의적 태만에서 벗어나, 스스로의 경험세계가 구성되는 '방식'에 기술적으로 솔직해지기 시작한 근세의 자의식은 우리의 글쓰기를 계도하는 하나의 단서가 된다. 가령 뉴턴의 성공은 부분적으로는 그의 '절제심'에 기인한다. 말하자면 그는 일차적으로 '어떻게'에 충실한 과학적 현상론scientific phenomenalism에 서서 사물을 이해했던 것이다. 그는 만유인력이 '어떤 방식으로' 작용하는지 설명할 뿐이지 그것의 본질이 '무엇'인지 따위의 질문에는 관심이 없다고 언명한다.[37]

'묘사와 기술은 안타깝지만 정직하고, 설명과 처방은 일견 시원하지만 위험하다.' 구체적 경험의 결과 골에 근거하지 않은 정치적인 정답들로 쌈박하게, 그리고 전부 다 설명해내기보다는 각자 삶과 경험의 제한된 지평을 겸허하게 인정하고 이를 솔직하게 고백하며 기술하는 절제심이 요청된다는 뜻이다. 리처드 로티의 말처럼, 이제 필요한 철학은 인간적인 조건과 한계를 스스로 인정하는 것이며, 이것을 넘어서려는 욕망에 시달리지 않는 태도와 책임이다. 전쟁·사랑·애국·삶·신 따위의 큰 말들을 깨끗하게 설명해내는 정치적 작위를 해체하고, 현장성을 절절하게 살아낸 피부 속의 필연성이 내뱉는 느낌으로 복원해야 한다는 뜻이다. 릴케의 고전적인 표현처럼 '쓰지 않으면 죽겠는지'[38]를 묻고 확인하는 삶과 느낌의 필연성이 글쓰기의 내적인 논리가 되어야 한다는 뜻이다.

'베트콩은 무수히 죽어도 아군은 한 명도 죽지를 않으며 승승장구 가는 곳마다 적을 때려 부순다는데, 그런데 왜 월남전은 끝나지 않을까'[39] 하고 유독 궁금해하는 한기주의 물음은 결국 안정효의 글쓰기가 품고 있는 문제의식과 정확히 일치한다. 말하자면 한기주의 감각이나 안정효의 글쓰기는, 카뮈나 뫼르소의 그것처럼 추상보다는 구체, '떼어져 있음'보다는 '붙어 있음', 설명보다는 묘사, 처방보다는 기술, 명사보다는 동사, 진리보다는 일리, 단순한 정리보다는 복잡한 방임의 지향성을 갖는다. 카뮈·뫼르소·한기주·안정효 이들의 삶과 글쓰기를 관류하는 공통된 태도는 모든 산뜻한 변별과 떼어냄(적과 아군, 선과 악, 미와 추, 옳음과 그름, 정의와 불의, 사랑과 미움 등) 속에 내재한 작위作爲의 작위성作爲性을 투철하게 인식하고 이를 행동으로 풀어내고 있다는 사실이다. 이들의 기민한 감각은 당연히 그런 정치적 작위성 속에서 재단된 전쟁과 역사적 사명 따위를 조롱한다.

전쟁이란 신나게 총을 쏘고, 썩썩하게 뛰어다니고, 기계 체조를 하듯 잽싸게 땅바닥에서 구르는 것이 전부가 아니었다.[40]

낮이면 농부처럼 땅을 파고 밤이면 베트콩이 독약을 풀어 넣을까 봐 개울가에 엎드려 있는 우리의 역사적 사명은 무엇일까?[41]

안정효·한기주는 '정의'라는 개념의 추상성을 생활인의 구체적인 느낌 속으로 해체시킴으로써 그들의 삶과 글쓰기의 정당성을 상징적으로 입론한다. '전쟁에서는 정의란 실현이 불가능하다. 전쟁이란 집단으로 행동하고 집단으로 사고하는 현상이기 때문이다.'[42]

뫼르소의 의식을 지배하는 탈도덕주의적 중성성이나 안정효·한기주의 삶과 글쓰기를 추동시키는 기술적 적나라함은 어느 특정한 단색의 직선적 행진을 믿지 않는 태도다. 삶은 무엇보다 순일무잡純一無雜하지 않기 때문이다.

'하얀' 전쟁이라는 제목의 물리학적(?) 정당성은 다시 뉴턴의 광학적 업적으로 소급된다. 단일하며 순수하다는 종교적인 상징 속에서 빛을 이해하던 구태를 벗어버린 뉴턴은, '백색광은 발광 물체의 각 부분으로부터 어수선하게 방사되는 모든 종류의 색채를 가진 광선의 집합, 즉 혼합물이라는 것'을 프리즘 실험을 통해서 입증했다.[43] 순전한 백색광이 실은 온갖 잡색들의 교잡交雜으로 인한 효과였다는 뉴턴의 발견은, 안정효로 하여금 '전쟁'이라는 단순한 추상명사 앞에 '하얀'이라는 형용어를 부가하게 만든 동인과 같은 논리 구조를 갖는다.

결국 요제프 M. 보헨스키의 말처럼, '현실은 그러나 징그럽게 복잡한 것이며, 이에 대한 진리 역시 징그럽게 복잡할 수밖에 없다'. 결국 구체와 추상, '붙어 있음'과 '떼어냄' 사이에 개재한 변증법의 허실과 영욕은, '백색-잡색' 사이의 이중적인 관계(표층적인 배리背理와 심층적인 결합)를 폭로하는 한기주의 고백 속에서 찾을 수 있다.

그것은 우리가 '백지' 답안지를 낸 전쟁 시험이었다. 남은 것은 '백색'의 공간뿐, '정의의 십자군'은 아무것도 눈에 보이지 않고 아무 자취도 남기지 못한 '하얀' 전쟁을, '하얗기만' 한 악몽을 견디고 겨우 살아서 돌아왔을 따름이었다.[44]

4. 단순함과 복잡함: 글쓰기와 '복잡성의 철학'

양화量化와 요소론적 환원주의를 방법론적 기반으로 삼았던 서구 근대 물리학의 성취와 그 영화가 시사하듯이, 과학적 합리성의 비결은 결국 '단순화'로 집약된다. 수학주의[45]에 근거한 단순화의 과정에서 적법하게 걸러지지 못한 채 제거당한 모든 복잡성을 비과학적인 것으로 매도했던 편견이야말로 서구의 과학주의에 내재한 박해의 논리였다. 탈레스에서 호킹에 이르기까지 2500년을 명멸했던 숱한 서구의 정신들에 따르면, 좋은 이론의 잣대는 결국 단순성이며, 과학의 최종 목적은 전 우주를 설명할 수 있는 단 하나의 이론을 창안해내는 것이다.[46] '근대 과학혁명의 주역을 담당했던 갈릴레오의 성공이 다양한 경험적 복잡성을 (간단하게) 괄호 안에 묶어버리는 그의 능력에 기인했다'[47]는 지적은 매우 적절한 예증이 될 것이다.

물리학과 수학을 그 산뜻한 성공 사례로 내세운 이 '단순성의 철학'은 최소한 19세기 말까지 서구의 번영을 기약하는 방법론적 초석으로 자신의 입지를 굳혀왔다. 여기서 상론할 수는 없지만, 대략 외부적으로는 제반 인문학의 다양하고 체계적인 항의 그리고 내적으로는 고전 물리학적 세계 구성 자체가 스스로 드러낸 한계점들로 인해 단순성·순수성의 신화는 전면적인 재검토를 겪는다. 결론적으로 말하자면, 나는 카뮈와 안정효의 소설적 정신은 중세와 근세적 신화의 종언이 가져다준 20세기적 시대 정신과 그 큰 흐름을 같이한다고 해석한다.

나는 그것이 태양 때문이었다고 설명하려고 애썼다.[48]

내가 죽으면 사람들은 곧 나를 잊을 것입니다. (…) 정말로, 시간이 경과함에 따라서 익숙해지지 못할 개념이란 없는 것입니다.[49]

(넓게 본다면 나이 30에 죽든 70에 죽든 큰 차이가 없다.)[50]

나도 다시 한번 새롭게 삶을 시작해볼 의욕을 느꼈다.[51]

뫼르소의 자의식을 오가는 상념들의 논리는 물리학적 단순성의 모델을 따르지 않는다. 사상사적으로 보더라도 현상학적 직접성의 촉수와 심리학적 중층성, 정치적 이면성과 삶의 비합리성 그리고 해석학적 다의성과 생물학적 유기성을 겪은 지금의 자유롭고 민감한 정신들에게 기계적인 단순성의 논리는 너무나 획일적이다. 선정적으로 유명해진 구절, '태양 때문이었다'라는 뫼르소의 변명은 이미 변명의 분식粉飾을 뒤집어엎는 자기 파멸적인 요소를 내포한다. 그러나 '뫼르소, 태양 때문에 아랍인을 죽이다'라는 식의 표제를 신문 사회면에 게재할 수는 없는 노릇이다. 뫼르소가 자신의 소위 '이방성'으로 인해 겪는 갈등의 구조는, 즉 그의 세계가 신문의 세계에 실릴 수 없다는 소통 불가능성에 있다. 경험의 사밀하고 복잡한 얽힘, 기계적·인과적으로 예측할 수 없는 삶의 부단한 변전變轉의 우연성을 속 깊이 살아내는 사람이라면, 신문이 얼마나 우스꽝스러울 수 있는지, 사실의 배열로써 설명되는 세계가 인간의 구체적인 세상과 얼마나 다를 수 있는지를 뼛속 깊이 체험하는 것은 당연하다. 그러므로 뫼르소의 고백은 삶의 복잡성으로부터 제 스스로 터져나오는 고백이다. 기하학적 정신으로는 어찌할 수 없는 실존의 깊이에서 절로 우러나오는 정직과 해방의 소리다.

두 번째 인용문 중 '시간'과 '개념'은 묘한 대비를 이룬다. 다소의 과장을 무릅쓰고 논의를 역사적으로 확대시킨다면, 뫼르소의 '시간지향적 철학'은, 이성중심주의와 논리주의 그리고 수학의 문화에 근거한 서구의 '무시간성의 철학'과 흥미로운 대조를 보인다. 기하학의 공준公準 같은 엄밀성으로 불멸의 명사들(그것이 아르케이든 실체든 혹은 신이든)을 개념 속에 붙잡아두려 했던 서구 사상사의 성격을 염두에 둘 때, 뫼르소의 기행奇行은 단순히 개인 심리학의 문제가 아니라 새로운 문화권의 전기를 대변하는 시대정신의 일각일 수 있다. 말하자면 뫼르소의 자의식은 유아론을 넘어 새 문화의 초입에 잠복해 들어온 첨병의 냄새를 풍긴다.

세 번째 인용문을 보면, 언제 죽든 대차가 없다던 그의 자조自嘲가 어느새(그것도 감옥이라고 하는 금압의 상태에 들어서야) '새롭게 삶을 시작해볼 의욕'을 말하는 절제로 변해 있다. 실상 이 같은 반전은 예외적인 대목이 아니다. 『이방인』 전체에 흐르는 뫼르소의 의식 상태는 '수동적인 기민함'으로 가득 차 있다. 이 민활한 자의식의 반전이야말로 기획된 과학성으로는 제대로 포착할 수 없는 삶과 경험의 복잡성을 극적으로 대변한다. 구성이나 작중 인물의 형식적 일관성이라는 신화는, 구체적인 삶의 경험과 그 복잡성을 체감하는 생활인들에 의해서 본능적으로 거부당한다. 19세기 후반부터 물리학적 단순성과 기계성이 생물학적 복잡성과 우연성에 자리를 이양하기 시작한 것은 비단 자연과학사적인 변천만이 아니다.[52] 살아내지 못하는 진리들의 단순한 표피성을 뚫고 숱한 인간의 복잡한 일리들에 정직하려는 문학적 촉수야말로 내가 전개하는 '복잡성의 철학'의 기초가 된다.

① 그토록 늦은 시간에 전화가 걸려왔다는 사실을 나는 조금도 이상하게 생각하지 않았다. 이 세상에는 이미 신비나 이상한 것은 하나도 남지 않았기 때문이었다.[53]

② 죽음은 전혀 신비하지도 않고, 장엄하지도 않고, 비극적이지조차 못하다는 생각이······[54]

③ 월남이란 마을에 가더라도 적과 주민을 식별할 방법이 없어서 누구에게 미소를 짓고 누구에게 총을 겨누어야 할지를 모르고······[55]

④ 베트콩의 포격을 처음 받은 우리는 신기하기도 했고 아무리 봐도 전쟁을 하는 듯싶지 않던 이 나라에 전쟁이 있기는 정말 있다는 야릇한 안도감도 들었다.[56]

⑤ 병사들은 전쟁과는 조금도 어울리지 않을 만큼 태양이 아름다운 풍경 속으로 줄을 지어 들어갔다.[57]

⑥ 갑자기 누군가 불쑥 우리 앞에 나타나서 "여긴 전쟁이 없답니다. 장난삼아 오라고 한 것이니까 이제 모두들 철모를 벗어놓고 고향으로 돌아가시오"라고 할 것만 같았다.[58]

⑦ 뚜렷한 전과도 없고, 영광도, 승리도, 뼈아픈 패배도 없었으며, 지루하고 재미없는 나날이 흘러가서 나는 가짜 전쟁을 보는 듯한

허탈감과 피로를 느꼈다.[59]

⑧ 나는 외로웠다. 누구하고 애기를 하고 싶었다. 언제 끝날지 모를
이 엄청난 사건을 중단시키고 누구하고인가 무섭다고 속시원히 애
기를 하고 싶었다.[60]

⑨ 나는 대피호 속에 고슴도치처럼 쪼그리고 앉아 서울 거리를 흔
들거리며 달리는 냉냉이 전차가 보고 싶었다.[61]

⑩ 나도 저런 벌레精子였다니. 저것들이 인간이 되어 헤겔을 토론하
고, 사랑의 번뇌에 애꿎은 밤을 지새우고……[62]

『하얀 전쟁』에서 뽑은 이 인용문들은 이 글의 논지를 예증할 수
있는 내용적 상수를 갖는다. 우선 의식에 다가드는 사상事象들의
교차가 민활하고 그 내용적 대조가 첨예하다는 점을 들 수 있을
것이다. 작중 주인공의 심리를 지배하는 변이의 패턴과 그 민첩성
은 사회화·제도화된 논리의 단순함과 질서를 무시하는 듯한 배리
를 보인다. 그러나 중요한 과제는, 이 배리의 세계를 있는 그대로 적
나라하게 기술하여 삶과 경험의 필연적인 복잡성을 확인하고, 마침
내 이 배리가 피상적·체제 유지적 관찰의 결과임을 드러내는 것이
다. 니체 이후 정신분석학의 줄기찬 고발은, 말하자면 인어 공주나
신데렐라, 놀부나 팥쥐 같은 단색적이며 투명한 인격의 존재가 특
정 목적을 위한 가공적 우상에 불과함을 여러 각도에서 밝혀왔다.
우리가 실제로 살아내고 있는 우리 자신들 속에는, 융의 말처럼 철
저하게 복합적이며 비통합적이고 분열적인 구석이 곳곳에 산재해
있다.

죽음을 농담처럼 볼 수 있는 한기주의 심사(첫 번째 인용문)는, 극히 평심하게 어머니의 죽음을 대하는 뫼르소의 태도를 연상시킨다. 둘 다 죽음이 신비하고 장엄하며 비극적일 수 있음(혹은 이어야 함)을 망각하거나 괜시리 무심함을 가장하고자 하는 것이 아니다. 그들은 그저 죽음을 그들의 구체적이고 복잡한 상황 속에서 자기 식대로 느끼고 이를 기술할 뿐이다. 이상한 것으로 여겨온 것들을 이상하지 않게 보고, 친숙한 것으로 여겨온 것들을 낯설게 보는 전회轉回의 감수성은 한기주와 뫼르소 그리고 안정효와 카뮈만의 특징이 아니라 무릇 펜을 들어 주위를 잡아보려고 시도하는 모든 작가의 기초적 요건일 것이다.

이데올로기적 정서를 지배하는 논리는 확실한 피아의 변별을 전제로 한다(세 번째 인용문). 적과 아군의 차별적 인식이 선행되고 그 차이에 어떤 도덕적인 명분을 부가하는 것이야말로 교과서에 기술되는 전쟁의 기본이다. '살아낸' 전투가 아니라 '선전된' 전쟁의 논리는 통상 이런 식의 이데올로기적 단순함으로 점철된다. 피와 땀으로 겪어낸 경험의 복잡성은 정치적 선전의 단순함 속에 매몰되어버리고, 따라서 '아군도 200명이나 죽었다는 내용은 어느 신문에도 없었'63던 것이다. 삶의 박진성에 근접하면 할수록, '목적이 뚜렷하고 자신의 동기를 분명히 알 수 있는 성전聖戰'64 같은 개념들이 왜곡된 단순성의 정치학과 미학이 빚은 허구임을 깨닫게 된다.

네 번째 이후의 인용문들은 삶의 복잡성과 우연성 그리고 다층성을 적절하게 예증하는 텍스트가 된다. 전쟁의 실재성이 가져다주는 이율배반적인 정서(네 번째 인용문), 참학한 전쟁 속에 여전히 아름다울 수 있는 전장(다섯 번째 인용문), 치열한 전투 속에서도 틈틈이 의식을 지배하는 중성적 진공의 감각(여섯 번째 및 아홉 번째 인용문), 제임스 본드나 람보 영화와는 사뭇 다른 양상을 보이는 전쟁의 권태로운 일상성(일곱 번째 인용문), 상황을 규제하는 당위성을 벗어난 심리의 우발적인 변인들(여덟 번째 인용문) 그리고 무엇보다 벌레精子의 단순성 속에 숨겨져 있는 저 엄청난 인간의 복잡성에 대한 자각(열 번째 인용문)이 바로 그것이다.

사회화된 시공간의 개념에서 벗어난 정신분열증 환자가 나름대로 정직한 현상학적 기술을 하고 있고,[65] 마찬가지로 모든 문필가는 나름대로 현상학자일 수 있듯이,[66] 아무런 당위적 전제 없이 삶의 경험에 정직하게 나서는 자의식들은 종종 턱없이 기묘한 복잡성들을 기술해낸다. 자신의 주체적 의미 공간 속에서 구성된 세계는 물론 교과서적인 규제의 각인이 없다. 문제는 '정직의 깊이'일 것이다. 나는 삶과 글쓰기가 만나는 정직의 깊이가 복잡성의 철학과 일리의 해석학으로 비교적 적확하게 드러날 수 있다고 믿으며 이 글 또한 그것을 증명해보기 위한 시론적 성격을 갖는다.

5. '일리의 해석학'을 향하여

글의 첫머리에 인용한 머독의 표현처럼, 소설 형식의 글쓰기는 논문투의 기법이 간과하거나 폄시해온 측면을 효과적으로 보완하는 장점을 가진다.

여기서 상론할 순 없지만, 전통적인 인문학의 중요한 주제들이 글쓰기 형태론으로 조금씩 수렴되어가고 있는 지금, 기존 학계가 인준하는 글쓰기 방식을 비판적으로 조명해보는 작업은 창의적인 선정성을 불러일으킬 것으로 기대된다. 이 시대, 이 땅을 살아가는 이들에게 필요한 새로운 학문의 방향은 예를 들어 새로운 글쓰기 방식의 모색으로부터 출발할 수도 있을 것이며, 이런 점에서 서구적인 글쓰기의 방식(말하자면, 각주를 올라타고 앉은 본문의 형식으로 학문성을 인준받는 방식)을 좀더 창의적으로 점검하는 일은 대단히 시사적이다. 가령 '각주의 정치학'이나 '각주의 심리학'을 심도 있게 전개해보는 것은 오늘 우리에게 맞는 학문의 모습을 찾아가는 첫 걸음이 될 수 있을 것이다.

성서와 기하학이라는 서구 지성의 원형적 상상력이 시사하듯이, 서구의 학문적 전통은, 모든 것을 궁극의 근본이 되는 요소로 수렴·환원하여 단순화하는 지향성을 갖는다. 주지하듯이 근대의 물리학으로 대변되는 '단순성의 학문'과 그 전통은 20세기에 접어들면서 여러 형태의 비판적 조명을 받게 되었고, 따라서 삶과 현실의 구체성에 터전을 둔 '복잡성의 학문'이 다양한 토양에서 발아하고 있는 것도 사실이다.

그러나 단순화는 서구라는 어떤 특정한 문화의 '특징'일 뿐만 아니라 문화 그 자체에 깊숙이 담긴 '조건'이다. 이 조건은 무엇인가를 문자로 표현하고 전달하려는 단계, 혹은 개념화되기 시작하는 단계에서부터 기능하고 있는, 일종의 '선험적' 기제와 같은 무엇이다.

'스승께서 그렇게 말씀하셨다Magister dixit', 혹은 '나는 이렇게 들었다如是我聞'는 말이 중요했던 시대, 모든 발성 속에 기표와 기의가 직관적으로 맞붙어 있는 것처럼 느꼈던 음성중심주의의 시대, 책에 대해서 우리가 갖고 있는 신앙이 전혀 생경했던 그 시대[67]에는 그리 심각하게 느낄 수 없었던 추상화와 단순화의 문제가 책과 문자의 문화와 함께 점차 깊어져갔다.

학인들의 전형적 글쓰기 작업 형태인 '논문'은 말하자면 바로 이 책과 문자의 문화가 그 근대화의 최종 단계에서 내보이는 실증주의적 소산이며, 누구든 서구의 학문을 시술하는 자라면 쉽사리 빠져나올 수 없는 스테레오타입이다. 작금에 서구의 학문적 전통을 준열하게 비판하는 이들이 우선 자유로운 '글쓰기'에 각별한 관심을 표하는 이유도 여기서 찾을 수 있을 것이다. 따라서 이제 논문으로부터 이야기로 글쓰기의 형태를 바꾸는 것은 작가 개인의 문체론·수사학적 취향과 의도 차원에서만 해명될 수 있는 것이 아니다. 문학적 기술記述의 섬세함을 되찾자는 반성은, 역시 단순화의 위험을 무릅쓰고 이 글의 논지에 어울리게 평하자면, 인간과 세계를 보고 이해하는 궤와 축을 단순성에서 복잡성으로 옮겼다는 증좌인 것이다. 그간의 과학이 단순한 세계의 법칙화된 '진리'를 발견하는 데 고심했다면, 지금의 인문학은 복잡한 세상의 다기무변한 '일리'들"을 드러내는 데 주된 관심을 표명한다고 할까.

복잡한 소설 형태의 글쓰기가 단순한 논문의 결점을 어느 정도, 또 어떻게 보완할 수 있는가 하는 문제는 별도의 상론을 요하는 과제다. 푸코의 고고학적 탐색조차 결국은 어떤 '원초적 현전original presence'의 냄새를 풍긴다는 데리다의 비판[68]처럼, 아무리 자유로운 글쓰기도 글쓰기 자체에 내장되어 있는 추상화·단순화·합리화·기획화의 늪에서 완전히 자유로울 수는 없을 것이다. 소설적 기법도 그러므로 탈문화화하면서 동시에 문화화하는 묘한 딜레마에 처해 있는 셈이다. 그러나 어쨌든 그 기법상의 보완적인 요소를 통해서 추상과 단순화의 문제를 상당한 정도로 해소시키는 효과를 보이고 있음은 사실이다.

헤겔이라는 이름으로 대변되는 거대 체계화와 사변적 도식성으로 역사와 인간을 산뜻하게 품평하던 과거의 관례는 점진적으로 와해되었고, 그 틈을 메우고 있는 섬세한 손길들은 어떤 식으로든 문학적 감수성의 활용과 긴밀한 관련성을 갖는다. 그러므로 직접 입주해서 살지도 못할 장려한 헤겔주의적 성루가 균열된 것은 꽤나 '문학적인 사건'이라고 볼 수 있다. 요컨대 헤겔에서 소설로 이전되는 지적 감수성의 성격과 정도에 대한 역사적·분석적 이해야말로 이 글의 논지를 제대로 쫓아갈 수 있는 전제가 된다.

복잡한 다多를 단순한 일一로 환원시키는 요소론, 인위人爲를 넘어 마침내 인위人僞로까지 치달았던 이성론, 근대 서구의 자만을 근저에서부터 부추겼던 수학주의와 실증주의 등, 서구의 사상사적 유산을 보듬고 온 틀들은 이미 다방면에서 자신의 한계를 노출시키면서 속 깊은 반성과 새로운 절충에 부심하고 있다. 그러나 복잡성이라는 존재론적 가설과 일리라는 해석학적 전략은 이러한 안티테제들을 말살하자는 의도를 가지고 있지 않다. 문화의 성격과 그 흐름을 해석하는 기본 단위를 넓은 의미의 '힘의 관계'로 본다면, 그러한 역학에 따라서 드러나는 문화사의 표층 논리는 당연히 진위의 잣대로 평가할 수 없다. 그것은 원칙적으로 악센트, 혹은 포커스의 문제이며, 이는 이분법적 대치 구도 속에서 이해할 게 아니라 형평의 빛으로 풀어야 할 것이다. 예컨대 서구의 근대성을 형성했던 문화적 소인들을 탈근대성의 현란한 조명 아래서 볼 경우, 그 이해 혹은 평가의 정당한 틀은 진위나 고정된 가치론적 품계品階가 아니라 '여러 힘이 함께 어울려 균형을 찾아가는 역동적인 교호 관계'가 되어야 할 것이다. 문화의 흐름에서 나타나는 모든 새로운(레이먼드 윌리엄스의 표현을 빌리자면 '새롭게 출현하는emergent') 힘과 기존 힘들과의 관계는 당연히 흑백의 이분법적 구도를 보이지 않는다.

일리의 해석학이 복잡성의 존재론과 각별한 친화관계를 유지한다고 해서 아무런 배려 없이 단순성의 과학에 등을 돌리는 짓거리는 결국 자가당착에 빠지고 말 것이다. 엄밀히 말하자면, 일리보다 진리를 모색하는 데 급급했고, 따라서 주변의 다양한 목소리가 안고 있는 일리들을 억압하는 구조로 기능할 수밖에 없었던 전체성과 단순성의 철학은 삶의 복잡한 중층 구조나 그 해석학적 일리들과 곱게 어울리기 힘든 면이 있다. 그러나 일리의 해석학이 또 하나의 폐쇄계로 고립되지 않기 위해서는 일리를 무시하고 진리의 환상만을 고집해온 신념의 체계들까지 동일한 관심의 손길로 어루만져주어야 할 것이며, 그들 세계만의 고유한 '일리'들을 동정적으로 드러내는 데 인색하지 말아야 할 것이다.

경쟁 혹은 대립관계에 있는 일리들을 무조건 동정하는 것은 일견 규모 없는 상대주의쯤으로 여겨질 수 있다. 일리와 진리의 관계를 해명하는 문제와 함께 무책임한 상대주의라는 비난에 적절하게 대응하는 것은 일리의 해석학이 자신의 입지를 탄탄히 하기 위해 반드시 해결해야 할 전제 조건이 된다. 나와 다른 차이들을 박해하지 않고 그저 '일리가 있다'고 말해주는 동정적 태도에서 그칠 것이 아니라, 의미와 이치의 권리 기반이 되는 콘텍스트와의 관련 아래 특정한 텍스트(행동, 명제, 혹은 사태 등을 포괄하는 광범위한 의미의 텍스트)가 일리 있다고 판단되는 이유와 그 방식까지 해명할 수 있어야만 할 것이다. 더 나아가, 고유한 여러 콘텍스트의 구조 연관을 바탕으로 드러나는 다양한 일리가 어떻게 역동적으로 공조共助하고 있는지, 수없이 다양한 일리가 때로는 조화롭게, 때로는 상충하면서 섞여들어 형성된 인간들의 의사소통 세계가 이 공조와 어떤 관계를 맺고 있는지를 밝힐 수 있어야만 할 것이다. 이 작업들은, 상대주의와 절대주의라는 이분법적 논의의 궤에서 벗어나 '일리의 보편주의'를 해석학적으로 기초할 수 있는가 하는 물음과 그 대답의 시금석이 될 것이다.

단순함을 지향하는 환원주의적 정신과 그 태도의 결과물들(그것이 기하학이든 물리학이든 혹은 사변 철학이든)은, 그 공과功過를 어떻게 저울질하든 간에, 정신문화사의 긴 흐름 속에서 자신의 몫을 해냈다고 본다. 즉 자신의 일리를 휘황하게 드러내 보인 셈이다. 다만, 그 일리가 우상시되어 생긴 진리가 스스로의 무게를 견디지 못한 채 흔들리고 있는 것이며, 그 비만한 몸뚱이에 깔려 사장되었던 삶의 기기묘묘한 층층면면을 다시 담아낼 수 있는 기법의 보완을 요청하고 있을 뿐이다.

루크레티우스의 지적처럼, 잘못된 메타포로써 강요된 조화와 균제는 결코 사물의 진상이 아니다. 이미 지적한 대로 글쓰기 자체에 필연적으로 비틀려 들어가는 과장과 왜곡을 충분히 감안하더라도, 문학적 감각은 우리 주변과 인간을 그 낱낱의 구체성에서 이해할 수 있는 부드러우면서도 집요한 촉수를 제공하고 있다. 질박하고 적나라한 일상의 곳곳에 눅눅히 배어 있는 것들이 비교적 생긴 모습 그대로 스스로를 드러낼 수 있는, 이차적(이기에는 너무나 일차적인) 현장은 실로 문학적 감수성의 세계일 것이다.

삶의 복잡성은 해석의 일리성과 밀접하게 제휴할 수밖에 없다. 해석학의 역사가 명료하게 지적하듯이, 해석이 주제화되는 과정도 결국 복잡성을 지향하는 해석학적 정신과학과 단순성을 지향하는 근대 과학 사이에서 빚어진 긴장이 아니었던가. 일상인들이 자신의 일상성 속을 순간순간 중층적으로 오가는 온갖 이해의 상충과 긴장을 큰 무리 없이 다스려가며 담화적 공동체를 구성할 수 있는 것도 일리라는 보편적 감각이 이미 그들 사이에서 끊임없이 사용되고 있기 때문이다.

삶이 잡雜된 것일 때, 삶을 제대로 좋아할 수 있는 글쓰기 방식도 마땅히 잡스러워야 할 것이 아니겠는가. 이 글에서 넓은 의미로 쓰이고 있는 '문학적 감각'이라는 말은 바로 이 잡된 삶의 세계를 비교적 제 모습대로 포용할 수 있는 태도를 지칭하는 것에 지나지 않는다. 그러나 또한 잡된 삶과 잡된 글쓰기의 방식이 무의미한 혼돈이나 무책임한 상대주의에 빠지지 않고 심층적 질서를 얻을 수 있는 것은, 우리의 경험과 언어생활 속에 이미 일리들의 연계망이 중층적으로 얽힌 채 이해의 아름다움을 보이고 있기 때문이다.

물론 문학적 감수성도 하나의 일리에 충실할 수밖에 없는 자신의 한계를 직시해야 되겠지만, 일리의 일리성을 미리 간파하면서, 선전된 진리의 획일성·추상성·폭력성보다는 살아낼 수 있는 일리들의 개방성·구체성·해방성을 부단히 추구하는 것이야말로 우리 시대의 정신을 살찌우는 태도일 것이다.

한편 일리의 해석학은 주변의 다양한 학문적 성과와 공조관계[69]를 유지하고자 한다. 선별해서 몇 가지 사례를 들어보자. 가령 융이 말하는 '다성성多聲性, plurivocity'과 '확장amplification'의 방식은 일리들과 그 공조 방식에 대한 분석심리학적 예시가 될 수 있을 것이며,[70] '단 하나의 언어와 진정하고 확실한 얼굴보다는 수많은 언어와 가면들'[71]로서의 소설 언어 개념에 근거해서, '단일한 작가적 의식에 의해 조명되고 단일한 객관적 세계 속에 존재해 있거나 (…) 통일된 사건 속에 통합되지 않는'[72] 다양한 목소리를 해방시켜주는 바흐친의 '다성적 소설' 개념은, 해석학의 축을 진리보다는 일리'들'에 두고자 하는 내 방법을 문학적으로 계도하는 빛이 될 수 있을 것이다. '원재료로서의 역사'를 이야기하면서 단일한 거대담론으로서의 기존 역사 개념이 팽개친 부분'들'을 복원시켰던 푸코나, 그의 영향 아래 '단수의 역사the History'보다는 갈등과 모순 그리고 투쟁이 중첩된 '복수의 역사들histories'을 인정할 것을 주장하는 신역사주의 비평 등의 방법론적 태도도, 삶의 다양한 일리를 제모습대로 해방시키고 이들이 자유로운 공개 경쟁과 대화의 장을 통해 자연스러운 일리의 보편성을 획득하도록 배려하는 일리의 해석학과 친숙하게 교제할 수 있는 이웃이다. 저자author의 고유한 권위 authority에서 해방된 텍스트와 독자들이 상보적으로 엮어내는 다양한 독서'들'[73]과 해석들의 길을 합법화해준 데리다 등의 급진적 태도 역시, 진리의 억압적 영향사를 삶의 무게가 담긴 일리들의 음성으로써 설파하려는 내 해석학적 태도에서 멀지 않다고 여겨진다.

'이해는 오직 일리의 산물일 뿐이다.' 바로 이 명제의 적실성에 일리의 해석학은 자신의 전부를 건다. 일리라는 가슴을 거치지 않고 진리라는 머리에 이를 수 있는 방식은 없다. 우리의 인간됨이 바뀌지 않는 한, 예나 지금이나 모든 진리는 '일리의 가공품'일 것이다. 자신의 '가슴(그 가슴이 어디에 있든지)에 와닿는', 그래서 납득할 수 있는 말은 모두 '일리'라는 통로를 거친다.

1+1=2라는 등식이 납득되는가? 이 등식을 '옳다'고 쉽게 판별할수 있는 것은 요컨대 수리數理라는 콘텍스트와의 대조 의식 때문이다. 이 대조감의 빛 속에서 상기 등식과 수리의 층위는 서로 정합적으로 응대應對하며, 바로 이 정합적 응대가 인간됨이라는 이기理氣에 와닿는 상태를 '일리'라고 부를 수 있을 것이다. 1+1=2라는

등식을 이해할 수 있는 이유는 '그러한 일리'에 근거한다.

입지와 시각, 역사와 몸을 가지고 있는 인간에 관한 한, 이해 과정
의 마지막 국면은 언제나 '일리 있음'이라는, 제한된 층위에 놓인 어
느 한 이치의 통전通全이다. 결국 인간이 이해할 수 있는 것은 일리
뿐이다. 대체로 진리란, 대화를 잃고 죽어 뻐드러진 일리가 기득권
의 금테를 두른 형상에 지나지 않는다. '진리 없는 일리'는 있을 수
있지만, "일리 없는' 진리는 없기 때문이다.'

이 글은 뫼르소와 한기주가 살아가는 '복잡한' 삶의 고백들로써
철학적 존재론과 해석학을 대신하고자 했던 시도다. 카뮈와 안정
효[74]의 글쓰기는 이러한 시도의 문학적 표현으로서 나름대로 탄탄
한 가능성을 보여준다고 여겨진다. 잡된 삶을 잡되게 쓰려는 것조
차 어렵고, 진리의 빈 궁궐을 빠져나와 일리들로 가득 찬 시전市田
의 모습을 있는 그대로 알리는 것은 더욱 불경스러운 풍토에 대한
나의 개인적인 항의가 줄곧 이 글을 이끌어왔는지도 모른다.

어쨌든 뫼르소와 한기주의 '복잡한' 삶의 고백과 몸부림은 우리
시대의 온갖 잡스러운 생활인들이 빚어내는 끈끈한 일리들 중 하
나임에 틀림없고, '진리'가 아닌, 이 삶의 '일리들'이 사밀한 주관성
이나 우연성으로 추락하지 않고 여럿의 가슴을 동시에 치며 보편
적 공감의 구조를 형성한다면, '일리의 해석학'은 스스로의 필요성
과 가능성에 그리 비관하지 않을 것이다.

6. 복잡성과 잡된 글쓰기
– 글쓰기의 골과 마루

단순성의 이념을 미덕으로 삼던 학인들의 활동이 뒤로 물러서면서 이제 복잡성에 대한 감수성은 분야를 가리지 않고 폭넓게 파급되어 있는 듯하다. 이는 인류의 전반적인 성숙을 반영한다고 여겨진다. 사태의 복잡성을 제 모습대로 읽어내되 이를 섣불리 단순화하려는 유혹을 참는 태도는 성숙의 가장 두드러진 징표일 것이기 때문이다. 역으로, 자신의 세계에 위협을 주는 차이들이나 예상치 못했던 복잡성 앞에서 쉽게 당황하거나 잘게 곱씹은 흔적이 없는 반응을 내보이는 것은 의심할 여지 없는 미성숙이다. 이 미성숙한 반응이 여러 종류의 박해와 심지어 참학慘虐한 살상을 낳았다는 사실은 역사가 넉넉히 입증하는 바와 같다.

글은 글 밖의 세상과 밀접한 상관관계를 이루고 있다. 좀더 전문적으로 말하자면, 동일한 패턴을 이루는 글쓰기들은 나름의 형이상학과 인성론을 갖추고 있는 법이다. 여기서는 상론할 수 없지만, 가령 논문 쓰기와 소설 쓰기는 세상을 읽고 풀어내는 방식에서부터 현저한 차이를 보인다. 글 속과 글 밖 사이의 상호 피드백 과정을 논하는 일은 이제 너무 진부한 반복으로 비칠 공산이 크며, 학계에 공론화되어 있는 논의들만을 분류해서 정렬하더라도 어지간한 책의 분량을 넘어설 정도다. 아울러 학계의 현장을 성실하게 좇고 있는 학인이라면 글의 수구적 자율성이나 폐쇄성을 고집할 수는 없을 지경에 이른 것으로 보인다. 이 글에서는 글 안을 '글쓰기'로, 글 밖을 '복잡성'으로 번역해서 둘 사이의 연관성을 따지되, 특히 복잡성의 현실에 알맞은 글쓰기 방식을 모색하는 실험적 시론을 펼치고자 한다.

삶의 현실이 생각보다 복잡하다는 느낌이 피부에 와닿을 때 소설 쓰기가 발생했다는 평은 조금은 추상적이지만 나름대로 문제의 정곡을 찌르는 발언이다. 이는 복잡성으로써 글의 안팎이 이어지는 방식의 잣대를 삼고자 하는 태도인 셈이다. 이 복잡성은 우선 삶의 현실 속을 채우는 객관적 대상이 많아지고 또 많아진 만큼 그 대상들을 둘러싸고 벌어지는 관심과 이해득실의 망이 심하게 얽혀 있다는 사실을 가리키기도 한다. 20세기의 끝머리를 살고 있는 어느 대기업 샐러리맨의 생활세계는 예를 들어 장자크 아노 감독의 영화 「불을 찾아서」에 등장하는 구석기인들의 삶의 세계와는 비교할 수 없을 정도로 복잡하다. 이런 종류의 복잡성도 사유와 글쓰기에 적잖은 영향을 행사한다. 객관적 환경의 변화는 종종 사조의 변화를 촉발시키고 추인하는 근거가 된다. 예를 들어 화이트헤드의 『과정과 실재』를 통해서 정식화된 과정 사상process thought은 근대 산업사회의 급격한 템포로부터 촉발과 추인을 받은 셈이다.

그러나 글쓰기의 방식과 향배를 좌우하는 토대는 현실 속을 채우는 객관적 대상 세계 그 자체라고 보기는 어렵다. 객관적 대상

세계가 글쓰기에 영향을 미치기 위해서는 그 대상 세계가 인간 세계 속으로 번역되는 일종의 여과 과정이 필수다. 사르트르를 빌려 표현하자면, 대자존재對自存在인 인간은 의식의 매개 없이 즉물적으로 행동하지 않으므로, 엄밀히 말하자면 대상 세계 그 자체가 아니라 어떤 식이든 정신적·심리적 여과를 거친 소여가 행동에 영향을 미치게 된다. 물론 '대상⇒의식⇒행동'의 절차는 직선적 폐쇄 구도가 아니라, '행동⇒대상⇒의식⇒행동'의 순환 구도를 평면화한 것일 뿐이다. 어쨌든 엄밀히 말해서, 본능적 반사 작용을 제외하면 객관 세계의 소여가 아무런 매개 없이 직접 인간의 행위 양식을 지배하는 경우는 문화인으로서의 인간에게서는 찾아보기 어렵다.

그러므로 글쓰기의 새로운 방향을 재촉하는 복잡성이 있다면, 이는 무엇보다 해석과 관심의 복잡성일 것이다. 즉 다양한 관심과 해석을 용인하면서도 정신적 통일성을 유지하는 학인들의 삶은 '사태의 복잡성을 제 모습대로 읽어내되 이를 섣불리 단순화하려는 유혹을 참는 태도'이며, 이는 우여곡절의 흔적을 지닌 채로 그간 인류에게 전반적인 성숙이 있어왔다는 사실을 극적으로 반영한다고 볼 수 있겠다. 관심과 해석의 복잡성이 세상에 대한 대자적 반응 양식에 영향을 줄 수밖에 없고, 글쓰기 역시 삶의 현실 속에서 자신을 확인하고 표현하며 또 그 가능성을 실현하는 한 방법[75]이므로, 이 복잡성은 새로운 글쓰기의 방식을 재촉하는 것이 당연하다.

먼저 복잡성이 글쓰기에 미치는 영향을 조목조목 따진 다음, 이러한 변수에 적절히 대처하는 글쓰기의 양식을 구체적으로 제시해

보도록 하자.

1. 삶의 복잡성, 그 전후좌우와 안팎, 켜켜와 층층과 면면을 일일이 어루만져주는 글쓰기

복잡한 삶, 긴 글

우선은 글의 분량과 관계된 지적이다. 복잡성은 일도양단식의 짧고 결이 굵은 방식의 글쓰기로는 제 모습을 드러낼 수 없다. 복잡한 사태를 표현하고자 할 때 대체로 두 가지 방책이 가능하다. 우선 복잡다단한 사태들을 단순화해서 글로 옮길 수 있겠다. 편리한 비유를 쓰자면 복잡한 사태를 적당히 가지치기하는 셈이다. 말하자면 자잘한 변수들과 사태의 본질을 이루고 있는 상수들을 솎아낸 후, 다시 이를 언어적으로 추상화하는 방식이 될 것이다. 사실 이러한 방식의 글쓰기는 논문을 쓰면서 학문적 명맥을 유지하고 있는 학인들에게는 가장 친숙한 행위다. 서구 계몽주의의 최상부에 위치한 소프트웨어였던 수학주의에서 짐작할 수 있듯이, 정치精緻한 사상捨象과 고도의 추상은 서구 근대 학문의 기본적인 방식으로 전승되어왔고, 논문이라는 규격성은 이를 효율적으로 잠그는 장치였던 것이다. 이런 식의 글쓰기는 중심과 주변을 정밀하게 차별할 수 있는 안목 위에서 가능해진다. 복잡성의 층층과 켜켜를 가능한 한 있는 대로 드러내는 데 주력하기보다는 쓸모없는 주변의 잡다한 변수들을 버리고 명료한 메시지를 구성할 수 있는 본질적이며 구심적인 내용들만을 모은다. 그런 다음, 이 구심적 내용들을 정확성과 명료성이라는 빌미 아래 짧고 일의적이며 매우 문법적인 문장 속으로 가둬버리는 것이다.

이를테면 이 차별은 글쓰기의 경제성을 살리는 방식인 셈이다. 글쓰기를 통해서 복잡성에 응대하는 이 첫 번째 방식이 나름의 의의를 지니고 있으며 또 적소에서는 적재로 선용될 수 있다는 사실은 재론할 필요도 없다. 그러나 복잡성의 일부를 희생시킬 수밖에 없는 이 방식이 적소를 잃어버린 채 방법지상주의의 자만을 연장하다보면 간과할 수 없는 폐해가 따른다.

복잡성을 글로 대처하는 둘째 방식은 상술한 단순성의 글쓰기에 대한 반성의 기운과 맞물려 있다. 과학적 미덕들이 곧장 글쓰기의 미덕으로 옮겨지고, 아니, 심지어는 글쓰기의 미덕이니 하는 말자체가 생소할 정도로 글쓰기에 대한 자체 점검이 쉽지 않았던 풍조는 넓게 봐서 과학주의의 부작용으로 진단 내릴 수 있다. 하지만 사상과 추상의 매정한 반복을 통한 단순 명료한 등식 같은 글이 점점 복잡하고 다양해져가는 우리 삶의 세계를 왜곡 없이 드러내는 데에는 턱없이 부족할 수밖에 없다. '단순성의 매정함'에서 '복잡성의 관용'으로 옮겨지는 이 흐름은 해석학, 문학, 여러 모양의 상대주의, 다원주의, 문학적 감수성의 확산과 심화, 생물학적 상상력의 증진, 탈중심의 유연성 그리고 구체성과 일상성의 재발견 등의 추세를 통해서 자신의 에너지를 모을 수 있었던 것이다.

'사상과 추상의 매정한 반복을 통한 단순 명료한 등식과 같은 글'로써는 거의 무한 증폭에 근접하는 삶의 복잡다단한 층층면면을 고루 어루만질 수가 없을 것이 분명하다. 그렇다고 해서 복잡성의 현실을 전담할 특별한 언어를 따로 고안해낼 수 있는 것도 아니다. 실상 '복잡성의 현실을 전담할 수 있는 특별한 언어'란 다름 아닌 '사상과 추상의 매정한 반복을 통한 단순 명료한 등식 같은 글'의 아류에 불과할 것이 뻔하기 때문이다. 고도로 추상화한 일반론은 단순한 등식 같은 모습을 띨 것이고, 이는 글의 분량을 절제하는 중요한 요인으로 작용한다. 단순성, 명료성, 형식성 등의 계몽적 이념이 늘 함께 붙어다니는 이유는 이처럼 글쓰기 문제에서도 쉽게 간파할 수 있다.

상술한 것처럼 복잡성의 현실이 글쓰기에 미치는 영향 중 일차적으로 눈에 띄는 현상은 글의 분량이다. 글의 분량이 많아지는 것은 수사나 문체의 발달로만 다 설명할 수 있는 게 아니다. 글의 분량은 삶과 세상을 대하는 작가의 태도와 관심에 따라 달라지게 마련이다. 현실의 구조를 복잡성으로 보는지 단순성으로 보는지의 문제는 글쓰기의 형식과 향방에 영향을 줄 수밖에 없으며, 이는 글의 분량을 통해서도 어느 정도 드러난다.

복잡성의 현실이 '긴' 글을 요청한다는 점을 제일 손쉽게 설명할 수 있는 한 가지 방식으로는 장편소설과 수학의 등식을 비교해볼 수도 있겠다. 물론 장편소설이라고 해서 꼭 긴 것만도 아니고, 수학 논문이라고 해서 간결한 등식 몇 토막만 모아놓은 것도 아니다. 그러나 좀더 중요한 점은 분야를 달리하는 글들의 실제 길이를 비교한다는 것 자체가 적지 않은 문제점을 안고 있다는 사실이다. 또 설혹 비교할 수 있다고 하더라도 실제 쓰인 글들은 분야와 관심,

논의의 폭과 깊이에 따라서 천차만별이니 이 대목의 논지를 예증하기에는 적절치 못한 사례다.

엄밀히 말하자면, 오히려 문제는 실제로 쓰인 글의 분량이 아니라 복잡성에 접근할 때 필요한 글쓰기의 전략이며, 또 이 전략이 함축하고 있는 글의 '가능적' 분량이다. 복잡성을 드러내는 글쓰기는(나는 이를 '잡雜된 글쓰기'라고 부르는데) 사용하는 낱말을 명석하게 만들고 말끔한 문법 구조를 다듬고 또 적절한 수사를 구사함으로써 이뤄지지 않는다. 복잡성의 원천이 되는 우리 삶의 지형과 그 중층이 명석하고 말끔한 구조를 지니고 있지 않을뿐더러, 묘연杳然한 불립문자不立文字의 경지를 들먹이지 않더라도 언표 자체에는 이미 생활세계의 구체성에 이르지 못하는 원천적 결핍이 있음을 쉽게 간파할 수 있기 때문이다. 모종의 결핍과 이를 채우려는 욕망에서 글쓰기가 시작된다는 사실도 중요하지만, 글쓰기를 통해서 역설적으로 그 결핍과 이를 채우려는 욕망이 오히려 증폭된다는 점은 더욱 중요한 사실이다. 그 문제점은 이렇게 요약될 수 있겠다. 끝없이 복잡해지는 속성을 지닌 현실을 끝없이 단순해지는 속성을 지닌 글 속에 어떻게 옮길 것인가?

글의 구심력과 현실의 원심력을 조화시키는 것은 결국 글 쓰는 이의 절충과 노력, 즉 구체적인 전략뿐이다. 소위 '존재가 언표의 한계를 넘어 스스로를 드러내는 경지'도 있겠고, '침묵이 말의 원천적 결핍을 보상하는 경지'도 있겠지만, 이런 유의 논의는 쓰는 이와 읽는 이 모두의 범상치 않은 성숙을 전제로 하고, 아울러 글 쓰는 이로서는 이것까지도 가능한 한 글로 풀어내야 할 의무를 진다. 삶의 내용 속에 있는 질적 차이들과 그 깊이를 늘 제대로 반영하지 못하는 글로서는 끝없이 복잡해져만 가고 끝없이 밖으로 퍼져나가기만 하는 현실의 복잡성을 제 모습대로 잡아낼 수 없는 법이다. 글쓰기를 끝없는 '미끄러지기'라고 표현한 이들도 있지만, 무수한 관심과 해석과 층위로 얽혀 있는 복잡성의 고삐를 쥐지 못한 채 끝없이 잔등에서 바닥으로 미끄러지기만 하는 기수騎手의 비유는 글쓰는 이들의 근원적 슬픔을 드러내는 한 가지 표현이 될 것이다.

퍼져가는 현실의 원심력을 좇는 방식으로서는 우선 그 원심력의 파장만큼이나 '긴' 그리고 그 파장의 수만큼이나 '많은' 글을 쓰는 일을 떠올릴 수 있겠다. 물론 이미 지적한 대로 '길고 많은' 글이란 글의 분량보다는 글 쓰는 방식을 가리킨다. 사실 괴테의 지적처럼 '필설로 형용할 수 없는 개체의 복잡성'은 글의 '분량'으로 잡을 수 있는 것이 아니다. 삶의 현실과 그 해석은 기하급수적으로 복잡해지지만, 글 쓰는 분량은 산술급수적 증가 폭도 따르기 힘들다. 복잡성이 길고 많은 글을 요청한다는 말은 하나의 사태나 하나의 대상에 대한 묘사에 있어서도 여러 부면과 여러 층위를 분별해서 그 층층면면을 고루 짚어줄 필요성을 지적하는 것이다. 더 나아가, 각 부면과 층위가 글 쓰는 이들의 관심과 해석의 변동에 어떻게 이어지고 있는지를 밝히며, 그렇게 열린 다양한 세계와 지평들이 또 어떻게 통합되어서 글 쓰는 이들에게 의미 있는 대상으로 다가오는지를 묘사할 수 있어야 할 것이다. 이런 식의 글쓰기가 실제로 얼마만한 분량의 글로 나타나는지를 예단豫斷할 수는 없다. 다만, 사태나 대상의 명목적 숫자와 관계없이 이를 대하는 이들의 관심과 입장, 해석과 논의의 층위는 무한히 늘어날 수 있다는 원론적인 진단에 근거한 글쓰기의 가능성을 짚을 수 있을 뿐이다.

탐자의 일리

그러므로 잡된 글쓰기는 대상의 일의적 파악을 목적으로 하지 않는다. 오히려 콘텍스트와 텍스트의 역동적인 교섭을 좇으며 이를 드러내는 데 주력한다. 명료하고 정밀하게 고안된 등식으로 사태의 양적 진실을 일도쾌단一刀快斷하듯이 잡아내는 것은 복잡성의 글쓰기가 아니다. 잡된 글쓰기가 단번에 본질을 통찰해내는 본질주의나 토대주의적 편향에 쏠리지 않는 것도 같은 이치다. 이미 다른 글들을 통해서 다양한 방식으로 밝힌 바 있지만, 잡된 글쓰기는 복잡성의 현실에 능동적으로 대응하려는 욕심이며, 고정된 진리 중심을 지향하는 구심력적 글쓰기도 아니지만 그렇다고 해서 파편화된 무리無理의 희롱에 몰입하는 원심력적 글쓰기로 봐서도 곤란하다. 잡된 글쓰기와 공조관계에 있는 해석학적 개념으로, 진리나 무리가 아닌 일리를 제창한 것도 동일한 배경을 지닌다. 마찬가지로 단칼에 부조浮彫해낼 수 있는 본질에 경도하지 않으며, 뜻 없는 현상의 조각과 가루에 만족하는 체하는 비현실적 허위의식도 경계하는 방책으로서 '패턴(꼴)'이라는 보편성의 확보에 주력한 것 역시 결국은 동일한 발상의 연장인 셈이다. 달리 표현하자면, 복잡성에 놀란 나머지 다시 단순성으로 회귀하려는 퇴행도 이미 글쓰기의 성숙기를 맞은 우리의 할 짓이 아니며, 복잡성을 제대로 대면하지도 않은 채 글쓰기 자체를 과소평가하려는 태도도 너무 성급한 절망의 표현이다.

그러므로 복잡성은 글 쓰는 이들에게 절망과 희망을 아울러 선사한다. 텍스트 내의 형식적 정합성이나 수사적 미학에 취한 채 언어의 게임을 반복하는 이들에게 절망과 희망이라는 낱말은 매우 생소하게 들리리라. 그러나 글로써는 영원히 복잡성의 품속에 들 수 없으리라는 절망은 텍스트와 콘텍스트의 열린 피드백 과정에 유의하는 모든 학인에게서 공통적으로 확인할 수 있는 증상이리라. 특히 조한혜정의 표현처럼 '삶과 글이 서로 헛돌고 겉도는' 생활세계의 실질적 제한은 이 절망에 그 현실적 무게를 더하기도 한다. 그러나 이 절망은 글 쓰는 이들의 노력에 의해서 보상될 수도 있다. 물론 글쓰기의 절망(이 경우의 절망이란 이 대목에서 논하고 있는 복잡성에 대한 절망과 함께, 역시 조한혜정의 표현처럼 '자신의 체험을 자신의 언어로써 풀어낼 수 없는 식민지적 상황'에 대한 절망을 포함한다)이 무엇인지 느껴본 적도 없는 타성적 텃세군##은 희망을 말할 수도 없으리라. 그들에게 글쓰기란 슬픔도 기쁨도, 절망도 희망도, 골도 마루도, 두께도 깊이도 없는 평면적 반사 작용에 불과하다. 형식적으로 말하자면 이 경우의 절망은 명료한 모양과 소리를 지닌 글로써는 사태의 복잡성을 뚫고 본질이나 전체에 도달할 수 없다는 예지의 산물이다.

가령 해체 성향의 글쓰기는 이 예지에 대한 반동으로 읽힐 수 있다. 고정된 중심을 포기하며, 구심력을 이루던 사유의 토대를 뒤엎고, 무한한 상상력과 원심력의 글쓰기를 시도하는 자세는 그 자체로 보면 족히 놀랄 만한 실험이지만, 그 반동의 대상 문화를 이루었던 근대의 높고 두터운 벽을 기억한다면 그리 놀랄 것도 아니다.

말없이 집을 나가서 정처 없이 배회하며 목적 없는 행로를 반복하는 탕자를 두고 가부장은 경악과 분노의 되새김을 쉬지 못하겠지만, 경악과 분노의 되새김질을 계속하는 가부장을 자세히 보고 있노라면 탕자의 가출과 배회는 그리 놀랄 것도 아니었다는 사실을 알 수 있듯이 말이다. 가장이 정한 가훈만으로는 자신의 삶을 뜻있게 추스를 수 없다고 생각하는 것은 머리가 제대로 박힌 젊은이라면 어린 대로 나름의 성실함과 진정성이 있는 발상이다. 아버지의 가훈을 뒤로한 채 집을 나선 탕자의 선택에는 대개 세 가지 유형이 있다. 물론 그중 하나는 신약성서의 비유로 유명해진 '돌아온 탕자'의 길이다. 사실 돌아온 탕자의 비유는 탕자에 대해서 거의 선험적으로 평결한 다음, 이를 묵시적인 전제로 삼아 일률적인 도식으로 짜놓은 이야기이므로 이 대목의 논의에는 썩 잘 어울리지 않는 면이 있다. 하지만 어쨌든 돌아온 탕자의 길은 이를테면 '신보수주의'적 성향으로 분류될 수 있을 것이며, 탕자적 삶에 지친 그는 배전의 열정으로 집안의 가훈에 헌신할 것이다. 돌아온 탕자에 대한 장정일의 태도는 좀 과장된 데가 있지만 그 취지는 매우 신선하게 느껴진다.

돌아온 탕자는 쳐죽여야 한다. 왜냐하면 돌아온 탕자는 더 나쁜 것 (보수 반동)을 가져오니까. 또 돌아온 탕자만큼 우리를 왜소하게 하는 것은 없다. 진정한 탕자는 한 방울의 물이나 한 점의 떡도 지니지 않은 채, 약대도 없이 사막 끝으로 가서 죽어야 한다. 한 곳이 아니라, 점점이, 여러 곳에! 그리고 탕자들이 뼈를 묻은 곳에서 또 다른 탕자가 숱하게 다시 출발해야 한다. 그래서 인간은 하나의 오아시스 주위에만 국한되지 않은 더 넓은 세계를 자신의 인성으로 삼을 수 있게 되고, 마지막에 인간도 신과 같이 될 것이다.[76]

'탕자'라는 말이 주는 일방적 이미지와 유난히 윤리적 명분의식이 외로 경직된 우리의 성정 탓에 돌아온 탕자는 잔치를 베풀어 환대받을 만하다고 생각하고 만다. 그러나 위에서 시도한 대로 논지를 설명하기 위한 비유로 읽으면 사정은 많이 달라진다. 요컨대 탕자의 귀가는 집을 나간 의도를 이루지 못하고 자신의 '삶 쓰기'에 실패한 모습의 돌이킬 수 없는 결말에 불과하다. 가훈의 전통과 그 이데올로기를 수호해야 할 아버지로서는 탕자를 관대히 용납함으로써 가장의 관용과 권위를 아울러 살리는 두 마리 토끼의 효과를 얻겠다. 그러나 돌아온 아들의 경우, 그의 불성실과 무능함은 곧 구악舊惡을 정당화하는 하나의 구실로 저당 잡히며, 이는 심정적으로나마 자신만의 삶 쓰기와 자신만의 글쓰기를 희망하는 익명의 우리를 왜소하게 하는 이중의 잘못을 범하는 꼴이 된다는 것이다.

탕자의 가출은 일률적인 삶을 강요하는 권위적 가장에 대한 절망에서 출발했고, 이는 자신의 삶과 소리와 글을 얻지 못한 채 외부 권위에 기대어 자신의 정체성을 간신히 유지하고 있는 타자화된 모습을 자율적으로 바꿔보려는 시도였다. 그러나 그는 별다른 성취도 없이 되돌아왔고 아버지의 관용을 빌려 옛 권위의 그늘 아래 다시 귀속되기를 빌 뿐이었다. 그는 절망을 희망으로 대체하지 못한 셈이다. 타율적이고 경직된 삶 쓰기와 글쓰기에 반발한 애초의 그의 심사, 즉 그 창의적 절망은 엄밀히 보자면 둘로 나뉘어 있었다. 즉 자율적인 삶 쓰기와 글쓰기를 경색하게 만드는 현실에 대한 절망이 있었고, 또한 다양한 삶 쓰기와 글쓰기를 막는 현실에 대한 절망이 있었던 것이다. 물론 이 경우 자율성과 다양성은 상보적이어서 실질적인 변별이 무의미할 수도 있지만, 이 대목에서 논하고 있는 글쓰기의 절망은 주로 타율성보다는 단순성에의 고착에 초점이 맞춰져 있으므로 논의의 균형을 위해서라도 형식적인 변별을 짚어주는 쪽이 좋을 듯하기 때문이다. 어쨌든 탕자의 첫 번째 선택인 귀가는 글쓰기의 절망을 해소하기는커녕 그 절망을 더욱더 타성화하고 나아가 그 타성화의 주체를 정당시하는 결과를 낳았을 뿐이다.

삶의 자율성과 글쓰기의 다양성(복잡성)을 희망의 근거로 삼고 가훈의 절망을 뒤로한 채 집을 나선 탕자의 다음 선택으로는 '끝없는 배회'의 방식이 있을 수 있다. 구속의 틀에서 벗어난 이들이 우선 무작정의 배회와 방랑을 즐길 것은 뻔하다. 단순한 배회만으로 반작용의 욕망이 충족되지 못하면 아마 다소의 타락도 불사할 것이다. 사실 아버지의 진심을 오해한 채 배회와 타락의 자가당착에 빠지는 경우도 생각해볼 수 있다. 예를 들어 모더니즘의 진심을 오해한 채 탕자로 남을 수밖에 없는 함량 미달의 경박한 포스트모더니즘 논의들도 찾아볼 수 있다. 그러면 이 경우에 신실하고 진지한 배회는 무엇을 말하는 것인가?

아마도 위 인용문의 후반부에 펼쳐지고 있는 패기만만한 주장은 신실하고 진지한 배회로서의 삶과 글쓰기에 대한 다소 격하지만 명료한 표현이 될 것이다. 회개하는 마음으로 행한 귀가를 악성의 보수로 본다면, 형식적인 명칭이지만 탕자의 끝없는 배회를 찬미하는 태도를 '악성의 진보'로 부를 수 있을지도 모른다. (물론 이 진보를 '악성'이라고 부르는 데에 내 제안의 의도가 숨어 있다.) '진정한 탕자는 한 방울의 물이나 한 점의 떡도 지니지 않은 채, 약대도 없이 사막 끝으로 가서 죽어야' 하며, '탕자들이 뼈를 묻은 곳에서 또 다른 탕자가 숱하게 다시 출발해야 한다'는 외침은 실질적인 전략이기보다는 상징적인 선언에 가깝게 들리기도 한다. 철저한 배회를 통해서 '인간은 하나의 오아시스 주위에만 국한되지 않는 더 넓은 세계를 자신의 인성으로 삼을 수 있게' 될 것이라는 발언은 자유의 바람에 흠씬 취한 탕자만이 아니라 동정적인 혜안으로 그를 바라보고 있는 숱한 이웃들에게도 설득력 있게 들린다. 그러나 '마지막에 인간도 신과 같이 될 것'이라는 대목에 이르면 이 주장의 현실성보다는 오히려 다소 황당하기도 한 일종의 예언적 열정을 재차 확인할 수 있을 뿐이다.

문제는, 이러한 배회를 통해서 삶의 자연스러운 모습과 글의 자연스러운 모습을 회복할 수 있는가 하는 데 있다. 성인으로서의 자율성을 되찾고, 삶의 실제 모습인 복잡성과 다양성에 솔직한 삶 쓰기와 글쓰기를 위한다면 과연 한정도 기약도 없는 배회가 최선의 대책일까? 아니면 그 배회를 좀더 적극적으로 조정하여 새로운 전망과 지평의 개척을 위한 한시적인 전략으로 삼는 것이 좋을까. 탕자의 가출과 정처 없는 부유浮游는 그것 자체로 튼튼한 삶의 내실일 수 있을까, 아니면 새로운 삶의 가능성을 점쳐보기 위한 다소 과장된 실험의 역정일까. 고쳐 말하자면, 삶 쓰기의 즐거움, 곧 글쓰기의 즐거움은 지향도 축도 없이 부유하는 것일까. 예를 들어 바르트의 단편은 이 물음에 대해서 그렇다고 말하는 듯하다. 전체를 간단히 싸잡으려는 강박이나 언어의 감옥이 주는 경직된 강박으로부터 해방되어 텍스트를 대하면 텍스트의 즐거움은 '부유'의 형식을 띤다는 것이다.

> 텍스트의 즐거움은 반드시 승리감에 넘치고 영웅적이며 근육질의 형태를 취하는 것은 아니다. 가슴을 내밀어 들뜰 필요도 없다. 내 즐거움은 오히려 부유의 형식을 취한다. 내가 전체를 존중하지 않을 때마다 이 부유 현상이 일어난다. 그리고 마치 파도에 휩쓸려다니는 코르크처럼 언어의 환상과 유혹과 협박에 의해서 이리저리 떠밀려다니는 것처럼 보임으로써, 나를 텍스트(세계)에 묶어두는 제어할 수 없는 축복을 축으로 삼아 가만히 머물러 있을 때마다 그 부유 현상이 생긴다. 부유는 사회적 언어the sociolect가 나를 낭패 보게 만들 때 발생한다. 그러므로 부유를 다른 말로 고치면 '제어할 수 없는 것', 혹은 심지어 '어리석음'쯤이 될지도 모른다.77

그렇지만 밖으로는 자율적이며, 속으로는 하나의 오아시스에 붙박이지 않고 또 전체의 강박으로부터 벗어난 글쓰기를 모색하는 길이 꼭 위의 두 가지 방식에 국한될 까닭이 있을까. 아무런 진전

없이 돌아온 탕자 그리고 '한 방울의 물이나 한 점의 떡도 지니지 않은 채, 약대도 없이 사막 끝으로 가서 죽'도록 배회와 부유를 끝없이 계속하는 탕자. 아쉬운 대로 이 둘을 일러 본질주의와 현상주의라는 명칭으로 대별할 수도 있을 것이다. 한쪽은 본질과 정답을 향한 구심력적 귀소 의식이 지배하고 있고, 다른 쪽은 현상과 실험을 향한 원심력적 탄성이 지배하고 있다. 한쪽은 전통과 권위의 터전 위에 건실하게 서 있는 진리를 답습하는 태도일 것이고, 다른 쪽은 반동과 상상의 열정 속에서 자신마저 기롱欺弄하는 무리無理의 춤사위가 될 것이다.

그러나 어쨌든 두 방식은 그 명료한 대조만큼이나 비현실적이라는 비판을 면하기 어렵다. 우선 본질과 진리의 고착과 답습만으로 지은 옛집 속에서 살기에는 금세기의 인간이 너무나 크고 성숙해져버렸다. 낡은 권위만으로 행동과 상상을 통제하기에는 인간이 너무나 자유롭고 유연해져버린 것이다. 강보에 싸인 젖먹이와는 달리 성인이 된 인간들은 이제 감기를 염려하지 않아도 될 만큼의 잦은 환기를 필수적으로 요구하게 되었다고 할까. 그렇지만 집을 무작정 내팽개치고 등섭지로登涉之勞의 배회와 부유만을 계속하는 것이 그 대안이 될 수 있을까. 낡고 숨막히는 집을 버리는 이들도 잠시 잠깐 몸을 누일 장막을 준비하며 장도長途에 나서는 것이 자연스럽지 않을까. 무주無住는 우리 생활세계의 본모습일 수 있을까.[78] 절망해서 집을 버린 것이 어쩌면 집을 버림으로써 또 다른 절망을 불러들이는 형국을 보게 만드는 것은 아닐까. 타율적이며 동시에 일률적인 집을 탈출하여 격식도 금제도 없이 배회를 계속하는 것을 우리 삶과 글쓰기의 자연스러운 모습으로 패턴화할 수 있는 것일까. 요컨대 지금의 인간들이라고 해서 배회와 부유의 삶과 글쓰기를 무한정 견딜 수 있을 정도로 놀라운 성숙을 갖추고 있을까. 진리의 오랜 압제를 혐오한 나머지 지침 없는 방황만을 계속하든지 심지어 무리의 놀음만을 반복하는 것이 우리 삶의 내실을 형성할 수 있을까. 진리에 코를 꿰인 채 자동인형처럼 살아가는 것이 우리 삶의 속내가 아니듯이, 무리에 떠맡겨진 채 하루살이처럼 뜻 없는 부유만을 계속하는 것도 우리 삶의 진정한 모습은 아니지 않은가.

헤맴erring이란 서구 역사에서는 나름의 필연성을 지닌 역사적 사태였다. 또 이 헤맴 속에서 카니발적인 희열을 느끼는 점도 역사적 배경이 있는 그들의 이야기다. 도상途上의 삶과 도상의 글쓰기는 탈근대의 초입에 든 그들이 자신들의 역사를 나름대로 구분해서 표현하는 한 가지 방식이다. 우리 땅에 수입된 포스트모더니즘이 제 땅과 하늘을 지니고 있는 문화라기보다는 절연된 익명의 기법일 수밖에 없었던 것처럼, 헤맴으로서의 삶과 글쓰기도 우리에게는 자연스러운 현실일 수 없다. 아니, 이는 서구에서조차 자연스러운 현실이라기보다는 사상사의 흐름과 그 결을 가름하는 도식으로서의 의미가 짙다. 가령 마크 테일러의 다음과 같은 진단은 앞서 있는 지식인으로서 급속히 변화하는 세태의 정곡을 찌르는 지적이다. 그러나 이는 여전히 '앞서 있는' 지적이고 또 지식인의 지적임을 잊지 말아야 한다.

은혜로운 방황graceful erring의 시공간은 신의 죽음, 자아의 상실 그리고 역사의 종말에 의해서 열린다. 불확실하고 불안전하고 어지러운 포스트모던 세계에서 방황하고 있는 이들은 끝없이 묻는다. 우리는 어디로 가고 있는가? (…) 우리는 계속해서 돌진하고 있는가? 뒤로, 옆으로, 앞으로, 사방으로? 아직도 위와 아래라는 곳이 있는가? 우리는 마치 무한한 무無 속을 지나듯이 방황하고 있는 것은 아닌가?[79]

테일러의 생각은 데리다의 그것처럼 재치 있는 강조와 과장으로 가득하다. 물리적 실재의 근원적 불확정성을 대하고 어쩔 수 없어 하는 물리 기재器材들처럼, 언어로써도 삶의 근원적 복잡성을 어쩔 수 없고 보면, 글쓰기를 통한 학문을 하면서 강조와 과장에서 철저히 면제된 평면적인 시야를 고집할 수는 없을지도 모른다. 더구나 서구 사상사의 주된 축들과 그 대체적인 흐름을 파악한 이라면 이제야 방황을 '은혜롭다'고 표현하고, 지금의 우리 삶과 글쓰기가 무한한 무無 속을 방황하고 있는 것이라고 내뱉는 이유를 납득할 수도 또 공감할 수도 있다. 어차피 강조해야 하고, 최소한 해리불안解離不安이 생기지 않을 정도로는 앞서가야 하며, 아나키즘을 말하면서도 이론의 내적 정합성에 대한 강박에서 벗어나지 못하는 지식인의 지적으로 별 문제가 없어 보인다. 더구나 그것이 서구적인 맥락에서 이뤄진 것이라면.

그러나 옆집 순희 아빠와 뒷집 영희 엄마의 삶의 구체성과 복잡성에 사실적으로 유의하는 태도를 견지하고, 또 우리가 살아가는 이 땅의 현실에 비춰본다면 배회의 삶과 글쓰기는 지나친 욕심이다. 그것은 이론의 정합적 교차 속에서 문화적으로만 극화된 인간들의 마지막 모습이지, 우리 이웃들과 그 삶의 진정한 모습은 아니다. 인간은 기계 속으로 무한 퇴행할 수도 없지만, 장정일의 표현처럼 '오아시스를 버리고 죽기까지 방황하는' 영웅이나 신적 존재가 될 수도 없다. 물론 영웅적 삶과 죽음을 욕심 낼 수 없다는 것은 아니지만, 옆집 순희 아빠와 뒷집 영희 엄마에게까지 요구할 수는 없다는 것이다.

그러므로 글쓰기의 절망을 추스를 수 있는 방식은 돌아온 탕자도 아니고 그렇다고 영영 돌아오지 않는 탕자도 아니다. 진리와 권위에 대한 맹목적 귀속 의식으로도 글쓰기의 절망은 극복될 수 없다. 마찬가지로 진리와 권위에 대한 반동적 무시와 훼손만으로는 자율적이며 복잡성의 현실에 진술할 뿐 아니라 인간의 삶에 자연스러운 글쓰기를 회복할 수가 없다. 아버지의 가훈을 뒤로한 채 집을 나선 탕자의 선택 중 마지막 것은 이제 자명하다. 아버지의 집으로 돌아가서도 안 되지만 그렇다고 해서 일없는 방황만을 계속해서도 곤란하니, 그는 당연히 '자신의 집을 자신의 손으로' 지어야 하는 것이다.

자신의 집을 짓는 것은 자신의 생활세계를 늘 자율과 개혁적인 탄력성 속에 유지하는 것이며, 이 글의 논지에 맞게 말하자면 자신의 체험을 자신의 말로써 옮길 수 있는 글쓰기를 회복하는 것으로 이어진다. 자신의 집이 아닌 공간이란 타인이 정해둔 규칙이 지배하는 공간이다. 자신의 관심과 능력을 객관화하고 이를 주변 세계와의 관련성 속에서 능동적으로 조망하며 자리매김할 수 있을 때까지 타인의 규칙은 매우 편리한 장치인 셈이다. 내실 있는 성숙을 바탕으로 한 자율이 정착되기 전, 요컨대 미성숙의 시기에는 타인의 권위에 기댈 수밖에 없고, 종종 이 외적 권위를 내면화하는 겉모습을 취하지만 실은 자신의 내면마저 타자화하는 불행을 자초하기도 한다. 하지만 성년에 이르면 꼭 성숙이라고 할 수도 없는 '이유 없는 반항' 식의 줏대가 자주 불거져 나오게 마련이니, 한때 풍우를 피하게 해주던 부모들의 안온한 집조차 바야흐로 답답한 장막으로 비치게 된다.

극極은 극으로 통한다는 범속하지 않은 속언도 있듯이, 미성숙과 타율의 문턱을 넘어서서 자율을 구하는 행태가 극단적인 방황과 헤맴으로 나타나는 것은 드문 현상이 아니다. 이를 심리학적으로 풀면 소위 '반응 형성reaction formation'의 기제에 해당될 것이다. 테일러에 의하면, '역사가 끝나면 방황이 시작되고, 방황이 끝나면 역사가 시작된다'.[80] 역사와 방황은 반응 형성의 두 극점인 셈이다. 아버지 집의 족보와 가훈을 무시한 채 굶어 죽도록 배회를 계속하는 탕자, 혹은 마침내 지친 몸을 이끌고 아버지의 관용을 구하며 귀가하는 탕자의 모습만 있다면 테일러의 생각은 적실한 관찰이 될 것이다. 그러나 돌아가지도 배회만 하지도 않고 점점이 나름의 족보와 역사를 쓰고 나름대로 삶의 진정성을 회복하려는 탕자의 존재는 '역사⇒방황'과 '방황⇒역사'의 이원적 순환 도식을 붕괴시킨다. (물론 이는 '진리⇒무리'와 '무리⇒진리'의 도식만으로는 우리의 해석학적 경험을 제대로 읽어낼 수 없다는 내 지론과 상응관계에 있다.

'일리' 개념이 이에 대한 해석학적 대안이라면, '잡된 글쓰기'는 이러한 해
석학적 발상과 상보관계에 있는 내 글쓰기 철학인 셈이다.)

경색된 역사의 질곡으로부터의 탈출이 곧장 방황으로 이어질 필
요는 없다. 박제된 진리에 대한 염오가 곧장 무리의 카니발로 이어
질 필요도 없다. 미성숙을 넘어서는 방식이 곧장 초超성숙으로 이
어질 필요도 없다. 본질주의의 구심력을 벗어난다고 해서 곧장 변
수의 파편들만이 난무하는 미친 상상으로 질주할 필요도 없다. 옥
죄는 절대주의로부터의 출구가 곧장 뼈 없는 상대주의로 이어질
필요도 없다. 외눈박이 괴물이 싫다고 해서 눈만 달린 천안귀千眼鬼
를 좋아할 필요도 없다.

그러나 잡된 글쓰기는 배회 자체에서 즐거움을 구하라는 명제
에 원칙적으로 반대하지는 않는다. 다만 이것이 범상치 않은 성숙
을 이룬 소수에게 해당되는 권면이며, 일반 대중을 위한 글쓰기 철
학으로 정착될 수 없다는 점을 지적하고자 할 뿐이다. 삶이든 글
이든, '즐거운 방황'과 '은혜로운 헤맴'을 운위하는 것은 장삼이사張
三李四나 필부필부匹夫匹婦가 쉽게 바라볼 수 있는 경지가 아니다.
잡된 글쓰기는 단순성과 추상성의 단선적 질서를 넘어서 복잡성
과 구체성의 현실로 돌아가는 경계 지역이나, 혹은 그 경계 지역에
서 짧은 순간 느낄 수 있는 해방의 희열에 초점을 맞추지 않는다.
문제는 어떻게 사는가 하는 점에 있다. 고착도 혁명도 삶의 지속적
인 자리는 아니다. 일상의 지평을 바꾸는 계기들은 그 중요성이 과
장되고 지식인들로부터 턱없이 증폭된 관심을 끄는 것이 사실이다.
그러나 삶은 늘 일상으로 돌아가게 마련이다. 지진과 해일을 두고

사람들은 말이 많지만, 말 없는 땅과 바다가 여전히 주인 행세를 하고 있을 뿐이다. 무리를 통해서 공식적으로 진리를 기롱할 수 있는 카니발은 일 년에 한 번이면 족하다. 배회만으로 살 수 없듯이 카니발만으로 일상이 엮이는 것은 아니기 때문이다. 그러니 중요한 점은, 우리 삶의 일상성이 실제로 어떤 모습이며, 이 모습을 솔직하게 드러낼 수 있는 글쓰기는 어떤 것인가 하는 데 모아진다.

삶의 복잡성과 그 구체적 일상성에 합당한 글쓰기는, 탕자의 비유에서 쓴 표현을 빌리자면 '자신의 집을 스스로 짓는 것'이며, 이는 자신의 체험을 자신의 말로 옮기되 진리 중심의 단순성의 글쓰기도 아니며 무리 중심의 배회의 글쓰기도 아니다. 경험의 구체성과 복잡성을 가능한 한 공평하게 대하되 분분粉粉한 파편으로 낙하하는 글쓰기도 아니요, 일리의 이름으로 보편성을 구하되 이와 동시에 독선의 바벨탑을 거부하는 글쓰기다.

복잡성이 글쓰기에 미치는 영향을 논하는 자리에 들어서면서 글의 분량과 그 의의에 대한 토의를 계속하다가 이 지점에 이르렀음을 다시 기억하자. 단초가 되었던 글의 분량에 대한 논의는 변죽으로 나았고 현실 이해의 해석학이 용장스럽게 들어앉은 느낌이 없지 않다. 이는 내가 주장하고 있는 '복잡성의 철학' '패턴의 철학' '일리의 해석학' '잡된 글쓰기' '인간됨being-human의 인간학'을 두루 관류하는 기초적 틀에 대한 부분이며, 물론 사소한 결언에 비하면 크게 에두르는 감이 없지 않을뿐더러 다른 글에서도 비슷한 논의를 펼친 적이 있다. 그러나 논의 중인 잡된 글쓰기의 이념이 제시하듯이 인문학은 수사나 다른 표현 방식조차 단순히 표현상의 차이로 폄하하지 않고 사태를 이해하는 다른 방식으로까지 높이는 특성이 있음을 유념한다면 뜻 없는 노력도 아니었을 듯하다. 그러나 어쨌든 앞에서 지적한 대로 논의의 초점은 쓰인 생산물로서의 글의 분량이 아니라 현실의 복잡성에 실질적으로 상응하는 글쓰기의 전략이며 또 이 전략이 함축하는 글의 '가능적' 분량이다.

진리 중심의 단순 고착형 글쓰기는 실제 결과물에 관계없이 글의 분량이 줄어들 수 있는 방법론적 가능성을 시사한다. 서구 근대 자연과학의 눈부신 성공은 이 글쓰기의 장점이 극적으로 들어먹힌 거의 전무후무한 사례가 될 것이다.

무리 속으로 (즐겁게) 해체되는 배회와 부유의 글쓰기는 명료한 시작도, 성취감을 주는 끝도 없는 글쓰다. 시작도 끝도 없으니 그 분량을 논함도 무익하다고 할 수밖에 없겠다. 시작도 성취도 없고, 또 이에 상당하는 무엇이 있다 하더라도 이를 함께 나눌 수 있는 상호 소통의 보편성이 없으니, 마침내 글을 쓰는 것이나 마는 것이나 다름이 없고, 길을 걸어 서울에 있는 것이나 우여곡절 끝에 부산에 와닿은 것이나 원칙적으로는 별 차이가 없는 짓에 불과하다. (실로 이 정도의 성숙에 닿은 사람이 이 땅의 100만 분의 1을 채우고 있다면 글로 삶을 논하는 일은 부질없을 것이다.)

그러나 잡된 글쓰기, 즉 삶의 복잡성과 구체성 속에서 일리라는 집을 짓는 글쓰기는 방법론적 원칙상 긴 글의 가능성을 시사한다. '원칙상 긴 글'의 가능성을 극대화시키면 결국 배회의 글쓰기에 이를지도 모른다는 항의도 있겠지만, 잡된 글쓰기는 무한정한 배회로 이뤄지지 않고 여기저기에 자기 집들을 세우면서 옮겨다닌다는 점에서 분명한 차이를 보인다. 물론 이 집들은 내가 일리라고 부르는 해석학적 경험의 구조를 가리킨다. (나는 이를 '패턴' 혹은 '패턴화'라는 개념을 이용해서 상설한 적이 있지만 여기서는 더 이상의 논의를 삼간다.) 종종 시선의 각도나 표현상의 다양성마저 금압하는 진리가 아니라, 복잡한 현실의 구체성을 탄력 있는 보편성으로 읽어내는 여러 일리에 주목하게 되면 자연히 글이 길어질 가능성은 높아진다. (나는 개인적인 글쓰기의 체험을 통해서 글쓰기의 호흡이 길고 짧아지는 것이 글 쓰는 이의 문체나 취향, 결심이나 훈련 탓만이 아님을 점차 깨달았다. 잘라 말하자면, 글 쓰는 이들은 자신도 모르게 자신의 형이상학, 혹은 존재론적 규정에 영향을 받고 있는 것이다.)

사태가 생각보다 복잡하다는 사실에 눈뜨면 쌈박하게 정리된 짧은 몇 마디로써 멋있게 풀어보려는 욕심을 포기할 수밖에 없다. 복잡성의 성격과 그 구조를 제대로 살펴주는 글쓰기의 원칙은 원칙상 긴 글의 가능성을 암시하고, 또 미시적 엄밀성을 고집한다면 이는 결국 안타까운 미끄러지기를 완전히 벗어날 수 없는 글쓰기로 흐를 수도 있다. 물론 내가 추구하고 있는 잡된 글쓰기는 목적도 정처도 없이 무한정 미끄러지기만 하는 배회의 글쓰기가 아니다. 역사도 터도 무시한 익명의 바벨탑을 짓고자 하는 글쓰기는 아니지만, 이미 밝힌 대로 자신의 구체적인 경험세계를 파편처럼 흩어버리는 무리無理의 글쓰기도 아니다. 하지만 어쨌든 역사와 터와 이름과 책임이 있는 일리를 설계도로 삼아 집을 짓는 글쓰기는 이미 하나의 거대한 중심을 포기한 셈이므로 '원칙상' 무한정한 분량의 글쓰기를 지향한다.

하나의 목숨에 하나의 혀를 굴릴 수밖에 없고, 또 하나의 펜을 쥘 수밖에 없는 우리의 또 다른 고민은 바로 여기서 생긴다. 아무리 많은 글을 쓰더라도 궁극적으로 삶과 세상의 복잡성을 감당할 수 없다는 체험은 글 쓰는 이의 손끝을 서늘하게 만든다. 글쓰기의 근원적 불안과 불만이라고 할까. 어차피 종이 위에 구금된 글자들은 3차, 아니 4차, 아니 5차원도 더 될 우리 삶의 실제를 인위적으로 오징어처럼 눌러놓은 2차원의 감옥에 지나지 않을 것이 아닌가. 종이를 박차고 나와서 체취와 훈기 속에서 물상과 깊이 교감하는 글은 애시당초 불가능한 것이 아닌가. 붓끝에 힘이 좀 붙었다고 해서 혹자들은 자신도 알 수 없는 미소를 머금고 살아 있는 글을 말하지만, 이는 심인心因으로 해서 잠시 서 있는 덧없는 비유에 다름 아니지 않은가. 대체 무슨 수로 삶의 복잡성, 그 전후좌우와 안팎 그리고 켜켜와 층층과 면면을 일일이 어루만져주는 정치무비精緻無比한 잡된 글을 쓸 수 있겠는가.

이 고민은 해결될 수 없을 듯하다. 오히려 이 고민은 애초에 글을 택한 인간의 숙명으로 봐야 할 것이다. 나는 이해를 우선적으로 언어 사건Sprachgeschehen으로 보고, 마찬가지로 이해의 방식을 '사실 자체의 언어화Zur-Sprache-kommen der Sache selbst'로 보는 가다머에 전적으로 동의하지는 않는다. 만일 그의 말대로 이해가 사실 자체를 언어화하는 것이고 또 그것이 전부라면 상술한 우리의 고민은 근거 없는 기우가 될 것이다. 가다머나 언어중심적 해석학을 펼치는 이들의 주장은, 어쩌면 복잡성에 제대로 이르지 못하는 글쓰기에 공식적인 면죄부를 주는 역할을 할지도 모르겠지만, 나로서는 그런 면죄부가 그리 달갑지 않다.

이런 문제를 대하면 내가 속한 땅의 역사성이 내 입장에 속 깊이 배어드는 경험을 하게 된다. 언어의 역할을 부풀리고 위상을 높임으로써 형식적이나마 문제를 풀어내고자 하는 욕심이 왠지 내 직성에 맞지 않는다. 불립문자와 교외별전의 전통에 기대지 않더라도 언어성이란 그저 이해의 한 모퉁이에 지나지 않는다는 경험은 성숙할수록 잦아질 따름이다. 그러므로 나는 글쓰기(혹은 이해)의 근원적 불행(이를 오히려 '행운'이라고 떠벌릴 도사들도 좀 있겠지만)이 단순히 글 쓰는 이의 테크닉이 아니라 글의 근원적 단순성과 삶의 근원적 복잡성에서 유래한다고 믿는 편이다. 이는 불확정성 이론이 측정이나 조작의 기재가 아니라 물리적 실재의 근원적 불확정성에서 유래한다는 사실과 구조적 유사성을 보인다.

근원적으로는, 글의 근원적 단순성과 삶의 근원적 복잡성으로부터 잡된 글쓰기의 여러 특성이 시작된다. 글의 분량에 대한 논의도, 삶의 근원적 복잡성을 그리워하는 글의 근원적 단순성이 자신의 상사병을 토로하는 긴 하소연을 염두에 둔 것이다. 그러나 때로는 긴 하소연보다 말없는 삭임이 더 힘 있고 효율적인 표현과 전달의 수단이 된다는 사실에서 또 다른 지혜를 얻는다.

복잡성에 대처하는 방식으로 지금껏 잡된 글쓰기를 설명했지만, 잡되든 순하든 현실의 구체성에 직접 이르지 못하는 글쓰기의 원천적 한계를 벗어날 수는 없다는 점에서는 동일한 운명에 처해 있다. 사실 잡된 글쓰기는 이 원천적인 한계를 벗어나려는 욕심을 부리지 않는 편이다. 이 욕심을 충족시키려는 바람이 글쓰기 자체를 실질적으로 포기하게 만드는 결과를 낳기 때문이다. 그러므로 잡된 글쓰기는 우선 글쓰기를 사랑하는 정신과 태도다. 글쓰기의 구석구석에 배어 있는 불안과 결핍을 보듬고서, 설혹 학인의 길에 들어선 자신의 결심을 탓할지언정 글쓰기를 탓하지는 않는다. 게임에 비유하자면, 잡된 글쓰기의 게임 방식은 오직 글을 쓰는 것뿐이다. 그러므로 글쓰기를 완전히 포기한 것은 일종의 반칙이다.

여백과 틈의 글쓰기

그러나 혹시 글쓰기를 거부하는 방식으로 글쓰기 게임을 할 수는 없을까. 대화 중의 침묵이 계속 대화에 참여하고 있는, 그런 방식으로 말이다. 상사병자의 긴 하소연이 깊은 눈빛으로 변하는 것처럼 말이다. 삶의 지긋지긋한 복잡성에 우두망찰하여 글쓰기를 포기하는 것이 아니라, 글의 근원적 단순성과 삶의 근원적 복잡성을 한없는 동정심으로 간파해서 자발적으로 침묵과 삭임과 틈을 넣어주는 행위 말이다. 침묵과 틈은 잡된 글쓰기의 노력에 직접적·합법적으로 동참하지는 않는다. 그러나 글이 만드는 자간字間과 행간 사이의 수없는 안타까움을 보살피고 어루만져주는 역할을 감당할 수 있지 않을까. 이것은 끊어지는 대화의 틈 그리고 언어의 부재가 만드는 공간을 지칭하지 않는다. 이는, 사태의 깊이와 복잡성을 읽고서 능동적으로 글을 자제함으로써 글로써 밀어내버린 복잡성을 오히려 침묵으로써 끌어들일 수는 없을까 하는 물음이다. (이 글은 복잡성과 글쓰기의 관련성에 초점이 두어졌으므로, 말하자면 '여백과 틈의 글쓰기'에 천착할 수는 없다. 또 침묵과 인식의 상보성을 살핀 내 글

들이 있으므로 이를 원용해서 읽으면 여기서 못다한 논의의 윤곽을 짚어
볼 수 있을 것이다.)

그러므로 복잡성에 능동적으로 대처하는 방식은 최소한 두 가
지다. 잡된 글쓰기와 여백과 틈의 글쓰기. 두 번째 방식이 '능동적'
인 것은, 여백은 빈 부분이 아니고 틈이 벌어진 공간이 아니기 때
문이다. 나는 여러 차례 능동적 침묵을 논하면서, 그 근거로 우리
가 침묵을 우리 삶의 세계에서 직접 살아내고 있는 일차적 경험의
소여로 만나고 있음을 지적한 바 있다. 인문학의 이념이 성숙에 있
음을 자주 논급했지만, 이 여백과 틈의 글쓰기도 실은 일정한 수
준의 성숙을 전제로 한다고 생각된다. 이는 아마 이심전심이라는
숙어에 얽힌 불가의 고사에 잘 예시되고 있다고 할 것이다. 글과
말로 다하지 못하는 부분을 여백과 틈 속의 교감을 통해서 잡아
낼 수 있는 경지는 이미 그 글과 말을 넘어서는 경지일 것이다. 스
승의 글을 읽고 스승의 말을 듣되 스승의 경지를 침범하는 성숙일
것이다.

복잡성(이를 '깊이'나 '넓이' 혹은 '두께'라고 칭하든 상관없이)의 앞
에서 패퇴하는 글과 말의 경험은 좋은 제자를 두지 못한 스승들
을 낭패케 한다. 가섭으로 석가가 낭패를 면했듯이, 그러나 좋은 제
자를 둔 좋은 스승들은 힘없이 물러서는 말과 글을 두고 겸연쩍은
미소만 흘릴 필요가 없다. 좋은 스승은 침묵으로 말하고, 좋은 제
자는 틈으로 듣기 때문이다. 인문학의 깊은 배움은 만남이 소중하
고, 심지어 연분이 소중하다는 말도 이런 맥락에서 이해할 수 있을
것이다. 어쨌든, 초라하게 소멸해가는 말과 글을 침묵과 틈 속에서

소생시키는 스승의 글쓰기와 제자의 글 읽기는 경직된 언어와 조급한 분석의 시대에 찾아보기 힘든 행복임에 틀림없다.

지금까지는 복잡성이 글쓰기에 미치는 영향 중 글의 분량과 연관된 토의를 조금 방만하게 끌어왔다. 그래서 '삶의 복잡성, 그 전후좌우와 안팎 그리고 켜켜와 층층과 면면을 일일이 어루만져주'기 위해 최선을 다하는, 방법론적 원칙상 무한히 긴 '잡된 글쓰기'와 글의 근원적 단순성을 빔의 논리로 극복하려는 침묵과 틈의 글쓰기에까지 이르게 되었다.

2. 개성적 글쓰기

이제는 복잡성에 대처하는 잡된 글쓰기의 두 번째 특성으로서 '개성적임'을 토의하도록 하자. 나는 이미 다른 글에서 내가 뜻하는 '개성적 글쓰기'를 조야한 형태로나마 정의해본 적이 있다. 이 인용으로 논의의 허두를 삼자.

> 그 태도는 소위 '개성적 글쓰기' 방식을 가리킨다. 물론 지은이 자신을 노골적으로 드러내는 글쓰기 방식은 왠지 점잖지 못한 인상을 줄 뿐 아니라 심지어 학문성마저 실추시키는 위험이 있다는 비판에 우리는 익숙해져 있다. 설상가상으로, 지은이의 조탁되지 못한 육성을 그대로 뱉는 것을 학문을 넘어 인격의 문제로 보는 전통적 시각이 만만치 않음도 알고 있다. (…) 다만 지은이를 적극적으로 노출시키면서 글을 쓰는 방식과 관련해서 꼭 지적해두고 싶은 점은, '지은이가 글 뒤에 숨어버림으로써 그 글의 권위가 살아난다'는 병약한 태도는 마땅히 비판받아야 한다는 것이다.[81]

잡된 글쓰기가 개성적 글쓰기로 이어질 수밖에 없는 이유는 이미 위의 논의에서 지적한 바 있다. 여기서 잡된 글쓰기를 재촉하는 배경으로서 관심과 해석의 복잡성을 논급한 대목을 독자들은 기억해두면 좋을 것이다. 관심과 해석의 복잡성이 글쓰기에 영향을 행사한다는 사실은, 과학의 명분이었던 객관주의가 물러나면서 주객 이원의 엄정한 분립이 깨졌고, 이로써 주객의 상호 융통 현상이 글쓰기에 반영되고 있다는 뜻이다. 분야에 관계없이 금세기의 학문 방법론이 텍스트의 자율성과 내적 통일성을 강조하던 전통에서 벗어나 대체로 맥락주의contextualism로 흐르고 있는 사정도 유사한 배경을 갖는다.

'지은이 자신을 노골적으로 드러내는 글쓰기'는 지식의 이념을 객관성과 명증성에 두었던 근대 계몽적 학문의 전통에서는 환대받을 수 없는 방식이다. 글 쓰는 사람은 죽고, 그 죽은 시체를 통해서 신이 계시하고 진리가 말하고 존재 자체가 자신을 드러내도록 학습된 전통에서는 속된 개인을 드러낼 수 없는 법이다. 자신의 자잘한 면모와 일상을 드러내는 짓은 진리를 훼손하고 심지어 신성모독에까지 이르는 중대한 잘못이다. 혼합주의적 모더니즘이 여전히 판을 치고 있는 이 땅에서도 사정은 마찬가지다. 지은이 자신을 드러내지 않는 글쓰기로 '논문'이라는 이상한 형식이 수입되고 지금껏 그다지 근거도 없는 위세를 누려온 사실이 이를 극명히 증거한다.

이 땅에서 '학자'라는 매우 애매하고 위협적인 마스크를 쓰고 있는 많은 사람은 아직도 자신의 정체를 체계적으로 숨기는 논문중심주의와 원전중심주의의 허위의식 속에서 가쁜 숨을 몰아쉬며 연명하고 있다. 어쩌면 그 연명을 스스로 기롱하는 자조의 내밀한 기쁨도 누리면서 말이다. 주말이나 휴일엔 절대로 연구실을 찾지 않으면서도 오후 5시만 되면 어김없이 연구실을 빠져나와야 하는 그들은, 일 년에 한두 편 짜깁기조차 엉성한 논문을 학계라는 제상祭床에 바치고는 그 뒤에 꼭꼭 숨어서, '자신의 몸을 숨기지 않는 글쓰기는 점잖지 못할 뿐 아니라 심지어 학문성마저 실추시킬 위험이 있다'고 때로는 속삭이다가 때로는 협박한다. 그들은 나긋나긋하고 정중하게, 점잖고 품위 있게 속삭이고, 숨어서 베끼고 베끼다가는 숨고 하면서 자신의 일생을 학자로 마감할 것이다.

이들의 문제점은 스스로 평생 '빌려먹는' 짓을 계속할 뿐만 아니라 자신의 손아귀에 든 학생들에게 그 빌려먹는 짓을 강압적으로 전수한다는 데에 있다. 심지어 그 빌려먹기의 테크닉을 마치 학문성의 잣대인 양 호도하는 데 이르면 차라리 슬퍼진다. '일부 몰지각한……'이라는 아리송한 수사에 익숙해진 우리는 나머지 대다수는 선량하고 성실하다는 추정에 쉽게 동의한다. 그러나 내 생각에는 일부 소수를 제외하면 대다수는 어떤 기준으로도 선량하다고 할 수 없는 인간들이고, 더구나 지금 이 사회에서 학자라는 아리송한 이름에 의탁하고 있는 이들의 대다수는 어떤 기준으로도 성실하지 않아 보인다. 자신들의 무능력과 타성, 게으름과 허위의식 속에서 점잖게 비비적대고 있는 이들 학자는 죽은 이름들을 모시고 있는 제사의 제주들이다. 이들은 자신들이 그랬던 것처럼 학생들도 꼭꼭 숨어 있기를 명령한다. 논문의 형식 뒤에, 원전 뒤에, 수입된 이론들 뒤에 그리고 큼직큼직한 이름들 뒤에 꼭꼭 숨어서 숨도 쉬지 말고 처박혀 있어야 한다고 위협한다. 이들에게 자신의 세계를 가꾸는 짓은 승산 없는 도박이고, 자신의 목소리를 돋우는 짓은 비학문적이며, 자신의 말과 글을 고집하는 것은 미성숙이다.

모 대학에서 석사 학위를 받은 후배 두 사람이 사적으로 내게 전해준 이야기를 잠시 소개한다. 석사 논문을 쓰면서 요약과 비교,

분석과 적용이라는 이름 베끼기와 짜깁기에 싫증이 난 한 후배는 지도 교수들도 모르게 슬며시 자신의 생각을 삽입했다. 논문을 준비하기 오래전부터 간깐하게 추슬러온 생각이어서 학문적 가치도 있다고 믿었고, 또 명색이 석사 논문인지라 최소한의 책임과 줏대를 감당하고 싶은 욕심도 있었다고 한다. 어쨌든 베끼지 않고 스스로 생각해낸 부분이라고는 그것밖에 없었다. 하지만 정작 심사 과정에서 문제가 된 것은 그나마 '창의적'이라고 믿었던 바로 그 부분이었다. 심사 교수들의 생각을 간단히 정리하자면, '분수에 맞게 놀아라'는 것이었다. 그리고 이 경우 분수에 맞게 논다는 것은 중뿔나게 자신을 드러내지 말고 이론의 권위 뒤에 머리카락도 보이지 않게 꼭꼭 숨어 있으라는 뜻이었다.

지나칠 정도로 자신의 논문에 대해선 일체 함구하던 또 다른 후배를 구슬려서 듣게 된 이야기는 대략 이런 것이었다. 그는 논문의 지도 교수와 특별히 돈독한 인맥을 유지하고 있었고, 또 그의 표현처럼 지도 교수가 '시키는 대로만' 했기 때문인지 논문 작성과 심사의 전 과정을 별 어려움 없이 마칠 수 있었다고 한다. 그러나 졸업 후 논문 쓰기의 경황없는 혼돈과 열정에서 벗어나 자신의 글을 좀더 객관적으로 볼 수 있는 눈과 거리를 얻자, 그는 비로소 자신의 글이 부끄러워지기 시작했다는 것이다. 명문대의 석사 논문이 조잡한 베끼기와 솜씨 없는 짜깁기에 불과했음을 뼈아프게 떠올리면서 그는 자책의 심사와 함께 그다지 자주적이며 창의적인 노력 없이도 손쉽게 석사 과정을 마칠 수 있게 '도와준' 그 지도 교수가 뒤늦게 슬그머니 미워지기 시작하더라는 것이다. 마침내 그는 자신의 논문 쓰기를 일종의 '범죄'로 규정한 뒤 그 '장물'을 없애버리기로 결심했다. 동료들에게 선사한 논문들까지 억지로 회수한 그는 자기 집 마당에 그 논문들을 쌓아두고서는 다 태워버렸다. 실제로 그가 한 것은 분서焚書뿐이었지만, 마음속으로는 자신의 실체를 숨기고 살아야 하는 학자들의 갱유坑儒도 했다던가.

글 쓰는 이들이 전면에 나서는 것은 책임과 줏대의 문제일 수도 있다. 이론의 권위와 인용의 미로 속에 숨었다가 표절과 합성의 짜깁기를 빌려 잠시 얼굴을 내미는 풍토에서는 책임과 줏대가 더욱 중요한 미덕으로 부각된다. 그러나 자신의 글에 대한 무책임과 줏대 없음도 궁극적으로는 학문성에 이바지할 수 있는 방향으로 광정匡正되어야만 한다. 책임과 줏대만을 과장되게 내세워서 학문적 보편성을 등한시하는 태도는 물론 현명하지 못하다. 그러나 책임과 줏대 없이 쓴 말이 비록 사태의 정곡을 찌를지라도 인문학에 몸담은 이로서는 이를 선선히 즐거워할 수 없는 법이다. 마스크를 벗고 싱싱한 햇빛에 얼굴을 노출시키는 일은 책임과 줏대의 문제임과 동시에 학문적 보편성을 통해 동시대를 사는 이들의 광범위한 공감을 얻는 유일한 방식이기도 하다. 자족의 창고로부터 수음을 통해 흘러나오는 정액이 글쓰기가 아니라면, 그 글쓰기를 자기 몸에 그리고 그 몸을 둘러싸고 있으며 또 그 몸에 이름을 주고 있는 터와 역사에 열어놓아야만 하는 것이다. 쉽게 말하자면, 나와 세상의 만남과 그 창조적 긴장이 글쓰기인데, 나를 체계적으로 없애버린 글쓰기를 형식성이나 객관성이라는 유물을 빌미로 답습하는 짓이 정당화될 수 있는가. 더구나 인간의 깊이와 복잡성을 다루는 인문학에서.

자신이 선 자리를 드러냄으로써 글쓰기의 책임과 줏대를 되찾고 이를 통해 우리 터와 역사에 맞는 자생적 학문성의 계발을 도모하려는 몇몇 시도 중 조한혜정의 글쓰기는 주목할 가치가 있다. 그녀는 자신을 드러내 보이는 글쓰기를 명료하고 설득력 있게 변명하는데, 행여 어느 곳에 자신의 지문이라도 찍힐까봐 전전긍긍하는 도둑 같은 학자들에게 좋은 회초리가 될 것이다.

이 책에서 나는 내가 선 자리를 계속 드러내 보이고 있다. 세 가지 이유에서 그런 방법을 의도적으로 쓰고 있는데, 하나는 내가 쓰는 언어의 의미와 맥락을 드러내 보임으로써 오해를 줄이기 위해서이고, 두 번째는 이야기에 구체성을 더함으로써 자칫 추상으로 뜨기 쉬운 논의를 끌어내리기 위해서다. 성급하게 일반화하려는 버릇을 고치고, 지식이 지나친 권력을 갖는 것을 막기 위해서라는 것이다. '내가 선 자리'를 분명히 한다면 독자 편에서도 내가 하는 말을 '총체적인 진리'로 받아들일 위험성은 줄어들 것이고, 거리를 두고 그 말을 들을 수 있을 것이다. 세 번째로 나는 나 자신이 처한 '주변적' 자리를 계속 드러냄으로 글쓰기란 결국 기존 체제에 틈새를 내는 것이며, 이론은 개인적 삶의 자리에서 만들어진다는 사실을 강조하고자 했다.[82]

자신을 드러내지 못하는 글쓰기는 특히 내가 비판하고 있는 '원전중심주의' 및 이를 뒷받침하고 있는 허위의식과 공모하고 있다.

나는 이를 일러 '공모'라는, 그 뉘앙스가 썩 밝지 못한 이름으로 부르고 있지만, 지문을 남기지 않도록 두툼한 장갑을 낀 채 글을 쓰고 있는 이들이 자신들을 스스로 도둑이라고 자책하는 것은 물론 아니다. 위에서 인용한, 분서하며 갱유를 꿈꾼 내 후배는 드문 현상이다. 원전과 힘 있는 이론 뒤에 숨어 베끼고 짜깁고 하면서도 그들은 자신의 행위를 부끄러워하지 않는다. 공모하고 있지는 않은가라는 부끄러움이 치밀어 올라오더라도, 아니다, 우리는 진리의 제단에 제물을 바치고 있을 뿐이다, 라고 외치며 머리를 휘젓는다. 그러나 원전과 논문의 형식성, 위협적인 이론과 낯선 이름들 뒤에서 자신의 정체를 숨긴 채 줏대 없는 베끼기와 무책임한 짜깁기를 계속한다는 사실은, 의식하든 말든 이미 이 불우한 시대의 정신적 부하負荷가 되고 말았다.

자신을 숨기는 지식인들의 글쓰기 행태가 반복되면서 그 패턴이 집단 무의식적인 부담으로 느껴지고 있다는 사실을 확인할 수 있는 하나의 현상은 논문 쓰기의 인용에서 찾아볼 수 있다. 원칙적으로 논문 쓰기에서 인용의 역할은 다음과 같이 해명될 수 있을 것이다.

더러는 남이 쓴 글에서 어떠한 정보를 제공받거나 때로는 믿을 만한 전거를 인용함으로써 어떤 문제의 초점을 구명하게 된다. 경우에 따라서는 서로가 공통되거나 상이한 견해를 인용 제시함으로써 어떤 문제를 해명하기 위한 논의를 더욱 풍부하게 하기도 한다. 역량 있는 논문을 쓰기 위해서는 인용하는 요령을 터득하고 그것을 조절

할 줄 알아야 한다.[83]

미국 대학에서 널리 쓰이고 있는 논문 쓰기의 교범에는 각주의 쓰임새를 네 가지로 대별시키고 있는데, 각주는 인용의 대표적인 방식이므로 위의 인용문과 함께 실어 상호 연관성 속에서 논의를 개진시켜보자.

각주에는 네 가지 주된 쓰임새가 있다. 첫째, 정확한 원문이나 특정한 사실과 견해 등 본문의 진술에 권위를 부여할 수 있을 만한 것들을 인용한다. 둘째, 본문 속의 논의에 대한 평을 하거나 논의의 폭을 확장 내지는 한정시킬 목적에 이용된다. (…) 셋째, 앞뒤의 논의들을 상호 참조한다. 넷째, 본문 중의 진술을 승인하는 효력을 지닌다.[84]

긍정적인 면에 주목하면, 인용과 각주라는 형식 속에서는 자신의 생각을 좀더 정확하고 효율적으로 표현하고자 고심해온 선배들의 노고를 읽을 수 있다. 논문이라는 실증주의적 체계를 갖춘 글쓰기 방식은 근대인의 합리적으로 정리된 지적 자산을 축적하는 데 매우 유용했다. 인용과 각주는 모든 면에서 원활한 유통과 분배를 이상으로 삼았던 근대성에 잘 부합한다. 지식의 유통과 분배, 정리와 배열을 글쓰기 행태 속에서 정착시킨 것이 다름 아닌 인용과 각주라고 할 수 있다.

위의 두 책이 말하는 인용과 각주의 역할은 표면적으로는 별 문제가 없어 보인다. 근대 학문 정신의 형식적 정화精華인 논문 쓰기를 그 역사적 맥락 속에서 제대로 이해한다면, '별 문제가 없어 보인다'는 평마저 오히려 심한 폄하라는 느낌을 갖게 할지도 모른다. 그러나 내가 문제시하는 것은 인용이나 각주를 포함한 논문 쓰기의 형식적 원칙이 아니다. 나는 이 원칙을 폐기하자는 급진적 주장을 펼치는 데 동의하는 쪽이 아니다. 논문중심주의에 대한 내 비판에서 알 수 있듯이, 내 불만은 논문이라는 글쓰기 형식이 아니라 논문의 형식성을 둘러싸고 벌어지는 타성적이며 타율적인 허위의식이다. 논문 폐기론을 주장한 적이 없듯이, 여기서도 인용이나 각주 시스템의 폐기를 주장할 마음은 없다. 독선적 진리나 파편적 무리에 대비해서, 일리 있는 복잡성과 복잡성 속의 다양한 일리 구조를 내세우는 내 철학적 태도가 시사하듯이, 나는 늘 급진으로 질주하고 싶은 내 욕심을 자제한다. 그리고 이 자제심의 뿌리는, 우리 삶의 실제 모습은 급진으로 이뤄진 것이 아니라는 체험에 있다. 숨막히는 진리의 억압은 종종 우리로 하여금 무리를 향하여 급진의 행보를 재촉하게 하지만, 길고 넓고 다양한 삶의 흐름은 어떤 급진이라도 지치게 만들기에 족하다. 해서 내 욕심은 인용과 각주를 철폐하자는 급진적 글쓰기에 이르지 않는다.

문제는 인용과 각주에 대한 글 쓰는 이들의 태도이며, 실제로 위에서 말한 원칙들이 지켜지고 있는지를 점검하는 일이다. 결론부터 밝히자면, 우리 인문학의 논문 쓰기에서 사용되고 있는 인용과 각주는 자신을 숨기는 글쓰기 행태를 집단적·공식적으로 정당화해주고 있는 패턴의 일부로 전락한 느낌이다. 물론 남의 글을 따오는 과정이 타성이나 편벽, 혹은 심지어 맹목적 추수의 결과인지, 아니면 하버마스의 표현처럼 '지배 없는 상호 이해herrschaftfreie Verständigung'를 바탕으로 한 비판적 합의인지를 쌈박하게 구별하기란 실로 어려울 것이다. 경험 있고 영리한 이라면 인용의 미로를 미끄러지듯 옮겨다니며 안팎의 부채감 없이 뜻한 목적을 쉽게 달성할 수 있을 것이기 때문이다. 예를 들어 논문 대행업이 성업할 수 있는 여건도 결국은 자신을 드러내지 않아도 좋은, 아니 심지어 자신을 드러내면 매우 위험한 글쓰기의 실태에서 조장된다. 이름과 터와 역사가 있는 글은 사라진 채, 한편 무한정 복사되어 합성되는 파생 실재의 순환만으로 글이 이뤄지고 있는 현실도 비슷한 배경을 갖는다. 상업 예술 분야에서는 이미 드러내놓고 성행 중인 콜라주나 이미지의 혼성 모방이 논문의 근엄한 겉모습을 깨고 조금씩 침투하고 있다.

이런 점을 염두에 두고 보면, 논문 쓰기의 두드러진 병폐로 동료 학인들의 연구 성과를 언급하지 않는 경향을 아울러 거론할 수 있다. 이는 인용과 각주의 체제가 비정상적으로 사용되고 있고, 마침내 이 타성이 집단 무의식적 억압으로까지 진전되었다는 사실을 반영한다.

자신의 실체를 숨긴 채 바깥에서 수입한 권위로써 급조한 마스크를 쓰고 사는 짓이 남기는 흔적은 우선 부끄러움일 것이다. 자신의 체험을 자신의 말로써 진솔하게 드러내지 못하는 글쓰기가 반복되면서 그 부끄러움은 한편 증폭되겠지만, 또 한편 순치와 적응의 천재인 자아는 그 심리적 부하를 억압 기제로써 숨기고, 숨기지 못하는 부끄러움의 흔적은 허위의식의 도움을 빌려서라도 정당화하는 탁월한 전략을 구사한다. 그러나 정신분석학의 기본 역학이 말해주듯이, 대체代替와 억압과 합리화를 다 동원하더라도 빌려 쓴 마스크로 자신을 표현하고 있는 태도로 인한 부끄러움을 완전히 몰아낼 수는 없는 법이다. 그리고 부단히 은폐되어야만 하는 부끄러움은 인성의 분열과 피폐를 조장한다. 자신의 깊은 속을 흘러다니는 감정을 외면하면서 색 없는 마스크를 쓰고 있어야 하는 짓은 소위 '욕망의 타자화'에 다름 아니다. 이 부끄러움의 앙금은 자신의 터와 역사로부터 소외되어 부유하고 있는 우리 지식인들의 현주소다. 이들은 마치 기괴하고 현란한 고깔을 쓴 채 물 위를 부유하는 왕관 해파리 같은 모습이다. 뿌리가 뽑혔으나 여전히 눈치는 재빠른 이 해파리들은 감정이입empathy과 투사projection의 명수들이다. 자신 속의 부끄러움을 이입으로써 위안받고 투사로써 정당화하려는 이들이 논문 쓰기를 하면서 같은 땅에서 활동하는 동료들의 글을 선선히 인용할 리 없다. 논의의 유일한 전거인 원전에 코를 박은 채 주위 동료들의 글을 철저히 무시하는 관례는 결국 동료들 속에 투사된 부끄러운 자신을 이입을 통해서 간접적으로 정죄하는 것이 된다.

인문학의 글쓰기에서 동료들의 성과에 민감하게 반응하고 또 체계적으로 대응함으로써 학맥學脈의 전통과 자율성을 유지하려는 집단은 드물다. 그나마 평론이라는, 좀 특이한 글쓰기를 계속하고 있는 문학계가 매우 긍정적인 예외가 될 것이다. 분야마다 다소의 편차와 변수가 있겠지만, 서구 세력의 정신적 상징들인 원전 앞에

꿇어앉아 있는 짓을 멈추고, 이 땅에서 자율적으로 이뤄지고 있는 성과들을 적극 수렴하고 그럼으로써 이들을 원전과 공정한 경쟁관계 속에 두려는 자세를 찾아보기는 힘들다.

빌려먹는 짓은 부끄럽지만, 빌려먹으면서도 부끄러운 줄 모르는 정신 상태는 비참하다. 그러나 나는 이 비참한 정신 상태를 오늘도 도처에서 목도한다. 자신을 숨기는 글쓰기에 익숙한 우리는 자신의 부끄러움을 변명하고 싶어하지만, 비슷한 부끄러움을 숨기면서 행세하고 있을 주위 동료들에겐 관용을 베풀지 못한다. 이는 일말의 양심인가, 아니면 전도顚倒된 자학에 지나지 않는가. 어쨌든 이들은 '존재'나 '있음'보다는 '자인Sein'이나 '에트르être'라는 발음으로 인용하고 싶어한다. 만일 이것이 안 되면 '빙being'이라도 좋고, 하다 못해 '손자이そんざい'라도 되어야 속이 풀린다. 서울대학교 아무개는 또 서울이어서 인용하기가 좀 뭐하고, 부산대학교 아무개는 또 부산이어서 인용할 마음이 들지 않는 것이다. 자신을 진솔하고 자긍심 있게 드러내지 못하는 글쓰기와 그 부끄러움 그리고 이를 은폐하려는 허위의식이 증폭되면서 일종의 집단 무의식적 관성 체계를 만들어놓은 셈이다.

우리 인문학을 위해서 필요한 글쓰기는 어떤 것인가. 우리의 터와 역사에서 나오는 글, 삶과 생각이 어긋나지 않는 글, 자책과 합리화의 인성 분열적 태도를 극복하고 치유하는 글은 어떤 것인가. 그것은 부끄러움을 가르치는 글이다. '자신의 실체를 숨긴 채 바깥에서 수입한 권위로써 급조한 마스크를 쓰고 사는' 글쓰기가 부끄러운 짓임을 일깨우는 글쓰기가 필요하다. 글쓰기에서 자신을 드러내지 못하면 궁극적으로 그 결과는 삶의 선택과 지식의 축적이 전혀 만나지 못하는 지행知行의 괴리를 빚을 수밖에 없다. 보편적 인식론의 진공성으로부터 자신을 드러내지 못하는 글쓰기에 이르기까지, 그 문제의 핵은 지식인의 삶이 생명 없는 통찰과 활자로 가득 차서 시들어간다는 점에 있다.

원전이 될 희망마저 포기한 논문들이 역시 원전이 될 욕심마저 없는 논문들을 논급하거나 인용할 리 없다. 원전이 아닌 동료들의 논문을 언급하는 것은 결국 자신의 부끄러움을 들추어내는 짓으로 느껴질 뿐이다. 고만고만한 재주로써 고만고만한 논문을 써내고 있는 이웃집 동료들을 자세히 쳐다보는 짓은 자신의 부끄러움을 거울 속에 비춰보는 짓에 다름 아닌 셈이다. 이 부끄러움은 돌고 돌아 마침내 하나의 역학적 패턴을 형성할 만한 타성을 이루고, 이에 대처하는 학인들의 방식은 거대한 지적 허위의식으로 내달린다. 창의와 실험적 담대함은 사라진 채 부끄러움만 남아, 거대한 부끄러움의 산업은 부끄러운 줄 모른 채 자기 복제를 계속하고 있다. 자신을 드러내는 방식을 깊게 숙고함으로써 부끄러움을 불식시키고, 또 이로써 같은 터와 역사를 나눈 학문 공동체의 연대의식을 높이는 것, 이는 인문학의 사활이 걸린 문제다.

3. 구체성의 글쓰기

복잡성에 대처하는 잘된 글쓰기의 세 번째 특징으로 이제부터는 '구체성의 글쓰기'를 생각해보자. 글 쓰는 일을 고심해본 사람이라면, 최근 들어 구체적 글쓰기에 대한 공감대가 제법 확산되는 분위기를 느낄 수 있을 것이다. 글쓰기의 추상성이 복잡 다양한 대상들을 모양 좋게 전지剪枝해서 일률적으로 기술하려는 중앙집권적 태도라고 볼 수 있다면, 그 구체성은 선험적으로 입력된 전지의 계획을 포기한 채 세상의 복잡성에 참여해 체득한 이야기를 눈치 보지 않고 드러내는 지방분권적 태도를 뜻한다고 할 것이다.[85]

글쓰기의 지방분권적 태도는 우선 경험에 공평하려는 자세를 요청한다. 중앙집권적 글쓰기는 다양한 경험을 일률적으로 재단하거나 임의로 위계를 지어 예단豫斷하려는 특성을 보이기 때문이다. 가령 타종교에 열린 자세를 취하지 못하는 이들의 편협한 태도와 글쓰기에서 그 분명한 사례를 엿볼 수 있다. 내 자신 근 30년 기독교의 물을 먹고 살아오면서 체험한 한국 개신교 교회의 현실을 나름대로 총평해볼 때, 가장 불행한 현상으로 느껴지는 것은 종교적 감성과 인간적 성숙이 따로 놀고 있다는 점이다.[86]

간단히 평하자면, 종교적 열정이 깊을수록 묘한 미성숙을 보이는 현상은 위에서 말한 대로 우선 종교인 자신에게 다가오는 다른 경험들에 솔직하지도 공평하지도 못하기 때문이라고 생각된다. 이 종교인들 중 상당수는 자신만의 신들과 내밀한 진리의 교감을 나눈다는 사적인 확신에 가득 찬 이들이어서 남의 다른 경험을 경청할 마음이 처음부터 없는 상태다. 예를 들어 불교적 언설들, 여타의 세속적 언설들, 심지어 자신들의 경전 내용과 상충되는 과학적 언설들은 아예 경험의 현장으로부터 원천적으로 배제하려는 공격적 충동에 휩싸인 종교인이 적지 않다. 나 역시 종교성의 사밀하고 은현한 맛을 모르는 바는 아니지만, 다양한 경험의 공평한 경쟁을 원천적으로 봉쇄하는 방식으로 종교성이 유지되어서는 자신과 이웃을 함께 살리는 성숙을 기대할 수 없는 노릇이다. 명색이 '말할 수 없는 것'으로 보양保養된다는 종교에서도 경험에 공평한 시야와 어루만짐을 외면할 수 없는 법인데, 학문의 길에서야 무슨 재론이 필요하랴.

그러나 이 땅의 많은 학인은 여전히 다양한 경험을 임의로 예단하고 그 도식에 따른 글쓰기를 답습하고 있다. 이들은 여전히 글쓰기의 타율적 중앙 통제 장치로부터 벗어나지 못하고 있다. 자기 몸으로 살아온 이야기를 자기 손으로 쓰는 일조차 그들에게는 생소하다. 그러나 정작 슬픈 일은 그 중앙 통제 장치와 예단이 '수입품'이라는 사실에 있다. 힘으로 드러나는 지식 그리고 지식으로 드러나는 힘을 앞세운 서구의 지배적 담론을 누구보다 먼저 익힌 이들은 이 담론의 틀이 조종하는 글쓰기에서 영영 벗어나지 못하고 있다. 그 틀에 산뜻하게 들어오는 경험들을 대하면서 그들이 느낄 희열을 상상하는 것은 쉽다. 내 자신도 오랫동안 즐겼던 희열이었으니까. 어쩌면 그 희열 자체를 문책할 필요는 없을 것이다. 책에서 배운, 그나마 남모르는 외국어를 몇 개씩이나 힘들게 익히면서 배운 이론들이 척척 적용되는 경험의 현장을 만나는 것은 즐거운 보람임에 틀림없다. 그들이 느꼈던 선각적 계몽가로서의 사명과 열정은 그 정당한 몫을 인정받아야 할 것이다. 적용되지 못하는 이론이 이론이 아니듯이, 내 땅 남의 땅 가릴 것 없이 적용만 된다면 문제없다는 식의 발상도 무조건 탓할 수만은 없다.

그러나 내가 정작 문제 삼는 것은 적용 가능성 그 자체보다는 적용의 방식과 적용을 둘러싼 제반 역학에 있다. 적용 방식이 적용 자체보다 더 중요할 수 있다는 사실을 예시하는 좋은 사례가 아마 '과학적 보수주의'라 불리는 과학자 집단의 태도일 것이다. 어느 곳에서건, 누구에 의해서건, 또 어떤 의도에 의해서건 필요한 기제와 자료만 갖춰지면 과학의 이론은 적용되어 소기의 성과물을 낼 수 있을 것이다. 그러나 '이론⇒적용⇒결과물'이라는 텍스트의 내적 논리에서 한 걸음 물러나 이 텍스트를 둘러싸고 있는 심리적·정치적·경제적·역사적 콘텍스트를 눈여겨보게 되면, 이론의 적용이라는 순수한 행위는 전혀 순수하지 못한 과정들과 결탁하고 또 그러한 결과들을 생산하고 있다는 사실을 알게 된다. 과학적 보수주의란, 적용 방식과 이를 둘러싼 제반 역학을 배려하지 못한 채 단순히 그 적용성 자체에 환희를 느끼며 자신의 머리통에 무한한 자부심을 덧입히는 데 만족하는 과학자들의 태도를 가리킨다. 적용의 주변 역학을 고려하지 않고 텍스트의 임상성에만 매달리는 태도가 때로 무고한 인명을 살상하는 보수적 맹목으로 흘렀다는 사실을 역사는 드물지 않게 증언한다.

글쓰기의 구체성이라는 취지와 연관해서 볼 때 좀더 중요한 점은 경험에 공평하지 못한 타율적이며 권위적인 태도다. 지배적 담론의 틀에 보수적으로 순치된 글쓰기는 삶의 복잡한 현실 경험을 공평하게 대하지 않고 임의로, 심지어 강압적으로 그 경험을 위계화해서 차별한다. 이 차별을 제재할 수 있는 안전장치가 없고, 또 이 차별을 정당시하는 허위 구조가 형성된 곳에서는 마침내 정해진 틀에 맞지 않는 경험들은 있어도 없는 듯 외면되고, 고작해야 진정성이나 가치를 결여한 주변 경험으로 홀대받게 된다.

잡된 글쓰기는 글의 구체성을 소중히 여긴다. 글의 구체성은 복잡 다양한 현실의 경험들을 예쁘게 가지치기해서 일률적으로 기술하려는 중앙집권적 태도, 즉 일률적인 추상성에서 벗어나야 한다. 특히 삶의 일상성 속에 자신의 터와 역사를 두지 못한 수입된 지배 담론들에 주눅 든 태도 그리고 그 지배 담론에 어울리는 경험만 찾아다니거나 현실 경험을 그 틀에 임의로 뜯어맞추는 태도를, 글의 추상성을 조장하는 주된 원인으로 꼽을 수 있다. 글쓰기의 구체성을 살리는 이상적인 방법은 지배적 담론을 삶의 일상적 현실과 맞붙여주는 일이다. 물론 글의 원천적 단순성이 삶의 원천적 복잡성에 꼭 들어맞을 수는 없는 법이다. 어차피 이론은 난蘭의 녹색에도, 그 나긋나긋함에도 이르지 못한다. 그러나 결국 '이론'을 피할 수 없다면, 밖에서 빌려온 이론의 틀을 덧입히는 글쓰기보다는 가능하면 삶의 현실 경험을 바탕으로 자생한 이론을 만들고, 또 이 이론이 자신의 모태를 계속 돌아볼 수 있도록 배려하는 글쓰기가 구체성을 얻을 수 있을 뿐 아니라 더 바람직할 것이다.

구체성의 글쓰기가 바람직하다는 평은 설명을 요하는 대목이다. 사실 엄밀히 말하자면 구체성과 추상성 자체만으로는 서로를 절대적으로 저울질할 수 없기 때문이다. 수리數理의 담론이나 문학적 묘사가 각기 다른 역할을 떠맡듯이, 구체화와 추상화는 일률적으로 비교하기 힘든 나름의 장단점을 지니고 있다. 그러나 글쓰기의 구체성을 '미덕'이라고 부를 수 있는 이유가 있다. 시의적으로는, 그간 인문학의 글쓰기가 거대 메타담론에 주로 의지하고 있었던 점이나 논문 중심의 형식성으로 흐른 점 등에 대한 반발의 분위기도 도움이 되었을 것이다. 하지만 내가 특별히 강조하고 싶은 점은, 글쓰기의 구체성을 도모하는 노력이 인성의 주체성이나 자생력을 높이는 데 귀중한 자산이 된다는 사실이다. 우리 학인들의 글쓰기에서 구체성이 상실되었다는 말은 단순히 추상화되었다거나 메타화되었다는 뜻이 아니다. 이런 직선적 대조가 성립하려면, 자생적 학맥의 전통과 자율적 글쓰기의 정황이 먼저 갖춰져야만 한다. 쉬운 예를 들면 식민지의 지식인들이 현실을 구체적으로 서술할 수 없는 이유는 추상성에의 편벽만으로 설명될 수 없는 것이다. 따라서 삶의 현실을 고루 건드려주는 구체적 글쓰기가 드물다는 지적은 이미 텍스트 만들기로서의 글쓰기를 넘어서는 지적이 된다. 이는 우리 삶의 역사적 정황 그리고 이로 인한 학문의 총체적 정황을 암시하는 지적이 될 수밖에 없다. 자신의 역사와 터에서 나온 체험과 글로써 자생적 학문의 전통을 일구지 못한 채 남의 이론을 머리로 먼저 익혀 수입하고 분배하는 역할에 충실해온 우리 지식인들은 처음부터 학문의 현장성이나 구체성을 욕심 낼 수 없는 불우한 처지에 있었다. 이런 실정에서는 삶의 현실을 꼼꼼하게 돌아보는 이론적 작업이 애초부터 힘들 수밖에 없었다.

남의 이론으로 우리 현실을 진단하고 분석하는 전도된 행위가 그나마 각광을 받던 때가 있었다. 그러나 엄밀히 보자면 이것마저 현실을 북돋우는 이론적 작업이라기보다는 우리 현실을 한갓 자료로 삼아 지배자들의 지배적 이론들의 우수함을 연역적으로 증명하는 꼴을 취하는 것이 대부분이었다. 학계는 물밀듯이 밀려드는 새 이론들로 늘 북적이고, 학인들은 선착순이라도 하듯이 먼저 읽고 먼저 익히려고 발버둥 치지만, 정작 그들의 마음은 늘 텅 비어 있을 수밖에 없는 것도 같은 배경을 갖는다. 잘해야 우리 현실은 그들의 이론을 뒷받침하고 예증해주는 자료 창고 정도에 지나지 않는다. 우리 삶의 현실에서 자생적이고 권위 있는 이론이 생긴다는 사실은 부지불식간에 식민성에 물들어 있는 많은 학인에게는 학문에 대한 모독처럼 들린다. 그러니, 우리 선인들이 배움의 이상으로 내세웠던 지행합일은 온데간데없어지는 것이 당연하다. '분열된 삶, 분열된 배움' 그리고 '분열된 글쓰기'. 바로 이것이 저간의 우리 사정이었다. 남의 이론과 우리 현실은 따로 놀 수밖에 없고, 더구나 그 힘 있는 이론의 추상성은 왜소한 우리 현실의 복잡성을 소외시킬 수밖에 없었다.

그러므로 우리 삶의 현실에 와닿지 못하는 이론들의 틈바구니에서 눈치 보기에 바쁜 학인들에게 글쓰기의 구체성은 미덕이 될 수밖에 없다. 이는 믿음과 선택이 다르고, 말과 삶이 삐걱거리는 분열 상태를 치유할 한 가지 가능성이기 때문이다. '학문성'을 높이기 위해서 오히려 되도록 현실을 회피할 수밖에 없었던 기이한 현상을 치료할 한 가지 방식은 우리 삶의 현실을 제대로 그리고 골고루 드러내주는 구체성의 글쓰기를 되찾는 것이다.

　현실의 복잡성에 대처하는 잡된 글쓰기는 구체성의 글쓰기를 지향한다. 또 앞서 살펴본 대로, 우리의 복잡다단한 현실을 고르게 다독거려주는 구체성의 글쓰기는 이미 글쓰기의 문제를 넘어서서 지식인들의 분열된 의식과 삶을 치료하는 하나의 실질적인 방안으로 승화될 수 있다.

4. 글쓰기의 임상성

글쓰기의 구체성과 연관해서 임상성이라는 문제를 잠시 살펴보자. 임상臨床은 물론 '환자의 병상을 대한다'는 뜻이다. 인문학에서 임상을 논하는 것은 생소하게 느껴진다. 물론 인문학은, 더구나 그 글쓰기는 좁은 의미의 '환자'를 응대하고 또 치료하는 방식이 아니다. 혹자들은 임상성이라는 낱말 자체에서 이미 인문학을 자연과학화하려는 의도를 읽어내고 염려할지도 모른다. 그러나 먹물은 먹물대로 기름은 기름대로 자신의 역할과 멋이 있고, 또 쌍방은 깊은 상보성을 나누고 있지만, 나는 먹물에 손쉽게 기름을 입히는 시도를 달가워해본 적이 없다. 또 임상이라는 말을 좀 넓게 수용한다면 이를 바탕으로 글쓰기의 실천성을 따질 수도 있을 터이다. 아울러 우리 지식인들의 글쓰기가 처한 특수한 상황을 '병적'이라고 진단할 수 있다면(나는 물론 그렇게 진단하지만) 글쓰기의 임상성은 더욱 중요한 논제가 아닐 수 없다.

글쓰기의 임상성이 문제시되는 이유는, 병을 치료하지 못하는 의사의 행위는 결국 쓸모없다는 매우 단순한 유비로부터 찾아볼 수 있다. 물론 인문학의 글쓰기는 단순히 '이 약은 잘 듣는다'든지, '이 수술은 완치율이 높다'든지 하는 식으로 그 유용성을 간명하게 적시하기는 어렵다. 그러므로 여기서 논하는 글쓰기의 임상성을 '통한다' '먹힌다' '듣는다'라는 문제 풀이식의 유용성으로 옮겨서는 안 된다. 여러 곳에서 누차 지적했듯이, 인문학의 글쓰기에는 등가성等價性의 원리로 명료히 만들 수 없는, 어떤 근원적인 애매성이 침투해 있고, 설혹 그 유용성을 말할 수 있다 하더라도 그것은 '성숙'이라고 하는, 손에 잡히지 않는 질적인 변화이기 때문이다.

그렇다 하더라도 우리 인문학, 그중에서도 특히 철학의 글쓰기는 그 임상성을 다분히 의도적으로 강조해야 할 만큼 실천적 유용성이 매우 의심스러운 지경에 봉착했다고 생각된다. 누구의 잘못이든, 그간 전문 철학의 글들은 일반 독자로부터 철저히 외면당했음을 부인할 수 없다. 그 책임을 어느 한쪽에 일방적으로 전가시킬 수는 없겠지만, 나로서는 우선 철학자들의 글쓰기에 그 책임의 중요한 일단을 묻지 않을 수 없다. 철학 박사에다 대학교수라는 직함을 지닌 채 이 사회의 정신적 지도자로 인정받고 있는 적지 않은 이들 중에서 대중으로부터 소외된 철학의 글쓰기를 진지하게 안타까워해본 사람은 그리 많지 않을 것이다. 우선 그런 고민이 없어도 학자로서 충분히 행세할 수 있는 타성적이며 타율적인 구조가 작동하고 있다는 점에 주목해야 한다. 우리를 더욱 우울하게 만드는 점은, 그러한 고민이 왜 필요한가라면서 오히려 느긋한 미소 속에 반문하는 이들이 태반이며, 심지어 그런 고민을 제도적으로 박해하려는 이들마저 적지 않다는 사실이다.

글쓰기의 혁신을 제도적으로 막는 세력은 일차적으로는 글이 생산되는 채널의 출입을 좌우하는 이들이다. 대표적으로, 학위 논문의 생산 채널을 쥐고 있는 지도 교수들 그리고 학인들의 글을 발표할 수 있는 채널의 소유주와 경영자들을 들 수 있겠다. 학위 논문이라는 글쓰기가 얼마나 비자율적이며 비창의적인 분위기 속에서 생산되는지는 이미 여러 차례 지적한 바 있다. 그러나 학위를 마친 뒤에 학자로서의 입지를 얻기 위해서 전문지에 논문을 게재하는 방식에서도 별로 달라진 것이 없는 듯하다. 우선 전문지의 절대 지면이 턱없이 부족한 실정이다. 사실상 이 지면 부족 현상은 소위 전문가들의 글쓰기가 일반 독자들에게 다가가지 못하고 있다는 사실과 맞물려 있다. 글의 임상성이 없으니 독자들이 외면할 수밖에 없고, 그런 점에서 상품성과 수요가 없으니 지면이 줄어들 수밖에 없고, 지면이 줄어드니 글의 생산 채널은 더욱 사밀한 역학을 탈 수밖에 없고, 채널이 공공성을 얻지 못하니 창의적이며 자율적인 글쓰기는 계속 주눅이 들 수밖에 없다.

말하자면 철학의 글쓰기는 현재 '통풍通風'이 안 되고 있는 셈이다. 문을 열어 환기할 생각은 없고, 그저 답답한 채로 밀실 속에서 살아남기 위한 방식만을 요모조모 따져가며 계발하고 있을 뿐이다. 물론 관례화된 생존 전략은 채널을 쥔 세력의 충실하고 영리한 졸개로 남아 주문 제작된 논문을 꼬박꼬박 상납하는 짓이다.

그나마 이 논문들이 널리 읽혀서 주변과 이웃에 영향을 행사하는 힘을 지니고 있다면 이렇게까지 우울하지는 않을 것이다. 그러나 '아무도 읽지 않는다'는 것은 이제 공공연한 비밀이 된 듯하다. 대다수의 철학 논문이 발표되는 지면으로 단과대학별 혹은 과별로 해마다 발행되는 논문 모음집이 있다. 전국적인 지명도를 얻은 전문지의 수가 한 손에 붙은 손가락의 수에도 미치지 못하는 실정이고, 그마저 인맥과 학맥이 지배하는 폐쇄 회로 형태를 띠고 있으므로 이 논문집은 대다수의 철학 전문인이 자신들의 글을 발표하는 매체 역할을 담당해왔다. 하지만 솔직히 말해 그 논문집에 실린 논문을 꼼꼼히 정독하는 사람은 아마 거의 없을 것이다. 5명? 아니면 15명? 학자라는 명분과 생산성에 대한 허위의식을 유지하는 것을 제외하면 그 논문의 실질적인 존립 근거는 없는 셈이다. 그저 관례화된 생존 전략일 뿐이며 제도의 충실한 하수인으로 남아 연명해가는 방식일 뿐이지 않은가.

날림의 번역이 횡행하는 풍토에도 비슷한 비판이 가능하다. 논문의 채널이 폐색閉塞 상태에 있을 뿐 아니라 주체적 글쓰기와 자생적 이론이 없는 형편에서 번역은 가장 손쉬운 타협으로 전락할 수 있다. 번역의 학술적 가치를 모르는 것은 아니지만, 작금 인문학계에서 양산되고 있는 번역서들과 그 수준은 한마디로 목불인견目不忍見의 참상이라고 해도 과언이 아닐 듯하다. 그 곡진한 분석과 비판은 다음 기회로 돌리고, 요컨대 다수의 인문학 번역은 역자의 명분 세우기와 출판사의 돈 벌기가 결탁한 소모용 사업에 지나지 않는 실정이다. 우리 삶의 현실과 그 복잡성을 바탕으로 자생한 이론과 이 이론을 다시 삶의 구체성에 이어주는 글쓰기가 사라진 곳에 번역이라는 미명의 타율성과 상략商略이 독자들의 시선을 더욱 어지럽히고 있는 것이다. 통풍이 안 되는 사밀한 공간에서 제도적 관습을 좇아 명분을 유지하며 연명하는 생활을 스스로 염오하고 여기서 벗어나려는 안타까움으로 번역에 빠지는 이들이 없는 것은 아니다.

그러나 단언하건대 지금 우리 인문학계에서 필요한 작업은 결코 번역이 아니다. 오히려 번역 문화의 원칙을 포함해서, 인문학의 배움과 글쓰기를 근본적으로 반성하는 일이 급선무다. 읽어도 읽어도 끝없이 번역되어 쏟아져 나오는 서구의 책들, 원전原典의 땅에 대한 근거 없는 강박과 외경에 휩싸여, 읽고 번역하고 베끼고, 또 읽고 번역하고 베끼면서 평생 단 한 번도 자기 체험을 자기 말로 진지하고 힘 있게 내뱉지 못한 채 기껏 정년퇴임 기념논문집이나 한 권 얻어 미지근한 미소를 품은 채 무덤 속으로 입장하고 마는 삶을 '학문'이라고 부를 수는 없다.

이러한 번역 문화도 결국 글의 임상성과 깊이 연루되어 있다. 자기 삶을 자신의 이론과 글쓰기로 어루만져주지 못하고, 남의 이론과 글쓰기에 대한 타성적 추종이 권위로서 위세를 부리고 있는 풍토야말로 번역이 타락할 수 있는 최적의 조건이다. 번역은 자생적 이론과 주체적 글쓰기의 바탕이 굳건할 때만 제자리를 찾을 수 있다. 수입된 이론들을 비교적으로 평가해볼 수 있는 자신의 전통과 잣대가 없는 상태에서의 번역은 거의 폭력에 가깝다. 식민지의 경험과 일방적 근대화, 경제제일주의와 군사 독재의 틈에서 뿌리마저 잃어버린 우리 인문학의 나무는 날림 번역이라는 바람으로 예정에 없는 가지치기마저 당하고 있다. 이는 외국어 한두 개 모르는 학인은 드물어도 한글을 반듯하게 구사하는 학인은 적다는 역설적인 사정과도 통한다.

철학계의 폐색으로 인해 문학계에서 활로를 찾으려는 이들이 상대적으로 늘고 있는 현상도 주목할 만하다. 복잡한 삶의 구체성을 추상적 여과 없이 드러낼 수 있는 글쓰기 기법을 갖춘 문학은 비교적 넓은 독자층을 확보할 수 있고, 또 철학에 비해서 그 임상성도 두드러진다. 해방 이후 50년만을 따져보더라도 시나 소설은 전문

철학 서적을 훨씬 웃도는 계몽과 해방의 힘으로 작용했음을 알 수 있다. 나는 주변의 학인들이 '우리 시대에 김지하만 한 사상가도 없다'며 자조하는 소리를 종종 듣는다. 명색 철학자는 들끓는데 정작 실질이 있는 사상가는 없는 현실인 것이다. 칸티언이라느니, 헤겔리언이라느니, 비트겐슈타인을 전공했다느니, 하이데거리언이라느니, 하버마스 밑에서 지도받았다느니 하면서 떠드는 이는 많지만 명색 사상을 다룬다는 철학계에서는 김지하만 한 사상가도 한 명 변변히 내지 못하며 해방 이후 반세기를 날려 보낸 사실을 어떻게 생각해야 하는가.

그러니 지금 인문학계의 주요 쟁점을 민첩하게 수렴해서 다양하고 심도 있는 논의를 활발하게 펼치고 있는 곳이 철학계가 아니고 문학계임은 오히려 당연하다고 생각될 정도다. 남의 이론을 원전으로 삼아 임상성 없는 메타포의 자기 복제를 반복해온 철학이 통풍 없는 현학의 허위의식 속에서 논문의 제사를 드리고 있는 사이, 문학의 토의는 시의성과 보편성을 아우르며 비교적 내실 있는 진척을 보이고 있다.

최근 다년간 철학을 일반 독자들에게 친근하게 만들려는 시도들이 다소 선정적으로 이뤄지고 있다. 편하고 친근한 제목에다, 익살스럽고 엉뚱한 에피소드와 삽화를 곁들인 책이 셀 수 없을 정도로 양산되었다. 그중 몇몇은 대중적인 인기를 누리며 베스트셀러 대열에 오르기도 했다. 재미있는 점은 책의 저자들이 대부분 비전공자이거나 철학의 아마추어라는 사실이다. 이들의 작업을 곱지 않게 보는 시선이 많고, 사실 나로서도 썩 마음에 들지 않는 편이다. 그러나 어떤 평가를 내리든 관계없이, 주변부에서 벌어진 이 변수는 철학계의 현황을 어떤 식으로든 반영하고 있다는 점에서 주목을 끈다. 관점에 따라서는, 성급한 위기의식이 상략에 접붙어 합성된 표피 현상으로 일축해버릴 수도 있겠다. 물론 누구도 이 현상을 두고 심원한 영향력을 행사할 철학적 글쓰기의 새로운 전기라고 해석하지는 못할 것이다. 그러나 '표피적'이며 '상략적'이라는 점에는 동감하지만, 이 출판 현상이 기존 철학의 글쓰기 풍토에 대해서 뭔가 중요한 메시지를 시사하고 있다는 점에서는 오히려 역설적인 깊이가 있다고 생각한다. 이를 단순히 일부 매우 몰지각하지만 다소 재주 있는 아마추어들이 상략의 하수인 노릇을 한 것으로 매도해버릴 수는 없을 것이다.

어쩌면 임상성을 돌보지 않는 전문 철학자들의 언어 놀이에 지친 사람이 늘고 있다는 징조로 볼 수는 없을까. 우리 철학의 전통을 복원시키려는 글쓰기의 고민은 외면한 채 남의 그릇인 논문 속에 남의 음식인 원전을 담아 조금씩 떠먹으면서 헛배만 불리고 있는 철학자들에 대한 경종은 아닐까.

구체적 글쓰기로서의 잡된 글쓰기는 '임상성의 글쓰기'로 드러나야 한다. 그 병상에 누울 환자는, 자기 사상 없이도 잘 살 수 있고 심지어 자기 사상과 자신의 글쓰기에 대한 아무런 고민 없이도 반세기 동안 지식인으로서 문제없이 군림할 수 있는 정신문화적 풍토다. 글쓰기의 임상성에 대한 논의는, 우선 '등식等式은 홀로 적용되어도 좋지만 글은 여럿 사이에서 읽혀야 한다'는 대명제를 전제로 한다. 그러나 임상성을 거론하는 좀더 절실한 이유는, 안팎으로 눈치를 보면서 자신이 누구인지조차 말할 수 없는 학인들의 분열된 삶, 분열된 배움 그리고 분열된 글쓰기를 광정하려는 욕심에 있다.

'내 책은 읽히지 않는다, 아니 읽히지 않는 쪽이 좋다'며 그다운 깡탈을 부린 니체는 접어두어도 좋은 인물이다. '그러나 인문학은 읽혀야만 산다.' 읽히는 것은 인문학의 이념인 성숙의 문제이기 이전에 생존의 문제다. 이 점에서도, 자연과학과 다른 인문학의 특징을 짚어볼 수 있다. 말할 것도 없이 인문학과 자연과학 둘 다 나름의 현실 적용력이 있어야 하고, 또 그러한 점에서 그 기본적인 임상성을 논할 수 있지만, 적용 방식에서는 현저한 차이를 보인다. 자연과학과는 달리 인문학의 대상은 결국 인간이고, 또 인간의 성숙과 변화를 의도한다. 요컨대 인문학은 '인간에 의한, 인간을 통한, 인간의 변화'다. 인문학에서 이해와 대화를 중시하는 이유도 마찬가지다. 인문학에서는 적용성이나 임상성 자체가 이해 가능성을 통해서 드러나는 것이다. 바로 이 점에서 독자 대중의 이해가 없어도 일방적으로 자연에 적용할 수 있는 과학 이론과 근본적으로 다르다. 인문학은, 읽히지 않고, 대화를 통해 소통되지 않고, 이해되지 않으면 바로 그 자리에서 주저앉고 만다. 아스피린이 무엇인지, 상대성 이론이 무엇인지 대다수의 독자가 이해하든 말든 그 성과는 곧장 현실적으로 적용될 수 있지만, 인문학은 읽히고 이해되어야만 그리고 이해되는 바로 그만큼, 그 임상성을 얻을 수 있다.

읽히고 이해받아서 그 임상성을 얻기 위해서는 쉽게 써야 한다는 주장이 나올 법하다. 얼핏 들으면 평범하고 지당한 요청이다. 쉽게 쓰여야 읽힐 것이고, 읽혀야 이해될 것이고, 이해되어야 변화될 것이고, 변화되어야 그 임상성이 확인될 것이니 말이다. 그러나 막상 '쉬운 글'이 무엇인지 따지게 되면 예상치 못한 여러 쟁점이 불거져 나오고, 질문을 던진 사람을 황당하게 만들 정도로 논의는 복잡해진다.

사실 나는 이미 이 문제를 좀 엉성하고 소략하게 다룬 적이 있다.[87] 그러나 그 논의는 너무 난삽하고 논지의 일관성이 부족할 뿐 아니라 다소 감정적으로 흘러서 나로서는 매우 부끄러울 정도다. 나는 그 글에서 '인생은 살기 어렵다는데 시詩가 이렇게 쉽게 쓰여지는 것은 부끄러운 일이다'라고 절규했던 윤동주의 생각을 원용해서 논지를 풀어가고자 했다. 요컨대 삶이 살기 어려운 만큼 그 삶을 다루는 인문학의 글쓰기도 나름의 어려움이 있다는 주장을 펼치고자 한 것이다. 앞에서 이미 시사했지만, 특히 다음 부분에서는 내 생각이 많이 달라졌다.

네가 이해하든 말든 세상을 바꾸는 이론은 제 갈 길을 간다. 쉬운 책은 네 주름살의 숫자와 그 형성의 템포를 바꿀 뿐이지만, 좋은 책은 역사를 바꾼다. 쉽고 어려움으로 책을 선택하는 너는 언제까지나 상략商略과 정략政略의 졸개로 남을 것이다.[88]

이 인용문은 자연과학의 글쓰기에 대해서 과민한 반응 형성을 보인 흔적이 짙다. 하지만 이미 지적한 대로 인문학은 독자들이 이해하든 말든 제 갈 길을 가는 것이 아니다. 인문학의 글쓰기는 '읽히지 않고, 대화를 통해 소통되지 않고, 이해되지 않으면 바로 그 자리에서 주저앉아버린다.

위의 글을 쓸 때의 나는 어쭙잖은 독자들일랑 모조리 폐기처분할 심산이었던 모양이다. 웅분의 노력조차 없이 어렵다는 함성만 지르고 있는 편한 독자들을 아마 조금은 혐오하고 있었던 것 같다. 내 자신은 엘리티즘에서 벗어나 있다고 말하면서도,[89] 이상적 독자상像에 이르지 못하는 대중을 경멸하는 눈길을 감춰두고 있었나 보다. 해서 나는 스피노자까지 인용하면서 어려운 글에 짜증을 내지 말고 쉬운 글에 쉽게 끌리지도 말라는 충고를 하고 있다. "만일 구원이 손쉽게 주위에 널려 있고, 노고도 없이 얻을 수 있다고 한다면, 대다수의 사람이 이를 무시하는 것은 웬일일까? 그러나 탁월한 모든 것은 드문 만큼 어려운 것이다."[90]

하지만 스피노자를 인용해서 지금의 우리 글쓰기 문제를 논하기는 어렵다. 결코 쉽지 않은 스피노자의 글쓰기는 나름의 토양과 의의를 지닌 채 지금도 회자되지만, 지금의 우리 인문학이 처한 상황에 직접적인 도움을 주기에는 너무나 생소하고 먼 이야기다. 쉬운 글쓰기를 토의하고 있던 내 생각에 애매한 현학과 위악적인 엘리티즘이 조금 침범해 있다는 사실은 다음의 글에서 엿볼 수 있다.

나는 특별히 어렵게 쓰려는 마음도 없으며, 그렇다고 작심하고 쉽게 풀어보려는 친절도 간지럽게 느껴질 뿐이다. 흐르는 물에 담긴 붓 끝으로 번져가는 먹처럼, 주변과 문제를 마주하고 자신을 풀어가는 것이 글쓰기라고 한다면, 나는 그저 나의 내적 필연성에 어울리게

끔 나를 풀어갈 뿐이다.[91]

얼핏 릴케의 시작법을 연상시키는 이 대목은 낭만적이다. 사실 글쓰기의 동인을 내적 필연성으로 돌리는 발상은 그리 생소하지 않다. 또 시간을 잊은 고적한 공간에서 진지하게 글쓰기를 고민해 본 적이 있다면 이를 단순히 관념론적 엘리티즘이라고 매도할 수 없을 것이다.

그러나 정작 문제는 다른 곳에 있다. 글이 나오는 계기가 내적 필연성이건 외적 우연성이건 이를 문제 삼을 생각은 없다. 내적 필연성 같은 마음속의 보물 상자 속에 즐겨 글의 고향을 두었던 시절이 있었고, 또 이 시절은 나름대로 자신을 정당화하는 논리를 준비하고 있었다. 글 쓰는 이들에 따라서는 나이에 상관없이 자신만의 보석 상자를 짊어지고 다니면서 사밀한 글을 뱉고 있기도 하다.

하지만 시절로 따진다면, 포스트모더니즘 논의에서 두드러지듯이 지금은 내적 필연성보다는 오히려 외적 우연성에 대한 소문들이 무성한 시절이다. '마음의 필연성을 드러내는 글의 통일성'이라는 모토는 이제는 분명 그 시효를 넘기고 만 듯하다. 텍스트의 역사성이니, 텍스트의 콘텍스트성이니 텍스트의 세속성이니 하는 개념은 마음의 필연성이나 이에 따른 글의 통일성이라는 연결 구조를 근본적으로 무효화할 수 있다.

그러나 정작 여기서의 문제점은, 글 쓰는 사람의 관점에서 본 글의 동인이나 계기가 아니라 글 읽는 사람의 관점에서 본 수용 가능성이다. 반복하는데, 인문학은 읽히지 않는 바로 그곳에서 무너질 수밖에 없다. 그러나 쉬운 글, 그래서 읽히는 글이 무엇을 뜻하는지 조목조목 풀어내는 일은 쉽지 않다. 사실 쉬운 글은 지금껏 살펴봤던 글쓰기의 임상성, 구체성의 글쓰기, 개성적 글쓰기 그리고 삶의 복잡성에 자연스럽게 연결될 수 있는 잡된 글쓰기 등의 논의와 밀접한 상보관계를 갖는다. 상보적 순환관계라고 할 만한 연계성이 있는 셈이다.

하지만 쉬운 글, 독자에게 다가서는 글, 읽히고 이해됨으로써 삶에 자연스럽게 어울릴 뿐 아니라 삶의 해방과 성숙을 촉진시키는 글이 되기 위한 좀더 미시적인 전략은 없을까? 독자의 관점에서 볼 때 '쉬움'이란 무엇을 뜻할까. 그리고 그 쉬움을 살려주면서도 전공의 깊이와 멋을 잃지 않는 글쓰기는 어떤 모습이 되어야 할까? 특히 인문학에서 말이다. 사례문을 분석해서 실마리를 얻어보자.

그 존재에 있어서 본질적으로 도래적到來的이며, 따라서 자신의 죽음에 대해 자유롭게, 그것에 부딪쳐 부서지면서 자신의 기실적旣實的 현現에로 스스로를 되던질 수 있는 존재자만이, 즉 도래적인 것으로서 등근원적等根源的으로 기재적旣在的인 존재자만이 상속받은 가능성을 스스로에게 넘겨주면서 자신의 고유한 피투성을 넘겨받고, '자기 시대'에 대해 순간적일 수 있다.[92]

가령 이런 글은 우리 이웃을, 선의의 독자들을 그리고 결코 멍청하지 않은 학생들을 쉽사리 우울하게 만든다. 우선 한국어를 제대로 이해하는 절대다수의 한국인이 이 글을 제대로 이해할 수 없을 것이다. 내가 보기에는 한글을 제대로 익힌 하이데거도 이 글을 제대로 해독할 수 있을지 의심이 들 지경이다. 실제로 이러한 글들은 '한글을 제대로 익힌 하이데거'나 '하이데거를 제대로 익힌 그 졸개들' 사이에서만 통용되는 암호로 전락하고 만다. 아마 이 글 속에 우리 이웃들이 평생 단 한 번도 사용하지 않는 말들을 모아서 벌이는 퍼즐 게임 이상의 뜻이 있다고 생각하는 사람은 드물 것이다.

전문성의 깊이와 멋을 살리면서도 독자에게 쉽게 다가설 수 있는 글은 분명 드물지만, 기억해야 할 점은 이 두 가지 미덕이 꼭 상극관계를 이루지 않는다는 사실이다. 이 글의 목적도 쉬움과 전문성의 상생相生관계를 회복시켜보려는 것이다. 그러나 위의 인용문은 이 두 가지 미덕이 물고 뜯어 서로를 패덕으로 만들어버리는 '물귀신 작전'의 좋은 사례로 볼 수밖에 없다.

문제는 여기서 그치지 않는다. 만약 이런 글을 읽고도 제대로 이해한다면 이는 오히려 더 큰 문제다. 이는 단순히 한글의 오용과 남용이라는 차원을 넘어선다. 즉 문장 기술법의 수준을 넘어서는 문제를 드러내고 있다. 예를 들어 생소한 역어들을 없애고 쉽고 일상적인 말을 찾고, 꼬임과 섞임이 심한 장문을 없애고 간명한 단문을 주로 사용하는 노력 등은 전문성과 (독자의) 수용성 사이의 거리를 좁히는 데 적지 않은 도움이 될 것이다. 그러나 내 관심은 우선 이런 글이 버젓이 통용되도록 허용하는 구조적 타성과 이타성을 조장하는 여러 역학에 있다.

독자들을 조롱하다 못해 글 쓰는 이들의 정체성과 무능력을 스스로 기롱하는 듯한 이 글들의 입지는 무엇일까? 어떤 타성의 구조가 대사회적 임상성이 전무하다시피 한 이런 글들을 모아서『철학의 정석』이니『철학의 왕도』니 하는 듬직한 이름의 책들을 만들게 하는 것일까? 읽지 않으면 읽지 않는 바로 그 자리에서 폭삭 망할 수밖에 없는 인문학 영역에서 수십 명의 독자도 확보하지 못하는 글들을 줄기차게 써내도록 만드는 구조는 무엇일까?

이 타성적 구조를 밝히기 위해서는 이미 논의한 내용들을 다시 한번 확인하는 것으로 족하다. 내가 지적한 논문중심주의, 원전중심주의 그리고 자신을 숨기는 글쓰기, 이 셋만 모아도 위의 인용문을 둘러싸고 있는 허위의식을 잡아낼 수 있다.

첫째, 위의 인용문은 텍스트의 안팎으로 통풍이 되지 않는 전형적인 글쓰다. 그 글 속의 말들은 삶의 일상성 속에서 말해지는 언어, 체험되는 언어, 소통되는 언어 그리고 살아내는 언어와 너무나 멀리 있다. '너무나 멀어서' 삶의 복잡다단한 내용들을 깡그리 잊어버리고 암호의 미로 속에서 자족할 수 있을 만큼 '조용한' 텍스트의 공간을 이루고 있다. 논문이 되는 순간 글들은 일상의 말을 잊어버리는 것이다. 마치 왕실에 처음 초대받은 시골 촌로의 굳어진 표정처럼, 형식성의 체계인 논문이 되면서 말들은 얼어붙어 생기를 잃어버리고 뿌리의 흙을 다 털어버린 인조의 기호로 변하고 마는 것이다. 그러니 논문의 벽을 허무는 글쓰기, 그 벽에 틈을 만들어 통풍을 시키는 글쓰기가 필요하다. 콘텍스트를 이해하는 텍스트, 잡문을 이해하는 논문, 저잣거리를 이해하는 왕실, 뿌리의 흙에 기생하는 수많은 진균과 곰팡이를 이해하는 열매 그리고 삶을 이해하는 잡된 글쓰기가 필요하다. 위의 인용문은 논문이라는 형식성의 벽에 갇혀 질식해 죽은 시체의 모습을 연상시킨다.

둘째, 위 인용문은 하이데거라는 큰 이름과 『존재와 시간』이라는 원전에 처음부터 주눅이 든 글쓰기다. 창작이 아니라고 하더라도, 원어와 목표어 사이의 문자적 등가성literal equivalence에만 의지하고 있는 이 번역문은 원전의 논리에서 한 치도 이탈하지 않으려는 역자의 소심함을 잘 드러낸다. 물론 나는 이 소심함을 일차적으로는 무능력이라고 생각하지만, 그러나 이것이 개인의 소심함이나 무능력의 문제로 그친다면 차라리 다행한 일이다. 오히려 이것은 단순히 개인의 소양이나 능력의 문제가 아니라 내가 원전중심주의라고 부르는, '학인들의 글쓰기를 실질적으로 지배하는 타율적 귀소 의식'이다. 이는 학인들의 자율적이며 창의적인 글쓰기를 임의로 막는 프로크루스테스의 침대다. 위 인용문을 대하는 내 마음속에는 남의 생각을 빌려먹는 짓을 넘어서서 남의 깡통까지 빌려 동냥질하는 모습이 떠오를 뿐이다.

셋째, 위 인용문은 자신을 철저하게 숨기는 글쓰기의 전형이다. 창작이 아닌 번역이니까 자신을 숨길 수밖에 없지 않은가라는 변명은 통하지 않는다. 번역을 해본 이라면 누구나 공감하리라 믿는데, 번역은 결코 대응과 교체로 이뤄진 기계적인 작업이 아니다. 월드롭은 "번역은 몸에서 혼을 짜내 다른 몸으로 꼬여 내는 것과 같다. 그것은 죽음을 뜻한다"[93]고 했다지만, 굳이 '죽음⇒창조'라는 지나치게 엄숙해 보이는 도식에 동의하지 않더라도 번역 행위 속에 번역자의 사유와 글쓰기를 드러낼 수밖에 없는 사정은 충분하다. 월드롭은 '죽음'이라는 표현을 썼지만, 만일 위 인용문의 역자가 역자로서 거듭나기를 바란다면 그는 우선 하이데거에 대해서 죽어야만 할 것이다.

위 인용문이 독자에게 좀더 가까이 갈 수 있도록 배려하는 방식, 특히 그 기술적인 방식으로는 여러 가지가 있을 수 있다. 그러나 읽히는 글이 무엇을 말하는지 조목조목 구체적으로 명시하려는 전략에 앞서야 할 것이 있다. 그것은 글쓰기의 임상성, 구체성의 글쓰기, 개성적 글쓰기, 삶의 복잡성에 자연스럽게 연결될 수 있는 잡된 글쓰기의 정신을 먼저 익히는 일이다. 그리고 이 정신과 공조해서 논문중심주의, 원전중심주의, 글쓰기의 허위의식을 하나씩 실제적으로 공략해가는 일이다. 독자를 외면하지 않으면서도 전문성의 깊이와 멋을 잃지 않는 글쓰기는 이런 노력 끝에 조금씩 가능해질 수 있을 것이다.

5. 글쓰기의 골과 마루

이제 마지막으로, 복잡성에 대처하는 잡된 글쓰기의 네 번째 특징을 다뤄보자. 다른 글에서 나는 이것을 '파도타기식 글쓰기'라고 부르기도 했는데, 달리 표현하면 '골과 마루의 글쓰기', 혹은 '에피소드식 글쓰기episodic writing'라고 해도 좋을 듯하다.

내가 살고 있는 곳은 부산 해운대의 미포 쪽 언덕이다. 해변에서 그리 멀지 않다. 남해의 해변에서 태어난 나는 어릴 때부터 물에 대해 애착심을 지녔는데, 지금도 물만 대하면 설명할 수 없는 친화감을 느끼곤 한다. 그건 그렇고, 바닷가에 살다보니 해거름이면 하루의 글 읽기와 글쓰기로 흔몽스러운 몸과 마음을 풀고 청량한 바람도 쐴 겸 해서 물가로 산책을 나서는 일이 잦다. 미포 쪽의 해안선을 타고 걷다보면 조선 비치 호텔이 있는 동백섬 뒤편으로 석양이 조금씩 으깨지면서 하늘 한켠을 온통 핏빛으로 물들이는 정경을 종종 만나는데, 여기에다가 소금기를 머금은 선선한 바람마저 조금씩 귓가를 훑고 지나가면 엑스터시의 경험이 따로 없다. 포장마차가 즐비한 해안 도로에는 늘 갈매기들이 꾀고 크고 작은 파도가 끊이지 않는다.

어느 하루는 해변을 향해서 굽이쳐오는 파도들의 군무群舞를 보다가 불현듯 이런 상념에 사로잡혔다. '솟구치다가는 가라앉고, 펴져 자빠져 있다가는 다시 솟아오르면서 끝내는 방향을 잃지 않고 목적지인 해안에 도착하고야 마는 파도'라는 생각이었다. '파도타기식 글쓰기'니 '골과 마루의 글쓰기'니 하는 이미지의 단서는 이렇게 형성되었다.

골과 마루를 번갈아 만들어 굽이치면서 마침내 해안으로 자신을 쏟아붓고야 마는 파도, 이 파도의 모습은 글쓰기 문제에 고심하고 있던 내게 화두처럼 다가왔다. 그 후로 해안을 산책하고 파도를 볼 때마다, 저렇게, 파도처럼, 쓸 수는 없을까, 하는 물음은 계속되었다. 높이 솟아올라 하늘을 칠 듯하다가도 깊이 가라앉아 해저를 훑고, 그러면서도 방향을 잃지 않은 채 자신의 몸체를 끝끝내 유지하면서 결국 해안에 닿아서야 자신을 던져버리고 새로운 파도를 기약하는, 그런 글쓰기는 무엇일까?

'골과 마루의 글쓰기'라는 이름은 파도를 보면서 얻은 것이지만 이름이 중요한 것은 아니었다. 중요한 점은 골과 마루가 순환된다는 사실에 있었다. 특별히 순환 운동이 내 관심을 끌었던 이유는 그것이 전문성의 깊이와 임상성의 힘을 아울러 살릴 수 있는 글쓰기 모델을 시사해주기 때문이었다. 누차 지적한 대로 잡된 글쓰기는 실천적 임상성, 구체성, 개성을 중시하면서 삶의 복잡성에 자연스럽게 어울리는 글쓰기를 지향한다. 그러므로 잡된 글쓰기를 이끄는 동인에는 반동적인 구석이 적지 않다. 여기에는 체제의 자율성과 이론의 정합성에만 관심을 두던 글쓰기에 대한 반발이 작용하고 있고, 구체적이고 개별적인 묘사를 폄시하고 추상적이며 보편적인 담론의 형성에만 주력해온 전통에 대한 반발이 작용하고 있으며, 오직 익명의 진리만 드러나게 하기 위해서 글 쓰는 사람과 그이름을 철저히 은폐시켜버렸던 관습에 대한 반발이 작용하고 있다. 그리고 세상을 어떤 식으로든 환원시켜서 단순 명료하게 설명하려 했던 태도에 대한 반발이 작용하고 있다. 요컨대 원리와 방법론에 치중했던 메타담론적 글쓰기에 대한 반발이다. 가령 머독이 헤겔과 소설 쓰기를 대비시키는 이유도 마찬가지다.

그러나 잡된 글쓰기가 반대하는 것은 원리나 방법론의 천착 그 자체가 아니라, '체제의 자율성과 이론의 정합성에만 관심이 있는 글쓰기' '구체적이고 개별적인 묘사를 폄시하고 추상적이며 보편적인 담론의 형성에만 주력해온' 글쓰기, 진리의 이름 아래 '글 쓰는 이를 철저하게 은폐시켜버렸던 관습' 그리고 환원주의에 바탕한 단순 명료한 글쓰기다. 만일 구체성과 개별성과 개성과 복잡성을 무한히 늘려가는 쪽으로만 글을 쓴다면 보편성을 지향한다는 학문의 근본적인 뜻을 잃어버릴 것이다. 따라서 결국은 조화와 균형을 통한 자연스러움의 확보가 관건이다. 그러므로 복잡성의 글쓰기 속에 작용하고 있는 여러 반발은 그 반발의 지향점을 극대화시키려는 태도가 아니라, 조화와 균형을 복원시킴으로써 학문과 글쓰기의 자연스러움을 되찾고자 하는 시도다.

사려 깊은 독자들은 이미 간파했으리라 믿는데, 이것도 결국은 내가 줄기차게 주장하고 있는 '진리⇒일리⇒무리'라는 존재론적·해석학적 구조의 뒷받침을 받고 있는 셈이다. 즉, '진리의 글쓰기'에 반발하는 것은 '무리의 글쓰기'를 옹호하자는 태도가 아니라, '일리의 글쓰기'라는 조화와 균제의 자연스러움으로 돌아가자는 주장이다.

결국 파도의 진행 운동에서 보이는 골과 마루의 순환은 조화와 균제의 글쓰기라는 이념을 구체적으로 찾아가는 이미지가 된 것이다. 그동안의 글쓰기가 마루에 치중했다면 잡된 글쓰기는 전략적으로 골을 강조해줌으로써 결국은 골과 마루의 상보성에 관심을 모으는 효과를 얻고자 한 것이다. 마루에 치중하는 글쓰기란 대체로 추상적·이론적·전체적·보편적·구심적·비개성적·원리적 글쓰기를 가리키며, 골에 치중하는 글쓰기는 구체적·임상적·개별적·특수적·원심적·개성적·에피소드적 글쓰기를 가리킨다고 볼 수 있다. 그러므로 골과 마루의 상보성을 살리려는 방식으로서의 잡된 글쓰기는 이 두 부류의 특성을 조화시키는 글쓰기가 되어야만 한다.

나는 이를 간단히 '원리상⇒에피소드' 사이의 원활한 피드백으로 보고자 한다. 즉 원리를 마루로, 에피소드를 골로 보고, 양자 사이의 상보성을 통해서 글쓰기의 목적을 이루고자 하는 바람인 셈이다. 어차피 원리와 방법을 제시하는 메타적 작업을 전혀 무시할 수 없다면, 이를 견제하고 보완하면서 그 실질적 내용을 구체적으로 풀어낼 수 있는 에피소드와 병행시키자는 취지다. 잡된 글쓰기가 비판했던 점은 결국 원리 일변도의 메타적 글쓰기라고 볼 수 있고, 또 이로 인해서 임상성과 구체성을 얻지 못하고 독자를 소외시키는 결과를 낳았던 것이다. 해서 높이만 올라가는 메타적 글쓰기를 견제하고 보완할 수 있는 낮은 글쓰기, 즉 에피소드적 글쓰기를 끌어들이자는 생각이다.

원리는 반드시 풀려야 한다. 특히 인문학에서 '원리'의 부분이라고 불릴 수 있는 메타 작업들은 반드시 임상을 통해 풀려야 한다. 누차 지적했듯이, 풀려서 이해되지 못하면, 못하는 바로 그 자리에서 인문학은 좌절할 수밖에 없기 때문이다. 그리고 삶의 일상성 속에서 풀리는 방식과 그 모습이 일반 독자들에게 제시되고 이해될 수 있어야 한다.

물론 원리 그 자체도 애초에 삶의 터와 역사로부터 배어나오는 것이어야 한다. 전승된 권위, 밀실 속의 합의, 검증 없는 전제, 음울한 계시 그리고 사밀한 고백에 의존하는 인문학의 원리는 처음부터 독자들을 소외시킬 수밖에 없다. 인문학의 원리, 삶의 원리는 수학적으로 정돈된 우주를 합리적으로 설명하는 방식이 아니다. 그것은 삶과 세상의 복잡성에도 불구하고 그 복잡성이 무책임한 혼돈이나 끝없는 방황으로 나자빠지지 않게 만드는 패턴이며 일리들이다. 그러므로 인문학의 원리 제시와 메타 작업은 삶과 세상의 패턴과 일리에 천착하는 활동이라고 할 수 있다. 어쨌든 이 원리의 출처는 삶의 복잡성이 되어야 한다. 그리고 삶의 복잡성을 뚫고 올라온 원리들은 다시 삶의 복잡성 속으로 돌아 들어가서 풀려야 한다.

그러므로 '골과 마루의 글쓰기'는 '⇒에피소드⇒원리⇒에피소드⇒' 식의 순환적 상보성을 갖는 글쓰기를 가리킨다. 삶의 복잡성을 진솔하고 자연스럽게 대하는 글쓰기. 이 복잡성을 일의적으로 통제하는 진리도 아니고, 마음대로 풀어버리는 무리도 아닌, 일리 속에 담아두는 글쓰기. 원리로서의 일리들이 진리로 고착되지도 않게 하고 무리로 비산飛散하지도 않게 하는 긴장과 탄력성 있는 글쓰기. 이 원리들이 삶의 구체적 현장 속에서 어떻게 풀리는지를 면밀하고 상세하게 밝혀주는 글쓰기. 이것이 내가 말하는 '골과 마루의 글쓰기'다.

잡된 글쓰기는 우리 인문학의 미래를 위한 하나의 제안이다. 그러나 만일 글쓰기가 마음속의 인식을 표출하거나 마음 밖의 풍경을 반영하는 활동에 지나지 않는다면, 글쓰기를 통해서 인문학의 활로를 개척하려는 시도는 별 성과를 얻지 못할 것이다. 글쓰기는 삶의 단순한 반영이 아니다. 그 활동은 자신을 확인하며 자신이 간힌 타율의 굴레를 벗겨내기도 하고 아울러 삶을 구성하고 새롭게 변화시키는 노력이기도 하다. 그러므로 잡된 글쓰기는 글쓰기를 억압했던 현실, 혹은 글쓰기를 통해서 우리를 억압했던 조건들에 대한 가장 지속적인 저항이라고 할 수 있을 것이다.

그러나 잡된 글쓰기는 무엇보다 삶의 현실에 진솔하고 열려 있기 위한 글쓰기다. 인위적인 구심력에 오래 기대지도 않고 원심력으로 떨어지는 삿된 즐거움에 오래 취하지도 않는, 삶의 복잡성이 엮어내는 긴장과 역동성에 자연스럽게 다가서는 글쓰기이고자 하는 바람이다.

7. 복합성, 콘텍스트, 글쓰기

1. 삶의 모습에 알맞은 글쓰기

이 글은 삶의 실제적인 모습에 알맞은 글쓰기를 모색하고자 하는
바람에서 쓰였다.

논의를 진행시키기 전에, '삶의 실제적인 모습에 알맞은 글쓰기'
라는 말의 뜻부터 명석하게 해두어야만 논제가 되는 물음에 좀더
효과적으로 접근할 수 있으리라는 지적을 하고 싶은 이들도 있을
것이다. 논리적 결벽에 유달리 집착하는 경우가 아니더라도 먼저
논제의 뜻과 성격을 명료하게 밝힌 뒤에야 결실 있는 논의를 펼칠
수 있으리라는 주장은 나름의 정당성을 지닌다.

그러나 이 글은 그러한 논의의 순서나 이에 따른 글쓰기 방식을
선택하지 않기로 한다. 나는 '글쓰기'라는 주제를 토의하는 이 글
의 글쓰기에서부터 글의 논지에 어울리는 방식을 취하고자 한다.
말하자면, 이 글의 논지는 토의 내용에 의해서만 드러나는 것이 아
니라 글의 성격상 바로 이 글의 글쓰기 형식을 통해서도 드러나야
하기 때문이다. 요컨대 이 글에서 개진될 '복잡성의 정신'에 좀더

어울리는 방식으로 이 글을 써보고자 한다.

물론 '먼저 논제의 뜻과 성격을 명료하게 밝힌 뒤' 논의를 전개하는 방식을 비인문학적이라고 보는 것은 아니다. 다만 이 글에서 옹호될 글쓰기 방식이 '복잡성의 철학philosophy of complexity'에 의해서 뒷받침되고 있고 또 이 복잡성의 정신은 인문학적 특성을 최대한 보양하려는 취지를 가지고 있는 만큼, 구태여 정의적定義的 명료함이나 기하학적 단순성을 고집하는 자연과학풍 글쓰기 방식을 흉내 낼 필요가 없기 때문이다.

워낙 인문학이라고 하는 탐구의 성격 자체가 논의 방식과 그 향배를 어느 정도 시사한다고 볼 수 있다. 최소한 그것은 공리와 공준公準에 근거해서 형식적으로 전개되는 추론처럼, 논의의 전제와 흐름에 수리적 깔끔함이나 형식적 투명성이 보장되는 성격을 갖추기는 어렵다. 아니, 과학적 담론의 그늘에서 벗어나 그간 스스로의 자존을 도모해온 인문학으로서는 그 같은 딱딱한 성격의 논의나 글쓰기를 고집할 필요조차 없다.

논제의 뜻과 성격을 정의하는 듯한 모습으로 글머리에 먼저 밝히지 않겠다는 생각은, 인문학의 담론 형식이 등식이라는 극단적 형태로 대변되는 과학적 담론을 추종할 필요도, 또 그러한 당위성도 없다는 지적, 혹은 항의에 머무르는 것이 아니다. 그것은, 자연과학의 그늘에서 벗어난 글쓰기라는 수동적 태도로 만족하자는 것이 아니라, 인문학적 탐색에 어울리는, 창의적이며 탄력성 있는 글쓰기 방식을 좀더 능동적으로 모색하자는 입장이다. 그리고 여기서 언급되는 복잡성이란 바로 이러한 글쓰기의 모색을 계도啓導해주는 현실적 토양이 되는 셈이다.

'삶의 실제적인 모습에 알맞은 글쓰기를 모색'하는 것을 목적으로 하는 이 글은, 우선 '삶의 실제적인 모습'을 규명해야 할 것이며, 다음으로 그 모습에 적절한 글쓰기 방식을 추구하는 순서를 취할 수 있을 것이다. 또한 글머리에서 유보한, 논제의 뜻과 성격을 밝히는 일은 이 과정을 통해서 나름대로 적절하게 이뤄질 수 있을 것이다.

2. 복잡성과 친숙성

잘라 말해서, '삶은 복잡하다'가 이 대목의 논지다. 일견 어려운 논의가 있을 것 같지도 않은 이야기이고, 세상살이의 쓴맛 단맛을 보며 나이를 먹어가는 우리 모두가 언제 어디서든 한번쯤 씁쓸한 미소를 머금고 뱉어봤음 직한 말이다. 더구나 수평적 사고가 점차 정착되고 다원성과 다양성을 적극적으로 용인하는 분위기가 확산되면서 복잡한 상황을 복잡한 그대로 인정하는 면밀한 솔직성과 직설적 용기는 이제 그리 낯설지 않게 되었다. 한 사람의 심리사史를 훑든지, 어느 특정 사회의 공시적 단층을 열어 보든지, 하다못해 신부의 혼숫감을 둘러싸고 벌어지는 긴장의 역학을 관찰하든지 간에, 우리 삶이 한 가지 층위와 모습으로 규정하기 어려운 복잡성과 중층성으로 돌돌 말려 있다는 점은 누구나 느낄 수 있는 범상한 경험에 지나지 않는다.

누구든 느낄 수 있는 것은 과연 예사로운 경험에 지나지 않겠지만, 그러나 예사롭다는 것이 곧 소홀히 여김을 받아도 좋다는 뜻은 아니다. 예사롭고 범상한 경험이 말 그대로 누구나 손쉽고 자주 접하는 경험을 가리키는 것이라면, 그 경험은 우선 우리에게 매우 친숙하게 느껴질 것이다. 잠시 주목해야 할 대목이 바로 여기다.

자세히 보면 '친숙함'은 묘한 이중성을 띤다. 말할 것도 없이 친숙함이란 관계의 정도를 묘사하는 말이다. 쌍방의 관계가 우의友誼 속에서 진전되어 서로 속을 터놓을 수 있을 정도의 믿음이 생기면, 우리는 이를 좋은 의미의 '친숙함'이라고 부를 수 있을 것이다. 말하자면, 낯섦의 긴장이 해소되고 친숙함으로 인한 편함이 점차 자리를 잡아가는 것이다. 낯섦의 경험이 통상 거리를 두려고 하는 방어 기제를 촉발시킨다는 사실을 기억하면, 친숙한 사이가 되었다는 것은 심리적 거리를 극복하게 되었다는 말에 다름 아니다. 그러나 서로가 친해져가는 구체적 과정 속에서 확인되는 각 개인의 심리는 묘한 배리背理를 드러내기도 한다. 이를 '자의식'이라는 심리 상태를 통해서 잠시 생각해보자.

맞선 자리에서 처음 본 갑순이의 참신한 인상은 사랑의 화인火印이 되어 갑돌이의 가슴에 박혔다. 첫눈에 반한 갑돌이는 박힌 화인의 노예가 되어 그녀의 일거수일투족에 온 신경을 집중하게 된다. 익출하는 관심의 화염으로 그의 자의식은 점점 투명하고 메마르게 되다 못해 아프기까지 할 것이다. 그러나 (경험해본 이들은 느긋하고 노련한 미소만을 흘리고 있겠지만) 맞선 보는 자리에서의 자의식이란 그 순도純度에 관계없이 대체로 별 긍정적인 기능을 하지 못하는 법이다. 불이 붙은 가슴도, 고조된 자의식도 물론 친숙함의 증거는 아니다. 후하게 쳐도, 그것은 친숙함의 가능성(그것도 일방적인)에 불과하다. 이 순도 높게 고조된 자의식은 오히려 친숙함의 부재를 나타내는 표지일 수 있다. 물론 낯선 관계라고 해서 늘 자의식이 긴장되는 것은 아니다. 예를 들어 '소 닭 보듯' 하는 관계도 얼마든지 가능하다. 그러나 갑돌이 총각의 경우, 프라이팬 위의 콩깍지처럼 바싹 마른 자의식이 자신의 살을 저미는 것 같은 느낌을 갖는 것은, '도무지 낯설어서는 안 되는 이 낯섦'에 대한 일종의 항의라고도 볼 수 있다. 말하자면, 군침과 마른침이 번갈아 입속을 돌고 있는 갑돌이의 고조된 자의식은 이 낯섦에 적극적으로 대적하는 모습을 띤다. 이는 마치 친숙하지 못한 둘의 관계를 뻣뻣하고 안타까운 자의식이 대체하려는 듯한 모습이다. 자의식의 고조가 낯섦에서 기인하는 현상만은 아니지만, 그러나 낯섦이라는 정正이 없었다면 자의식의 고조라는 반反도 없었을 것이다. 친숙함의 부재가 오히려 자의식의 강화를 촉진시키는 사실에서 추리할 수 있듯이, 친숙함은 자의식 면에서만 본다면 쌓여가는 것이 아니라 벗겨져가는 과정이라는 판단이 선다.

(요즈음은 더욱 드문 일이긴 하지만) 사귐이 깊어질수록 둘의 사랑도 깊어갔고, 마침내 이들은 주위의 축복 속에서 행복한 결혼생활에 들 수 있었다. 그리고 세월은 물처럼 흘러 지금은 다 큰 손자손녀가 주위에서 득실거리는 은혼식 기념일이다. 곱게 늙어 나란히 앉은 갑돌이와 갑순이 노부부를 바라보던 큰아들 갑일甲一은 문득 두 분이 오누이처럼 꼭 닮았다는 인상을 뿌리치지 못한다.

곱고 참신한 갑순이 처녀를 보기만 해도 '프라이팬 위의 콩깍지처럼' 긴장되던 갑돌이의 자의식은 이제 세월의 무게를 담은 자신의 살갗처럼 퍼석해져버렸다. 또 그 무게만큼의 친숙함이 둘 사이를 빠듯이 채워서 사연 많은 그들의 한살이도 어느덧 이심전심의 지경으로 깊어졌고, 그 깊은 어울림은 마침내 큰아들의 눈에 '닮음'의 모양으로 포착되었던 것이다. 재미있는 것은, 친숙함이 더할수록 예의 그 자의식은 조용한 평정을 되찾는다는 사실이다. 이 친숙과 평정에 더욱 진경進境이 있으면, 마침내 이 친숙함마저 의식하지도 못하는 평정이 찾아들 것은 정한 이치다. 친숙함의 느낌마저 달아나버린 어울림이 큰아들이 본 바로 그 닮음으로 드러난 것으로 봐도 좋을 것이다. 친숙함을 일러서 자의식이 벗겨져가는 과정이라고 평했던 것도 이 같은 뜻에서다.

그러므로 친숙함에 묘한 이중성이 있다는 지적은 친숙함이 깊어질수록 친숙함의 의식이 오히려 엷어진다는 역리道理를 두고 한 말이다. 영어에서 친숙함에 상당하는 말인 '퍼밀리애리티familiarity'는 가족을 뜻하는 말인 '패밀리family'와 같은 어근을 나누어 쓰는데, 위에서 따져본 친숙함의 역리는 가족 사이의 친숙함 속에서도 어렵잖게 찾아볼 수 있다. 가령 '나는 내 어머니와 친하다'라는 진술이 풍기는 느낌 속에는 묘한 어색함이 있지 않은가. 친숙한 관계가 말로 내뱉어질 때, 그 말이 단순히 친숙함의 언어적 확인으로 그치지 않고, 잔상처럼 혹은 메아리처럼 남아서 떠도는 이 어색함은 어떤 성격과 구조를 지닌 감정인가. 근본적으로 이 어색함은 그들 사이의 친숙함이 명시적인 언표에 저항하기 때문에 생기는 것이 아닌가. 그 친숙함의 무게와 깊이가 확인이나 서술을 통한 피상화皮相化를 본능적으로 꺼리기 때문에 생기는 것이 아닌가.

다시 말해서, 이는 어머니와 딸 사이의 친숙함이 예의 그 '벗겨져가는 과정'의 가장 순전한 경우라고 본다면 쉽게 설명될 수 있다. 임부姙婦와 태아가 같은 피와 산소를 나누듯이, 어머니와 딸의 심리적 거리가 벗겨지고 마침내 둘 사이의 친숙함이 내면화되다 못해 체질화, 혹은 마침내 존재화ontologization되었다면, '나는 내 어머니와 친하다'라고 내뱉는 것이 대체 무슨 뜻을 지니겠는가. 말하자면 친숙함을 드러내려는 모든 표시가 오히려 그 친숙함을 피상화해버리는 역리를 낳을 뿐이다. 반대의 일치coincedentia oppositorum라고 하듯이, 깊고 넓어지면 오히려 없는 듯하고 결국 이 둘 사이의 역리조차 느끼지 못하는 법이다.

대체로 예사로운 것들이 홀대받는 이유는 바로 이 친숙함의 역리를 제대로 이해하고 돌보지 않기 때문이다. 이 친숙함의 짧은 접촉 속에 무한 거리를 돌아온 긴 역사가 있음을 자주 잊어버리기 때문이다. 결국 삶의 복잡성이라는 흔하디흔한 경험을 알뜰히 캐내어 주제로 삼고 각별한 의의를 붙일 수 있는 것도 바로 이 역리의 소리를 들을 수 있기 때문이고, 또 그 소리가 중요하기 때문에 그 의의의 당위성이 인정되는 것이다. 우허兩虛 선사의 말처럼, "생이빨은 틀니義齒에 비해 범상한 것이지만, 오히려 범상한 것인 만큼 더욱 소중할 수밖에 없다".

그러므로 우리 삶이 한 가지 모습으로 그리기 어려운 복잡성과 중층성으로 둘러싸여 있다는 예사로운 지적이 얼핏 듣기보다 훨씬 중요하다면, 그 중요성을 좀더 구체적으로 밝힐 필요가 있을 것이다. 즉 삶의 복잡성이라는 누구나의 경험을 주제화해서 얻을 수 있는 소득이 무엇인지 물어야 할 것이다.

그러나 이 글은 그 소득의 항목을 나열하는 일까지 맡지 못한다. 삶의 복잡성을 철학적으로 주제화시켜서 이른바 '복잡성의 철학'이라고 할 만한 이론적 구성을 만들고, 다시 이 이론을 역으로 적용시키는 과정의 산물이 '소득의 항목'이 될 것이므로, 복잡성의 철학을 엮을 준비에 골몰하는 지금 그러한 일을 욕심 낼 수는 없을 것이기 때문이다. 물론 삶의 복잡성을 인식함으로써 해결하거나 해소해줄 수 있는 문제들을 일일이 나열하기는 어렵다. 그러나 원칙적인 입장에서 이에 관해 몇 마디쯤 해두는 것은 그리 어렵지 않고, 아울러 향후 논의의 행보를 기대하면서 몸을 추스를 수 있게 한다는 뜻에서도 의미가 있을 것으로 본다.

3. 복잡성, 콘텍스트성 그리고 단순화의 병증

'원칙적'으로 복잡성의 철학은 기존 학문들을 포함한 정신문화의 다양한 부문에서 다양한 모습으로 나타나는 단순화의 여러 문제점에 대한 항의의 정신이다. 부정적인via negativa 방식이지만, 일차적으로는 '복잡성 : 단순성'이라는 다분히 전략적으로 이분화된 구도로 출발하며, 특히 인식과 해석의 활동 중에 여러 형태로 개입하는 단순화의 오류를 비판하고 고치려는 동기에 적잖은 비중을 둔다. '치고 달린다'고 하듯이, 섣부르고 왜곡된 단순화를 극복하고 달려가야 할 목표는 삶과 세상의 원형적 모습으로서의 복잡성을 회복시키는 일이다. 야구에서도 잘 친 놈이 여유를 부리며 뛰듯이, 여기서도 일단 잘 치는 것이 매우 중요하다. 어쩌면 우리가 쳐야 할 것은 만만한 공이 아니라 깐깐한 학문적 전통을 담은 하나의 세계일지도 모르기 때문이다.

위에서 말했듯이, 단순화를 병인病因으로 하는 여러 병증病症이 정신문화의 현장에서 구체적으로 어떤 모습으로 나타나는지 여기서 하나하나 분류할 수는 없다. 그러나 예지豫持, protention[94]라는 말이 시사하듯이, 인간의 거시적 자기동일성이라는 관점에서 볼 때 미래가 이미 현재 속에서 기능하고 있는 셈이라면, 그러한 의미에서라도 이 가능한 병증에 대한 '원칙적인' 패턴화의 시도는 나름 유용하리라 생각된다. 비교적 낯이 익은 텍스트를 분석해서 단순화의 병증을 대략이나마 유형화해보도록 하자.

"나는 그것이 태양 때문이었다고 설명하려고 했다": 『이방인』의 경우

나는 그것이 태양 때문이었다고 설명하려고 했다. 하지만 너무 서둘러 말했기 때문에 말이 서로 뒤엉켜 엉망이 되어버렸다. 말하는 나 자신부터 내 말이 황당하게 들릴 것이라는 사실을 또렷이 알 수 있었고, 실제로 사람들이 킥킥거리는 소리를 들었다. 내 변호사는 어깨를 으쓱하더니, 자기 차례가 된 변호를 하기 위해서 법정을 향했다. 하지만 그가 한 것이라고는 시간이 늦었다는 점을 지적한 것과 다음 날 오후까지 휴정해줄 것을 요청한 것뿐이었다.[95]

법정에 선 뫼르소는 '태양 때문에 눈이 부셔서' 그 아랍인을 죽였다고 진술한다. 그러나 그의 말이 뒤죽박죽된 것처럼, 그의 '진술'은 '변명'에 도달하지 못하고 있다. '바깥세상'이 정한 요식에 따라서 명료하고 설득력 있는 해명을 하지 못하고, '자신이 살고 있는 세상'을 보여주기만 하는 뫼르소의 말은 변명에 도달하기는커녕 오히려 변명을 훼손하는 진술로 추락한다. 비록 그의 진술이 변호인을 난처하게 만들고 있는 듯 보이지만, 그러나 어쨌든 변명은 변호인의 몫이다. 위의 인용문만 보더라도 피고인 뫼르소와 변호인의 서로 다른 행위 양식이 매우 대조적으로 드러난다.

뫼르소의 언어에서는 그가 느끼는 세계에 대한 매우 진솔하고 즉흥적인 대응의 냄새가 난다. 윌리엄 제임스의 표현을 빌리자면, 그것은 '느껴진 삶felt life'의 자연스러운 호흡과 같은 말이다. 그는 느낌의 장 속에서 투명하게 파악되는 자신의 삶을, 절제도 기교도 없이 뱉어버리는 모습을 보인다. 어쩌면 '기술적 정직記述的 正直'이라고 부를 수 있을 것 같은 뫼르소의 언행은, 관행과 규범을 돌보지 않고 스스로의 내적 필연성을 충동적으로 좇는다. '말하는 나 자신부터 내 말이 황당하게 들릴 것이라는 사실을 또렷이 알 수 있었'다는 데에서 보듯이, 뫼르소는 느껴진 자신의 삶과 세상이 서로 다른 논리의 궤적을 따르고 있다는 점을 모르는 것이 아니다. 그는 자신의 설명이 '황당하게' 들릴 것이라고 확신했던 것처럼, 방청객들마저 '킥킥대며 웃을' 것이라는 점을 예측할 수 있었을 것이다.

그러나 이런 확신과 예측에도 불구하고 뫼르소는 법리法理에서 요구되는 좀더 합리적으로 절제되고 기교 있는 언변을 구사하지 않고, 자신이 직접 느끼는 삶의 복잡성과 우연성 그리고 모순성을 있는 대로 솔직히 드러내기 위해 애쓰다가 급기야는 '말이 서로 뒤엉켜 엉망이 되어버'린다. 엉망이 되어버린 뫼르소의 말은 낯선(오히려 상식적·표준적·균질적이기에 더욱 낯선) 바깥세계와 어색하게 대면하고 있는 그의 내면세계의 곤혹스러움을 잘 보여준다.

사실 느껴진 삶의 솔직한 구체성을 그대로 표현하는 것이 때로 화자와 주위 사람 모두를 곤혹하게 만들기도 한다. 특히 경직된 평면적 논리가 횡행하는 법정에서 이른바 '전략적 거리 두기 strategische Verfremdung'를 무시한 채 섣부르게 정직을 흉내 내는 짓은 자칫 미친놈이라고 손가락질당하기 십상이다. 태양 탓을 하며 살인의 동기를 설명하던 뫼르소는 말이 엉키는 과정에서 이미 속으로 급속한 자기 분열을 느끼며 밀물처럼 다가서는 자괴감自壞感을 어쩌지 못한다. 법정으로 대표되는 상식과 표준의 세계는 그에게 벽으로 다가오고, 그 딱딱한 각질의 냄새에 뫼르소의 '느껴진 세계'는 스스로 무너진다.

이번에는 변호사의 시점으로 옮겨가보자. '스스로 무너지는' 뫼르소의 진술을 듣자 변호사는 그 첫 반응으로서 '어깨를 으쓱'한다. 어깨를 으쓱하는 태도는 대체로 '아무래도 상관없다' '당치도 않다' '웃긴다' '맘대로 해라' '싫다' 등 일련의 상호 관련된 의미를 나타내는 동작 언어다. 법리 속에 제자리를 찾기 힘든 사밀하고 황당한 이유를 엉성하게 내뱉는 뫼르소에 대해 변호사마저 난처해하는 기색이 역력한 장면이다. 말하자면 뫼르소를 변호하기 위해서 선임된 전문인조차 그의 복잡하고 민활한 내면세계를 무시해버린다. 아니, 무시하지는 않더라도 최소한 자신의 직능 수행에는 별 쓸모가 없는 정보쯤으로 치부해버리고 마는 것이다.

요컨대 뫼르소의 '심리적 복잡성'과 변호인의 '법리적 단순성'이 극명히 대조되는 대목이다. 배심원들은 사회화와 제도화 과정을 통해 '성숙해온' 시민들이고, 그들의 평결에 영향을 줄 잣대는 결국 그 성숙을 객관적으로 가늠할 수 있게 하는 상식의 체계이므로, 비상식적인 고백을 마치 해명이라도 되는 듯이 애타고 서투르게 내뱉고 있는 뫼르소를 보면서 변호사의 심정은 더욱 곤혹스러웠을 것이다. 살인이라는 '의도적 행위intentionales Handeln'를 태양 운운하면서 마치 이를 자극으로 인한 '자동적 행동stimuliertes Verhalten'이기라도 한 것처럼 얼버무리는 뫼르소의 모습은 단순한 살인범을 넘어 미치광이라는 인상을 주기 쉬울 것이다. 마치 순전한 비극을 호도하기 위해서 얼치기로 꾸미는 비극적 희극을 연상시키는 듯한.

그러므로 변호사가 정해진 변호를 일단 포기하고 휴정을 요청한 것은, 문맥으로 봐서 계산된 노련미라기보다는 궁여지책에 가까운 조처처럼 느껴진다. 자신과 주도면밀한 상조相助관계에 있어야 할 뫼르소가 변호를 위해서는 오히려 '방치해서는 안 될 골칫거리'로 여겨진 셈이다. 변호사의 이러한 심경은 다음 날 재판이 속개되면서 더욱 노골적으로 드러난다.

> 변호는 끝이 없이 계속되는 것 같았다. 하지만 한순간, 나는 귀를 쫑긋 세울 수밖에 없었다. '제가 사람을 죽인 것은 사실입니다'라고 그가 말하는 것을 들었기 때문이었다. 그는 나를 가리킬 때면 '제가'라고 말하면서 변호를 계속했다. (⋯) 마치 법정의 전체 분위기는 나를 변호사와 대체시킴으로써 나를 이 사건으로부터 몰아내고 있는 듯했다. 그것은 말하자면 지도에서 나를 빼버리는 느낌이었다.[96]

마치 자신이 피고인인 양 주어를 교체한 화법을 구사하고 있는 변호사의 태도에서 뫼르소의 존재와 그의 내면세계가 변호사에게 어떻게 이해되고 있는지 극명하게 드러난다. 법리와 그 운용의 묘에 정통한 변호사는 처음부터 입안된 전략의 구도로 사건에 접근해 들어갈 수밖에 없고, 따라서 그 구도가 허용한 길이 아니면 가지 않는다. 이런 법리적 전략의 눈에 비친 뫼르소는 그야말로 집주인의 허락 없이 아무 구멍으로나 들어가는 바퀴벌레처럼 보였을 것이다. 그의 주절댐은 좋게 봐서 문학적 수사쯤이요, 그렇지 않으면 자괴自愧나 자괴自壞에 다름 아닌 것으로 비치게 된다.

뫼르소와 변호사에 이어 이번에는 방청객들의 시점과 그 심리적 거리에 초점을 맞춰보자. 텍스트의 해석과 비평에서 사용되는 '거리'는, 기본적으로 '작중 인물이나 소설적 오브제에 대한 작가의 심리적 상태 혹은 태도를 나타내는' 용어이며, 따라서 '작중 인물에 대한 심리적 원근遠近을 나타내는' 말이다.97 여기서는 텍스트의 의미를 확장해서, 관심의 대상이 되고 있는 오브제를 뫼르소(라는 현상)로 두고 그를 중심으로 해서 생기는 거리의 몇몇 면모를 생각해보기로 하자. 대부분의 시점 연구자들이 거리를 '시점의 선택에 따라 나타나는 어떤 결과 혹은 효과로 간주'98한 점에서도 알 수 있듯이, 심리적 거리에 영향을 주는 변수는 일단 개인의 이해관계에 따른 실용적 태도가 중요한 몫을 차지하겠지만, 그 외에도 다양한 형태의 입김이 있을 수 있다는 사실을 염두에 두도록 하자.

뫼르소의 진술을 듣는 방청객의 표정은 자세히 묘사되어 있지 않고, 다만 '킥킥거리'며 웃었다고 짤막하게 언급되어 있다. 때로 비非도덕이나 반反도덕에 이르는, 결코 예사로울 수만은 없는 언행들이 『이방인』 곳곳에 널려 있지만, 특히 범행 동기를 해명하고자 애쓰는 살인범의 진술에 방청객이 킥킥거린다는 것은 쉽게 납득할 수 없는 사태로 볼 수밖에 없다. 이미 시사했듯이, 아울러 이 사태가 단순한 희극이 아니라 희비극인 것은 뫼르소의 심리적 절실함과 그 기술적 정직을 충분히 짐작할 수 있기 때문이다. 일차적으로 법정의 표피적 논리와 근거 없는 엄숙함에 주눅이 든 청중의 귀는 이미 굳어진 상식만을 확인하는 수준에서 놀 뿐, 뫼르소의 내면세계와 그 주관적 필연성이 낳는 절실함 및 정직의 차원에 공감하기 힘들다.

보들레르는 웃음의 악마적 요소를 말하고 있지만, 대체로 다중 多衆의 웃음이 전파되는 논리는 협애하고 피상적이다. 사태의 복잡성과 층위의 교차를 민감하게 읽는 정신들이 종종 실천력이 결핍된 것처럼 보이는 이유도, 협애하고 직절한 논리의 길에 자신을 쉽게 맡길 수 없다는 데 있을 것이다. 바흐친과 하이데거의 말을 빌려 표현하자면, '단성성單聲性'의 논리에 자신을 전적으로 내맡길 수 없는 예지銳知의 슬픔이라고나 할까. (물론 나로서는, '인식'을 위한 초월적 전지시점全知視點은 가능하지 않더라도 행동을 위한 실천적이며 당파적인 시점은 늘 가능하다고 믿는 편이지만.)

말하자면 다중의 웃음 속에 들어 있는 악마적 요소는, 그 웃음 이면의 모든 '복잡성'을 짓누른 채 간결하게 웃게 만드는 것과, 마침내 그 웃음의 공명 효과로 말미암아 짓누른 사실 자체마저 정당화해버리는 것이라고 볼 수 있겠다. '민중'에 대한 정서적 감응력이 여전한 힘으로 남아 있는 지금, '군중은 비非진리다'라는 명제를 걸고 어쭙잖게 키르케고르를 흉내 낼 생각으로 하는 말은 아니다. 웃음을 매개로, 뫼르소의 고독한 개인 심리와 대조되고 있는 청중의 논리가 다소 건조하고 일차원적이라는 느낌을 지울 수는 없겠지만, 소위 '실천적 파당성'의 관점에서만 보더라도 군중을 이룰 때에야 비로소 명백해지는 행위의 통일성과 그 긍정적 효과를 무시할 수 없다. 가령 프랑스 혁명 시기의 군중의 모습을 묘사하는 글을 보자.

아 친구여, 이 사람들에게 선한 충동이 없다고 여기지는 마십시오.

군중은 언제나 선한 충동도 낼 수 있습니다. 바로 그러한 이유로 사람들people이 군중a mob으로 변하는 것입니다. 그들은 '무엇이든' 할 수 있기 때문이지요!99

물론 뫼르소의 고독 앞에 한 목소리로 킥킥거릴 수 있는 청중을 일방적으로 매도하는 것은 사안을 오도하는 짓이다. 문제의 초점은, 군중의 반응과 행위를 지배하는 논리가 너무 단순하다는 점이고, 또 그 단순함은 자주 복잡함을 짓밟고 '무엇이든' 한다는 점이다. 고독한 개인의 울음은 쉽게 전파되지 않지만, 군중의 웃음이 실속 없이 쉽게 전파된다는 사실도 비슷한 배경을 갖는다. 울음은 흔히 복잡성의 궤를 타고 들어오지만, 웃음은 흔히 단순성의 궤를 타고 나가기 때문이다. '기뻐하는 이와 함께 기뻐하고, 슬퍼하는 이와 함께 슬퍼하라Reioyce with them that doe reioice, and weepe with them that weepe'라는 잠언은 빨리 잊힌 채, '웃어라, 그러면 세상이 너와 함께 웃을 것이요. 울어라, 그러면 너 혼자 울고 있을 것이다Laugh and the world laughs with you; weep and you weep alone'라는 속언이 힘을 얻게 되는 이유도 마찬가지다.100

뫼르소의 해명에 청중이 웃음으로 응대한 것은, 그 이면에 흐르는 오해와 냉담에도 불구하고 매우 '정상적'으로 보인다. 태양빛에 눈이 부셔서 사람을 죽였다는 진술 속의 태양과 살인이라는 두 항목은, '오줌이 마려워서 강간했다'는 정도의 투박한 은유적 상사성相似性에도 미치지 못하는, 그야말로 난센스로 추락하기 십상이기 때문이다. 한때 배삼룡의 엎어지고 자빠지는 연기에 대한민국이 함께 웃었듯이, 이 추락에 방청객들은 웃을 수밖에 없고, 일단 뱉은 웃음은 묘하고 냉담한 자율성을 지닌 채 법정의 현장을 돌아다니며 그 분위기를 지배하게 되는 것이다.

킥킥거리며 웃었다는 반응을 근거로 방청인들의 입장을 추론해본 것이 내용적인 성격이라면, 이 반응의 형식적인 면을 통해서도 그 분위기와 심리적 거리를 어느 정도 짐작할 수 있겠다. 여기서 형식적인 면이란 특별히 방청객의 웃는 모습이 아주 짧게 묘사되어 있다는 사실을 가리킨다. 인용문에서는 불현듯 던져진 듯한 단문한 토막이 묘사의 전부인데, 아무런 설명 없이 전후 문맥을 통해서만 현장의 분위기를 짐작하게 만드는 서술은 그 절제미로 인해 더욱 역설적으로 다가든다. 사실 장황하고 친절한 설명을 피하고 냉소적일 만큼 진솔하게 보여주는 것은 분명 특이한 효과를 생산한다. 이미 설명이 모종의 간섭이나 지성의 비대증으로까지 인식되고 있는 지금, 자르고 갈라서 그 합리적 인과因果를 먹여주기보다는 그저 보여줌으로써 스스로의 체험이 원래의 모습대로 야野해지고 자연스러워지도록 배려하는 것은 문화文禍의 중독 현상을 보이고 있는 현대인들에게는 매우 귀중한 심미적 모험이 될 것이다.

포스트구조주의자들의 활동과 함께, 텍스트를 하나의 완결된 산물로 이해하면서 그 이면에 고정된 진리나 의미가 숨겨져 있는 장막으로 보던 관점[101]이 점점 퇴색하게 된 것은 주지의 사실이다. '부유하는 능기'니 '시니피앙의 유희'니 '초월적 소기의 부재'니 하면서 텍스트의 자율성을 부각시키는 요란한 입장들을 열거하지 않더라도, 명료한 소기(진리니 의미 등)와 대응시킴으로써 설명을 도

모하고, 또 그러한 설명으로써 이해를 끝내는 발상에 적잖은 이들이 만족하지 못하고 있는 실정은 부인할 수 없다.

이 불만의 뿌리에는 여러 사상의 수맥水脈이 닿아 있다. 그러나 내가 보기에는 무엇보다 삶의 일상성과 구체성에 대한 본능적 향수가 이 불만을 조장하는 수원水源쯤으로 여겨진다. 요컨대 '복잡성' 말이다. 삶의 복잡성을 보여주기 위해서는 '아무런 설명 없이 전후 문맥을 통해서만 현장의 분위기를 짐작할 수 있게 만드는 서술'이 대단히 효과적일 수 있다. "설명은 사라지고 묘사가 그 자리를 대신해야 한다Alle Erklärung muß fort, und nur Beschreibung an ihre Stelle treten"[102]는 비트겐슈타인의 지적처럼, 설명과 기술의 차이는, 우선 후자가 삶의 일상성과 구체성을 작위적으로 간섭하지 않고 "있는 모든 것을 그대로 둔다Sie läßt alles wie es ist"[103]는 사실에 있다. "예술작품의 관찰자가 참으로 '드러나는 그대로 보는 것'이야말로 자연스러운 것이 되게"[104] 하듯이, 마찬가지로 문학적인 기술은 설명에 필연적으로 수반되어야 하는 개념적 분식粉飾과 절개를 최소한으로 줄일 수 있고, 따라서 체계와 도식과 형이상학적 사변으로 자칫 공소해질 수 있는 지성의 작업을 교정해서 삶의 자연스러운 일상성을 구제할 수 있을 것이다.[105]

방청객의 웃음을 기술하는 짧은 문장의 절제미에서, 용장冗長스러운 설명으로도 이루지 못하는 '보여주기'의 절절한 맛을 느낄 수 있다. 아울러 그 간결함은 역설적으로 청중의 심리 상태를 '찌르는 듯이' 드러내 보여준다. 즉 이 간결함은 뫼르소의 세계에 틈입할 수 없는 관찰자들의 상식 세계와 그들이 느끼는 황당함을 형식적으로 보여주는 것이다.

긴 설명보다 짧은 묘사가 더 많은 것을 보여줄 수 있다는 사실은 그리 드문 경험이 아니다. 명석한 대비를 위해 다소 극단적인 예를 들어서 만화와 학술 논문을 비교해보자. 논증적 담화를 위한 공식적 체계인 논문은 나름의 의미와 가치를 충분히 인정받고 있는 글쓰기 방식이다. 서구의 근대적 합리성에 그 토대를 둔 학문성Wissenschaftlichkeit[106]에 연연하는 일부 학인에게는 주註 등의 형식을 제대로 갖춘 논문이 최선의 글쓰기로 여겨지겠지만, 내 판단에는 논문도 그저 여러 형태의 담화 체계 중 하나에 불과하며, 소위 타당성 요구Geltungsanspruch(이해 가능성Verständlichkeit, 진리Wahrheit, 정당성Richtigkeit 등)의 관점에서 보더라도 다른 형태의 기호 전달 체계보다 특별히 더 낫다고 평가할 이유가 없다고 본다.

만화 속의 그림은 오직 그 그림으로서만 존재하며, 전달하고자하는 메시지의 전부는 원칙상 그림 '위'('속'이 아니고)에 나타나 있어야 한다. 만화 읽기에 특유한 장면적 이해scenic understanding는 해석이나 참조를 필요로 하는 여타의 메시지 전달 형식과는 분명히 구별되는 나름의 장점을 갖추고 있다. 선線들의 관계로 구성된 만화 속의 장면은 철저하게 그림의 '현상'을 통해서만 말할 뿐이며, 해석이나 참조 등 그림의 뒤나 주변으로부터 자신의 부족함을 보충받지 않는다. 바로 이 자족성自足性은 허위의식이 지배하는 논문 등의 글이 갖지 못하는 특유한 프로페셔널리즘일 것이다.

해석이나 참조 등의 원군援軍을 통한 설명이 없는, 선들이 주는 표정과 형태성Gestaltqualität만의 간결한 묘사는 만화 읽기를 독특한 경험으로 이끄는 장점이다. 여백의 미학과 그 운치에 의지하는 바가 적지 않은 동양화가 채색이 캔버스를 넘쳐나는 서양화보다 더 '적은' 것을 보여준다고 할 수 없듯이, 만화의 장면을 구성하는 듬성듬성하고 간결한 선들이 주는 이해라고 해서 사태의 섬세함이나 복잡성을 결코 호도하거나 말살하지 않는다. 그러므로 방청객의 웃음을 기술하는 짧은 문장의 절제미는 빽빽하게 칠해진 서양화나 난삽하게 얽힌 사변으로도 보여주지 못하는, 장면의 신랄하고 즉흥적인 분위기를 매우 효과적으로 전한다. 미소의 간결함으로밖에는 보여줄 수 없는 삶과 세상의 복잡성은 무슨(이 '무슨'이 그 '어떤' 것이든) 성숙이라도 느껴본 사람이라면 다 하는 말이 아닌가.

남으로 창을 내겠오
밭이 한참 갈이
괭이로 파고
호미론 풀을 매지요
구름이 꼬인다 갈 리 있소
새 노래는 공으로 들으려오.
강냉이가 익걸랑
함께 와 자셔도 좋소
왜 사냐건
웃지요.

　　　　　　　　　　　　　　　　　　　-김상용, 「南으로 창을 내겠오」

위의 논의를 통해서 동일한 사태 속에서도 피르소, 변호사, 방청객은 각자의 입지와 관심에 따라 서로 다른 반응을 보인다는 사실을 다소 장황하게 서술했다. 중요한 점은 이 반응의 차이가 각자의 입지를 마련하는 '세계의 차이'로까지 소급되며, 바로 이 세계의 차이가 물건들을 균질하게 일양화―樣化하는 물리과학의 유일 세계에서는 찾아보기 힘든 인문학적 복잡성의 이론적 근거가 된다는 데 있다.

논의를 확대시키면, 상술한 관점과 입지의 차이는, 세계와 인간을 우주 공간과 물체의 유비적 대응태로 보는 뉴턴적 이해를 벗어나 인간과 세계를 '역동적인 콘텍스트의 연계망'으로 볼 수 있게 만드는 단서가 된다. 인간이나 세계, 심지어 역사까지도 넓은 의미에서의 본질주의나 혹은 실체주의substantialism의 틀 속에서 이해하던 관습은 서양 사상사의 오래된 지론이었는데, 특히 근대 과학혁명의 형이상학적 토대가 되었던 요소론要素論에서 더 큰 지지 기반을 얻었던 사실은 익히 알려진 바와 같다. 짧은 논의이지만 입장의 차이와 이에 수반되는 세계의 차이를 상론하고, 이를 근거로 불변하는 급소나 핵을 소유한 명사태가 아니라 콘텍스트의 역동적 연계망으로 인간을 보는 시점을 제시하는 것은, 바로 이 요소론의 한계를 지적하고, 더 나아가서 복잡성을 철학적으로 주제화하기 위한 인간학적 근거를 탐색하고자 하는 욕심에서다.

다시 이 글의 논지에 좀더 순응하면서 논의를 전개하기로 하자. 인간과 세계를 역동적인 콘텍스트의 연계망으로 보는 것도 결국은 앞머리에서 제기한 문제를 탐색하는 과정에서 나온 것이고, 또 그 문제의 해결을 구체적으로 내보이는 과정에서 그 의미가 좀더 상세하게 설명될 수 있을 것이다.

이미 지적한 대로 그 문제는, 삶의 복잡성에 대한 인식을 바탕으로('삶의 복잡성을 인식함으로써 해결되거나 해소될 수 있는 문제들을 일일이 나열하기는 어려우므로) '유형화할 수 있는 단순화의 병증'이 무엇인지 살펴보는 일이었다. 소설 『이방인』 속의 조그만 삽화를 분석해본 위의 글은 어쩌면 애초의 욕심만큼 우리 삶의 복잡성을 집약적으로 대변해줄 수 없을지 모르겠다. 과연 '특정한 시공간의 단면 위에 드러난 정보 사항들의 숫자와 그 얽힘'을 복잡성의 잣대로 놓고 본다면, 분명 상술한 에피소드는 최선의 선택이 아닌 것 같다. 그러나 인간과 세계를 '콘텍스트의 역동적 연계망'으로 보려는 시도에서 시사되고 있듯이, 이 글이 뜻하는 복잡성이란 원칙적으로 어느 선택된 사태 속에 드러난 정보 내용의 과다와는 관계가 없다. 그것은 주로 물리 세계적 평면성이나 일차원성과 첨예하게 대조되는 인간 세계의 층위적 복수성dimensional plurality과 관련되는 말로 사용되고 있다. 상술한 에피소드가 글의 의도에 유용할 수 있는 이유도, 표면적 사태나 그 정보량의 단순함에도 불구하고 등장인물들 각자의 상이한 관심과 삶의 행태에 따라 여러 세계와 여러 판단의 층위들이 동시에 공존하는 모습을 비교적 잘 드러낸다고 여겨지기 때문이다.

그러므로 이 글에서 쓰이는 복잡성은 주로 콘텍스트(대체로 세계·층위·논리 계형·차원 등으로 번역될 수 있겠는데)의 다차원성과 그 현실성을 가리킨다고 볼 수 있다. 따라서 복잡성의 철학이 일차적인 공격 대상으로 삼고 있는, '유형화할 수 있는 단순화의 병증'은 결국 인간 세계를 역동적으로 형성하고 있는 '콘텍스트의 다차원성과 그 현실성'을 망각하는 현상으로 해석할 수 있다.

사고와 판단의 경직성 그리고 낯섦과 차이에 대한 무분별한 적대감은 논쟁적 대화 문화가 제대로 정착되지 못한 사회에서는 흔히 접할 수 있는 현상이고, 그 발생사적 연원도 싸잡아 논할 수 없을 만큼 다양한 것이 사실이다. 일상의 소사小事 가운데 빈발하는 언쟁과 마찰의 대부분은 사실 성격상 전문인의 이론적 중재를 필요로 하지 않는다. 이들은 논증 그 자체의 형식적 오류로 인한 분쟁이 아니라, 동정·위협·증오·성욕·아첨·권위·인신공격 등 논증 외적 요인을 매개로 해서 (그것도 매우 즉흥적으로) 발생하는 소위 심리적 오류로 말미암은 것이기 때문이다.[107]

대화의 문화가 성숙되고 합리적 논쟁의 훈련이 쌓이면 심리적 소인이나 논증 외적 변수로 인한 불필요한 마찰은 어느 정도 예방할 수 있다. 즉 마찰을 빚고 있는 소인들이 마찰이 있기 전 원래 속했던 자리를 보여줌으로써 불필요한 외적 요인들이 주제와 논지를 침해하지 않도록 배려하는 것이다. 낯섦에 대한 본능적인 적대감이나 다름에 대한 이기적인 불관용도 이러한 방식을 통해서 적절히 여과될 수 있을 텐데, 사실 이는 역사에 나타난 여러 계몽운동의 요체에 해당된다.

그러나 복잡성의 철학을 중심으로 삼고 있는 이 대목의 관심은 심리적 오류도 아니고, 계몽주의의 주된 표적이 되었던 권위적 선입견이나 불관용 등의 악덕도 아니다. '유형화할 수 있는 단순화의 병증'이라는 표현으로 형식적으로나마 우리의 표적을 분명히 한 바 있지만, 이는 물론 심리적 변인 같은 정보·내용적 성격도 아니고 권위의식이나 불관용 같은 기질적 소인도 아니다. 고쳐 말하자면, 좀더 많은 정보의 습득 그리고 성격 개조나 대화 훈련쯤으로 해결될 문제가 우리의 표적이었다면 '복잡성의 철학'이니 하는 시도조차 하지 않았을 것이라는 말이다. 여기서 복잡성의 철학이 다루고자 하는 문제는 '콘텍스트의 복수성과 그 역동성'이다. 심리나 법리 혹은 물리 등 어느 하나의 지평(콘텍스트)을 절대시한 후 그 지평이 특정 시공간에 의해서 제한받을 때 드러나는 단층을 사안의 전체인 양 여기는 태도는 위에서 언급한 대로 소위 '정보 위주의' 시각에 불과하며 이는 아직 인문학적 감수성에 적절하게 응답하지 못하고 있는 셈이다.

거시적으로 본다면, 하나의 특정 분과 학문은 하나의 콘텍스트와 조응관계를 이루고 있다고 볼 수 있으며, 그 콘텍스트는 해당 분과 학문의 내용들이 의미 있게 논의될 수 있는 지평과 토대를 선사하는 셈이다. 그러나 '콘텍스트의 복수성과 그 역동성'에 대한 인식을 토대로 삶과 세상의 복잡성을 이해하고, 이로써 '유형화할 수 있는 단순화의 병증'을 밝혀 이해와 해석의 새 지평을 열어보고자 하는 복잡성의 철학은 특정한 하나, 혹은 몇몇 지평과 콘텍스트를 전제로 하는 것이 아니다. 이런 점에서, 복잡성의 철학은 층위의 변별과 이전移轉의 문제에 주로 관심을 집중하는 메타철학의 일종이라고 볼 수 있다. 또한 세부적으로는, 이미 언급한 것처럼 '콘텍스트의 철학'이라는 구체적인 속성을 가지고 있다. 그러므로 복잡성의 철학은 하버마스 등이 말하는 체계적으로 왜곡된 의사소통systematisch verzerrte Kommunikation의 정황이나, 푸코의 '소외된 주변사史' 등에 대한 논의로도 다루지 못하는 부분을 훑어내려는 시도다. 하버마스의 비판적 사회과학이나 푸코의 계보학이 드러내는 억압과 왜곡의 문제보다 더 원천적인 혼동은 '콘텍스트의 복수성과 그 역동성'을 망실한 채 자신이 서 있는 자리의 조건과 한계 Standortgebundenheit를 절대적으로 고집하는 짓이며, '콘텍스트의 메타철학'으로서의 복잡성의 철학은 바로 이러한 혼동을 원천적으로 예방하려는 의지에서 출발한다.

삶과 세상의 복잡성을 '콘텍스트의 복수성과 그 역동성'이라는 표현으로써 정리할 수 있다면, 단순화의 병증도 바로 이 표현을 좇아서 설명할 수 있을 것이다.

우선, 콘텍스트의 복수성을 인정하지 않는 태도 속에서 단순화의 병증을 지적해낼 수 있겠다. 익히 아는 대로 콘텍스트의 단일성과 통일성에 대한 신념은 서양 사상사에 관한 한 중세의 종교적 세계와 근세의 과학적 물리 세계가 상흔으로 남긴 타성에 기인하는 바가 적지 않다. 신神과 수數의 문화답게, 신의 말씀과 수리數理로써 흑인들의 피부색으로부터 사과의 낙하운동까지 다 설명할 수 있었던 것은 바로 이 콘텍스트의 단일성에 대한 고집에 근거한다. 기독교적 신의 섭리는 만상을 포괄하는 유일무이한 콘텍스트의 망網이었고, 이 콘텍스트를 비켜가는 것(새로운 사상이든 타종교든 관계없이)은 모두 이단으로 분류되어 체계적인 박해를 받을 수밖에 없었다. 재론할 것도 없이, 19세기 말에 이르러 기승을 부렸던 과학만

능주의도 과학적 콘텍스트만을 유일무이한 학문적 콘텍스트로 승격시키려고 했던 경직된 정신의 산물이었다. 이처럼 종교와 과학은 자신들의 체계와 그 정당성을 확보하기 위해 각자의 주장이 성립하는 의미 연관의 지평을 무한정 확대하는 잘못을 범함으로써 콘텍스트의 단일성을 근거로 이웃을 지배하고 그 위에 군림하는 고전적인 사례를 남겼다.

그러므로 콘텍스트의 복수성을 인정하지 않는 태도란, 자신의 생각이 의미 있게 주장될 수 있는 지평과 그 층위를 적절히 제한하지 않고 모든 지평과 층위를 총망라하는 거대 콘텍스트로 부당하게 확장시키는 것을 말한다. 가령 1+1=2라는 수식이 의미 있게 주장될 수 있는 영역과 그 지평은 수리가 지배하는 일차원적 추상 공간에 제한된다. 물론 이 수식은, 다섯 쌍둥이가 줄줄이 사탕처럼 태어나는 산부인과에서 산고 속의 아내를 안타깝고도 그윽한 시선으로 바라보는 남편의 시선과 그 차원 속에서는 통하지 않는 주장이다.

소쉬르에 의해서 '차이'가 의미 형성 과정signification에서 결정적인 역할을 담당한다는 인식이 정착된 후, 작금의 신역사주의 비평이나 에드워드 사이드의 세속적 비평Secular Criticism에 이르기까지, 의미를 텍스트와 콘텍스트 간의 교차 대구적 상호작용의 결과로 이해하는 시각은 이미 보편화되고 있는 추세다. 따라서 콘텍스트를 고립·고정시키려는 발상은 사실 시대착오적인 무지로밖에 볼 수 없다. 기하학적 추상 공간은 '나름의 진리—理' 체계를 의미 있고 정합적으로 운용할 수 있는 매우 효과적인 콘텍스트이지만, 가령 이를 배경으로 해서, 불꽃으로 서재에 임했던 파스칼의 하나님과 그 하나님에 대한 이 천재 기하학자의 신앙을 '의미 있게' 만들수는 없다. 모든 세계와 지평에서 한 가지 모습과 의미로 통하는 주장이란, 라이프니츠의 틀을 빌려서 말하자면, 현실 세계가 아니라 오직 '가능성의 영역'에서나 있을 법한 '이성의 진리'에 불과하다.

그러나 우리의 일상 경험에서 드러나는 구체적 현실은 다양한 관심과 주장에 따라 부단히 '켜지고 꺼지는' 콘텍스트들의 역동적 연계망이다. 여기서는 특정한 주의주장을 만고불변의 진리로 만들어주는 유일무이하며 전 포괄적인 거대 콘텍스트를 찾아볼 수 없다. 하나의 주장이나 판단, 혹은 표정이나 느낌까지도 스스로의 유의미성을 보장받는 원천으로서의 고유한 콘텍스트를 지닌다. '식별'로부터 인식이 출발하고, 또 그 식별은 차이와 대조의 감각임을 다시 한번 기억한다면, 자신의 콘텍스트를 달고 다니지 못하는 텍스트108가 제대로 이해될 리 없기 때문이다. 이런 점에서도 해석학은 결국 콘텍스트의 문제로 귀결될 가능성이 짙다.

가다머와 하버마스의 논쟁을 통해서 널리 회자된 바 있듯이, 언어성이든 역사성이든, 혹은 심층심리학성이든 정치성이든 결국은 의미 형성과 이해를 위한 콘텍스트의 문제로 볼 수 있기 때문이다. 텍스트의 의미가 스스로의 고유한 콘텍스트에 의해서 결정되고, 또 동일한 텍스트의 해석도 그 텍스트가 처한 제반 정황의 변동이나 그 텍스트를 대하는 해석자의 관심과 취향의 변동에 따라서 얼마든지 변할 수 있다. 아울러 역으로 텍스트 자체의 종류와 성격이 변함에 따라서 콘텍스트도 매우 역동적으로 변해간다. 마치 신

역사주의 비평에서 텍스트의 역사성과 역사의 텍스트성historicity of texts&textuality of histories이라는 교차 대구법으로 텍스트와 콘텍스트의 문제를 풀어가는 것처럼, 여기서는 텍스트의 콘텍스트성과 콘텍스트의 텍스트성contextuality of texts&textuality of contexts이라는 좀더 일반적인 구조를 이야기할 수 있다.

구체적으로 체험되는 삶의 내면을 진술하고 대담하게 노출시켜 버리는 뫼르소의 '기술적 정직'이 변호사를 곤혹스럽게 만들고, 급기야 방청객의 웃음거리로 전락하는 것은 하나의 콘텍스트가 법정 전부를 권위적·평면적으로 지배하고 있기 때문이다. 사실 법정이라는 단일한 물리적 공간 속에서도 끊임없이 역동적으로 교차하는 콘텍스트들이 셀 수 없이 많은 의미망을 동시에 생산하고 있는 것이다. 예를 들어 위의 인용문에서만 보더라도, 그 자체가 하나의 텍스트인 에피소드의 의미 형성에 동시에 참여하고 있는 콘텍스트는 최소한 셋(뫼르소, 변호사, 방청객) 이상이 되는 셈이다. 작가의 묘사 속에서 표면적으로 드러난 관심의 지평은 셋이지만, 침묵 속에서도 역동적으로 움직이며 자신의 관심을 투사시키는 무수한 세계와 그 지평의 교차를 능히 짐작할 수 있다. 법정 공간을 일차적으로 지배하는 논리 세계는 법리法理이고, 뫼르소의 황당한 답변이 이 법리의 딱딱하고 이름 없는 벽에 부딪혀 더욱 황당하고 가련한 모습으로 추락한 것도 사실이다. 그러나 분명히 지적해야 할 것은, 비록 법정이라는 폐쇄된 논리 공간 속이지만 법리가 아닌 다른 무수한 콘텍스트가 활발하게 살아 움직이면서 천차만별의 다양한 관심에 살과 피를 제공하고 있다는 사실이다. 즉 인위적 공간을 지배하는 콘텍스트는 법리뿐이지만, 삶의 구체성(그것이 법정 속이든 혹은 변소이든)을 면밀하게 구성해주고 있는 콘텍스트는 (법리를 포함해서) 무수할 수 있다.

만일 법리의 일방적 횡포(?) 때문에 '고개를 숙이고 있는' 수많은 살아 있는 콘텍스트를 방청인들이 또렷이 느끼고 있었다면 뫼르소의 답변마저 황당하게 들리지 않았을 것이다. 결국 이 '황당함'은 텍스트와 콘텍스트의 짝이 맞지 않았기 때문에 생겼던 현상이고, 또 짝이 맞지 않을 수밖에 없었던 것은 바로 '콘텍스트의 복수성을 인정하지 않는' 태도에 기인한다. 모든 진술이 법리라는 단일한 거대 콘텍스트의 지배 아래 일의적一義的으로 규정되어버리면, 뫼르소뿐 아니라 자유롭고 섬세한 정신의 소유자들은 모두 '황당한' 놈으로 비칠 것이다. 뫼르소의 말을 찾아주는 것, 즉 그의 답변에 피와 살을 주는 일은 콘텍스트의 복수성을 회복시키는 데 달려 있다.

물론 뫼르소의 사적인 세계 속에 나름대로 치열한 행위의 동기가 있었다는 사실이 그의 범죄를 정당화할 수는 없다. 그러니까 텍스트와 콘텍스트의 상호 관련성은 우선 이해와 해석의 관점에서 논의되는 것이지 합법화나 정당화를 위한 것은 아니다. 그렇지 않고, 만일 콘텍스트가 텍스트를 일양적一樣的으로 정당시할 수 있다면, 힘 있는 콘텍스트가 곧 정의로 둔갑해버리는 신판新版 트라시마코스류의 윤리학으로 전락해버릴 것이며, 이는 결국 개인의 책임을 물을 만한 근거를 희석시켜버리고 만다. 이는 궁극적으로 심리와 법리 사이의 우선권 문제로 소급되며, 여기서 상론할 순 없다.

어쨌든 뫼르소의 현실적 운명에서 중요한 점은, 심리가 아니라 법리가 현재의 시공간을 지배하는 콘텍스트라는 사실이다.

법정이라는 특수한 공간 속에서 법리적 콘텍스트가 우선권을 행사한다는 사실은 일견 매우 합리적이며, 따라서 괜한 까탈을 부려보자는 뜻에서 하는 말이 아니다. 예를 들어 '논문중심주의'에 대한 내 비판이 논문 폐지론이 아니라 논문의 독재성과 그 결과적 억압성을 밝힘으로써 이를 자신의 자리로 돌리는 재맥락화re-contextualization였다는 사실에서 유용한 시사를 얻을 수 있겠다. 물론 수없이 많은 콘텍스트의 역동적 교차와 조합이 우리의 삶과 세상이지만, 그러나 합리적인 방식의 합의를 통해서 특정한 하나의 콘텍스트에 우선권을 부여하고 이로써 삶의 원활한 소통을 도모하자는 발상이 그다지 문제될 것은 없다고 본다. 전시戰時의 논리는 당연히 평시와 다른 법이고, 남여공용 화장실만 있던 시절, 여성들이 지나다니는 동일한 공간 속에서 남성들이 자신들의 물총을 번듯이 '내놓고' 있어도 '콘텍스트상' 성범죄에 해당되지 않았듯이, 삶의 역동성을 직조하는 다양한 콘텍스트가 모두 스스로의 정당성 요구Geltungsanspruch를 무한정 주장할 수는 없다.

정리하자면, 뫼르소를 '나쁜' 놈뿐 아니라 '미친'놈으로 만들고 있는 법리의 지평 그 자체를 문제 삼는 것은 아니다. 원칙적으로 법리의 내용이나 구조 그리고 그 지평은 법철학자나 법관들의 소관사다. 내가 문제시하는 점은, 힘을 얻은 몇몇 콘텍스트가 자신의 권한을 필요 이상으로 확대하고 이로써 다른 콘텍스트들을 지배하려는 일반적 경향이다. 이미 지적했듯이, 중세를 지배했던 종교적 교리敎理, 근세의 계몽된 문명을 지배했던 과학적 합리合理 등은 자신의 콘텍스트에 전권을 부여함으로써 콘텍스트의 단일성을 통해 독재 권력을 행사했던 전형이다. 이로써 스스로가 만든 모든 텍스트를 기계적으로 정당화했고, 삶의 진정한 호흡을 관장하고 있던 수많은 다른 콘텍스트를 인위적으로 억압했다. 법정 속에서 우선권을 갖는 법리라는 콘텍스트를 인정하면서도, 여전히 역동적으로 살아 움직이면서 다양한 삶의 관심에 생명력을 부여하는 수많은 다른 콘텍스트를 외면하지 않는 것, 이 정도가 무리한 요구일까. 협애하고 단선적인 논리가 횡행하는 법정도 '정상을 참작한다'느니, '정치적인 해결을 기대한다'느니, '법정의 온정溫情'이니 하는 말들을 남기고 있지 않은가. 결국은 콘텍스트들의 자유로운 경쟁과 조화야말로 복잡성의 철학이 나아가야 할 실천적·비판적 지평이 되겠지만, 이를 위해서라도 우선 콘텍스트의 복수성에 대한 예민한 감수성을 잃지 않는 것이 매우 중요하다. 한마디로 뫼르소의 비참은 법리라는 지배적 콘텍스트의 그늘 아래 그의 콘텍스트가 무화無化되어버리는 단선적 현실에 기인한다. 그의 황당함은 법정의 무겁고 어두운 분위기에 주눅이 들어 (자신들도 모르게) 법리의 지평만이 유일한 지평인 양 믿는 방청인들의 일차원적 사고에 의해 더욱 가중된다.

가다머의 설명처럼 지평이란 한 지점에서 파악할 수 있는 시각권視覺圈, Gesichtskreis이라고 볼 수 있다.[109] 지평이 열리는 시점의 시각視覺은 자신의 시각視角에 의해 제한된다. 시각권이 전개되는 시점의 시각은 언제나 각角을 가질 수밖에 없고, 또 이 각으로 말미암아 모든 대상을 평등한 시선 아래 감찰할 수 있는 신의 전지적 시점과는 다른, 악센트와 포커스가 분명한 지향적 시점 intentionale Gesichtspunkt을 얻게 된다. 후설의 시간 의식 분석에서 유추할 수 있듯이, 지향적 대상은 전후좌우의 전경과 배경을 바탕으로 자신의 의미를 구성하기 때문에 이 지향적 시점은 콘텍스트적 시점이라고도 부를 수 있겠다. 따라서 시각권으로서의 지평은 입지와 시각視角에 수반되는 콘텍스트에 다름 아니다. 변호사마저 뫼르소를 '변호를 위해서는 오히려 방치해서는 안 될 골칫거리'로 여길 수밖에 없도록 만드는 것은, 법관의 시각에 의해서 전개된 시각권만이 법정 안에서 자신의 음성을 낼 수 있는 유일한 시야視野로 행세하기 때문이다.

유형화할 수 있는 단순화의 병증 중 한 가지는 '콘텍스트의 복수성을 인정하지 않는 태도'이며, 이는 뫼르소를 골칫덩어리로 여기는 변호사와, 웃음거리로 여기는 방청인들 그리고 '말하는 나 자신부터 내 말이 황당하게 들릴 것이라는 사실을 또렷이 알 수 있었'던 뫼르소를 통해 적절히 드러났다고 생각한다. 반복하는데, 적절한 합의 절차를 통해 선택된 특정한 콘텍스트가 특정한 정황과 경우에 따라서 우선권을 부여받고 생활의 편의와 원활한 의사소통을 돕는 것은 필요하고 또 바람직한 배려라고 여겨진다. 문제는 하나의 콘텍스트에 여러 사람의 복잡하고 역동적인 관심들을 싸잡아 넣으려는 태도에 있다. 선택된 콘텍스트의 우선권 자체가 '콘텍스트 융합Kontextverschmelzung'이라는 역사성의 결과이므로, 그 우선권을 익명적·무시간적으로 절대화하는 발상은 대단히 위험하다.

아울러 우선권이라는 말 자체가 콘텍스트의 복수성을 이미 전제하고 있다는 사실을 기억해야 할 것이다.

뫼르소, 변호사, 법관, 방청인들을 둘러싸고 벌어지는 표면적 불협화는 마치 그들 사이에 실질적인 대립과 마찰이 있는 것처럼 보이게 한다. 모순 고사矛盾故事의 고전적 사례에서 알 수 있듯이, 두 상이한 항목이 실질적인 대립관계를 이루기 위해서는 양항兩項이 우선 동일한 층위·지평을 콘텍스트로 가져야만 한다. 서로 다른 콘텍스트를 의미의 원천으로 하는 두 텍스트를 맞비교할 수 없다는 것은 너무나 당연한 사실이기 때문이다. 뫼르소와 변호사와 방청인들의 상이한 태도들을 맞비교해서 어느 쪽을 정상으로, 또 다른 쪽은 황당하고 미친놈으로 판별할 수 있는 것은, 이미 여러 차례 언급했듯이, 법리라는 단일한 콘텍스트만으로 그들 전체를 조망하기 때문이다. 그러나 법리라는 인위적 협궤의 틀 속에 모든 사태와 관심을 단순화해서 넣지 않고, 차가운 법정의 그늘 아래서도 여전히 살아 움직이고 있는 수없이 다양한 콘텍스트를 있는 그대로 보살펴준다면, 이들 사이의 대립은 실질적인 것도 아니며 또 뫼르소의 답변을 황당하고 미친놈의 것이라고 일방적으로 매도할 수 없게 된다. 말하자면 그저 콘텍스트의 차이에 불과한 것을 텍스트의 적극적 투쟁으로 잘못 이해하고 있는 셈이다. 즉 콘텍스트의 복수성에 대한 감수성을 상실한 채, 특정한 관심과 목적을 좇아 선택된 지평과 층위가 독재적·일방적으로 증폭되고 있다.

콘텍스트의 복수성에 대한 감각은 사이비 문제와 사이비 언쟁들을 좀더 원천적으로 해소시키는 데 매우 유용하게 쓰일 수 있을 것으로 본다. 논쟁 중에 빈발하는 대립과 마찰은 다양한 원인을 갖지만, 그 대립이 오해나 혼동, 혹은 논쟁 외적 요소들의 강압에 의해서 생긴 사이비가 아니라 실질적인 것이라면 오히려 환영해야 할지도 모른다. 하지만 적잖은 문제는 그저 자신들이 속한 콘텍스트를 찾지 못한 채 이리저리 방황하다가 남의 콘텍스트에 잘못 붙어 싸움이 되지도 않는 싸움을 벌이고 있으며, 이런 점에서 그 문제들은 단순히 혼동과 오해에 의한 위제僞題에 불과하다. 예를 들어 인사 등의 예법에 대한 문제를 논하면서, 예법이 스스로의 뜻과 가치를 부여받는 원천인 문화와 역사의 콘텍스트를 무시한 채 예법에 대한 형식적 내규內規의 관점에서만 어떤 예법이 옳으니 그르니 하는 논쟁을 일삼는 것은 무익한 소모전에 지나지 않을 것이다. 문제의 해결은 물론이거니와 우선 문제 그 자체의 이해를 위해서라도 문제의 생성 모태母胎가 되는 콘텍스트를 제대로 읽어야만 한다. 인용한 법정의 표면적 마찰은 실질적인 것이 아니라, 콘텍스트의 복수성을 읽지 못한 채 단순화함으로써 발생한 혼동에 불과하다.

콘텍스트의 차이를 놓쳐서 생긴 혼동을 텍스트 간의 실질적인 모순이나 대립으로 보는 경우는 매우 흔하다. 몇몇 사례를 분석해보자.

「서편제」의 경우: 소리꾼의 예술과 아버지의 인륜 사이

「서편제」는 소리꾼 아버지와 딸 사이의 미묘한 갈등을 그리고 있다. 한恨이 제대로 서려야 소리가 산다는 믿음에 빠진 아버지는 딸을 좋은 소리꾼으로 만들고 싶다는 일념에서 약을 먹여 눈을 멀게 한다. 실명의 한이 효력을 발휘했던지 딸은 명창으로 성숙하지만, 딸을 눈멀게 했다는 자책의 앙금은 아버지의 가슴을 영 떠나지 않는다. 물론 이는 우리 삶의 한 부분으로서 가능한 현실이며, 극적 구성력이 돋보인 작품으로서 읽는 이들에게 적잖은 감동을 주었을 것이다. 영화 「서편제」 열풍과 더불어 이 작품에 대한 논의가 잦아지더니 마침내 극중의 이 에피소드를 쟁점으로 삼는 대화가 내 귀에도 들려왔다. 쟁론의 요체는 딸을 눈멀게 한 이 아버지의 행위가 옳은지 그른지를 따지는 것이었다. 논의의 향방과 경사傾斜는 흔히 토론자의 기질과 성향, 직업이나 가문, 종교나 삶의 양식에 의해서 결정되는 경우가 많았고, 논점을 명철히 밝힌 논증의 방식으로 합리적인 설득을 도모하는 사례는 극히 드물었다. 말하자면 논점과는 전혀 무관한 외부 역학이 오히려 논의를 지배하는 형국을 보이기 일쑤요, 기껏해야 정보 지향적인 과시형 토론으로 미끄러질 따름이었다. 즉 대부분의 토론자가 (의식적이든 아니든) 한결같이 의심하지 않고 있는 전제는 '콘텍스트의 단일성'이었다. 마치 하나의 통일된 콘텍스트 아래 상충하는 두 가지 텍스트가 대립하고 있는 것처럼 여기고 있다.

소리꾼 아버지의 행위를 두고 양편으로 갈라서서 가可니 부否니 하며 목울대에 힘을 주는 이들은 이것이 진정한 문제성을 갖춘 쟁점이라고 믿는 모양이고, 따라서 자신들이 같은 땅 위에 발을 딛고 '함께 어울려서' 싸우고 있는 것으로 믿는 모양이었다. 그러나 문제는 이 전제에 있다. 이 전제의 배경이 된 혼동으로 인해서 애초에 있지도 않은 싸움에 휩쓸려들어가 양편이 말장난을 일삼고 있을 따름이다. 그 행위를 정당시하는 논점과 부당하다고 판단하는 논점은 동일한 잣대 위의 다른 두 측량치, 다시 말하자면 동일한 콘텍스트 아래의 상호 모순되는 두 텍스트가 아니다. 앞은 행위자를 '소리꾼'으로 보고 또 그 행위의 지평을 '예술'에 두는 반면, 뒤의 논점은 행위자를 '아버지'로 보고 또 그 행위의 지평을 '인륜'이나 '도덕' 등에 두고 있다고 봐야 한다. 따라서 논쟁의 실질적인 양상은 같은 잣대·콘텍스트에 담긴 두 앙숙의 모습이 아니라, 다른 세계와 다른 콘텍스트 사이의 '무심한 바라봄' 정도에 지나지 않는다. 그러므로 텍스트나 메시지의 대립이 있는 것이 아니라 세계와 지평과 콘텍스트의 '다름'이 있을 뿐이다. 예술의 세계에 콘텍스트의 우선권을 부여하는 소리꾼과 인륜 및 도덕의 세계에 콘텍스트의 우선권을 부여하는 아버지는 서로 싸우고 있는 것이 아니다. 세계와 콘텍스트의 다름을 이해하거나 이에 적절한 조처를 취할 방도를 모르고 있을 뿐이다.

물론 극중에서는 인륜 속의 아버지에 비해 예술 속의 소리꾼이 득세함으로써 딸의 눈을 멀게 하지만, 이를 두고 인륜과 예술 사이에 그리고 아버지와 소리꾼 사이에 '진정한' 대립이 있었다고 보는 것은 여전히 단견이다. 이는 마치 바둑판 위의 흰 돌과 검은 돌이 서로 '실질적으로' 대립하고 있는 것이 아닌 사실과 유사하다. 바둑을 두는 인간들의 심리적 합의가 동일한 콘텍스트를 만들고, 이 심리적 콘텍스트의 단일성 위에서 비로소 가상적인 대립이 성립하는 것이다. 쟁점이란 원래 이론적인 것이고, 이론적인 쟁점이 성립되기 위해서는 쟁점의 쌍방 간에 일단 논의가 전개될 층위의 동일성에 대한 합의가 있어야 하기 때문이다. 딸의 시력을 빼앗은 행위를 둘러싼 논쟁은 실질적인 대립 상태에 있는 두 주장 사이의 문제가 아니라 다른 콘텍스트를 변별하지 못한 혼동에 기인한다. 그 행위를 '그르다'고 판정하는 축도 그들이 서 있는 콘텍스트의 성격을 드러내고 있을 뿐이며, '옳다'는 판정을 내리는 축도 그 판정을 통해서 그들이 어떤 콘텍스트에 일차적 우선권을 부여하고 있는지를 보여주고 있을 뿐이다. 또한 만일 자식의 눈을 멀게 한 그 아버지가 범법자로 체포되었다 하더라도, 이는 그 행위의 부당함을 증명해주기보다는 이 사회가 어떤 콘텍스트에 일차적인 우선권을 부여하고 있는지를 보여줄 따름이다.

대부분의 상식인에게 뫼르소의 법정 답변은 조소나 야유의 대상이 되기에 충분했다. 법정에서 조롱을 당한 그는 예상대로 유죄를 선고받고 마침내 처형당할 운명으로 독자의 시야에서 사라진다. 상식인으로 살아가고 있고 또 법리에 순복하도록 순치된 우리 대부분은 이를 적절한 인과응보로 여길 것이다. 현세계의 상식과 법리를 바꿀 요량이 아니라면 뫼르소의 무죄를 고집할 수는 없는 것이고, 이 글도 그만큼 도발적인 의도를 가지고 있지는 않다.

다만 한 가지 분명히 짚어야 할 점은, 뫼르소에 대한 판단과 선고는 상식인들을 지배하고 있는 법리라는 콘텍스트를 배경으로 이뤄진 것이라는, 일견 매우 단순해 보이는 사실이다. 뫼르소를 처단한 것은 공동체의 구성원 전부의 합의에 의한 것도 아니며, 더욱이 신의 계시 같은 무엇도 아니다. (내가 지금 뫼르소의 행위를 변호하는 중이라고 읽는 독자가 있다면 길을 잘못 든 것이다.) 뫼르소에게 내려진

판결과 처우는 본질적으로 '콘텍스트에 묶인 의미 형성 작용'에 지나지 않는다. 그가 정죄받고 잘못의 대가를 목숨으로 갚을 수밖에 없었던 사실은, 바로 이 의미 형성의 원천이 되는 콘텍스트가 그가 속한 공동체를 일률적으로 지배할 만한 세력과 우선권을 가졌다는 사실을 보여주고 있을 뿐이다.

다른 예를 들어보자면, 성녀/마녀라는 이율배반적인 평가를 동시에 받았던 잔다르크도 마찬가지다. 성녀니 마녀니 하는 상찬賞讚과 비난은 그녀에 대한 객관적인 정보도 아니며, 또 서로 실질적인 모순관계에 있는 텍스트의 대립을 나타내는 것도 아니다. 결국 마녀로 정죄받아 분살焚殺되었지만, 이 사건도 두 상이한 평가 사이의 실질적인 마찰과 배리를 증명하지는 못한다. 표면상 모순되는 두 가지 상이한 평가 그리고 그녀의 참혹한 죽음이 증명해주는 것은 힘을 수반한 두 가지 상이한 콘텍스트의 존재와 그 힘의 실질적인 경합(대화와 설득과 논증을 통한 합리적인 설복이 아니라)이다.

만일 1+1=?이라는 문제의 해결을 모색하는 과정에서 '2'와 '3'이라는 다른 답이 제시되었다면, '2'와 '3'은 이 문제의 의미 원천인 수리數理라는 동일한 콘텍스트를 배경으로 '대화와 설득과 논증'을 통해서 이론적이며 실질적인 논쟁 관계에 들어갈 수 있을 것이다. 정답이 '2'든 '3'이든, 이기는 쪽은 콘텍스트 사이의 경합으로 이긴 것이 아니라, 텍스트 사이의 이론적인 대화를 통해서 이긴 셈이 된다.

복잡성, 콘텍스트의 역동성 그리고 패턴

삶의 복잡성, 좀더 구체적으로는 콘텍스트의 복수성을 제대로 읽지 못하면 단순히 이론적인 혼동이나 그릇된 판단만을 낳는 것이 아니다. 좀더 심각한 문제는 (늘 역사에서 확인되는 바와 같이) 사람을 살상하는 정당화의 논리로까지 비약할 수 있다는 데 있다. 동일한 콘텍스트 속의 이론적 경쟁에서는 원칙적으로 승자와 패자 사이에 폭력이 개입하지는 않는다. '3'은 1+1=?라는 문제의 경합에서는 패배했지만 수리라는 동일한 콘텍스트 속에서 여전히 자신의 자리를 유지할 수 있다. 그러나 종교 연구가 탁명환씨의 '다름'은 단순히 '틀린' 것이 아니라 '나쁜' 것으로 분류되었고, '나쁜 탁명환'이라는 텍스트는 특정 종교의 콘텍스트의 눈으로 볼 때 참을 수 없는 이물질로 비쳤을 것이다. 그가 피살당한 사실은, 합의된 콘텍스트의 터 위에서 대화와 설득을 통한 텍스트들의 민주적인 경쟁이 얼마나 소중한 문화적 자산인가를 단적으로 보여준다. 아울러 그의 죽음은 콘텍스트의 복수성을 읽지 못한 채, 자신의 콘텍스트를 유일 절대시하는 세력이 얼마나 위험할 수 있는지를 비극적으로 웅변한다.

잠시 논의를 정리하자. 나는 위에서 삶과 세상의 복잡성을 콘텍스트의 복수성과 그 역동성이라는 표현으로 좁게 정리할 수 있을 것이라고 말했고, 또 지금 문제 삼고 있는 단순화의 병증도 바로 이 표현을 좇아서 설명할 수 있을 것이라고 지적했다. 그런 다음, 상론한 것처럼 우선 콘텍스트의 복수성을 인정하지 않는 태도 속에서 단순화의 병증을 지적하고자 노력했다. 이제부터는 콘텍스트의 역동성과 연관된 문제를 살펴보도록 하자.

콘텍스트의 역동성은 콘텍스트의 복수성을 통해 가능해진다.

그러나 복수성이 역동성을 위한 충분조건은 되지 못한다. 역동성은 구성 성분이나 요소 자체에 들어 있는 속성이 아니기 때문이다. 가령 폭포의 움직임 자체가 역동적 형식을 '가지고' 있는 것은 아니다.[110] 이미 여럿이 재치 있게 꼬집었듯이, 운동은 운동체의 내적 속성이 아니라 주변의 콘텍스트를 배경으로 이뤄지는 대조감으로 이해하는 것이 좀더 합리적이다. 좀 낡은 책이지만 잘 알려진 러셀의 재치를 인용해보자.

> 공간 속의 모든 것은 서로 상대적으로 운동한다. (…) 하늘에는 '에 딘버러' 따위의 정해진 장소가 있는 것이 아니다. (…) 천문학에서는 어떤 것을 기차라고 부르고 어떤 것을 역이라고 부르든 상관이 없다. 이는 편의와 관습의 문제일 뿐이다.[111]

역이나 기차라는 '대상'의 특이성보다 '관계'의 상대성이 천체 역학의 중심 문제이듯이, 폭포의 움직임이 움직임으로서의 역동성을 얻는 것은 폭포, 폭포를 보는 사람 그리고 그 폭포의 배경 사이에 상대적으로 형성되는 기능적 함수 때문이라고 봐야 할 것이다. 요컨대 특정한 텍스트나 콘텍스트의 생김새 및 특성 속에 역동성이 있는 것이 아니라, 여러 텍스트의 대조를 통해서 드러나는 콘텍스트들의 긴장과 조화 속에서 역동성은 살아 움직인다.

형태심리학은 요소론적 연상심리학의 여러 문제점을 개선하는 등 그 인식의 효율성을 이미 여러 분야에서 입증한 바 있다. 형태심리학적 인식을 주도하는 요건Gestalt factors은 인접, 유사, 대조

등으로 알려져 있는데, 이는 '사고는 연상이 아니라 구성적 윤곽 configuration 식을 통해 성립되며, 부분들은 전체 속의 위치, 역할, 기능에 따라서 내부로부터 의미 있게 구성되는 것'이라는 고유한 운용 방식을 갖는다. 이처럼 형태성Gestaltqualität을 강조하는 인식 론은 논의 중인 콘텍스트의 역동성을 적실히 설명해줄 수 있다는 데 그 중요성이 있다. 상술했듯이, 가령 움직임으로서의 폭포가 역 동성을 얻는 것은 '폭포, 폭포를 보는 사람 그리고 그 폭포의 배경 사이에 상대적으로 형성되는 기능적 함수 때문'이라면, 이 같은 기 능적 패턴에 비교적 효율적으로 접근할 수 있는 인식의 방식으로 형태심리학을 원용할 수 있기 때문이다.

세계를 대상들의 평면적 병렬로 보지 않고, 콘텍스트의 역동적 교차로 이해한다면, 요소들의 분석이 아니라 형태성의 파악이 당 연히 우선할 수밖에 없다. 역동성의 인식도 마찬가지다. 폭포라는 대상을 분석하여 역동성을 찾는 것이 아니라, 폭포의 인식을 중심 으로 전개된 여러 콘텍스트 사이의 상호 연관성 유무와 그 정도 및 성격에 의해서 역동성이 드러나는 것이라면 형태성이야말로 결 정적인 구실을 할 수밖에 없다. 그러므로 문제는 요소가 아니라 접 경接境의 형태다. 말하자면, 역동성은 '어디에' 있는 것이 아니라, '어 떻게' 있는 것이다. 특정한 '요소' 속이 아니라, 요소들과 그 요소들 이 드러내는 콘텍스트들이 상호 연관된 '양식' 속에서, 그 '형태' 속 에서 역동성은 살아나는 것이다.

다른 분야이지만, 생물학에서 얻을 수 있는 통찰로써 유추적 설 명을 시도해보기로 하자. 근대의 제반 학문이 바야흐로 자신들의 입지를 공고히 할 무렵 특히 방법론적으로 의탁했던 지렛대는 물론 뉴턴이 그 정점에 군림하고 있던 역학 중심의 물리학이었다. 이후 물리학적 사유와 설명의 패턴은 19세기의 마지막을 고비로 안팎에서 파상적인 공격을 받기 시작하면서 다소 하향세를 보이고 있는 것이 사실이지만 여전히 무시할 수 없는 현대 물질 문명의 지배소素로서 기능하고 있다. 해서 생물학으로의 이전은 선뜻 내키지 않을 수도 있겠다. 그러나 '생물학적 혁명'을 입 모아 말하고 있는 작금의 학문적 풍향으로 보든지, 물리物理와 생리生理 중 어느 쪽이 인문학의 탐색에 더 효율적 유추 감각類推感覺을 제공할 수 있겠는가 하는 문제로 보든지 간에, 후자로부터의 통찰을 꺼리는 적절한 이유를 제시하기는 어렵다고 본다. 아예 학문 상호 간의 두절을 획책하는 것이 아니라면 점진적으로 그 위세를 늘리고 있는 새로운 변수에 무감각할 수만은 없을 것이다. 그리고 심층심리학에 대한 보수적 반동의 연원이 주로 타성과 두려움이었다는 역사적 사실을 기억해두는 것도 도움이 될 것이다. 의도적인 '낯설게 하기'가 사태와 물상을 좀더 넓고 깊게 이해할 수 있는 방식으로 정착되고 있는 영역이 적지 않은 지금, 낯설다는 이유만으로 배척하는 짓은 배움의 도정에 선 사람들이 정히 할 일이 아니다. 자, 길어진 논의의 가지를 치고 다시 논지를 이어보자.

위에서 나는 콘텍스트의 역동성이 살아나는 것은 특정한 '요소' 속이 아니라, 요소들과 그 요소들이 드러내는 콘텍스트들이 상호 연관된 '양식'과 '형태' 속이라고 주장했다. 비록 유추적인 방식을 넘어서지는 못하겠지만, 생물학의 영역으로부터 희미한 빛이나

마 얻어보고자 하는 부면이 바로 여기다. 별 주저함이 없이 천재라
고 부르고 싶은 옥스퍼드의 생물학자 라이얼 왓슨의 말을 인용하
여 논의를 풀어가자.

진정한 의미에서의 생명체는 단순한 유기 물질에 기본적인 '형상'—
저 유명한 DNA의 이중 나선—이 새겨짐으로써 비로소 세상에 태
어난다. 이 미묘한 '형상'이 내장하고 있는 정보in-for-mation라는 어휘
자체에 이미 '형태'라는 말이 포함되어 있다.[112]

'형태'는 생명을 만들어내는 힘이다.[113]

그것(자의식)은 다른 생물과는 달리, 척추동물 나름대로의 형태와
자기동일성을 획득하기에 이른 진화 도상에 있어서의 또 하나의 단
계일 뿐이다. 의식이란 뇌 내부적인 제 사태의 '패턴'을 가리키는 말
이다.[114]

일반적인 언어학 이론과 정면으로 맞서는 말이긴 하지만, 나는 인
간을 인간답게 만드는 것은 결코 언어 행위에만 한하지 않는다고
말하고 싶다. 인간의 언어 능력을 포함하여 그 밖의 다양한 상징 행
위가 어디로부터 비롯하는지는, 오히려 각각의 개체에 독자성을 부
여하는 동시에 그 '형태' 안에 내재하는 온갖 능력을 활짝 꽃피우도
록 하는 그러한 '조직'이 존재한다는 사실과 직접적으로 그리고 논
리적으로 더욱 깊은 관계가 있다. (…) 좀더 엄밀하게 말해서 이는

물질이 지니고 있는 '형태', 즉 자기동일성을 결정하는 요인으로서의 '모양'과 '패턴'에 관한 문제다.[115]

콘텍스트의 역동성은 어느 특정 콘텍스트 속에 위치한 요소들 (텍스트들)의 속성이나 운용을 가리키지 않는다. 우선 삶의 복잡성 이라는 준≠존재론적 감수성을 바탕으로 콘텍스트의 복수성을 읽 은 다음, 이 많은 콘텍스트가 뒤섞여 있으면서도 어떻게 혼동과 무 리無理를 야기시키지 않는지, 거대 콘텍스트의 독재에서 볼 수 있 는 인위적 정돈과 진리에 빠지지 않으면서도 어떻게 수많은 삶의 세계와 그 다양한 층위의 긴장을 잘 살아내고 있는지를 일리로써 파악하는 것. 바로 이것이 콘텍스트에서 역동성이 문제시되는 근 본 이유다. 인용에서 왓슨은 의식을 뇌 내부적 제 사태의 특정한 형태로 보고 있고, 생명을 만드는 힘마저 '형태'로 이해하고 있다. 이제는 이 둘을 비교하는 일이 남았다.

콘텍스트의 역동성이 드러나는 '형태'와 생명이나 의식이 '형태' 를 통해서 기능한다는 사실을 맞대놓고 보자.

우선 콘텍스트의 역동성은 요소론적으로 확인되는 대상이 아 니다. 반복하지만, 콘텍스트의 역동성은 어느 특정 콘텍스트 속에 위치한 요소들(텍스트들)의 속성이나 운용을 가리키지 않기 때문 이다. 자동차 내부에 장착된 모터처럼, 특정한 대상 '안'에 들어 있 는 모종의 본질로 인해서 역동성이 생기는 것은 아니며, 이런 뜻에 서 복잡성의 철학은 본질 철학Wesensphilosophie의 일종이 아니다. 본질에 비해서 형태·패턴·구조·틀 등의 개념을 중시하는 입장은,

'복잡성의 철학'의 켤레 개념인 '일리의 해석학'으로 나아가는 실질적 조건이 된다. 본질에 안주하지 않지만 표피적 현상만으로도 만족할 수 없는 태도는 절대성 대신 보편성을, 진리 대신 일리를 외쳐온 것과 같다.

가령 자동차의 동력은 어느 특정한 원천지地에서 솟아나는 것이 아니다. 동력이 '있는'('전기가 있다'는 표현처럼 '있다'는 술어 자체가 적확하지는 않지만) '장소'는 어디에도 없다. 동력의 원천은 특정 대상이나 장소가 아니라 구조나 패턴(물론 이 경우는 자동차 모터의 구조와 패턴)이기 때문이다. 모터의 생김새는 천차만별일 수 있지만, 그 운용의 원리를 가능하게 만드는 구조는 별 차이가 없는 법이다. 이는 마치 상처 난 부위에서 피가 샘솟듯 나오는 것은 그 부위가 피의 원천지라는 등의 어떤 '장소'에 대한 정보를 알려주는 것이 아니라 몸 내부에서 순환되는 피의 '다이내미즘'을 드러낸다는 것과 유사한 진술이다.

다시 위의 인용문을 중심으로 논의를 펼쳐보자. 알려진 대로 '패턴'은 여러 방면에서 극히 유용한 개념으로 사용되고 있고, 사실 나 자신의 생명관이나 역사관을 설정하는 데에도 적극 활용되고 있지만 여기서는 그 뜻의 깊이나 적용의 폭을 세세히 늘어놓지 못한다. 정의하듯이 깨끗하게 특정한 개념을 설정해두는 것은 인문학의 첨병으로서 복잡성의 철학이 취할 태도가 아니지만, 논의의 배경에 대한 설명이 충분하지 못하므로 편의상으로나마 큰 테두리를 점묘點描해두기로 하자. 잘라 말하자면, 패턴이나 '형태'는 역사성의 무게가 남긴 연속적인 적응의 흔적으로서, 현상 세계 및 그 구성원들이 스스로의 존립과 영속을 위해서 움직이는 '길'을 말한다. 왓슨은 DNA나 의식 그리고 생명이나 '인간을 인간답게 만드는 것' 등을 패턴이라는 형태의 힘으로써 설명하고 있다.

그는 우선 의식이나 생명이 우리 육체의 어느 한 부분 속에 들어 있지 않다고 언명한다. 즉 요소론이나 본질주의를 배격하는 셈인데, 이는 콘텍스트와 텍스트 사이의 상호 관련성을 의미나 가치의 터전으로 보는 이 글의 입장과 잘 어울린다. 그는 생명이나 의식이라는 역동성을 소재지별로 설명하지 않고 패턴화된 형태로써 설명한다. 말하자면, 생명은 생명 현상의 기본적인 패턴(막膜을 형성하고, 신진대사와 성장을 계속하며, 자신을 복제할 수 있다는 등)을 통해서 확인할 수 있고, 의식은 뇌 내부의 사태들이 보이는 형태적 패턴을 통해서 기능한다고 주장하는 것이다. 생명과 의식을 '인간이라는 현상'에서 보이는 가장 중요한 역동성이라고 한다면, 생명이나 의식 현상의 본질을 이처럼 패턴과 형태로써 이해하는 것은 결국 역동성을 장소가 아닌 패턴의 문제로 돌릴 수 있는 그리고 돌려야 한다는, 대단히 좋은 방증이 될 수 있다. 그러므로 패턴이나 '형태'로서의 의식과 생명은 '역사성의 무게가 남긴 연속적인 적응의 흔적으로서, 현상 세계 및 그 구성원들이 스스로의 존립과 영속을 위해 움직이는 길' 중 가장 역동적인 것들이 된다.

의식이나 생명이라는 역동성의 비밀이 그 패턴에 있다는 왓슨의 주장을 유비적으로 빌려와서, 콘텍스트의 역동성도 그 패턴에서 찾아본다면 어떨까. 물론 이 유비가 성립하려면 우선 역동성과 패턴 사이의 일반적 관계를 증명해야 하는데, 이를 위해서는 위의 논의만으로는 충분하지 않다. 왓슨의 주장은 생명이나 의식이라는 특수한 몇몇 현상을 패턴을 통해서 설명하는 것이지, 역동성과 패턴 사이의 '일반적' 관계를 보여준 것은 아니기 때문이다. 그러나 좀더 면밀히 따지면, 양자 사이의 관계를 좀더 보편적인 맥락에서 이어줄 가능성이 있다고 여겨진다.

역동성은 '운동하고 있는' 현상이나 물체를 그 구상성具象性과 무관하게 포착한 것인데, 이 경우 패턴이란 바로 이 '운동하고 있음'이 갖는 형태나 양상이라고 정의할 수 있겠다. 생명체나 유기적 체계를 갖춘 조직체들에게서 가장 분명히 볼 수 있는 현상이지만, 대체로 자연 속의 모든 움직임은 '바람 불듯이 제 갈 데로'[116] 이뤄지는 것이 아니라 일정한 경로와 양태를 보인다. 이 일정한 패턴이 바로 '역사성의 무게가 남긴 연속적인 적응의 흔적'이며, '현상 세계 및 그 구성원들이 스스로의 존립과 영속을 위해서 움직이는 길'이라고 평할 수 있는 특성이다. 제이컵 브로노프스키의 표현처럼 '이 세계의 모든 풍경은 정확하고 아름다운 적응 현상들로 가득 차'[117] 있다. 그러나 (역동적) 적응도 특정한 패턴을 갖추지 못하면 그 순간 운동은 소멸되고 따라서 역동성은 사라지고 만다.

의자를 수십 개씩 쌓아놓고 그 위에 거꾸로 서 있는 곡예사들의 역학적 긴장과 조화를 생각해보라. 어느 의자나 어느 이두박근 '속'에 이 신기神技의 본질이 숨어 있는 것은 물론 아니다. 관객의 눈에는 의자와 곡예사들이 부채꼴로 펼쳐진 채 그저 정지하고 있는 듯이 보이겠지만, 균형과 조화를 이루고 있는 실제 모습은 눈에 보이지 않는 역동적인 힘의 장場으로 팽팽한 긴장을 이루고 있다. 균형은 바로 이 팽팽한 긴장이 유지되는 현상을 가리키는 것이며 그리고 이 긴장의 외적인 조건은 의자와 곡예사들이 섞여서 엮어놓은 '부채꼴이라는 형태'에 불과하다. 물론 부채꼴을 하나의 크기와 모습으로 고정할 필요는 없으며, 심지어 꼭 부채꼴일 이유도 없다. (이는 아이가 어른보다, 돌고래가 사람보다 생명을 '덜' 가지고 있는 것이 아니라는 사실과 마찬가지다.) 구심력과 안정감을 잃지 않은 채 내적인 긴장을 유지할 수 있는 '형태'만 갖추면 된다.

의자와 곡예사들이 제자리를 지키며 아슬아슬한 균형을 유지하는 것은 그들이 서로 연관되고 있는 '구조적인 형태' 때문이며, 만일 그 구조적 패턴이 깨지면 부채꼴의 힘터力場는 균형을 잃고 그 역동성은 파괴되고 만다. 상술했듯이, '특정한 패턴을 갖추지 못하면 그 순간 운동은 소멸되고 따라서 역동성은 사라지고 만다'. 지속적인 운동이 특정한 패턴을 통해 역동성을 형성하는 것은 자연 속에서 흔히 발견할 수 있는 현상이며, 특히 생명 현상은 왓슨의 지적처럼 '개체의 자기동일성 유지와 승계'를 위한 패턴화의 가장 대표적인 경우일 것이다.

역으로, 죽음은 특정한 생명 현상의 패턴들이 깨지는 현상으로 설명된다. 생명에 대한 본질 철학이 가능하지 않다면, 죽음 역시 본질이 아닌 현상의 관점에서 설명할 수밖에 없다. 생명이 생명 현상의 패턴으로 기능한다면, 죽음도 죽음 현상의 패턴으로 기능할 수밖에 없기 때문이다. '사망은 생명과 마찬가지로 일련의 과정 혹은 절차를 의미하며, 결코 한 순간에 시작해서 한 순간에 종료하는 사건을 의미하지 않는다.'[118] 가령 일반적인 뇌사 기준은 첫째,

외부 자극에 전혀 반응이 없는 깊은 혼수, 둘째, 자발 호흡의 불가역적 소실, 셋째, 대광반사對光反射의 소실, 넷째, 감수성이나 감응력의 상실 등이다.[119]

물론 여기서도 생명이나 죽음 그 자체에 대한 본질적인 언급은 찾아볼 수 없다. 세포를 아무리 까뒤집어도 형태나 패턴 뒤에 숨어 있는 '죽음'이나 '생명'은 찾아낼 수 없다. 인용한 뇌사의 기준도 '생명체가 그 역동성을 잃어가는 패턴'을 가리키는 것에 지나지 않는다. 결국 생명체의 유기적 조화를 유지하는 '형태' 속에 생명의 긴장이 활동하고 있는 것이며, 그 유기적인 움직임의 형태와 패턴이 깨지면서 생명의 긴장과 역동성은 소실되고, 급기야 죽었다는 판정을 받게 된다.

어릴 때 팽이치기를 해본 사람이라면 '팽이가 죽었다'느니 '살아 있다'느니 하면서 채를 휘둘러 팽이를 때린 기억이 있을 것이다. 엄밀히 말하자면, 죽은 팽이와 산 팽이를 '본질적으로' 구별해주는 것은 없다. 산 팽이는 그저 '돌아가는' 팽이이며, 그 도는 힘으로 인하여 균형을 이루며 '서 있는' 팽이일 뿐이다. 반면 죽은 팽이는 돌아가지 않는 팽이이며, 따라서 힘터의 긴장이 와해되어 자빠져 있는 팽이일 뿐이다. 여기서 팽이의 삶은 곧 돌아감(움직임)이라는 형태 속에서만 확인된다. 그리고 오직 이 움직임만이 팽이가 자빠지지 않게 하는 원동력이 된다. 요컨대 팽이의 역동성은 그 '움직임의 패턴' 외에 다른 무엇이 아니다.

위의 논의는 역동성과 패턴 사이의 관계를 '일반적으로' 보이기 위한 시도였다. 사실 이는 매우 방대하고 심도 있는 주제이므로 따로 논급되어야 마땅할 것이다. 그러나 이미 밝혔듯이, 콘텍스트의 역동성을 패턴의 관점에서 설명하려는 목적에 국한시켜서 위의 논의를 살펴주기 바란다. 위의 몇몇 사례 분석에서 봤듯이 패턴과 역동성이 서로 구별 가능하지만 뗄 수 없는distinguishable but inseparable 관계라고 한다면, 콘텍스트의 역동성도 패턴화를 통해서 설명할 수 있을 것이다.

다시 왓슨을 인용하여 질문 하나를 던지면서 논의를 풀어보자.

나는 결코 자기동일성 또는 인격이라는 것이 단지 양적인 산물에 지나지 않는다는 점을 말하려고 하는 것이 아니라, 오히려 이와 같이 방대한 수치를 헤아리는 각 부분을 통할統轄하고 있는 것이 도대체 무엇인지 그것을 말하고자 하는 것이다. 100억 개 이상이나 되는 뇌세포 사이에는 다시 평균 1만 개 정도의 접속 관계가 형성되어 있다. 아울러 세포 하나하나의 분자 구조는 세포가 활동하고 있는 동안, 적어도 1만 번 이상 새롭게 변화한다. 게다가 뇌가 움직이는 동안은 그러한 세포가 매일매일 1000개 이상씩 소멸되어, 결과적으로 하루 24시간 중에 무려 1조 이상의 세포간 접속細胞間接續이 무화된다는 사실 또한 염두에 두지 않으면 안 될 것이다. 그럼에도 불구하고, 저 엄청난 분자들로 북새통을 이루고 있는 곳에서 끊임없이 터져나오는 온갖 변화무쌍한 사건에 아랑곳없이 우리의 기본적 행동 패턴인 기억 및 개인이라는 말로 집약되는 존재 감각은 그대로 지속된다.[120]

이 인용문에서 거론되고 있는 왓슨의 물음은, 인간이라는 복잡
무쌍한 유기체의 '북새통'을 통할하여 인격 혹은 자기동일성을 유
지하게 만드는 조건을 찾고자 하는 것이다. 인용의 말미에서 그는
다소 묘한 방식으로 자신이 던진 질문에 답하고 있다. 그는 해명이
나 설명이 아니라 현상의 '조직적 기술記述'이라고 분류할 수 있는
진술 방식을 취하면서, '온갖 변화무쌍한 사건에 아랑곳없이' 유기
체로서의 인간이 스스로의 자기동일성과 개체성을 유지하는 것은
'우리의 기본적 행동 '패턴''으로서의 존재 감각이 지속되기 때문이
라고 기술한다. 나는 여기서 '때문'이라는 접속어를 사용했지만, 엄
밀히 보자면 '패턴이 지속되기 '때문에' 유기체의 자기동일성이 유
지된다'는 식의 인과관계를 설정할 수 있는 것은 아니다. '팽이의
역동성은 그 움직임의 패턴 이외에 다른 무엇이 아니'듯이, 유기체
의 개체성과 그 유기적 역동성도 패턴을 이루고 있는 조화로운 긴
장 이외에 다른 무엇이 아니기 때문이다.

상식에 지나지 않는 정보이지만, 척추동물의 가장 중요한 특징
은 특유의 '복잡성' 및 조직성이며, 대체로 이는 마음mind을 향한
진화의 첫걸음으로 해석된다. 왓슨은 이 복잡성과 조직적 역동성
을 특히 분자 수준에서 세세하게 설명해 보인 다음, 그러한 '북새통'
에도 불구하고 유기체로서의 우리가 어떻게 통할된 자기동일성의
감각을 계속 유지할 수 있는지를 묻고, 그 답안으로서 존재 감각이
라 부르는 '패턴화' 현상을 제시하고 있다.

앞에서 콘텍스트의 역동성이라는 문제를 제기하면서 나는 이
문제의 문제성을 다음과 같이 풀어본 적이 있다. "우선 삶의 복잡

성이라는 준*準*존재론적 감수성을 바탕으로 콘텍스트의 복수성을 읽은 다음, 이 많은 콘텍스트가 뒤섞여 있으면서도 어떻게 혼동과 무리無理를 야기시키지 않는지, 거대 콘텍스트의 독재에서 볼 수 있는 인위적 정돈과 진리眞理에 빠지지 않으면서도 어떻게 수많은 삶의 세계와 그 다양한 층위의 긴장을 잘 살아내고 있는지를 일리一理로써 파악하는 것. 바로 이것이 콘텍스트의 역동성이 문제시되는 근본 이유다." 이렇게 놓고 보면, 왓슨이 생리학의 층위에서 제기한 물음과 내가 메타콘텍스트, 혹은 메타패턴의 층위에서 제기한 물음은 거의 동일한 성격과 구조를 지닌 것처럼 보인다. 그리고 두 문제의 성격과 구조가 닮았다면, 답의 형식(내용은 아니라고 하더라도)에서도 닮은 양태를 추론할 수 있지 않을까. 더구나 왓슨의 답변이 '존재 감각'이니 '행동 패턴'이니 하는, 비교적 내용성이 엷고 형식성이 짙은 말로 구성되어 있으므로 이 같은 추측은 실질적인 효용을 얻을 수 있을지 모른다.

단도직입적으로 속내를 밝히자. '많은 콘텍스트가 뒤섞여 있으면서도 혼동과 무리無理를 야기시키지 않는' 이유 그리고 '거대 콘텍스트의 독재에서 볼 수 있는 인위적 정돈과 진리에 빠지지 않으면서도 수많은 삶의 세계와 그 다양한 층위의 긴장을 잘 살아내고 있는' 이유는 바로 '패턴화'에 있다. 여기서도 패턴을 '역사성의 무게가 남긴 연속적인 적응의 흔적'이며, '현상 세계 및 그 구성원들이 스스로의 존립과 영속을 위해서 움직이는 길'이라고 정의했던 사실을 기억하는 것이 유용하겠다. 이미 글의 앞부분에서 여러 차례 논급한 바 있지만, 인간은 공동체의 구성원으로 살면서 순간

순간 다양한 관심과 지평으로 채색된 수많은 콘텍스트를 대면하고 있다. 이제 설명하려는 콘텍스트의 역동성이란, 요컨대 수많은 콘텍스트를 대면해온 인간들에게 '역사성의 무게가 남긴 연속적인 적응의 흔적'이며, 바로 그 인간들이 수많은 콘텍스트의 복잡성에 직면해서 '스스로의 존립과 영속을 위해서 움직이는 길'이다.

다시 예의 법정 장면으로 돌아가서 이 논지를 예시하도록 하자. 뫼르소와 변호사와 청중은 자신들의 처지와 관심에 따라 서로 다른 콘텍스트에 기대어 사태를 변별한다. 이미 지적한 것처럼, 뫼르소가 비웃음을 사게 된 것도 결국은 서로 다른 콘텍스트 사이의 이질감에서 연유한다. 남발되고 있는 유행어를 빌려 말하자면, 상호 콘텍스트성intercontextuality의 연결 고리가 없는 텍스트만의 마찰이 빚은 현상이다. 그러나 엄밀히 따지자면, 대부분의 양식 있는 독자들은 법정의 평면적 구조에서 보이는 뫼르소-변호사-청중 사이의 표면적 긴장과 마찰을 이해하면서도, 동시에 세 편 모두의 입장에 서서 사태를 조망할 수 있(어야만 한)다. 물론 개별 독자의 취향이나 관심, 삶의 형태나 가치 판단 등에 따라서 세 편 중 어느 쪽이 더 친숙하고 어느 쪽에 더 거리를 두는가 하는 편향성의 문제가 제기될 수 있겠지만, 뫼르소, 변호사 그리고 청중이라는 세 편의 '텍스트'나 각각의 텍스트가 기대고 있는 세 편의 다른 콘텍스트 모두가 원칙적으로 이해 가능하다. 작품은 '해독'을 기다리는 난수표가 아니라, 독자들의 삶의 경험과 그 콘텍스트의 복수성 및 역동성을 근거로 '이해'받기를 기다리는 이야기에 불과하기 때문이다.

가령 청중의 비웃음에 동조하면서도 뫼르소의 세계와 그 논리를 파악하고 또 이해할 수 있는 것은 콘텍스트의 복잡성과 역동성을 살아오고 있는 인간들이 '스스로의 존립과 영속을 위해서 끊임없이 적응해온 흔적'으로서의 시각적 패턴화perspectival patterning에 의해서 가능해진다. 빛과 피사체의 원근에 따라서 절묘하게 조정되는 조리개처럼, '인간이라는 시각'은 수없이 많은 콘텍스트가 순간순간 교차하며 역동적으로 다가올 때 '스스로의 존립과 영속을 위해서 끊임없이 적응해온 흔적'으로서의 자신을 이를테면 콘텍스트 조리개로 활용하고 있는 것이다. 우리는 누구나 순간순간 다양한 콘텍스트에 직면하면서 살아갈 수밖에 없고, 또 각 콘텍스트의 성격과 위상을 제대로 헤아려 처신하지 못하면 뫼르소같이 비웃음을 살 수도 있으며, (잘하면) 사이비 종교 교주가 되어 떼돈을 벌 수도 있다. 대부분의 양식 있는 상식인들은 자기 이름 위에 덧붙여지는 아버지-오빠-남편-과장-국민-반장-친구-예비군 등의 적잖은 직책과 그 콘텍스트에 그리 혼란스러워하지 않고, 각 경우마다 적합한 텍스트로 변신하여 적절하게 대응하면서 살고 있다. 역으로, 정신병자나 사회적 일탈자란 자기 자신을 현장의 콘텍스트에 어울리는 적절한 텍스트로 변신시키지 못하는 유형의 사람들을 가리킨다고 해석할 수 있다.

엄청난 생리적 복잡성에도 불구하고 유기체로서의 우리가 스스로의 자기동일성을 지켜나가듯이, 엄청난 콘텍스트의 복잡성에도 불구하고 '시각으로서의 우리'도 스스로의 자기동일성을 지켜나간다. 그리고 유기체의 자기동일성과 역동성이 패턴화를 통해서 이뤄지듯이, 시각의 통합성과 역동성도 패턴화를 통해서 이뤄진다. 수 없이 많은 콘텍스트가 연속적으로 변전하고 교차하는 와중에도 우리 시각은 그 템포와 역동성을 온전히 좇으며 적절한 대응을 체계적으로 모색한다. 여기서의 패턴은 콘텍스트의 역동성을 좇아가는 우리 시각의 체계적인 반응 형식을 가리킨다고 표현해도 좋을 것이다. 환경과의 상호작용을 통해서 자연선택natural selection과 진화의 적응이 가능해지는 것처럼, 콘텍스트의 복수성과 역동성이라는 현실을 살아온 우리 인간의 시각은 패턴화를 통해서 스스로를 적응시키고 있다.

콘텍스트의 역동성은 공동체가 진화하고 복잡해지는 장구한 과정을 통해 형성된 현실이다. 특히 로저 스페리의 말처럼, '진화의 전 과정에서 가장 중요한 사건'인 의식의 등장은 콘텍스트의 복잡성과 역동성을 인간들의 현실로 만들어놓았던 매체다. 의식의 통각統覺 작용을 바탕으로 가능해진 시각적 패턴화는 바로 이 콘텍스트적 현실에 적응해온 인간들의 의식사意識史가 남긴 위대한 유산이다. 콘텍스트의 평면성과 단일성 속에서 즉자적으로 생존하는 하등 생물과는 달리, 인간들은 (그리고 정도의 차이가 있지만, 고도의 조직적 복잡성을 지닌 척추동물들도) 자신의 관심에 따른 의미 지평들(콘텍스트들)을 구별하면서도 동시에 통합하는 시각의 제일성齊一性을 유지하며, 또 이로써 다차원적이고 다층위적 삶의 복잡성을 살아내되, 경직된 진리 고착에 얽매이지 않을 뿐 아니라 무리의 혼돈 속에 빠지지도 않으면서 살아낸다. 물론 이미 시사한 대로, 이 시각의 제일성은 패턴화를 통해서 기능하고 있다. 그리고 이 시각적 패턴화도 자신의 보존과 승계를 위해 부단히 주변과 진화론적으로 대화하는 생명체 일반의 역사성 속에서 이해될 수 있는 현상에 불과하다.

콘텍스트의 복수성과 역동성을 통해서 삶의 복잡성을 밝히려 했던 시도는 궁극적으로는 '복잡성이라는 삶의 현실에 어울리는 글쓰기'를 모색하기 위한 준비였다. 그러나 글의 앞머리에서 말했듯이, 인문학의 새로운 글쓰기 방식을 모색하기 전에 우선 복잡성이라는 삶의 현실을 망각하는 단순화 현상과 이 단순화를 병인病因으로 하는 여러 병증이 문화 현장에서 나타나는 모습을 패턴화하는 것이 필요하다고 판단되었고, 따라서 콘텍스트의 복수성을 해명하는 자리에서는 어느 정도 그 병증을 지적한 바 있다. 그러나 콘텍스트의 역동성을 해명하는 대목에서는 단순화의 병증을 유형화하는 데 소홀히 한 느낌이 없지 않다. 왜냐하면 콘텍스트의 복수성을 망각하는 태도로 인한 단순화의 병증과 콘텍스트의 역동성을 망각하는 태도로 인한 단순화의 병증이 완연히 구분되는 것이 아닐뿐더러, 글이 전반적으로 메타화되는 가운데 병증을 구체적으로 열거하는 것이 글의 격格과 태態에 어울리지 않기 때문이기도 하다.

이제 글의 말미에 온 듯하니, 방만한 논의의 목을 틀어쥐고 그 엑기스를 토해보자. 이 글은 삶과 세상의 실제적인 모습을 복잡성으로 읽고, 그 모습에 어울리는 글쓰기를 모색하고자 하는 의도에서 출발했다. 이 의도는 어떤 의미이든 인문학의 위기라는 인식을 배경으로 하고, 위기의 한 측면인 '기회'에 악센트를 둠으로써 현실화될 수 있었다. 삶과 세상의 복잡성은 주로 콘텍스트의 층위로 번역되어 풀렸고, 구체적으로는 콘텍스트의 복수성과 역동성의 문제로 대별되어 집중적으로 논급되었다. 아울러 콘텍스트는 결국 주변의 여러 의미 세계에 대한 인간의 관심과 대응의 문제일 수밖에 없으므로, 역사성의 무게를 꼬리처럼 달고 온 인간 자신도 콘텍스트의 상관태相關態로서 규명될 필요가 있었다. '시각적 패턴화'란 바로이 상관태의 모습을 드러낸 것이다. 즉 콘텍스트의 복수성과 역동성이라는 현실적 복잡성에 직면하여 시각의 통일성을 유지해온 방식을 패턴화라고 부른다.

콘텍스트의 복수성과 역동성으로서 나타난 세상의 복잡성 그리고 시각의 패턴화로서 나타난 인간의 대응 방식을 터전으로 삼아이제는 이 글의 목표인 소위 '삶의 모습에 알맞은 글쓰기' 방식을 좀더 구체적으로 찾아야 할 시점에 이르렀다.

'콘텍스트의 복수성과 역동성으로서 나타난 세상의 복잡성 그리고 시각의 패턴화로서 나타난 인간의 대응 방식'은 세상과 인간의 관계 속에서 벌어지는 삶의 모습을 특정한 의미 구조에서 포착한 것으로 볼 수 있겠다. '복잡성의 존재론'과 '패턴화의 인간론'이어울려서 전개될 수 있는 탐구의 방향은 최소한 둘 이상이다. 물론이 글이 선택한 방향은 '글쓰기'의 문제이며, 또 일단 그런 관점에순응해서 마무리를 짓게 될 것이다. 그러나, 비록 이 글에서는 제외되었지만, 복잡성의 존재론과 패턴화의 인간론을 근거로 열어볼 수있는 매우 중요한 지평은 해석학(특히 나의 '일리의 해석학')에 대한논의다. 그간의 글들에서 '복잡성의 존재론'과 '일리의 해석학'을 한켤레 개념으로 이해해왔던 것도 동일한 배경에서 가능해진다. '일리' 개념을 축으로 한 해석학적 논의에 대해서는 다른 글을 약속하고, 여기서는 일단 글쓰기의 문제로 끝을 보도록 한다.

4. 잡된 글쓰기와 우리 인문학의 미래

우선 이 단段에서 행해질 논의의 범위와 깊이를 제한하자. '복잡성·콘텍스트·글쓰기'를 논제로 내건 이 글의 후반부는, 콘텍스트의 문제로 풀어낸 삶의 복잡성을 근거로 이에 어울리는 인문학적 글쓰기를 탐색하는 데 그 뜻을 둔다. 하지만 복잡성의 존재론과 패턴화의 인간론에 어울리는 글쓰기를 좀더 구체적으로 찾는 작업은 이 글의 한 단段 정도 분량으로 마무리를 지을 수 있는 성격의 것이 아니다. 그러므로 여기서는 지금까지의 논의를 바탕으로 해서 내가 추구하는 글쓰기 방식의 정신과 그 전략적 원칙을 '시사'하는 정도로 만족하고, 좀더 자세한 천착을 위해서는 별도의 글을 약속하려고 한다.

나는 위의 글에서 삶의 복잡성을 콘텍스트의 복수성과 역동성으로 번역하고자 했다. 의미와 가치는 콘텍스트의 터에서 생기는 법이고, 또 우리 삶의 마당이 의미와 가치의 연계망이라면, 삶(의 복잡성)을 콘텍스트(의 복수성과 역동성)의 관점에서 풀이하는 것은 매우 뜻있는 작업이라고 여겨진다. 베이트슨의 지적은 과장이 아니다.

콘텍스트 없이는 말도, 행위도 전혀 의미를 가질 수 없다. 이것은 인간의 언어적 커뮤니케이션에 한하지 않고 말미잘에게 그 성장 방식을, 아메바에게는 다음에 무엇을 해야 할지를 가르치는 것까지 포함한 모든 커뮤니케이션, 모든 정신 과정, 모든 정신에 공통적으로 말할 수 있다.[121]

요컨대 텍스트보다는 콘텍스트를 중심으로 삼는 인식, 요소要素나 항목보다는 패턴을 중심으로 삼는 태도는 이 글에서 인용된 왓슨이나 베이트슨뿐 아니라 동시대의 분야별 대가들이 입 모아 합창하는 내용이다. 나는 콘텍스트의 복수성과 역동성 그리고 시각의 패턴화라는 내 나름의 방식을 동원해서 삶과 세상 그리고 이들이 함께 만나는 방식을 풀어보려고 시도했지만, 거시적으로는 유사한 정신적 행보로 분류할 수 있으리라고 본다. 그러면 인식과 이해의 축을 콘텍스트로 보고, 콘텍스트의 복수성과 역동성을 인간의 일차적 현실로 보는 시점은 어떤 글쓰기 방식을 요청하게 될까?

나는 우선 편의상 '개성적'이라고 부를 수 있는 글쓰기 방식을 권려하고자 한다. 사실 개성적 글쓰기는 문학비평의 문체적 기법으로서, 1980년대에 철학적 이론들과 메타서사가 시드는 경향을 타고 융성해졌는데, 비평가 자신의 자아와 소속의 터를 명시적으로 노출시키는 방식을 말한다. 문학비평 분야에서 제기된 개성적 글쓰기 방식과 그 정신에는 나도 원칙적으로 동의를 표하는 편이다. 그러나 내가 제안하는 개성적 글쓰기란, 위 단段의 토의로부터 짐작할 수 있듯이, 주로 콘텍스트와의 연관성에서 그 특징을 부여받는 방식을 가리킨다.

개성적 글쓰기는 물론 '개성이 드러나는' 방식으로 쓰는 것을 뜻한다. 다만 유의할 점은, 이 문맥에서의 개성이란 작가 자신의 역사와 그 색채만을 가리키는 것이 아니라, 작가를 포함한 텍스트 일반의 그것을 포함시킨 말이다. 작가의 개성이든 메시지의 개성이든, 어쨌든 개성이 드러나는 곳은 텍스트의 '주변부'가 된다. 고쳐 표현하자면, 텍스트와 콘텍스트가 교접하는 지역이야말로 텍스트의 개성이 여전히 살아 있는 부분인 셈이다. 그러므로 삶의 복잡성(즉 콘텍스트의 복수성과 역동성)을 죽이지 않고 글을 쓰는 방식으로서의 개성적 글쓰기는 쓰고자 하는 대상(텍스트)을 쓰고자 하지 않는 대상(콘텍스트)을 통해서 쓰는 방식이라고도 볼 수 있다.

인문학이 의미와 가치의 학문이고, 또 의미와 가치의 원천이 콘텍스트(의 복수성과 역동성이)라면, 콘텍스트가 텍스트에 침투해 들어오고, 텍스트가 콘텍스트로 확산해나가는 양식을 드러내 보여주는 감수성이야말로 인문학의 글쓰기를 향도하는 좋은 지침이 될 것이며, 여기서 거론하는 개성적 글쓰기도 사실 이에 다름 아니다.

텍스트로서의 작가의 주변을 노골적으로 드러내는 방식은 왠지 '점잖지 못한'(아, 이 얼마나 몰상식한 수식어인가) 인상을 줄 뿐 아니라 심지어 학문성마저 실추시킬 위험이 있다는 비판에 우리는 익숙해져 있다. 설상가상으로 지은이의 조탁되지 못한 육성을 그대로 내뱉는 것을 들어 학문을 넘어 인격의 문제로 보는 보수 전통적 시각이 만만치 않음도 알고 있다.[122] 이러한 시각은 여러 측면에서 비판받을 수 있겠지만, 잘라 말하면 시효가 지난 실증주의의 그늘 밑에서 주눅 든 채 올바른 인문학적 정신과 지평을 얻지 못한 왜곡된 근대화의 트기들이 중얼거리고 있는 소득 없는 염불에 불과하다. 그리고 이 염불의 요체는 '지은이가 글 뒤에 숨어버림으로써 그 글의 권위가 살아난다'[123]는 병약한 태도다. '인문학이 서야 인간이 서고, 인간이 서야 인문학이 선다'는 훈계조의 원칙을 다시 외치지 않더라도, 어떤 경우든 인간이 숨는 이론이 인문학을 살릴 수는 없다고 본다. 인문학이 제자리를 지키면서도 인간성이 조소당하고 특정 계층이 조직적으로 박해를 당하는 사례를 역사 속에서 확인할 수 있다면, 나는 주저함 없이 이 글을, 아니 인문학에 대한 내 욕심을 폐기하겠다.

지은이의 개성을 은폐함으로써 그 글의 권위가 살아난다고 믿는 글, 주변을 산뜻하게 도려내고 중심이 되는 메시지만을 명료하게 직조함으로써 학문성이나 진리를 보장할 수 있다고 믿는 형태의 글들이 근대성의 지면을 지배해왔다. 서구의 팽창주의와 학문의 사대주의 사이에서 샌드위치가 된 이 땅의 학인들은 자신들을, 우리를 그리고 이 땅을 체계적으로 은폐하는 '비개성적' 글쓰기를 고집함으로써 하이데거나 마르크스 따위의 승인을 얻을 수 있었고, 지금까지도 적지 않은 이들은 자신의 줏대와 창의성을 팔아 '학문성'을 구걸하고 있다. 이래서는 안 된다. 비록 학문성에 흠집이 생기는 한이 있더라도 줏대 있는 글쓰기를 모색하는 노력을 폄시하는 태도는 안 된다. (그러나 다행히 인문학이 '줏대의 학문'이라는 사실을 아는 사람은 다 알고 있다.) 수식數式으로 대표되는 자연과학의 글쓰기는 객관성이라는 신화적인 미덕을 빌미 삼아 콘텍스트를 무시한 채 텍스트의 순전함만을 고집하는 전형적인 경우이지만, 자연과학의 존재론적 토대가 '단순성'인 이상 방정식 같은 '순전한' 글쓰기는 나름의 필연성을 갖는 자기표현 방식임을 부인할 수 없다.

문제는, 인문학의 존재론적 토대는 단순성이 아닌 복잡성이라는 사실에 있다. 더구나 그 복잡성이 콘텍스트의 복수성과 역동성을 통해서 인간의 정신적 삶으로 침투해 들어올 때, 콘텍스트를 털어 버린 채 메시지의 독립성과 자율성을 강조하는 '순전한' 글쓰기가 어떻게 우리 삶의 구체성과 역동성을 잡아낼 수 있을 것인가. 반복 되지만, 개성적 표현으로서의 '잡된' 글쓰기는 '콘텍스트가 텍스트 에 침투해 들어오고, 텍스트가 콘텍스트로 확산해나가는' 모습을 스스럼없이 보여줄 수 있어야만 한다. 이런 점에서, 예를 들어 텍스 트로서의 작품과 콘텍스트로서의 역사를 분리하지 않고, 텍스트 의 역사성과 역사의 텍스트성이라는 교차 대구법적인 상호작용으 로 담론을 이해하는 신역사주의 비평 등의 글쓰기 방식은 매우 유 익한 시사가 될 것이다.

다음으로, 잡된 글쓰기 방식은 무엇보다 콘텍스트의 역동성이라 는 현실과 궤를 맞추려는 취지를 갖는다. 상술했듯이 콘텍스트의 역동성이라는 복잡한 현실은 우선 정신생활의 자기동일성과 지향 적 통일성이라는 문제를 야기하는데, 이 문제를 무리 없이 해결하 고 있는 정신적 기제가 바로 '시각적 패턴화'라 부른 조절 작용이었 다. 피사체를 좇는 조리개의 절묘한 움직임처럼, 우리의 퍼스펙티브 는 패턴화 과정을 통해서 콘텍스트의 역동성을 일관성 있게 조정· 수렴하여 정상적인 정신생활을 유지할 수 있도록 긴밀하게 움직이 고 있는 것이다. 마치 통각統覺의 통할적 인식 작용처럼 우리 시각 도 콘텍스트의 역동성에 능동적으로 대처할 수 있는 구조를 갖는 다. 다만, 이것이 칸트적 통각과는 달리 진화적 역사성의 산물임을 기억해야 할 것이다.

그러나 문제는 시각과는 다른 구조를 지닌 글(쓰기)에서 발생한

다. 정신활동의 통어統御 과정인 시각적 패턴화perspectival patterning
는 '콘텍스트의 역동성에 능동적으로 대처할 수 있는 구조'를 갖추
고 있지만, 텍스트로서의 글(쓰기)은 글의 물질성 그리고 지면紙面
의 평면성·일차원성·단층성이 시사하듯이 콘텍스트의 복잡한 역
동성에 능동적으로 대처할 만한 장치가 빈약하다고 볼 수 있다. 말
하자면, 지면 위에 쓰인 것은 쓰인 것으로서의 자기 폐쇄성 속에
스스로를 어느 정도 구금하고 있다는 것이다.

  물론 텍스트를 열린 체계로 보는 입장과 이를 뒷받침하는 정교
한 이론들이 만만치 않음을 외면하려는 것은 아니다. 아는 대로,
바흐친은 독백적·단성적單聲的·결과중심적 자연과학과는 달리 인
문학은 대화적·다성적·과정중심적 탐색임을 강조하면서 텍스트
의 개방성이나 다의성을 힘주어 말하고 있고, 바르트 같은 이도 열
린 체계로서의 텍스트를 말하면서 텍스트야말로 '무한한 가능성
자체'임을 거듭 강조하고 있다. 텍스트를 그 가능성이 종결된 닫힌
체계로 볼 수 있었던 이유는, 무엇보다 그 텍스트의 의미와 가치의
원천지照會點(이를 '초월적 소기'라고 부르든 '형이상학적 토대' 혹은 '본
질'이라고 부르든)를 명료히 할 수 있다고 믿었기 때문이다. 그러나
의미와 가치를 배타적으로 생산하는 궁극적이며 중앙집권적인 원
천이 이미 여러 학문의 전위대로부터 심한 불신을 받고 있는 지금,
그 같은 특권적 원천과 토대 위에 기생하고 있는 텍스트의 폐쇄성
이론이 전 같은 위세를 지키기는 어렵다.

  그러므로 '지면 위에 쓰인 것은 쓰인 것으로서의 자기 폐쇄성 속
에 스스로를 어느 정도 구금하고 있다'는 지적은 텍스트 이론에 대

한 작금의 현란한 변주를 도외시한 채 이뤄지는 것이 아니다. 이는 다만 글(쓰기)이 시각적 패턴화 과정에서 볼 수 있는 것과 같은 능동적이고 역동적인 자기 조정과 통합 작용이 부족하다는 뜻이다. 텍스트의 능동성과 개방성을 외치는 수사적修辭的 객기를 아무리 증폭시켜도, 예를 들어 '$10\times10\times10\times10\times10\times10\times10\times10\times10\times10\times10\times10\times10\times10\times10$'개보다 더 많은 유기 분자가 구조적으로 협력함으로써 가능해지는 자기의식의 능동적 통각 작용에 비할 바는 아니기 때문이다.

'콘텍스트의 역동성에 능동적으로 대처할 수 있는 구조'의 측면에서 아무래도 어쩔 수 없는 한계를 느끼는 글은 그러므로 특별한 글쓰기 전략을 필요로 한다. 이는, 글이라는 스스로의 한계를 신랄하게 인식하면서도 콘텍스트의 복수성과 역동성을 최대한 그대로 살려줄 수 있는 쓰기 방식을 찾는 물음으로 집약된다. 좀더 구상적으로 표현하자면, 살아서 꿈틀거리는 것 같은 콘텍스트들을 죽어 자빠진 것 같은 글이 어떻게 만날 수 있는가 하는 물음이다. 요즈음 흔히 사용하는 표현을 빌려본다면, 우울할 수밖에 없는 기호를 부단히 환치換置시킨다고 해서 본래적 의미의 역동성과 중층성을 어떻게 집어낼 수 있는가 하는 것이다.

결론부터 밝히자면, 나는 '일리一理'와 패턴(화)라는 개념을 통하여 글(쓰기)이 콘텍스트의 복수성과 역동성에 제대로 대치할 수 있다고 생각한다. 그러나 이는 필시 해석학적 논의로 옮아갈 것이고, 앞서 일리 개념을 축으로 한 해석학적 논의에 대해서는 다른 글을 약속한 바 있으므로 여기서는 시사하는 정도로 끝내고자 한다. 글은 아무래도 여러 콘텍스트의 유기적 역동성을 있는 모습 그대로 잡아낼 수 없는 법이다. 언표 과정에 본질적으로 포함된 단순화와 왜곡[124]은 차치하더라도, 글은 특정한 하나의 콘텍스트와 이를 배경으로 서 있는 텍스트 사이의 상관 구조(패턴)를 밝히는 것뿐이지, 정신적 삶의 복잡다단한 지평을 형성하는 여러 콘텍스트와 이들의 역동성을 한 번에 잡아둘 수 없는 법이다. 글은 단순화하고, 추상화하고, 일반화하고, 표준화하고, 과장과 왜곡을 일삼는 스스로의 특성에서 완전히 자유로울 수 없기 때문이다.

동어반복에 가까운 언사이지만, 글쓰기는 텍스트를 만드는 행위다. 그리고 텍스트가 '서는'(즉 '이해되는') 터와 배경과 그 층위를 콘텍스트라고 볼 때, 근본적으로 글쓰기는 단순히 텍스트를 만드는 행위가 아니라 특정한 텍스트와 그 텍스트가 스스로의 의미와 위상을 부여받는 원천지인 콘텍스트 사이의 관계를 밝혀주는 작업이라고 해야 할 것이다. 요컨대 글쓰기는 텍스트와 콘텍스트의 상관관계를 드러내는 행위이며, 글은 그 관계가 언어를 통해서 패턴화된 것이다.

일리 개념이 개입하는 것은 바로 이 대목에서다. 특정한 텍스트가 이해되는 것은 그 텍스트가 자신의 의미 모태인 콘텍스트와 실제 어떤 식으로 상관되고 있는지를 밝혀줌으로써 가능해진다. 그러므로 텍스트의 이해는 콘텍스트와의 상관관계를 밝힘으로써 가능해지고, 특정한 콘텍스트와의 연관 없이 성립하는 텍스트의 이해는 이미 풍진세상의 삶 속에서 학문하는 인간의 것이 아니라고 봐야 한다. 인간의 이해는 원칙적으로 시각적perspectival이며 또한 콘텍스트적일 수밖에 없기 때문이다. 따라서 어떤 텍스트를 '이해한다'는 말은, 일차적으로 의미 원천지인 콘텍스트 속에서 그 텍스트의 자리를 매긴다는 뜻이다. 또 이 이해의 방식에 어울리는 글쓰기도, 전술했듯이 '단순히 텍스트를 만드는 행위가 아니라 특정한 텍스트와 그 텍스트가 스스로의 의미와 위상을 부여받는 원천지인 콘텍스트 사이의 관계를 밝혀주는 작업'이 되는 것이다.

이해나 글쓰기를 본질적으로 콘텍스트와의 상관성 속에서 일어나는 행위로 볼 경우, 결국 우리가 추구하는 앎의 대상은 진리가 아니라 일리가 될 수밖에 없다. 콘텍스트와 상관없이 참인 명제를 진리(콘텍스트가 바뀔 때마다 바뀌는 진리를 진리라고 부르지는 않을 테니까)라고 부른다면, 그러한 특권적 위상을 지닌 명제는 우리의 인식이나 글쓰기 행위 속에서 찾아볼 수 없기 때문이다. 시각적·콘텍스트적 앎에서 벗어날 수 없는 우리의 이치理致는 일차적으로 그리고 실제적으로 언제나 일리로 낙착된다. '일리 있다', 즉 '하나의 이치가 통한다'는 말은 이미 그 자체로 하나의 특정한 콘텍스트를 물고 들어가고 있음을 알 수 있다. 만약 '진리(있)다'라는 말이 '콘텍스트가 없다', 즉 '모든 콘텍스트에 통한다'는 뜻이라고 한다면, '일리 있다'는 판단은 '하나의' 콘텍스트가 있음을 말해주고, 아울러 이 판단의 대상인 텍스트가 그 콘텍스트와 '하나로' 맞물린다는 사실을 가리킨다고 해석할 수 있을 것이다. '일리 있다'는 판단은 이치 그 자체로서의 진리에 미치지 못하지만, 자신의 입지에서 이치를 향해 서 있다it stands to reason는 뜻으로 풀어도 좋을 것이다.

'일리의 해석학'에만 천착할 글을 따로 기약하며 여기서는 자세한 논급을 피하려 하지만, 위의 설명에서 어느 정도 추측할 수 있듯이 나는 이해를 우선적으로 일리의 파악으로 본다. 잘못하면 '진리'라는 말의 뜻풀이 싸움으로 전락할 위험이 있는 말이지만, 콘텍스트에 대한 위의 논의에서 드러나듯이 나는 진리가 이해의 이념은 될 수 있을지 모르지만 이해의 현실적 목적은 될 수 없다고 믿는다. 모든 인간의 이해는 '일리'라고 부를 수 있는 실질적이고 자신의 이름이 분명한 의미 지평, 즉 텍스트-콘텍스트 사이의 연관 패턴을 통해서 이뤄지기 때문이다. 앞에서, 개성적 표현으로서의 '잡된' 글쓰기를 '콘텍스트가 텍스트에 침투해 들어오고, 텍스트가 콘텍스트로 확산해나가는' 모습을 스스럼없이 보여줄 수 있는 글쓰기라고 평했던 것도 같은 배경에서다.

인문학은 전처럼 텍스트 속의 자율적인 논리에 안주하지도 못하고, 콘텍스트 속으로 방산放散되지도 못하는 어중간한 머뭇거림의 몸짓을 계속하고 있다. 그리고 혹자들은 이 주저함을 성숙의 징표라고 자위하며 잠시 쉬어가려고 앉았던 자리에서 비석까지 다듬고 있는 실정이다.

내가 주장하는 일리와 패턴의 철학은 바로 이 머뭇거림 속에서 학문적인 정당성을 찾아보려는 시도다. 무리의 비산飛散도 우리 일상인의 삶의 자리가 아니고, 진리의 좌정도 더 이상 우리를 위로하거나 보호할 수 없는 현실에서 인문학과 철학이 열어야 할 제3의 지평은 무엇인가. 자연과학의 영역에서조차 전 같은 대접을 받지 못하고 있는 '필연성'이 우리 인문학을 건져줄 수는 없는 노릇이고, 역사의 무게가 사람에게 남긴 가장 위대한 흔적인 의식의 통각 작용을 도외시한 채 철저한 '우연성'만을 동경할 수도 없는 일이다. 이 글의 순서에서 그 취지가 이미 분명해졌다고 볼 수 있을 텐데, 인문학의 권리 원천은 결국 우리 삶의 실제 모습에서 찾아져야만 한다. 나는 그 삶의 모습을 '복잡성'으로 파악했고, 복잡성의 현실 속에 있는 인간들이 이 복잡성에 주눅 들지 않고 '잘' 살아가고 있는 모습을 '일리'와 '패턴'으로써 설명하려 했던 것이다. 그러므로 우리 삶의 현실 속에서 순간순간 이뤄지고 있는 '일리 잡기'를 주제화하는 해석학 그리고 이를 종이 위에 옮기는 글쓰기는 진리와 무리 사이, 필연성과 우연성 사이에서 계속되고 있는 덧없는 '머뭇거림의 몸짓'을 중단시키고 '우리의 진리(=일리)'에 좀더 진솔해질 발판을 마련해줄 수 있을 것으로 본다. 눈감은 절대성도 아니고, 눈만 달린 상대성도 아닌, 제3의 지평은 일리라는 보편성 속에서 열릴 수 있다고 생각한다. 특정 콘텍스트와 텍스트 사이의 상관관계를 보편성의 빛에서 패턴화시킨 것이 바로 일리다. 우리는 이 수많은 일리가 교차하고 이산離散하는 역동성을 시각의 패턴화를 통해서 응대하고 있고, 우리의 글쓰기는 하나의 일리를 축으로 펼쳐진 하나의 의미 세계를 드러내는 역할을 하고 있다. '글은 복잡성을 일리로 풀어놓은 것이다.'

8. 콘텍스트의 해석학

1. 인문학의 글쓰기: 원리와 사례의 피드백

나는 내 스스로의 작업을 넓은 의미의 문화철학으로 본다. 절개하는 부위에 따라 다른 메스가 쓰이듯이 작업의 성격에 따라서 분석의 정도나 그 정치精緻함도 달라져야 한다면, 내 논의는 문화라는 분석 대상이 지닌 특성에 민감하게 응대할 수밖에 없다. 문화적 시공간은 가령 무시간적 논리 세계와는 판이한 성격을 가지며, 그 성격만으로도 한 권의 책으로는 부족할 만큼 체계적인 분석과 해명이 가능할 것이다. 그러나 문화라는 유동체 속에 딱딱한 정의의 방식이 자리할 부분은 많지 않을 것이라는 사실을 빌미로, 문화의 개념은 물론이고 여타 몇몇 중요한 개념에 대한 뜻풀이 시비도 초장에 없앨 생각이다. 일단은 의미의 문제를 용례로 처리하는 화용론적 발상에 동의하면서 논의를 풀어가자.

이 글은 세상의 복잡성을 콘텍스트의 다층 구조로써 밝히려는 시도인데, 논의의 궤를 메타보다는 주로 사례 분석에 두려고 한다.

나는 사례의 분석, 즉 예증과 그 적실성의 확인을 매우 중요한 철학적 탐색의 한 방식이라고 생각한다. 그러나 철학적 논의는 그 성격상 일반성과 보편성의 층위에서 이뤄지는 것이 보통이고, 심지어 메타철학이 철학의 본질적인 특성처럼 여겨지기도 하는 만큼, 일상 속의 구체적인 사례들을 세세히 거론하는 것은 철학적 전문성을 희석시키거나 자칫 좀스러운 삽화로 전락할 위험이 있다는 비판을 받을 수 있겠다. 전통 속에 간직되어온 전문성을 수호하려는 이들도 대체로 예화나 사례 분석 자체를 폄시하거나, 혹은 철학적 탐색이 개입할 타당한 영역이 아니라는 지적을 하고 있는 듯하다. 어쨌든 이들은 주로 이론적 원리들을 제시하는 데 만족할 뿐, 이 원리들이 일상인들의 구체적인 세상 속에서 실제로 어떻게 적용되고 있는지를 보여주는 데에는 별다른 정열을 보이지 않고 있다.

'철학은 자신의 꼬리를 먹고 산다'는 말은 삶의 구체성과 일상성에서 멀어진 철학과 그 메타적 순환성을 재미있게 표현한 것으로 보인다. 이 순환에서 벗어나 원리들이 삶의 터 속에서 어떻게 확인되고 있는지를 캐는 것은 마치 철학자들이 해서는 안 될 금기처럼 여겨지는 것이다. 이는 흥미롭게도(혹은 슬프게도?) 앎과 삶이 체계적으로 분리되도록 조장해온 우리 땅의 교실 문화와 유사한 모습을 보인다. 그러므로 원리의 세계와 사례의 세계를 일관성 있게 접합시키는 철학적 작업은 찾아보기 힘들다.

하지만 이론의 적실성은 그 이론의 현실적 적용력으로밖에는 달리 설명할 도리가 없지 않은가.

철학의 일상화나 세속화를 말하는 이가 적지 않고, 독자들의 삶과 정신에 실질적인 영향을 행사하지 못하고 있는 철학의 위기를 들먹이는 이도 적지 않다. 나는 이 문제를 기존의 글쓰기 방식에 대한 반성 차원에서 진지하게 검토하고 있는 편인데, 상술한 예화 중심의 논의는 이 같은 모색이 벌이는 한 가지 실험에 해당된다. 메타 이론의 원리적 구성에 주로 매달려왔던 우리는 예화 중심의 이야기에 손을 댄다는 것 자체를 왠지 탐탁지 않게 여긴다. 그러나 나는 바로 이 기피 속에서, 수입된 문화와 학문의 와류 속을 버둥거리면서 제대로 자기 목소리를 내지 못한 채 남의 굿판을 먼발치에서 기웃대며 흉내 내다가 떡이나 얻어먹는 학인들의 사대주의와 패배주의의 한 표현을 본다. 인문학이 이야기에서 출발했다는 상식을 기억한다면, 이야기 문화를 명시적으로 배척하고 있는 작금의 글쓰기 풍토 속에서 인문학의 숨통을 틔운다는 것은 결코 쉽지 않은 모험이다.

이미 다른 글에서 밝힌 것처럼, 메타 이론이나 논문투의 글쓰기 방식을 전면적으로 비난하고자 하는 취지는 아니다. 다만 이런 식의 글쓰기만을 고집하는 것은 우리 학인들의 자율적 학문 공간을 빈약하게 만들고, 독자들을 더욱 멀리 쫓아내 이론 자체의 자존自存과 적용 영역을 경색하게 만들 뿐 아니라, 무엇보다 학문을 삶의 실제적인 모습에서 점점 소외시키는 결과를 가져온다는 사실을 지적하고자 한다.

이론에 대한 독자들의 관심 여부에 상관없이, 이론 자체의 고유한 힘과 가치를 주장하는 이들도 있다. 그들은, '실제로 철학자는, 다른 사람은 우리가 사용하는 개념이 모여 짠 구성물에 아무런 이상이 없다고 생각함에도 불구하고, 그 개념의 구성물에 있는 숨은 균열을 찾아내는 그러한 사람이다'[125]라고 말하면서, 독자 대중의 이해에 큰 기대를 보이지 않을 수도 있다. 나는 이러한 태도에는 반대하지만 이를 빌미 삼아서 엘리티즘 논쟁으로 끌고 들어갈 생각은 없다.

다만 독자의 관심에 대한 저자의 태도에서, 인문학은 자연과학과는 다소 다른 변수가 있다는 사실을 지적하고 싶을 따름이다. 즉 인문학과 자연과학은 다른 방식으로 스스로의 적용력을 드러낸다. 아인슈타인의 상대성 이론이 처음 발표되었을 때, 이를 제대로 이해하는 사람은 전 세계에 10명 미만일 것이라는 우스갯소리가 있었다. 그러나 이 경우에 좀더 중요한 점은, 설혹 채 10명도 이해하지 못하더라도 그 현실적 적용력은 실제로 세상을 바꾸었다는 사실에 있다. 이와 달리, 인문학이 세상에 영향을 행사하는 방식은 이를테면 대자적對自的이라고 할 수 있다. 인문학의 성과들은 독자 한 사람 한 사람에 이르기까지, 이해받지 못하면 이해받지 못하는 바로 그만큼 무용지물이 되고 만다. 기술과학의 세세한 내용은 전문가 집단에 의해서 이해되고, 일반 대중은 '제품'의 이용과 조작에 관여할 뿐이다. 그러나 인문학의 힘은 최종 생산물인 제품의 이용과 조작이 아니라 이해를 통해서 발생하기 때문에 독자 한 사람 한 사람을 소중히 생각해야 할 정당한 이유가 있다.

그러므로 독자를 염두에 둔 '이름 있는' 글쓰기는 단순히 상략이 아니다. 그것은 인문학의 학문적 성격으로부터 요청되는 글쓰기다. 논문중심주의의 글쓰기는 자연과학의 그림자에서 벗어나지 못하고 있는 흔적이고, 결국 이는 자연과학이라는 소프트웨어를 바탕으로 팽창해온 서구를 비판 없이 추수하고 있는 우리 지식인들의 모습을 단적으로 보여준다. 시간과 공간이 사라진 글, 전문성이라는 비현실적인 공간 속을 이름 없는 인간들이 놀고 있는 모습으로서의 글은 독자를 무시할 수밖에 없다. 가령 처방전에 적힌 외국어들은 환자가 이해하든 말든 상관이 없다. 꿩 잡는 게 매라고, 병을 고쳐주는 약이면 되니까. $E=mc^2$이 무슨 말인지 아무도 몰라도 상관없다. 원자폭탄을 만들어서 일본을 항복시키면 되니까. 그러나 인문학은 이해받지 못하면 즉시 휴지 조각으로 사라질 수밖에 없는, 불행한 것 같기도 하고 어쩌면 행복한 것 같기도 한 운명 속에 있다.

인문학의 글쓰기는 독자와의 관계에서 자연과학과는 다른 '긴장'을 요청받는다. 이 긴장이 인문학에 본질적으로 내재한다는 점에 우리 인문학적 글쓰기의 고유한 특성이 있다. 인문학은 글쓰기를 통해서 독자와의 유기적인 교호를 유지해야 하며, 이는 역으로 인문학의 속내를 탄탄히 다지는 상보 효과를 약속해준다.

글의 앞머리에서 사례 분석, 즉 예증을 매우 중요한 철학적 탐색의 한 방식이라고 봤던 것은 이러한 배경을 가지고 있다. 비록 메타이론적 작업을 포기할 수 없는 입장에 서 있다 하더라도, 메타의 층위에서만 논의를 진행하는 것은 이론의 적부를 구체적으로 확인할 수 없게 만드는 난점이 있을 뿐 아니라 일상의 구체 세계 속에 살고 있는 독자들을 글 속으로 쉽게 초대할 수 없게 한다.

해서 나는 인문학의 글쓰기 방식으로서, 사례 분석과 메타 이론의 제시라는 두 가지 요청 중 어느 한 가지를 희생시킬 수 없다는 생각을 품게 되었다. 철학에 대한 적잖은 오해와 소문[126]은 이 두 가지 요청을 조화 있게 병치시키지 못하고 어느 한쪽으로 심하게 경도된 상태에서 이뤄진 글쓰기로 말미암은 것이라고도 볼 수 있다. 메타 이론 쪽으로만 치우치는 글쓰기는 전문성의 수음 행위로만 그치기 쉽고, 예화만 시끌벅적하게 내뱉는 글쓰기는 잡담으로 전락하기 쉬운 것이 사실이다.

독자들이 생활하는 일차적인 터가 사례들의 세계이므로 사례 분석을 통한 접근은 그들을 무리 없이 이끄는 효력을 가진다. 메타적 공간을 들어가거나 나올 때마다 독자들이 실제로 호흡하는 삶의 터를 부단히 조회照會해주는 태도는 친절이나 전략의 차원을 넘어서는 의미가 있다. 이론의 성립 원천은 실천의 현장일 수밖에 없으므로, 모든 이론은 반드시 생활의 일상성 속에서 확인되는 사례의 분석을 거칠 필요가 있으며, 이는 이론이 이론으로서의 자격을 갖추고 있는지를 밝혀주는 본질적인 부분이다.

충분히 논의하지는 못했지만, 나는 이와 같은 이유에서 메타적 공간과 실천의 현장을 부단히 상호 조회cross-reference하는 글쓰기 방식을 선호하며, 이런 글쓰기 방식이 정착되면 인문학의 위기라는 이름으로 회자되고 있는 정신적 난국도 어느 정도 수습되리라고 전망한다. 일견 너무 낙관적이라는 비판도 예상하고 있고, 또 인문학을 글쓰기로 환원시켰다고 여겨지는 점에 대해서는 좀더 전문적인 비판이 나올 수도 있겠다. 그러나 방법론은 방법의 시행을 통해서 그 효율을 인정받을 수 있는 법이니, 내 글쓰기 제안을 하나의 방법론적 가설로 보고 일단 이를 실천해봄으로써 그 약점과 장점을 따로 논하기로 한다.

포퍼의 명민한 지적처럼, 어쩌면 내 비판자들은 물론이고 나 자신도 아직 이 제안 자체를 제대로 이해하지 못할 수도 있겠기 때문이다.

어느 이론 하나만이 유일하게 가능한 것처럼 보일 때에는, 그 이론은 물론이고 그 이론이 해결하고자 의도한 문제도 제대로 이해하지 못하고 있다는 증좌로 여겨야 한다.[127]

물론 나는 메타 이론과 예화를 상호 교호시키는 글쓰기 방식이 유일한 대안이라고 생각하지는 않는다. 다만 가설적인 이론들이 제대로 이해되거나 그 적실성이 인정되는 방식이 '적용 과정'에 있다는 점을 강조하려는 것이다. 글쓰기 방식은 글쓰기의 행위 속에서만 자신의 효율성을 입증할 수 있을 것이다. 실천에 앞서 그 진위나 가치를 판정하려는 물음을 던지기보다는 오히려 어느 글쓰기가 더 적실하고 질긴지 하는 문제는 글을 쓰는 구체적 행위 속에서 관찰하는 편이 현명할 것이다. 결국 글쓰기 방식을 선택하는 것은 쓰는 이의 의도가 아니라, 삶의 힘일 것이기 때문이다.

패러다임 이론이 너무 선정적으로 선전된 느낌이 있고, 그 선정성에 의해서 정당한 평가 없이 시야에서 사라져버린 듯한 포퍼의 '지식성장론'은 내 글쓰기 방법론 모색에도 시사하는 바가 적지 않다. 포퍼의 지식론이 대체로 진화론적 지식성장론의 선상에 있듯이,[128] 나는 내 글쓰기 방식도 비슷한 명칭으로 불러도 무리가 없을 것이라고 생각한다.

우리 지식의 성장은 다윈이 '자연선택'이라고 불렀던 것과 매우 닮은 과정의 결과라고 볼 수 있다. 즉, '가설의 자연선택'이라고 할 수 있겠다. 우리의 지식은 매순간 생존을 위한 투쟁에서 살아남음으로써 스스로의 비교적인 적성適性을 증명한 가설들로 구성되어 있다. 이 투쟁은 살아남기에 부적절한 가설들을 도태시킨다.[129]

삶과 역사의 과정이 진위라는 잣대로만 이뤄지는 것이 아니라는 냉혹하고 비철학적(?)인 사실을 직시한다면, 이론의 '진위'가 아니라 이론의 '성장', 나아가서는 이론의 진화론을 운위하는 것도 그리 별스럽지 않으리라고 본다.

나는 이 글에서 시도해보고자 하는 글쓰기를 '파도타기식'이라고 부르고자 한다. 미시적으로는 온갖 잡다한 변수가 지적될 수 있겠지만, 대체로 파도는 골과 마루의 순환적 변용을 통해서 전진하는 일정한 패턴의 움직임을 보인다. 파도타기식 글쓰기는, 상술한 메타 이론이나 원리적인 명제의 제시를 마루 부분으로 보고 이에 대한 예화 및 사례 분석을 파도의 골 부분으로 배당한다. 골과 마루가 서로 맞물려 파도가 전진하듯이, 파도타기식 글쓰기에서는 원리와 중심 명제의 제시나 구체적인 사례 분석 어느 쪽도 무시될 수 없는 본질적인 부분으로 취급된다. 위에서 논급한, '메타적 공간과 실천의 현장을 부단히 상호 조회하는 글쓰기'는 파도의 골과 마루가 순환적으로 변용되면서 하나의 움직임을 형성하는 것에 해당된다. 순환은 흔히 제자리걸음의 교대를 뜻하지만, 파도의 골과 마루의 순환은 그 순환 자체가 필연적으로 전진을 뜻한다. 이는 반드시 해변을 향해서 나아갈 수밖에 없는 파도의 방향성과도 맞물려 있는 사실이다. 파도는 골과 마루의 순환으로 인해 역동성을 부여받고 이 역동성은 부단히 파도를 주어진 목적으로 내몰아가는 셈이다. 궁색하게나마 이 역동성을 필력筆力이라 부르고, 파도의 방향성을 논지나 주제로 바꿔놓으면 내가 뜻하는 글쓰기 방식과 파도타기 사이의 비유적 상사성은 나름대로의 매듭을 짓게 될 것이다.

상술했듯이, 세상의 복잡성을 콘텍스트의 다층 구조로써 밝히려는 것이 이 글의 목적인데, 나는 '파도타기'를 글쓰기의 실천 지침으로 삼아 이 글을 쓰고자 한다. 물론 원칙의 경직된 적용이 주는 부작용에 최대한 유의할 생각이다.

2. 갈릴레오의 성공

만일 계산가가 설탕과 비단 그리고 양모에 관한 계산을 맞추고자
한다면 그것을 포장한 상자나 가마니의 무게를 빼내야만 하듯이,
수리과학자가 추상적으로 증명된 결과를 구체적으로 확인하려 한
다면, 물질의 장애를 제거해야만 한다. 이것이 행해질 수 있다면, 사
물도 산술 계산과 같은 방법으로 존재한다는 점을 나는 당신에게
확신시킬 수 있다.[130]

갈릴레오의 성공은 그 자신이 말한 '물질의 장애'를 없앨 수 있
었기 때문에 가능했다. 갈릴레오가 천착한 학문 영역에서 물질을
장애로 여기는 것은 일견 이해하기 어려울지도 모른다. 물리物理는
말 그대로 사물의 운용과 그 이치를 궁구하는 학문이었고, 그 역
시 주로 운동론의 범주에서 혁명적인 공헌을 남겼다고 평가받으므
로, 물질 자체를 장애로 보고 이를 도외시함으로써 학문적인 성취
를 이루었다고 하는 것은 역설적인 발언으로 느껴질 수도 있겠다.

물리학처럼 엄밀성의 이념을 좇는 학문적 탐색은 지식을 보편
언명의 형태로 만들고자 한다. 보편 언명이란 시간과 공간의 모든
영역에서 그 타당성이 주장되는 명제인데, 이와 대조적으로 특정한
시간과 공간으로 제한되는 주장은 단칭單稱 언명으로 불린다. 예를
들어 '히틀러의 절대적 신임을 받던 나치 치하의 체코 총통 하이드
리히는 1942년 체코에서 영국 특공대원인 얀과 요셉에 의해서 암
살되었다'는 진술은 물론 단칭 언명이다. 이 진술은 특정한 시공간

속에서 관찰될 수 있는 사태를 언급하고 있기 때문이다. 그러나 '사람은 죽는다'라는 진술은 그 진위에 상관없이 이미 주장의 방식에서 보편 언명임을 알 수 있다. 주장된 사태가 언제 어디에서 해당될 수 있는지를 규정하고 있지 않기 때문이다.

그러므로 참인 보편 언명으로 구성되는 학적 지식은 '모든 공간과 시간에서'(혹은 실질적으로 동일한 값을 지니는, '시공간에 관계없이') 참임이 확인되거나 최소한 그렇게 주장되는 순간까지 반증되지 않았던 지식을 가리킨다고 볼 수 있겠다.

그런데 '공간과 시간의 모든 점에서' 성립하는 보편 언명들을 의미 있게 주장하기 위해서는, 엄밀히 말하자면 그 주장을 뒷받침하는 어떤 형이상학적 전제가 요구된다. 사실 하나의 '주장'을 함으로써 애초의 의도와 관계없이 그 주장을 정합적이며 의미 있게 만들어주는 하나의 '세계'를 드러내는 경우는 드물지 않다. 텍스트의 의미가 그 지반인 콘텍스트와의 관련성 속에서 드러난다는 일반적 사실을 떠올린다면 이는 쉽게 납득할 수 있는 일이다. 몇 가지 사례를 들자.

마녀 재판 시 죄의 유무를 판정하기 위한 기학적嗜虐的 방법 중 그 결과가 종종 익살溺殺로 끝나버린 경우가 있었다.

용의자를 알몸으로 벗긴 채 오른손의 엄지손가락을 왼발의 발목에 묶고 왼손의 엄지손가락을 오른발에 묶어 물에 던진다. (가라앉아 익사하면 무죄라고 보고) 상대가 떠오르면 유죄라고 인정했는데, 이것은 물은 부정을 싫어하여 이를 받아들이지 않는다는 속신에 입각

하고 있다.[131]

익살은 생매장과 함께 특히 여성에게만 적용된 처형의 방식이었는데, 물의 정령이 원래 여성이었고, 따라서 여자 사형수는 통성의 어머니인 물의 정령에게 인신 공양의 의미로 바쳐진 것이라는 주장도 적지 않다.[132]

어느 쪽의 해석이든, 우리의 논지상 중요한 점은 재판과 처형의 방식 그리고 이에 대한 해석은 모두 나름대로 하나의 세계를 그러한 시행과 해석의 권리 원천으로 간직하고 있다는 사실이다. 즉 물 속에 가라앉으면 무죄이고 뜨면 유죄라는 판단이나, 익살을 여성 사형수로 제한시킨 사실은 물을 축軸으로 전개된 '당시의 의미 세계'의 단면을 드러내고 있다. 심지어 우발적인 행동이나 정서마저 뒤를 캐면 그 행동이나 정서의 젖줄이 있게 마련이고, 그 젖줄은 대체로 하나의 제한된 의미 세계, 혹은 그 단면을 드러내는 것이 보통이다.

약간 다른 관점이지만, 전제 없는 순수한 텍스트의 존재 가능성을 부정하는 한 가지 실험으로 포퍼의 "문제가 관찰을 선행한다"는 생각을 소개해보려 한다. 물론 이 태도는 포퍼만의 것이 아니라 소위 '이론 의존성theory-ladenness'이라는 개념으로 대표되는, 과학적 객관주의를 비판하는 태도에서 공통적으로 확인할 수 있는 것이다.

관찰이 모든 문제를 선행할 수 없다는 사실은 다음과 같은 간단한 실험을 통해서 예증될 수 있는데, 독자 여러분이 피실험자가 되어 주기를 바란다. 그 실험이란, 지금 바로 여기서 여러분이 '관찰해보는' 것이다. 여러분 모두가 내 제의에 협조해서 관찰하고 있을 것으로 생각한다. 하지만 내 짐작에는 여러분 중 최소한 몇몇은 관찰하는 것을 멈추고 다음과 같은 질문을 던지고 싶은 강한 충동에 사로잡힐 것이다. "'무엇을' 관찰할까요?" 만약 여러분이 이러한 반응을 보인다면 내 실험은 성공한 셈이다. 내가 보이려고 하는 것은, 관찰을 하기 위해서는 그 관찰을 통해서 답변을 내릴 수 있는 분명한 질문을 먼저 가지고 있어야만 한다는 사실이기 때문이다.[133]

관찰이라는 초보적 행위조차 특정한 문제의식의 그늘을 벗어날 수 없다는 실험은 삶의 터Sitz-im-Leben나 입장의 피구속성 Standortgebundenheit을 강조하는 콘텍스트주의의 기본 명제에 해당된다고 볼 수 있겠다. 모든 텍스트의 드러남이 드러나지 않은 콘텍스트의 바탕 위에서 가능하다는 태도는, 상술한 것처럼 '하나의 주장을 함으로써 의도와 관계 없이 그 주장을 정합적이고 의미 있게 만들어주는 하나의 세계를 드러내는 경우'를 가리킨다.

다시 갈릴레오로 돌아가자. 물리 세계에 대한 지식의 체계는 '공간과 시간의 모든 점에서' 통하는 보편 언명으로 구성되어 있는데, 엄밀히 말하자면, 텍스트로서의 이 보편 언명도 특정한 콘텍스트의 뒷받침을 받을 수밖에 없다. 바로 이 콘텍스트가 형이상학적 전제임을 밝히는 대목에서 논의의 가지가 벌어졌던 사실을 독자들은 기억할 것이다.

당연한 말이지만, 물리 세계에 대해 참인 보편 언명이 존재하기 위한 전제는 '자연의 본질적 일양성—樣性'이다.[134] 여기에 쓰인 일양이라는 말은, 특정한 텍스트들을 하나의 부류로 묶어주는 것과 동시에 이들의 의미 원천으로 기능하고 있는 콘텍스트의 성격에 대한 진술이다. 물론 그 겉의 뜻은 하나의 모양을 갖추고 있다는 것이지만, 실속 있는 논의가 되기 위해서는 좀더 자세한 구별과 분석이 필요하다.

보편적 언명의 형이상학적 전제가 되는 세계의 본질적 일양성이란 바로 물리 세계의 물리적 일양성을 가리킨다. 우리 삶의 세계 속에서 구체적으로 만나는 것은 물론 일양이 아니라 다양多樣이다. 인식과 이해의 행위 속에서 드러나는 세계는 콘텍스트들의 다양성과 그 역동성을 가장 중요한 특성으로 삼는다. 그러나 물리 세계에 대한 보편 언명이 시공간에 관계없이 성립하려면, 세계의 다양한 측면 중 구체적인 시간과 공간이 배제된 측면만을 추출해서 그 측면의 균질성을 물리 세계의 일양성으로 격상시킬 수밖에 없다.

갈릴레오는 '운동하는 물체는 외부의 작용이 없는 한 같은 속도로 운동을 계속한다'는 소위 관성의 법칙을 기초했다. 익히 아는 대로 이는 뉴턴 등을 거치면서 물리 세계에 대한 참인 보편 언명으로 정착된 바 있다. 그러나 다양성과 이질성이 지배하는 우리 삶의 세계에서는 이 보편 언명이 참임을 확인할 수 없다. 삶의 시공간 속에서는 '외부의 작용이 없'을 수 없고, 따라서 운동하는 물체가 운동을 계속하는 현상을 목격할 수 없기 때문이다. 말하자면, 갈릴레오는 '외부의 작용이 없는 한'이라는 단서를 빌미로 실제로는 아무도 경험해본 적이 없는 현상에 대한 보편 언명을 제시하고 있는 셈이다. 고쳐 말하자면, 그는 현실 세계에서 확인될 수 있는 구체적인 현상들에 대해서 말하고 있는 것이 아니라, 비현실적 가상 세계에서 발생할 수 있는 '가능성'을 원리화하고 있는 셈이다. 즉 그것은 비존재 명제의 형식을 취하는 원리적 세계다.

> 자연과학의 이론이나 특히 우리가 자연 법칙이라고 부르는 것은 엄격한 보편 법칙의 형식을 취하므로, 그것들은 결국 비존재 명제의 형식으로 표현될 수 있다. 즉 에너지 보존의 법칙은 '영구 기계란 존재하지 않는다'는 형식으로, 엔트로피 법칙은 '백 퍼센트 효율이 있는 기계를 만들 수는 없다'는 형식으로 표현될 수 있다.[135]

이 가능성과 원리의 세계는 시간과 공간의 구체성이 배제된 세계이며, 물리라는 이치가 자기 정합적으로 맞아떨어지는 세계다. 갈릴레오는 바로 이 비현실적 세계의 일양성이라는 형이상학을 근거로 자신의 보편 언명을 주장하고 있다. 요컨대 경험세계의 다양한 측면을 사상한 채 무시간·무공간 속에서 펼쳐지는 수리적數理的 일양성이라는 전제가 그의 언명들을 뒷받침하고 있다.

그러므로 갈릴레오의 눈부신 성공은 이상화된 물리 공간의 일양성을 효과적으로 이용한 덕이라고 할 수 있겠다.

물리학에 있어서 갈릴레오의 성공의 대부분은 '다양한 경험적 복잡성'을 괄호 안에 묶어버리는 그의 능력에 기인했다는 사실은 앞서 강조한 점이었다. 그러한 능력 때문에, '진공 중의 자유 낙하' '이상 진자' 그리고 '바다를 항해하는 배의 마찰 없는 운동'이라는 이상화된 개념을 이용하여 연구하는 것이 가능했다. 이 점이 연역적 체계화에 대한 이상화의 적극적인 측면이다.[136]

물질의 이질성을 없애고 균질화된 추상 공간 속에서 운용된 논리와 수리가 바로 그의 성공을 보장할 수 있었던 결정적 소인이었던 셈이다. 인용문 속의 '진공'이니 '이상'이니 '마찰 없는' 등의 개념은 갈릴레오의 작업이 이뤄진 층위가 어떤 것이었는지를 단적으로 증명해준다. 그 층위는 물질의 이질적 복잡성을 사상한 채 수리 세계적 일양성을 약속받을 수 있는 추상적 이상 공간이었다.

갈릴레오의 성공은 다양한 경험적 복잡성을 괄호 속에 묶어버린 채 선택한 층위의 자기 정합성을 최대한 살릴 수 있는 방식으로 작업했기 때문에 가능했다고 볼 수 있겠다. 달리 표현하자면, 삶과 세상의 복잡성이 특히 인식과 이해의 사건 속에서 드러나는 형태인 콘텍스트의 다층성과 역동성을 제 모습대로 공평하게 살려주지 않은 채, 필요한 한 층위만을 일양적으로 부각시키는 전략이 갈릴레오의 성공을 뒷받침하고 있는 형이상학적 전제다.

익히 알려진 것처럼 그는 제1성질과 제2성질을 구분하고, 크기, 수, 위치, 운동량과 같은 제1성질은 물체에 대한 객관적 속성인 반면, 색깔, 맛, 향기, 소리 등과 같은 제2성질은 감각 주체의 마음속에만 존재한다고 봤다. 이로써 물리학은 자신의 전문 영역을 확실히 할 수 있는 계기를 얻었고, 철학도 물리학이 행사하던 삼투압에서 벗어나 인식론화되면서 자신의 고유한 입지를 돈독히 하는 경향을 나타내게 되었다. 그런데 철학과 물리학의 영역 구분도 탐색의 범위와 층위를 준별하고 마침내 그 균질적 일양성을 바탕으로 연구의 효율성을 극대화하려는 맥락 속에서 이해될 수 있을 것이다.

이것이 물론 '갈릴레오의 혁명'에만 국한되는 이야기는 아니다. 층위의 명료한 준별과 그 층위를 균질화·일양화하는 발상은 근대 학문이 자신의 입지를 공고히 하면서 발전해가는 일반적인 모습으로 이해할 수 있다. 주제와 방식과 탐구의 영역을 제때 분명히 하지 못한 분과 학문들은 당연히 주변 학문에 의해 잠식될 수밖에 없는데, 이는 동서고금을 막론하고 확인되는 현상이다.

갈릴레오의 성공으로부터 이어져온 기술과학 문명의 눈부신 성공과 그 혜택은 갑돌이 어머니나 갑순이 아버지 모두의 축수祝手를 받을 만한 것이었다. 그러나 전체 삶의 세계에서 그 성공이 갖는 의미를 꿰뚫어볼 수 있었던 사람은 그리 많지 않았던 것 같다. 이는 일견 매우 의아하게 느껴진다. 이미 생리학적으로도 다회로 채널식의 반응 기제를 갖춘 인간들이 그 성공의 이면을 제대로 볼 수 없었다는 사실은 선뜻 믿기 어렵다. 간단히 말해서, 갈릴레오의 성공은 층위(콘텍스트)의 단층화나 순질화純質化에 있는 셈인데, 콘텍스트의 다층성과 역동성의 현실에서 한순간도 벗어날 수 없는 우리가 그 성공에 순박한 환호만을 보내고 있었다는 사실은 21세기를 걱정하는 우리를 더욱 우울하게 만든다.

우리가 살고 있는 세계는 물론, 심지어 물리 세계조차 그 실제 모습은 일양적일 수 없다. 그러나 이 사실만으로는 갈릴레오나 그 후계자들을 슬프게 만들 수 없을지 모른다. 그렇더라도 단층화와 일양성을 매개로 성취된 갈릴레오의 성공은 이러한 사실 앞에 자숙하며 스스로의 자리를 섣불리 벗어나는 일이 없도록 하는 계기를 줄 수 있어야 한다.

갈릴레오의 성공은 물질 세계의 다양樣성과 이질質성을 제거한 사실에서 출발한다. 물리 세계를 암호로 쓰인 책으로 보고, 이를 해독하는 열쇠를 수학이라고 여기면서, 늘 운동에 대한 정량적 과학의 이상을 추구했던 갈릴레오의 수리적 단순화의 논리는 바로 이러한 일양화와 균질화를 근거로 성립된다.

그의 성공 속에서는 근대 학문의 조건과 한계를 아울러 찾아볼 수 있다. 세계를 단순하게 볼 수 있는 틀은 학문의 '조건'이지만, 그 틀이 포섭할 수 없는 삶과 세상의 근원적 복잡성은 학문의 근본적 '한계'가 된다. 일양화와 균질화를 통해서 콘텍스트를 순일純一하게 만들 수 있었던 갈릴레오는 그만한 성공을 거두었고, 우리 모두는 그 정당한 의미와 가치 매김에 인색하지 않다. 다만 이제는 그 성공의 이면에서 생명력 넘치는 잡초처럼 번식하고 있었던 잡다雜多를 돌봐야 할 시점에 왔음을 이야기하고 있을 뿐이다.

3. 아아, 우리의 심청이

빌기를 다한 후에 심청을 물에 들라 선인들이 재촉했다. 심청이 뱃머리에 우뚝 서서 두 손을 합장하고 하느님 전에 비는 말이, "비나이다. 비나이다. 심청이 죽는 일은 추호도 슬프지 않지만, 눈이 어두우신 우리 아버지의 천지에 깊은 한을 생전에 풀려고 죽음을 당하니, 황천이 감동하시어 우리 아버지의 어둔 눈을 불원간 밝게 하여 광명 천지 보게 하십시오." 뒤로 펄쩍 주저앉아 도화동을 향하더니, "아버지 나 죽습니다. 어서 눈을 뜨십시오." 손을 짚고 일어서서 뱃사람들에게 말하기를, "여러 선인 상가님네, 평안히 가시고, 억십만금 이를 얻어 이 물가에 지나거든 내 혼백의 넋을 불러 객귀를 면하게 하여주십시오." 영채 좋은 눈을 감고 치마폭을 뒤집어쓰고 이리저리 뱃머리에 와락 나가 물에 풍덩 빠지니, 물은 '인당수'요, 사람은 심봉사의 딸 '심청'이었다.

가령 치마폭에 고운 얼굴 가리고 인당수 검푸른 바닷물에 몸을 던져 눈먼 아비를 건지려는 심청이의 효심을 어떻게 설명하고 이해할 수 있을까.138

꽃다운 나이에 스스로의 삶을 포기하고 물고기의 밥이 되면, '황천이 감동하시어 아버지의 어둔 눈을 불원간 밝게 하여 광명 천지 보게 하실' 것이라는 믿음이나 그 믿음에 집단적으로 공명하는 공감대를 어떻게 설명할 수 있을까. 심정心情이 사리事理를 대신하는 꿈에서나 있을 법한 이 세계의 성격과 논리를 어떤 식으로 이해할 수 있을까.

한국인으로서의 우리 정서 구조에는 효녀 심청의 이야기를 자연스럽게 수용할 여지와 또 그 논리에 공감할 울림대가 있다는 기술적인 지적으로 이 논의를 풀어가고자 한다. '지성이면 감천이다'라는 명제를 효심을 축으로 삼아 풀어놓은 『심청전』에 대한 우리 민족의 정서적 친화력은 세대를 거듭해서 회자되는 이 이야기의 고전적 위상으로도 충분히 입증되고 있다. 고전을 낱낱의 책이 아니라 한 문화권에서 이해와 상상이 진행되는 전형적인 길을 선도하는 힘으로 볼 경우,[139] 『심청전』에 스며 있는 정서와 이해의 구조는 질곡 많은 근대를 건너 아직도 우리 민족의 원형적 상상력으로 작용하고 있는 것이 아니겠는가.

공감의 내포와 외연이 이해와 일치하는 것은 아니다. 그러나 이해 없는 공감의 현상도 상상하기 어렵다. 지성이면 감천이라는 정서 속으로 자연스럽게 감정이 이입하고, 박꽃 같은 치마를 둘러쓴 채 짙푸른 인당수에 몸을 던지는 심청이를 그리며 눈물 짓는 것은 같은 터와 역사를 살아가는 사람들의 인지상정이리라. 심청이가 투신하는 기막힌 모습을 보고 선인 영좌는 이렇게 애석해한다. "아차차 불쌍하다. 효녀 심소저는 아깝고 불쌍하다. 부모 형제가 죽은들 이보다 더할까." 독자 모두가 이 처연한 탄식에 참여할 수 있는 것은 단순히 투신과 죽음이라는 극한적 사건을 애휼愛血히 여기는 심득적 공명 때문만이 아니다. 그것은 심득적 표피성을 넘어서 어떤 식이든 우리 삶과 경험의 구조와 패턴(이를 불트만의 용어를 빌려 선이해Vorverstandnis의 구조라고 불러도 좋을 것이다)을 건드리기 때문에 가능해진다.

이해가 자동적으로 공감을 낳는 것은 아니지만, 공감은 기본적인 이해 없이는 가능하지 않다. 넓게 본다면 공감이나 혐오조차 일종의 해석 행위의 한 표현으로 볼 수 있을 것이고, 또 해석이란 결코 주어진 것을 전제 없이 파악하는 것이 아니므로(익히 알려진 바와 같이, 가령 하이데거는 이를 미리 가짐Vorhabe이나 미리 봄Vorsicht 등의 용어로 그리고 가다머는 선입견Vorurteil이라는 개념으로 설명하고 있다) 공감의 배경에는 해석을 위한 이해 행위가 전제되어 있다고 볼 수 있다.

효심의 지성으로 말미암아 감천케 하여 아비의 눈을 뜨게 만들고 싶어하는 심청이의 태도와 행위에 우리는 감동한다. 감동할 뿐 아니라 적극적인 공감을 통해서 심정적인 참여에 주저하지 않는다. 하지만 눈먼 아버지를 둔 지금의 누구도 심청이와 동일한 발상이나 행위를 하지는 않을 것이다. 20세기 후반을 살고 있는 영자는 주로 안과 전문의를 찾아다닐 것이고, 혹 지성을 다해본다고 해도 신유의 은사로 소문난 어느 기도원 원장을 찾아보는 정도에 그칠 것이다. 효녀 심청의 이야기를 듣고서 절절한 감동을 느끼기는 영자도 마찬가지이지만 그녀는 결코 심청이의 족적을 좇아서 자식됨의 정성과 효심을 동일하게 표현하지는 않는다.

영자의 감동을 설명하기 위해서, 심청의 투신 행위가 주어진 상황에서 최선의 선택이었다고 상정할 필요는 없다. 아니, 감동만을 위해서라면 그 행위의 '적절성'조차 필요조건으로 여길 필요가 없다. 차선의 선택이나 부적절해 보이는 행위를 통해서도 감동을 받을 수 있기 때문이다. 예를 들어 '꼴찌에게 보내는 갈채'라는 말은 단순히 책의 표제를 위한 수식이 아니라, 꼴찌가 사는 세상과 그 세상을 근거로 벌어지는 행위들 사이의 절묘한 배합을 대하고 저절로 터져나오는 찬사일 수 있다.

마찬가지로 영자의 감동을 설명하기 위해서는 무엇보다 콘텍스트의 정합이 필수다. 가령 '효심을 빌미로 이뤄진 속신俗信의 살인'이라는 평도 얼마든지 가능한 지금의 세상을 살아가는 우리가, 그런 식의 각박하고 냉정한 해석을 피하고 온후한 감동의 연쇄 고리 속에 낄 수 있는 이유는 지금도 여전히 콘텍스트의 정합이 가능하기 때문이다. 만일 선인 영좌의 감동과 애석함을 가능하게 했던 문화와 인성의 패턴이 우리 시대에 와서 사라져버렸다면, 영자는 심청의 행위를 단순히 부적절할 뿐 아니라 '미친' 짓으로 여길 수도 있었을 것이다. 심청이 여전히 효녀로 남고, 그의 행위가 살신성인의 효심으로 칭송받을 수 있는 것은 이해와 감동의 터인 보편성의 패턴이 아직도 우리 무의식과 기억 속에 각인되어 있기 때문이다. 소위 인지상정이 이 패턴의 형상적 소인이라면, 문화는 그 질료적 소인으로 볼 수 있겠다.

인지상정의 울림으로 드러나는 감동은 이해를 전제로 한다. 물론 당시에도 심청의 행위가 비합리적 범죄에 순응한 것에 지나지 않는다는 평가를 내리는 사람들이 있었을 수 있다. "이 무슨 해괴한 짓인지 도무지 이해하지 못하겠다"고 말하는 이들도 있었으리라. 심지어 혹자들은 감동을 받고 공감을 표한 후에도 "이해는 안 되지만……" 운운할 수도 있을 것이다. 어떤 식이든 이해를 전적으로 결여한 채 감동이 있을 수 있다는 생각에 나는 반대한다. 개별 인간의 감동 '사건'은 인간의 감동 '구조'에서 완전히 독립해 있을 수 없는 법이며, 이 구조는 문화와 인성을 근거로 한 이해와 정서의 기존 지평의 지형도에 해당된다. 따라서 즉흥적인 감동조차 주변 문화를 만나는 인성의 운용 방식에 그 터를 두고 있으므로 전혀 이해 없이 발생할 수는 없다고 본다. 물론 '이해'의 의미에 오해의 싹이 적지 않다.

여기서의 혼동은 이해의 증표를 '합리적 설명 가능성'에 국한시키려는 근대 학문의 습벽에서 주로 생긴다. 다시 예화의 골로 내려가보자.

아즈텍과 마야족이 행했던 인신 공양 중에는 '심장의 제물'이라는 무시무시한 의식이 있었다.

이 의식의 의미는 태양의 힘을 잃지 않도록 하기 위해 주술에 의해 이를 경신한다는 것이다. 희생자는 역시 포로가 많다. 포로의 옷을 벗기어 바위 위에 벌렁 누이고 다섯 명의 사제가 그 사지를 붙잡는다. 여섯 번째 사제가 흑요석 칼로 그 가슴을 찢어 심장을 꺼내 햇빛에 말린다. 그것을 접시에 담고 향이 스며들게 한다. 몸뚱이는 가죽을 벗기며 희생자가 용감한 적이라면 전사들에 대한 축의로서 모두 그 가죽을 먹는다. 다만 이 의식이 한 사람의 희생자로 그치는 경우는 별로 없고 제사의 제물로 공여되는 인간의 줄이 몇백 미터에 이르렀다는 보고가 있다.[140]

이를 그저 미개인들의 종교적 광신이 빚은 참열慘烈한 사건으로 여기고 분노하면서, '계몽된 현대인들로서는 도저히 이해할 수 없는' 만행이라고 매도하기는 쉽다. 그러나 이해하지도 못하는 사태를 두고 어떻게 분노할 수 있을 것이며, 또 만일 분노한다면 그 분노를 뒷받침하고 있는 이해는 어떤 종류의 이해일까. 이 참연慘然한 종교적 제의를 '이해할 수 없다'고 했을 때, 그 말의 실제적인 뜻은 무엇일까.

① 정치인들이 자주 쓰는 둔사인, '있어서도 안 되고 있을 수도 없는 짓'이라는 의미일까. 좀더 구체적으로 풀어서, 화자가 인정하는 사회의 법과 도덕이 엄격히 금하고 있는 범죄라는 뜻일까. 그러므로 이 경우의 '이해'는 인식이나 해석의 문제 틀을 벗어나서 단순히 상대를 정죄할 목적으로 사용하는 간접적 수사에 불과한 것이 아닐까.

② 행위 자체를 파악하지 못하겠다는 의미일까. 얼마 전 서울의 모 여상에 다니던 여고 1년생 최모 양이 등굣길에 목숨을 잃었다는 단신을 읽은 적이 있다. 운전수가 화장실에 간 짧은 사이, 경사가 심한 길가에 세워놓은 타이탄 트럭이 뒷받침목이 빠지면서 후진하는 바람에 그녀의 목과 가슴을 짓이겨서 현장에서 즉사했다는 어이없는 기사였다. 일찍 남편을 여읜 최양의 어머니는 신앙의 힘에 의지해서 무남독녀를 알뜰히 길러오던 중이었다고 한다. 참변을 당한 그 어머니의 황망한 머릿속을 한순간이나마 스치는 의문은 '대체 신이 있기는 있는지' 하는 식의 항변조가 되기 쉬울 것이다. 그 순간, "딸마저 앗아간 신의 손길은 '무엇'을 뜻하는가?" 하는

유의 질문은 사치에 불과할 것이고, 도대체 뜻이 있는 삶인지, 신이 섭리하고 주관하는 세상인지, 딸의 죽음에 신이 개입하기라도 했는지, 하는 좀더 근원적인 의문에 휩싸일 것이다. 즉, 사건의 의미 해독은 고사하고, 사건의 개요와 전말부터가 혼미 속에 파묻혀 있는 형국이다.

③ 겉모습으로 본 사건의 앞뒤와 개요는 분명하지만 그 사건의 의미 맥락을 읽을 수가 없으므로 그 의미하는 바what it signifies를 알 수 없다는 뜻일까. 기본적으로 의미란 '의미의 맥락'으로부터 나오는 '맥락의 의미'인 법이다. 결혼이라는 문화 제도의 의미 맥락을 읽지 못하고서는 '장모'나 '시어머니'라는 말의 쓰임새 및 그 긴장의 정서를 제대로 파악할 수 없고, 수리數理의 배경이 없는 수식數式이 무의미로 빠질 수밖에 없듯이, 하나의 텍스트로서의 사건의 의미는 그 사건의 의미터인 콘텍스트의 역동적 긴장관계로부터 생성되는 것이 당연하다.

원칙적으로 모든 콘텍스트는 학습과 적응을 통해서 친숙해질 수 있는 법이고, 또 그런 한 낯선 텍스트의 의미도 이해할 수 있게 된다. 과거의 일들과 남의 땅을 큰 어려움 없이 이해할 수 있다는 사실은 우리가 실제로 다양한 콘텍스트의 망 속에서 몸을 굴리고 있는 정신적 동물이라는 점을 드러낸다. 고기가 물을 두려워하지 않듯이, 인간은 중층적이고 복잡한 콘텍스트를 두려워하지 않는 법이다. 그것은 인간 세상이 무엇보다 복잡한 콘텍스트의 역동성으로 구성되어 있기 때문이다.

그러나 인용문에 의하면 '이 의식의 의미는 태양의 힘을 잃지 않도록 하기 위해 주술에 의해 이를 경신한다'는 것이다. 아울러 종교사나 문화인류학의 성과를 배경으로 아즈텍과 마야 문명의 세계와 그 논리를 파악함으로써 이 으스스한 종교 제의의 뜻을 캐는 것은 전혀 어려운 일이 아니다. 즉, 우리는 시공을 달리하는 이들의 참학한 제의 풍습에 치를 떨지만, 그 풍습의 배경과 의의를 어렵지 않게 이해할 수 있다. 그러면, 그 사건의 동기와 배경 및 의의는 충분히 납득할 수 있지만, 화자의 입지에서 통용되는 도덕과 법에 의해서는 정죄한다는 뜻으로서 '이해할 수 없다'고 말하고 있을 뿐인가. 그러나 지금의 콘텍스트를 업고서 과거의 텍스트를 정죄한다는 말은?

④ 사건이 벌어지고 나서 어떤 식이든 그 사건에 대한 설명이 주어졌을 경우, 그 설명에 내재한 어떤 이론적 결함으로 인해서 납득하기 어렵다는 말일까. 이문열의 소설 『사람의 아들』 첫머리를 보면, 지나가는 아가씨의 엉덩이를 느닷없이 걷어찬 어느 청년이 경찰서로 붙잡혀온다. 형사의 심문에 그는, "긴 부츠가 눈에 거슬려서" 걷어찼다고 진술한다. 자신의 행위에 대해서 나름대로 진술한 답변을 뱉은 청년은 형사에게 이해되고 있는 것일까. '신고 있는 부츠가 눈에 거슬렸다'는 말은 그 부츠를 신은 아가씨의 엉덩짝을 걷어차버린 자신의 행동에 대한 합리적인 설명이 될 수 있을까.

'부츠가 눈에 거슬려서' 길을 가는 아가씨의 엉덩이를 차버린 청년에 대한 형사의 반응은, '태양에 눈이 부셔서' 아랍인을 죽였다고 말한 『이방인』의 뫼르소에 대한 배심원들의 반응과 다를 바가 없었다. 그 반응은 한결같이 '이해할 수 없는 미친놈'이라는 식이다.

뫼르소나 이 청년이 미친놈 취급을 받는 이유는 무엇일까.

둘은 자신의 행위에 대해서 주변을 의식하지 않고 진솔하게 답변을 했다(고 보자). 비록 그 답변의 내용이 엉뚱하고, 또 통속적인 사리에 맞지 않는다 하더라도, 이들은 자신들의 행동을 유발시킨 구체적인 동기를 최소한 가장 정직하게 진술했다고 볼 수 있다. 이들이 '정직하게' 답변을 했고, 또 이 '정직하게'라는 부사어_{副詞語}를 '답변의 형태나 방식'의 한 가지로 볼 수 있다면, 이들이 미친놈 취급을 받는 이유가 최소한 그 답변의 형태나 방식에 있었던 것은 아니었음을 알 수 있다. 비록 잘못을 범한 죄인이라도 수사와 심문에 정직과 성실로써 협조할 경우 바로 그 사실로 인해서 '미친놈'이 될 수는 없기 때문이다.

답변의 방식이나 형태에 문제가 없다면, 이들이 미친놈 취급을 받는 이유는 어디에서 찾아질 수 있을까.

답변의 형식에서 그 이유를 찾아볼 수 없다면 답변의 내용을 검토해야 하는 것일까. '부츠가 눈에 거슬려서'라는 말이나 '태양에 눈이 부셔서'라는 말이 답변의 내용인 것은 분명하고, 또 이 내용이 그 청년과 뫼르소를 미친놈으로 보게 만든 것도 분명하다.

그러면 미친놈이라는 비난을 피하기 위해서 이 둘은 어떤 내용의 답변을 준비해야 할까. 이미 언급한 대로 이들이 '자신들의 행동을 유발시킨 구체적인 동기를 최소한 가장 정직하게 진술했다'고 볼 경우에, '거짓말을 하지 않고서는' 미친놈이라는 비난을 결코 피할 수 없다는 점을 우선 지적할 수 있겠다. 물론 어떤 식이든 거짓말을 해서 비난과 정죄의 위기를 모면하는 경험은 우리 삶의 일상에서 어렵지 않게 찾아볼 수 있는 사건이고, 또 논의 중인 경우에서도 모종의 기발한 발안을 끄집어내서 지나가는 아가씨의 엉덩이를 찬 짓이나 아랍인을 죽인 행동에 대한 그럴싸한 변명을 둘러댈 수 있을 것이다. 그러나 거짓말은 답변의 '내용'이기 이전에 답변자의 태도나 성품을 일부 드러낼 수 있는 답변의 '방식'에 대한 문제이기도 하다는 점에 주목해야 한다. 이미 위에서 '이들이 미친놈 취급을 받는 이유가 최소한 그 답변의 형태나 방식에 있었던 것은 아니었음'을 확인한 후 답변의 내용 문제를 토의하게 되었으므로, 그 답변이 거짓말임을 가정함으로써 다시 답변의 방식과 형태의 문제로 돌아가는 것은 현명한 논의가 아니다. 그리고 거짓말을 함으로써 형사나 배심원들로부터는 '미친놈'이라는 비난을 일시적으로 피할 수 있을지 모르지만, 어떤 방식이든 그 거짓말을 탐지해낼 수 있는 다른 모든 이로부터는 '미친놈' 외에 또 어떤 욕을 먹을지도 모를 일이다.

그러므로 이 둘이 '미친놈'이라는 비난을 면할 수 있는 길은 없어 보인다. 정직한 답변은 '미친놈'이라는 비난을 불러올 뿐이고, 임시변통으로 거짓말을 하는 것도 별로 나을 바가 없다. 실제로 '답변'에 관한 한, 이 두 사람이 더 나은 대접을 받을 가능성은 원천적으로 막혀 있는 셈이다.

그렇다면 어떤 답변을 해도 결국 엇비슷한 비난을 받을 뿐이라는 이야기인데, 결과적으로 이는 이 비난의 성격에 대해서 매우 중요한 사실을 시사해준다. 그것은, 표면적으로는 답변(내용)이 비난을 촉발시키는 듯 보이지만, 실제로는 좀더 무게 있는 제3의 변수가 그 비난에 영향을 주고 있을지도 모른다는 점이다. 이러한 추정은 매우 그럴듯해 보인다.

그렇다면 답변의 내용에 상관없이 이 둘을 미친놈으로 여기게 만드는 제3의 변수는 무엇일까. '답변의 내용에 상관이 없다'는 것은 결국 논의의 향방을 결정짓는 층위가 이론이 아니라는 말로 봐야 할 것이다. 즉 어떤 이론적 해명으로도 이 둘에 대한 부정적인 평가를 뒤집기는 어렵다. 따라서 제3의 변수는 이론이라는 동일한 층위에 속한 모종의 새로운 정보(즉 새로운 해명의 내용)가 아니라 오히려 다른 층위에 있는 어떤 것으로 보는 쪽이 현명할 듯하다. 실제로 정보의 양이나 내용을 바꾸기보다는 층위를 바꿈으로써 생각보다 쉽게 문제가 풀리는 경험이 적지 않다. 그리고 동일한 층위 속의 새로운 정보를 통해서 풀리는 문제는 주로 '해결solution'의 형태를 띠지만, 층위 이전으로써 문제가 풀리는 경우는 대체로 '해소 dissolution'의 모습을 띤다고 볼 수 있겠다.

그러므로 아즈텍이나 마야인들 사이에서 행해졌던 참학한 종교 제의나, 위에 인용한 두 명의 '미친'놈을 대하면서 '이해할 수 없다'고 하는 말은, '사건이 벌어지고 나서 어떤 식이든 그 사건에 대한 설명이 주어졌을 경우, 그 설명에 내재한 어떤 이론적 결함으로 인해서 납득하기 어렵다'는 의미라고는 보기 어렵다.

결론적으로, 어떤 이론상의 해명에 관계없이, 일단 평자들은 어떤 식이든 그 '행위 자체에 대해 불만'을 가지고 있는 것으로 보는 것이 좀더 적실한 설명이 될 것이다. 위에서 든 사건들을 대하고 '이해할 수 없다'는 말을 던진 것은 인식이나 해석의 층위가 아니라 오히려 감정이나 행위의 층위에서 바라봐야 한다. 분별하자면, 이는 행위의 지향성을 시사하는 정의적情意的 발언이지, 인식이나 해석적 정보를 담은 발언으로 보기는 어렵다. 이처럼 언중 사이에서 널리 쓰이는 '이해할 수 없다'는 발언은 실제 이해의 과정과는 별 상관이 없는 진술인 경우가 적지 않다.

마찬가지로, 심청이 인신공양을 당하는 모습을 보고서 '이 무슨 해괴한 짓인지 도대체 이해하지 못하겠다'고 평할 때에도 이를 단순히 인식이나 이해의 문제로 보기는 어렵다. 문화적 상상력이 절맥絶脈된 사회에서만 고전이 이해되지 않는 법이고, 또 사실 그러한 정도로 철저하게 과거와의 단절이 가능한 역사는 찾아보기 힘들다. 이미 지적한 바와 같이 이해를 전적으로 결여한 상태의 감동이 있을 수 없고, 심청이라는 인간상이 여태도 우리 민족의 가슴속에 남아 있을 수 있는 이유는 바로 이 감동이라는 사건이 반복해서 가능하기 때문이다. 이해니 오해니 하는 문제를 합리적 설명 가능성에 국한시키려는 근대 학문의 습벽에서 벗어나면, 이제 문제는 순수한 인식론적 해명이 아니라 '문화와 인성을 근거로 한 이해와 정서의 기존 지평의 지형도'를 드러내는 것으로 집약된다.

따라서 심청을 이해하는 일은 정보의 발견과 축적에 따른 인식과 이해의 문제가 아니다. 그것은 심청의 세계 그리고 심청과 함께 살아가는 우리가 공유한 정서의 지평을 드러내고 '참여'하는 문제다. 위의 분석에서 본 것처럼, '이해할 수 없다'는 말이 인식이나 해석의 정보를 담은 발언이 아니라 오히려 삶과 행위 방식에 대한 불만에서 터져나오는 수행성遂行性이 농후한 정의적情意的 발언으로 볼 경우, 심청에 대한 우리 반응도 같은 방식으로 설명될 수 있을 것이다.

그것은 우리가 함께 살면서 공감할 수 있는 정의와 행위의 어떤 특정한 세계를 드러내는 문제라고 보는 것이 좋을 듯하다. 심청을 이해하는 것은 특정한 한 층위, 한 세계, 한 공감대를 펼쳐 보이는 일이며, 이는 근본적으로는 콘텍스트의 다층적 역동성으로 구성된 삶의 세상과 그 복잡성을 깨닫는 문제로 진전된다. 심청과 우리가 만나 어울리는 세계와 그 층위를 보이는 일은, 만날 수 없거나, 또는 만나기 어려운 수많은 다른 세계와 층위들의 존재 및 그 기능을 확인하는 방식이기 때문이다.

먼 설화 속의 처녀가 우리의 심청으로 다가오는 것은 효심의 논리로 펼쳐진 세상이 그녀와 우리가 함께 느끼고 살 수 있는 분명한 현실의 한 층이기 때문이다.

4. 무릎과 무릎 사이

언제부터인지 나의 앞에 서서 나의 무릎을 압박해오고 있는 것은 검은 스타킹을 신은 젊은 여자의 두 다리였다. 그 검은 스타킹을 신은 다리 중 하나는 아예 내 무릎 사이에까지 파고 들어와 있었다. 나는 꽤 오래전부터 내 무릎 사이에 끼여 있는 그 검은 스타킹을 신은 다리의 체온과 촉감을 느끼고 있었다.

그러나 나는 그 검은 스타킹을 신은 다리를 가진 여자의 얼굴을 보지는 못했다. 왜냐하면 그녀는 지금 그녀의 등 뒤편에 들어차 있는 사람들에 떠밀려 상체를 똑바로 세우지도 못하고 나의 얼굴 위로 몸을 구부리고 있었기 때문이다. 내가 그녀의 얼굴을 보기 위해서는 고개를 번쩍 쳐들어야 할 것인데 그렇게 되면 나의 얼굴은 자칫 지금 나의 이마 위에 위치해 있는 그녀의 젖가슴에 닿게 될 것이었다. 따라서 나는 얼굴을 쳐들어 볼 수도 없었다. 게다가 설령 내가 고개를 들어 그녀의 얼굴을 보게 된다고 할지라도 그렇게 되면 지금 나의 무릎 사이에 자신의 다리를 끼워넣은 채 서 있는 그 젊은 여자는 몹시 부끄러워질 것이다. 그러니 나는 그녀를 거북스럽게 만들지 않기 위해서라도 그 검은 스타킹을 신은 다리를 가진 여자의 얼굴은 보지 않는 것이 나았다. 나의 무릎 사이에서 마찰되고 있는 그 검은 스타킹을 신은 다리의 체온과 촉감 때문에 그렇겠지만 나는 나의 사타구니 사이가 후끈 달아오르면서 페니스가 솟아오르는 것을 느끼고 있었다.

전철은 꽤 오래전부터 지하로 들어가 지하를 달리고 있었다. 그러나 지금 대체 어디쯤을 가고 있는지 통 알 수 없었다. 차가 멎을 때마다 저쪽 출입문 쪽에서는 아우성치는 소리가 들려오곤 했다.

어쩌면 지금 나의 얼굴 앞에 상체를 기울인 채 서 있는 여자는 자신의 허벅다리가 나의 무릎 사이에까지 파고 들어가 나의 무릎 안쪽에 마찰되고 있다는 사실을 전혀 의식하지 못하고 있는지도 모른다. 왜냐하면 지금 그녀는 자신의 다리를 내려다볼 수 없을 것이기 때문이다. 그러나 비록 그녀가 자신의 다리를 내려다볼 수는 없다 할지라도 자신의 다리가 나의 다리에 부비어지는 촉감을 전혀 의식하지 못한다고 단정할 수는 없는 일이다. 왜냐하면 비록 눈길이 닿지 않는 곳이라 할지라도 자신의 촉각은 온몸에 골고루 살아 있을 것이기 때문이다. 게다가 그녀는 다리에 다만 얇은 스타킹 하나만을 신고 있다. 그렇다면 지금 나의 무릎 사이에 자신의 허벅다리를 끼워넣은 채 서 있는 그녀도 나의 다리에서 느껴지는 체온과 촉감을 느끼고 있을지도 모른다. 그렇다면 그녀도 어쩌면 나와 마찬가지로 그녀의 몸 구석 어디, 이를테면 그 검은 스타킹의 두 다리 사이 사타구니가 후끈 달아오르는 것을 느끼고 있을지도 모른다.

만약 지금 나의 무릎 사이에까지 파고 들어와 마찰되고 있는 그 검은 스타킹을 신은 다리의 체온과 촉감으로 인하여 내 사타구니 사이가 후끈 달아오르면서 페니스가 솟아올라 있다는 사실을 나의 아내가 안다면 그녀는 어쩌면 격분할지도 모른다. 얼굴을 볼 수 없는 어떤 여자의 다리에서 느껴지는 체온과 촉감에 의하여 나의 페니스가 발기될 수도 있다는 사실이 그녀에게는 대단히 불쾌하게 느껴지거나 또한 불결하고 파렴치한 일이라고 판단될지도 모른다. (…) 그러나 물론, 비록 피치 못하여 모르는 여자의 허벅다리를 무릎 사이에 끼고 앉아 있다 할지라도, 그로 인하여 나의 사타구니 사이가 후끈 달아오르고 또 페니스가 솟아오른다는 것은 아내에게는 용납될 수 없는 일로 여겨질지도 모른다. 왜냐하면 아내는 나의 페니스가 오직 그녀에 의해서만 발기되어야 한다고 믿고 있을지도 모르기 때문이다.[141]

카프카의 『심판』을 처음 읽은 것은 대학 시절 어느 학기의 과제물 때문이었는데, 독후 인상은 매우 강렬했지만 한편 사뭇 혼돈스러워서 문제의식의 초점에 이를 수 있는 전체상을 잡을 수가 없었다. 후에 『성』 『변신』 『시골 의사』 등을 읽으면서도 개별 작품의 심득적 감상에만 치우쳤는지 작가의 전체 작품 세계를 일괄적으로 조망할 수 있는 모티브를 얻지 못했다. 그러다가 언제부터인가 밀란 쿤데라를 읽게 되었고, 또 우연한 기회에 소설 미학에 관한 그의 책 『소설과 우리의 시대』[142]를 접하게 되었다. 이 책의 5부는 카프카를 다루고 있는데, 나는 『심판』에 대한 쿤데라의 해설을 보면서 불현듯 다시 한번 텍스트의 이해와 해석에 미치는 힘의 문제에 대해 숙고할 계기를 얻었다. 우선 그 해설의 일부를 인용한다.

카프카가 써놓고서 부치지는 않았던 아버지에게 보내는 유명한 편지는 카프카가 자신의 소설의 커다란 주제 가운데 하나가 된 '죄를 만드는 기술'에 대한 지식을 얻는 것이 가족 관계, 즉 부모의 신격화된 권력과 자식 사이의 관계에서였다는 것을 보여준다. 작가의 가족적 체험과 긴밀히 연관된 소설인 『심판』143에서 아버지는 아들을 고발하고 아들에게 물에 빠져 죽으라고 명령한다. 아들은 자신의 죄를 인정하고 고분고분하게 강으로 몸을 던지러 간다. (…) 전체주의적 사회, 특히 그 극단적 형태의 전체주의적 사회는 공적인 것과 사적인 것 사이의 경계를 없애버리는 경향이 있다. 점점 더 불투명해지는 권력은 시민들의 삶이 더할 나위 없이 투명해지기를 요구한다.144

사실 당연한 일이지만, 그의 해설을 읽는 순간 나는 매우 생경한 느낌을 지울 수 없었다. 그 느낌은, 그의 작품 『심판』이 내게 주었던 주로 심득적인 인상이나 그와 관련된 이런저런 상상을 '침범'해 들어오는 쿤데라의 펜 끝 때문이었다. 그러나 심득적 소견 정도로는 그의 침범을 막을 도리가 없었고, 좀더 중요한 것은 내 자신에게 막을 생각이 전혀 없을 정도로 이 부분에 관해 그의 권위를 인정하고 있었다는 사실이다. 역시 당연한 일이지만, 생경함이나 침범을 당함으로써 유발되는 긴장은 곧 삭아들었고, 나는 전문가 중 한 사람이라고 믿을 수밖에 없는 쿤데라의 해석에 급속히 친화되면서 다시 그의 눈으로 『심판』을 재조명하고 있는 나 자신을 확인했다. 내 마음에서 벌어지는 해석의 변천을 살펴보기 위해서 그의 작품을 평하는 여러 평문을 읽어나갔는데, 나는 독서 중 계속해서 유사한 긴장과 이완의 경험을 생생하게 관찰할 수 있었다. 물론 이런 유의 이야기는 현대 해석학 이론의 초보적인 소묘에 불과하다.

메타적 차원에서 해석학의 방법론적 원리를 선언하는 것은 머리를 가진 사람이면 누구나 할 수 있는 작업이다. 문제는, 이 글의 첫머리에서 글쓰기를 논의하면서도 잠시 언급했지만, 그 이론이 우리의 일상 경험 속에서 실제 '어떤 식으로' 풀려서 적용되고 있는가 하는 점에 있다.

카프카의 작품을 두고 쿤데라를 만났던 것은 나로서는 소위 '전이해'의 존재가 손에 잡히는 듯 확인되는 경험이었고, 또 권위를 동반한 새로운 정보가 힘이 되어 이 전이해를 변형시키고 있는 모습을 눈앞에서 보는 듯한 경험이었다. 이는 이해는 곧 해석이며, 해석은 곧 콘텍스트의 힘들이 벌이는 경쟁적 상관관계라는 생각을 뒷받침하는 좋은 사례가 된다.

콘텍스트들의 경쟁적 역학이 이해와 해석에 내재하는 현실임을 유념하면, 콘텍스트의 통제와 조작이 당연히 중요한 이슈로 부각된다. 이해란 그 진위나 적부適否를 가늠하는 고정된 잣대를 상정할 수 없는, 일종의 '힘들의 경합장'이므로 이 쟁점은 더욱 그 열기를 더할 수밖에 없다. 해석 속에 개입하는 힘의 문제는 특히 가다머와 하버마스의 논쟁을 통해서 그 쟁점들이 선명히 부각된 바 있다. 짧게 내 입장을 밝히자면, 가다머를 온전히 수용할 요량은 아니지만 하버마스식의 대안에는 동의하지 않는다. 하지만 여기서는 이를 상론할 수 없다.

나는 해석의 행위가 근본적으로 '힘의 문제'라고 봐도 좋다는 입장을 취한다. '어떤 복잡하고 전략적인 상황'으로 정의된 권력이 언술을 빌려 지식의 형태로 그 힘을 행사한다는 푸코식의 주장에서 누구나 많은 것을 배울 수 있었던 것이 사실이고, 나도 이에 동의하지만, 나는 '이런 식'으로 문제에 접근하지 않는다. 나는 해석과 이해의 겉과 속이 모두 힘의 장場이라고 여긴다. 엄격한 진위 판정이 가능한 인식론의 순수 영역을 보장한 후 그 나머지만을 일러권력이니 뭐니 하는 식으로 보는 발상은 우선 인간의 역사성과 생물성을 지나치게 도외시한 태도라고 생각된다.

힘(어떤 형태 그리고 어떤 식이든)으로써 이해를 왜곡시킬 수 있다는 사실은 잘 알려져 있다. 그런데 정작 중요한 사실은 왜곡의 정도가 거의 무한정하다는 것이다. '의심한다는 사실만은 의심할 수 없다'는 식의 인식과 이해의 마지막 지주를 찾아보기 힘든 지금, 왜곡의 정도와 그 범위는 상상을 초월하고 있는 것이 사실이다. 무수한 역사의 사례가 보여주듯이, 심지어 인간성에 바탕을 둔 이해의 보편성조차 제한된 시공간 속에서 제한된 사람들의 시각을 뒤틀리게 만드는 병폐를 막을 수 없다. 여자에게 영혼이 있는가, 흑인도 사람인가 등의 문제가 진지하게 논의된 것은 오래전 일이 아니다. 내 논점은 바로 여기에 있다. '왜곡의 보편성이라는 사실은 이해의 전 과정이 힘의 과정으로 해석될 수 있는 결정적인 단서가 된다.' 이해 사건 전체와 그 기반이 왜곡의 폭력에 노출되어 있다는 바로 이 사실은, 순수한 인식의 상태를 일방적으로 상정하는 모든 시도가 한갓 가설에 불과하다는 점을 다시 한번 일깨워주고 있고, 이는 이해의 문제를 진위를 축으로 하는 인식론의 차원에서 다루는 것이 적절하지 않다는 사실을 보여준다. 이는 매우 중요한 문제이지만, 이 글의 논지상 길게 논의할 수는 없다. 다만 나는 인식론과 해석학에 비판 사회과학이 '침입'하거나 '부가'되는 형태의 대안에는 찬성할 수 없다는 점을 밝혀두고자 한다.

해석을 인식(이해)과 권력의 문제로 양분해서 보기보다는 힘의 문제로 단일화시키는 것이 더 적실하다. '해석은 다양한 콘텍스트들의 힘겨루기이고, 이 겨루기에서 천하대장사는 없다.'

위의 인용문은 성추행 및 성희롱의 빈도나 기교에서 가히 세계적인 명성을 얻고 있는 서울 지하철에서 흔히 경험할 수 있는 에피소드를 소설화한 것이다. 인용문 속의 '나'는 검은 스타킹을 신은 젊은 여자의 체온과 촉감에 의해서 자신의 성기가 발기하는 것을 느낀다. 묘사된 바를 평면적으로 해석한다면, 남자는 물론이고 여자도 이러한 사태에 대한 직접적인 책임이 있는 것처럼 보이지 않는다. 어쩌면, 책임 따위의 윤리적 언사를 동원해야 할 상황이 아닌지도 모른다. 하여튼 생면부지의 두 남녀는 합의는 물론이거니와 어느 한쪽의 모의도 없이 순전히 외부적 상황에 의해서 서로 몸을 밀착하게 되었고, 열차의 요동에 따른 승객들의 계산하지 못했던 움직임으로 말미암아 여자의 다리가 남자의 두 무릎 사이에 끼여서 마찰하는 형국에 이른 것이다.

그러나 밀착이나 마찰과 같은 물리적 행위만으로 발기라는 사태를 다 설명할 수 있는 것은 아니다. 예를 들어 성행위에 있어서 상상fantasy의 기능과 그 중요성이 잘 알려져 있듯이, 물리적 행위가 없어도 성적 흥분 상태에 돌입할 수 있고, 또 이는 어렵잖게 발기를 유발한다. 물리적 행위의 경우에도 자극을 주는 대상에 대한 인지도認知度는 성적 흥분과 발기에 결정적인 역할을 수행한다. 예외가 없진 않지만, 대체로 흥분과 발기의 전前 과정에서는 동종種의 이성性이라는 인식이 흥분의 성격을 주도하게 된다. 모종의 기계적인 장치를 이용해서 남자의 무릎 사이에 동일한 촉감과 체온을 제공하는 마찰을 주는 것만으로 인용문에서와 같은 현상을 유도하기는 힘들다. 자극원源을 동종의 이성으로 여기는 착각이라도 있든지, 아니면 최소한 유관한 연상이라도 있어야만 물리적 마찰은 소기의 성과(?)를 낸다. 엄밀히 말해서 남녀 공히 국소적으로 떼어본 발기는 혈관의 증폭 현상에 다름 아니지만, 인간의 경우 자극-반응 과정에는 심리의 인지가 중요한 역할을 담당하고 있는 셈이다.

의도되지 않은 상황에 처한 남자가 성적 흥분을 느끼며 발기한 상태는 이처럼 최소한 세 가지 이상의 다른 층위가 어울려 빚은 역학으로 보인다. 우선은 물리物理의 층위다. 여기서는 남녀의 위치와 움직임이 사안의 중심 인자가 되며, 주변 정황은 이 움직임과 위치에 부단한 영향을 미치는 변항으로 볼 수 있다. 물리의 층위는 분명 인용문의 사태를 설명하는 일차적 데이터를 제공한다. 그러나 이것은 사태의 성격과 본질을 이해하는 필요조건에 불과하며, 심지어는 물리적 정황(에 대한 경직된 해석)으로 말미암아 오히려 사태의 성격과 본질을 곡해하는 경우도 드물지 않다는 점을 명심해야 한다. 물리의 층위에서 고정된 값을 지니는 이 데이터는 층위 이전 시 혼란스러울 정도로 다양하게 번역된다. 하나의 층위에 뚜렷한 흔적을 남기는 사태에는, 인간 만사가 곡절 깊이 얽혀 있는 것과 마찬가지로, 인접한, 혹은 사회적으로 기득권을 얻은 층위들이 마치 사자가 먹다 남긴 짐승의 시체에 몰려드는 맹금류와 늑대, 하이에나처럼 다가든다. 몰려든 다양한 층위는 당연히 제 나름의 이해와 해석을 시도한다. 심지어 해석을 조작하거나 강요하기도 하는데, 이는 해석이 곧 힘으로 이전되는 구조를 갖춘 현실 속에 살고 있기 때문이다. 여하튼 물리의 층위에서 벌어진 일차적 사태는 마치 파문처럼 소리 없이 지속적으로 주변 층위를 자극하는 것이다.

인용문 속의 이야기는 주로 물리와 심리의 두 층위 사이에서 벌어지는 긴장과 조율을 다루고 있는 것으로 보인다. 하지만 장면을 이루며 경쟁·협력하는 층위들은 이것만이 아니다. 작가의 묘사에서 보이는 남자의 느낌은 생리生理라고 하는 또 하나의 고유한 층위를 타고 있다. 물리-심리-생리라는 세 층위를 통해서 보자면, 물리의 자극이 심리의 매개를 통해서 생리에 반응을 야기시킨 모습이라고 간단히 정리할 수도 있겠다.

그러나 이내 알 수 있는 또 한 가지 사실은 남자의 심리 한편에서 행해진 추론('그렇다면 그녀도 어쩌면 나와 마찬가지로 그녀의 몸 구석 어디, 이를테면 그 검은 스타킹의 두 다리 사이 사타구니가 후끈 달아오르는 것을 느끼고 있을지도 모른다')은 논리라는 지극히 추상적인 층위를 타고 있다는 점이다. 대체로 논리는 '좁은 범위의 사실이나 행동을 담당'[145]하는 일차 학습proto-learning의 대상이 아닌, '콘텍스트나 콘텍스트의 클래스를 담당하는'[146] 이차 학습deutero-learning에 속하지만, 논리의 층위가 실제로 운용되는 범위는 매우 넓어 인간 정신사의 제 분야에 고르게 침투해 있다고 할 수 있다.

'의도되지 않은 상황에 처한 남자가 성적 흥분을 느끼며 발기한 상태'에 영향을 행사하는 층위에는 물리-심리-생리-논리 외에도 윤리倫理가 있음을 본문은 말하고 있다. 남자는, 비록 피치 못해 모르는 여자의 허벅다리를 무릎 사이에 끼고 앉아 있다 할지라도, 그로 인하여 나의 사타구니 사이가 후끈 달아오르고 또 페니스가 솟아오른다는 것은 아내에게는 용납될 수 없는 일로 여겨질지도 모른다고 판단하고 있다. 아내라는 말이 남편과 켤레를 이루는 관계 개념인 점을 염두에 둔다면, 남자의 판단은 부부 사이의 윤리에 대한 기존 생각이나 관습으로부터 영향을 받고 있다고 여겨진다. 남자의 경우, 삼경의 살쾡이처럼 눈에 불을 켠 아내의 모습을 상상하고서는 산처럼 솟아오른 그의 음경이 물 먹은 수세미처럼 졸지에 오그라들 수도 있고, 발기 부전으로 아내와 냉전을 거듭하던 끝이라 자신의 옹골찬 발기에 스스로 찬탄을 거듭하며 내심 점입가경을 즐길 수도 있을 것이다. 어쨌든 중요한 점은, 물리-심리-생리-논리-윤리 등의 층위들이 밀접하게 교류와 긴장을 통해서 하나의 사건을 구성해내고 있다는 사실이다. 부끄럽게도 얼마 전 지하철에 여성 전용칸이 배치되었는데, 만일 성폭력에 대한 인식이 선진국의 수준에 이르게 되면 아마 이 남자의 상상은 윤리라는 차원에서 끝나지 않고 법리法理까지 옮아갔을지도 모른다.

해석이 힘의 역학이라는 사실은 이 장면 구성에서도 명료하게 드러난다. 사건의 주체인 남자나 여자는 물론이고, 이 사건을 평가하는 제3자의 시점도 이 사건의 역학을 구성하는 여러 콘텍스트(물리, 심리, 생리, 논리, 윤리, 법리)의 상호 소통 관계 속에서 조정된다. 물론 이 조정 과정엔 조작과 통제의 정치가 충분히 개입할 수 있다.

편의상 제시한 여섯 가지 상이한 층위의 각각은 여러 개의 하위 층위로 구성되어 있을 수 있다. 베이트슨은 이러한 관계를 생물학적 맥락을 통해서 해명하고 있는데, 그는 체세포적 변화, 유전적 동화genetic assimilation 그리고 유전적 변화를 연결하는 과정을 통해서 거시적으로는 동일한 층위 내에서도 추상성과 가역성의 관점에서 분명한 차이가 나는 여러 상이한 하위 층위가 설정될 수 있음을 보여주고 있다.[147] 요컨대 각 층위에 대한 관심과 강조에 따라서 이 사건에 대한 해석은 미묘하고 민활하게 변한다. 실제로, 사건 자체('사건 자체'라는 용어도 매우 애매하고 문제가 있지만)를 임의로 변경함으로써 얻는 해석의 유용流用 및 오용보다 (베이트슨의 용어를 빌리자면) '논리 계형'(여기서는 층위나 콘텍스트에 상응하는 개념)을 한 단계 올려 해석을 조작하는 바이어스bias 조작이 더욱 위험하다. 콘텍스트의 조작은 텍스트의 왜곡보다 더 탐지하기 어려울 뿐 아니라 그 파급력에서도 비교가 되지 않기 때문이다. (예를 들어 '실내 온도 조절 장치의 바이어스로부터 나온 지시나 거기서 발생된 온도 조절은 온도계에서 발생한 온도 조절보다 고차원의 논리 계형에 속한다.')[148]

하나의 사태를 이해하는 일은 우선 그 사태를 겹겹이 두르고 있는 콘텍스트의 중층 구조에 '절망'하는 일이다. 그러나 이 절망이 포기에 이르지 않는 데에서 학문의 공간과 열정은 시작된다. 내가 이해하는 해석이란, 한편 삶과 세상의 복잡성을 온몸으로 살며 느끼되 머리로는 도저히 어찌할 수 없는 절망의 고백이라고 불러도 좋을 것이다. 바닷물을 한 손에 담아보려고 애쓰지만 물은 종내 손가락 사이로 흘러내리고 만다. 흘러내리는 모습에 절망하지만, 그 물도 필경은 바닷물임을 흡족해하는 것. 내가 보는 해석은 언제나 인간됨being-human의 고백을 넘어서지 못한다. 그러므로 쉬운 진리에 승복하지 않고 일리의 분석에 천착하는 내 해석의 방식은 이를테면 '절망의 형식'이라고 불러도 좋을 것이다. 하지만 상대주의라고 불러서는 안 된다. 내가 말하는 일리의 해석학은 그 절망을 방치하지 않고 인간됨의 한계와 조건 그리고 희망으로 이어지기 때문이다.

해석의 절망은 경합하는 콘텍스트들의 민감하고 음전스러운 가변성으로 인해서 더욱 검푸른 빛을 띤다. 표면적 의미와 그 해석을 일거에 뒤엎을 수 있는 계형 조작이나 층위 이전이 점점 교묘해지고, 또 특정한 목적을 위해서 무한히 조작될 수 있는 복수의 현실이 지속되면 '바른' 해석이라는 말 자체부터 스스로의 무게를 감당하지 못하게 될지도 모른다.

물리-심리-생리-논리-윤리-법리 그리고 그 주변을 침범하는 다양한 이치의 층위와 그 하위 콘텍스트들 중 어느 하나가 사안을 지배적으로 해석할 수도 없지만, 그런 시도는 의도적인 목적이나 조작의 빛 아래에서 생겨난 부자연스러운 강조나 왜곡에 지나지 않는다. 순전히 하나의 층위 속'에만' 들어 있어서 콘텍스트의 경합이 없고, 따라서 그 의미와 가치가 단순하게 고정될 수 있는 사태(그것이 무엇이든지)는 이 세상에 속한 것이 아니다. 여러 번 언급했듯이 해석은 경쟁하는 콘텍스트들의 긴장관계의 산물인데, 고정된 해석이 가능하지 않은 것은 해석을 주도하는 콘텍스트

Interpretation-leitende Kontext들 상호 간의 긴장관계가 늘 유동적이기 때문이다. 관점과 필요와 목적과 당사자들의 이해관계 등에 따라서 사태에 간여하는 여러 콘텍스트의 각각의 힘과 그 위세는 쉴새 없이 조정하고 또 조정당하기 때문이다.

한 사태의 의미 원천인 콘텍스트들의 중층 구조와 그 구조의 역동성은 완벽하고 올바른 해석을 영원히 유보하게 만든다. '진리'라는 말을 사용하는 이들이 뜻하는 '올바른' 해석이란 콘텍스트의 수를 제한하고 그 역동성을 죽인 다음 표준화의 틀을 통해서 찍어낸 제품이라고 보는 편이 타당할 것이다. 해석의 지반은 결국 삶과 세상의 복잡성일 수밖에 없고, 이는 '콘텍스트들의 중층 구조와 그 구조의 역동성'으로 드러나는 것이니 해석은 그 본질상 완결되지 않고 유보될 수밖에 없음이 당연하다. 콘텍스트의 중층성과 역동성을 통해서 드러나는 세상의 복잡성은 해석이라는 선택 행위를 향해서 경쟁적으로 투신한다. 또한 투신하는 만큼 그 복잡성을 사상捨象한다. 그리고 투신의 정도와 사상의 정도는 해석을 둘러싼 힘의 역학이 갖는 제반 변수에 의해서 결정된다. 이 힘의 역학은 인간됨의 조건과 한계와 맞물리면서 서서히 자신의 자리를 찾아가는 것이고, 우리는 이 잠정적인 자리매김을 해석이라고 부른다. 물리-심리-생리-논리-윤리-법리들은 지하철 속 그 남자의 인간됨과 만나면서 교묘하고 민활하게 자신들의 위치와 영향력의 정도를 조정해가는 것이고, 그 조정의 한 순간과 한 측면을 일러 사람들은 진리니 해답이니 해석이니 의미니 하는 것이다.

자연 가운데에는 문자 그대로 의문의 여지가 없는 유일의 현실 및 절대적 진리 따위는 애초부터 존재하지 않는다. 이것은 결코 단순한 철학적 결론이 아니다. 생리학 및 심리학 분야에서 우리 자신과 세계의 상호 관계는 단지 추론 및 해석 행위에 바탕하는 잠정적인 것에 불과하다는 사실이 이미 명확하게 입증되어 있는 것이다. (…) 결국 객관적으로 완전히 옳다든지 또는 완벽 그 자체인 해답은 아무래도 있을 수 없다는 이야기인 셈이다. 자연 법칙에 있어서조차 결코 의식의 개입을 피할 수 없으며, 또한 타인이 체험한 바를 그대로 다시 체험할 수도 없는 것이다. 실제로 우리가 가지고 있는 분열적이고 유동적인 경향은 아무래도 그 뿌리가 여간 깊지 않은 것이 분명하며, 따라서 한 개인에게 있어서조차 동일한 것을 동일한 방법으로 거듭 체험하는 일은 근본적으로 불가능하다.[149]

의학·식물학·화학·수학·물리학·동물학·인류학·동물행동학 등의 분야에서 탁월한 업적을 남기고 있는 귀재 라이얼 왓슨[150]의 이 같은 지론은 인문학의 방법론과 해석학을 곁눈질하는 하나의 마지노선을 형성한다. 해석학적·언어적 관념론을 극복하기 위한 사회과학적 시도들이 거리두기를 통한 비판적 객관화를 말하고 있고, 또 이는 필요한 작업이며 아마 제한된 영역 내에서는 어느 정도의 성과를 기대할 수도 있겠지만, 물리학과 생물학'마저 승복한 사실'을 두고 속류 과학이 비켜갈 궁산窮算에 아직도 소박한 신념을 증폭시키는 것은 이해하기 힘들다.

5. 인간됨의 콘텍스트·콘텍스트의 인간됨

해석은 어디까지나 해석이지만, 어느 쪽이 올바른 해석인가 하는 식의 질문이 쓸모 있는 경우도 있다. 또 이런 질문은 다종다양한 결정을 해야만 하는 우리 삶의 현장에서는 매우 친근한 어법에 속한다.

하지만 여전히 해석은 해석이다. 엄밀히 따지자면 나는, '어느 쪽이 올바른 해석인가?' 하는 식의 질문들 속에는 대체로 잘못 물어진 것이 적지 않다고 생각한다. 언표나 혹은 다른 방식으로 집적된, 해석 행위의 결과물들을 놓고서 이쪽은 그르고 저쪽은 옳다고 말하는 것은 가령 실천적 파당성이 요구하는 결의로서는 어느 정도 인정할 수 있을지 몰라도 초월적 시선과 영원의 상相을 흉내 내는 이론으로 비화할 수는 없다. 심지어 진위나 적부에 과도한 집착을 보이는 짓은 학문적 유아성을 드러내는 행태이기 쉽다. '유아성'이라는 비판에 유의해주기를 바란다. '유아성'이라는 말도 시비나 적부의 문제 차원에서 행해지는 것이 아니다. 성인은 시是와 적適으로, 유아는 비非와 부否로 분류할 수 없듯이. 다만 말 그대로 학문적 초보 단계에 있다는 뜻이다. '학문을 인류와 역사의 차원으로 확대시켜 본다면, 학문을 진위라는 경직된 이분적 구조로 분류하거나 평가할 수 없음을 확연히 알 수 있다.' 진위의 문제가 아닌 것을 진위 문제로 보는 이들을 유아라고 평한 것은 유아의 속성에서 보더라도 적당한 조롱이다.

인문학은 특별히 그러하지만, 나는 자연과학을 포함한 학문 전

분야가 궁극적으로 '진위'가 아니라 '성숙'의 문제라고 판단하게 되었다. 진위가 아니라 성숙의 관점에서 학문을 보는 태도는 예를 들어 과학적 지식의 객관성을 진화론적으로 풀어가는 포퍼류의 시도에서도 한 전범을 읽을 수 있다.[151] 포퍼의 생각에 유보 없이 동의하지는 못하지만, 과학적 지식의 성격조차 성장의 범주 속에서 파악하는 그의 탁견, 이해보다 존경에 빠르고 비판보다 정죄에 빠른 진위주의자眞僞主義者들에게 묵직한 충고가 될 것이다. 내가 포퍼와 달리 성장 대신 성숙이라는 말을 쓰는 것은 인문학에 터를 둔 사람의 시점을 반영하고 있는 것인지도 모른다.

혹자는 성숙이 곧 진보를 내정한 셈이고, 이는 다시 진위를 암묵적으로 전제한다는 식의 비판을 할 수도 있으리라. 하지만 이 비판조차 학문의 근본적 속성을 오해한 데서 연유한다고 본다. 성숙은 경직된 논리의 궤를 좇지 않는 법인데, 이 비판은 학문을 논리학적 진전의 일종으로 여기는 편견에 사로잡혀 있기 때문이다.

앞머리에서 밝히고 들어왔듯이, 이 글은 '세상의 복잡성을 콘텍스트의 다층多層 구조로 밝히려는 시도'이고, '논의의 궤를 메타meta보다는 주로 사례 분석에 두려고' 했다. 이를 통해서 콘텍스트 사이의 메타 이전metachange과 경합이 이해의 과정에 깊이 개입하고 있음을 보이고자 했다. 이 점에서는, 이해의 행위를 본질적으로 문제 해결과 동일시하고 있는 포퍼[152]보다는 논리 계형 사이의 메타변경 차원에서 이해의 구조를 밝히고 있는 베이트슨에 강한 친화감을 느낀다. 이해를 콘텍스트의 다중 구조와 그 역동성의 빛에서 보는 태도는, (이 글에서는 상론이 없었지만) 궁극적으로 내가 전개하고 있는 '일리의 해석학'의 토대와 정당성을 제공해준다. 이해를 해석으로 읽고, 해석을 본질적으로 콘텍스트[153]의 경합으로 읽음으로써 '보편적 힘의 해석학'을 전개할 가능성을 타진할 수 있었다고 생각한다. 해석이 근본적으로 힘의 문제로 드러나면, 진위 위주의 이해에서 벗어나 콘텍스트의 역동적 구조와 인간됨의 성격을 밝히는 것으로 해석학은 귀결될 것이다. 그러므로 '인간됨의 콘텍스트', 혹은 '콘텍스트의 인간됨'이라는 교차 대구는 내가 추구하고 있는 해석학의 준존재론적 구조를 표현해주는 적절한 결구가 될 것이다.

2부
—

손가락으로,
손가락에서

9. 부재不在를 찾아 떠나는 무늬
-글쓰기로서의 문학과 탈자본제적 삶의 씨앗

1. 글쓰기, 부재를 향한 무늬

현대인의 중심은 텅 비어 있다. 그것을 채우는 것은 결국 각자의 몫
일 것이다. 그러나 우리가 살펴봤듯이, 낮의 추구로 만족하지 않는
우리의 자아는 끊임없이 어떤 부재를 향해 움직인다.

이것은 김정란의 탁월한 평문에서 따온 것[1]이다. 그 글은 따로
곁가지를 붙일 욕심을 버리고 원문맥의 취지를 면밀히 좇으면서 새
겨 읽을 만하다.[2] 그녀는 "아폴로적인 모든 지적이며 남성적인 낮의
가치들, 인간의 선조적線條的 발전 신화의 근거를 이루고 있는 부
성적 질서"[3]를 '3시의 갈증'이라는 시적 상징으로 구체화시키면서,
"작은 난쟁이들의 너무 큰 눈眼들"[4]로는 충분하지 않다고 진단한다.
(이것은 낡은 진단이다. 그러나 낡은 것을 다시 설득하기 위해 새롭게 동
원되는 장치의 종류와 표현의 섬세함에 인문학의 본령이 있다.) 시인은,
이 너무 크고 지적인 눈들이 "결핍의 존재라는 것을 겸손하게 인정
하고, 우리가 오만하게 지배했다고 생각했던 자연에게 온당한 자리

를 돌려줌으로써" 텅 빈 우리의 중심에 새로운 형이상학을 채울 수 있으리라는 가능성을 속삭인다.[5]

그러나 여기에 무슨 긴장, 어떤 아이러니가 잠복해 있을 법하다. 텅 빈 중심의 자아가 지향해 나아가는 곳이 다름 아닌 부재, 즉 무소無所, nulle part라고 했는데, 비록 독선적 아버지의 형이상학이 아니라고 하더라도 그 속에 또다시 형이상학을 채우겠다니?

내가 틈을 내어 비집고 들어가서 논의의 가리사니를 움켜쥘 수 있는 곳이 바로 여기인 듯하다. 왜냐하면 글쓰기, 특히 내가 행하는 글쓰기야말로 '무슨 긴장, 어떤 아이러니'에 명운처럼 부대끼는 행위이기 때문이다. 실로 안팎의 아이러니, 진리와 수사의 상호 혼입(데리다), 이론과 실천의 긴장, 그리고 태양이라는 다이내미즘처럼 동사動詞와 부사副詞의 되먹힘이야말로 인문학적 글쓰기의 동력이기 때문이다. 그것은 존재의 부재이며, 또한 부재의 존재이기도 한 역설의 존재론에 기초한 동작이다. 그것은 아무런 고갱이가 없는 알갱이, 그 무늬 만들기에 다름 아니기 때문.

양배추는 싱싱하지 않았다. 인자는 시든 잎을 한 겹 더 벗겨냈다. 한 꺼풀의 껍질 안에서 이목구비가 뭉개져 사라진 얼굴처럼 똑같은 속껍질이 드러났다. 아무리 벗겨봐도 끝내 해독할 수 없는 암호처럼, 일견 무의미하게 그려진 섬유질의 무늬 외에는 아무런 알갱이를 찾을 수 없다.[6]

무늬紋란 무엇인가? 그것이 알갱이가 아닌 것은, 알갱이에 집착하면 당연히 무늬가 보이지 않기 때문이다. 그러나 껍데기도 아닌 것은, 그것을 벗기고 또 벗겨내도 계속 남아 있기 때문이다. "현상의 배후에 숨어 있는 것을 찾지 마라. 현상은 스스로 그 자신의 교훈이다." 흔히 인용되는 괴테의 경구다. 이 가운데 현상을 무늬로 바꿔서 읽으면 이 글의 화두로 삼을 만할 것이다.

결핍의 존재, 주름투성이의 존재인 우리가 '낮의 추구', 즉 문자와 도구의 선물에 만족하지 못하고 어떤 부재를 향해 움직이는 것. 나는 이것을, 김정란의 문맥을 조금 비틀어 글쓰기의 원초적인 움직임, 그 무늬로 각색한다. 그리고 오늘은 이 무늬로 무엇을 할 수 있을까, 이 무늬가 무엇으로 환생할 수 있을까, 잠시 생각해본다. (마르크스의 그 낡고 유명한 표현처럼) 딱딱한 모든 것은 임자 만난 듯 사그라지고, 부드러운 모든 것은 부박한 춤사위에 놀아나고 있는 지금, 딱딱하지도 않고 부드럽지도 않은 것, 알갱이도 아니고 껍데기도 아닌 이 글쓰기의 움직임, 그 무늬는 무엇을 할 수 있을까? 자본제의 전일적 구조와 상업주의의 정교한 네트워크 속에서 '존재의 그리움'을 안고, "빌어먹을 서울, 서울, 서울, 물러가라 소리쳐도 아무도 물러가지 않는 도시" 속에서 "늙은 개처럼 쓸쓸하게 살"[7]고 있는 우리가 또 다른 부재를 향해 던지는 글쓰기의 무늬로써 대체 무엇을 할 수 있을 것인가.

2부 손가락으로, 손가락에서

2. 글쓰기의 주술, 자본주의의 그늘에서

나는 스스로 내가 사는 모습을 꽤 탈자본주의적이라고 여기곤 한다. 그것은, "유구한 농업의 기억에서 자본주의를 극복할 창조적 힘의 원천을 탐색하는 것"[8]이 우리 시대의 절실한 과제 중 하나라는 지적처럼, 아직도 드문드문 옛 농촌의 모습을 간직하고 있는 지금의 내 거주지 주변 풍경에서 기인하는 표피적 인상일 수도 있으리라. 혹은 타협의 공능公能을 제대로 훈련받지 못했고, 따라서 사회화 과정에 순조롭게 진입하지 못한 채 외진 글쓰기의 습벽을 통해 '탈사회화의 사회화' 전략을 모색해야 했던 내 개인사와 관련되는 일일지도 모른다.[9] 그러나 이른바 전 지구적 자본주의 구조의 그림자 아래 연명하는 '회사 인간'의 행태를 애써 없애고, 철학자, 인문학자다운 비판적 자기성찰성을 견결堅決하게 유지하려는 태도마저 내 스스로 안쓰러워 보일 때가 적지 않다.

지난달이었던가. 남이 모르는 즐거운 글쓰기의 비밀을 알고 있다고 자부하면서도 늘 글쓰기에 '피로'한 나, 바로 그 나는 무슨 영감이라도 받은 듯 대단히 '비자본주의적' 표정을 지으며, 작심하고 시내 서점가를 수 시간이나 배회하다가 매우 '자본주의적으로' 16권의 시집을 사왔다. (나도 한때 시 습작을 한답시고 땀깨나 흘리곤 했는데, 그만 언제부터인가, 시를 제대로 읽을 여유를 잃어버렸다. 그러나 이 시대에 시를 읽을 여유란 대체 무슨 종류의 여유인가?) 나는 마치 성수를 뿌리기라도 하는 사제의 심정으로 그 주술적 감응력을 믿으며 그 속에 담긴 시詩, 즉 사원寺의 말씀言을 집 안 곳곳에 뿌리고 다

넜다. 이 방에서 저 방으로, 부엌에서 화장실로 옮겨다니며 시집들을 던졌다. 정신없는 자본주의여 사라져라, 휘이 휘이, 태강즉절太剛即折! 딱딱한 근대성이여, 반성하라.

과연, "근대성을 반성하는 작업은 자아를 심문하는 것에 버금가는 발본적 사고를 필요로 하는 것"[10]이다. 그러니 시적 정서의 단초를 이루는 근원적 감성, 그리고 근본 학문Radikalwissenschaft으로서의 인문 정신을 떠올려본다면, 작금 활발히 이뤄지고 있는 근대성 비판의 배후에 이들이 한목소리를 모으고 있는 것은 매우 자연스럽다.[11] 특히 천민자본주의적 근대성에 몸살을 앓고 있는 우리 사회의 경우, 글쓰기(따위)를 삶의 조건, 그리고 "죽음에 대한 무서운 스트라이크! 찬란한 보복"[12]으로 여기는 모든 이에게 삶은 피로할 뿐 아니라 위험하다. '함께 피로하고 함께 위험한' 공동체를 꾸려가고 있는 우리의 경우도, 글쓰기의 고민과 역사를 지닌 이라면 '인문 정신의 뜻에 깊이 뿌리박은 문학은 어차피 자신의 시대와 근본적으로 불화할 수밖에 없다'는 명제를 두고 공명의 느낌을 금치 못할 것이다. 또한 이 지점에서 문인, 학인 할 것 없이, "서정은 본질적으로 세계와 자아의 완전한 동일성을 지향하는 자연주의"[13]라는 인식 아래, 도시의 모더니즘으로부터 저항적 일탈이 나름의 세력권을 이뤄가는 것도 당연해 보인다. 서정성을 구현하는 시적 언어가 근대성 담론에 반성의 계기를 열어준 점은 이미 여럿이 지적한 바와 같다. 그러나 서정적 자연주의가 본질적으로 전근대적 이념에 속한다면, 근대의 보편성, 그리고 그 교활한 이중성을 외면한 채 서둘러 보따리를 싸고 도시를 떠나는 것이 대안이 될 것인가?

그것은, 잘해야 피투성이 과거를 잠시 돌아보려는 애린스러운 결별
이 아닌가?

  잘 있거라 잘 있거라
  은빛 반짝이는 낮은 구릉을 따라
  움직이는 숲그늘 춤추는 꽃들을 따라
  멀어져가는 도시여
  피투성이 내 청춘을 묻고 온 도시
  잘 있거라[14]

  역시 문제는 "맹목적 근대 추종과 낭만적 근대 부정 사이에서
끊임없이 흔들려온 우리 사회에서 (…) '근대적 근대 이후'의 상像을
어떻게 모색하는가?"[15] 하는 것으로 모아진다. 또한 이것은 누누이
지적되었듯이, "인간에게 자유를 선물한 해방자로서의 근대, 또한
인간을 생존 경쟁의 난투극 속으로 몰아넣은 난폭한 파괴자로서
의 근대, 이 이중성",[16] 즉 이 근대의 변증법을 가려 취하는 지혜의
문제이기도 하다. 한편으로는 물 건너온 전거典據가 아니면 따돌려
버리는 우리의 누습 탓에 욕심만 한 주목을 받지는 못했지만, 기실
이것은 내가 '진리·일리·무리'라는 해석학적 대조 도식을 통해서
그 대안적 모색을 계속해온 논의의 갈래에 포섭된다.[17]
  근대성에 대한 자기성찰적 담론은 이미 범람하고 있어 당대의
현안에 무심하지 않은 학인이라면 어느 정도 익숙할 것이다. 그러
나 관념과 추상의 유통 경로에 무감한 생활인들도 공적 제도, 자

본주의 체제, 도시의 네트워크, 테크놀로지 등등 근대의 기술적 이성이 자랑스럽게 선사한 물자物資를 액면 그대로 향유하지 못하고 넓은 의미의 생태生態와 삶의 질에 대한 갈증을 노골적으로 표현하고 있다. 바야흐로 근대성의 위기의식은 체감의 문제로 내려와 앉은 것이다. 이른바 인간의 왜소한 이타심에 근거한 낭만적 근대 부정의 사회주의가 꼬리를 감추고 전일적 자본주의가 밀어닥치고 있는 작금의 풍경을 생각해보면, 이 체감은 이제 누구도 부인할 수 없는 우리 일상의 피부가 된 것이다. 그것은 나처럼 이런저런 제스처를 취하며 탈자본주의적 삶의 모형에 고심하는 이들조차 필경 어쩔 수 없이 기생寄生해야 하는 우리 시대의 유일한 숙주다. 이를테면 그것은 펜촉의 자국이 남지 않는 거대한 공룡, 문자적 계몽으로 무장한 다윗 위에 산 같은 그림자를 던지는 골리앗의 벽.

3. 글쓰기로, 손가락으로, 탈자본주의의 씨앗으로

사정이 이러할 때, '피로'는 우리 삶의 한계로 선연히 다가든다. 대체로 우리는 피로하다. 직장과 가정의 안팎, 사원과 학교의 안팎을 피로로써 열고, 또 피로로써 닫는다. 어쩌면 "피로는 우리 모두가 일상에서 경험하는 자본제적 삶의 본질적인 양식"[18]이라는 진단은 과장이 아닐지 모른다. 그런 뜻에서, 자본주의의 전일적 흐름 속에 휩쓸려 있는 우리 모두의 삶을 규정하는 한계는 바로 피로다.

철학적으로도 이 시대를 '한계의 시대'라고 정의한 사례가 여럿 있었고, "구원에 대한 우리의 유일한 희망은 역설적으로 우리의 한계를 넘어서려 하는 데 있는 것이 아니라 그 한계를 존중하는 데 있다"[19]는 권고도 있었다. 이 권고가 주어진 원래의 문맥을 약간 떠나 이 글의 취지에 빗대어본다면, 그것은 곧 피로에 대한 성찰의 부재를 말한다. 과연, 우리는 피로를 응시하거나 관찰하는 데 익숙하지 못하다. 우리는 피로를 외면하면서도 그 피로에 의해 끝없이 떠밀려다닌다.

우리 삶의 순간순간을 가만히 살펴보면, 우리는 여지없이, 또 끊임없이 피로하지만, 그러나 우리는 또 이상하리만치 그 피로의 정체에 무관심하지 않은가? 마치 우리가 내내 이런저런 슬픔에 부대끼면서도 피상적 도피에만 애쓸 뿐, 그 슬픔이 열어주는 인간 존재의 심연과 그 깊이에 주목하지 않듯이.[20] 피로 속에 허우적거리는 우리도 그것을 좀더 근본적으로 다스려보기는커녕 늘 피로의 눈길을 회피하고 있을 뿐이다. 서영채는 피로를 특히 '권태'와 대조해서 소략히 설명하는데, 전자를 "자기 삶의 주인으로 군림하는 자가 감수해야 하는 정신의 긴장"으로 봐서 긍정적으로 평가하지만, 후자에 대해서는 "삶이 소외되지 않은 것일 때, 진정으로 자신의 것이라 여겨지고 또한 정당하고 올바른 것이라 생각될 때 피로는 존재할 수 없다"[21]면서 삶의 부정적 성격에 대한 존재론적 징후로 읽어낸다. 실로, 그것은 '존재론적' 피로다.

이렇게 본다면, 그 실제와는 상관없이, 원칙적으로 피로하지 않은 삶의 가능성이 있다. 간단히 정리하면, 그것은 피로를 응시해서 그 속과 이면을 성찰하고, 마침내 우리 삶이 그 근원적 자양을 얻기 위해 닿아 있는 존재론적 뿌리를 끊임없이 되살려주는 일이다. 혹자들이 쉽게 구사하는 용어, '삶의 진정성을 회복하는 일'도 이런 긴장과 살핌의 끝에 닿아 있을 것이다.

기실 근대의 딱딱함과 자본제적 삶의 피로, 그리고 그 피로가 노출시키는 우리 실존의 부박성을 지적하는 소리는 1980년대 후반 이후 계속되었다. 특별히 삶과 앎이 따로 노는 우리의 경우 그 담론이 서민 생활의 기저에 침투해서 삶의 변화와 성숙으로 이어지는 모습을 찾아보기는 힘들지만, 담론의 음지에서 비켜나서 살아가고 있는 생활인들도 이에 대한 나름의 감각을 가지고 다양하게 대처하는 모습이 전과는 다르다. 근대화의 역정에 동참해서, 자본제적 삶의 피로를 내일의 유토피아를 위한 오늘의 당위로서 감내해온 세대와는 분명 다른 삶의 양태를 보인다. 다만 문제는, 그 생활의 변화를 위한 노력이 대단히 피상적·감각적이어서 말 그대로 재창조re-creation를 위한 시공간의 지평을 열지 못하고, 상업주의가 펼쳐놓은 좀더 정교한 그물에 잡혀 잠시 퍼덕이다가 그치고 만다는 데 있다.

첨단의 레저생활을 즐기고, 떼를 지어 여행을 다니며 이국 동경을 충족시키고, 각종 문화 행사에 단골 고객이 되고, 노래방이나 단란주점을 정복하고, 주말이면 낚시나 등산을 다니며 자본제적 스트레스를 풀고, 명상원이나 사원을 들락거리며 육체 이후의 가능성에 대비하는 우리 삶, 그것으로, 그것만으로 근대성의 각질을 부드럽게 하고, 자본주의의 그물에 구멍을 내기에 충·분·할·까.

우리 인문학자들이 보기에는 물론 충분하지 않다. (삶에 무슨 충분이 있겠나—우리는 오히려 불충분함, 그 부재의 형이상학에 대한 욕심으로 살아갈 수 있는 것이 아닌가.) 그러나 내가 애초에 글쓰기로, 손가락으로, 성숙으로 내려가는 길을 택하고, 그 속에서 탈자본주의적 삶의 씨앗을 꿈꾸어본 것은 이런 배경의식이 작동하기 때문이 아니었다. 그것은 자연스럽게, 그냥 그렇게 되었다. 굳이 사족을 달자면, 쉬지 않고 재주를 모아 쓰고 또 쓴 덕일 것이다. 서정주를 흉내 내어 말하자면, 20여 년 글을 "써온 결과로 이런 생각이 생겨 있으니 그리 아시기 바란다".

'우리가 나날이 살아가는 일상생활에서 살며 느끼고 생각하고 공부하는 모든 내용들에서 고른 것들은 두루 다 시詩가 돼야 한다'는 생각으로 나는 요즘 시를 쓰고 있다. 60여 년 시를 써온 결과로 이런 생각이 생겨 있으니 그리 아시기 바란다.[22]

4. 소설의 지혜

글쓰기라고 해서 매너리즘과 타성화의 위험이 없는 것은 아니다. 자경自警의 긴장을 늦추면 매사에 예상치 않은 누수와 부식이 생기는 법이다. 그러나 글쓰기는 생래적으로 자성적自省的이며, 그것은 인류가 문자언어와 더불어 살아온 장구한 공진화 역사에도 불구하고 자기성찰적 탄성을 유지하고 있다. 가령 이빨을 닦거나 오줌을 누는 등 지속적으로 계속되는 행동은 대체로 습관적 타성에 젖게 되고, 또 이것은 생활의 효율성이라는 측면에서 보면 오히려 바람직하기도 하다. 그러나 "발끝에 차이는 풀을 마음대로 베어낼 수 없고, 또 때로는 코끝에 차오르는 꽃조차 베어내야만 하는 수난"[23]의 연속인 글쓰기는 경우가 다르다. 비록 글쓰기가 나름의 습관을 이루었다 하더라도 그 습관적 타성은 역설적으로 글쓰기의 비효율을 야기하게 된다. 글쓰기의 도道는 닦으면 닦을수록 부드러워지는 것이어서, 그 습관이 계속되면 계속될수록 그 습관은 습관을 내파內破하는 자가활성自家活性을 갖는다. 이것은 분명 역설이지만, 이 역설은 말하자면 글쓰기의 심리가 운용되는 지점(=의식과 무의식의 경계)의 동학動學에 의해서 자연스럽게 풀려난다.

무의식은 의식이 타성화·제도화되는 것을 경계할 수 있는 실질적으로 무한한 상상력이다. 그러므로 의식과 무의식이 소통하는 경계에서 이뤄지는 글쓰기의 훈련과 노력은 끊임없이 스스로를 습관화하고 또 그 습관을 내파하는 역동의 나선운동을 계속하는 것이다. 글쓰기의 역사가 자성과 자경의 힘을 축적한다는 말은 이렇게 해서 가능해지는 것이다.

나는 글쓰기의 동인動因을 10가지로 분류해서 설명한 적이 있다.[24] 간략히 그것은 표현욕, 심리적 방어기제, 삶의 증후症候, 내적 필연성의 분출, 기표와 기의 사이의 충력과 인력, 존재론적 매혹, 개성화와 탈식민성, 배회·성숙·일리 등등의 계기에 의해서 촉발되고 유지된다. 그러나 어느 것이든, 그것은 기계적·일률적으로 분석되거나 처분될 수 없는, 요컨대 선조적線條的 근대성과 정신없는 자본주의의 논리만으로 설명할 수 없는 인간성과 삶의 복잡현묘複雜玄妙한 특성을 증거한다. 마치 글쓰기의 뿌리와 이면에서 오가는 수많은 동인처럼, 인간성과 우리 삶을 아래에서부터 구성하는 복잡 미묘한 소인과 기류들은 바로 그 번쇄한 특성에 의해서 오히려 조화와 통일의 아름다움을 창조해낼 수 있는 것이다. 이것은 마치 소설의 문체적 특징이 "상호 의존적이면서도 상대적으로 자율성을 지닌 단위체들이 서로 결합함으로써 전체로서의 작품이 지니는 좀더 높은 차원의 통일성이 창조된다는 점"[25]에 있다는 것과 흡사하다.

오래된 문학관을 들먹이지 않더라도, 앞서 간략히 살펴본 것처럼 글쓰기 자체에 스며 있는 자경과 자성의 힘을 숙고해보면, 특별히 문체와 서사의 성격에 의해 그 힘을 극대화할 수 있는 문학적 글쓰기가 자본제적 가치의 일방통행을 견제하는 대항 담론으로 등장한 것은 자연스럽다. 소설 쓰기가 우리 사회의 자본제적 삶과 그 도구적 합리성에 대한 반성의 기제로 유용하다는 지적도 마찬가지 배경에서 나온다.[26] 특히 "언어의 내적 분화, 즉 언어의 사회적 다양성과 그 안에 존재하는 음성의 다양성heteroglossia"[27]을 전제 조건으로 가지고 있는 소설 쓰기는 근대의 과학적 실증주의와 관념적·철학적 합리성에 맞설 수 있는 미학성의 소지를 풍성하게 담고 있을 수 있다는 것이다. 조금은 다른 문맥에서 나오는 말이지만, 모더니즘과 포스트모더니즘의 도전을 동시에 끌어안으면서 "자본주의의 산문적 현실을 낭만적으로 건너뛰는 것이 아니라 그 산문성에 산문적으로 대결하는 자세"[28]가 필요하다는 지적도 기억해 둘 만하다.

특히 소설 쓰기가 "무수하고 이질적인 근대성의 발견"[29]에 이바지한다는 말은 또 어떤가. 이것은 자본주의적 근대의 체제 내적 모순이 생활 속의 다양한 틈으로 신음을 내며 스며나오고 있다는 지적이기도 하다. 자본제적 근대의 전일성에 대하여 근원적 각성을 촉구하는 환기의 틈은 소설 쓰기를 통해서 형상화된다. 그런데 이 틈새 만들기의 논리는 아이러니, 즉 '비틀기'의 힘으로 드러난다. 말하자면, 각角이 진 선조형線條形의 근대성을 비틀어 인간의 호흡과 삶의 근원적 우연성과 복잡성이 깃들 수 있는 부드러운 공간을 만들어간다는 것이다.

로티는 형이상학의 구름과 인식중심주의의 위계 구도 속에 잡혀 있던 종래의 철학자들을 아이러니스트들로 대체하려 하는데, 그에 의하면, "자기 자신의 가장 중심적 신념과 욕구들이 우연적임을 직시하는 사람, 그 신념과 욕구들이 시간과 기회를 넘어서는 무엇을 가리키고 있다는 생각을 포기할 만큼 충분히 역사주의자이며 명목론자인 사람"[30]이 바로 아이러니스트다. 이 아이러니스트의 작업은 참신한 비유나 이야기 짓기narration로 드러난다. 따라서 이제 우리(그들?)에게 필요한 것은 철학적 논증이 아니라 '소설의 지혜'다.[31] (여기서 로티의 생각을 자세히 인용하기 위해서는 당연히 문맥상의 조정이 우선되어야겠지만, 그가 던지는 시사를 우리도 '비틀어서' 선용할 수는 있을 것이다.)

비틀어서 말하자면, 소설의 지혜란 바로 무수하고 이질적인 근대성, 그리고 그 내적 모순에서 자생하는 틈과 구멍을 섬세하고 면밀하게 살펴주는 태도에 다름 아니다. 물론 1990년대 문학의 유일한 적은 상업주의라는 단정이 있을 만치, 자본주의의 표피 논리가 문학을 환장換腸하게 만드는 지금, 문학적 글쓰기의 종류와 성격을 가리는 지혜가 요청되는 것도 당연하다. 또, 글쓰기 자체의 탄성과 긴장에 내재한 탈자본주의적 씨앗이 불모의 땅에 뿌려지거나, 지나가는 새떼의 먹이가 되어버리는 경우도 얼마든지 생길 수 있다는 데에 유념해야 할 것이다. 다만 글 쓰는 사람으로서는 시대의 거품에 쉽게 영합하거나, 각자의 구멍 속에 칩거해서 과거와 현재 사이의 괴리에 어쩔 줄 몰라 하거나, 혹은 어설픈 반동형성reaction fomation에 쫓겨 오버액션을 취하는 것 등등을 준엄하게 경계해야 한다.

5. 검은 고목, 저만치 있는

박완서의 소설 『환각의 나비』 속에서, 늦게 대학원 공부를 시작한 영주에게 지도 교수는 "논문을 쓰면서 소설을 쓰고 있는 것처럼 착각하지 말라"[32]는 충고를 계속한다. 그러나 비유하자면, 대학원이라는 앎의 과정이 아니라 일상의 삶의 과정을 거쳐가고 있는 우리 모두에게 정작 필요한 충고는 "소설을 쓰면서 논문을 쓰고 있는 것처럼 착각하지 말라"는 것이 아닐까. 그래서 그 낮아진 소설 쓰기가 그 글쓰기의 역사에 의해 더욱 낮아져, 마침내 자본주의의 그물이 미치지 못하는 우리 삶의 진정성에 손을 건네는 꿈을 꿀 수 있도록 해야 하는 것이 아닐까.

자본주의를 외면하는 것은 모래 속에 머리를 파묻는 타조의 형국에 다름 아닌 줄 안다. 외면이 아니라, 섣부른 폄하조차 용납할 수 없을 정도로 그것은 건조하지만 엄혹한 현실이다. 그러나, 자본주의를 외면할 수는 없으나, 자본주의가 외면한 것을 내내 방치할 수도 없는 것이 자본주의보다 오래 묵은 사람살이의 깊은 이치다.

이 계제에 글쓰기가 무엇을 할 수 있을까, 하는 따위의 의심이나 추정보다 중요한 것은 그 실천의 미덕을 직접 체험하는 결심과 노력일 것이다. 글쓰기가 열어주는 성숙의 경지가 있으며, 그것은 자본주의의 환전 논리를 가로질러 사람이 살아가는 이치의 묘妙와 탄성을 유지시켜줄 것이라는 것, 나는 그런 상념을 오래 곱씹어오고 있다. 나 혼자의 글쓰기로는 아무 약속도 할 수 없지만, 삶이 글쓰기보다 오래 묵은 것처럼, 글쓰기도 자본주의보다 오래 묵었다는 사실에 위안의 터를 두기로 하자. 하루살이의 몸부림이 고목의 검은색보다 훨씬 역동적이지만, 하루살이의 수없는 죽음을 목도하는 슬픔으로 마침내 검게 되어버린 고목의 세월을 기억하면서.

10. 수난과 열정의 뫼비우스
-김승희의 글쓰기

1. 글쓰기의 밀고, 원초경으로의 야합

솔직히, 김승희에게 니체를 갖다 붙인 것은 우연이었다. (그러나 사람의 영토에서 필연이란 무엇인가? 우연을 액자 속에 붙박은 다음, 책임지지도 못할 미래를 근심하게 하는 것—바로 그것 아닌가?) 그 와중에, 어디에서 어떻게 붙일까, 이런저런 궁리를 한참이나 했겠다. 매사, 깊이 궁리한 다음 작심하는 것이 교과서들이 권유하는 순서이지만, 아무래도 교과서에 재미를 붙이지 못했던 나는 대개 작심한 다음 이 이면의 연유를 캐들어가는 버릇이 있었다.

사실 김승희는 드물지 않게 니체를 언급하고 있었다. 김승희는 이미 니체와 동침한 증거를 여기저기에서 흘리고 있는 것이었다. 그것은 내력이 깊어 더욱 불순한 정액이었고, 때로는 정액마저 성에 차지 않는지 선혈이 낭자했다. 사실 김수철, 사마천, 그리고 쇼펜하우어처럼 수음하듯이 글쓰기에 몰두하는 이들은 흔하다. 그러나 대체로, 반드시 그런 것은 아니지만, 수음의 글쓰기는 그 내력이

얕아 지린 오줌발 같은 순수한 정액을 뿌리고 다닐 뿐이다.

나는 니체나 김승희를 만나본 적이 없다. 김승희와는 우연찮게 몇 차례 서신 교환이 있었지만, "대체로 감각이란 기만하지 않는 것"[1]이라던 니체, 그 니체라면, 이제는 그의 삭은 뼈라도 감각적으로 느껴볼 기회가 없어진 것이다. 그러니 글쓰기를 통해서 사귄 니체나 김승희는 모두 내게 있어 점유占有와 방기放棄 사이를 오락가락하는 연기와 같은 존재였다. 속에 들면 한껏 취하지만 밖으로 나오면 한갓 관념의 고소공포증으로 남아 있을 뿐인 시인들이었다. 다만 삶과 생명에 대한 그들의 치열한 진정성으로 인해 이 고소공포증은 내게는 저소공포증으로 바뀐다.

여기 녹록지 않은 두 남녀가 있다. 남자는 남자대로, 또 여자는 여자대로 나를, 나의 어느 깐깐한 부분을 자꾸만 성가시게 한다. 성가신 것의 본질이란 내 손아귀를 벗어난다는 점에 있다. 그럼 할 수 없다. 손아귀의 '포박'을 포기하고 눈의 '분류'를 하는 수밖에. 어차피 분류는 생물학이 하고 포박은 법학이 한다면, 나로서는 법학을 포기하는 수밖에. 이 분류란 니체와 김승희의 정사情事요, 곧 정사情死다. 손아귀에 쥐지도 못하고 담너머 팽개쳐버리지도 못하는 니체와 김승희를 처치하는 방식, 그것도 나의 몽상과 오만을 온전히 살려주면서 처處-치置하는 방식은 분류라는 이름으로 그 둘을 동침시키는 짓이다. 그러고 나면 나는 관음觀淫하리라. 관음觀音이 들릴 때까지.

이미 밝혔지만, 내게 니체와 김승희의 동침을 관음하려는 욕심은 애초에 그 어떤 '성가심'에서 생긴 것이다. 달리 말하자면, 그것은 내 손아귀가, 즉 내 의식과 의지가 그들을 내 뜻대로 포박할 수 없는 무력감에서 생긴 것이다. 비유하자면, 이 무력감은 현실의 터전 위에 자리매김할 수 없는 기표의 춤사위를 하염없이 바라보면서 느끼는 심사와 비슷하다. 아니, 그러나, 이 대목에서 오해 없을 것. 나는, 당연한 지적이지만, 니체와 김승희의 절규와 광기를 속내 없는 수사학, 텅 빈 기표로 보는 것이 아니다. 아니, 그들이야말로 삶과 생명과 대지의 충일한 냄새에 미쳐 표랑漂浪하지 않았던가?

> 저는 수업 없는 오전이면 한 사십 분 운전하여 바다를 보러 갑니다.
> 그래서 감기가 떨어질 수 없는 겨울을 보냈어요. 바다, 흰 파도,
> 파도가 잠시 그리는 그리움의 무늬들… 그런 것을 보노라면
> 파도를 부둥켜안고 울고 싶구요… 왜 이렇게 정처 없는 인생을
> 사는가… 누구에게 물어볼 수도 없는 질문을 껴안고 또 새해를
> 바라봅니다.[2]

그러니 예의 그 성가심이란 오히려 나와 같은 학인들의 탓이거나, 혹은 그 학인들의 네트워크로 구성된 이 문화도시의 탓이다. 소음이 짜증을 일으키는 계기이기는 하지만, 짜증의 책임을 져야할 것은 결국 소음이 아니라 사람이다. 아래층의 피아노 소리만으로 분기탱천, 살인을 저지르는 현대인이 있지만, 고봉원묘高峯原妙 선사는 목침이 침상 아래로 떨어지는 소리를 듣고 대오각성했으며, 영운지근靈雲志勤 선사는 청소하다가 던진 기왓장이 대나무에 부딪히는 소리를 듣고 대오大悟했다지 않은가?[3] 그렇게 보면, 이 성가

심이란 니체나 김승희의 야성野性을 바야흐로 밀레니엄의 끄트머리에 이르도록 아직도 제대로 대접하지 못하고 있는 우리 문화인文禍人의 '죄스러움'에 다름 아니다. 아마도 이 죄스러움으로 나는 그들의 동침을 무슨 제사인 듯, 혹은 알리바이인 듯 계획하고 있는 것이 아닐까? 그리고, 그러나, 혹시, 자세히 살피면, 그 성가심, 혹은 죄스러움에서 계획된 이 글쓰기의 밀교의식은 결국 내 무의식을 다스리기 위한 것이 아닐까? 성가심도 없고, 죄스러움도 없고, "텍스트라는 말을 모르고 있던 나로서는 도무지 믿을 필요가 없었던"4 시절에 봤던 원초경原初景, primal scene의 기억, 그리고 그 상흔을 갈무리하려는 무의식의 욕동이 아니었을까?

원초경이란 어려서 본 부모의 성교 장면을 정신분석학에서 그렇게 부르는 것인데, 프로이트가 명명한 것이다. (…) 프로이트는 그것에 상처를 입는 까닭을, ①어린이에게서 감당할 수 없을 정도의 성적 흥분을 촉발하여 이것이 불안으로 변형하기 때문이며, ②어린이는 사랑의 행위를 가학·피학적 행위sado-masochistic act로 오해하기 때문이라 했다. (…) 원초경의 정신분석적 의의를 다르게 해석하는 사람도 많다. 예컨대 분석의醫 A. 페니헬은 관음증觀淫症, voyeurism이 생기는 근본이 이것이라고 봤다. 남의 성교 장면을 보고 싶어하는 강박적 집착인 이 관음벽은 같은 경험에 계속 자신을 노출시켜 거기서 오는 충격에 면역되도록 만들어 원래의 마음 상처를 극복하려는 것이 목적이다.5

내 정신의 원초경과 그 상흔의 실체는 무엇일까? 김승희가 부끄러움도 없이 니체를 찾아다닐 때, 그 김승희를 쫓아다니는 나는, 아니, 나보다 더 큰 내 속의 나는 대체 무엇을 하고 있는 것일까? 사실 니체와 김승희의 결합을 멋지게 서술하는 것은 이 시대 문화인 文禍人들이 누릴 수 있는 기막힌 특권 가운데 하나가 아니겠는가? 그리고 나는 이 문화인의 특권을 향유함으로써 내 정신의 원초경이 남긴 상처를 희석시키려는 것이 아니겠는가? 그러니까, 내가 이 글쓰기로 이루려고 하는 '야합野合'—김승희와 니체의 동침에 '야합'이라는 이름보다 더 나은 것이 있겠는가—은 먼 옛날 내 정신의 원초경 속에서 이뤄졌던 자연의 야합을 다만 그리워하는 것이 아니겠는가?

———

니체와 김승희의 동침이라는 상념은 내 삶과 생각의 흐름이 어느 순간 노도처럼 스스로의 행보를 주체하지 못하고 법석을 떨다가, 토하듯이, 혹은 오르가슴이라도 느끼듯이 뱉어낸 두 마리의 날치, 비상과 추락을 반복하는, 접선接線의 춤으로 스스로를 소진해버리는 날치에 대한 꿈이라고 비유할 수 있을까? 나는 이들을 오랫동안 내 가슴속에 느껴오고 있었다. 그리고 밝은 재능과 어두운 열정이 뫼비우스의 띠처럼 얽힌 운명의 주인공들을 바라보면서 때로 몸서리를 칠 수밖에 없었다. 재능은 열정에 대한 자괴감으로 끊임없이 부대끼고, 열정은 재능에 대한 불안감으로 매순간 허덕이는 운명.

아, 명백한 그 운명의 증거에서 내 관음觀淫은 시작되었다. 관음
이 관음觀音이 되도록.

2. 자살미수의 한계에서 부활미수의 조건으로,
정신의 질긴 힘으로써 혹은 피로써

나는 이미 다른 글[6]에서 소략하나마 김승희의 글쓰기를 '필연성의
글쓰기', 혹은 '자살미수의 글쓰기'라는 개념으로 해명해본 적이 있
다. 사실 그녀 스스로 자신의 문학을 일러 자살미수라는 표현을
쓰고 있다.

> 시인이란 결국 숙명적인 한 사람이며 우리가 자궁을 선택할 수 없듯
> 이 업보를 선택할 수도 없기에 시인이 될 업보를 타고난 한 사람이
> 라는 것을 말합니다. '나의 문학은 나의 자살미수'라는 말을 쓴 적
> 이 있는데, 결국 자살미수라는 것은 우리가 타고난 개인적 업보—
> 이 시대, 이 땅에 살고 있다는 숙명—를 끊고 싶고 그에 저항하고
> 싶다는 또 다른 고백이 아니었을까요. 자살미수, 그것이 내 문학의
> 의지였고 그것은 결국 모든 업보를 넘어 새롭게 태어나고 싶다는 끝
> 없는 부활미수의 의지였을 것입니다.[7]

김승희가 들려주는 "숙명적인 한 사람"으로서의 업보와 숙명은
곧 글(시)쓰기의 필연성으로 이어진다. 대개 업보와 숙명이라는 이
름의 콤플렉스는 인간으로서는 보편적인 한계이지만, 시인은 유독
그것을 남다른 것으로 느끼고 글쓰기의 원천적 조건으로 엮어내
는 법이다. 그녀가 자살미수에서 부활미수에 이르는 정동情動의 와
류에 휘말리는 것도, 그 업보라는 한계를 시 쓰기의 내적 탄성을

위한 조건으로 바꿔보려는 연금술적 열정, 혹은 수난의 피할 수 없는 결말인 것이다.

김승희의 글쓰기에 있어서 '한계⇒조건'이라는 메커니즘은 자가발전自家發電이라는 개념, 혹은 이미지로 드러난다. 한계니 조건이니 하는 것은 모두 자기 몸의 접선을 이루는 논리이기 때문에 자기 아닌 다른 것에 의존할 수 없는 것이다.

나는 조용히 벽을 바라본다
벽 위엔 오죽하면
못 하나 박혀 있지 않다
내 호주머니 속엔 오죽하면
끈 하나 들어 있지 않다
끈도 없고
못도 없다면
그렇군, 밀교신도처럼, 오직 나에겐
자가발전밖에 남은 것이 없어[8]

삶의 실존적 한계인 죽음을 남보다 앞서 느끼는 것이란 사실 시인에게는 예사다. 그리고 그 죽음을 선취先取하려는 욕심이 생길 것도 시인이라면 오히려 당연하다. 그런데도 또 다른 부활을 꿈꾼다면, 그녀에게 남은 것이 자가발전뿐이라는 것도 너무나 당연하다.

'한계⇒조건' 혹은 '자살미수⇒부활미수'의 역학 속에서 움직이는 자가발전은 이 글의 근본적 모티브가 되었던 '수난⇒열정'의 역학과 한가지다.

수난⇒열정⇒수난…

한계⇒조건⇒한계…

자살미수⇒부활미수⇒자살미수…

추락⇒비상⇒추락…

그녀는 개인의 숙명과 업보에 몰각하지 않고 글쓰기라는 활동 속에서 스스로를 사회적으로 자리매김한다. 그리고 그 자리매김이란, 바로 그 숙명과 업보의 특이성으로 말미암아 곧장 은밀한 비상飛上이 되는 것이다. 융의 지적처럼, 시인이란 개인의 운명을 인류의 비밀로 승화시키는 존재라면, 개인 업보의 한계와 수난을 인간의 조건과 열정으로 끌어올리려는 김승희의 노력도 그러한 전형이 아니겠는가. 개인적 업보와 그 특이성의 너머를 그리워하는 것, 혹은 하다못해 그 '틈'을 꿈꾸는 것, 그래서 그 업보에 처절히 저항하면서 새로운 삶을 기약하려는 욕망은 그녀의 시 쓰기를 추동推動시키는 근원적인 힘이다.

나의 아픔과 고통psycodontia이 사회적 아픔과 고통sociodontia과 어떤 양식으로든 관련을 맺는다는 것. 우리는 한 사람의 시인에게서 그것을 최대한으로 존중해주지 않으면 안 된다.9

3. 절박한 순정에서 정신의 질긴 힘으로

시인 개인의 운명 속에서 곧 인류의 비밀이 드러날 수 있는 시 쓰기는 어떤 성격의 것일까? 개인의 열정이 운명이 되고, 운명이 역사의 표징이 되는 글쓰기는 어떤 종류의 것일까? 업보의 특이성을 역사의 원형에 이어지게 하는 글쓰기란 대체 어떤 것일까? 내 판단에는, 우선 그러한 성격의 글쓰기는 최소한 심인성心因性의 자장磁場으로부터는 어느 정도 자유로워야 한다. 심득적心得的 감상에 치우쳐서는 아예 운명이니 역사니 하는 범주를 들먹이는 것조차 부끄러워진다. 심인 속에 허우적대는 열정이란 역사의 패턴은커녕 운명의 존재론에 다다르지 못하기 때문이다. 김승희의 열정은 이미 유명하다. 그 열정은 주책맞은 감상에서 우주를 감싸는 광기 사이를 배회한다. 그러나 그 열정은 사월의 아스팔트 위를 오락가락하는 심리의 현상학으로 소진하는 것이 아니다. 나는 다른 글에서 김승희의 시 쓰기가 심인의 구심력으로부터 어느 정도는 벗어나 있다고 평가한 적이 있다.

> 적어도 김승희나 릴케는 활력, 운명, 삶과 죽음, 필연성, 그리고 슬픔의 깊이를 이해하는 글쓰기를 행한다. 그리고 그런 점에서 정서와 심인의 차원을, 어느 정도, 넘어선다고 봐도 좋을 것이다.[10]

사실 그녀 스스로도 이 점을 지적하고 있다. 정열이니 순정이니 하는 심인성의 동력은 마魔가 자주 틈타는 사적인 영역에서 침잠

해버리는 수가 적지 않다. 그러나 이것은 이를테면 필요악과 같은 것이다. 그리고 모든 경우의 성숙 과정에는 필요악이 개입한다. 그 점, 시 쓰기도 마찬가지다. 개인의 아픔과 상처―다시 상론하겠지만, 김승희의 경우 '아픔'이나 '상처'는 시 쓰기의 탄성과 깊이를 위해서 각별히 중요한 개념이다―가 인류의 아픔과 비밀로 이어지기 위해서는 우선 정서情緖의 아우라를 훌쩍 넘어서는 글쓰기의 한 갈래를 얻을 수 있어야 할 것이다. 그녀는 이 정서와 심인의 차원을 넘어서는 글쓰기의 대안으로서, '질긴 정신의 힘'이라는 개념을 제시한다. 그녀 스스로 1983년 무렵부터 이 점을 절실히 느끼기 시작했다고 고백한다. (그녀는 1952년생이다.)

『왼손을 위한 협주곡』을 쓸 당시 나는 절박한 순정 하나만을 가지고 삶과 죽음과 세상에 항거했다. 그러나 더욱 오래, 더욱 깊은 시를 쓰기 위해선 절박한 순정 이외의 것이 더 필요하다는 것을 『왼손을 위한 협주곡』 이후 나는 절실히 느끼고 있었다. 글쎄, 아이러니나 파라독스와 같은 질긴 정신의 힘이 필요하지 않겠는가? 그렇지 않으면 시인은 부나비처럼 삶에 삼켜지고 말 것이다.[11]

이성도 감성의 절제에 다름 아니라는 주장을 힘 있게 밀어붙이면 좀 다른 이야기가 되겠지만, 아이러니나 패러독스는 과연 질긴 정신의 힘이 생산해낸 것이고, 그 우열 가림에 상관없이 이들에게 절박한 순정 같은 정서의 차원을 넘어서는 면이 있다는 것도 당연하다. 그러나 그 초극의 힘이 자신의 운명 속에서 인류의 고통과 비밀을 체험하는 데에까지 나아가는가? 김승희가 스스로의 시 작업에 대해서 뱉어놓은 여러 표현이 속으로 일관성을 유지하려면, 우선 '순정', 혹은 '정서'와 '정신'의 변별이 명료할 필요가 있어 보인다. 그러나 어쨌든 최소한 이것만은 명백하다. 수난의 한계를 열정의 조건으로, 자살미수의 추락에서 부활미수의 비상으로 글쓰기의 차원을 끌어올리려는 그녀의 노력에서 절박한 순정이란 너무나 소박한 지렛대라는 사실이다.

하여간 아이러니나 패러독스와 같은 '질긴 정신의 힘'이 질긴 지렛대의 역할을 감당한다고 믿을 수밖에. 뜬금없어 보일지 모르겠지만, 이 대목에서 잠시 니체를 끌어들여보자.

보통 사람들이 읽지 않고도 달캉살캉 잘 살아간다던 바로 그 책 『차라투스트라는 이렇게 말했다』에서 니체는 글쓰기에 대한 단상을 펼쳐 보인다. 그는 모든 종류의 글 중에서 오직 '자신의 피로써 쓴 것was Einer mit seinem Blut schreibt'만을 사랑한다고 선언하는데, 이 대목의 논의와 관련해서 흥미로운 것은 그가 그 피를 바로 '정신Geist'이라고 해명하고 있기 때문이다.

> 나는 모든 글 중에서 자신의 피로써 씌어진 것만을 사랑한다.
> 피로써 써라. 그러면 당신은 그 피가 정신임을 알 수 있을 것
> 이다. 낯선 피를 이해하는 것은 쉽지 않다. (…) 피와
> 아포리즘으로써 쓰는 사람은 자신의 글이 읽히기를 원하지 않는다.
> 그는 암송되기를 원할 뿐이다. 산속에서의 첩경은 꼭대기에서
> 꼭대기로 이동하는 것이다. 그러나 그렇게 하려면 당신은 긴

다리를 가지고 있어야만 한다. 아포리즘은 바로 산의 꼭대기다. 그러므로 아포리즘을 들을 수 있는 사람은 거인이어야만 한다.[12]

니체가 뜻하는, 피로써 그리고 정신으로써 쓴 글, 산꼭대기에서 꼭대기로 이어지는 아포리즘의 글은, 개인의 순정을 넘어 질긴 정신의 힘으로써 그 아픔과 상처를 인류의 비밀에 연결 짓는다는 김승희의 글쓰기와 유사해 보인다. 아포리즘이야말로 정신의 질긴 힘으로써 쓰는 법 아닌가. 달캉살캉 베스트셀러가 잘도 팔리고, 소년과 소녀가 연서戀書를 주고받듯이 사상이 교환되는 이 시대에 피로써, 그리고 정신의 질긴 힘으로써 쓰인 글이 읽힐 리도 없는 법 아닌가.

오탁번은 김승희를 일러 "아마 우리 시단에 이 여자만큼 천재와 광기를 분별 있게 소유한 시인은 없을 듯하다"[13]고 평한 바 있다. 흔히 천재와 광기를 연결시키지만, 광기가 천재로 드러나서 널리 보편성을 얻는 일은 사실 매우 드물다. 하여튼 오탁번이 평가한 김승희처럼 그녀의 광기가 천재로 드러난다면, 바로 그것이야말로 개인의 아픔과 상처를 인류의 고통과 비밀로 승화시키는 시적 재능을 가리키는 말이 아니고 무엇이랴. 아울러 누군가 "서양 철학사에서 이 남자만큼 천재와 광기를 분별 있게 소유한 사상가는 없을 듯하다"고 평했다면, 이는 당연히 니체를 가리키는 것.

그렇다. 니체의 책에 들어 있는 것이 피와 살의 토로이듯이, 김승희의 시를 채우는 것도 뼈와 넋의 이미지다.

내 뼈에 가득 찬

죄악을 지우기 위하여

나는 유서를 씁니다

독한 청산가리 같은 잉크에

내 넋의 붓을 적셔

한 자 한 자

공들여 적어봅니다.[14]

4. 늑대를 타고 달아난 여인, 그리고 망치를 든 철학자

김승희는 『세상에서 가장 무거운 싸움』에서 "나는 쓴다, 나에게 제
공된 세상만으로 충분하지 않기 때문에"[15]라며 글쓰기의 변명을
단다. 그러나 정작 시집에서 확인되는 글쓰기의 근본 동력은 '불충
분한 세상'이라는 수량적 불만에 대한 반동이 아니다. 그녀에게 포
착된 세상, 혹은 더 정확히 말해서 그녀를 포획한 세상은 단순히
불충분한 것이 아니라, 근본적으로 화해할 수 없는 질적 이물異物
로 비춰지는 것이 아닌가 싶을 정도다. 당연한 것이 당연하지 않게
느껴지는 지경이란 소위 철학적 경험의 기본이고, 그리고 철학이란
무엇보다 '근본을 묻는 학문Radikalwissenschaft'이듯이.

> 라 독사la doxa의 세계, 제도들의 세계, 당연한 것들을 믿는
> 것이 당연히 자연스러운 당연의 세계와 그것에 아무 반성 없이
> 동의하는 물론의 세계가 싫어서 나는 쓴다.[16]

'근본'을 물어 들어가면서 당연과 물론의 제도를 내부에서부터
깨트리고자 작심한 김승희는, '당연의 제국에서 쓰는 시는 고통의
스트립쇼 같은 것'[17]이라고 토로하는 데 이른다.

김승희가 혐오하는 당연과 물론의 세계는 시인의 감성과 상상력
을 통해서 여러 모습으로 표상된다. 그것은 울음과 분노와 하늘과
눈물을 박제로 만드는 통조림[18]이며, "고독의 전망"이 없는 국도國
道[19]이며, 신을 때마다 "어떤 본능"을 다치게 만드는 신발[20]이며, 두

부 디자이너[21]이며, 넥타이[22]이며, "안전의 골병"이 생기게 만드는 안전벨트[23]이며, 무서운 평화주의의 주인공들인 인형[24]이며, 그리고 "행복에 이르는 기나긴 질병"인 토끼장[25]이다.

『세상에서 가장 무거운 싸움』의 시편들을 관류하는 정신적 지양止揚과 지향은 너무나 선명해서 차라리 투박하다. 그것은 오히려 그 지양과 지향의 의지, 그리고 그 의지를 불꽃처럼 범람하는 정념 때문에 묘사의 묘妙와 맛을 놓쳐버린 느낌마저 든다. 정효구는, "김승희의 이번 시집이 빛날 수 있는 가장 중요한 사실은 바로 그가 자기에게 운명처럼 다가온 상처를 껴안은 채, 그 상처로 집을 짓는 과정과 모습을 너무나도 눈물겹게 그리고 감동적으로 보여줬기 때문"[26]이라고 했는데, 그것은 시집을 대하는 순간 두말할 것도 없이 눈에 차오르는 인상이다.

그러나, 반복되지만, 그 상념의 열정이 묘사의 수난으로 이어지고 있다는 비판을 김승희는 어떻게 생각할까? 눈부시게 아름다운 산문을 구사할 수 있고, 현실을 조롱하는 이국적 담론에도 능한 김승희가 왜 흥분에 가까운 열정으로 시적 리듬을, 그 흥취를 돌보지 않고 있는 것일까? '세상에서 가장 무거운 싸움'을 이야기하지만 그녀는 어쩌면 싸움의 기본조차 모르고 있는 것이 아닐까?

'싸움의 도道에 있어서의 마음가짐'은 평소의 마음과 같아야 한다. 즉, 평상시에나 싸움 때에나 조금도 다르지 않아야 한다. 넓은 시야로 진실을 식별하고, 너무 긴장하지 말고, 조금도 게으르지 않으며, 한쪽으로 치우치지 않도록 마음을 한가운데 두고, 마음을 조용히 움직여 그 흔들림이 한순간도 멎지 않도록, 마음의 상태를 자유자재로 유지하는 것에 뜻을 두어야 한다.[27]

우리는 가끔 지나치게 진지하거나 지나치게 열정적이거나 지나치게 냉소적이어서 세상과 쉽게 어울리지 못하는 사람들을 대한다. 그러나 어색한 순간들이 지나가고, 사귐이 깊어지면, 우리는 그 사람들 각자가 가슴속에 스스로 주체할 수 없는 늪을 지니고 살아가고 있다는 사실을 눈치챈다. 물론 그 주체할 수 없는 늪이란 개인의 숙명과 관련된다. 결국 문제는, 그 숙명의 늪에서 연꽃을 피울 수 있는가 하는 것이겠지만. 그러나 마른 땅에 두 발을 딛고 서서 글쓰기를 하는 사람들은 그 내력을 알 수 없고, 따라서 그 열정 혹은 수난의 틈에서 새어나오는 흥분을 싸늘하게 분석해버리기에 바쁘다. 아마 김승희의 흥분도, 김승희의 싸움도, 그녀의 운명이 만들어놓은 늪의 어쩔 수 없는 기운이리라. 마치 일생일대사一生一大事가 걸린 싸움처럼 그 늪을 부여안고 포효하는 김승희의 수난을 가만히 보고 있으면, 어째 다시 묘사를 들먹이는 내 자신이 한가롭게 느껴지기도 한다. 아마도 그녀의 글은 묘사의 멋과 기술의 맛이 아니라 지향과 지양의 의지, 그리고(그래서) 솟아오르는 이미지의 총체적 힘으로 읽어야 하리라.

간단히, '세상에서 가장 무거운 싸움'이란 "당연의 세계에서 나만 당연하지 못하여, 당연의 세계가 항상 낯선"[28] 나의 업이다. 그것은 내 존재의 특이성이 안고 있는 숙명적인 무게이며, 그 무게가 공론화되는 데 드는 대가다. 또한 그것은 세상처럼 굳어 있지 못한

나의 존재가 거푸집이 내려찍힐 때의 국화빵 나신裸身이 느끼는 그 어마어마한 경련에 나날이 노출되기 때문에 피할 수 없는 싸움이기도 하다.

싸움이라면 '망치를 든 철학자' 니체를 빼놓을 수 없다. 목사의 아들로 태어나, 역시 '작은 목사'라는 별호를 가졌던, 병약하고 왜소했던 소년은 대학을 졸업하기 바쁘게 단신으로 전 유럽에 싸움을 건다. 물론 그 싸움은 개인의 운명으로부터 시작되었지만 그 열정과 깊이로 인해 유럽사의 비밀과 상처를 건드리는 데에까지 나아가도록 예정된 것이었다. 그러니 다시 융의 진단처럼, 니체를 일러 시인이라고 하는 것은 오히려 당연한 지적이다. 구태여 여기에 나까지 낄 것은 아니지만, 싸움이라면 나도 내력을 가진 축이어서 한마디를 보탠다.

일상적인 것을 비상한 것으로 보는 눈길로부터 詩가 탄생한다면 이 책은 시다. 보통 사람이 맡지 못하는 냄새를 먼저 중얼대다가 화를 자초하기도 하는 이가 시인이라면 저자는 시인이다.[29]

개인의 운명과 열정이 시대와 역사의 아픔과 이력을 건드리는 것을 시인의 내면사라고 한다면, '지구가 돌아간다는 사실을 먼저 냄새 맡은 죄'를 범한 갈릴레오처럼 먼저 냄새 맡은 이유로 화를 자초하는 것은 시인의 외면사쯤 될 것이다. 김승희에게는 당연과 물론의 세계에 대한 불만과 항의에서 펜을 휘둘렀다는 비교적 명시적인 고백이 있다. 니체도 유사한 글쓰기의 역정을 통과하고 있다. 평자들은 그가 망치로 글을 썼다고 하는데, 사실 망치로 시詩가 쓰이는 경우도 있는 법이다. 피와 망치의 글쓰기에는 당연히 인용이 드물다. 대개 시인들은 인용에 서툴다. 그들은 너무 예민하고 성급해서 현실과 접촉하는 데 빙 에둘러 가지 못하기 때문이다. 이합 핫산의 말이었던가, 인용이 잦은 논의를 펼치는 사람은 이성보다는 기억으로써 작업을 한다고 했지만, 인용 따위는 안중에도 없이 피 마른 절규만을 퍼붓는 것이 어찌 이성만의 작업이겠는가?

철학사의 상식이지만, '망치를 든 철학자' 니체는 유럽적 가치와 그 세계관을 이루었던 종래의 인습과 체제를 비상한 열정과 수난으로 허물어버리고자 한다. 그 열정은, 그러므로 그 수난은 비트겐슈타인과 하이데거가 태어나던 해인 1889년, 성의聖衣로 유명한 토리노에서 쓰러져 정신병원에 입원하기까지 처절하게 계속된다. 20세기의 다른 두 대가가 탄생하기 위해서 그의 열정은 자기파괴의 수난으로까지 계속되어야 했던 것일까? 김승희의 시집이 빛날 수 있는 가장 중요한 이유로서, "바로 그가 자기에게 운명처럼 다가온 상처를 껴안은 채, 그 상처로 집을 짓는 과정과 모습을 너무나도 눈물겹게 그리고 감동적으로 보여줬기 때문"이라는 점을 지적한 바 있다. 별 여과 없이 이 표현을 니체에게도 덧씌울 수 있을 듯하다. 니체의 작품들이 빛날 수 있는 중요한 이유 중 하나는, "바로 그가 자기에게 운명처럼 다가온 상처를 껴안은 채, 그 상처로 집을 짓는 과정과 모습을 너무나도 눈물겹게 그리고 감동적으로 보여줬기 때문"일 것이다. 김승희와 니체의 관심을 한 줄에 몰아세울 수도 없고, 둘의 성취를 맞비교할 수도 없는 처지이지만, 개인이 지닌 운명의 상처를 인류의 숙업으로 연결시키는 모습에는 명백한 상사성相似性이 있다. 자신의 운명, 그리고 그 운명적인 항의와 이로 인한 상처의 깊이를 인류의 비밀로 승화시킨 작가로서 융은 니체를 내세운 적이 있다. 만약 융이 한글을 제대로 깨쳤더라면, 김승희에게도 비슷한 평가를 내렸을지 모를 일이다.

김승희의 표현을 빌리면, 니체에게 있어서 싸움의 시작을 알리는 신호도 당연과 물론의 세계에 대한 여러 이미지다.

숨이 막힐 듯 답답한 습관, 비소한 것과 저열한 것이 세계의 구석구석을 채우고, 무거운 지상의 공기로서 모든 위대한 것을 자욱하게 둘러싸고, 위대한 것이 영원성에 도달하기 위하여 나아가야 할 길을 막아서서 방해하고 기만하고, 숨통을 누르고 질식시키는 세계.[30]

니체는 이를 좀더 구체화시켜서 '개념의 미라'라는 적을 설정한다. 같은 사물과 사태를 보더라도, 이전과는 다르게, 그리고 비판적으로 보려는 것을 업業으로 삼는 철학자들이 역설적으로 이 개념의 미라주의, '이집트주의'를 생산해내는 주범이라는 지적이다.

철학자들에게서 볼 수 있는 모든 특질이란 무엇인가, 하고 그대들은 나에게 묻는 것인가? 예를 들면 그들의 역사적 감각의 결핍, 생성 관념 그 자체에 대한 증오, 그들의 이집트주의인 것이다. 그들은 영원한 모습 아래서sub specie aeterni 어떤 사물을 역사로부터 떼어내면 이 사물에 영예를 첨부하는 것으로 생각하고 있다. 철학자가 수천 년 동안 취급하여온 것은 모조리 개념의 미라였다. 현실적인 것이란 그들의 손에서 산 채로는 단 하나도 나온 적이 없었다. 숭배할 때는 죽이는 것이었다.[31]

반복하는데, 니체의 망치가 노린 타깃이 김승희가 휘두른 펜의 적들과 일치하는 것은 아니다. 열정의 형식은 쉽게 수난의 형식으로 그 공감대를 확산하는 법이지만, 수난의 형식이 열정의 내용을 모아주는 것은 아니기 때문이다.

한스 바이힝거의 명저 『철학자 니체Nietzsche als Philosoph』 이래 니체의 망치가 집중적으로 가격한 대상은 잘 알려져 있어서 재론이 필요 없을 정도다. 시인으로서의 상사 패턴을 벗어나 사상가로서의 내용, 즉 니체의 망치가 노린 대상을 따지기 시작하면, 김승희가 선택한 길은 열정적이긴 하되 어쩔 수 없이 소박해 보인다. 이미 살펴본 대로, 그 치열한 순전성으로 시적 열정을 채우고 있는 김승희의 적은 통조림, 국도國道, 신발, 두부 디자이너, 넥타이, 안전벨트, 인형, 토끼장 등으로 형상화되고 있다. 시인 김승희가 표상한 적의 이미지는 시인의 감성을 거친 이력을 보여주듯이 매우 구체적이되 시사성이 높고, 어떻게 보면 내용성이 빈약하거나 혹은 애매한 느낌을 준다. 이에 비해서 후세의 평자가 분류한 니체의 적들은 내용별로 조목조목 분류되어 있는 편이지만 오히려 추상적이다. 그러나 어쨌든 철학자 니체는 충분히 시인이고, 시인 김승희도 분석적 담론을 이끌 능력을 공적으로 입증받은 학인이다.

그들은 서로가 겹치는 광장에서, 서로를 스쳐 지나가는 골목에서, 운명이 그어놓은 선을 넘보며 개인의 아픔을 우리 모두의 오랜 기억으로 되살려내고 있는 것이다. 김승희와 니체가 공동의 전선戰線을 형성할 가능성, 그래서 어느 추운 겨울날, 상처받은 운명의 외피나마 함께 추스르기 위해서 한 이불 속으로 직행할 가능성은 얼마든지 있다.

니체는 노예의 도덕을 떨치고 나와서 초인의 도덕을 입으라고 권한다. 생명에 적대적인 교회[32]에서 나와 대지의 디오니소스적 생명력에 취해보라고 명령한다. 노예의 도덕이란, 선량함이라고 호도하는, 보복의 역량조차 없는 무기력이며, 겸허라는 미명을 달고 있는 겁 많은 비열함이고, 동정심이라는 동굴 속으로 모여드는 중우衆愚의 호기심일 뿐이다. 노예의 도덕이 지배하는 사회에서는 모든 것은 거세되고 순치馴致된다. 이것은 바로 김승희가 '토끼장의 평화'나 '행복에 이르는 기나긴 질병'이라고 불렀던 상태와 별반 다를 바 없다. 이를테면 이 사이비 평화와 행복에 견디지 못하여, 그 못 견딤 자체의 분기憤氣의 한 형태로서 이들은 글을, 시를 쓰고 있는 것이다.

당연을 따르는 사람은 복이 있나니
당연을 따르는 사람은 복이 있나니
당연을 따르는 사람은 복이 있나니
당연을 따르는 사람은 복이 있나니
토끼장의 평화가 저의 것이오.[33]

온순하고 조용하고 또 예쁜

가정적인 토끼, 창조적 불만족보다

순응적 온순함은 얼마나 좋은지

(…)

뜨거운 진보는 옛 시대의 안개예요, 보세요

집집마다 토끼를 기르고 있잖아요

(…)

토끼들은 넥타이를 매고

회사로 백화점으로 거래도 가고

신용카드를 쓰고 사인도 하네

행복에 이르는 기나긴 질병

누군들 그 병에 걸리고 싶지 않겠는가

야수적 창조성보다 행복한 순응이 더 좋아.[34]

니체가 말하는 노예의 도덕은 김승희가 말하는 "무기력, 망각, 순응의 유전자 지문들"[35]이 지배하는 사회를 만든다. 이러한 사회에서는 인간적인 활력과 어린아이의 순진무구한 자발성, 대지의 숨결, 그리고 피 끓는 본능이 소외되고 박해받을 수밖에 없다. 고쳐 말하자면, 노예의 도덕이라는 신발을 신을 때마다 생명과 자유의 본능은 상처를 입는다. 이 대목에서 김승희의 시는 그대로 상처, 혹은 상처의 화인이 되고 만다. 토끼장 속의 환상적인 행복에 취해

상처받는 현실을 모르는 체, 혹은 모르는 채 살아가는 문화인文禍人들에게 그녀의 글쓰기는 상처의 전염병이다.

> 신발을 신고 나설 때마다 난 어떤 본능을 다치는
> 것만 같아, 골절, 뼈 뼈 뼈가 어긋 물린 것 같고 어떤
> 때는
> 도에 지나쳐 피 피 피가
> 길 위에 흘러내려 나의 길을 모가지로 감고 엉겨 저지
> 하는 것 같아.[36]

상처를 잊어버린 우리는 매끈한 피부에 매끈한 개념으로 무장하지만, 그러나 내면으로는 깊이 곪아든다. 그 곪음에 대한 대증요법은 책임이니 양식이니 도덕이니 종교니 하는 재갈이다. 그러니, 도무지 재갈을 물릴 수 없는 김승희가 토끼들의 세계에서 벗어나 '늑대를 타고 달아난 여인'[37]이 될 수밖에 없었던 이유는 자명해 보인다. 그러나 늑대를 타고 살아가는 일은 무리無理다. 꿈이다. 우리 속에서 넥타이를 맨 토끼로 살아가는 일을 진리眞理라고 호도하는 현실 앞에서 잠시 무리한 몸놀림은 가능하리라. 하지만 평생을 무리한 꿈속에서 엮어낼 수 있을 것인가? 광기, 토끼의 광기는 그래서 생기는 것이다.

5. 사이코 토끼, 혹은 차라투스트라

니체는 차라투스트라 혹은 초인을 염원하고, 어느 순간 김승희는 무릎을 꿇지 않는 사이코 토끼로 변해 있다. 진리를 강변하는 현실의 비진리를 피해서 늑대의 등을 빌려 달아난 시인. 그러나 그 등에서 내리자마자 그 시인은 다시 토끼의 광기를 빌릴 수밖에 없었던 것일까.

어느 토끼
한 마리는 도저히 시대에 적응할 수가 없다
(…)
구구단을 외우듯이 살 수는 없다, 없다고
한 토끼는 도저히 미치지 않고서 사는
동시대인들을 못 견뎌[38]

무릎 꿇고 여기 앉아!
싫어요!
무릎 꿇어!
못 꿇어요!
무릎 꿇으라니까!
(…)

무릎이 없으니 도무지 불편한 점이 한둘이 아니지만

(고용도 안 되고 구두도 못 신고)

그래도, 둥둥, 피거품의 부력을 이용하여

나는 듯, 나는 듯, 뜰 수가 있으니

적어도 살아가는 동안 무릎 끓고 항복할 위험

하나는 없게 된 셈인 것이므로.[39]

"피거품의 부력을 이용하여 나는 듯 나는 듯"이라고 쓴 것은 시의 내용이 아니라 실은 시의 형식이다. 누구든 열정이 수난에 이르도록 치열하다면, 그 글쓰기의 내용이 무엇이든 내용은 형식에 의해 압도당할 것이기 때문이다. 김승희는 민감하고 집요하게 항의하고, 그 항의에 투신한다. 김승희는, 그리고 그녀의 글쓰기는 전해줄 메시지를 담은 보물상자가 아니라 메시지가 없는 마을을 표랑하면서 절규하는 '메시지-행위message-act' 그 자체다. 몸이 느끼는 바로 그대로의 몸부림을 보여주는 것, 그 몸부림이 그대로 싸움이 되고 상처가 되고 피흘림이 되는 것. 그래서 그녀의 시message는 시 쓰기message-act인 것이다.

그것은 명상이 아니라 선동일 수밖에 없다. 차라투스트라를 망치로 만들어버린 니체가 노예의 도덕과 그 당연의 세계를 거부하면서 끝없는 투쟁을 선동하는 것처럼.

당신들은 각자의 적을 찾아야 한다. 자신의 생각을 위해서 각자 전쟁을 치러야만 하는 것이다. 비록 당신의 생각이 패배하더라도, 당신의 정직함은 여전히 승리를 구가할 수 있을 것이다.

(…)

나는 당신들이 일이 아니라 싸움에 나서기를 권면한다. 그리고
평화가 아니라 승리의 길로 재촉한다. 당신들의 일은 전쟁이
되고, 당신들의 평화는 승리가 되기를![40]

이왕주는 니체의 초인 개념을 다음과 같이 정리한다. "초인은 복
종, 겸손, 현명, 근면, 그리고 온갖 사소한 덕들, 이를테면 모래알 같
은 신중함, 개미와 같은 부지런함, 비참한 안일, 일상인의 행복 등
을 극복하여 넘어선 '보다 높은 자'이다. 복종하기보다는 차라리 절
망하는 인간, 눈이 멀어서 용감한 자가 아니라 두려움을 알되 그
두려움을 지배하는 인간, 축제의 마당 한쪽 구석에 있는 당나귀
같은 인간이 아니라 모든 비밀스러운 심연을 날카로운 발톱으로
움켜잡는 독수리 같은 인간이다."[41] '독수리 같은 인간'—바로 이
것이 김승희가 눈물겨운 파토스로서 그리고 있는 이상화된 자화
상이 아닌가.

산하의 냄새, 숲속 호랑이 눈동자, 늑대의
외침 소리, 독수리 날개 할큄 푸드득 득득, 폭포수
추락하며 우는 소리[42]

여기서 그녀의 글쓰기 호흡은 더욱 거칠어진다. 거세와 순치의
문화文禍를 깨끗이 떠나 숲속에서 포효하는 야성과 원시의 디오니

소스적 혼돈으로 돌아가고 싶은 욕망이야말로 김승희의 빛나는 외줄기 시상詩想이 아니던가. 이 경우 오히려 정연하고 산뜻한 묘사를 거부하는 글쓰기로 치닫는 것은 아마도 돌아갈 곳(디오니소스적 혼돈)과 돌아가고 싶은 몸부림(빛나는 외줄기 시상) 사이의 숙업 같은 괴리감 때문인가. 어쨌든 그 몸부림이야말로 니체와 김승희를 한 이불 속에 들 수 있게 하는 정신의 에로스가 아니던가. 그녀는 스스로가 두려워질 만큼 그 욕망이 집요하다고 고백한다.

오장육부에 갇힌 태양이
그러면 울부짖었지
갑갑하다고,
아무래도 나는 몸속에
짐승을 기르고 있는 것 같아
문득 머리를 풀르고
두려워지지[43]

몸속에 따로 짐승을 낳아 기를 수밖에 없을 만큼 집요한 그 욕망은 김승희가 꿈꾸는 새로운 세상의 이미지를 섬찟하게, 그리고 찬연하게 그려놓는다. 그것은 순전한 욕망이 낳은 신생아들의 세상이다. 그것은 당연과 물론의 테두리를 끊임없이 배반하는 원시와 자연의 생명력으로 가득 찬 이미지다. 그것은 마치 대지에 충실하라는 니체의 명령을 주술적으로 풀어놓은 것 같은 신화적 이미지다.

꽃이여, 너 자신의 불로 꽉 들어찬,

너 자신의 흙의 血로, 너 자신의 흙의 肉으로,

너 자신의 흙의 神으로, 아무도 뺏을 수 없는

향기와 무늬로 활짝 꽃피어나는,

무슨 종교 이전의 원시신앙을

나는 사랑하노니,

너만의 운명의 형식이여, 향연이여.[44]

하얀 자갈밭에서 알을 깨치고 날아가는

태양빛의 뜨거운 새처럼

고요히 중심의 원시신화 속으로 솟구쳐 오를 때까지[45]

6. 한계의 벽壁에서 조건의 창窓으로46

어떤 식이든 성숙과 관련되는 문제라면, 그것은 대체로 세 단계를 거친다. 이는 매우 형식적인 구분이지만, 이 논의에서의 뜻만 살려 주는 것으로 그 소임을 다하게 하면 그만이다.

우선은 미성숙의 단계다. 이 단계의 주된 특성은 반성反省이 없다는 것이다. 즉 자신을 제대로 돌아볼 수 있는 자기성찰의 시선이 계발되지 못한 단계다. 유아기의 몰아적 심리가 대표적 사례가 될 것이다. 자신을 대상화하고, 이로써 거리감을 얻고 또 스스로 자리 매김함으로써 주체성을 얻어가는 과정이 소위 개성화이며 또 성숙의 기초라고 한다면, 자기성찰이 없는 것이야말로 미성숙의 징표임에 틀림없다. 자각과 주체성을 따지는 그 자체마저 미오迷悟의 일종으로 여기는 선가禪家의 일화가 적지 않지만, 여기서는 논외로 쳐도 좋을 것이다. 이 같은 미성숙의 단계에서는 흔히 자신의 한계를 인식하지 못하거나, 혹은 감정적으로 무시하려든다. 가령 어린아이들이 떼를 쓰는 것은 마음속의 욕망과 마음 바깥의 대상 사이를 갈라주는 한계 설정의 경험이 없기 때문이다. 원시인들에게서 발견되는 소위 '마음의 전능성'이라는 현상도 이와 유사하다.

다음 단계에서는 자기반성적 태도에 점차 익숙해지면서 사회적 적응과 조율의 노력을 보인다. 이 단계의 가장 두드러진 특색은 자기한계를 자각하고 이에 충실하려는 태도다. 과도한 모험이나 일탈을 시도하지 않으며, 마찬가지로 턱없이 떼를 쓰지도 않는다. 이는 상식과 처세술을 배운다는 뜻이며, 아울러 자신의 분수와 한계에 유의한다는 뜻이다. 이를테면 해석학적 탄력이 생기거나 영악해진다는 뜻이기도 하다. 이 단계에서는 주로 사회적 자아persona를 익혀가면서, 그 자아의 탈들을 복잡하고 교묘하게 사용하는 방식에 점차 정통하게 된다.

마지막은 이 한계를 뒤집어엎는 예상치 못한 지경에서 나타난다. 가령 벽은 대체로 한계이지만, 쓰기에 따라서는 새로운 공간을 얻을 수 있는 조건이 된다. 이처럼 한계라는 고정관념에 묶여 있지 않고 이를 뒤집어봄으로써 새로운 삶의 가능성과 성숙의 조건으로 변화시키는 것이다. 한계와 조건은 동전의 양면 같은 관계이지만, 사람들은 늘 한계의 벽에 질린 나머지 지척에 있는 조건의 창을 보지 못한다. 위기가 위험과 기회의 양면으로 이뤄져 있다는 통속적인 말처럼, 한계의 좁은 길을 잘 견디는 과정은 흔히 조건의 큰 길을 틔우는 법이다.

이 도식에 맞춰 풀이하자면, 『세상에서 가장 무거운 싸움』은 삶의 한계를 시적 조건의 지평으로 변형시켜간 노력의 결실이다. 아예 시집의 제목이 이 한계와 조건의 변증법을 형상화하고 있다고 해도 좋을 것이다. 당연과 물론으로 가득 찬 타성과 문화文禍의 세계는 "원시적 자유와 혼돈을 찾아 늑대처럼 뛰는" 김승희에게 참을 수 없는 삶의, 그리고 감성의 한계로 다가온다. 그러나 시인 김승희의 진정한 성숙은 이 한계를 조건으로 변형시키고, 마침내 그 틈을 노리고 들어 시의 새로운 지평을 계발하는 데 있다. 그 틈을 노리고 드는 그녀의 시선은 스스로의 죽음을 선고할 정도로 가차 없다.

아이는 하루 종일 색칠공부 책을 칠한다…

아이는 금 밖으로 자신의 색칠이 나갈까 봐 두려워한다…

금을 뭉개버려라. 랄라. 선 밖으로 북북 칠해라

나비도 강물도 구름도 꽃도 모두 폭발하는 것이다

살아 있는 것이다. 랄라…

나 그토록 제도를 증오했건만

엄마는 제도다

나를 묶었던 그것으로 너를 묶다니!

내가 그 여자이고 총독부다

엄마를 죽여라! 랄라.[47]

　맹랑하고 섬뜩한 느낌을 주는 이 시의 제목은 '제도'다. 사실 제도를 거부하는 몸짓은 김승희들과 니체들의 트레이드마크나 마찬가지다. 파격과 일탈, 소외와 상처, 눈물과 분노, 도전과 저항, 비상飛上, 혹은 폭발은 그들이 겪어야 했던 숙명이고, 또한 그 숙명이 개인사로 끝나지 않았던 이유이기도 했다. 철저한 자유주의자로서, 무소속의 내밀한 즐거움, 혹은 고통을 지닌 낯설고 이색적인 존재[48]인 김승희에게 제도가 어떤 구속으로 다가올 것인지는 자명하다. "내 마음은 무정부주의여서 여기도 저기도 아닌 어디 다른 곳에 있고 싶을 뿐……"[49] 스스로 광기와 천재의 열정, 혹은 수난에 휩싸여 끝없이 파격을 일삼는 니체의 경구처럼, '내가 아닌 것, 바로 그것이 나의 신이며 덕성이다'.

　「제도」는 물론과 당연의 세계에 대한 벅찬 증오로 말미암아 시상을 심미적으로 정돈하지도 못한 채 그야말로 '북북' 내갈긴 느낌이 짙다. 시상을 심미적으로 다듬고, 이를 조탁한 언어와 교치 있는 균형감 속에 배열하는 것. 김승희는 어쩌면 이것조차 문화文禍의 순치라고 여기고 있는 것일까. 우선 시인의 자기성찰은 세상의 한계를 증오하는 자신 스스로가 하나의 한계로 굳어져가고 있음을 통렬히 깨닫는 데에 이른다. "엄마를 죽여라"라고 절규하는 그녀의 음성은 직설적이고 조야하다. 그러나 그 뒤에 잠자리처럼 붙어 있는 "랄라"는 그 직설적이고 조야한 절규의 즉물성 위에 오롯이 올라앉아 있는 또 다른 시인의 자의식을 보여준다. 그러니, 그 절규가 여전히 성숙의 징표이자 시심의 꽃으로 드러나는 것은, 한계에 묶여 탄식하기보다는 그 한계를 죽여 새로운 조건으로 만들 수 있는 용기, 그것도 시적인 용기를 품고 있기 때문이다.

김승희에게 '억압'은 모든 악의 근원이다. 그리고 악은 자연스러운 생명력을 폐색시키는 모든 것이다. 따라서 문명의 진보와 도시의 영화榮華조차 그녀에게는 억압과 이에 대한 항의의 전운戰雲으로 비친다. 억압은 그녀의 실존을, 나아가 인류의 운명을 이그러지게 만드는 보편적 한계다. 한계 속에 숨어 있는 조건의 계기를 찾지 못할 때, 그 한계는 증식하고, 타락하고, 그리고 꿈꾸는 이들의 꿈을 삼킨다. 다음과 같은 시가 묵시록적으로 흐르는 이유도 그녀의 항의가 다급해지고 있기 때문이다.

억압을 뚫지 않으면
억압을

억압을

억압을

악업이 되어

악업이

악업이

악업이

두려우리라.[50]

김승희는 포기하지 않는다. 항의를, 탈출을, 비상을, 희망을, 글쓰기를 포기하지 않는다. 그리고 포기하지 않는 한 그 자신이 폐기될 위험에 늘 노출될 것이다. 사이코 토끼가 되든 초인 차라투스트라가 되든 그것은 위험한 짓이고, 어느 쪽이든 물론과 당연의 세계에 적응할 수 없다. 그러나 김승희의 길은 부적응에 적응하는 것이 아니다. 다시 반복하는데, 그녀는 부적응이라는 한계를, 그 고립과 소외를, 그리고 그 상처를 오히려 초월의 조건을 위한 용수철로 삼는다. 바로 이것이 시인, 아닌가?

상처에 용수철이 없다면

삶은 무게에 짓뭉그러진 나비알

상처에 용수철이 없다면

존재는

무서운 사과 한 알의 원죄의 감금일 뿐

죄와 벌의 화농일 뿐[51]

상처에 용수철이 있다는 믿음, 아니 그 용기가 있었기에 "엄마를
죽여라! 랄라"라고 외칠 수 있었을 것이다. 그것은 참으로 가열찬
나르시시즘이다. 그것은 상처라는 한계의 뒷면에 새겨진 용수철이
라는 조건의 희망을 읽어내고 있다. 그것은 운명애amor fati의 틈을
노리는 시인의 시선이기도 하다. 그리고 그 희망의 약속은 차마 장
엄하기까지 하다.

상처는 우리를 인간답게 만드는 데

봉사하지 않으면 안 된다

상처의 장대높이뛰기를 하는

존재의 곡예만큼

장엄한 것이 있을까?[52]

그것은 분명 장엄하다. 상처에 꽂힌 창을 장대로 삼아 장대높이
뛰기를 하려는 그녀의 집요함은 단연 비장하다. 몸을 돌보지 않는,
아니, 몸이 보이지 않는 순전한 지향의 힘은 무모할 정도로 아름답
다. 창이라는 한계가 장대라는 조건으로 변하는 모습을 보면서 도
시의 토끼들은, 그리고 그 조련사들은 어떤 공포를 느낄까. 보리달
마를 찾은 중국 선종의 2조 혜가慧可는 위법망구爲法忘軀의 정신으
로 단비斷臂의 일화를 남기고 있지만, '인간다움', 인간으로서의 생

명력과 그 자연스러움을 회복하기 위해서 옆구리에 창을 박고 그 창을 장대로 삼아 높이 날아오르려는 정신도 결코 만만치 않다.

내 옆구리를 찌른 창을 장대로 삼아
장대높이뛰기를 해봤으면
억압을 악업을
그렇게 솟아올라
아, 한번 푸르게 물리칠 수 있다면[53]

'푸르게 물리치기'라는 말은 시인의 지향을 함축적이면서도 매우 구상적으로 그려준다. 그것은 '퍼렇게 당하기'라는 한계에서 '푸르게 물리치기'라는 조건으로 옮아가는 되받아치기다.

「솟구쳐 오르기·6」[54]에서도 비슷한 시상이 잡힌다. 그녀는 "국도國道 위에 길을 내려고 할 때 그것은 불가피하게 묶이는 것"이라고 고발한다. 그러나 그녀가 이 국도라는 묶임의 한계를 넘어서는 것은 이 한계를 조롱하고, 또 그 조롱 속에 시상을 담아냄으로써 새 삶을 위한 조건의 지평을 열고 있기 때문이다. 국도로부터 소외된 고독 속에서 새로운 전망의 길을 보고 있기 때문이다. 그것은 필신 기독必愼其獨의 옛 경구를 넘어서는 연대성의 새 전망이다.

고독의 전망만이 길을 내나니
때로는 용서할 수 없는 것을 절대
용서하지 않는 순수의 전망도 길을 내고

슬픔보다 더 큰 빛나는 용기도
길을 내고
모두 예-예-토끼가 될 때
아니오-새가 되는 것도 길을 내나니[55]

'고독'이니 '용서할 수 없음'이니 '용기'니 하는 것은 모두 니체가
즐겨 사용하던 말이다. 그것들이 각별히 초인을 위해 준비해둔 미
덕이었다는 사실은 결코 우연이 아니다. 김승희의 표현처럼, 행복
에 이르는 기나긴 질병이 만연하고 있는 토끼장의 평화 속에서는,
진정 용감한 것처럼 선한 것이 따로 어디에 있을까. 우리 시대의 미
덕은 이제 명철明哲이 아니라 오히려 근기며 용기다.

내가 당신에게 나의 고독을 제대로 묘사할 수 있었으면 오죽
좋겠소. 이것은 형언할 수 없는 일이오.[56]
선한 것은 무엇인가? 당신은 묻는다. 용감한 것이 선한 것이다.[57]

고독의 외진 길에서부터 새로운 전망을 내고, 몸에 상처를 낸 창
으로부터 오히려 비상의 용수철과 뜀장대를 꿈꾸고, 금 속에 있으
면서도 늘 금 밖을 넘어다보는 것은, 스스로가 불꽃인, 혹은 스스
로가 다이너마이트인 정신에게는 피할 수 없는 운명이리라. 물론입
니다, 당연하지요, 를 연발하며 거침없이 흘러가고 있는 세상의 곳
곳에서 그녀는 삶의 수상한 한계를 냄새 맡고 그 자리에 멈추어
선다. 그러나 멈추어 선 자리자리마다 그녀는 시적 성숙의 지경을

열어 보임으로써 이를 가상한 조건으로 바꿔놓고 있는 것이다. 그녀에게 있어서 "상처와 날개는 동전의 양면처럼 맞물려 있다"[58]든지, 시 쓰기란 "늘상 감옥이자 해방이었"[59]다고 하는 표현은 바로 이 '한계-조건'의 변증법이 생산하는 수사학이다. 김승희의 시적 지향에 특유한 구조가 있다면 아마 그것은 바로 이 변증법일 것이다. 이 변증법의 층위가 다름 아닌 존재 방식Seinsweise이기에 그 싸움은 당연히 '세상에서 가장 무거운 싸움'이리라. 그녀는 「두부 디자이너」에서 이렇게 밝힌다. "이런 방식으로 존재하려고 했던 것은 아니었다."[60]

7. 열정과 수난의 뫼비우스

나는 어느 글의 모두에서 "그렇다. 열정passion, 그것은 다름 아닌 수난passion이니, 열정을 품은 자마다 수난에 휩쓸리리라"[61]라고 쓴 적이 있다. 열정이 피상으로 흘러 수난의 무게를 느끼지 못하는 경우도 적지 않고, 수난을 당하면서도 용기와 창의가 모자라 열정의 불꽃을 피우지 못하는 경우도 적지 않다. 그러나 김승희의 시적 지향은 열정의 닻이 곧 수난임을, 그리고 수난의 돛이 곧 열정임을 스스로의 글쓰기 역사를 통해서 절절하게 보여준다.

그 열정으로써, 그 열정의 불꽃이 밝힌 안목으로써, 시인은 당연과 물론의 세계에서 이탈한다. 소외당하고, 소속감 없이 배회한다. 상처는 깊어간다. 그러나 그 상처는, 그리고 그 상처의 역사는 감상感傷이나 허무의 미끼로 끝나지 않는다. 시인은 그 상처의 한계, 곧 수난을 변화와 초월의 조건, 곧 열정으로 바꿔, 가꾸어가는 것이다. 시인에게 고독의 상처는 벽이 아니다. 그것은 새로운 전망을 선취先取하는 창이 되는 것이다. 이 자가발전의 숙업은 뫼비우스의 띠처럼 끊임없이 이어진다.

한밤중에 일어나

차라투스트라를 읽고 있네

(…)

이 보통 사람들의 시대에

나는 왜 차라투스트라를 읽고 있나

닭장만한 새장

아니

이 새장만한 닭장 속에서

왜 보통 사람들은

금서도 아닌

차라투스트라를 읽지 않나

차라투스트라를 읽지 않고도

어떻게 저렇게 제 정신을 가지고 달캉살캉 보통 사람으로 살아가나

　　　　　　　　　　　　　　　　　—김승희, 「차라투스트라」

나는 내 운명을 안다. 언젠가 내 이름은 엄청난 어떤 것에

대한 기억에 연루될 것이다. 그것은 필적할 만한 것이 없는

위기이며, 양심이 가장 심원深遠하게 붕괴하는 것이며,

여태껏 믿어오고 요구되어왔던 모든 것에 반대하는 결정

이 될 것이다. 나는 사람이 아니다. 나는 다이너마이트다.

　　　　　　　　　　　　　　　　　—니체, 『이사람을 보라』

11. 시작詩作과 시작始作[1]
-문화文禍 시대의 글쓰기

1. 꼬리, 그 우습고 아름다운 것

시인이란 애당초 우스운 이름이다. 특히 신매체의 확산, 그리고 대중문화의 유통망이 너무나 현란하게 대변하고 있는 문화文化, 곧 문화文禍의 소용돌이가 자연과 시원始原에 대한 감각을 빼앗아버린 작금의 현실에서는 더욱 그러하다. 인간성의 사밀하고 부드러운 부분인 감성마저 그 자연스러운 자율성을 상실한 채 인공적으로 변형되거나 조작될 수 있는 지경이니, 이 시대의 시인이란 더욱 우스운 이름으로 비친다. 도처에 '표준'이 정해져서 결국 복사 가능한 형태로 바뀌어가는 세상 속의 우리 삶은 그 진정성이나 자연스러움과는 무관하게 저 혼자 굴러다니며 나름의 인공화된 길 아닌 길을 짜고 있는 실정이니, 그 위에 시인의 이름이 어찌 가소롭지 않겠는가? (그러나, 시인이란 이름이 우습다고, 글의 모두에 내뱉은 내 말에 함께 우스워할, 우스운 시인은 아마 없을 것이다.)

우스움이 정서의 한 가지 형태라면, 웃음은 그 정서를 드러내는 겉모습이다. 좀 자세히 따지면, 웃음의 표정에도 여러 정서가 겹으로 얽혀 있다. 혹 재미와 관계되든, 혹 기롱에 관계되든, 혹 허탄虛誕한 심사에 관계되든, 어쨌든 웃음이란 수많은 생물 중에 유독 호모 사피엔스에게만 기막히게 계발된 반응의 행태라는 점에서 그 고유함이 있다. 그러므로 웃음은 자극에 대한 즉자적이며 본능적인 대응의 표현은 아니다. 그것은 장구한 세월 동안 자의식이라는 겹의 거울에 걸러진 복합적 삶의 함수다. 웃음을 일러서 '정신이 재치기하는 것'이라고 하는 것도 웃음의 인간적 심층을 지적하고 싶은 욕구 때문일 것이다.

> 우선 지적해두어야 할 것은 우스움이란 철저히 인간적인 범주의 바깥에는 없다는 사실이다. 풍경은 아름답거나 매혹적이거나 혹은 고상할 수도 있다. 그러나 결코 우스울 수는 없다. 설혹 당신이 어떤 짐승을 보고 웃더라도 그것은 그 짐승의 동작이나 행태 속에서 인간적인 태도나 표현을 연상하기 때문이다.[2]

웃음은 명백히 무슨 '본질'의 전령傳令도 아니고 편편이 흩어지고 말 한갓 '현상'의 분진粉塵도 아니다. 그것은 어떤 패턴이다.[3] 우스움, 그리고 웃음이 인간성의 긴 흐름—인간성이란 '흐름'이 아니고 무엇인가—을 드러내는 중요한 한 패턴이라면, '시인이라는 우스운 이름'은 '시인이라는 인간적인 너무나 인간적인 이름'으로 옮길 수도 있겠다. 사이버스페이스의 무표정한 익명성이 오히려 진지해지는 지금, "인간적인 너무나 인간적인" 것은 과연 우스운 것이다.

기왕 웃음을 논제로 삼았으니, 조금 더 밀고 들어가보자. 가령 재미라는 정서가 먼저 형성되고, 나중에 웃음이라는 표정이 생겼다는 식의 인과 설정은 영자나 영수의 웃음에 관한 한 지당하게 들린다. 그러나 논의의 범위가 개인이 아닌 전체에 이르면, 닭이냐 달걀이냐 하는 유의 아리송함이 배어든다. 예를 들면 유전자와 환경 사이의 관계를 따지는 문제가 이와 비슷한 성격을 내비친다. 이 문제가 나올라치면, 대개 서로의 입장을 치고받으면서 논의의 심각성과 심도를 더하는 듯 보이지만, 실은 공포탄의 교환에 불과하고, 그 답안은 늘 뻔한 쪽으로 기운다. 둘 사이에서의 일방적인 관련성이나 위계적인 자리매김을 차례로 논박한 다음, 상보相補와 공조의 관계를 강조하며 두루뭉술 화해를 시키는 것이다.

왜 그 답안은 그토록 뻔한가? 요컨대 그것은 다름 아닌 역사성의 무게와 힘 때문이다. 개인은 애매하지만, 역사는 복잡할 뿐이다. 그리고 복잡한 것은 이치의 흐름을 망치는 혼돈이 아니라, 일리에 맞닿아 있는 해석학적 자신감의 조건일 뿐이다.[4] 무엇이든 쌓이고 지속되면 그 형체를 드러내듯이, 역사성의 무게와 힘 앞에서 뻔해지지 않는 것이란 사실 매우 드물다. 가령 계시나 학문성이든, 영감이나 시성詩性이든, 혹은 인식의 조건이나 생명체의 구조든, 혹은 공리公理나 상식이든, 개체의 영역에서는 애매하지 않은 것이 없지만, 역사가 쌓이고 그 역사의 무게가 지속되면 점점 뻔해져가는 것이다. 그것은 손오공의 오묘한 술수라도 부처님 손바닥 위에서는 빤해 보이는 이치와 같은 것이다. '영원의 상相에서' 세상을 조감한다는 신의 관점이란, 그러므로 다름 아닌 이 역사성의 극점에 해당된다고 해야 할 것이다.

우스움의 표정은 얼굴을 스쳐간, 아니 얼굴이 살아온 삶의 역사성이 패턴화된 것에 다름 아니다.[5] 무수한 날들이 남긴 흔적과 또 무수한 날들을 맞이할 새로운 흔적의 가능성이 서로 어울리면서 탄력 있게 패턴화된 것, 바로 이것이 석가의 탈속한 미소가 되었다가 어느새 양귀비의 경국지소傾國之笑로 바뀌는, 인간적인 너무나 인간적인 우스움의 표정인 것이다. 진화론의 공적으로부터 이끌어낼 수 있는 가장 포괄적인 메시지 중 하나는 인간의 육체란 생각보다 '긴' 그림자를 지닌 동물이라는 사실일 것이며, 여러 형태의 무의식 이론으로부터 얻을 수 있는 가장 기초적인 지혜는 인간의 마음이란 생각보다 '깊은' 심연을 가진 존재라는 사실쯤 될 것이다. 웃음이란 바로 이 몸의 길이와 마음의 깊이가 절묘하게 어우러진 것이다.

그러므로 웃음 그 자체가 인간적인 너무나 인간적인 행태다. 우리 시대에 시인이라는 이름의 인간은 특별히 우스운 존재이긴 하지만, 우스움이란 인간 그 자체의 역사성이 이룩한 놀라운 성취의 징표이기도 하다. 그러니 "인간적인 너무나 인간적인" 이름을 가져서 더욱 우스운 시인은 당연히 더더욱 우스운 인간이다. 이런 뜻에서, 웃음은 인간적이고, 인간적인 것은 우습다. 인간의 역사성과 역사의 인간성, 그 사이의 교집합에서 웃음은 자생한다. 시인이란, 요컨대 그 교집합의 주변을 길고 느리게 배회하는 혜성의 꼬리 같은 것―꼬리, 그것은 우습고 또 아름다운 것.

2. 끝없이 다시 시작하는 것, 그것뿐

진부한 선언이지만, 詩作은 기계화되어서는 안 된다. 기계는 역사성의 무게를 온축시키지 못하며, 따라서 우습지도 않기 때문이다. 그래서 詩作은 표정, 우스울 수 있는 표정의 산물이어야 한다. 물론 무표정한 詩作이 없는 것은 아니다. 사실 무표정한 글쓰기, 기의와 기표가 스쳐 지나가는 타인처럼 어긋나는 글쓰기가 광범위하게 확산되고 있는 추세다. 심지어 텅 빈 기표의 생산을 지성의 척도처럼 여기는 허위의식마저 조장되고 있는 실정이다. 그런 마당이니, 붓 끝에 피가 배어들기라도 하듯이 한 자에 자의식을, 또 한 자에 존재를 담으려는 욕심은 과연 허황된 것처럼 보인다. 내가 말하는 시인의 우스움이란 이 허황함을 거슬러 올라가려는 시대착오적 몸부림, 그리고 그 몸부림이 남겨놓은 아득한 궤적을 두고 하는 말이라고 봐도 좋을 것이다. 그러나 어쨌든, 진부한 원론이지만, 시인은 기계가 아니고 詩作은 기계화되어서는 안 된다.

까아만 기계와 하아얀 웃음 사이가 얼마나 벌어져 있는지, 무릇 모든 완성과 미완성 사이에 얼마나 수많은, 가늠하기 힘든 始作들이 가득 들어차 있을 수 있는지, 용두질이 끝난 뒤 벌겋게 달아오르는 음경이 도색挑色의 상상력 아래로 경배하며 혹은 자괴하며 미끄러지는 것처럼 낱말이 시상詩想을 향하여 어떻게 끝없이 미끄러지는지 등등을 느껴본다면 사정은 좀 나아질까? 그렇게라도 느껴볼 수만 있다면, 마치 저장이라도 해두듯이, 마치 무엇을 보호라도 하듯이 '시인'이라는 붙박이 명사 속에 자신을 구금시켜둘 정신이나 있겠는가? '시여 침을 뱉어라'라는 김수영의 요청은 아직도 유효하다. 저장되어, 보호받을 뿐, 침을 뱉을 수 없는 시/시인이란 대체 무엇이겠는가?

그러나 이제는 볼 수 있는 시인, 그리고 보이는 시의 세상이 되어버렸다. 세상을 이루는 원초적 그림들과 글자 사이의 절묘하고 아쉬운 변증법[6]은 사라져버렸다. 시인의 이름과 시인의 상像은 관객들이 잘 보이는 곳에 우습게 매달아둔다. 그것은 로캉탱으로 하여금 구토하게 만들 그림이지만, 천박한 실용성이 판치는 졸부의 나라[7]에서는 오히려 고부가 가치 상품이다.

그러나 어쨌든 시인 같은 것은 없다. '始人'이라면 모를까, 詩人은 없다. 명패처럼 달고 다닐 시인이 없다고 하더라도, 혹 릴케처럼 아이러니가 도달하지 못하는 깊은 속으로부터 스스로 올라오는 시인을 내세우면서 항변하는 이도 있겠고, 김승희처럼 "죽음에 대한 무서운 스트라이크"를 먹이면서 돌진해올 이도 있을 것이다. 사실 그런 항변 자체마저 매우 시적이다. 그러나 결국 정서를 요모조모로 변주하거나, 심인心因의 필연성을 말하거나 혹은 여러 테크닉을 구사하는 것만으로는 시인을 제대로 변명할 수 없어 보인다.

내가 보기에 결국 詩人은 始人이고 詩作은 始作일 뿐이다. 사유하지 않는 순간 존재하지 못한 것은 데카르트와 그 추종자들이었지만, 始作하지 않는 순간 詩作하지 못하는 것은 다름 아닌 詩人, 즉 始人이다. 그러니 처음을 여는 것으로, 그래서 신새벽의 초지草地를 밟는 것으로, 마지막까지 기다려서 다시 처음을 보는 것으로, 맨 먼저 느끼되 맨 나중에 우는 것으로, 진부한 표현이지만 '밤을 쌓아

새벽을 여는 것'으로, 그렇게, 그런 始作으로 詩作을 꿈꿀 도리밖에.

아무리 부정을 해도 당신은 시인입니다. 그렇지 않고서는 아침에
수도꼭지를 제일 먼저 틀어놓을 리가 없습니다.[8]

명패로서의 시인도 없고 필연성으로서의 시인도 없다면, 어떤
시인이 남아 있을까? 감상感傷으로서의 시인도 없고 계시로서의
시인도 없다면, 이제 남아 있는 시인은 무엇일까? 주정酒酊의 저녁,
전봇대를 들이받고 나오는 시도 없고, 명상의 새벽, 말을 잃은 끝
에 환하게 솟아나오는默默忘言昭昭現前 시도 없다면, 어떤 시? 무슨
보물찾기에서처럼 곱게 포장되어 숨겨진 고고학적 '시인'도 없고,
무슨 화두 속에 온건히 들어앉아 있을 마른 녹차잎 같은 시인도
없다면, 대체 무슨 시인? 그 착상이야 계시든, 본질이든, 혁명이든,
인연이든, 기연機緣이든, 여가든, 권태를 목 조르는 아이러니든, 객
쩍은 한담이나 망상이든 상관할 것이 없다. 다만 始作하지 않는 곳
에서 이뤄지는 詩作은 이른바 화타話墮의 한가지에 지나지 않는다
는 사실을 지적할 뿐.

시심은 안심安心이 아니다. 끊임없는 처음, 그러므로 낯섦을 찾아
다니는 여로의 정체는 당연히 안심이 아니라 시始-심心, 즉 늘 시
작하는 마음의 긴장이며, 또 그 긴장을 창의적으로 참아가는 힘일
뿐이다. 詩作이란 어느 사이, 어느 틈마다 갈갈이, 길길이, 골골이
흐르고 있는 시의 물길을 늘 새롭게 잡아내는 일에 다름 아닌 것.
마음속에도 없고 마음 밖에도 없는 시의 강물을 잡아내기 위해서,

끝없이 집을 떠나고, 끝없이 귀를 기울이고, 끝없이 다르게 느끼고, 또 끝없이 다시 시작하는 것—그것뿐.

3. 날지 못하는 것은 운명이지만, 날지 않으려 하는 것은 타락이다

결국 詩作은 始作으로만 스스로의 모양을 갖춘다. 쌓아놓은 만큼 멀리 보이고, 밟아놓은 만큼 탄탄해 보이는 길. 그 길을 구태여 외면하고, 詩作은, 말 그대로 또다시 始作하는 것이다. 그러므로 그것은 낙관주의의 근원을 스스로 해체하는 것이며, 끝없는 비관의 자가발전을 추구하는 것이다. 기득권의 타성 속에서 특권을 누려온 탄탄한 언술의 터를 허물고 새롭고 위험한 가능성의 틈을 내는 것이다. 始作으로서의 詩作은 습관의 두께에 대한 향수를 포기하고 낯선 출발점을 다시 찾는 것이다. 그러니, 詩作은 始作이다.

詩作이 정신보다는 몸과 더 깊이 연관된 데에도 다 이런 연유가 있다. 이런 식으로 보자면 과학이란 정신의 작업이고 시업始業으로서의 시업詩業은 몸의 일로 분류된다. 詩作이 몸의 일이라면, 그것은 당연히 하나의 통합된 시점에 따라 사태를 정합적으로 설명해내려는 과학적 시도와 어울릴 수 없을 것이 뻔하다. 소위 '새로운 과학철학'의 사조 이후 적잖이 달라지고 있는 것은 사실이지만, 여전히 과학은 하나의 시점으로 통합 가능한 보편주의의 아우라를 달고 다닌다.

과학의 역사는 좀더 많은 시점에서 얻어진 데이터를 좀더 포괄적이며, 좀더 통일적이고, 좀더 간결하게 설명해온 역사다. 이를 한마디로 하자면, 좀더 많은 시점視點을 욕심 내려는 시도의 역사이며, 특

정의 시점을 넘어서 보편적 시점에 서려고 한 역사다.[9]

그러나 시는 시점의 문제, 혹은 시점의 주체인 정신의 문제로 환원시킬 수 없을 만큼 몸, 혹은 삶의 복잡성과 긴밀하게 연결되어 있다. 명증성과 정확성, 그리고 정신의 통일성이 詩作에는 낯선 말들이다. 오히려 詩作은 몸으로, 개성으로, 스타일로, 그리고 그 스타일의 깊이와 용기로 나아가는 始作이다. 몸의 애매성을 넘어 특정 시점의 특권을 이용해서 모든 것을 하나로 싸잡아두려는 설명욕이 과학이라면, 詩作은 시점의 특권을 포기한 채 감각의 회복을 통해서 우리 몸의 모든 세포가 저마다의 개성, 그리고 그 개성의 깊이에 따라 지저귀게 내버려두는 것이다. 물론 시도 사람의 일이니, 오래 갈고닦아온 일에 길이 없을 수 없다. 그러나 그것은 우선 수많은 始作으로 하여금 서로 경합하게 하고, 그 경합을 통해서 한쪽은 숙지고 다른 쪽은 도드라지는 자연스러운 과정 가운데 자신의 이치를 찾는 일—그와 비슷한 무엇이다. 몸이 살려낸 시상詩想들로 하여금 몸의 접선을 견디지 못하고 끊임없이 날아오르게 하는 일—그와 비슷한 무엇이다. 날지 못하는 것은 운명이지만, 날지 않으려 하는 것은 타락이므로.

"단어들이 스스로의 무게에 구금되어 더 이상 비상을 꿈꾸지 않고, 납덩이 같은 무게로 차곡차곡 쌓이게 되면, 그것은 당신이 지나치게 많은 독일어 서적을 읽었다는 증거다."[10] 토마스 한나의 말이다. "단어들이 스스로의 무게에 구금되어 더 이상 비상을 꿈꾸지 않고, 납덩이 같은 무게로 차곡차곡 쌓이게 되면, 그것은 당신이 더 이상 始作하지 않고 있다는 증거다." 내 말이다.

2부 손가락으로, 손가락에서

4. 복제, 감성, 시작詩作

詩作은, 특히 오늘날의 詩作은 감성의 회복운동 속에서 그 참한 실마리를 찾을 수 있다.

의사擬似 자극의 범람으로 느낌의 체계가 심각하게 훼손되고, 따라서 자극의 원천과 그 자연스러운 맛으로부터 우리의 감성이 급격히 소외되고 있다. 자극원源이 지나치게 다양해졌고, 또 자극도度의 면에서도 유례가 없는 크기와 세기를 마음대로 만들어낼 수 있게 되면서 우리 감각은 그 천래의 자연스러움과 자율성을 잃어가고 있는 것이다. 바야흐로 복제의 시대다. 이미 인간 복제를 향한 불온한 상상력마저 발동이 걸린 상태다. 인간 복제의 가설은 복제 시대의 한 정점을 시사한다. 정보의 복제로부터 육질이 좋은 한우韓牛의 복제에 이르기까지, 모든 복제의 주체였던 인간이 스스로 복제의 대상이 된다는 점에서 그것은 복제 시대의 한계를 스스로 앞당기고 그 창의성을 스스로 마감하는 짓에 해당된다.[11]

온갖 종류와 형태의 복제물이 범람하는 와중에, 정작 심각한 사실은 인간성의 부드러운 주체인 감성마저 인공적으로 변형되거나 조작될 위험이 높아지고 있다는 것이다. 감성의 고유한 맛과 멋은 소실되고, 인공적으로 디자인된 자극들이 범람함으로써 감성마저 상품화되고 기계화되는 것이다. 수많은 복제품의 주인이었던 인간이 이제 인간 스스로의 복제를 상상하듯이, 감성을 위해 자극을 변형시키거나 복제해온 행위의 끝에는 다름 아닌 감성 그 자체의 복제와 상품화가 기다리고 있는 것이다.

詩作은 이제 이 감성의 복제를 거부해야 하는 시대적 소임을 떠맡게 되었다. 그러므로 우리 시대의 시작은 우선 감성의 왜곡과 불감의 벽을 깨고 몸의 내밀한 자율성의 춤, 그 지저귐을 다시, 다시, 다시, 확인하는 것이다. 현·대·인의 익명성에서 부지런히 탈출하고, 문화文禍로 뒤덮인 피부를 부단히 벗겨내어 바람의 속을 읽고 강의 뜻을 느끼는 것. 그것이야말로 始作으로서의 詩作이다.

그러나 민활해진 감각이 그 자체로 시가 되는 것은 아니다. 가령 아무리 기민해진 시각이라도 현미경이나 망원경의 관찰력에 비할 바가 아니다. 그러니 시적 기민함이란 즉자적 구체성을 드러내는 조건을 말하지 않는다. 문화文禍의 껍질을 벗고 몸과의 접선에서 형성되는 구체의 세계에 참여하는 것은 시적 상상의 출발점이 된다. 그러나 당연한 말이지만, 詩作은 물상에 대한 데이터를 모으는 짓이 아니다. 시로 나아가는 우리의 감각은 즉물성과 함께 촉발되는 경우가 잦지만, 그러나 즉물성으로부터 생성되는 것은 아니기 때문이다.

5. 그 유혹의 시작始作일 뿐, 수음도 강간도 아닌

시적 감각이 열어주는 고유한 세계는, 말하자면 일종의 '원초적 담론'이다. 그것은 원초적이지만, 그러나 그것은 여전히 담론이다. 그것이 담론인 것은 시성poeticity이란 것이 늘 '접선'을 타면서 자신을 표현하지만, 그 접선의 역사도 나름의 논리를 만들기 때문이다. 그리고 그것이 원초적인 것은 시적 감각이야말로 자연적 즉물성에 가장 근접해 있는 지평을 열어주기 때문이다.

즉물성에 근접해 있다는 것은 물론 순진한 객관주의를 표방하는 말이 아니다. 과학주의를 향해 쏟아진 그간의 적지 않은 비판에서 알 수 있듯이, 객관주의란 즉물성에 전혀 미치지 못하는 한갓 개념의 구성물에 지나지 않는다. 객관성이란 늘 구성물이나 조직체이며, 개념의 망網으로 걸러낸 투박한 앙금에 불과하다.

> '객관성objectivity'이란 관찰자와 관련이 없이 동떨어져 있는 입자들이나 어떤 과정을 지칭하는 속성이 아니다. 그것은 오늘날의 미시과학微視科學을 통해서 객관적 지식을 얻고 있는 여러 과정의 시스템이며 그 앙상블인 것이다.[12]

시가 과학적 객관성과 다른 길을 가면서도 스스로 깊이의 안정감과 높이의 자긍을 잃지 않는 것은 당연하다. 삶의 복잡성이란 담론의 다양성으로 드러나게 마련이다. 과학이 존재와 경험의 원초성을 사상捨象하고 스스로 선택한 패러다임을 통해서 개념화하며, 또 그 개념들을 조직화한다면, 시는 '원초적 담론'으로 돌아가려는 끊임없는 귀소의식이다.

과학이 "여러 과정의 시스템이며 그 앙상블"이라면, 이는 시성이 지향하는 즉물적 상상력이나 원초성과는 매우 대조적이다. 한편 이러한 과학의 특성은, 결국 정도의 차이가 심해지면서 질적인 이질감까지 주게 되겠지만 詩作의 경우도 완전히 면제받은 것은 아니다. 사실 그런 뜻에서, 이 과학의 특성이란 좀더 근본적으로는 언어의 속성이고, 인간됨과 언어, 그리고 대상이 교차하는 교집합의 논리이며, 결코 즉자성에 머물 수 없는 자의식의 태생적 한계이기도 하다. 과학적 객관성이 즉물적 대상성이 아니라 과정들의 시스템인 것처럼, 질료성의 낯섦과 '낮음'에 순응하려는 詩作조차 모종의 시스템과 '앙상블'의 그늘에서 완전히 벗어날 수는 없다. 일체의 관념과 설명을 배제하고, 존재의 전前 언어적 사물세계를 있는 그대로 묘사하는 사물시事物詩나 물질시物質詩를 말하는 이들도 있지만, 이것은 다만 시도이며 과장이고 지향이며 향수이고 도피이며 결벽일 뿐으로 여겨진다.

설혹 인식만 있고 표현이 없는 시성의 차원이 있다고 하더라도, 인식의 언어성, 그러니 인식의 담론, 혹은 담론실천적 차원을 수월하게 건너뛸 수는 없는 법이다. 그러므로 무릇 글쓰기를 통해서 표현의 지형을 그리고자 한다면 어떤 식이든 담론의 망을 완전히 벗어날 수 없다. 또 담론이라면, 그것은 언제나 역사가 만들어놓은 논리인 것이다.

2부 손가락으로, 손가락에서

수학이나 자연과학은 조금도 담론을 연구 대상으로 인식하지 않는다. (…) 수학과 자연과학의 모든 방법론적인 도구는 담론에서는 드러나지 않으며, 그 자체로서는 아무것도 전달하지 않는 물화된 대상의 지배에로 향하고 있다. 여기서 인식 자체는 인식 가능한 대상에서 오는 기호들이나 담론의 수용이나 해석과 연관을 맺고 있지 않다. 자연과학이나 수학과는 달리 인문과학에서는 타자의 담론의 성립과 전달과 해석의 특수한 문제들이 제기된다.[13]

시는 '자연과학의 방법론적인 도구'로 무장한 뒤 '물화된 대상의 지배'를 욕심 내는 시도가 아니다. 시는 대상을 '코스모스'로 인식하지도 않으며, 또 원칙적으로 그 설명 가능성을 믿지도 않기 때문이다. 그렇다고 해서 담론의 수용이나 해석의 문제가 시의 중심을 차지하는 것도 아니다. 시는 그 대상을 로고스로 이해하는 것도 아니며, 또 원칙적으로 그 해석 가능성을 전제하지도 않기 때문이다.

그것은 '쳐다보면서' 조종하려는 계획도 아니며, '침투해 들어가서' 점유하려는 욕심도 아니다. 그것은 끊임없이 스쳐 지나가는 행위이며, 따라서 그것은 설명이랄 수도, 해석이랄 수도 없는, 그저 쉼 없는 만남이며, 또 그런 뜻에서 쉼 없는 始作인 것이다.

그러므로 자연과학이 소격疎隔 혹은 원격 지배의 논리라면, 인문학은 동참 혹은 침투의 논리이지만, 그러나 시는 接接의 논리다.

접선이고, 만남이며, 그러므로 始作인 詩作. 손택의 표현을 빌리면, "예술은 유혹이지 강간이 아니다".[14] 그렇다. 詩作. 그것은 끝없는 유혹이며, 또 그 유혹의 始作일 뿐이다. 수음도 강간도 아닌.

12. 슬픔, 종교, 성숙, 글쓰기
-박완서의 글쓰기

1. 역량, 감성이 역사를 이뤄

박완서의『한 말씀만 하소서』[1]를 읽었다. 명불허전이라, 그 지명도
에 걸맞은 역량과 감성을 지닌 작가임을 다시 한번 확인한다. 그녀
의 경우 감성이 곧 역량으로 드러나는데, 아마 이것은 감성의 흐름
과 그 지형이 하나의 역사를 이루었다는 뜻일 게다. 감성이 없는
역사가 폭력에 다름 아니었음을 숱하게 체험했으므로, 역사를 이
룬 감성, 그리고 그러한 역사와 깊이를 갖춘 글쓰기가 폭력을 다스
리는 역할까지 해줄 것을 기대해봄 직하다. 1995년도 '현대문학상'
수상작으로 신경숙의 중편「깊은 숨을 쉴 때마다」가 뽑혔을 때 심
사위원 중 한 사람이었던 박완서는 망설임 끝에 이렇게 꼬집은 적
이 있다.

> 작가가 자기만의 문체와 작품세계를 갖고 있는 것을 탓하려는 것은
> 물론 아니다. 작가는 마땅히 그런 걸 구축해야 할 것이고, 구축하기
> 도 어렵지만 탈피하기는 더 어렵다는 것도 알고 있다. 그렇다면 더

군다나 신경숙한테 바라는 게 뭔지 아리송해질 것 같아 좀더 솔직히 말한다면, 그에게 체질화한 것처럼 보이는 소녀 취향만은 어떻게든 극복되었으면 하는 것이다. 그것만 극복한다면 그는 더 크고 유니크한 작가가 될 수 있을 것이다.[2]

'유니크한' 면모란 때로는 작아 보이다가 때로는 커 보이기도 한다는 것을 우리는 경험으로 알고 있다. 사밀한 기벽奇癖으로 끝나지 않는 독특성이란, 개별의 특이성이 전체의 보편성에 이어지는 접변接變의 지역에서 드물게 나타나는 것이다. 그런데 이것은 그 스스로도 위험부담이 있는 유동적인 현상이지만, 특히 평자의 시각에 따라서 오해가 잦은 대목이기도 하다. 어쨌든 이러한 독특성은 매우 미묘한 구석이 있어서, 평가한다는 것이 자칫 성차와 세대차 등의 시각차를 드러내는 것으로 그치는 경우가 빈번하다. 가령 대개 그 평가의 차이란 것은 열 살 먹은 여우와 천 년 묵은 여우의 차이와 같은 것이어서 각별한 관심을 가지고 연구한 사람이 아니라면 눈에 잘 띄지 않는다. 그러나 한순간, 천 년 묵은 여우만이 아름다운 낭자로 가뿐하게 둔갑할 수 있는 것이다. '어린' 신경숙의 소녀 취향을 꼬집고 있는 '늙은' 박완서의 심사, 혹은 그 저변에는 이런 종류의, 스스로의 글쓰기 역사를 통해서 체화된 논리가 또 역시 천 년 묵은 구렁이처럼 똬리를 틀고 있을 것이다.

'유니크하면서도 큰' 작가란 요컨대 감성이 곧 역량으로 드러나는 작가다. 가령 이 문맥에서 말하는 '작은' 작가의 감성이란 대개 감상의 배설로 일관하는 태도를 가리킬 것이며, 당연히 배설이란 역량이 아니다. 배설이라는 비유도 글쓰기의 한 부분을 담당할 뿐이겠지만, 어쨌든 배설의 경우, 역량이란 오직 참는 것, 그리고 그 조절과 조율에 있는 것이다. 따라서 '유니크하면서도 큰' 작가란 감성을 조절하고 조율하는 글쓰기 과정이 역사를 이루고, 그 역사가 경지를 일구어낸 작가를 가리킨다고 보면 될 것이다. 내 독서 경험으로 보자면, 박완서의 역량은 바로 그런 종류의 것으로 느껴진다.

삽화심리학적 글쓰기

평자들의 거듭된 지적처럼, 작가 박완서의 중요한 미덕은 겹으로 얽힌 인간관계 속에서 복잡하고 기묘하게 작용하는 힘의 구도와 역학, 그리고 특히 생활잡사의 미소微小한 구석구석을 부대끼며 살아가는 생활인들의 심리를 솔직하고 섬세하게 묘사한 데 있다고 할 것이다. 박완서의 심리 묘사에 대한 평가는 이미 여러 평론가의 공론이 된 느낌이어서 여기서 재론할 염치도 없다. 그녀는 사소하고 일견 자연스러워 보이는 일상의 여러 관계를 낱낱이 발겨서 그 긴장의 섬세한 켯속을 독자의 눈앞에 늘어놓는다.

뛰어난 심리 묘사에는 글쓰기 재능에 앞서 우선 자신의 마음속을 잘 들여다볼 수 있는 내성적內省的 직감이 요구된다. 그러나 글쓰기를 위한 그녀의 직감은 있는 대로의 심리를 그려나가는 것만이 아니다. 심리학적 혹은 미학적 현실 묘사에 빠져서 그 현실의 성격과 방향에 무감각한 태도는 박완서의 것이 아니다. 그녀는, 이른바 내가 말하는 '구체성의 보수주의conservatism of concreteness'에 매몰되지 않는다. 만약 내성을 위주로 한 심리 묘사가 전부였다면 우선 그녀의 글이 주는 재미는 틀림없이 반감되었을 것이다. 그러나 남성 독자들과는 다른 차원에서 여성 독자들은 박완서 문학을 통해서 특별한 재미를 느끼는데, 그 재미의 한 부분은 실은 그것이 '여성 자신을 위한 글'이라는 발견에 있다는 것이다.[3]

섬세하면 뜻이 약하고, 뜻을 내세우면 투박해지는 딜레마에 우리는 친숙하다. 위의 인용문에서처럼, 그녀의 글을 읽고서 한편 '재미'를 느끼면서도 한편 '용기백배'할 수 있다면, 그것은 바로 이 딜레마를 해소하는 박완서의 글쓰기의 미덕 때문이리라. 한편 그녀의 글이 탁월한 심리 묘사에 성공하면서도 글 읽기의 재미를 줄 수 있는 이유는 심리를 심리 바깥에서 읽어주기 때문이다. 평자들의 고급한 담론과는 상관없이, 소위 심리를 심리 속으로부터 읽어나가는 작품들이란 대개 난삽하게 흐를 뿐 아니라 우선 독자 대중의 흥미를 유발시키는 데 실패한다. 이것이 심리 묘사에 능한 작가가 심리학자의 흉내를 내지 말아야 하는 이유다. 그녀는 전문적인 훈련을 받은 심리학자의 예리한 심안心眼을 침처럼 다듬어서 '마음'속에 찔러넣는 짓을 하지는 않는다. 그녀의 심리 묘사는 늘 일상생활 속에서 흔히 접하게 되는 복잡다단한 행위들, 관계와 그 긴장들, 충동과 욕망, 그리고 환상과 환멸들을 통해서 이뤄진다. 이를 '삽화적 심리학episodic psychology'이라고 이름 붙여보면 어떨까. 이런 뜻에서 그녀의 심리 묘사는 내성주의introspectionism와 행동주의behaviorism의 한가운데를 비껴 지나간다.

그녀의 글에서 그녀가 심리학을 공부했으리라는 물증을 찾아볼 수 있는 것은 아니다. 그녀가 널리 유포된 여러 심리학적 설명의 틀이나 가설을 원용하고 있다고 믿을 만한 증거도 없다. 그러나 그러한 체계의 틀에서 벗어난 그녀의 묘사는, 오히려 벗어났기 때문에 더욱 아릿아릿한 적실성을 이뤄낸다. 삶의 투박한 현장성이 주는 질감質感의 힘이라고 할까.

'겹'의 대지 위에서 '우연성'의 바람을 맞으며

박완서의 1980년대 초반 단편들을 읽고 있다. 「울음소리」(1984)나 「저녁의 해후」(1984)는 탁월하다. 번역만 잘해낼 수 있다면 카뮈나 카프카에 뒤질 것이 없다. 특히 「遺失」(1982)은 자아의 이질성과 복잡성, 시간과 자아, 또 다른 자아alter ego 등의 주제를 빼어나게 형상화하고 있다. 물론 이것들만이 아니다.

박완서의 글은 여러 이야기가 열매처럼 달려 있는 복잡한 가지의 모습을 연상시킨다. 마치 컴퓨터에서 여러 개의 파일file을 품고 있는 디렉토리directory처럼.

얼핏 보면 난삽한 듯하고, 또 불필요해 보이는 자잘한 삽화들이 가지를 쳐서 번잡한 느낌이 들 것이다. 일부 평론가들이 그녀를 두고 '특별한 테크닉도 없이 일상의 자잘한 사생활을 입담 좋게 다루는 대중 소설가일 뿐'이라고 폄하貶下하는 이유도 이러한 인상으로부터 연유하리라고 생각한다.

그러나 그녀가 의식하든 못 하든, 오히려 이런 식의 글쓰기는 인문학적 감각이 빈약해지다 못해 추비醜卑해져버린 우리의 정신문화적 공간에서는 마땅히 권려해야 할 태도다. 이런 식의 글쓰기가 미덕이 될 수 있는 이유는 우선 자연과학적·경제적 상상력 속에서 굳어진 펜을 벗어나 현실의 적실성을 찾아가는 섬세함에 있다. 다시 말해서 그녀의 소위 '가지뻗기식 글쓰기'는 '가지치기'가 횡행하는 문화文禍의 시대에 우리 삶의 실제 모습을 제대로 드러내는 데에 매우 효율적이다.

예를 들면 이런 식이다. 우선 하나의 이야기가 전개된다. 그러나 초장에 나타난 이 이야기만으로 기승전결의 전모가 매끈하게 이뤄지는 경우는 드물다. 독자들은 박완서의 손끝을 따라가다보면 이 이야기의 여러 계기 중 하나로 속절없이 빠져들게 된다. 그리고 또 여기서부터 전혀 새로운 삽화가 시작된다. 이 '빠져듦' 혹은 '가지뻗기'에서는 논증적인 글에서 흔히 볼 수 있는 논의 전개의 필연성은 찾아볼 수 없다. (이것은 소설 쓰기의 일반적 특성이기도 하겠지만, 특히 궁극적으로는 박완서의 미덕이 가능해지는 계기인 것이다.) 우리 일상이 흔히 그러하듯이 예기치 못했던 틈새로부터 또 새로운 이야기가 전개되는 것이다. 그러나 여기서도 시원한 전망을 지닌 단순 구조가 아니다. 덫에 걸린 듯이 우연히 빠져든 곁길 속에도 또다시 여러 계기가 잠복해 있고, 그녀의 펜 끝은 흔히 독자들이 예상하지 못했던 어느 계기로 몰아간다. '겹'의 대지 위에서 '우연성'의 바람을 맞으며 독자들을 이리저리 몰아가다가 마침내, 이제는 끝갈망을 해야 하리라, 하는 짐작으로 안심하고 있을 때 급기야 그녀는 다시 한번 극적인 반전反轉을 연출하는 것이 예사다. 대체로 이런 식인 것이다. 대개 이야기는 겹으로 얽혀 있고, 이야기와 이야기를 이어주는 계기는 우연성, 그것도 사소한 우연성이다. 그녀가 써내는 이야기의 이런 모습이 우리 삶의 일상을 빼닮았다는 사실은 삶

과 앎의 소외 속에서 갈팡질팡하는 지성인들에게 시사하는 바가
적지 않다.

"복잡한 인간의 다양한 경험을 하나의 경직된 스타일 속에 담을
수 있다는 독선적 태도"[4]에서 논문의 불행을 읽을 수 있다면, 그
녀는 능히 행복한 글쓰기의 주인공이 아니랴. (그리고, 누가 애써 행
복을 외면할까?) 그러니, 박완서는 내가 제안하고 있는 '잡된 글쓰
기'[5]의 정신과 태도를 나름대로 구현하고 있는 듯해서 각별한 친
화감이 느껴진다. 다만, 그녀의 글쓰기가 생래의 감각인지, 아니면
절차탁마한 전략인지 가끔 궁금해지지만.

2. 슬픔에 겨워 글을 쓰고, 슬픔을 견디며 글을 쓰고

『한 말씀만 하소서』는 창졸간에 외아들을 잃은 황망함 중에 쓰인
글이라 전체 구성력이나 문장의 정치함은 다른 단편들에 비해 떨
어진다. 그러나 무릇 슬픔이란 구성력의 와해인 탓. 위기에 처해서
야 상수上手가 드러난다는 말처럼, 그 황망함으로 비틀거리는 펜
끝에서 오히려 오랜 수련이 주는 격조가 깃들어 있음을 본다. 참척
慘慽을 당한 비통한 심경을 경황없이 써내려간 글이라 글의 흐름
이 심사만큼이나 자주 흔들리지만, 심금을 울리고 정곡을 찌르는
곡진한 묘사의 적정함이 대체로 유지된다. 대승불교 수행의 종지宗
旨에 '번뇌를 끊어버리지 않고도 열반을 얻는다不斷煩惱得涅槃'고도
했지만, 어차피 직선의 행진만을 계속할 수 없는 우리 삶의 긴 흐
름에서, 흔들리고 비틀거리면서도 넘어지지 않고 처음 세운 뜻을
결국 이뤄내는 것 외에 무엇을 더 바랄 것인가.『한 말씀만 하소서』
에서 읽은 박완서의 작가적 역량과 인간적 품위도 어쩌면 '슬픔을
끊어버리지 않고 글쓰기를 계속한다'는 명제로 정리될 수 있는 것
이 아닐까.

　『한 말씀만 하소서』는 외아들을 잃은 어머니가 '한 말씀도 하지
않는' 신을 향해서 부르짖는 슬픔의 절규로 가득하다. 그것은 상심
과 미망未忘의 늪에서 허우적거리면서 스물여섯의 빛나는 나이에
삶을 마감한 젊은 아들의 흔적을 온몸으로 더듬는 모성의 몸부림
으로 범람한다. 몸으로 자식을 만들어서 낳고 길러보지 못한 내가
짐작할 수 있는 일은 아닐 것이다. 개념적 이해와는 달리 느낌은

특히 몸의 문제이니 당연히 그렇겠지만, 가령 긴 무게와 고통 끝에 자신의 두 다리 사이로 빠져나오는 빠알간 생명체의 질감을, 그 느낌을 대체 무엇으로 대신하겠는가? 그러나 자식을 앞세워 보낸 후 그 절절한 통곡과 안타까움의 나날을 손으로 잡아내는 듯 그려 보여주는 박완서의 필치에 자궁이 없는 남성들마저 공감의 눈물 한 방울쯤은 보탤 법하다.

그러나 이 글이 특히 내 관심을 끄는 것은 슬픔을 이기는 방식 때문이다. 겉으로 보자면, 자식을 잃은 슬픔에 겨운 작가가 격렬하게 신과 대면하고, 때로는 광란적으로 그 신에게 항의하는 모습이 글 전체에 늘려져 있다. 그렇지만 그녀가 실제로 슬픔을 삭이는 과정은 '성숙'으로 드러나고 이는 결국 '글쓰기'로 이어진다. 대체로 성숙이란 비극적이며, 그리고 그 비극마저 이중적이다. 그것은 비극을 당하고서야 성숙이 그 실체를 드러낸다는 점에서 비극적이며, 결국 삶이 배태한 근원적 비극의 한계와 끝을 투철히 자각하고 다만 견뎌내는 데에 그 아름다움이 있을 뿐 어떤 비극도 희극으로 바꿀 수 없다는 점에서 다시 비극적이다. 그러나 천당이 아니라면, 그리고 「코미디 일번지」가 아니라면, 성숙 외에 또 무엇이 있어 감히 성숙을 외면할 수 있으랴.

비유하자면, 이 글에서 슬픔이라는 테마에 관한 한, 성숙이 슬픔을 대면하는 인간적인 방식의 최종심급이라면, 글쓰기는 이에 대한 작가적 본능의 발현이라고 할 수 있을까.

요컨대 이 글은 아들을 잃고서 자신의 삶조차 공중분해되어버린 듯 느꼈던 작가가 그 모진 슬픔을 삭이면서 점차 홀로서기에 성공해가는—혹은 자포자기를 끝내는—과정의 기록이다. 그 과정은 결국 인간 박완서가 자신의 삶을 숙성시켜가고, 작가 박완서가 스스로의 글쓰기를 찾아가는 모습으로 비친다. 숙성한 감이 감나무에서 마당으로 떨어져 박살나는 것이 비극이라고 할 수 있다면, 어차피, 단대單代의 삶이란 비극이다. 다만, 미성숙한 사람은 비극을 모르는 비극이며, 성숙한 사람은 비극을 견디는 비극이랄까.

이 글에서의 내 주된 관심은, 우리 삶의 한계이자 조건인 이 슬픔의 사건을 극복하는 과정이 일반적으로는 성숙, 좀더 특수하게는 글쓰기 행위와 연결되는 방식을 추적해보는 것이다. 아울러 이 과정에서, 전통적으로 실존적 공허와 슬픔을 감당하는 역할을 떠맡아왔던 기존의 종교가 슬픔을 당한 당사자에게 실제로 어떻게 이해되고 수용되는지를 캐보는 것이다. 아들을 잃은 어머니로서의 박완서가 이 글을 본다면 마뜩해하지 않을지도 모르겠지만, 조의조차 표한 적 없는 나는, 아마도 조의조차 표할 필요가 없는 사이였기에 이 글을 쓸 수도 있는 것이리라.

자식을 잃은 현기증과 적막의 시간을 고스란히 글로 적어두는 일은 아무나 하는 것도 아니지만, 아무나 할 수 있는 일도 아니다. 남의 불행을 두고 쉽게 할 말은 아니지만, 여기에는 소재나 제재의 차원에서도 각별한 유혹이 있다. 그러나 나는 이것을 우선 성숙의 차원, 그리고 그 성숙이 글쓰기로 드러나는 차원에서 읽을 필요가 있다고 생각한다. 이것은 박완서에만 해당되는 지적이 아니다. 일반적으로 글쓰기는 생래의 슬픔, 인간적 실존의 빔과 무게, 그리고 성숙과 모종의 내연內緣을 맺고 있는 것이다. 글쓰기가 인간됨being-human의 현상과 장기간 맺어온 문화적 공진화共進化의 관점에서 봐도 이 내연에는 실질이 있다. 슬픔에 겨워 글을 쓰고, 슬픔을 참고 견디면서 글을 쓰는 것. 삶의 허허로움 속에 떠올라 글을 쓰고, 삶의 무게에 짓눌려 글을 쓰는 것. 그 생래의 동물적인, 그러나 동시에 지극히 문화적인 본능은, 직접 해보지 못한 이들로서는 짐작하기 어려운 것이다.

3. 손가락으로, 무의식보다 더 낮은 자세로

세분하자면, 글쓰기로 휘말려 들어가는 동기는 각인각색이다. '기억을 영속시키기 위한 작업'은 문자의 의의를 논할 때마다 앞머리에 등장하는 고전적인 동기다. 기억용 도구를 설치하거나 기억을 돕는 비서를 고용할 수 있게 된 세상에서 이 동기는 더욱 고전적이다. '모종의 결핍에 대한 보상 심리'도 글쓰기에 한몫한다. 다만 그 심리란 것이 통상 의도적인 것이 아님은 기억해둘 만하다. '자신의 존재를 표현하고 확인하는 것'도 글쓰기를 욕심 내는 배후가 된다. '세상으로부터의 도피, 혹은 세상에 대한 무의식적 복수'도 드문 동기가 아니다. 가령 이청준, 이문열, 장정일 등은 이 같은 동기가 그들의 창작 행위의 한 배경을 이루고 있다고 명시적으로 밝힌 바 있다. 딱히 구별되는 한 갈래는 아니지만, '무수한 표현 속에 자신을 숨기는 행위'로서의 글쓰기도, 이미 문화文化에서 문화文禍로 옮아가고 있는 우리 시대에는 낯선 개념이 아니다. '물질적 기표를 계속해서 환치시킴으로써 본래적 기의에로 돌아가려는 귀소의식'과 같은 글쓰기의 동기는 한편 고난도의 전술을 연상시키기도 한다. 그러면 글쓰기를 구원의 통로로 여기는 사람도 있을까?

이 글에서 나타난 박완서의 글쓰기는 생래적 반응으로 비친다. 그것은 사신死神이 남긴 슬픔의 한파에 익사하거나 동사하지 않기 위해서 불수의적不隨意的으로 움직이는 손가락의 본능처럼 느껴진다. 인간적으로 살아 있기 위한 마지막 행위는 역시 각인각색이다. 눈에 힘을 줄 수도 있고, 머리를 흔들 수도 있고, 발가락을 꼼지락

거릴 수도 있을 것이다. 말하자면 박완서의 경우, 그것은 손가락이다. 당연히 이때 중요한 것은 '무엇'을 쓰느냐가 아니라 '무엇이라도' 쓰는 것이 된다. 눈이 없는 손가락은 구태여 '무엇'에 집착하지 않기 때문이다. 슬픔의 격랑 속에서 그녀의 머리가 혼미해져갈 때, 머리중심주의의 전통 속에서 늘 시덥잖은 대접을 받아온 손가락은 어쩌면 무의식보다 더 낮은 자세로 글쓰기를 향해서, 아니 성숙을 향해서 집요하게 움직이고 있었던 것이다.

4. 어머니, 아들을 잡아먹은 근대를 탓하며

이 책의 편집자는, 참척의 일기에서 명민한 독자들은 그 밑 모를 슬픔과 고통을 거의 본능적으로 헤쳐가는 작가의 억척 모성을 느끼게 될 것이고, 또 그 느낌을 통해 박완서 문학의 내실을 들여다 볼 수 있을 것이다, 라고 주석을 달고 있다. 하지만 작가의 억척 모성을 느끼기 위해서라면 굳이 독자들이 '명민'해야 할 필요는 없어 보인다. 아마도 이 글을 읽는 독자들이 가질 모성의 뿌리에 대한 공감은 매우 즉각적일 것이다. 다만, 인지상정에 공감하는 것으로써 이 글의 독서를 접어두려고 하지 않는 '명민한 독자'가 있다면, 상술한 글쓰기 문제, 이 글에서 투박하지만 전형적인 방식으로 제기되고 있는 종교철학의 주제, 그리고 이와 연관된 성숙의 문제에 한번 진지한 관심을 가져볼 일이다.

> 내 아들이 죽었는데도 기차가 달리고 계절이 바뀌고 아이들이 유치원 가려고 버스를 기다리고 있다는 것까지는 참아졌지만 88 올림픽이 여전히 열리리라는 건 도저히 참을 수 없을 것 같다. 내 자식이 죽었는데도 고을마다 성화가 도착했다고 잔치를 벌이고 춤들을 추는 걸 어쩌 견디랴. 아아, 만일 내가 독재자라면 88년 내내 아무도 웃지 못하게 하련만, 미친년 같은 생각을 열정적으로 해본다.6

미친년 같은 생각으로만 일관한다면 누구든 금세 미친년 취급을 받을 것이다. 또 그 미친년의 생각은, 이른바 '정상 사회'의 구성력에 의해서 강제로 배제되거나 박해받을 것이 분명하다. 그러나 박완서가 잠시 열정적으로 빠져든 '미친년 같은 생각'은 '미친년의 생각'과는 다르다. 그리고 바로 이 점에서, 결코 '미친년의 생각'에 동의하지 않을 정상적인 독자들은 그녀의 '미친년 같은 생각'에 순순히 공감하게 된다.

이것은 정서와 사유의 운용에서 그야말로 독특한 경지를 이룬 인간의 미묘함, 그 미묘함의 사소한 한 측면일 뿐이다. 몸, 그러므로 삶을 바꾸지 않고 머리만을 운용함으로써 입장立場을 바꿀 수 있는 것, 즉 미친년이 되지 않고도 '미친년 같은 생각'에 공감할 수 있는 것은 뱀장어도 기린도 아닌 오직 인간만의 특권인 것이다. 미치지도 않았고, 미치고 싶은 충동도 없는 우리가 박완서의 '미친년 같은 생각'에 쉽게 공명할 수 있는 것은 확실히 매우 특권적인 심사의 운용과 배려가 아닐 수 없다. 다만, 그 특권이 종종 관념의 과잉으로 흘러 현실 속에 자의와 욕망을 거침없이 투사시키는 오류를 범하기도 한다는 점을 기억해야 할 것이다. 이것이 바로 센티-멘털리즘senti-mentalism 혹은 멘털리즘mentalism에 두루 퍼져 있는 함정이다.

군대 간 후 첫 휴가 때였던가. 낯선 땅의 삭막한 경험들을 오직 고향을 그리는 심정으로 삭이기 1년, 나는 마침내 고향의 역사驛舍에 첫발을 디뎠다. 지금 회고하면 다소 열쩍은 가슴 벅참에 잠겨 한때 내 젊은 열정의 텃밭이었던 고향 곳곳을 눈부신 듯 둘러봤다. 모든 것은 변함없이 잘 돌아가고 있었다. 자동차의 행렬, 낯익은 네온사인, 분수대 주변의 잡상인들, 나풀거리는 치마들, 심지어 집 안을 넘나들던 도둑고양이의 눈빛마저 달라지지 않았다. 지난 1년, 낯선 땅의 삭막한 경험들을 삭이면서 꿈속에 그려보던 고향은 내가 그를 그리워한 만큼 나를 그리워하기는커녕, 내 부재不在를 전혀 읽어내지 못하고 있었다. 군대 간 내가 없어도 도시의 가로등이 제시간마다 켜지고 꺼지고 또 그 아래로 무수한 연인의 곡절 많은 사연들이 엮이고 있다는 사실도 토의할 가치가 있는 것일까? 그렇다면, 내 아들이 죽었는데도 88 올림픽이 여전히 열리리라는 건 도저히 참을 수 없을 것 같다는 그녀의 심정을 누군들 쉽게 외면하랴.

군대 간 나의 부재와 사고사를 당해 졸지에 사라진 아들의 부재를 읽지 못하는 세상을 뜨악해하거나 심지어 저주하는 심정은 몰상식한 관념주의자나 소아적 감상주의자의 것만은 아니다. 다만, 그 심정을 개인사의 특이성이 생산한 하나의 이치一理로 제한시키지 않고 공공연하게 정당화하려고 한다면 경우에 따라서는 예기치 못한 큰 불행을 자초할 수도 있을 것이다. 더구나 그 부재가 제대로 읽히지 않고 뜻없이 소멸된다고 해서 신을 탓할 수 있겠는가. 그것도 평소 맹숭맹숭하게 사귀어온 신을.

아들의 부재를 감상적으로 읽어주지 않는 세상은 그저 제 논리에 충실할 뿐이며, 또 이 논리야말로 그런 부재의 감상을 매몰차게 밟고 올라선 근대적 계몽과 진보의 징표가 아닌가. 근대성의 표층 논리는 한때 아들과 세상의 표정 사이를 이어주었던 '자연적 친화성'을 없애버렸다. 지금의 문화세계가 가상과 의사擬似의 문화文禍에 시달리는 사실도 바로 이 자연적 친화성을 체계적으로 없애버린 근대화의 과정으로 소급된다. 어느 날, 졸지에, 믿고 의지하던 아들이 죽었다. 그리고 신문의 한편에는 파손되어 떨어져나간 기계의 부품처럼 그의 부고訃告가 실린다. 그러나 그의 부고도, 계속되는 그의 부재도 세상의 표정을 바꾸지 못한다. 자신의 삶과 자연을 동화시키지 못하는 근대화의 후예들에게 있어서, 아들은 이제 더 이상 자연적 사건이 아니기 때문이다. 대니얼 부어스틴의 표현을 차용한다면, 이제는 아들의 삶과 죽음도 마침내 '의사 사건pseudo-event'으로 휘발해버린 것일까? 따라서, 당연히, 주변의 자연은 아들의 존재와 부재를 읽어주지 않는 것이다. 아니, (베이컨의 표현처럼) '과학의 사냥개'를 풀어서 자연을 약탈하고 고문하고 효수梟首하는 것으로써 문화를 일구어온 근대세계의 경우, 어쩌면 아들의 존재와 부재를 읽어줄 자연 자체가 아예 없어져버렸는지도 모른다. (이제 마지막으로 남은 하늘, 그 천래의 자연마저 병들어가고 있지 않은가?) '텅 빈 시니피앙'으로 소통되고 있는 것은 단지 불란서제 담론만이 아니다.7 문화文化와 문화文禍의 기로에 서 있는 문화인文化人들은 이제 자연의 표정에서 동떨어진 채 인위와 가상 공간 속을 부표처럼 떠돌아다닌다. 비유하자면, 계몽의 여파로 17세기 중반 이후 언어의 자연적 친화성이 소실되고 그 인위적 자의성만이 도드라지게 된 현상을 생각해볼 수 있을까.

알파벳을 자의적이지만 효율적인 백과사전적 질서의 체계로 사용하기 시작한 것은 17세기 후반에 이르러서였다. 그 전에는 우주의 질서 그 자체를 언어가 공간 속에서 연결되고 배치되는 방식에 의해

서 재구성했던 것이다.[8]

　바벨탑의 신화가 시사하는 것처럼, 계몽과 문명의 대가로 언어
는 떠돌고, 삶은 자연으로부터 읽히지 않게 되었던 것이다. 근대란
(최소한 그 자의식에서나마) 아버지 없이 태어난 놈인데, 이제 이 땅
의 어느 여인은 아들을 잡아먹은 근대를 탓하고 있는 것이다.

5. 성숙의 체감, 운명과 신의神意 사이의 배회

참척의 슬픔에 몸부림치며 아들의 부재에 무감한 세상에 정면승
부라도 할 듯이 옹골차고 신랄하게 신과 대면하는 그녀의 심사는
그러나 오래가지 못한다. 삶이란, 특히 문화인의 삶이란 긴장과 내
적인 조율의 연속이니, 그녀도 결국 삶의 큰 흐름새에 필연적으로
동참하게 되고, 그 오래된 긴장과 조율을 서서히 되찾는다. 그것을
칸트처럼 범주라고 부르든, 쿤처럼 패러다임이라고 부르든, 융처럼
원형이라고 부르든, 푸코처럼 에피스테메라고 부르든, 루스 베니딕
트처럼 문화의 패턴이라고 부르든, 혹은 비판사회과학자들처럼 조
작이라고 부르든, 혹은 그저 본능이라고 부르든, 사람의 사유와 행
동은 늘 여러 한계와 조건의 지형에서 영 자유로울 수는 없으니,
박완서도 그녀의 삶이 빠져든 세상의 길과 세월의 무게를 내팽개
칠 수는 없는 법, 그래서 그 길과 그 무게는 그녀로 하여금 황망한
비통 속에서도 그 같은 긴장과 조율을 유지하게 했을 터이다.

여느 어머니처럼 그녀도 일시적이나마 심리적 파산과 육체적 황
폐의 터널을 타박타박 걷는다. 그러나 그녀는 쉽사리 삿된 신비적
편벽으로 기울지도 않고, 그렇다고 피상적이며 감정적인 무신無神
의 선언으로 치닫지도 않는다. 그녀의 항변과 절규가 종교(철학)적
긴장과 조율을 잃지 않는 것은 바로 이 점에서다.

이 조율과 긴장의 사실은 그녀가 슬픔을 내적 성숙과 외적 글쓰
기의 과정을 통해서 삭이는 과정을 이해하는 데 매우 중요한 단서
를 제공한다. 참척의 고통 속에서도 거의 본능적으로 유지되는 이

조율과 긴장은, 문제가 해결되지 않은 채 이뤄지는 성숙으로 이어지고, 또 세상이 바뀌지 않은 채 이뤄지는 글쓰기로 소롯이 이어지고 있기 때문이다. 슬픔도 삶의 일이니 그 슬픔 속에는 반드시 삶만큼의 복잡성이 스며 있는 법이다. 슬픔의 출처를 고동 속처럼 까서 내보일 수 없는 것도 우리 삶의 근본 한계이니, 결국 우리의 성숙이란 삶의 복잡성과 우연성을 깨끗이 풀고 해명하지 못하면서도 이것들을 낱낱이 대면하고 함께 어울려 살아갈 경지를 얻는 것이 아니겠는가. 남들을 내 뜻대로 이해시키기보다는 오히려 내가 그의 뜻대로 오해를 받는 것이 성숙에 도움이 되듯이.

여기서 말하는 '종교철학적 긴장'도 운명과 신의神意 사이에서 배회하고, 그 배회의 끝에 미명처럼 다가오는 성숙의 체감을 가리키는 것에 지나지 않는다. 박완서가 도달할 성숙의 체감도 슬픔을 심득心得이나 자의恣意의 카니발로 돌리지도 않고, 맹신의 외진 구석으로 몰아붙여서 다급한 해결을 욕심 내지도 않고, 허무의 바다나 광신의 화염 속에 투신하지도 않는 태도에서부터 그 조짐을 드러낸다. 그것은 배회—바로 '운명과 신 사이에서의 배회'—와 배회의 곳곳을 갉아먹는 긴장을 견디는 것에서부터 출발한다.

참척에도 무감한 세상을 긴장과 조율로써, 견딜 수 없이 견뎌나가는 박완서의 태도는 결국 고전적인 의미에서의 성숙에 다름 아니다. 성숙이란 재난을 피하는 재주로써 그 높낮이를 가늠할 수 있는 것이 아니기 때문이다. 오히려 그것은 재난 앞에서 무너져가는 격格, 쓰러져가는 멋에 의해서 그 비범한 속내를 드러내기 때문이다. 특히 슬픔을 다스리는 방식은 성숙과 미성숙을 가름하는 가장 일반적인 잣대다. 이런 뜻에서, 비틀거리면서도 넘어지지 않고, 광기의 언어를 뱉으면서도 긴 상식의 길을 떠나지 않고, 침묵하는 신을 저주하면서도 허무의 유혹에 빨려들지 않는 것은 어머니 박완서의 성숙과 미성숙이 교차하는 접선, 그 삶의 접선이다. 그리고 그녀가 잃지 않고 있는 종교철학적 감성이란 바로 이 접선을 좇아 유지되는 그 힘든 긴장의 높이인 것이다. 『한 말씀만 하소서』는 그녀의 표현에 따르면 통곡 대신 미친 듯이 끄적거린[9] 글이라지만, 그 미친 절규 같은 글 속에서도 세월이 숨긴 성숙은 더디지만 그침이 없이 스며든다. 그리고 예의 종교철학적 긴장과 조율은 이 성숙의 한 갈피로서 드러난다. 반복하는데, 성숙은, 문제없는 삶이 아니라 문제를 푸는 방식에 의해서 자신의 탄탄한 속내를 증명한다. 박완서의 슬픔 속에 성숙이 있다면, 그것은 무엇보다 자식 잃은 슬픔을 푸는 방식에서, 그리고 그 방식의 자연스러움에서 두드러진다. 어쩌면 이것은, 사람이 성숙하는 것이 아니라, 오히려 사람이 그리고 삶이 필연적으로 성숙의 과정일 수밖에 없다는 사실을 일깨우는 것일까?

> 하느님은 제아무리 독한 저주에도 애타는 질문에도 대답이 없었고, 그리하여 저는 제 자신 속에서 해답을 구하지 않으면 안 되었고, 그러기 위해선 아무한테나 응석 부리고 싶은 감정을 억제하고 이성을 회복하지 않으면 안 되었으니까요. 제 경우 고통은 극복되지 않았습니다. 그 대신 고통과 더불어 살 수 있게 되었습니다.[10]

'고통과 더불어 살 수 있게 되었다'는 것은 물론 단순한 체념을 가리키지 않는다. 가령 '오해와 더불어 살 수 있게 되었다'는 진술이 무엇을 뜻하는지 잠시 숙고해보면, 그것은 체념이되 단순한 체념이 아니고, 무능력이되 단순한 무능력이 아니라는 사실을 어렵지 않게 간취하게 된다. 내 경우, 학문의 성숙 과정에서 인식중심주의의 벽이 허물어지는 경험이 있었고, 이 경험에서 힘을 얻은 나는 이후 오해에 과민반응을 보이지 않는 실천적 지혜를 희미하게나마 느끼게 되었던 것이다. "진정한 답변은 질문을 막아버릴 수 없다. 그러나 그것은 질문을 열린 채로 간직함으로써 그 질문을 보존하기 위함이다."[11] 말하자면, 나는, 그리고 나와 비슷한 동배同輩들은, 고통과 오해라는 질문을 열린 채로 간직함으로써 그 질문을 보존하기 위한 방식에 골몰한다고 할까. 박완서가 아들을 잃기 수년 전, 영세를 받는 심정을 묘사한 글 속에서 이미 그녀의 이런 모습은 예정되어 있었던 것이 아닐까 하고 여겨진다. 삶의 아픈 깊이란 관념의 깊이로 지탱할 수 없는 것이고, 오직 몸의 역사 속에 자리매김될 수 있을 뿐이라는 것을.

그러나 그분이 멀리서나마 나에게 모습을 드러낸 게 어쩌면 근심을 없애고 기쁨을 주시려고가 아니라, 내 몫의 고통을 피하지 않고 어떻게 정직하게 고통하게 할까를 가르쳐주시려고 함일지도 모른다고 생각할 수 있게 되었을 때 한결 그분을 가깝게 느낄 수가 있다.[12]

어찌 보면 그녀의 고민은 양식 있고 계몽된 이들이 흔히 빠져드는 딜레마의 전형이다. 그것은 삶의 조율과 긴장을 팽개치고 자신을 포기한 채 감상感傷의 범람 속에서 허우적대지도 못하지만, 동시에 삶의 구석구석에 자객처럼 잠복해 있는 고통을 명석하게 설명해낼 수도 없는 딜레마의 전형이다. 그러나 건실한 미꾸라지를 키우기 위해서라면 일부러 메기를 방류한다고 하지 않던가. 딜레마는 딜레마라는 바로 그 긴장의 구조로 인해서 오히려 잠재적 탄성을 품고 있을 수 있으며, 또 이것은 종종 성숙의 경지를 넘보게 하는 실마리를 제공한다.

6. 자조自嘲의 경건, 자조自助의 불경건

고통과 더불어 살 수 있게 되었다는 고백은 박완서가 이 딜레마를 어떤 식으로 풀어가는지 잘 보여주는 대목이다. 사실 이는 삶의 질곡을 느낄 만한 나이에 든 사람이라면 누구라도 한 번쯤은 해봤음 직한 말이며, 이맛살을 모으는 희미한 미소 끝에 그리 어렵잖게 뱉을 수 있는 말이다. 그러나 아직도 이 말의 중요성이 제대로 이해되지 않고, 이 범상함의 껍질을 깨고 속을 엿보는 이들이 적은 것은 왜일까?

단도직입하자면, 상식인들은 슬픔과 이로 인한 딜레마를 대체로 해결해야 할 문제로 보기 때문에, '고통과 더불어 살 수 있게 되었다'는 고백 따위를 별 가치 있는 대안의 변辯으로 여기지 못한다. 문제 해결 중심의 사고에 젖어서, 삶과 죽음의 문제에조차 부지불식간에 수학의 등식과 같은 논리를 들이대는 그들의 입장에서 보자면, '고통과 더불어 산다'는 태도는 고통이라는 문제 앞에 속수무책으로 나뒹굴고 있는 모습에 지나지 않겠기 때문이다. 고통과 슬픔과 딜레마란 말끔히 풀려야만 한다고 믿는 문제풀이식 사고로는 '고통과 더불어 살고' '딜레마의 긴장과 함께 지내는' 행동 양식의 경우 그저 오답이거나 부답不畓에 지나지 않는다. 그것은 슬픔과 고통이라는 삶의 실제적이며 절박한 물음을 자포자기적으로 기피하거나 감상적으로 호도하는 정도로 비치겠기 때문이다.

'고통과 더불어 살 수 있게 되었다'는 고백은 고통의 긴 터널을 온몸으로 지나온 역사의 음성이다. 그 음성에는 체달體達의 깊이와 무게, 그리고 그 깊이와 무게를 뜻있게 만드는 지평을 지니고 있는 법이다. 그러나 졸속한 문제풀이식 사고—예를 들어 경직된 실증주의적 사고나 맹목적 신비주의적 사고—에 물든 이들은 이런 고백에 만족하지 못한다. 그들은 이 고백의 깊이에 진정성을 부여하는 내적인 성숙을 이해하지 못하는 것이다. 그러나 성숙의 미묘함과 아름다움은 섣부른 설파說破의 대상이 아니다.

누가 뭐라고 해도, 경지境地라는, 매우 묘한 정신의 도약이 있다. 내 생활의 사소한 구석에서도 이제는 더러 손에 잡힐 듯 느껴지는 이 기이한 계기. 아마, 내가 그리는 성숙이란 바로 이 경지의 일상화, 그리고 일상의 경지화에 다름 아닐 것이다.[13]

삶의 조건이자 한계처럼 곳곳에 배어 있는 슬픔과 고통의 문제, 그리고 이로 인한 긴장과 딜레마를 내적인 성숙을 통해서 해소하는 데 만족하지 못하는 이들은 당연히 외적인 해결을 욕심 낸다. 특히 칸트에게서 명백해진 것이지만, 대체로 철학적 에토스란 한계와 조건의 경계를 타면서 비판적 시선을 늦추지 않는 태도를 가리킨다. 그러므로 내적인 성숙의 차원에서 수모를 당한 채 외적인 해결을 욕심 내는 것은 매우 조악한 형태의 변증법이거나 반反에도 미치지 못하는 비非철학적 태도에 다름 아니다. 푸코의 표현을 빌리면, '계몽에 찬성하든지 반대하든지 둘 중 하나를 선택하라'는 소위 '계몽의 협박'[14]과 같은 유형의 강압인 것이다.

인간이기 때문에, 즉 인간의 한계와 조건—내가 뜻하는 '인간됨'―으로 말미암아 생긴 문제를 타개하기 위해서 그들의 시선은 인간 바깥으로 향한다. 그러나 그 시도는 대개 성공하지 못한다. 바깥에서 끌어오는 대안이 술이든 돈이든 수면제든 육체적 쾌락이든 혹은 정념情念 속의 신이든 인간 자신의 성숙을 도외시한 채 일방적으로 끌어오는 해결책은 결국 미봉책으로 끝나고 만다. 어차피 성사成事의 현장은 인간이고, 그것이 인간에서 출발한 문제인 이상 어떤 혜성 같은 해결책도 결국은 인간의 성숙이라는 리트머스 시험지를 통과하지 못하는 한 무용지물이기 때문이다.

악의 문제에 대한 그간의 종교적 접근 방식이 별다른 성과를 내지 못한 이유도 비슷한 맥락에서 짚어진다. 아니, 엄밀히 말하자면, 이런 식의 접근 방식이 갖는 유용성이나 실현 가능성조차 품평이 쉽지 않다.

> 악의 문제에 대한 종래의 종교적 해결책들을 평가하는 것이 어려운 이유는 그 해결책을 제안하는 이들이나 비판하는 이들 모두 자신들의 입장을 우리 삶의 바깥, 즉 삶에 대한 우리의 관점들 바깥에 두려고 하기 때문이다. 실질적으로 그들의 의문은, 선하고 전능하신 신이 이런 식의 세상과 인류를 만들려고 했을 것인지, 혹은 만들었을 것인지를 묻는 데에 귀착되고 만다.[15]

가톨릭 초심자인 저자의 첫 번째 접근 방식도 인간의 바깥, 혹은 삶의 바깥으로 눈을 돌리는 것이었다. 불교식으로 말하자면, 자신의 욕망과 집착의 원천인 눈眼根에 홀린다고 할까. 그래서 타자로서의 신을 찾아내고 그를 원망의 타깃으로 삼는 것이다.

> 내 죄목이 뭔지 알아냈다고 생각하자 조금 가라앉은 듯하던 마음
> 이 다시 끓어오르기 시작했다. 내가 교만의 대가로 이렇듯 비참해
> 지고 고통받는 것은 당연하다고 치자. 그럼 내 아들은 뭔가. 창창한
> 나이에 죽임을 당하는 건 가장 잔인한 최악의 벌이거늘 그 애가 무
> 슨 죄가 있다고 그런 벌을 받는단 말인가…… 다시금 맹렬한 포악
> 이 치밀었다. 신은 죽여도 죽여도 가장 큰 문젯거리로 되살아난다.
> 사생결단 죽이고 또 죽여 골백번 고쳐 죽여도 아직 더 죽일 여지가
> 남아 있는 신, 증오의 최대의 극치인 살의殺意, 나의 살의를 위해서
> 도 당신은 살아 있어야 돼. 암 있어야 하구말구.[16]

이것은 정신분석학에서 말하는 '투사projection'의 기제와 매우
유사하다. 즉 자아가 다루기 힘든 내적인 위기를 비교적 다루기 쉬
운 외적인 위험으로 바꾸는 것이다. 혹은 종교의 발생에 관한 프
로이트의 이론에 빗대어도 박완서의 일탈적 심사와 행태는 넉넉히
설명된다. 즉, 자식의 죽음이 휘몰아온 슬픔에 본능적·파괴적으로
대처하지 못하고 최소한의 문화적 순치를 겪어가면서 내적인 강박
에 휩싸이는 과정, 바로 그것이 프로이트가 말하는 종교이기 때문
이다. "문명화되는 데에는 수많은 본능의 억압으로 인해서 일정한
신경증을 겪게 되며[17] 이 경우 종교적 위안이란 일종의 마약과 같
은 것이다."[18]

열렬한 원망으로 치달은 그녀의 슬픔은 곧이어 '한 말씀도 하지

않는' 신의 침묵 앞에서 적나라한 불경과 냉소로 드러난다.

그 뜻은 나의 하느님, 나의 하느님, 어찌하여 나를 버리시나이까?라
고 밝히고 있다. 그러나 정작 숨은 뜻은 하느님, 하느님, 결국 당신
은 안 계셨군요?가 아닐까.[19]

나는 그리스도의 고난 같은 건 명상하고 싶지 않았다. 내 고난도 벅
찼다. 행복에 겨운 자들이나 실컷 명상을 하든지 감동을 할 일이라
고 생각했다.[20]

그러나 이 불경에는 어떤 힘, 어떤 지향志向이 있는데, 늘 경건
을 희원希願하지만 불경 속에도 건질 것이 있다고 믿는 나는 오히
려 그 불경 속의 힘에 주목하고 싶다. 그 힘은 교회 안팎을 가로막
았던 공소한 경건주의의 벽을 허무는 해체의 순간이다. 그것은 매
우 소박하지만, 소박하지 못한 사람들로서는 감히 꿈꾸기 힘든 솔
직한 고발이기도 하다. 다만, 그나마 시대가 좋아진 덕으로, 이단으
로 분살焚殺되거나 당성黨性이 흐릿하다고 자아비판을 받지는 않겠
지만, 보신적, 그러므로 이중적 경건주의의 벽 속에 기거하는 동료
들은 자신들의 교조를 합리화하기 위해서라도 이 불경의 장본인에
게 질책과 강압적인 권면을 아끼지 않을 것이다. 그러나 매사에 양
면이 있는 법, 그녀의 불경에는 진정한 삶의 기운과 소통할 수 있
는 새로운 통로가 스며들고 있었다고 볼 수는 없을까. 그러한 유형
의 소통은, 종교적 보수주의, 혹은 보신주의의 테두리 속에 갇혀서

열광적인 찬송의 정감과 맹목적인 기도의 미오迷悟 속에만 코를 박고 있었던 수많은 종교인의 '삶이 빠져버린 삶'의 행태와 이로 인한 허위의식이 단번에 박살나는 경험이 되지는 않을까.

가령 삶의 진정성에 눈을 뜬 학인이 앎의 벽을 깨고 나와 지식인으로 변신하듯이 말이다. 멀리는 바울주의로까지 소급되는 '신앙지상주의'의 늪 속에 빠져 역사와 민족과 삶을 망각해버린 우리 땅의 기독교 신앙의 행태[21]에는 어쩌면 참척과 같은 유형의 충격이 필요한 것은 아닐까? 박완서는 참척의 경험을 통해서야 교회 안과 밖을 고르게 바라보고 이로써 삶의 새로운 깊이와 그 가치에 눈뜨게 된 것은 아닐까?

어떤 경로를 거처가든, 그녀의 옹골차고 진지한 몸부림은 결국 삶의 균형과 성숙의 또 다른 차원을 타개하는 방향으로 나아간다. 사실 삶과의 대면을 기피하는 자폐성·자동성의 행태만을 반복했더라면 인간으로서, 어머니로서, 그리고 작가로서의 모습에 재생 불능의 균열이 생겼을 것은 뻔하다. 신비주의나 출세간의 명상주의라고 유림 세력으로부터 질타당해왔던 선정禪定의 실천조차 경전이나 어록, 붓다와 조사보다 우선 세속사회를 만들어가는 인간 실존을 문제시하는 태도라고 하지 않던가.[22] 스스로의 실존, 그 무게를 감내하지 못한다면, 마음을 신에게 바치든, 몸을 술에게 바치든, 그 행동에 과연 무슨 대차가 있을 것인가? 다행스러운 점은 그녀의 불경이 스스로를 폐기하거나 절망적인 자조自嘲의 늪으로 빠지지 않고 희미하나마, 거의 본능적으로 종교철학적 긴장을 계속 유지해간다는 사실이다.

자포자기와 자조의 무력함 속에 마치 곰팡이처럼 기생하는 경건이라면 그것이 삶에 무슨 소용이 있을 것인가—만일 앎이 삶을 위한 것이듯 종교도 삶을 위한 것이라고 믿는다면.

　지구의 한편에서는 후쿠야마류의 '역사의 종말'이나 탈기독교 시대를 떳떳이 말하고 있는 지금, 종교들의 거대담론과 그 외적 권위가 속속 시들고 있다. 그러는 반면, 21세기를 코앞에 둔 지금 이슬람 근본주의의 바람이 거세다는 보도도 나돈다. 종교적 근본주의가 추구하는 신정神政이 아랍권의 소외계층에게 하나의 대안이 되고 있다는 것이다.[23] 우리 땅으로 눈을 돌려 봐도, 서양 종교를 축으로 한 종교적 보편주의의 물결이 우리 땅에 곧장 관철되리라고 믿는 것은 억측이다. 표피적·농축적 근대화의 파행이 어느 땅에서보다 심했던 우리의 경우, 가령 불교적 수행과 명상의 정신문화 운동은 운용의 묘만 살린다면 심층적이며 균형 있는 근대성의 회복에 일조할 수 있으리라고 본다. 송두율의 지적처럼, "이럴 때일수록 우리의 역사적 조건이 무엇이었고, 앞으로 우리가 역사 앞에서 해야 할 일이 무엇인가를 생각해야"[24] 하는 것은 너무나 당연하다.

　그러니 종교의 영역에서도 이 시대, 우리 땅에 알맞은 종교성을 함양하는 과제가 시급한 것이다. 손규태의 말을 빌리면, "서구의 복음을 한국이란 토양의 옷을 갈아입히는 것이 아니고, 복음이라고 하는 것 자체가 이미 문화라고 하는 토양 속에서 배양되어 나오는 것이기 때문에 한국의 문화 속에서 이 복음을 새롭게 배양해야 한다"[25]는 것이다. 김승철의 표현에는, "동양 신학은 대지의 신학이다.

이때 대지는 동양적인 영성을 지닌, 다시 말해서 동양적 풍토성을 지닌 대지다. 그래서 대지의 신학은 동양적 내력에 귀기울임으로써 거기서 대지의 내력이 들려주는 소리에 청종하는 신학이다."[26]

그러므로 우리의 역사적 조건, 그리고 우리가 앞으로 해야 할 바에 관심을 갖는다면, 내 판단에는 자조自嘲의 경건보다는 오히려 이제야말로 자조自助의 불경건이 필요하다고 본다. 전자는 종교적 안돈주의安頓主義 속에서 결국은 썩고 말겠지만, 후자는 예수처럼 그리고 달마처럼 탈종교적 일탈 속에서 부단히 삶의 혁신을 꿈꾸는 것이기 때문이다. 신앙지상주의와 종교적 보신주의가 상부상조하면서, 그 그늘 아래 떳떳하게 온존시키고 있는 집단무의식적 이기심은 분명 이 시대 종교의 파행이다. 다소 극단적으로 말하자면, 이는 자조自助의 불경건 없이 경건의 자조自嘲를 즐기는 피학애被虐愛에 가깝다. 진리를 묻는 빌라도의 질문에 묵묵부답했고, 나의 하느님, 나의 하느님, 어찌하여 나를 버리시나이까라고 절규한 예수의 종교성은 자조自嘲의 평온 속을 심각히 노니는 태도가 아니라 오히려 자조自助의 끝을 범람하는 불경건에 이르고, 마침내 이를 넘어서는 데 있었다. 이런 뜻에서 본회퍼의 매력은 지금도 청신하게 느껴진다.

나는 인간의 한계 상황에서가 아니라 중심에서, 무능에서가 아니라 능력에서, 죽음과 죄에서가 아니라 삶과 선에서 신에 관해서 말하고자 한다.[27]

7. 도구·해결에서 존재·성숙으로

자식 잃은 어머니 박완서는 시선을 삶의 바깥으로 돌려 신을 원망하는 짓으로 지치면, 이제는 망각의 늪 속에 탐닉함으로써 목을 짓누르는 슬픔의 고통에서 일시적이나마 놓여나려는 짓을 시작한다. 그러나 술과 수면제 역시 고통과 슬픔의 바깥, 즉 인간과 삶의 바깥으로부터 해결책을 끌어들이려는 미봉적인 시도에 불과하다. 신을 난도질하다 지치면 자신을 난도질하는 짓의 피폐한 순환만 계속될 뿐이다. 다만 그 난도질에 지친 뒤끝에도 어김없이 찾아드는 작가의 심미안이 훗날을 기약하는 조짐이라고 할까.

> 엉망으로 취한 속에 수면제를 털어넣었는데도 깊이 잠들지 못했다. 새벽엔 뒤척이기도 지겨워 베란다로 나가 앉아 날이 밝아오는 걸 지켜봤다. 엷은 어둠이 지워져가는 동안의 바다 빛깔의 변화가 말할 수 없이 미묘했다.[28]

결국 인간과 삶의 안쪽에서 비롯된 것은 역시 그 안쪽에서 마감되어야 한다. 그러니 도구적 시각으로 문제의 해결을 모색하는 태도는 아예 첫발을 잘못 디딘 셈이다. 대조적으로 표현하자면, 존재적 시각이 필요한 것이다. 인간과 삶의 한계와 조건, 그 본질적인 문제는 '무엇무엇으로써' 풀리지 않는다는 사실―이 흔한 사실을 깨닫는 데 우리는 왜 그렇게도 오랜 시간과 좌절을 필요로 하는 것일까?

삶의 바깥으로 껑충 뛰어나가 신의 멱살을 움켜잡음으로써 삶의 구석구석에 자객처럼 잠복해 있는 슬픔을 단번에 풀어버릴 수도 없을 뿐 아니라, 자신을 포기한 채 감상의 범람 속에 허우적대는 짓으로써 그 슬픔을 몰아낼 수도 없다. 박완서는 이 점을 미구에 체달體達한다. 그러므로 '고통과 더불어 살 수 있게 되었다'는 작가의 진술은 고통과 더불어 살 수 있도록 해준 모종의 수단이나 도구를 암시하지 않는다. 말 그대로, 밖으로부터 무엇을 끌어온 것이 아니라, 자신의 존재가 깊어지고 커졌다는 성숙의 암시일 뿐이다.

8. 다시 삶으로, 다시 글쓰기로

글쓰기를 통해서, 그리고 글쓰기를 향해서 조금씩 진행되는 그녀의 성숙은 슬픔을 몰아내는 궁극적인 방식이 신의 이름을 빙자한 교조적 진리眞理도, 술과 수면제의 미봉적 무리無理도 될 수 없음을 깨우친다. 그것은 작가 박완서가 만들어가야 하는 삶의 일리들과 그 흔적일 뿐.

그녀가 흔히 볼 수 있는 소위 기도의 어머니였다면, 그래서 참척의 슬픔을 쓰게 곱씹는 일조차 불경한 태도인 양 여기는 놀라운 신심의 소유자였다면, 그래서 자율적 성숙의 삶을 말하지 않는 타율적 종교의 교조에 매여 물건처럼 순하게 끌려다니는 종교인이었다면, 아마 우리가 자랑할 작가 박완서가 나오지도 않았을 것이고, 나 역시 애초에 이 글을 쓸 흥미조차 내지 않았을 것이다. 그러나 슬픔과 고통을 드러내고 이에 대응하는 그녀의 태도는 상정만으로 충분히 납득할 수 있는 '인간적인 너무나 인간적인' 것이어서 차라리 범속한 필부필녀의 그것과 별다를 바가 없었다. 박완서가 슬픔의 환幻을 부수고 다시 삶으로 나아가며, 다시 글쓰기로 나아가는 과정을, 내가 다시 글로 옮기고 싶었던 매력은 바로 이 '인간적인 너무나 인간적인 대응'에 있었다. 설혹 그 인간적임이 해결 없는 긴장의 연속이고 적나라한 고민의 배설에 지나지 않는 듯 보일지라도 나는 그 속에서 이 글을 쓸 수 있게 하는 매력을 읽을 수 있었다. 참척의 기록이 주는 글쓰기의 매력이라니! 1932년생인 내 어머니보다 오히려 한 살 위인 박완서의 슬픔, 그 슬픔의 기록에 내가 느끼는 글쓰기의 매력이라니!

그 매력은 슬픔의 절절함이며, 그 슬픔을 진솔하게 대면하는 그 인성의 적나라함이고, 마침내 신에 대한 믿음조차 함몰할 수밖에 없는 그 슬픔의 자의식에 있었다. 그녀의 기록이 드문드문하게, 그러나 차분하게 성숙의(성숙으로 향한) 징검다리를 이루고, 처절한 반신反神의 부르짖음 속에서도 종교철학적 감성의 긴장을 잃지 않는 것이 바로 그러한 매력의 출처가 되었다고 하면, 아, 나는 박완서에게 너무나 타자였던가.

작가 박완서는 참척의 비통함을 어루만져주지 못하는 종교성을 쉽게 방기하지도 않고, 또한 맹목의 신비 속에 몰각하지도 않는다. 철학과 종교가 등을 돌리고, 교회와 사찰의 안팎이 서로를 경원시하며, 어설픈 세속주의와 어설픈 종교주의가 한 치도 어긋남이 없는 동이불화同而不和의 소인배 노릇에 바쁜 지금, 우리는 그리 비범하지 않은 한 어머니가 남긴 슬픔의 기록을 통해서 적잖은 책려責勵의 음성을 듣게 된다. 그녀는 때로 광기로 흐를 만큼 비틀거리면서도 종교를 도깨비방망이처럼 휘둘러 인생의 문제를 희석시키거나 호도하지도 않고, 그렇다고 삶의 문제를 실질적으로 풀어주지 못하는 종교를 쉽사리 폐기처분하지도 않는다. 그녀는 신이라는 편리한 설명의 기제deus ex machina를 동원해서 슬픔을 해체해버리지도 않고, 역으로, 그 슬픔을 빌미로 삼아 신을 해체해버리지도 않는다.

신이나 인간 중 어느 한쪽을 완전히 잊어버리고 다른 쪽에 전적으로 몰두할 수 있다면 그는 나름의 '완벽'을 이룬 사람일 것이다.

그것이 체구연마體究鍊磨의 열매든, 혹은 DNA의 선물이든. 그러나 순전한 지향志向은 인생의 몫이 아니고, 사람의 행로는 늘 갈림길의 긴장에 시달릴 수밖에 없다. 삶에 동반되는 고통과 슬픔 앞에서 눈물로 다 씻지 못하는 충혈된 눈으로 신과 인간을 번갈아 돌아보는 박완서의 모습은 인간됨의 조건과 한계, 그리고 그 긴장 속에서 부대끼며 살 수밖에 없는 우리 모두의 자화상, 그 프로토타입proto-type이다. 그녀와 함께 우리 모두는 삶의 슬픔을 슬픔의 깊이대로 느끼고 그에 부대끼면서, 그 슬픔이 주는 긴장의 긴 도정道程을 좇아 약속받은 바 없는 성숙에 이르는 것이다.

이 성숙은 그녀의 경우 글쓰기의 가능성을 통해서 구체화된다. 삶과의 접촉, 삶이라는 거대한 역사의 네트워크에 손과 발을 담그는 순간 글쓰기가 배어난다? 짧게 할 수 있는 말은 아니지만, 삶과 글 사이의 은유는 늘 은유 이상인 것.

'한 말씀도 하지 않는' 신의 침묵, 아들의 운명과 어미의 불행을 설명해주지 않는 종교의 무능, 그리고 아들의 부재와 그 상흔을 읽어주지 않는 세상의 냉엄함에서, 삶의 지속은, 삶의 삶다운 지속은 결국 자신의 실존과 삶을 응찰凝察하고 감당하려는 노력으로 점철될 수밖에 없다. 박완서의 경우, 그 응찰과 감당의 노력은 물론 글쓰기를 향한 희망으로 구체화된다. 그 희망이야말로 아들을 잡아먹은 다음에도 말 한마디 없이 등을 돌리고 떠나가려는 세상을 다시 붙잡아 세우고 삶에 대한 사랑의 불꽃을 다시 피워올릴 수 있는 성숙의 징표가 아닌가.

다시 글을 쓰게 됐다는 것은 내가 내 아들이 없는 세상이지만 다시
사랑하게 되었다는 증거와 다르지 않다는 것도 안다.[29]

13. 글자와 그림의 경계에서
-채근하는 미학, 망설이는 해석학

1.

문사들은 글자가 보이지 않는 곳에서는 당황한다. 가령 낯선 기계의 부품을 만져야 하거나, 혹은 자모字母나 알파벳이 보이지 않는 미술관에 들어설 때 인문학자가 느끼는 당혹감이란 우선 글자가 보이지 않는다는 사실에서 기인한다. 그들의 게임은, 말하자면 그림 맞추기가 아니라 글자 맞추기이기 때문이다.

글자의 주도권이 흔들리는 시대라고들 입을 모은다. 때는 바야흐로 이미지의 시대요, 심지어 쿤데라의 신조어 이마골로기imagology라는 말까지 떠도는 시대다. 글자의 특권적 지위에 기대어 살아왔던 문사들의 엄살이 담긴 것이라고 여겨지지만, 어쨌든 이 담론이 밀레니엄의 끄트머리를 장식하고 있는 여러 위기론 중 하나인 것만은 분명하다. 대니얼 벨의 유명한 '이데올로기의 종언' 이래 여러 종언주의endism가 유행을 이뤄왔고, 특별히 상업주의적 영상매체의 놀라운 파급력에 질급한 전통, 혹은 정통 문학계에서 다소 성급해 보이는 대항 담론을 토해내고 있는 실정이기도 하다. 활자 문명의 보편적인 보급으로 가능해진 글자문화는 수백 년의 은성殷盛을 뒤로한 채 이제 새로운 기로에 접어든 것처럼 보인다.

그러니 글자, 그리고 그 글자가 나타내는 개념과 친숙하다는 사실에서 자신의 능력과 가치를 인정받아온 학인들은 이제 새롭게 자기 정체성의 물음을 되씹지 않을 수 없는 처지에 내몰리고 있다. 사물과 사태를 의식적으로 표상하고, 이를 글자로 개념화하거나 그 개념을 정확하게 풀어내는 능력, 즉 인식과 해석의 능력을 통해서 자신의 위상을 가늠하거나 과시해온 문사들로서는 다소간이나마 전환기의 어지러움에 휩싸이지 않을 수 없게 된 것이다.

이 논의의 주된 배경은 물론 '전환기 문화'의 논리다. 알다시피 여기에는 특히 신매체의 혁명적 발전이 매우 중요한 변수로 등장한다. 그러나 구태여 전환기 문화의 새로운 지형과 변수를 운위하지 않더라도, 워낙 예술가와 문사 사이의 거리감를 설명해주는 철학적 담론들은 무성했다. 전통 미학에서는 예술적·심미적으로 감응하는 마음의 능력을 따로 상정하는 것이 보통이었고, 이것은 인식과 해석을 전담하는 마음의 좀더 고유한 능력과는 구별되었다. 여기서 상론할 수는 없지만, 이것은 '주체의 해체' 담론이 화근으로 비판하는 근대 서구 사상의 '인식중심주의'나 유리론唯理論과 밀접한 관련이 있는 주제이기도 하다. 요컨대 그것은 종교적 실존이나 심미안을 망실한 채, 이성과 인식의 도구적이며 조작적인 기능만을 증폭시켜온 근대인의 자아관이 생성되는 과정인 것이다. 물론 인식중심주의와 도구적 합리성이 비판받듯이, 이러한 미학적 태도는 작금 광범위하게 비판받고 있는 것이 사실이다. 그러나 '숭상받는'

정신적 가치와 '살아내는' 삶의 실질 사이의 배리와 소외가 오히려 일반화되어 있는 지금, 이 같은 철학적·미학적 담론은 글자와 글자 사이에 유폐되어 있을 뿐, 문화 수용자 일반의 생활세계와는 실질적으로 무관하다.

문자적 교양이 과잉된 시대에 살고 있는 '지성인'인 우리 모두가 글자와 그림, 개념과 이미지 사이에 어정쩡하게 서서 느끼는 당혹감에는 우선 두 가지 출처가 있다. 활자매체에서 영상매체로, 즉 글자와 개념의 이해에서 이미지의 '유람'[1]으로 옮아가는 문화논리적 추세가 그 하나이며, 나머지 하나는 인식론과 미학 사이의 오래된, 그러나 별 근거 없는 불화의 역사다. 어쨌든 이성과 해석의 시대에서 감성과 느낌의 시대로 옮아가는 전환기의 혼돈은 생각보다 넓게 퍼져 있다.

2.

세상을 이루고 있는 사실들이란 엄밀히 말하자면 원래 그림들이다. 우리가 원래 '몸'이었듯이, 세상은 이 몸에 대응하는 '그림'이었을 뿐이다. 극심한 문화화가 이뤄지기 전, 사람의 삶은 대체로 온갖 그림을 둘러싼 충동과 기대, 유혹과 거부감의 연속으로 이뤄져 있었다. 다소 극적인 경우이지만, 가령 장자크 아노 감독의 명화 「불을 찾아서」를 보면, 우리는 워낙 그림들 속에서 각자 그림으로서 살아왔다는 사실을 쉽게 상상해볼 수 있다. 우리 삶의 절대적 조건인

몸은 곧 그 자체가 그림이자, 몸을 둘러싼 타자들을 그림으로 여기게 만드는 그림의 원초적 조건인 셈이다. '머리중심주의'의 전통 속에서 오랫동안 몸을 잊어왔던 과거를 반성하는 가운데, 작금 탈근대성 논의와 함께 몸에 관한 담론이 풍성해지고 있는 것도 이런 배경에서 본다면 매우 자연스러운 일일 것이다.

사실 개념의 문화 공간 속에서 개념을 운용하는 머리를 중심축으로 삼아 살기 시작한 것은 불과 몇천 년에 지나지 않는다. 그리고 개념의 운용이 사회적인 공론公論을 형성하고, 그 공론이 우리 삶에 적지 않은 영향을 행사하게 된 것은 불과 기백 년에 불과하다. 정확히 하자면, 서양에서는 활자매체의 보급에 힘입어 계몽기의 여러 사조가 널리 퍼지면서 그 임상성을 발휘하기 시작한 17세기 이후의 일이며, 우리로서는 조금 각박하게 잡는다면 1910년대 소위 '애국계몽기' 이후라고 해야 할 것이다.

지금에야 교양인들은 '문화'라는 말을 들으면 곧 예술적 활동이나 그 '생산물'을 떠올린다. 사실 오늘날과 같은 보편적 '문화사회'에서 이해하는 문화란 오히려 비非문자적, 비개념적 영역의 활동이 더욱 도드라진다. 그러나 워낙 문화란 세상의 그림들을 문자와 개념으로, 그리고(그러니까) 몸을 머리로 바꿔놓는 작업의 연장선에서 이뤄져온 것이다. 그러므로 인류 문화사의 요체를 '개념화'의 역사라고 불러도 실언이 아닐 것이다. 그리고 서양 문화사 혹은 지성사의 흐름에서만 보자면, 특히 근대 학문사야말로 바로 이 '개념화' 과정이 이룩한 두드러진 성과이자 그 실천이 아닐 수 없다. 정신문화의 근대화라는 역사적 과정에서 쉽게 연상되는 이성, 계몽, 합리화, 과학, 진보 등등은 모두 특정한 개념들이 전문성을 얻으면서 정착되고 공적인 파급력을 얻어가는 과정이라고 볼 수 있기 때문이다.

요컨대 근대인이란, 이 '개념화'의 역사를 철저하게 거치면서 그림의 세상에서 개념의 공간으로, 그리고 몸의 실천에서 머리의 운용으로 각자의 삶을 적응시킨 인간들인 것이다. 그러므로 근대인이 정신주의와 이성중심주의를 거쳐서 마침내 '개념적·문자적 교양의 과잉'이라는 질병文禍의 길로 들어서게 되는 것도 당연해 보인다. 따라서 근대란 개념의 시대요, 그 개념을 담고 있는 글자의 시대이며, 마크 테일러의 표현처럼, 그 글자를 담고 있는 책의 시대[2]인 것이다.

3.

소박하게 평하자면, 예술가들의 불행은 바로 이 '개념화'의 시대와 제대로 어울릴 수 없었다는 데 있었다. 아니, 이 사실은 특정 유파나 시대의 문제가 아니라 예술 일반의 명암과 희비를 수놓은 근본적인 조건이었다. 간략히 정리하자면, 그 딜레마의 고리는 다음과 같다. ①예술의 고객은 대체로 문화인이다. ②문화인이란 주로 글자와 개념의 세례를 통해서 문화의 혜택을 입은 사람들이다. ③이 문화인들은 대체로 문화인文禍人의 굴레에 쉽게 빠지며, 넓게 봐서 개념주의자, 혹은 문자주의적 교양인의 테두리를 벗어나지 못한다. ④따라서 글자의 시대를 살아가는 이들은 문화화되면 될수록 더욱

더 글자의 세계에 유폐되는 셈이며, 따라서 그림의 세계로 돌아갈 수도, 그 세계를 진정으로 향유할 수도 없게 된다.

글자를 가지고 노는 학인들과 그림을 가지고 노는 예술가들 사이의 불화, 혹은 상호 소외에는 여러 측면이 있을 것이다. 그러나 나로서는 특별히 그 불화의 역사성에 주목하고 싶다. 여기서 역사성이 주목되어야 하는 것은 그림과 글자 사이의 불화가 둘 사이에 본질적으로 내재하는 것이 아니라 역사의 우연에서 파생된 것이기 때문이다. 간단히 말하자면, 그것은 근대성의 그림자 속에서 서식하는 비식용 버섯과 같은 것이다. 그것은 개념의 시대, 글자의 시대, 그리고 책의 시대가 만들어놓은 역사적 우연이라는 뜻이다.

당연히, 개념이나 글자를 강조한 전통이 유독 서양의 전유물인 것은 아니다. 아는 대로, 동양의 유교 전통에서 말하는 선비도 우선 책을 읽어 글의 뜻을 바르게 해독하는 독서인讀書人이었다. 사실 '글자와의 친화감'은 동서양을 막론하고 식자들의 특권적 지위를 보장하는 보편적 양식이었다. 그러나 글자와 개념과 책이 보이지 않는 공간에서 특별히 곤혹해하는 교양인의 태도는 로고스중심주의, 인식중심주의, 개념중심주의의 전통에서 양육된 서양적 근대인의 특징적인 모습이라고 할 수 있다. 그들은 삶의 주체를 몸에서 머리로 바꿔놓았고, 삶의 콘텍스트를 그림에서 글자로 바꿔놓았다. 근대 이래 지식인 혹은 교양인들은 삶의 구체적인 지형으로부터, 그리고 윌리엄 제임스의 표현처럼 '완고한 사실stubborn facts'로부터, 세계의 그림들로부터 점점 거리를 유지하는 것으로써 자신의 전문성을 근근이 유지하고 있는 셈이다.

4.

인식과 해석에서 정신력의 요체를 보는 문자적 교양인들은 깊이의 형이상학에 경도한다. 그들의 경우, 가치 있는 인식이나 올바른 해석은 곧 깊은 것이기 때문이다. 그들은 겉이 아니라 속이 중요하다고 믿는다. 그것도 깊은 속으로 잠수해 들어갈 수 있어야만 사물과 사태의 진상을 파악할 수 있다고 믿는 것이다. 그들은 깊이의 신화에 취하고, 그 깊이를 정확하게 캐낼 수 있는 인식이나 해석의 기량에 자신의 전부를 건다. 그들은 이른바 인식과 해석의 특권계급이며, 글자와 개념, 그리고 그에 대한 친숙성은 그 특권의 토대가 되는 것이다.

　그러니 그들이 미술관 주변을 초조하게, 혹은 당혹해서 서성이는 것은 당연하다. 그림들만 달랑 걸려 있는 미술관에 들어서는 순간, 글자와 개념에 근거한 인식과 해석의 특권은 속절없이 소실되기 때문이다. 그들은 '두께', 그러므로 '깊이'가 없어서 '인식'하거나 '해석'할 대상이 없는 그림들을 바라보면서 당황하고, 무안스러워하고, 낙망하고, 무시해버리다가, 마침내 스스로 소외되는 것이다. 그리고 무연한 표정을 지으며 당혹감과 무안스러움 속을 배회하다가, 마침내 그림의 공간을 '무사히' 빠져나오는 글자의 사람들은 마치 제대로 뒤를 닦지도 않은 채 변소를 나오는 듯한 심정이다. 글자도 없고, 그렇다고 영화처럼 움직이지도 않는 그림 앞에서 예의 진지한 표정—인식과 해석에 수반되는 그 표정—을 짓고 있기란 차마 고역이리라.

글자들과 이전투구를 벌이듯 문자적 교양에 이력이 난 우리 근대인들이 미술관을 들어설 때마다 느끼는 것은 우선 당혹감이다. 그것도 개찰 시각을 멀찍이 두고 심심파적으로 둘러보는 역전 갤러리가 아니라 '철학으로 그림 보기'쯤의 문화적 사명을 띤 발걸음은 결코 가볍지 않다. 다소 즉물적으로 표현하자면, 여기는 내가 있을 곳이 아니라는, 말하자면 단순한 불화不和의 감상이라기보다는 오히려 근본적인 이질감 같은 서늘한 흐름이 한순간 내 온몸을 스치고 지나간다고 할까. 글자의 본질을 꿰뚫기 위해 바친 수십 년의 형이상학이 그림 앞에서 느끼는 천연색의 서늘함? 그것은, 단서가 없는 추리물, 혹은 첫 장이 펴지지 않는 책?

이런 유의 당혹감이란 오히려 자연스럽다. 말하자면, 그 느낌은 오히려 생경한 공간에서야 가능해지는 최초의 솔직함이며, 문화文禍 속에 빠진 스스로를 낯설게 볼 수 있는 거리두기이기도 하다.

이 솔직함에서 시작한다면 미술관 안팎의 소외 문제는 의외로 쉽게 풀릴 수 있을지 모른다. 이 낯선 자연스러움에서 시작한다면 그림 앞에 서는 글자들의 지적 허위의식은 의외로 쉽게 해체될 수 있을지도 모른다. 소외는 자기분열감이 굳어진 꼴이며, 자기분열이란 결국 자신의 진면목을 대면하지 못하는 허위의식에서 출발하기 때문이다. 그러나 가령 가정 안팎의 소외, 교실 안팎의 소외, 사원寺院 안팎의 소외, 결국은 개인의식 안팎의 소외 문제를 진지하고 심각하게 다루지 않고 있는 우리의 풍토이니, 미술관 안팎의 소외 문제라고 해서 특별한 관심을 끌 수는 없을 것이다. 더구나 미술관 안팎의 공간에는 분석적·비판적 사고를 조롱하는 묘한 아우라가

휘감고 있지 않은가.

솔직함이나 당혹감과 같은 몸의 느낌은 교양 있고, 그러므로 머리가 복잡해진 근대인으로서는 매우 견디기 어려운 수치가 아닐 수 없다. 그러니 그 낯선 솔직함이나 자연스러운 당혹감을 정면으로 응시하는 것은 과도한 긴장이요 위협이다. 긴장의 순간을 선용하게 되면 그야말로 '危위⇒機기'인데, 불행히도 대개의 교양인은 그 긴장을 책략으로 회피하거나 허위의식 속에서 성급한 안돈安頓을 도모한다. 그림이 주는 낯섦과 당혹감을 적절히 외면하고, 그들의 표정은 인식과 해석을 위한 평온을 재빠르게 되찾는 것이다. 아니, 정확하게는, 인식을 가장한 평온, 혹은 해석을 강요하는 평온을 가까스로 유지하고 있을 뿐이다.

미술관을 찾을 때마다 이 소외와 허위의식은 반복되고, 삶과 아무런 상관이 없는 해석, 또 하나의 허망한 탈persona이요 액자일 뿐인 해석은 전시장 이곳저곳을 유령처럼 배회한다. 바로 이것이 내가 말하는 해석의 가벼움[3]이다. 두 번째의, 그리고 다른 의미의 솔직함은 미술관 속을 그림자처럼 떠돌던 해석의 '페르소나'가 문밖을 나서면서 제 얼굴과 몸을 되찾을 때에야 비로소 다가든다. 그러나 그것도 당혹감과 가벼운 해석 사이의 염치없는 배회로부터 해방되는 순간 잠시 느끼는 환기換氣에 지나지 않는다. 그들은 겨우겨우 글자와 개념이 없는 낯선 원시의 세계를 무사히 견디고 다시 글자와 개념의 근대 속으로 살아나온 것이다!

5.

이 당혹감과 해방감은 우선 자괴自愧다. 물론 이 자괴의 배경에는 문자적 특권의식이 자리한다. 자괴의 출처에 상관없이, 이 감정에 솔직하게 대면하지 않을수록 지적 허위의식은 암처럼 증식한다. 그리고 그 증상은 심각한 자기소외다. 그러니 문제는 당혹감이라기보다는 오히려 이 당혹감에 대한 담론이 이상하리만큼 드물다는 점에 있다. 아마도 그것은 자괴와 자기소외를 헤집어야 하는 냉혹한 자성自省을 필요로 하기 때문일 것이다. 또 한 가지, 그러한 당혹감은 우선 밝은 근대성의 주된 담론군群에 포함되지 않는다는 사실도 지적되어야 할 것이다. 한때 공장지대의 소외에 대한 마르크스의 이론이 거대한 스캔들이었다면, 지금 미술관 주변의 소외에 대한 우리의 담론이란 왜소한, 그러므로 묻어두어도 좋을 스캔들에 지나지 않을 것이기 때문이다.

그러나 다시 때는 바야흐로 주변과 타자의 시대, 그림자와 이미지의 시대, 몸과 상상력의 시대가 아닌가. 그리고 이제야말로 개념과 글자의 신작로에 들어서지 못한 채 그림의 뒤안길을 서성이고 있는 수많은 교양인의 소외와 자괴의 느낌마저 공론화할 때가 된 것이 아닌가? 그래서, 그림 앞에서 망설이는 해석학解釋學과 글자 앞에서 채근하는 미학美學의 행복한 결합을 꿈꿀 때가 아닌가?

14. 글쓰기의 물리학·심리학·철학[1]

若將除去無非草

好取看來總是花

베어버리자니 풀 아닌 것이 없지만

좋게 보자면 모두가 다 꽃으로 보인다

글쓰기의 고민이란 이루 다 말할 수 없다. 그러나 우선 그 고민
은 말하자면, 발끝에 차이는 풀을 마음대로 베어낼 수 없고, 또 때
로는 코끝에 차오르는 꽃조차 베어내야만 하는 수난 때문이다. 그
래서 그것은 층위와 변별력의 수난이며, 또 자주 그것들을 무시해
야만 하기 때문에 겪는 수난이다. 수난? 그렇다. 열정passion, 그것은
다름 아닌 수난passion이니, 열정을 품은 자마다 수난에 휩쓸리리라.

하나의 이치—理를 찾아가는 해석학적 작업의 현장으로 내 글쓰
기를 이해하는 것도 비슷한 연유에서다. 그것은 진리를 베어버리고
일리를 찾는 작업이며, 동시에 일리를 진리로 볼 수 있는 눈—혹은
손!—을 기르는 것이다.

其書 始言一理 中散爲萬事 末復合爲一理[2]

그 책은 처음에는 한 가지 이치를 말하고, 중간에는 그것이 흩어져서
온갖 일이 되고, 끝에 가서는 다시 합쳐져 한 가지 이치로 된다

책 읽기에 게으른 이들은 흔히 심오한 사색에 빠진다고 하지만,
나는 대체로 책 읽기에도 부지런한 편이라 별스런 사색 없이 손가
락으로 글을 쓴다. 그리고 나는 그 한 가닥을 '잡된 글쓰기'[3]라고
부른 적이 있다. 그런데 이 잡된 글쓰기도 사실은 수난이다. 그 이
념이란, 삶의 잡스러움을 글의 잡스러움으로 담아내되, 글이란 것
이 워낙 나름의 이치에 터를 두는 만큼 그 잡스러움의 여러 길에
유의하자는 것에 지나지 않는다. 그런데 길pattern에 유의하자니 참
으로 잡雜하지 않고, 진실로 잡雜하자니 당연히 글이 글을 조롱하
며 감각은 활자를 벗어난다. 그러니 어찌 열정이 수난이 아니리요.
풀이 잡雜한가, 혹은 순純한가? 꽃이라면 당신은 잡하다고 할 것
인가, 혹은 순하다고 할 것인가?

1. 재료·글쓰기·자료

"걸쭉한 흑색 잉크는 물과 검댕을 이용하여 만들었고 응집력을 높
이기 위해 잉크 속에다 아라비아 고무 같은 접착제를 사용했다. 제
목이나 소제목, 장章의 시작 부분은 황화제이수은이나 산화납으로
만든 붉은 잉크로 썼다."[4] 물론 이것은 글쓰기의 재료가 문제시되

던 아득한 시절의 이야기다. 양피지인가 파피루스인가 하는 것이 중요하던 시절에야 글쓰기의 심리학에도 도달하기 힘드니 당연히 글쓰기의 철학이 등장할 수 없다. 글쓰기의 물(리)학쯤이라고 할까?

일견 글쓰기의 역사는 글쓰기의 재료가 소실되거나 탈주제화되는 과정과 일치하는 것처럼 보인다. '개체발생은 계통발생을 반복한다'는 헤켈의 생각은 보기 좋게 반박되었지만, 마치 좁은 우물에 달이 제 모습대로 비치듯이 인류의 글쓰기 역사는 개인의 글쓰기 활동 속에 고스란히 비치는 것도 같다. 특히 컴퓨터를 이용한 글쓰기는 더욱 그러하다. 화면을 들여다보면서 자판을 두드리는 글쓰기 방식은 종이 위에 펜을 굴리는 것보다 더 기계적, 그러므로 더 '재료적'이다.

그러나 곧 이 사태는 역전된다. 글 쓰는 사람의 체감體感만을 따져보면, 막상 글쓰기의 효율이 높아지고 어느 정도의 궤도에 오르면서 펜 놀리기보다는 오히려 자판 두드리기가 더욱 '탈脫재료적'으로 흐르는 것을 알 수 있다. '종이-펜'의 구조는 글쓰기의 효율이 높아지더라도 종이와 펜이라는 각각의 물질성에서 벗어나기가 어렵다. 그런 뜻에서 '재료적'이다. 고쳐 말하자면, 이것은 질료가 형상에 계속해서 침투하는 방식의 글쓰기다. 물론 '화면-자판'의 연결 구조로 이뤄지는 글쓰기도 물질성, 혹은 질료성으로부터 면제된 추상과 형상의 공간만을 부유하는 것은 아니다. 어떤 점에서는 종이와 펜보다 화면과 자판이 글쓰기의 재료성을 더욱 부추기는 것이 사실이다. 그러나 이른바 글쓰기의 효율[5]이 높아지면서 '화면-자판'의 구도는 '종이-펜'의 구도보다 월등히 신속하게 재료성, 혹은 물질성을 벗어난다. 논의를 명석히 하기 위해서 다소 과장을 부리자면, '효율'이 높아지면서 화면이나 자판은 실질적으로 사라져버리고, 아울러 정신과 육체는 손가락의 움직임 속으로 녹아 들어간다.

어쨌든 글쓰기가 재료의 영역에서 벗어나는 것은 글쓰기가 보편화·전문화되는 과정에서는 필연적이다. 그런데 이것은 글쓰기의 형식만이 아니라 내용 측면에서도 비슷하게 적용된다. 글쓰기가 가령 파피루스나 잉크 따위의 '재료'로부터 자유로워지는 것은 글쓰기가 '자료'의 축적이라는 일차적이며 기초적인 목적으로부터 벗어나는 것과 매우 유사한 상황이다.

2. 인식·표현·정서

'만일 인간에게 인식만 있고 표현이 주는 기쁨이 없다면 우리는 영원히 우울해질 뿐이다.' 토니오 크뢰거가 했던 말이다. 누구나 쉽게 이해할 수 있는 말이고, 또 특별히 표현을 고민해본 사람이라면 공감을 금할 수 없을 것이다.

물론 서양 사상사의 전통에서 본다면 인식과 언표를 그처럼 명석하게 구별하기는 어렵고, 따라서 어떤 식이든 '표현이 없는 인식'을 상상하는 것은 생각만큼 쉽지 않다. 물론 경직된 초기의 분석철학에서처럼 "논리가 세계를 채우"고, 따라서 "언어의 한계가 곧 세계의 한계"[6]라는 식의 언어중심적 발상에 집착할 사람을 찾아보기는 어려울 것이다. 그러나 의식의 발달사에서 언어성이 차지하는 역할을 고려하더라도 언어 이전의 인식, 혹은 언표할 수 없는 인식을 지나치게 내세우는 것 또한 학문적으로 바람직한 태도라고 볼 수는 없다.

표현이 인식 과정에, 더 나아가서는 의식과 존재의 구성에 발생학적으로 관여하든 하지 않든 간에, 우선 그것은 우리를 우울하지 않게 한다고 할 수 있을까?

토니오 크뢰거가 이 짧은 경구 속에 그 밖의 무슨 통찰과 혜안을 심어두려고 했는지 나로서는 아는 바가 없다. 아니, 그 점은 이 논의에서 그리 중요하지도 않다. 내게 중요한 것은 그가 표현의 부재를 '우울함'이라는 정서에 이어붙였다는 점이다. 표현할 수 없다는 사실이 늘 부담이 되는 것은 아니고, 설혹 부담으로 작용하더라도 그것이 반드시 우울함이라는 심리적 파문으로 드러나는 것도 아니다. 가령 불립문자의 전통에 익숙한 선가禪家에서는 흔히 '선구 禪句를 설명하면 사구死句가 된다'고 하는데, 당연히 이 지경에 이 르면 언표할 수 없다는 사실이 심리의 답답함으로 여겨지지는 않 는다. 그러나 만일 언표할 수 없다는 사실이 부담이 된다면 그것은 우선 심리적인 측면의 반작용을 낳을 것이고, 또 그 반작용이 우울 함의 정조情調에 이를 수도 있을 것이다.

어쨌든 언표를 기쁨이나 우울함의 이유로 보는 것은 (철학적) '깊 이'를 고려하지 않은 반응임에 틀림없다. 요즈음 '급소'나 '본질' 따 위를 슬며시 폄하하는 유행이 있듯이, '깊이'의 담론도 그닥 시답지 않게 보는 눈이 있긴 하지만, 여전히 깊이는 깊이인지라, 언표를 정 서의 차원에서 논하는 것이 '깊이는 깊이인 그 깊이'에 이르지 못하 는 것은 어쩔 수 없다. 다만 그는 글쓰기를 정서적으로 푼 것이 스 스로 다소 가볍다, 혹은 깊이가 없다고 느꼈던지 '영원히'라는 부사 를 붙여서 논의의 층위에 위의威儀를 더하려고 안간힘이다.

3. 글쓰(읽)기라는 방어기제

인세 수입도 변변찮고 알아주는 이도 없었던 무렵의 이문열은 이렇게 적고 있다. "나의 기본적인 상황은 고통과 외로움이며, 글쓰기는 이를 잊기 위한 가장 좋은 수단이다." 필재筆才가 있고 자의식이 강한 이들이 하얀 사각의 종이 내면에 도피처를 마련하는 일은 삶을 마주 대하기가 난처할 때 한번쯤은 손대는 짓이다. 이문열처럼 부성콤플렉스Vaterkomplex에 시달렸던 카프카나 장정일도 같은 심사를 토로한 적이 있다. 다만 장정일은 글쓰기가 아니라 글 읽기와 관련된 경우다.

제가 직장에서 견딜 수 없는 까닭은 그것이 저의 유일한 소망이며 저의 유일한 직업인 문학과 상충되기 때문입니다. 저는 바로 문학 이외의 아무것도 아니며 문학 이외의 아무것도 될 수 없고 또 되고 싶지도 않습니다. (…) 저의 외면적 상황도 그렇거니와 타고난 성격으로 봐도 저는 폐쇄적이고 말주변이 없고 비사교적이며 또한 만족을 할 줄 모르는 놈입니다. (…) 뿐만 아니라 집에서의 제 생활 태도에서도 비슷한 결론을 끄집어낼 수 있습니다. 저의 가족들, 아주 마음씨 좋고 사랑스런 그 사람들 가운데서 저는 이방인보다 더 서먹서먹하게 살고 있습니다. (…) 문학이 아닌 모든 것은 저를 지루하게 만들고 또 저는 그것을 증오합니다.7

국민학교 5학년 때 아버지가 죽었을 때 나는 '이제 해방이다'라고 외쳤는데(10)/ 내가 혐오하는 것은 아버지를 닮은 모든 것(28)/ 네모난 사각(책)을 펼쳐 내 얼굴을 가리는 것만이 내가 육군대위(아버지)와 대면하지 않는 최상의 방법이었고, 네모난 사각을 연속해서 펼치는 것만이 다른 세계 또는 다른 아버지의 아들이 되는 유일한 출구였다(9)/ 여러 겹의 삶을 살고 싶다는 안타까운 욕망은 내 삶을 뿌리로부터 바꾸지는 못했으나 장르 이동을 통해 잠시간이나마 나를 시인으로 극작가로 또 소설가로 살게 하는 것이다.(20)[8]

물론 그렇다고 아무라도 카프카나 이문열이 될 수 있는 것은 아니다. (아, 물론 장정일이 되기도 쉬운 일은 아니다.) 내 논의에서 중요한 점은, 이런 유의 글쓰기가 심리적 방어기제나 강박의 형식을 띤 심인성心因性으로 흐르리라는 것은 쉽게 짐작할 수 있고, 그 층위 역시 정서의 차원에서 멀지 않다는 것이다.

4. 자살미수의 글쓰기

자신의 문학을 '영원한 자살미수' 내지는 '부활미수'로 표현하는 시인 김승희에 이르면 글쓰기는 현란해지고, 그 현란함은 심각함의 징조를 이루지만, 그 심각함이 특별히 철학적인 깊이를 얻는 것 같지는 않다.

> 시인이란 결국 숙명적인 한 사람이며 우리가 자궁을 선택할 수 없듯이 업보를 선택할 수도 없기에 시인이 될 업보를 타고난 한 사람이라는 것을 말입니다. '나의 문학은 나의 자살미수'라는 말을 쓴 적이 있는데, 결국 자살미수라는 것은 우리가 타고난 개인적 업보—이 시대, 이 땅에 살고 있다는 숙명—를 끊고 싶고 그에 저항하고 싶다는 또 다른 고백이 아니었을까요. 자살미수, 그것이 내 문학의 의지였고 그것은 결국 모든 업보를 넘어 새롭게 태어나고 싶다는 끝없는 부활미수의 의지였을 것입니다.[9]

'깊이'라는 개념으로써, 더욱이 '철학적'이라는 위협적인 형용사까지 대동해서 위계의 냄새를 풍기며 협박하고픈 생각은 조금도 없다. 그러니 이렇게 말하도록 하자. 김승희의 글쓰기는 철학적 깊이를 선택한 것이 아니라고. 그녀는 경험의 조건과 한계에 천착하지는 않는다. 또 어차피 문학이라는 선택권圈에서 몸을 놀리려는 마당이면 개념의 구획에 그닥 애착할 필요도 없다. 쿤데라 같은 이는 '실존의 한계를 밀어붙이려는 것'에 문학의 승부를 걸고 있다고 말한 적이 있지만, 그러나 그가 피라미였을 때 이 말을 했다면 씨도 안 먹힐 농담으로 추락했을 터이다. 김승희는 개념의 구획이 주는 환상적인 매력에 지레 환멸했든지, 아니면 여태도 감성과 심인의 영토를 배회하고 있든지. 하여간 그녀의 글쓰기는 자주 깊어지고(아니 깊어질 조짐을 보이고) 동시에 자주 옅어진다. 달리 말하자면, 그녀는 건강한 수영을 즐기지 못하는 편이다. 늘 익사溺死하든지, 아니면 늘 물가에서만 서성인다. 끝없이 익사를 꿈꾸면서, 손끝에 물 한 방울을 견디지 못하는 상극相剋의 조화를 그녀는 살아내고 있고, 그 열기를 자신의 글쓰기로써 뿜어내고 있는 것이다. 그녀가 죽음을 손바닥에 얹어두고서 장난을 계속하는 것도 비슷한 글쓰기의 욕동에서일 것이다.

> 보다 찬란한 절정의 목숨을 위하여 나는 목매달아 죽을 밧줄을
> 매달 큰 못이 필요했네. 그리고 그 못釘의 이름은 詩라네.[10]

시, 곧 글쓰기가 죽음의 조건이자 죽음의 한계로 드러나는 이미지는 차마 애처롭다. 그녀의 글쓰기가 다만 심인心因으로 흐르지 않는 이유, 단 한 번도 물에 손을 담가본 적이 없으면서도 익사한 뒤의 사정은 손에 잡히듯이 예감하는 이유, 자살을 시도한 적도 없으면서 부활의 미수를 꿈꾸는 이유, 바로 그 이유에서 김승희의 글쓰기는 깊어진다고 말해도 과장이 아닐 것이다. 그러면 그 못에 유서遺書 한 장을 꿰어서 걸어볼까나.

내 뼈에 가득 찬/ 죄악을 지우기 위하여/ 나는 유서를 씁니다/
독한 청산가리 같은 잉크에/ 내 넋의 붓을 적셔/ 한 자 한 자
공들여 적어봅니다.[11]

그러나 유서조차 살아 있는 자의 일이라, 그녀의 글쓰기는 늘 산
자의 편에 서 있다. 산 자여 따르라? 죽음을 지독하게 응시하며, 그
응시로써, 그리고 그 응시의 글쓰기로써 살아 있는 자들의 편을 들
어라?

어차피 산 자는 삶의 편이다. 그리고 쓴다는 것은 죽음에
대한 무서운 스트라이크! 찬란한 보복.[12]

삶과 죽음의 접경接境을 글쓰기로 수놓고 있다는 사실은, 연전
늦깎이로 소설가의 길에 들어서긴 했지만 그녀가 어쩔 수 없는 시
인이라는 것을 증명하고 있는지도 모른다. 삶의 서사성narrativity을
참지 못하고 죽음의 시성poeticity으로 끊임없이 튀어오르려는 날치
같은 글쓰기.
　니체도 그랬듯이, 중심의 소멸과 그 중심으로 인한 일관성이 소
실되는 황량함을 '허무'라고 이름해두자. 그러면 삶과 죽음 사이에
서 끝없는 도리깨질을 치며 시를 뱉어내고 있는 김승희는 어떤 허
무의 지병에 빠져 있는가?

그러니까, 도대체, 시인이란 허공에 신원조회를 자꾸만 의탁하고

있는 '살큼 돌아버린' 허무의 내통자란 말인가???[13]

5. 필연성의 글쓰기

나로서는 릴케보다 김승희를 더 좋아하는 편이지만, 그녀는 언뜻 릴케를 연상시킨다. 『젊은 시인에게 보내는 편지』에서 그는 자못 진지하게 요구한다.

결국 아무도 당신을 도울 수 없습니다. 길은 오직 하나밖에 없습니다. 당신 속으로 들어가십시오. 그래서 당신으로 하여금 시를 쓰게 만드는 그 마음의 동기를 찾아보십시오. 그 동기가 당신의 마음속 깊은 곳에서 올라오는 것인지 확인하도록 하십시오. 만약 시를 쓸 수가 없다면 차라리 죽는 게 나은지, 그 동기가 그렇게 분명한 것인지 알아보십시오. 깊고 고요한 밤, 스스로에게 이렇게 물어보십시오. "나는 써야만 하는가?"[14]

릴케의 글쓰기는 내적인 필연성을 기점으로 삼는다. "내적인 필연성으로부터 올라오는 작품이라면 그 작품은 좋을 수밖에 없다."[15] 그것이 기점일 뿐 아니라 정당화의 조건처럼 말해지고 있다는 사실에서 문득 그 필연성이 어둑어둑해지는 느낌이다. 어둑어둑해지는 것은 대체로 깊어가는 징조이지만, 한편 그 어둠에 저항할 수 없이 휩싸여 들어가는 불안감도 주는 법. 그 필연성의 전부가 심인으로 환원될 수는 없겠지만, 여전히 그 주조主調는 심리적이다. 필연성이라는 말로써 소위 '매듭의식Knotensbewusstsein'을 짓고 있지만, 매듭의식도 의식이며, 심리의 앙금도 결국은 심리인 것.

김승희나 릴케의 글쓰기는 일견 감성적, 주관적, 낭만적, 그리고 관념적이다. 그런 점에서, 심리의 길을 좇으며 글을 쓴다는 인상을 지울 수 없지만, 그 인상을 넘어서 더욱 인상적인 것은 그들이 번번히 심리의 길을 일탈하는 배회와 실험을 계속한다는 사실이다.

그러나 적어도 김승희나 릴케는 활력, 운명, 삶과 죽음, 필연성, 그리고 슬픔의 깊이를 이해하는 글쓰기를 행한다. 그런 점에서 그들은 정서와 정동情動의 차원을 어느 정도 넘어선다고 봐도 좋을 것이다.

6. 고삐 풀린 말들

특히 문체 탓에, 그리고 지구력과 구성력에 지나치게 의지하는 습벽 탓에 나는 소설가 이청준에 별다른 재미를 느끼지 못했다. 그러나 내가 좋아하든 말든 상관없다.

어느 신출내기 시인이 첫 시집을 내면서 '아버지가 길을 잃었다'라는 제목을 달았다. 그랬더니 어느 중견 시인이 무슨 강연 중에 지나가는 말로 이 시집을 언급하면서 제목을 너무 '관념적'인 것으로 선택했다고 지적했다. 아버지-가-길-을-잃었다, 는 것을 매우 구체적인 진술로 여기는 이들조차 결국은 자신의 시점을 선택한 것이라면, 그래서 제목을 선택하는 것은 시점을 선택하는 것이고, 시점을 선택하는 것은 세계를 선택하는 것이고, 그리고 결국 선택한다는 것은 그 개념의 그리스어 어원hairesis처럼 '이단異端'을 택하는 용기를 갖는 것이라면, 그 중견 시인이 신출내기 시인의 제목을 좋아하든 말든, 내가 이청준을 좋아하든 말든 무슨 상관.

내 관심은 이청준의 글쓰기가 층위의 분명한 이전을 꾀하며 정서의 차원을 벗어난다는 데 있다. 형이상학적 소설을 쓴다는 평을 들어오고 있듯이, 그의 글쓰기는 우선 특정 주제에 대한 '탐색'의 측면이 짙다. 탐색의 내용, 즉 주제 면에서 그는 심리의 층위에 일견 무관심해 보인다.

이제 그의 말(글)은 말의 운용 그 자체에 관심을 표한다. 그는 우선 '한번 씌어진 글이 거꾸로 살아 있는 주인공을 사로잡고 그를 지배하는 이상한 힘'에 대해서 말한다.

말이 저의 뜻을 따라주지 않습니다. 말들이 오히려 저를 비웃고 조롱합니다. 그동안 제가 행해온 일들에 복수를 당하고 있는 것입니다.16

이청준은 이른바 이름名과 실질實이 상부相符하지 않은 글쓰기의 혼돈에 주목한다. 쉽게 말하자면 말言이 말馬의 구실을 하기는커녕 마부를 깔아뭉개고 있는 것이다.

> 그것은 우리가 말을 부림이 아니라, 말이 우리를 부리기 때문이다.
> 요즘의 말들은 떼를 지어 다닌다. 신문으로 텔레비전으로 혹은
> 소문으로 병든 말들이 떼를 지어 다니면서 우리 위에 군림하고
> 우리를 몰아댄다. 우리는 모두가 그 말들에 감염되어 부림을
> 당하고 순종하길 좋아한다. 말들의 떼에서 벗어져나가기를 두려워
> 한다. 말들의 떼에서 벗어져나가면 외롭고 슬퍼지기 때문이다. 우리는
> 이미 말의 주인이 아니다.17

말과 의도, 그리고 말과 사물 사이의 투명하고 직선적인 대응이 무너지면서 글과 뜻이 어긋나고, 언어와 존재가 갈등하고, 표현과 의도가 불화하는 차원이 서서히 열리는 것이다. 말이 심리를 벗어나면서, 급기야 말은 사람까지도 벗어나려 하고 있는 것이다.

7. 존재와 글자

이제 글쓰기는 마침내 정서와 심인의 층위를 넘어서면서 심리적 자아의 구심력을 벗어난다. 본격적으로 글쓰기의 (철학적) '깊이'가 쟁점으로 드러나는 것이다. 원리—원리조차 역사의 하위 개념이지만—적으로 말하자면, 서양의 근대 철학도 심리적 자아의 구심력을 벗어나서 이른바 '사유하는 실체substantia cogitans'라는 인식론적 자아의 구조적 깊이를 얻는 데서 출발했던 것이 아닌가.

너새니얼 호손의 『주홍 글자』는 바로 이 깊이—여기서의 깊이는 이미 인식론이 아니라 존재론에 미치고 있기는 하지만—에 주목한다.

헤스터가 딤즈데일 목사와 숲속에서 사랑의 도피를 계획하면서 주홍 글자 A를 옷섶에서 떼어내버리자, 어린 딸은 묘하게도 자신의 어머니를 거부한다. 이에 헤스터는 다시 A를 주워 가슴에 달면서 딸을 달랜다. 이제는 냇물을 건너 엄마에게 올 수 있겠지? 내가 다시 슬프고 죄 많은 존재가 되었으니 말이다, 라고 말하면서.

일반화해서 정리하자면, 이 장면은 존재가 글자에 의해서, 주체가 기표에 의해서, 본질이 글자라는 타자에 의해서, 그리고 뜻이 기호에 의해서 형성되고, 심지어 조작된다는 점을 극적으로 일깨운다.

이윽고 글쓰기가 의도와 심득心得의 차원, 그리고 진위眞僞와 적부的否에 관심을 기울이는 심리와 인식의 차원을 넘어서 존재의 차원을 범람하는 것이다. 요즘 우리나라에서도 잘나가는 신상품인 라캉에 의하면 '존재는 글자다L'être est les lettres'. 이런 뜻에서 『주홍

2부 손가락으로, 손가락에서

글자』는 주홍 글자 A와 헤스터 사이의 긴장과 대립, 극복과 조화의 이야기라고 볼 수 있다. 즉 헤스터의 존재가 간통의 A에서부터 천사의 A로 변해가는 과정이 이 작품의 맛과 멋이 된다는 것이다. 그것은 말 그대로 'A라는 글자의 상징사象徵史'다. 물론 넓게 본다면 문화화된 우리 삶의 중요한 한 측면이 '글자와의 투쟁사'인 점은 부정할 수 없을 것이지만.

8. 순수의 아둔함, 혹은 탈식민성의 글쓰기

'세상의 신비는 보이지 않는 것이 아니라 보이는 것 속에 있다.' 오스카 와일드의 말이다. 이 말은 결국 이 세상에 신비는 없다는 불경스러운 항의처럼 들리지만, 그러나 여기서의 쟁점은 신비의 존재 여부가 아니다. 오히려 신비의 유통流通에 관한 문제라고 할까. 그의 말을 기호론적으로 번역하자면 숨어 있는 기의signifi가 아니라 보이는 기표signifiant 자체가 사유, 그리고 존재의 깊이를 드러낸다는 것이다. 그의 언변은 늘 재치가 넘치지만, 이 말은 재치만으로 엮인 것이 아닌 듯하다.

결론적으로, 글쓰기가 철학적 깊이'를' 얻기 위해서는 글쓰기 자체가 철학적 깊이'가' 되어야 한다. 그런 뜻에서 오스카 와일드의 말은 글쓰기 행위를 철학의 지평으로 옮기기 위한 하나의 화두가 될 법하다. 만약 깊이가 늘 '보이지 않는 것' 속에 있다면, 늘 겉으로 드러나게 마련인 글쓰기는 영원히 철학에 이르지 못한다. 글이 아니라 뜻이 중요하며, 따라서 보이는 문체나 스타일은 보이지 않는 뜻을 전하기 위한 장치나 수단에 불과하다면, 결국 글쓰기는 철학에 이르지 못할 것이기 때문이다.

심지어 글쓰기 문제를 백일장의 '글짓기'와 혼동하거나, 명색 학자인 자신들은 글쓰기의 고뇌로부터 졸업한 듯 착각하는 풍토에서야 오직 유구불언일 뿐이다. 글쓰기를 하나의 활동이자 동시에 철학적 단서를 지닌 메시지로 보지 않고, 어느 다른 (특권적인) 층위에 속한 메시지를 드러내기 위한 단순한 쇼윈도로 보는 태도는 우리 학문 현실의 밑바닥에 썩은 냄새를 풍기며 켜켜이 쌓여 있는 불행이다. 스스로 의도하든, 혹은 의식하든 말든, 이들의 태도는 내용과 형식이라는 진부한 이분법을 반성 없이 답습하고 있고, 더 나아가 형식은 내용의 시녀에 불과하다는 위계적 신념을 공유하고 있는 셈이다. 조금 달리 표현하자면, 이들은 글쓰기의 투명성, 혹은 순수함을 그야말로 '아둔하게' 믿으면서 바로 그 믿음이 쳐놓은 그물망 속에서 허덕인다.

아, 깊고 고요한 자유 속을 떠다니면서
이름 없이 살던 날이 그리운데
그대가 펼쳐놓은 엉성한 그물망도 빠져나오지 못한
내 순수의 아둔함이여[18]

글을 그야말로 순수하게 통과해서 뜻만을 그야말로 순수하게 드러내겠다는 발상은, 사실 말 그대로 '자기기만'에 지나지 않는다. 문체와 수사, 전개의 테크닉이나 구성의 묘妙가 직접 메시지에 연결되어 있다는 점은 글 쓰는 이의 상식이고, 이 상식이 지켜지는 한 형식과 내용 사이에 순일무잡純一無雜한 갭을 상정하는 것은 '아둔한' 짓이다. 해서 다음의 글 따위를 인용하는 것조차 사실은 매우 진부한 매너리즘일 것이다.

철학의 텍스트를 이해하기 위해서는 논술의 방식, 그리고 그 방식이 텍스트의 의미와 어떻게 연결되어 있는가 하는 점을 고려하는 것이 당연하다. 매체가 메시지를 반영할 뿐 아니라 결정하는 것은 상식이며, 따라서 이 점을 고려하지 않고서는 텍스트를 제대로 이해할 수 없는 것이다.[19]

글쓰기에 대한 순수의 아둔함은 일단 이론적인 성찰의 부족에서 기인한다. 그러나 이론이란 맹목으로도 나방을 쫓아가는 박쥐처럼 대체로 자기충족적인 정합성을 쫓아가는 법이라서 스스로 그 정합성이 선사하는 순수함에 매몰되기가 쉽다. 그러므로 이론적 성찰과 더불어 늘 경계의 초석으로 삼아야 할 것은 '역사'라는 것이다. 사람들은 세속을 경계의 대상으로 삼길 즐겼지만, 삶의 층층켜켜를 아는 자라면 세속성이야말로 결국 인간적인 경건의 마지막 보루라는 점을 직감할 것이기 때문이다. 어쨌든 서양 학문사를 일별하면 개성과 문체와 스타일을 오히려 비과학성의 증표로 보는 우리 땅의 글쓰기 관행은 결국 서양의 근대 과학주의적 발상이 때늦게 연장되고 있는 꼴임을 쉽게 알 수 있다.

이것은 수입한 이론과 이름 뒤에 자신의 실체를 숨기는 것을 오히려 미덕으로 여겼던 식민성의 징표이며, 결국 우리 근대 학문 정신의 일천한 현실을 반영하는 바로미터인 것이다. "식민성에서 탈출하기 위해서는 글쓰기부터 혁신해야 한다"[20]는 주장은 전혀 과장이 아니다.

더 이상 미국의 귀납적 결과가 우리의 보편으로 나타나는 연역의 오류를 범할 수 없으며, 오히려 우리 현장의 특수성을 정확히 인식

한 다음, 이를 토대로 진행된 결과를 보편화시켜나가는 작업이 필요하다.[21]

기존의 학문 방법론이 왜 현실 변혁에 힘을 발휘하지 못하고 현실과 학문 간의 간격만 넓혔으며, 현장에는 패배감이, 강단에는 고급을 가장한 사이비 아카데미즘이 팽배하게 만들었는지 진술한 반성과 고민이 있어야 한다.[22]

로브그리예에 따르면, '만일 예술이 무엇이라도 된다면 그것은 이미 모든 것이다. 그것은 자족적이며, 그 너머에는 아무것도 없다.'[23] '예술'이라는 단어를 '글쓰기'로 바꿔, '만일 글쓰기가 무엇이라도 된다면 그것은 이미 모든 것이다'라고 할 경우 그것은 분명 과장일 것이다. 그러나 글쓰기 자체를 간과한 채 그 너머에만 모든 것이 있다는 태도는 단지 과장일 뿐 아니라 낡고 적실하지 못한 판단이다. 마찬가지로 장 콕토의 주장처럼, 장식으로서의 스타일이라는 개념은 존재한 적이 없으며, 스타일이야말로 혼이라고 외치는 것도 과장이다. 그러나 터와 이름이 없는, 그러므로 혼이 없는 글쓰기에 진력하는 이 시대의 학인들로서는 진중하게 경청해야 할 과장이다.

9. 배회·일리·성숙의 글쓰기

롤랑 바르트는 이 글이 관심을 두는 영역, 혹은 그 층위에서 이미 유명한 인물이다. 그는 경험의 원초적 영역, 즉 코드화되지 않은 실재의 순수 객관적인 경험은 허상이며, 심지어 근대 부르주아 사회의 특징적인 부패의 한 측면이라고까지 주장한다. 그래서 가령 프랑스의 고전 문체ecriture는 '고전이 되는' 문체라기보다는 부르주아 사회의 생활양식과 그 가치관이 글쓰기의 측면을 통해서 제도화된 것에 지나지 않는다는 것이다.

'백색의 글쓰기'에 대한 그의 비판도 이런 배경에서 이뤄진다. 이제야 당연한 지적이 되고 말았지만, 바르트에 따르면 정신과 문화의 길을 떠난 초역사적이며 보편적인 문체라는 것은 허구적 강압에 지나지 않는다.

따라서 글이란 작가의 의도가 순수하게 통과해가는 길이 아니며, 마찬가지로 텍스트란 진리, 혹은 의미를 저 너머에 깨끗하게 숨겨두고 있는 완결된 직물이 아니다.

바르트는 모든 글 쓰는 이들의 보편적인 모토가 될 만한 경구를 다음과 같이 적고 있다.

> 글 쓰는 사람으로서 나는 미칠 수는 없다. 마찬가지로 감히 정신 나간 상태를 자처할 수도 없다. 나는 그저 신경증이 있을 뿐이다.[24]

그는 신경증을 '불가능한 것에 관한 임시변통물'[25]이라고 정의한다. 그러니 바르트에게 있어서 글쓰기란, 불가능한 것을 예감하면서도 그 불가능한 것 앞에 임시변통물을 끝없이 내보이고, 또 스스로 그 임시변통물을 생산하는 것에 괴로워하는 짓인 셈이다. 달리 표현하자면, 해부학 도표의 랑그로부터 자신의 얼굴을 찾아가는 파롤의 몸부림이라고 할까.

행진이 아니라 몸부림이기에 글쓰기는 비논리성이나 비정합성의 틈을 조용히 수용할 줄 알고, 그 틈 속에서 자생해 올라오는 의미와 가치의 무한한 가능성에 귀를 기울이는 것이다.

글쓰기가 불가능한 것에 대한 끝없는 변통變通, 그리고 그 끝없음으로 인한 신경증이라는 지적에도 이치가 없는 것은 아니다. 아니, 오히려 이 끝없는 미끄러짐, 정서와 존재 사이의 끝없는 배회는 글 쓰는 이들의 보편적인 경험이다.

물론 끝없는 배회나 방황의 연속이라는 개념은 너무 '화두적話頭的'인 인상이 짙다. 상대주의니, 심지어 해체니 하는 개념, 혹은 이미지들로써 진리 중심의 토구討究에서 벗어나려고 시도하는 것은 20세기 후반의 지성인들이 대체로 공유하고 있는 태도다. 그러나 현실은 늘 실제적인 대안을 징검다리 삼아 짜질 수밖에 없으니, 배회와 방황, 상대와 해체가 남긴 공간 속에서 또 '무엇'인가를 찾으려 하는 일상인들의 눈에는 이 모든 이론이 허황된 시도인 듯이 비친다. 나는 이들을 허황되다고 여기지는 않는다. 그러나 그 가치와 의의가 일과성의 충격적인 이벤트로 증발하지 않도록 하기 위해서는 그 시도들을 삶의 터와 접맥시켜야 한다고 본다.

여기서 자세히 논급할 수는 없지만, 나로서는, 전횡으로 흐르는 진리를 비판적으로 반성하는 작업이 곧장 무리無理의 황량함으로 흘러서는 곤란하다고 보는 편이다. 여기서 내가 말하는 일리一理의 개념이 들어선다. 일리는, 달리 표현하자면, 정주定住하지는 않지만 무작정의 배회를 찬양하지도 않는 태도와 그 감수성을 가리킨다.26

결국은 미끄러짐, 배회, 방황 그 자체가 아니다. (물론 미끄러짐, 배회, 방황이 그 자체뿐인 적이 어디 있기라도 했던가?) 배회와 방황은 성숙의 과정을 품고 있으며, 바로 그 점에서 일리의 뜻도 있는 것이다. 그러니 끝없이 미끄러지면서 임시변통물만을 만들고 있는 것도, 내가 보기에는, 성숙의 지경地境이 저 어느 앞쪽에서 짚이기 때문일 것이다.

그러므로 '철학하는', 아니 '글 쓰며 철학하는', 아니 '글 쓰는 철학을 하는 것 외에 다른 선택이 없는', 아니 '그저 글 쓰는', 아니 마침내 '글로 쓰이는' 우리가 경험하는 또 다른 글쓰기의 차원은 글이 존재를, 존재가 글을 범람하는 경계지역에서 벌어지는 '성숙'의 경지다.

10. 가시성, 혹은 유혹의 글쓰기

"반해석Against Interpretation"[27]이라는 명문 속에서 형식과 내용의 이원 구조를 비판했던 손택에 이르면 글쓰기는 이제 확실히 '철학'이 누렸던 무게, 혹은 깊이에 근접한다. 그러나 그것은 무게 있을 만한 것들을 글쓰기 자체에 쏟아부음으로써 가능해진 것이 아니다. 오히려 글쓰기 저 '너머'의 무게 있던 것들을 조사照射해서 녹여 버림으로써 가능해진 것이다.

그녀에 따르면, "거의 모든 경우에 있어서 우리가 겉으로 드러나는 모습은 우리가 실제로 존재하는 모습이다".[28] 이를테면 그녀는 글쓰기를 존재의 해변에 범람하는 물살처럼 보고 있으며, 또 그 범람은 원래 자연스러운 것이어서, 결국 물도 뭍도 없는 물–뭍海邊만 있다고 말하는 데 이르는 것이다. 만약 물–뭍만 있다면, 다시 말해서 형식과 내용이 있는 것이 아니라 형식–내용, 혹은 형식으로서의 내용이 있다면, 존재하는 모습과 보이는 모습 사이에 위화적違和的인 갭을 지나치게 고집할 수 없다. 그러므로 "스타일의 가시성可視性은 그 자체가 역사의식의 산물이다".[29] 학문의 지경에 포함되는 것으로서 역사의 터와 무게를 비켜갈 수 있는 것이 없다는 사실을 기억한다면, 이 말도 글쓰기 자체가 이미 학문성을 오롯이 담아낼 수 있다는 점을 가리키는 것이다.

"예술은 유혹이지 강간이 아니다."[30] 그녀가 내뱉은 여러 명구 중 하나다. 그러나 이 문장의 이미지를 좀 온건히 처리한다면 역시 '예술'이라는 말 대신 '글쓰기'를 집어넣어도 무방할 듯하다. '글쓰기는 유혹이지 강간이 아니다?' 심리적인 거리로 보든지 혹은 물리적 거리로 보든지 간에 유혹은 수음手淫과 강간 사이에 자리를 잡는다. 수음은 자익自溺이지만 강간은 폭력이다. 물이 아니면 그저 모래일 뿐이다. 이 극단의 이원적 구조에서는 어디에도 해변(물-뭍)이 없다. 그러나 글쓰기가 물-뭍이라고 이미 지적하지 않았던가. 이 둘은 다 생산성 없는 극단이라는 점에서 서로 통한다. 한쪽은 자기 스스로를 물화物化시키지만, 다른 쪽은 타자를 물화시킨다. 그런 뜻에서 이 둘은 선線, 혹은 그 선이 완결된 점點의 논리를 타며, 그 이치는 무리無理이거나 독선의 진리에 가깝다. 이에 비해서 유혹, 그리고 구애는 끊임없이 미지의 생산성을 기대하면서, 그 기대만큼 끊임없이 움직이고 긴장한다. 그러므로 글쓰기의 유혹도 그 끝없는 움직임과 긴장으로 늘 새로운 표현, 새로운 일리一理, 즉 새로운 존재의 지평을 넓혀나간다.

11. 글쓰기(와) 철학

글쓰기가 철학으로 가는 여로에는 어떤 풍경이 보이는가? 그 풍경은 배경인가 전경인가? 아니, 배경과 전경을 빼면 무슨 풍경이 남아 있는가?

글자가 인식의 하수인이 아니라면, 글자는 존재를 간섭하고, 존재는 글자에 침투하는가? 아니, 정녕 라캉의 말대로 무의미의 존재가 오로지 글자의 무의미를 통해서만 유의미의 존재로 화하는가? 자칭 '세상에서 가장 다양한 문체를 구사할 수 있는 니체'의 주장처럼, 문체의 다양성이야말로 은유 자체의 한계를, 그리고 모든 직선적인 신화와 그 논리를 피할 수 있는 묘妙인가?

다른 표현은 다른 지평이며, 그 지평은 스타일의 눈을 통해서 본 '이치의 맥脈理'인가? 글쓰기는 역사성을, 그러므로 당연히 (역사성의 하위 개념인) 학문성을 담아내고 있는가? 그래서 글쓰기는 그 자체로 철학의 깊이에 머물고 있는가?

15. 글쓰기로, 스타일로, 성숙으로[1]

落花有意隨流水

流水無情送落花

떨어진 꽃은 생각이 있어 흐르는 물을 따라가는데

흐르는 물은 떨어진 꽃을 정없이 떠나보낸다

—익명의 선구禪句

사람 사이의 모든 일들을 다 '이해하려는begreifen' 사람은

그 모든 일들을 다 '만져봐야angreifen' 한다. 그러나

그 일을 하기에는 내 손이 너무 깨끗하다.

—니체

아마도, 글을 쓰지 않는 세상이 천국일 것이다. 그 아마도perhaps
가 이어도 같은 아마도島일지라도,[2] 나로서는 어느 천국이든 다시
글쓰기의 고뇌를 안고 입국할 엄두는 내지 못한다.

기표의 부랑浮浪이니 끝없는 미끄러짐이니 하는 개념을 다시 들

먹이지 않더라도, 글쓰기란, 한편 흐르는 물에 현혹되어 자신의 몸마저 던져버리는 낙화와 다를 바 없다. 흐르는 물은 정情이 없으니 내 글쓰기의 뜻을 돌보지 않고 무심히—그러나 마치 유심하기라도 한 듯이—그 글의 뜻을 꽃잎처럼 분분히 찢어서 흩어버린다. 내게 다가오는 글쓰기의 유혹은, 그 현장이 바로 흐르는 물이기 때문에 더욱 유혹적이리라. 그 물이 고여 있다면, 그래서 수면에 비친 내 모습을 볼 수 있다면 아마도 나는 꽃잎 위에 꽃잎을 던지는 짓에 금방 싫증을 낼지도 모른다. 물이 흐르기 때문에 꽃잎을 던질 수 있다면, 글쓰기는 무지인가, 유희인가, 아니면 천국의 앞뜰에 마련해놓은 간이연옥簡易鍊獄인가?

사실 그것은 무지이고, 유희이며, 그리고 연옥 속의 자기수행이다. 몰라서 혹은 모르는 채로 쓰게 되고, 쓰다보면 어느 순간 즐김의 층위가 스스로 깊이를 더해가고, 마침내 그 깊이는 성숙의 지경을 낳게 되는 법이다.

나는 그런 뜻에서 스스로 글쓰기의 낙관주의자라고 자처한다. 천국이 글쓰기의 영토가 아니라는 점이 나를 비관으로 몰아가지 못하는 것은, 내 천국이 글쓰기의 쓸데없음을 통해서까지 그 깊이와 넓이를 현시하는 상태이기 때문이며, 또 글쓰기의 쓸데없음은 글쓰기의 '쓸 데'를 다하는 지경에서야 비로소 체감할 수 있기 때문이다. 그러므로 글쓰기를 비관하는 자는 대체로 스스로 나태한 줄 모르는 나태한 자다. 글쓰기에 무능한 혹자들, 혹은 글쓰기에 지레 비관하는 혹자들은 자신의 나태를 권태라고 부르면서 일상의 문고리를 두드리고 있는 허무를 지레 느낀다고 교만을 떤다. 그러나 글쓰기의 낙관이란 글의 틈을 비집고 들어오는 하염없는 비관을 바로 그 비관의 무게로써 이겨낸 결과임을 잊지 말아야 한다.

나는 글을 쓴다. 그러므로 나는 존재한다Scribero ergo sum. 살아가는 일, 이제 그것에는 만져보는 일, 즉 손을 더럽히는 일만 남아 있는 것이다.

1. 글쓰기의 경지론境地論

삶에 속한 일이면 무엇이든 순일무잡純一無雜한 것은 없다. 순일무잡하다는 느낌이나 판단은 경험의 질감이라기보다는 흔히 관념의 산물이다. 가령 '책상은 단순하다'고 생각한다면, 그 생각은 책상이라는 관념, 혹은 그 관념과 얽힌 적지 않은 관념의 체계를 배경으로 선택된 하나의 층위, 혹은 초점일 뿐이다. 보헨스키는 이 복잡성을 소박하게 설명하고 있다.

> 어떤 대상—그것이 어떤 것이든—이 주어졌다고 생각해보자. 이 대상은 결코 단순하지 않다. 오히려 무한히 복잡하다고 보는 편이 더 적절하다. 그것은 수없이 많은 측면과 속성을 지니고 있기 때문이다.[3]

다분히 해석학적인 보헨스키의 취지는, 그러나 해석학적인 해명에 이르지는 못하고 있다. 삶에 속한 일이 복잡할 수밖에 없는 것

2부 손가락으로, 손가락에서

은 대상 자체의 다층다면성 때문만은 아니다. 아니, 이 점에서 정작 중요한 사실은 오히려 대상을 관념으로 옹위擁衛하는 우리 마음의 행로다.

그러니, 특히 심인心因의 아우라에서 자유롭지 못한 활동치고 순전무사純全無私함을 고집할 수 있는 것은 더더욱 없을 것이다. 관념론에 얽힌 과거의 수많은 신화와 소문으로부터 능히 짐작할 수 있듯이, 사실 심리란 끊임없이 나름대로의 전 포괄성[4]을 주장해왔고, 비록 글쓰기에 존재의 층위를 범람하거나 영혼의 구원을 운위할 수 있는 지경이 있다 하더라도 통상 그 역학이나 동기는 늘 심리의 물살에 부대끼기 마련이다.

방법이냐 혹은 경지境地냐 하는 문제는 동서양의 여러 사상적 쟁점을 아우르는 범주다. 한편에서는 이성의 능력과 그 보편성에 기대어 인식의 대상과 그 대상에 이르는 방법을 명료하게 제시하고, 다른 편에서는 수행修行의 덕이 솔잎처럼 쌓이고, 그 위로 흐르는 세월의 무게에 기대어 성숙의 길 없는 길로 나아간다. 이즈음에 관심을 두어야 할 것은, 이성의 세계에서는 글쓰기가 행위로서 반성되기 어렵다는 점이며, 수행의 세계에서는 글쓰기가 단순히 사고의 유통을 돕는 투명한 매개로 생각될 수 없다는 점이다. 인식 내용의 정확성을 확보하는 것으로 이성적 탐색을 마무리하는 영역에서는 글쓰기 행위가 주제화되기 어려운 것이 오히려 자연스럽다. 마찬가지로, 몸의 실천과 수행의 영역에서는 글쓰기가 단순히 인식론의 보조 장치에 머무를 수도 없는 것이다.

글쓰기에서 성숙의 지경을 말하려면, 우선 심인의 구심력을 벗어나야 한다는 것도 이런 사실로부터 유추할 수 있을 것이다.

실천이 따르는 일에는 늘 성숙의 과정이 있고, 또 성숙의 길이란 한번 해결됨으로써 완결되는 해결의 방식과 달라서 늘 경지境地가 있는 법이다. 그러니 글-쓰기의 활동도 성숙의 경지5에 따라서는 심리의 물살에만 깐죽거리지 않는 깊이와 무게를 얻을 수도 있겠다. 그러나 자의식이라는 고도의 심리 지경이 인간 현상의 고유한 지평이며, 문화를 포함한 제반 정신적 활동이 어떤 식이든 자의식의 조율을 거친다는 사실을 기억한다면, 의식과 심리의 거름망으로부터 완전히 벗어난 글쓰기를 상상하기는 쉽지 않다.

그래도 심리학에 꼬리를 잡히지 않으려는 초조와 강박이 인식론을 낳았고, 바로 그 초조와 강박을 조금은 넘어선 성숙이 해석학으로 진전되었다는 역사적 추이는 글쓰기의 성숙과 관련해서 시사하는 바가 적지 않다.

리처드 로티에 따르면, 우리는 인식론을 포기함으로써 오히려 해석학을 얻게 된다.6 내 생각에는, 우리는 해석학을 포기함으로써 글쓰기의 새로운 지평을 얻을 수 있으리라고 본다. 물론 인간 현상의 핵심은 의식 현상이고, 또 의식 현상의 핵심은 해석 현상이므로 해석 그 자체를 완전히 벗어날 수는 없다. 그러나 해석의 내용으로부터 무엇을 기대하는 태도에서 벗어난다면 해석학의 중요한 일면은 자연스럽게 포기될 수 있을 것이다. 해석학을 포기한다는 것은 무한한 해석을 용인한다는 것과 실제로 별 차이가 없으며, 글쓰기는 성숙이라는 화두話頭를 안고 해석학의 무한 지평을 '별 해석 없이' 창조적으로 배회하게 될 것이다.

2. 심인의 체로 거른 열 가지 글쓰기

글쓰기는 다양한 동기에서 발원하며, 복잡한 경로를 거치면서 자가발전하고, 때로는 글 쓰는 사람의 의도를 벗어나 스스로 고집스러운 결말을 짓기도 한다. 글쓰기의 진정한 묘妙는, 때로 예상치 못했던 한계의 벽에 부딪히는 듯하다가도 그 벽의 이면을 새로운 지평을 향한 창으로서 활용하기도 한다는 사실에 있다. 글쓰기에서 성숙을 말하는 이유는 우선 이 '⇒한계⇒조건⇒한계⇒조건⇒'의 변전 과정이 글쓰기에 새로운 지평과 경지를 열어주는 계기로 작용하기 때문이다.[7]

글쓰기의 활동, 그 다층적 조형을 심리의 망에 걸러보면 최소한 다음과 같은 열 가지 동인을 추출해낼 수 있다. 물론 이 분류는 심리라는 한 종류의 층위를 매개로 삼은 것이므로 자연히 서로 얽히거나 겹칠 수밖에 없음을 기억해야겠다. 이를 순서 없이 간략히 정리해본다.

①어떤 종류의 결핍에 의해 자극되어 이를 대리 보상하려는 반응 양식의 일종으로 나타날 수 있다.

②고전적이며 기초적인 동기로서, 짧은 기억을 문자 속으로 옮겨 안전하게 유지시키려는 물적物的 소유욕의 변형이다. 플라톤의 『파이드로스』에서는 바로 이 점을 들어 글쓰기가 정신적인 것을 물적인 것으로 타락시킬 뿐 아니라 기억을 파괴한다고 비판한다. 참고

로, 월터 J. 옹에 따르면, 말하기에 비해서 글쓰기를 상대적으로 격하시킨 플라톤의 논지는 이외에도 대략 두 가지를 더 들 수 있다. 우선 글쓰기가 정신 속에 있는 것을 정신 밖에 설정함으로써 비인간적이며 인위적인 제품으로 타락한다는 사실, 그리고 쓰인 텍스트는 죽어 있는 것이어서 스스로를 위해 아무런 변명이나 대답을 할 수 없다는 것이다. 말(음성언어)에서 글(문자언어)로 바뀌는 것에 기계적이고 비인간적인 구석이 있다는 지적은 한편 지당하다. 그러나 다른 한편, 문자언어가 정교하게 발달해온 역사야말로 인류 문화의 핵이라는 지적도 매우 상식적이다.

③표현을 통해서 자신을 정리하거나 스스로의 의미 자리를 확인하려는 욕심도 가능하다. 글쓰기는 마음의 길을 내는 일이다. 하아얀 종이 위에서 굴러가는 펜일 뿐이지만, 그 궤적은 마음바다에도 똑같이 그려진다고 봐도 좋을 것이다. 그런 뜻에서 글쓰기는 자신의 마음을 정리하는 것으로 통한다. 정리된 자신의 마음이 글로 드러나는 것처럼, 글쓰기 활동을 통해서 자신의 마음이 규모 있게 길을 잡아가기도 하는 것이다.

④정처 없는 배회도 나름의 멋이 있고, 닻 없이 부랑하는 기표도 맛이 있듯이, 표현 자체를 심미적으로 즐기는 경우도 있다. 이런 종류의 글쓰기도 물론 단일한 동기로 환원되지는 않는다. 그러나 크게 대별해본다면, 표현 자체를 즐기는 태도에는 두 가지 대극적인 단계, 혹은 지경이 따로 펼쳐진다. 우선 깊이에 대한 공포나

기롱譏弄으로 일관하는 딜레탕티슴을 생각할 수 있다. 딜레탕티슴은 일종의 배회인데, 배회가 수행으로서의 깊이를 쌓아가지 못한 채 단순한 부랑浮浪으로 그치는 경우다. 다음은 제임스의 표현처럼, 스타일이 구원으로 이르는 경우를 생각해볼 수 있다. 표현과 스타일로써 구원을 말하는 것은 대단히 깊고 미묘한 삶의 경지를 일컫는 것으로서, 자칫 몽매주의obscurantism의 일종으로 호도되기 쉽지만, 그 효용과 가치는 실천의 층과 역사가 두터워질 때만 비로소 체달될 수 있는 것이다.

⑤마치 글을 탈처럼, 부비트랩처럼, 혹은 연막처럼 사용함으로써 역설적으로 자신을 숨기려는 전략을 읽을 수도 있을 것이다. 순전히 자신을 은폐하려는 전략으로 글쓰기를 이용하는 짓은 희귀하다. 그러나 글쓰기의 과정, 그리고 그 과정을 추진하고 추인追認하는 심리를 면밀히 살펴보면, 비록 은폐의 전략이 주된 심인이 아닐 경우에도 더러 명석하지 못한 의식의 틈바구니를 타고 이런저런 모양의 은폐 심리가 작동하고 있음을 알 수 있다. 사람은 묘한 존재여서, 자기표현을 목적으로 하는 글쓰기라도 자기 은폐의 충동에서 깨끗하게 벗어나지 못한다.

⑥꿈의 일반적 역할에서처럼, 현실 도피나 혹은 현실에서 충족될 수 없는 원망을 이뤄보려는 동기가 작용한다. 이 경우에도 두 가지 갈래가 생긴다. 우선 글의 내용을 통해서 원망을 충족할 수도 있겠다. 그러나 이 글의 논의에서 좀더 중요한 갈래는 글쓰기의 행

위 그 자체를 통해서 이뤄지는 원망의 대리만족이다. 가령 소설가 최수철이 펜을 남성의 성기로, 잉크를 정액으로 비유해서 글쓰기를 설명한 것을 적절한 사례로 들 수 있을 것이다.

⑦세상에 대한 복수의 염念이나 공격욕을 펜 끝에 서려두는 무의식적 욕동도 캐낼 수 있다. 이청준은 그 한 갈래를 다음과 같이 설명하고 있다.[8] 현실의 질서 속에서 패배한 사람은 자연히 세상에 대해서 복수를 감행하고자 한다. 그는 복수를 함으로써 그 자신을 복수심으로부터 해방시키고자 하는 것이다. 이를 이루기 위해서 가장 좋은 방법은 세상으로 하여금 자신의 질서에 굴복해오도록 만드는 것이다. 따라서 그는 무엇보다 자기 자신의 질서세계를 가지고 싶어한다. 그는 마침내 그 세계를 꾸며나가는 방법으로서, 그리고 그에 대한 확인으로서 글쓰기를 시작하는 것이다.

⑧드물지만, 문자의 물질성을 끊임없이 환치換置시킴으로써 문자를 넘어서려는 플라토닉한 발상, 혹은 이를 정교하게 변형시킨 욕망이 자리한다. 이 동기는, 동기 그 자체의 정신성이 문자의 물질성을 견디지 못하는 내적 긴장으로부터 생겨난다. 달리 표현하면, 정신의 보편이 물질의 특수에 대해서 느끼는 근원적 불만이 정신적 부하負荷로 작용해서 결국 글쓰기로 분출된다는 것이다. 그러므로 구조로만 보자면 플라토니즘을 닮았다. 다만, 플라톤은 글쓰기의 활동과 그 결과가 이데아계界에 미치지 못한다고 해서 폄시했지만, 여기서는 글쓰기가 문자의 물질성으로 말미암아 근원적으로 폄시

될 만한 구석이 있다는 사실을 인정하면서도 그 글쓰기의 길을 포기하지 않는 모습을 보인다.

⑨이카루스적 비상충동이나 초월욕으로서의 글쓰기도 드물지 않다. 글이 물질성에 묶일 수밖에 없는 운명을 스스로 인지하면서도 끊임없이 글쓰기를 계속함으로써 글이 물질성으로 굳어져버리는 것을 막으려는 정신적 환치욕이 ⑧번이었다. 그러나 여기서는 현실의 중압으로부터 벗어난 무중력의 글쓰기 공간을 설정하고, 그 속에서 허구적인 비상이나 초월을 꿈꾼다.

근본적으로 글쓰기에는 그 내용이나 작풍作風에 상관없이 비상과 초월충동이 어느 정도 반영되어 있는 것이 보통이다. 이것은 글쓰기 자체에 일정 정도 현실로부터의 거리두기라는 요소가 숨어 있기 때문이며, 비상과 초월 역시 실제적이든 허구적이든 간에 대부분 현실로부터의 거리두기를 통해서 이뤄지기 때문이다.

가령 오탁번은 김승희의 시를 가리켜서 "정말로 위험한 절대의 연 날리기", 혹은 "상승하고 비약하는 위험한 제의祭儀"9라고 평한 적이 있지만, 그녀의 글쓰기에서 나타나는 수직상승충동은 전형적인 것이다. 이문열의 소설은 특별히 그 소재 면에서 초월욕구가 깊이 개입한다. 허무주의자, 자유주의자, 관념론자 등 그를 따라다녔던 수식어들은 소위 '시대와의 불화'를 비켜가고자 했던 원망이 글쓰기를 통해 승화되면서 드러난 특색으로, 모두 일정한 정도로 초월욕과 연관되어 있다. 평론가들의 공통된 지적처럼 주된 테마는 자유라고 할 수 있겠지만, 그것도 복수심과 초월욕이 저변에 무의식처럼 깔린 것이라고 보는 것이 타당하다. 특히 '땅 위에 없는 것에 대한 유별난 추구', 쉬임 없이 드러나는 완벽주의·영웅주의, 어떤 제재든 이야기를 만들어내고야 마는 집요함, 그리고 상식을 넘어 이야기를 찾는 설화적 상상력 등은 모두 다 어느 정도 이 초월욕과 관련되어 있다고 여겨진다.

⑩주로 글쓰기의 신체적 차원으로부터 출발하는 것으로서, 수행과 성숙, 마침내는 구원으로서의 글쓰기도 생각해볼 수 있다. 수행과 성숙으로서의 글쓰기는 인식과 이해로서의 글쓰기와 대조되는 개념으로서 동양인에게는 비교적 익숙하다.

'심리학⇒인식론⇒해석학'이라는 지적·철학적 관심의 추이는 이미 사상사적으로 그 의의가 정리되어 있어서 재론할 여지가 없다. 이 도식에서 수행과 성숙이라는 개념은 해석학을 범람하는 실천의 영역에 속한 셈이다. 글쓰기 행위의 반복되는 실천도 마찬가지다. 실천의 현장에서는 '반복'이 매우 중요한 수행의 매개이지만, 인식 중심으로 운용되는 투명한 정신의 평면에서는 별 쓸모가 없는 것이다. 해석 과정은 물론이거니와 인식에도 켜와 깊이를 말할 수 있지만, 원칙상 인식은 매우 '평면적인' 과정이며, 따라서 반복의 묘妙가 드러나지 않는다. 쉬운 예를 들자면, 눈을 감은 채 천 번씩 떡을 써는 행위에는 '1+1=2'와 같은 인식 과정에서 찾아볼 수 없는 실천의 묘가 살아나는 법이다.

수행과 성숙, 그리고 구원의 글쓰기라는 개념과 관련해서 내 관심을 끄는 것은 김승철의 작업에서 나타나는 '동양 신학의 글쓰기'

다. 그는 엔도 슈사쿠의 작업을 해석학적으로 분석하는 일련의 과정에서 글쓰기의 종교성에 천착하는데, '영혼의 자기부정'이나 '자기현성'으로서의 글쓰기를 제시한다.

그 까닭은 신학자에게 있어서 글을 쓴다는 것은 현실 이해의 근본적 장場일 뿐 아니라 글이란 바로 현실 그 자체가 되지 않으면 안 되기 때문이다. 이것은 글이란 것이 '무엇무엇에 대한 글쓰기'라는 대상적 집착에서 벗어나 영혼의 자기부정 내지는 자기현성이 되지 않으면 안 된다는 말이기도 하다.[10]

3. 맥리脈理의 생태계: 해석과 성숙

마음이 움직이는 하나의 이치, 그것도 글쓰기라는 제한된 활동에 접맥된 회로의 맥리脈理가 이처럼 다종다양하다면, 표현과 입장과 지평들과 의미와 가치의 장場으로 구성되는 우리 세상의 복잡성이야 이루 말할 수 없다. 물론 이것은 우선 해석학적 복잡성[11]이다. 해석의 분별, 그리고 그 깊이가 없다면 단박 평면으로 드러날 복잡성이라는 말이다. 그러므로 그것은, 양토養土 1온스가 1억의 세균, 3000만의 원충原蟲, 100만의 이끼류藻類, 그리고 1억 이상의 진균眞菌이 살아 꿈틀거리는 복잡성의 생태계를 형성하고 있다는 사실따위가 오히려 단순해 보이는 복잡성이다.

일리란 맥脈을 타고 움직이는 이치인 점에서 맥리와 같다. 그리고 맥이란 가령 '부분' 혹은 '요소'와는 전혀 다른 개념이다. 부분은 모여서 전체를 이루지만 맥은 모이면 흔히 혼동과 혼돈만 따를 뿐이다. 쉽게 비유하자면, 전화번호가 85-9378인 집은 85-9379번의 옆집이 아니다. 만약 옆집 관계로 본다면 그것은 맥리를 요소론적으로 오해한 것에 지나지 않는다. 따라서 작은 이치들이 모여서 통합된다거나 좀더 큰 이치를 이룬다는 말은 듣기는 쉽고 좋아 보여도 실질적으로 거의 불가능하다고 생각된다. 그러므로 일리의 계系, 혹은 계界, 즉 맥리는 모아서 통합하면 흔히—'반드시'라고는 하지 않더라도—죽고, 갈라서 분별해주면 살아나는 이치의 생태계인 것이다.

글쓰기도 이 이치의 생태계를 좇을 필요가 있다. 정신활동을 포함한 우리 인간의 삶 전체가 이 이치의 생태계와 보조를 맞추면서 이뤄지고 있기 때문이다. 낯선 행위나 터무니없어 보이는 진술조차 이 맥리의 네트워크에서 완전히 벗어나는 일은 드물다. 그러므로 정당성이나 행위의 윤리적 차원에서 생기는 문제점은 별개로 하더라도, 일단 글쓰기의 철학은 이 맥리의 변별에 각별한 관심을 갖지 않을 수 없다.

이런 점에서 글쓰기의 철학은 (일단) 해석학적이다. 그리고 철학 사적으로도 충분히 입증되었듯이 해석학만으로도 충분히 철학적 깊이를 이룰 수 있다고 생각된다. 그러나 해석학은 순환론이나 관념론, 혹은 윤리적 차원의 결격 사유와 연관된 비판에 늘 시달려왔다. 나는 아직 세세한 천착은 못 하고 있는 실정이지만, 이 비판의 투박성을 나름대로 비판하고, 동시에 다른 출구를 제시하려는 욕심을 이미 여기저기서 내비친 적이 있다.

해석학적 관념론, 혹은 순환론이라는 비판은 결국 여러 이치의 단원적 종합이 가능하다는 전제, 그리고 이 전제를 현실화하려는 심리적 강제로부터 생긴다는 점을 우선 지적해둔다. 이미 밝힌 대로 내가 뜻하는 글쓰기 철학이나 일리의 해석학은 '맥리들의 변별'에 일차적인 관심을 두는 것이다. 그리고 이는 "일리의 계系, 혹은 계界, 즉 맥리는 모아서 통합하면 흔히 죽고, 갈라서 분별해주면 살아나는 이치의 생태계인 것"에 그 근거를 둔다. 물론 원리적으로 밝힌 이러한 나의 반론에는 더 상세한 해명이 곁들여져야 할 것이다.

그리고 '다른 출구'에 대해서 잠시 논급하자면, 나는 한편 이런 유의 해명에 소모전을 치를 것을 염려하는 마음에서, 앞서 논급한

'수행과 성숙의 글쓰기' 개념으로 내 의도보다 일찍 넘어온 셈이다. 그러니 아직 내가 주로 놀고 있는 놀이터는 '해석과 성숙'이라는 지평인 셈이다.

4. 성숙과 해방, 그리고 탈논문중심주의

글쓰기에 이념이 있다면, 그것은 종국에는 해방과 성숙, 그리고 자유를 지향해야 한다고 생각된다. 성숙이니 자유니 하는 개념은 인식론을 중심으로 엮어온 서양의 근대 철학사에서는 다소 낯설다. (물론 서구 시민사회의 형성에 대한 논의에서 자유는 정치철학의 중요한 지향점이긴 했다. 그러나 글쓰기가 나아가고자 하는 자유는 그러한 의미의 자유와는 우선 형식적으로 변별된다.) 인식과 진리라는 전래의 범주로부터 벗어나 해방과 성숙을 말하는 것에는 중첩된 뜻이 숨어 있다.

첫째, 서양 철학사의 흐름이 나름대로 현시한 지적 보편성을 하나의 중요한 참조점으로서 유의한다는 뜻이다. 그러나 진리와 인식으로부터 성숙과 해방으로 지향의 화두話頭를 바꾼 것은 특별히 서양 철학사를 의식한 의도적인 배려가 아니다. 이러한 추이는 인류의 지성사가 점진적으로 그 윤곽을 드러내 보이는 보편적·거시적 패턴의 한 계기일 뿐이다. 그리고 '성숙'이라는 개념은 이러한 배경에서 우리의 학문적 주체성과 지성사의 보편성을 아울러 살릴 수 있는 '출구지평出口地平'으로 제시된 것이다.

둘째, 인식과 진리로부터 해방과 성숙으로 논의의 층위를 옮겨가는 태도에는 이 출구지평의 양 항項 중에서도 특히 주체성 쪽에 악센트를 두려는 뜻이 있다. 이성중심주의의 전통을 배경으로 인식을 학문활동의 정점頂点이자 중심으로 생각하는 서구 학문의 흐름은, 근대 학문의 자생성을 기를 기회와 경험을 갖지 못한 우리

학계에 여과 없이 수입되어 마침내 익사자를 속출시키는 정도로 범람하는 지경에 이르렀음은 양식 있는 이들의 상식이 되었고, 각 계에서 나름의 비판과 반성의 목소리를 내게 되었다. 그러므로 해방과 성숙이라는 학문의 화두는 우리 학문의 주체성과 자생성, 그리고 탈식민성의 기획을 '안으로부터' 뿌리 내리게 하려는 욕심의 소산이기도 하다.

우리 학문 현실에 대한 자성이 성숙과 해방이라는 내용적 화두를 지닐 수 있다면, 그 형식적 화두의 한 가지는 '탈논문중심주의'가 되어야 할 것이다. 이 점에서 우선 지양해야 할 것은 논문 주위를 광배光背처럼 에워싸고 있는 여러 종류의 허위의식이다. 허위의식이란 의식의 지향적 통일성을 핵으로 하는 대자적 존재가 의식의 자기분열을 지속적으로 경험함으로써 스스로의 자기 정체성을 상실해가는 과정에 다름 아니다. 물론 논문을 쓰는 사람의 태도와 그 심리에는 천차만별의 변수와 편차가 있겠다. 그러나 불행히도 우리 땅에서 생산되었던 논문들의 다수는 자아 정체감을 강화하고 학문의 자생성을 높이기보다는 오히려 논자論者를 삶의 역사와 터로부터 소외시키고 자신의 정신적 정체성을 소실하게 만들며, 마침내 거대한 문화식민지의 굴레 속에서 조그만 연결 장치의 구실로 전락하게 만드는 표징에 지나지 않는다.

간단히, 논문이란 가까이는 유럽의 근대 학문성이 선택한 형식적 성취다. 그것은 적지 않은 경험을 통해서 그 유용성을 검증받은 근대 학문의 형식적 틀이며, 이제는 학인들의 무의식에까지 침투해 있는 사고와 글쓰기의 고속도로다. 결국 친숙함의 정도에 달려 있겠지만, 학인들에게 이것은 명백한 편의 시설로 애용되고 있는 실정이다. 한편 그 편의가 굳어져서 마치 그 길이 아니면 길이 없는 듯 여겨질 만한 강박으로 군림하고 있기도 하다.

그러나 어쨌든 그것은 그들의 역사가 자생시킨, 사유와 논의의 표면 얼개에 지나지 않는다. 요컨대 논문이란 터와 역사와 경험적 필요가 낳아놓은, '이름 있는' 상품에 지나지 않는다. 멀리 보자면, 설명 가능한 우주kosmos에 대한 신념[12]을 사유의 형식적 체계인 논증으로 옮겨놓았던 그리스적 낙관주의에 그 터를 두고 있는, 역시 역사성의 지적 소산물인 것이다.

문제는 이 역사성을 곧잘 잊어버린다는 데에 있다. 우상숭배와 식민성에 공통된 원인이 있다면 그것은 바로 역사성의 망실이 아닌가! 그러나 논문이라는 형식성만 갖추면 학문성이 보장되고, 그 학문성은 역사성을 초월해 있는 무엇인 양 여기는 태도가 아직도 만연해 있다. 내실 없는 형식적 결벽과 까탈부림에 집착해서, 마침내 그 결벽의 빈자리에 지적 허위의식만을 덩그러니 남겨놓은 이 땅의 학인들은, 우선 논문은 물론이거니와 학문성조차 역사성의 하위 개념임을 명념할 필요가 있다.

헨리 제임스는 '스타일이 우리를 구원한다'고 했다. 이것이 그가 소설을 쓴다고 한 말이라면, 철학자 그리고 인문학자로서의 나는 '스타일이 우리를 성숙하게 한다'쯤으로 고치고 싶다. 그러나 어느 쪽이든 인식중심주의, 그래서 내용중심주의, 그래서 마침내 내용/형식의 이원법에 빠져 있는 많은 이에게는 억측에 지나지 않아 보일 것이다. 스타일은 수사修辭의 조율에 지나지 않고, 형식은 내용을 보호하거나 나르기 위한 포장에 지나지 않는다는 초보적 몰상식이 아직도 팽배한 현실에서 인식을 뒤켠으로 젖히고 스타일을 내세우다니! 아니, 스타일로써 감히 성숙과 구원을 입에 담다니!

그나마 합리적인 절충을 하려는 사람이라면 R. G. 콜링우드의 말처럼 "주제가 없는 스타일은 딜레탕티슴이지만 스타일이 없는 주제는 바버리즘이다Subject without style is barbarism, style without subject is dillettantism"쯤으로 합의하려는 심사를 가질 만도 하다. 그러나 콜링우드의 절충은 합리적이며 재치가 있긴 하나 낡은 데다 깊이도 없다. 그는 말하자면 주제와 스타일의 양비兩非를 통해서 양시兩是에 이르는 꼴을 취하지만, 정작 논의의 깊이는 양兩 그 자체가 없다는 인식에서 출발해야 하는 것이다. 스타일 자체에 인식과 성숙과 구원이 스며들어 있는 모습을 간취해낼 수 있을 때라야 스타일은 장식과 포장의 가벼움으로부터 벗어날 수 있을 것이다.

논문이라는 스타일은, 그것이 학계의 글쓰기 시장에서 공정거래법을 어기고 독과점을 자행함으로써 급기야 문약한 여러 학인의 머리 위에 강박으로 군림하는 지경에 이르고 있는 한, 스타일로서의 근본적인 뜻과 가치를 잃는다. 스타일은 탄력성이 생명이고, 인간성이 개입하는 인식과 이해의 근본 구조가 늘 해석학적 탄성을 유지해야 하며, 또 유지할 수 있어야만 하는 데에 스타일의 의의가 있는 것이다. 그러므로 하나의 경직된 스타일이란 이미 어불성설이다. 스타일은 우선 해방과 자유의 표징標徵이어야 하기 때문이다.

논문은 '단순성의 정신'이 성취한 근대의 지적 건축물로서, 한편 그 기하학적 정치함과 아름다움은 턱없는 외경을 불러일으키기에 족하다. 복잡성과 단순성은 현실과 글 사이의 관계를 설명하는 데 쓰이는 가장 기초적이며 또 유용한 대조 범주다. 다양한 방식을 통해 지적되었다시피, 학문 행위로서의 글쓰기 과정에서 이 두 범주 중 어느 한쪽으로 지나치게 오랫동안 기우는 것은 위험하다. 기하학의 공리公理 일색이나 문학적 묘사 일색의 학문만을 고집할 수는 없는 법이다. 복잡성과 단순성의 피드백과 조율은 학문으로서의 글쓰기, 글쓰기로서의 학문이 영원히 짊어져야 할 부담이다. 역사적으로 고찰하면, 자연과학을 그 정점으로 삼는 서구의 학문은 근대에 들어서면서 단순성의 정신을 극대화시켰고, 그리고 단순화·표준화·추상화·통계화의 방법은 놀라운 성과를 가능케 했던 것이 사실이다. 논문은 이 놀라운 성과를 담는 그릇의 기능을 나름대로 훌륭히 수행해왔다. 논문이란 요컨대 논증적 담론의 체계다.

논문을 '단순화의 정도를 높인 논증적 담론'이라고 정의한다면, 이것은 스스로 논의의 층위와 영역을 분명히 밝힌 셈이며, 따라서 논문이라는 글쓰기 스타일은 이런 층위와 영역에 그 가치와 유용성을 제한시켜야 마땅하다. 더구나 논문은 서구의 근대 지성사와 그 정황의 산물이며 그 한 형식적 계기에 불과한 것이다. 이미 지적한 대로 '학문성'—이것조차 근대 과학주의에 물든 외진 개념이라는 사실을 기억해야 한다—이라는 애매하고 위협적인 말로써 그 형식성을 옹호하더라도 여전히 역사와 정황의 그늘을 벗어나진 못한다.

내가 '논문중심주의'[13]라고 불렀던 형식 숭배와 관련하여 최소한 두 가지 심각한 문제를 지적할 수 있다. 우선 복잡한 인간의 다양한 경험을 하나의 경직된 스타일—그러므로 '반反스타일'—속에 담을 수 있다는 독선적 태도는 삶과 세상의 다양하며 다층적인 모습에 충실하게 접근하지 못한다. (나는 이미 여러 글을 통해서 설익고 왜곡된 단순화와 그 형식적 강박인 논문중심주의를 비판하고 삶과 세상의 원형적 모습으로서의 복잡성을 회복시키려는 '잡된 글쓰기'를 제안한 바 있다.)14 현실의 모습에 알맞은 글쓰기는 우선 그 모습의 지형과 여러 층위를 준별할 줄 아는 감각으로부터 출발해야 한다.

다음으로는 우리의 현대 학문사에 뿌리 깊이 스며들어 있는 식민성 문제가 지적되어야 한다. 우리의 학문적 풍토가 어떤 식이든, 또 어느 정도든 서구에 예속되어 있다고 한다면, 이 '논문중심주의'야말로 그 예속의 가장 성공적인 사례이자 또한 가장 분명한 증좌일 것이다. 지금의 우리에게 논문은 표현과 전달을 위해서 자발적으로 선택할 수 있는 하나의 수단이 아니다. 그것은 '학문성'이라는 우리의 생명력을 독점함으로써 우리의 생존을 좌우하는 독재자다. 이미 우리의 학문은 논문에게 바치는 연중 제사祭祀로 전락하고 말았다.

5. 손으로부터 나오는 혁명

삶의 원천적 복잡성과 맞물려 있는 글쓰기의 다면성과 다층위성, 우리 학문의 탈식민성, 그리고 글쓰기의 실천을 통해서 확인되는 성숙의 지평, 이 모든 과제는 펜을 잡은 내 손—'머리'가 아니라— 을 한 번 더 쳐다보게 만든다.

6. 읽힐 수 있음可讀性과 인문학

그 존재에 있어서 본질적으로 도래적到來的이며, 따라서 자신의 죽음에 대해 자유롭게, 그것에 부딪혀 부서지면서 자신의 기실적既實的 현現에로 스스로를 되던질 수 있는 존재자만이, 즉 도래적인 것으로서 등근원적等根源的으로 기재적既在的인 존재자만이 상속받은 가능성을 스스로에게 넘겨주면서 자신의 고유한 피투성을 넘겨받고, 자기 시대에 대해 순간적일 수 있다.[15]

한국어를 제대로 이해할 수 있는 대다수의 한국인이 이 글을 제대로 이해할 수 없다는 사실은 대체 어떤 종류의 우울함일까? 그것은, 한글을 제대로 익힌 하이데거마저 이 글을 제대로 해독할 수 있을지 의심이 생긴다는 사디즘적 마조히즘, 바로 그 마조히즘을 오래 견딜 수 없으리라는 우울함일까?

연중행사처럼 학계라는 제상에 논문을 진상進上하는 것으로 근근이 생존을 유지하는 사람들에게 '글쓰기 심리'라는 것이 있다면, 그것은 아예 '글쓰기 심리'라는 것이 없다는 사실이 그 특징이 되는 심리일 뿐이다. 그들은, '내용이 중요할 뿐이지 글쓰기의 스타일이란 저절로 따라오는 부수적인 것에 지나지 않는다'는 '심리의 부재'와도 같은 심리 속에 휘말려 있는 것이다. 서구 학계에서 관용화되고 있는 숙어 '쓰든지 죽든지Publish or perish!'는 그들의 경우에는 '쓰면 죽는다Publish and perish!'로 바뀌어 있다. '쓰면 죽는다'는 심리를 뒤집어놓으면 결국 '읽히면 죽는다'가 된다. 그리고 사태를 조금

만 더 캐보면 '읽히면 죽는다'는 심리가 '읽히게끔 쓸 능력이 없다'
는 현실을 정당화해주는 무의식적 방어기제로 기능하고 있음을 어
렵잖게 알 수 있게 된다.

한스 라이헨바흐는 그의 최근 저서 속에서 헤겔과의 만남을 기록
하고 있다. 그는 헤겔의 『역사철학』을 집어들고 서문을 채 끝내기도
전에 다음과 같은 대목을 접하게 되었다. "이성은 무한한 힘인 동시
에 실체다. 그리고 그 자신의 무한한 질료는 모든 자연적·정신적 삶
의 근저를 형성하고 있다. 이것은 그 질료를 움직이게 하는 무한한
형태와 마찬가지다. 이성이란 다른 모든 것들이 자신의 존재를 도출
해내는 근거가 되는 실체인 것이다." 라이헨바흐의 생각에 따르면,
이성이라는 개념은 일반적으로 인간의 추상 능력을 가리키는 것으
로서, 인간의 행위, 혹은 행위의 일부를 통해서 그 능력은 발현되는
것이다. 그렇다면 헤겔은 우리의 육체가 이러한 추상적 능력으로 이
뤄져 있다는 말을 하고자 하는 것인가? 아무리 철학자라도 그런 엉
터리 같은 소리를 내뱉을 수는 없다. 그러면 그는 대체 무슨 말을
하고 있는 것인가? 라이헨바흐는 이 대목을 2쪽에 걸쳐서 토의하다
가 결국 절망하고 포기해버린다.[16]

브랜드 블랑샤드는 이와는 대조적으로 전문성의 품위를 지키면
서도 가독성을 높인 경우로서 플라톤, 로크, 밀, 베르그송 등을 들
고 있다. 전문성의 깊이와 멋을 살리면서도 독자를 세세하게 포용
할 수 있는 글은 과연 드물다. 하지만 글쓰기를 고민하는 이들이

기억해야 할 점은 이 두 가지 미덕이 꼭 상극相剋관계를 이루지 않는다는 사실이다. 이 둘 사이의 상생을 회복하려는 노력은 시의時宜를 타는 한갓 전략도 아니며, 조화의 이미지를 향해 달리는 맹목적인 수사도 아니다.

여기서 헤겔의 의도, 기질, 글쓰기의 습벽, 당시의 지적 풍토, 그리고 주제의 특성 등은 토의하지 않기로 하자. 아울러 라이헨바흐의 취향과 학문적 관심을 캐내는 것도 유보하자. 중요한 사실은 '읽혀야 한다'는 당위이며, 이 당위가 선언이나 권고가 아니라 생존의 관건이라는 데에 주목해야 한다. 그것은, 어쩌면 잘 믿지 않으려고 하겠지만, 사실 철학을 포함한 인문학의 사활이 달린 문제다. 부적符籍이 아닌 한, 읽히지 않는 글이란 이미 글이 아니다. 특히 인문학의 글은 읽히지 않는 바로 그 자리에서부터 무너지기 시작한다. 결국 독자 한 사람 한 사람의 '이해'라는 교감의 장場 이외에 달리 인문학의 터는 없기 때문이다.

1905년, 아인슈타인이 특수 상대성 이론을 발표했을 때, '이 이론을 정확히 이해하는 사람은 전 세계에서 열 명 미만일 것'이라는 우스개 같은 소문이 있었다. 그러나 열 명이든 스무 명이든 원칙상 자연과학의 효용과 그 임상성은 다중의 이해를 바탕으로 이뤄지는 것이 아니다. 문외한 다중이 아인슈타인을 이해하든 말든 그의 이론은 이후의 세계상을 바꾸는 데 결정적이고 실질적인 힘으로 작용한다. 그러나 인문학은 경우가 다르다. 인문학의 임상성과 가치는 결국 독자의 이해도에 달려 있으므로, 이해되는 바로 그만큼 인문학은 서고, 이해되지 않는 바로 그만큼 인문학은 무너진다. 따라서 인문학에서는 삶과 앎 사이의 괴리와 소외 문제가 곧장 학문 자체의 존폐 문제로 이어진다. 인문학에서 독자를 끌어안을 수 있는 기법의 문제가 중요하게 논급되는 것도 같은 이유다.[17]

언어의 참된 존재는 사람과 사람 사이의 대화, 다시 말해서 대화를 통해서 이뤄지는 이해의 활동 속에서만 확인된다.[18]

7. 전문성: 개방적 보편성인가, 폐쇄적 정합성인가

어떤 점에서는 이런 글이 읽히고 있다는 사실 그 자체에서도 문제점을 찾아볼 수 있다. 읽힌다는 것은 텍스트가 세상을 향해 열려 있어서 이해를 통해 일반 독자와의 교감이 가능하다는 사실을 뜻하는 것이 보통이다. 그러나 불행히도 여기서의 가독성이란 전문가라고 자칭하는 이들의 자폐적 순환 네트워크가 병약한 대로 운용되고 있다는 사실을 시사하는 정도에 머문다. 논의의 일관성이나 체계적 정합성은 논리 중심의 사고를 하는 이들에게는 매우 매력적인 속성이며 미덕이다. 그러나 그 속성이 폐쇄 회로 속의 자폐 현상으로 그칠 경우에는 명백한 악덕이다. 일관성이든 정합성이든, 결국 사람의 일에 스며드는 속성이라면 그것은 불변의 절대성을 욕심 낼 수도 없는 것이며, 그렇다고 무상無常의 상대성을 노래할 수도 없는 법이다. 사람의 일에 속한 것이라면, 그것은 개방적 보편성의 궤를 싸고돌면서 움직이게 마련이다. 개방적 보편성이란, 내부의 폐쇄적 정합성을 통해 논리의 일관성을 견지하는 것이 아니라 외부와의 끊임없는 교호交互를 통해 긴장과 탄성을 유지해나가는 태도에서 가능해지는 것이다.

따라서 위의 인용문이 시사하는 것은 단순히 한글의 오용과 남용이라는 차원, 즉 문장기술법의 수준을 넘어서는 병색을 드러내고 있다는 사실이다. 예를 들어 우리의 언어 습관에 생경한 역어들을 없애고 쉽고 일상적인 말을 찾으며, 꼬임과 섞임이 심한 장문을 없애고 간명한 단문을 주로 사용하는 노력 등은 전문성과 가독성

사이의 거리를 좁히는 데 적잖은 도움이 될 것이다. 그러나 좀더 근본적인 문제는 이런 기술적인 차원에서 해결될 수 있는 것이 아니다.

내 관심은 우선 이런 글이 버젓이 통용되도록 허용하는 구조적 타성, 그리고 심지어 이 타성을 적극적으로 조장하는 여러 역학에 있다. 이 타성은 결국 글쓰기의 적실성과 역사적 주체성을 가로막는 폐습으로 기능하고 있다. 이런 식의 글쓰기는 현실의 복잡성과 구체성에 충실하기 어렵고, 더구나 부지불식간에 우리 학문의 식민성을 조장하는 앞잡이 노릇으로 전락하기 십상이다. 논문이 아니라 논문만이 학문성을 전유한다고 믿게 만드는 논문중심주의가 폐습이듯이, 딱히 이 글이 아니라 이런 식의 글을 통해서 학인들과 그 독자들을 채근하고 협박하며, 마침내 소외시키고 배제하는 제도와 타성이 문제다. 그리고 이 제도와 타성의 그늘 아래 조용히 서식하면서 "금 밖으로 자신의 색칠이 나갈까봐 두려워"[19]하는 태도가 문제인 것이다.

반드시 자신을 조롱하게 되고, 또 우연히 독자들을 조롱하게 되는 이러한 글쓰기의 입지는 무엇일까? 어떤 타성의 구조가 대사회적 임상성이 전무하다시피 한 글들을 생산해내고, 그 글들을 인적 없는 외진 곳에 쌓아놓고서는 전문성이라는 이름의 협박, 혹은 농담의 세계를 만들어가고 있는 것일까? 읽히지 않으면 읽히지 않는 바로 그만큼 무너질 수밖에 없는 인문 영역에서 수십 명의 독자도 제대로 확보하지 못하는 글들을 줄기차게 써낼 수 있게 만드는 배타적 구조는 무엇일까?

8. 글쓰기의 통풍

첫째, 위의 인용문은 텍스트의 안팎으로 통풍通風이 되지 않는 글쓰기의 전형이다. 쉽게 말해서, 그 말들은 일상적으로 말해지는 언어, 구체적으로 체험되는 언어, 상대의 호흡을 느끼듯이 소통되는 언어, 그리고 살아내는 언어와 너무나 멀리 있다. 그것은 너무나 멀리 있어서 삶의 복잡다단하고 시끄러운 내용을 깡그리 잊어버린 채 암호의 미로 속에서 자족할 수 있을 만큼 조용한 텍스트의 공간을 이루고 있다.

텍스트의 공간을 순수하고 조용하게 유지하려는 욕심은 학적 전문성이나 글쓰기에 대한 근본적 오해에서 생긴다.

바르트에 따르면, 글쓰기는 하얀 종이 위에 저자의 순수한 의도가 지나가는 길이 아니다. 어떤 경우에도 글쓰기란 역사적·사회적인 사건이며, 저자와 독자를 매개로 이뤄지는 정치·경제적 사건이다. 푸코는 글쓰기를 복합적인 힘을 창조하는 행위라고 정의한다. 따라서 그에 의하면 텍스트란 '복합적인 힘들이 권력투쟁을 벌이는 장소로 이해된다. 에드워드 사이드도 텍스트의 조용한 배타성, 혹은 자폐적 순수성을 비판하기는 마찬가지다. 그의 세속적 비평secular criticism에 따르면 텍스트의 존재 방식은 말 그대로 세속적이다. 그는 텍스트의 미궁 속에서 빠져나올 줄 모르는 현대 비평을 비판하면서 텍스트 및 비평적 글쓰기가 본질적으로 현실 상황으로부터 분리될 수 없음을 분석해낸다.

바르트, 푸코, 그리고 사이드가 먹다 버린 음식 찌꺼기에 감읍하고 있는 우리의 우상은 일상의 세속적인 언어를 잃어버려야 학문성이 보장된다고 믿는 강박과 허위의식이다. 마치 벌거벗은 임금님의 왕실에 초대받은 시골 촌로의 굳어진 표정처럼, 형식성의 체계인 논문 속에 끼어보려고 안간힘을 쓰는 민망한 말들은 스스로 얼어붙어 생기를 잃어버리고 마침내 뿌리의 흙을 다 털어버린 인조의 기호로 변하고 마는 것이다.

인조의 기호가 어느 사밀한 통로를 통해 허족虛足을 내뻗어 본질과 진리를 전유하게끔 획책하는 것은 글쓰기가 아니다. 글쓰기는 한마디로 관계의 탄성을 유지하는 노력에 지나지 않으며, 이런 뜻에서 매우 민감한 해석학적 지평을 배경으로 삼을 수밖에 없다. 시인 구상은 "사물에 대한 자기 진실에의 욕구"가 그의 시 쓰기 작업을 이끌어왔다고 고백한다. 즉 "사물에 대한 감동과 인식에 독자적 진실이 있다는 것을 증거하고 싶어서 글을 쓴다"[20]는 것이다. 배타적 진리나 본질이 아니라 독자적 진실을 잡으려는 육성의 노력이 글쓰기의 기초가 되어야 할 것은 너무나 당연한 지적이다.

그러니 논문중심주의의 벽을 허무는 글쓰기, 그 벽에 틈을 만들어 안팎으로 통풍을 시키는 글쓰기가 필요하다. 타인의 음성을 답습함으로써 학문성의 한 모퉁이를 얻을 수 있으리라는 망상을 버리고, 자신의 음성을 개발하며, 그 음성에서 보편성을 찾으려는 노력이 글쓰기로 나타나야 한다. 특히 삶의 구체성과 복잡성을 마지막 권리 원천으로 여길 수밖에 없는 인문학에서, 일상日常과 책상冊床이 따로 놀고 있는 학문, 그리고 그러한 글쓰기는 이제 폐기되어야 한다.

콘텍스트를 이해하는 텍스트, 일상을 이해하는 원전, 잡문을 이해하는 논문, 저잣거리를 이해하는 왕실, 뿌리의 흙에 기생하는 수많은 진균과 곰팡이를 이해하는 열매, 그리고 삶을 이해하는 '잡된 글쓰기'가 필요하다.

9. 번역의 식민성과 원전중심주의

둘째, 위 인용문은 하이데거라는 대가와 『존재와 시간』이라는 원전에 처음부터 주눅이 든 글쓰기다. 창작이 아니라 번역이라는 사실도 이런 식의 글쓰기를 정당화하지 못한다.

우리 현실에서 행해지는 다수의 번역활동은 그 정당한 소임을 외면한 채 정략과 상략의 도구로 오용 내지는 남용되고 있다. 더 한심한 사실은 이 오용과 남용의 과정, 혹은 최소한 그 과정의 중요한 한 측면이 서구추수와 문화식민성을 부추긴다는 점을 인식하지 못하고 있다는 것이다. 물론 번역, 혹은 번역에 준하는 활동은 계몽기의 주된 과제로 여겨진다. 그 쓰임새에 따라서는, 다른 세계를 우리 세계 속으로 옮겨오는 작업은 계몽과 성숙을 위한 자양분이 된다. 그러나 자생력을 갖추지 못한 토양에서, 그리고 자생력을 회복하려는 정당한 노력조차 없는 상황에서 분별없는 이식移植을 계속하는 것은 정신문화의 예속 상태를 조장하는 짓에 다름 아니다. 가령 배스 같은 육식성 어종을 분별없이 들여와서 참붕어 등 토종의 민물고기가 떼죽음을 당하는 경우는 정신문화의 영역에서도 쉽게 찾아볼 수 있는 현상이다. 마찬가지로, 우리의 근대 학문 역사의 그 지층이 단순히 번역의 무게 때문에 찌그러들 정도로 박약하다면 번역은 매우 위험한 도박일 수밖에 없다.

번역은 우리의 학문 역사와 그 지형을 좀더 세밀하게 볼 수 있는 참조점의 역할, 그리고 대조와 비평을 위한 적극적 장치로서 제한되어야 한다. 만약 참조점이나 대조 장치가 아니라 우리의 학문적 생존을 위해서 숭배하고 답습해야 할 대상이라면, 이미 번역은 학술 행위가 아니라 식민총독부의 정치 행위로 변질되고 만다. 지역성이나 민족성의 정서에 기대어서 수구守舊를 고집하는 것도 희극이지만, 자생력이나 역사적 주체성이 없는 상태에서 외래의 사조에 매몰되는 것은 비극이다. 그러므로 그간 우리 학계를 범람했던 번역의 문제점은 곧 우리 근대의 계몽기가 지닌 문제점을 그대로 안고 있는 셈이다.

그러므로 우리의 경우, 어쩌면 '대체 우리에게 계몽기가 있었는가?' 하는 좀더 근원적인 질문부터 다시 대면해야 하는지도 모른다. 칸트의 국적에 상관없이 칸트의 잣대를 빌려 따져본다면, 우리의 계몽기는 사유의 주체성이나 자생성을 청사진이나 소프트웨어로 삼아서 변혁의 물꼬를 튼 시기가 아니었으며, 하드웨어는 물론이고 심지어 소프트웨어까지 수입해서 여기저기를 땜질하느라 바빴던 시기였다. 따라서 만약 칸트의 표현처럼 계몽의 핵이 '타인의 도움 없이' 주체적이고 비판적으로 사유할 수 있는 용기에 있다면, '타인의 도움으로' 이룩한 우리 땅의 변혁과 발전은 대체 무슨 의미의 계몽일 수 있는지, 한 번쯤 진지하게 따져볼 노릇이다.[21]

따라서 계몽의 주된 역할을 수행해야 할 번역이 스스로 그 계몽의 정신을 어기고 있는 것은 번역자 개개인의 능력이나 소양 문제가 아니다. 그것은 우선 자신의 음성을 낼 수 없도록, 그리고 주체적으로 사유할 수 없도록 구조화되어버린 학계의 관행과 타성 때문이다. 대가를 대접하거나 원전 하나의 번역에 온 나라가 주눅이 들어 있는 현실도 마찬가지다.

원어와 목표어 사이의 문자적 등가성literal equivalence에만 의지하고 있는 이 번역문은 원전의 논리에서 한 치도 이탈하지 않으려는 역자의 충실함, 혹은 소심함을 잘 드러낸다. 나는 이 소심함을 일차적으로는 무능력이라고 생각하지만, 이것이 개인의 소심함이나 무능력의 문제로 그친다면 오히려 다행한 일이다. 그러나 이미 논급한 대로 이것은 단순히 개인의 소양이나 능력의 문제가 아니다. 넓게는 우리 근대 학문의 계몽기(서구추수기)가 조작해놓은 왜곡된 정신문화 역학의 단면이며, 좁게는 내가 '원전중심주의'[22]라고 부르는, 학인들의 글쓰기를 실질적으로 지배하는 '타율적 귀소의식' 탓이다. 이것은 힘을 얻은 몇몇 원전을 논의의 출발점이자 귀결점으로 삼는 논문류의 글쓰기 행태와 그 심리를 가리킨다. 이는 원전이나 대작magnum opus이 낱낱의 작품을 지시하는 고유명사라기보다는 언중言衆들의 언어적·해석학적 상상력을 지배하는 힘인 것과 마찬가지다. 결국 이것은 원전과 대가의 병풍을 치고 각자의 육성肉聲을 낼 수 없도록 통제하는 장치이며, 학인들의 자율적이며 창의적인 글쓰기를 임의로 막는 프로크루스테스의 침대인 것이다.

원전이란 모든 논의의 처음과 마지막을 교통 정리하는 경전이 아니라 학생들로 하여금 스스로 자신의 길을 찾아가게 만드는 교육적 목적을 위한 징검다리 구실에 국한되어야 한다. 징검다리를 밟든 말든, 그것은 각자의 선택에 맡기면서. 남의 생각을 빌려먹는 짓은 우울하지만, 남의 깡통까지 빌려 동냥질하는 모습은 차마 비참하다.

10. 글쓰기로, 스타일로, 성숙으로

셋째, 위 인용문은 자신을 철저하게 숨기는 글쓰기의 전형이다. 자신을 숨기는 글쓰기의 이상적인 형태는 일찍이 스피노자를 통해서 현시된 바 있다. 그는 자신의 육성을 철저하게 배제함으로써 전체성으로서의 실재實在의 참모습을 드러내는 데 순전하고 충실하게 봉사하려는 태도를 견지했다. 종교와 신학의 영역에서 그가 보여준 비판적 통찰에는 시대를 앞서는 해석학적 센스가 격조 있게 스며 있기도 하다. 그러나 대체로 그의 시각은 논리적 본질주의에 경도되어 있어 지금에야 돌아보면 인식론적으로 매우 경직된 느낌을 준다. 가령 스피노자에 따르면 하나의 대상이 이해되는 것은 그 대상이 언어나 이미지의 도움 없이 우리 마음의 직관능력에 의해서 순수하고 단순하게 인식될 때다.[23] 그의 시각은 시대와 자신의 통찰에 의해서 제한되어 있고 기하학적 글쓰기 속에 자신의 음성을 철저히 숨기고 있지만, 스피노자의 명분과 순수성, 그리고 학문적 결기는 여전히 상찬할 만하다.

이와는 대조적으로 자신을 숨기는 글쓰기의 비속한 사례는 탈을 뒤집어쓰는 것이다. 그래서 그 탈이 살갗에 각인되도록 오래오래 눌러두어서 마침내 자신의 얼굴을 잃어버리는 것이다. 스타일로서의 탈이란 겉으로 내보일 수 없는 얼굴의 내면을 상징적으로 표현하는 기능에 국한되어야 한다. 그러나 이 '비속한' 사례의 주인공들은 탈을 선용하는 것이 아니라 탈을 위해 봉사함으로써 스스로 자신의 학문적 정체성과 자생성을 지워버리는 것이다.

창작이 아닌 번역이니까 자신을 숨길 수밖에 없지 않은가, 라는 변명은 너무나 엉성하다. 그것은 전문 학인이 펼쳐야 할 논의의 정치精緻함과 섬세함을 망각한 교과서적 선언에 지나지 않는다. 번역을 해본 사람이라면 누구나 공감하리라 믿는데, 번역은 결코 대응과 교체로 이뤄진 기계적인 작업이 아니며, 따라서 자신의 음성과 스타일을 숨길 수 없다. 로즈마리 월드롭은 번역은 몸에서 혼을 짜내 다른 몸으로 꼬여내는 것과 같다. 그것은 죽음을 뜻한다[24]라고 했다지만, 굳이 '죽음⇒창조'라는 지나치게 엄숙해 보이는 도식에 동의하지 않더라도 번역 행위 속에 번역자의 사유와 글쓰기를 드러낼 수밖에 없는 사정은 충분하다. 월드롭은 '죽음'이라는 표현을 썼지만, 만일 위 인용문의 역자가 역자로서 거듭나기를 바란다면 그는 우선 하이데거에 대해서 죽어야만 할 것이다. 하이데거의 탈을 벗는 것—아마 이것이 그에게는 매우 허전한 노릇이어서 코끝을 치는 생생한 공기의 흐름이 사뭇 위협적이겠다. 그러나 어쩔 수 없다. 역자와 저자이기 이전에 학문에 뜻을 둔 한 인간으로서 자신의 독자성을 건지는 방식은 우선 글쓰기의 허위의식으로부터 벗어나는 것이다.

————

독자와의 거리를 좁혀서 가독성을 높이고, 이로써 인문학의 터를 확보하는 방식, 특히 그 기술적인 방식으로는 여러 가지를 생각해볼 수 있다. 그러나 읽히는 글이 무엇을 말하는지, 또 어떻게 써야 하는지 조목조목 구체적으로 명시하려는 전략에 앞서야 할 것이다. 그것은 글쓰기의 임상성, 구체성의 글쓰기, 개성적 글쓰기, 그리고 삶의 복잡성에 자연스럽게 연결될 수 있는 '잡된 글쓰기'의 정신을 익히는 일이다. 그리고 이 정신과 공조해서 논문중심주의, 원전중심주의, 글쓰기의 허위의식을 하나씩 실제적으로 공략해가는 일이다. 독자를 외면하지 않으면서도 전문성의 깊이와 멋을 잃지 않는 글쓰기, 아울러 글쓰기 스타일이 곧장 자신의 성숙으로 이어지는 글쓰기는 이런 노력의 끝에 조금씩 가능해질 것이다.

16. 1996년 11월 하순
―글쓰기, 그 운명의 전략[1]

―김 교수, 안녕하십니까. 김 교수가 있는 전주에도 벌써 첫눈이 내렸다지요. 작년 여름 광주에서 잠시 만나고 처음 이렇게 마주 대하게 되니 그간 꽤나 격조했다는 느낌입니다. 그러나 여러 지면을 통해서 발표되는 김 교수의 글들을 꾸준히 접하고 있으니 늘 가까이 있는 것 같습니다. 건강하시겠지요?

―근자에는 소소하게 자주 앓은 편입니다. 그러나 '에이즈'인지, 혹은 지나가는 감기인지 딱히 구별하려는 심사에서만 벗어나면, 대증對症에 철저해지고, 그러면 언젠가는 그 경험으로 책이라도 한 권 낼 수 있겠지요.

―철학자 H씨던가요, 어느 사석에서 몸을 돌보지 않는 김 교수의 학문 행태를 두고 '권태의 감상적 뒤집기'이거나 '소영웅적 니힐리즘의 발로'라고 비아냥거린 적이 있지요.

―술이 돌면 사석에서도 매스컴을 의식하고 발언한다던가요. 단

단한 오해입니다. 제 학문에서는 정신보다 오히려 몸이 더 중요한 화제이지요. '뇌수에서 손가락으로'가 요즈음의 내 화두라니까요. 퇴계처럼 거경궁리居敬窮理하는 차원은 아니지만, 제 공부도 수신修身을 그 본말로 삼고 정신의 깨침은 오히려 의외의 열매쯤으로 여길 뿐입니다.

  -그러한 태도는 단순히 말의 활성活性이 빚은 자작극自作劇인가요, 아니면 소위 '경지'의 체험인가요. 어느 평자가 김 교수를 일러 '수사修辭'의 밀림을 누비는 언어의 '수사修士'라고 한 것도 기억하고 있겠지요? 어차피 김 교수의 작업과 깊이 관련되는 테마일 테니 조금 따지고, 그래서 다지고 들어가도록 하지요. 한때 구미의 학계에서는 표현과 전달이라는 두 가지 기능을 두고 언어의 자리매김에 분주하기도 했지만, 김 교수의 작업에서는 이 두 기능 중 어느 쪽도 특별히 도드라진 느낌이 없다는 것이 일반적인 평가입니다. 김 교수는 자신의 언어관을 따로 마련하고 있습니까?

  -언어관이라고 할 만한 체계적인 생각의 다발을 내비친 적이 없지요. 아니, 오히려 체계화를 피하려는 감각이 제 학문 태도에 좀 더 근원적입니다. 제가 특별히 삶과 앎 사이의 통풍을 강조하는 것도 이론의 정합성만을 챙기는 체계화에 실질이 없다고 보기 때문이지요. 이러한 태도는 언어에 대해서도 마찬가지입니다. 제 생각을 선명히 하기 위해서 다소 과장된 표현을 사용할까요. 저는 언어를 '보지' 않습니다. 그러니 '언어를 보는 태도言語觀'라는 표현 자체

가 낯설 수밖에 없습니다. 저는 단지 글을 쓸 뿐이며, 이때 내 글과 그 세계를 지도하는 정연한 이념은 없습니다. 아시겠지만, '이념'이 없다는 것은, 내가 언어를 '보지' 않는다는 것과 어원적으로 같은 뜻이지요.

-처음부터 쉽지 않군요. 조금 더 쉽게 글을 써야겠다는 생각을 해본 적은 없습니까?

-그것은 독자의 세계를 제 학문세계와 연결 짓는 문제이기도 합니다. 사실 1993년 후반기에 들어서면서야 제 학문에는 '독자'라는 주제가 생겼던 것 같습니다. 저의 '글쓰기 철학'이 본격적으로 구체화된 것도 바로 이때인데, 물론 둘 사이에는 긴밀한 관계가 있습니다. 이것은 철학의 방식이 '보기'인가 아니면 '쓰기'인가 하는 문제와 관련되어 있습니다. 다르게 표현하자면, 철학의 주체가 '머리'인가 아니면 '손가락'인가 하는 문제이기도 하지요. '머리로 보기'는 보편 정신의 공간 속에서 이뤄지는 행위이며, 따라서 저자의 혀처럼 움직이는 이상적 독자 한 사람만 존재할 뿐입니다. 그러나 '손가락으로 쓰기'는 개성의 터에서 벌어지는 행위이며, 따라서 뒷집 영희 아빠와 앞집 순희 엄마와의 만남을 예상해야만 하는 것입니다. 그러나 여기서도 논의의 초점은 '쉽게' 써야 한다는 것이 아닙니다. 저는 삶과 소외된 앎을 일러서 '가볍다'고 표현한 적이 있는데, 이러한 식으로 말하자면, 오히려 '무겁게' 써야만 하는 것이지요.[2] 인문학의 글쓰기에서 결국 그 사활은 이해에 있고, 앎의 참된 이해는

삶과의 소통을 통해서 가능해지기 때문입니다. 물론 '쉬움'과 '무거움'은 서로 겹칠 수 있겠지만, 초점은 삶과 통풍이 되는, 그래서 '무거운' 글쓰기에 있습니다. 삶이 문제가 될 때 독자의 수용은 필연적이겠지요.

　-간단한 뜻풀이에 지나지 않을지도 모르지만, 다소 혼돈스러운 구석이 생기네요. 소설가 B씨는 김 교수의 글을 '가볍고 대담하다'고 평하지 않습니까. 그리고 신학자 K 교수도 최근의 서평에서 김 교수의 글쓰기가 "다술多述의 전략에서 기인하는 가벼움"을 노정하고 있으며, 그 전략은 "현실의 다성多性에 대한 자연스러운 표현"3이라고 지적하고 있습니다. 김 교수 스스로도 인식의 엄숙주의를 타파하고 글쓰기의 자유를 추구한다는, 일견 포스트모더니즘의 냄새를 풍기는 주장을 한 것으로 기억하는데요.

　-논의의 층위가 달라지면서 낱말의 뜻이 함께 달라진 것에 지나지 않습니다. 지적 엄숙주의를 부수는 가벼움의 글쓰기는 곧 삶의 일상과 긴밀하게 대화하는 무거움의 글쓰기인 셈이지요. B씨의 평가는 매우 단편적이고, 또 학문의 대강을 파악하지 못한 채 주로 문체에만 치중하는 인상비평이어서 저로서는 동의할 수 없었습니다. K 교수는 비교적 깊이 내 세계를 침범(?)하고 있는 편입니다. 여기서 상론할 수는 없지만, 특히 그가 내 종교세계의 일단을 헤집어 내고, 내 글쓰기가 궁극적으로는 "현실의 성화聖化"를 지향하고 있다고 해석한 것은, 그 적부適否를 차치하고라도 저로서는 매우

흥미롭게 생각됩니다.

　-체계화를 기피한다는 김 교수의 학문 태도로 다시 돌아가지요. 연상되는 것이 있어요. 김 교수가 쓴 글을 보면, 흔히 논의의 중심이 될 개념을 명석하게 정의하지 않으려고 하거나, 심지어 김 교수가 뜻하는 인문학의 이념을 내세우거나 혹은 소위 '복잡성의 철학'에 기대어서 이 기피를 적극적으로 옹호하려는 태도를 견지하기도 합니다. 결국 유사한 배경이 있는 태도인가요?

　-벌써 논의가 가지를 치기 시작하네요. 하여튼. 체계화를 기피한다는 것은 내 학문관에 연결되는 태도이고, 또 궁극적으로는 인간관이나 세계관에 대한 논의로 이어지겠습니다. 물론 저로서는 이로정연理路整然한 인간관이나 세계관도 믿지 않는 편입니다만. 언어관에 대한 논의도 내 학문관과 별개의 것일 수 없으니, 그런 점에서는 유사한 배경을 지니리라고 봅니다. 그러나 제 경우, 세계관이나 인간관과는 달리 언어관에 대한 논의는 좀 특별한 위상을 누립니다. 제게는 '언어관觀'이 없기 때문이지요. 이상한가요? 반복하지만, 저는 언어를 '보지' 않고, '씁'니다. 그러므로 제가 계발하고 있는 '글쓰기 철학'이란 결국 '언어관'의 주검이라고 봐도 좋겠습니다. '언어의 전체를 동시에 쳐다보는 태도'가 죽으면 무엇이 남겠습니까? 언어를 손으로 만지게 되지요. 조금은 상징적인 구석이 있는 표현이지만, 제가 제 학문의 주체를 '정신의 눈'에서 '손가락'으로 옮기고 있는 것도 같은 이치입니다.

-여전히 말의 탄성이 극심하다고는 느끼지 않습니까? 가령 일부 평자들은 김 교수가 학문적 깊이를 수사修辭의 교란과 혼동하고 있다고 비판하는데요?

-아마 그들은 '머리'로써 '관념'을 운용하는 것이 학문의 진수라고 여기는 축이겠지요. 물론 저도 '머리'가 없으면 공부할 엄두를 내지도 못하겠지만, 다만 내 '머리'는 '머리'로써 공부하는 방식을 이겨낸 '머리'라는 점에서 다르지요. 인신공격으로 오해받을 소지가 있으니 그 문제는 이쯤 해둡니다. 사실 '글쓰기 철학'은 수사와 '깊이' 사이의 관계를 다루는 데 적잖은 에너지를 소모하고 있습니다. 수사학에 대한 역사적 경험이 적은 우리 학인들의 경우, 당연히 수사를 학문의 깊이와 대극적 관계로 자리매김하곤 하지요. 글쓰기와 소위 '글짓기'를 구별하지 못하는 정도의 풍토가 아니었던가요? 그러니 글쓰기에 스며든 철학의 깊이를 제대로 주제화하지 못할 수밖에 없었던 것입니다. 수사를 한갓 교란, 혹은 기껏해야 치장으로 보는 태도, 그리고 그 '교란'을 학문적 깊이와 상극관계로 설정하는 것도 결국은 글쓰기 차원에 본질적으로 스며들어 있는 깊이를 간과하는 태도에 지나지 않습니다.

-김 교수는 엄숙주의에 대한 반동과 같은 맥락에서 '깊이의 담론'에도 싫증을 내지 않았던가요? '뜻'의 구심적 독재에 대항해서 '글'의 원심적 다양성을 추구하는 김 교수의 정신도 '깊이'에 대한 반발로 읽힐 수 있지 않겠어요?

-'깊이'의 담론이 명실상부하지 못하고 위협이나 강박, 혹은 단순히 체계의 규모를 위한 '이념의 옷Ideenkleid'으로 전락할 때, 삶과 현실을 학문의 터로 삼고자 하는 학인이라면 당연히 반발할 수밖에 없겠지요. 그러나 '깊이'가 실재한다면, 글쓰기의 깊이도 자연히 미덕일 수밖에 없을 겁니다. 아마도 제 생각은 깊이가 실재하는 방식에서 여타 '깊이의 형이상학'과 차이를 드러낼 듯싶습니다. 제 경우, 깊이의 담론은 형이상학에서 미학으로 옮아가는 중이라고 할까요. 아무튼 중요한 점은 글쓰기가 실재와의 상통관계를 통해서 이뤄진 것이라면, 그것이 가벼움이든 무거움이든, 얕음이든 깊음이든 곧장 미덕으로 통하는 구석이 있다는 것입니다.

-다소 반복되는 느낌이 있지만, 논의의 갈래를 분명히 하기 위해서 다시 묻습니다. '깊이'는 글쓰기가 아니라 생각의 속성이 아닌가요? 가령 깊은 글쓰기가 있다고 하더라도, 그것은 그저 깊은 사유에 그 터를 두는 것이 아닐까요? 달리 말해서, 상식적인 지적이라고 생각되지만, 글쓰기란 단순히 생각을 드러낸 것이고, 따라서 무릇 글쓰기란 사유의 깊이를 없앰으로써 가능해지는 것이 아닌가요? 아니, '사유의 깊이를 없앤다'는 표현이 적절하지 못한 듯한데, 그러니까 글쓰기란 영원히 사유의 깊이를 동경하고 그 소격에 갈증을 느끼는 행위의 흔적에 지나지 않는 것이 아닐까요?

-매우 상식적이군요. 그리고 형이상학적이기도 하고요. 저는 가끔 상식으로만 살 수 있는 곳이 천국이라는 생각에 골몰해보지

요. 그렇게 생각한다면, 플라톤의 말처럼 철학이란 이 땅의 운명인가 봅니다……. 그건 그렇고, 당연히 '깊은' 글쓰기보다는 '깊은' 생각이 더 상식적이겠지요. 그러나 '깊이'를 사유의 속성으로 본다면, 그 깊이는 자연히 단선적일 것입니다. 사유는 근본적으로 전통합적全統的이어서 '다양한 깊이'라든가 '개성적인 깊이'라는 것은 어불성설이기 때문이지요. 사실 철학이 정신주의mentalism에 빠진 것은 이런 뜻에서 당연합니다. 정신주의란 필시 보편주의이며, 보편주의란 그 중심에 깊이의 형이상학이 자리할 수밖에 없기 때문이지요. 또 깊이의 형이상학에서는 필연적으로 깊이의 단선적 위계가 설정되는 법입니다. 제가 사유나 정신의 깊이 대신에 글쓰기의 깊이를 주장하는 것은 바로 이 '깊이의 형이상학', 혹은 '깊이의 보편주의'를 없애는 데 그 중요한 취지가 있습니다. 반복하는데, '깊이의 형이상학'은 곧 '깊이의 보편주의'이며, 이는 곧 '깊이의 위계주의'이고, 이것은 또한 '깊이의 독재'와 관련됩니다. 여담이지만, 저는 독재單裁라면 자다가도 두드러기가 돋는 사람이니까요. 아마 학문도 필경에는 태도와 운명의 문제로 귀결되는 구석이 있겠지요? 간단히 정리하자면, 글쓰기는 정신주의의 보편성, 혹은 보편적 형이상학에서 면제받은 속된(?) 탐색의 현장입니다. 그리고, 다시 앞의 화제로 돌아가서, 수사修辭란 바로 이 '속됨'의 실체인 셈이지요. 워낙 수사란 글쓰기의 필연이기도 하지만—'수사 없는 글쓰기'라는 개념은 역시 실체 없는, 또 다른 수사에 지나지 않는다는 사실을 왜 모를까요?—바로 이 수사의 존재야말로 정신의 보편주의와 그 독재를 근원적으로 차단하는 순교자인 셈입니다. 말하자면, 수사는 스스로를 던져서 정신의 사이비 순전성을 교란시키고, 이로써 깊이의 독재를 원천적으로 예방하는 것입니다. 그러므로 글쓰기는 사유의 깊이를 없애는 길이 아닙니다. 오히려 글쓰기는 '깊이의 독재'에서 '깊이들의 차이'라는 새로운 지평을 열어주는 계기이지요. 제가 '깊이의 형이상학'에서 '깊이의 미학'으로 옮아간다고 말한 것도 같은 이치이지요. 단편적인 언급이긴 하지만, 제가 다른 글[4]에서 성숙을 설명하면서, "각자의 입장이 다름의 미학을 얻고, 그 다름이 깊이를 얻고, 그 깊이가 역사로 흘"러서 마침내 얻는 화이부동和而不同의 경지라고 풀이해본 것도 이 대목에서 도움이 될 것입니다.

-깊군요!

-그렇습니다. '깊이'를 없애니 깊어지지요! 진리든 무엇이든, 독재 속에서는 깊이가 없지요. 무슨 슬로건처럼 들리겠지만, 깊이는 해방과 자유의 유산이지 인식과 진위의 선물이 아닙니다. 달리 표현하면, 깊이는 퍼지는 것이지 모이지 않는다고 할까요.

-확인하는 의미의 질문입니다. 김 교수의 말처럼 글쓰기가 필연적으로 수사를 동반하고, 또 수사를 달고 다니는 글쓰기에 '깊이의 미학' 혹은 '깊이들의 차이'가 있다고 한다면, 그것은 김 교수의 글쓰기 역사가 남겨놓은 매우 사밀한 체험일 것이라는 추측이 드는군요. 김 교수가 '경지境地'라는 개념으로써 인식의 위계와 진위차별을 대체하려는 태도도 이와 같은 체험에서 우러나온 것이 아닌

가 짐작해봅니다. 하여간 소위 글쓰기 철학이 향유하는 '깊이의 미학'의 이면에는, 진리를 일종의 순결성으로 보고, 수사를 이 순결성을 훼손시키는 먼지 같은 존재로 여기는 정신의 보편주의가 있다는 이야기지요?

-잘 보셨습니다. 다산 선생이 그의 묘지명墓誌銘에서 "그러나 알아주는 사람은 적고 꾸짖는 사람만 많다면 천명天命이 허락해주지를 않는 것으로 여겨 한 무더기 불 속에 처넣어 태워버려도 괜찮다"고 하면서 자신의 노작에 안타까운 심사를 표한 적이 있지만, 내 글에 범람해오는 독자를 만난다는 것은 정녕 행운이지요.

-김 교수의 글에 범람하는 것은 내 말입니까, 아니면 내 정신입니까?

-제가 당했군요. 아, 다시 돌아가지요. 지적하신 대로, 글쓰기는 인식과 아울러서 향유의 측면을 강조합니다. 깊이의 위계가 인식의 대상이라면, '깊이의 차이'는 즐김의 성숙의 동반자이지요. 그러니, 유추해보면, 저는 사람의 성숙이 동일성의 인식보다는 오히려 차이의 즐김에서 그 단서를 얻는다고 믿는 축이겠지요? 또 즐김의 주체이니 몸이 개입하겠고요. 그건 그렇다고 치고, 사유는 대개 정신의 순전무잡함과 위계적 통일성에 대한 형이상학적 신념을 고수합니다. 그리고 그 형이상학에 따라서 어느 특정한 깊이를 잡아내는 일에 매진합니다. 요컨대 사유의 위계관이 선명하지 않고서야 가능

하지 않은 태도죠. 그러나 사유의 위계가 있다는 것은 무슨 뜻일까요? 여담이지만, 저는 사유에 위계가 있다고 하더라도, 아마 그 위계는 '얇은' 위계일 것이라고 생각합니다. 가령 '1+1=2'라는 생각은 '1+1=3'이라는 생각보다 정확하다고 할 수 있겠지만, 그렇다고 '깊다'는 평가를 내린다면 왠지 어색하지 않겠어요? 마찬가지로, 동구 공산권 국가들이 와해됨으로써 현실 사회주의가 실패했다고 하더라도, 이를 두고 자본주의가 사회주의보다 '깊다'는 평가를 내릴 수 있겠습니까? 요컨대 깊이는 정신의 진위를 따지는 인식의 차원도 아니고, 실용성이나 논리적 정합성의 문제도 아닌 것입니다. 더구나 '사상'이 문제가 된다면, 이미 그것은 인식의 차원을 넘어서고 있다고 봐야 합니다. 내가 보편적 사유의 지평을 벗어나 수사, 그리고 수사를 필연적으로 물고 들어가는 글쓰기 층위에서 탐색을 계속하고 있는 것은 생각의 위계에 대한 근본적인 불신에서 비롯된다고 볼 수 있지요. 심하게 말하자면, 제가 보기에 '사유의 깊이'란 허상에 불과합니다. 있는 것이라고는 '글쓰기의 넓이'뿐입니다. 글쓰기가 넓어진다는 것은 우선 수사의 자연스러운 기능입니다. 수사란 쳐내야 할 가지일 뿐이고, 가지치기가 끝나면 올곧은 줄기가 살아난다는 생각은 글쓰기에 대한 뿌리 깊은 오해입니다. 그렇게 비유하자면, 글쓰기란 가지뿐이라고 해야 할 것입니다. 제가 구태여 오해의 소지를 무릅쓰고 '글쓰기의 넓이'라고 한 것은 인식과 사유의 깊이와는 전혀 다른 모습의 '깊이'를 말하기 위해서입니다. 제가 심인성心因性의 글쓰기에 비해서 이른바 '존재적 글쓰기'에 깊이를 더한 것은 사실입니다.[5] 이 대목에 대해서 토의할 기회가 주어지겠지만, 이것은 소위 내가 뜻하는 '경지'와 관련 있는 것이지, 정신의 위계를 글쓰기로 번역한 것은 아닙니다. 엄밀히 따지면, 글쓰기의 깊이는 정신주의의 보편적 잣대로써 위계를 정하는 태도와는 달리 서로 간의 차이를 통해서 '깊이의 지형'을 그려나가는 태도와 유사합니다. '깊이의 위계'가 인식중심주의의 소산이라면, '깊이의 지형'은 내가 계발하고 있는 글쓰기 철학의 화성학和聲學이지요.

– '인식중심주의'란 서양 근대 철학의 특성을 가리키는 말인가요?

– 그렇습니다. 내 글쓰기 철학도 인식중심주의, 그리고 이를 뒷받침하고 있는 요소론적 형이상학을 그 안티테제의 하나로 삼고 있지만, 이러한 태도는 반데카르트주의로 치닫고 있는 서양 현대 철학의 일반적 추세이지요. 해석학이나 구조주의 이후의 철학은 정도의 차이가 있지만 모두 이 인식중심주의를 곱게 보지 않는 편입니다. 인식중심주의가 진리중심주의와 친화성을 갖는 것은 당연합니다. 필경, 인식이란 진리를 파악하기 위한 과정이니까요.

– 김 교수의 글에 더러 나타나는 '내용중심주의'도 이 '인식중심주의'의 한 유형인가요?

– 역으로, '인식중심주의'가 '내용중심주의'의 한 유형인 셈이지요. 내용중심주의는 형식과 내용, 겉과 속, 혹은 얕음과 깊음에 대

한 차별적 인식이며, 이를 뒷받침하는 형이상학적 위계입니다. 글쓰기 철학은 '속 깊은 내용'을 형이상학적 허구로 고발하고, 특히 '속에 있는 내용의 깊이'가 단선적이고 위계적이라는 신념에 도전합니다. 깊이의 문제란 것이 진위의 경직된 잣대를 넘어선다는 통찰이 이 고발과 도전을 뒷받침합니다. 깊이란 우선 지형이지요. 그리고 그 지형의 어울림입니다. 유대교의 경전에 '신이 스스로 창조한 피조물의 세계를 보고 아름답다고 느꼈다'는 구절이 있는데, 바로 이 아름다움이 깊이의 근원이지요. 정확함이 아니에요. 그런데 인식은 '지형'과 그 아름다움을 그리는 데에 관심이 없습니다. 내용중심주의나 그 한 가지 유형인 인식중심주의는 지형 속의 어느 특정한 '타깃'을 잡는 데에 몰두하는 것이지요.

　-1996년 10월에 출간한 『컨텍스트로, 패턴으로』의 서문에서 "철학의 길은 '단발의 타깃'을 노리는 것이 아니라 '연발의 지형'을 그리는 것에 있다"고 한 것이 기억나는군요. 그러면 인식이 추구하는 진리는 단발의 타깃으로, 그리고 글쓰기가 추구하는 일리들의 화성和聲을 연발의 지형으로 비유할 수 있는 것이겠군요?

　-네, 그렇습니다. 서양의 이성중심주의 철학이 좋은 범례를 보이고 있듯이, 정신의 보편성을 설정해두면 당연히 순전무구한 진리의 존재를 잡아내거나 드러내는 데 집착할 수밖에 없겠지요. 가령 이상적인 활과 살이 마련되어 있고, 또 선명한 타깃이 눈앞에 놓여 있다면, 누가 그 주변을 배회하면서 흔적의 지형만을 그리고 있겠

어요? 단번에 화살을 당겨 과녁을 뚫은 다음, 끝! 하고 말지요. 제 학문관은 이 화살과 과녁의 존재를 근원적으로 불신하는 데에서 시작합니다. 요컨대 인간은 끝없는 '됨becoming'의 과정과 그 역사에 불과하고, 삶은 징그럽게 복잡하며, 그리고 복잡한 삶을 단번에 뚫을 수 있는 화살은 어디에도 없습니다.

-김 교수의 소위 '복잡성의 철학'이 개입하는 부분인가요?

-'복잡성의 철학'이란 무슨 내실이나 체계를 갖춘 것이 아니라 삶을 대하고 그 삶을 앎과 융통시킬 때 소용되는 하나의 시각에 불과합니다. 삶이 복잡하다는 사실은 우리 일상이 확인시켜주는 범상한 경험이지요. 사실, '철학'이라고 할 만한 것도 자기성찰적 요소가 많지 않습니다. 워낙 우리 앎이란 단순화시키려는 유혹 속에서 계속 자식을 낳아가는 짓이니, 앎과의 관련성 속에서는 복잡성이라는 개념이 때로 각별한 의미를 띠기도 하겠지요. 그러나 근본적으로 복잡성은 삶의 범상한 경험에 지나지 않아요. 제가 「복잡성, 컨텍스트, 글쓰기」라는 글[6]에서는 이 복잡성의 현실을 '콘텍스트의 다층성과 역동성'이라는 개념을 통해서 사례 분석을 시도하기도 했지만, 사실 애초부터 별도의 분석을 요하는 개념으로 생각한 것은 아닙니다. 우선은 인문학의 방법과 이념을 설정하는 과정에서, 근대 서구의 '단순성의 과학'에 대한 안티테제, 혹은 보완으로서 제시되었던 것입니다. 혹은 제가 수사를 글쓰기의 철학적 깊이의 단서로 삼았듯이, 문학과 철학의 글쓰기를 상보시키는 과

정에서도 복잡성이라는 개념이 한몫한 것이 또한 사실이지요. 그러나 무엇보다 복잡성은 '일리一理'의 켤레 개념으로서 그 의의와 중요성을 지닙니다. 제가 "글은 복잡성을 일리로 풀어놓은 것이다"7라고 한 것이 바로 그 요체입니다. 이미 인식중심주의에 대한 논의에서 어느 정도 밝혔지만, 물상과 사태가 위계를 지키면서 정연하게 얕아지고 깊어지거나, 혹은 인식의 명료한 타깃이 될 만한 단일한 중심이 있다면, 제가 주장하는 '일리의 해석학'이란 한갓 나태이거나 무능력, 아니면 초점이 흐린 탓에 생겨난 그림자에 불과할 것입니다. 그러나 우리 삶과 사태의 진상이 복잡성이라면, 우리에게는 그 복잡성의 갈래를 다잡아주는 활동, 즉 일리의 맥脈理을 훑어가는 것이 긴요한 작업이 될 것입니다. 글쓰기는 바로 그 '일리 훑기'의 노동에 동원되는 것이지요. 아니, '동원된다'는 표현은 오해를 낳을 수도 있겠네요. 오히려 바로 그 일리 훑기가 곧 글쓰기에 다름 아닌 것이라고 해야겠습니다. 정리해보면, '단순성⇒정신주의⇒인식중심주의⇒진리'의 도식式에서 벗어나 '복잡성⇒글쓰기 철학⇒일리의 해석학⇒성숙'의 도정程으로 나아가는 것이지요.

－허두에서부터 체계화를 기피한다고 했지만, 언뜻 보기에도 꽤나 체계적인 느낌이 드는데요.

－그 체계가 '추세' 혹은 '패턴'이라면 상관없습니다. 역사의 바람을 맞으면서 수없이 걸어간 삶의 흔적이지요. 그 흔적에 대강의 체계라도 있다면 할 수 없지요. 아니, 결국은 앎도 삶에서 나오는 것

이 아닙니까? 그리고 무릇 삶을 사는 모든 것은 스스로의 자존을 위해서 '느슨한 길'을 만들어갑니다. 길이 없어도 위험하고, 그 길이 경직되어도 위험합니다. 호박 줄기 하나가 어느 아침에 까치처럼 뛰어다닌다고 상상해보세요. 그것은 호박 스스로를 위해서 매우 위험한 일이지요. 그렇다고 끈으로 단단히 묶어둔다면 어떨까요. 그것 역시 위험한 일이 아니겠어요? 호박 줄기도 자신의 생존을 위해서 나름의 '느슨한 길'을 유지하고 있는데, 그 길은 바로 그 자신이 몸담고 있는 자연과의 교류와 상통을 통해서 건강함과 정당성을 부여받는 것이지요. 내 학문세계에서 어떤 식이든 체계성이 느껴진다면, 앎의 권리 원천이 삶이고, 따라서 내 앎은 자연이 자연스럽게 만들어놓은, 바로 이 '느슨한 삶의 길'을 따라갈 수밖에 없기 때문이지요.

　-김 교수는 최근 저작에서 "패턴의 철학은 일리의 해석학이 예시되는 한 갈래로서 그 뜻을 갖는다"[8]고 했고, 또 이것은 "시효를 넘긴 진리의 독선과 입술만 날름거리는 무리의 자조를 모두 넘어서서 일리의 유연성과 보편성을 통한 제3의 해석학적 지평을 앞당기는 노력인 것"이라고도 했습니다. 패턴, 혹은 '느슨한 길'이라는 개념과 관련해서 김 교수의 작업에서 매우 중요한 자리를 차지하고 있는 것으로 알려진 '일리一理'를 설명해주십시오.

　-'일리'는 제가 수년 동안 지속적으로 관심을 가지고 그 철학적·해석학적 지평을 계발하기 위해서 애써온 개념입니다. 아쉽게도 아

직 욕심만큼의 성과를 내지는 못했지만, 지금의 제 학문세계를 이해하는 데 결정적인 부분인 것만은 분명하지요. 또 사실 가장 오해가 많은 부분이기도 합니다. '일리가 있다'는 말이 쓰이는 애매하고 무책임한 콘텍스트도 이 부분의 오해를 부채질한 것 같습니다. 이 개념을 해명하는 데에도 여러 길이 있을 수 있습니다. 제가 최근에 「진리·일리·무리」라는 제목의 꽤 긴 글9을 쓴 적이 있는데, 우선 일리를 진리와 무리 사이에 놓고, 그 둘과 서로 대비시키는 가운데 그 의미와 역할을 해명해보는 것이 가장 효과적이라고 판단됩니다. 먼저 서양 사상사적 지평에서 이 개념의 뜻을 살필까요. 간단히 말해서, 일리는 서양 철학의 모더니티와 포스트모더니티를 동시에 지양·극복하면서 우리 역사와 터에 알맞은 해석학적 지평을 열어보고자 하는 내 식의 노력입니다. 알다시피 서양의 근대 철학은 과학적 요소론을 본뜬 토대주의적 인식론이 지배했으며, 그 이념은 진리였지요. 그러나 니체처럼 과격할 필요조차 없이, 역사적 감각이 있는 이들이라면 쉽게 간파할 수 있을 텐데, 역사 속의 진리들은 인간됨의 한계와 조건, 그리고 삶의 자리를 무시한 채 액자 속의 우상으로 굳어져가고 말았습니다. '사상'으로서 지금까지 진리로 남아 있는 것은 없습니다. 아니, 좀더 엄밀히 말하자면, '사상'이란 애초에 '진리'와는 별 상관이 없는 범주에 속합니다. 파격적인가요? 제 스스로 오해하기 쉬운 말이라고 여기지만, 사상은 우선 역사이지, 진위 구별의 대상이 아닙니다. 이 대목은 여기서 일단 끊지요. 용장한 사설이 들끓는 곳이어서 잘못 빠지면 돌아나오기 힘들겠어요……. 그리고, 한마디로 정리할 수 없는 구석이 많지만, 포스트모더니즘은 진리 중심의 인식에 대한 반동으로 무리 중심의 유희를 일삼았다고 할 수 있습니다. 유희는 우상 타파의 춤사위이며 동시에 해방과 성숙의 징표일 수 있겠지요. 그러나 정작 중요한 것은, 아무런 이치도 없는 유희가 우리 생활세계의 현장일 수 있는가, 하는 문제일 것입니다. 일리의 현실성은 바로 이 점에서 도드라집니다. 일리는 액자 속에 금박된 진리라는, 니체의 표현처럼 '개념의 미라주의'도 마다하지만, 동시에 삶의 책임 있는 실천과 그 현실성을 도외시하는 혼돈과 마취의 춤짓도 경계하는 것이지요. 진리를 우울한 금욕에, 무리를 방만한 쾌락에 빗댄다면, 일리는 절제의 기쁨이라고 할 수 있을까요?

  -'절제의 기쁨'이라는 표현은 마치 일리의 해석학에 윤리학적 함의가 있는 것처럼 들리게 합니다.

  -인성의 도덕적 차원을 계발하거나 제도와 공동체의 윤리적 측면을 따지는 것에는 별 관심이 없습니다. 다만, 그의 표현에 따르면 '형이상학적 윤리학'이지만, 가령 레비나스류의 '존재의 윤리학'은 내 기질에 어울리는 탐색이라는 느낌을 가지고 있지요. 이것은 저의 종교적 배경과 깊이 맞물려 있는 이야기인데……. 여기서 상설하기는 어렵겠습니다. '절제의 기쁨'이라는 표현은 단순한 비유로 사용한 것이었는데, 규모 없이 논의가 확산되는군요. 다른 맥락에서 생각해보지요. 헬무트 골비처가 『자본주의 혁명』(한국신학연구소, 1992)에서, "세속적인 금욕(막스 베버) 대신에 이제는 세속적

인 소비가 (후기)자본주의의 존속 조건이 된다"고 지적했지요? 굳이 윤리학적으로 말하자면, 일리는 금욕적 인간이나 '소비인간homo consumens'과 같은 극단적 삶이 아닌, 평형과 성숙을 향한 삶의 이치를 밝혀나가는 것이겠지요.

-다시 '진리'를 거론할까요? 그러면 김 교수는 개인적으로 '진리'에 대한 동경이나 갈증에서 벗어난 것입니까? 소박하게 말하자면, 김 교수의 작업은 '진리'와 상관없는, 다른 차원과 층위의 것인가요?

-우선 의미론적 혼란을 없애려면 제가 사용하는 '진리'가 사상사 속에 등장해서 그 한살이를 마친 개념들에 국한된다는 사실에 유념해야 할 것입니다. 만약 그 역사적인 맥락을 없애버린 채 이 개념의 내포와 외연을 마음대로 조작하게 되면 '진리'에 대한 제 비판 자체가 무의미해지고, 급기야는 '진리·일리·무리'라는 구분마저 쓸모없어질 것이기 때문입니다. 이러한 전제 위에서 살펴보면, '진리'에 대한 동경이나 갈증은 애초에 우리 인간의 몫이 아니라는, 다분히 파격적인 테제가 자연스럽게 생깁니다. 이것은 앞서 밝힌 대로, 사상은 우선 역사이지, 진위 구별의 대상이 아니라는 생각과 일치합니다. 제가 늘 사용하는 표현을 반복하자면, 인간됨의 조건과 한계 속에서 만나지고 드러나는 모든 이치는 설혹 그 이름이 '진리'가 아니라 '진리 할아버지'더라도, 실질적으로는 앎의 인간적 패턴 속에 드러나는 우리의 '일리'에 지나지 않는 것이지요. 제가 "진리

없는 일리는 있을 수 있지만, 일리 없는 진리는 없다"[10]고 한 것도 바로 이러한 생각을 다소 완곡하게 밝힌 셈이지요. 달리 말하자면, '진리는 없다'는 이론적 선언이 아니라, '진리는 없었다'는 역사적 반성이면서 동시에 '진리는 인간의 몫이 아니다'라는 해석학적 겸손 정도로 정리할 수 있겠네요. '인간의 진리'가 아니면, 이미 그것은 실질적으로 우리와 상관이 없고, '인간의 진리'라면, 이미 그것은 '일리'이기 때문입니다.

  -김 교수의 '일리의 해석학'은 상대주의입니까? 이와 유사한 비판이 있는 것은 알고 있겠지요?

  -제가 뜻하는 진리와 일리 사이의 관계를 제대로 파악한다면 그 비판은 아마 무익한 수고가 될 것이라고 생각합니다. 제 스스로 미진하다고 느끼고 있긴 하지만, 상대주의와 관련해서 내 입장을 정리해본 대목이 여러 곳에 있습니다. 상대주의라는 올가미로써 일리의 해석학을 옭아맬 경우, 대개 그 층위는 인식론적입니다. 워낙 상대주의의 근간이 인식론적 뿌리를 지니고 있으니까요. 포스트모더니즘의 철학적 특색으로 전면에 내세워지는 인식론적 상대주의가 근대 인식론의 진리중심주의에 브레이크를 건 것이라는 사실도 바로 이 점을 증명해주지요. 그러나 바로 여기에 쟁점이 있습니다. 인식중심주의, 내용중심주의, 그리고 진리중심주의에 대한 비판에서 이미 논급했지만, '일리의 해석학'은 인식론의 욕심에서 벗어나 있습니다. 일리의 해석학이 인식론이 아니라면, 인식론적 함축이 강

한 상대주의를 들이댄다고 해서 특별한 비판이나 위협이 될 까닭이 없지 않겠습니까? 인식에 단선적 위계가 있고, 또 그와 같은 위계의 구분에 관심을 가진다면 당연히 상대주의는 중요한 도전이될 테지요. 그러나 이미 밝힌 대로 제 해석학은 차이의 미학과 그어울림을 추구하는 것이고, 따라서 우선적으로 일리 훑기를 통한경지와 성숙의 역정입니다. 그러니 상대주의라는 비판은 타깃을 잘못 잡은 듯합니다. 아무래도 '미학적 상대주의'라고 욕할 수는 없지 않겠어요? 이러한 뜻에서 저는 상대주의를 탈인식론화한 다음오히려 '환대'하는 편이지요. 쉽게 사귀기 어려운 친구이지만 적대시할 이유는 없다고 보니까요. 그러니까 "상대주의란 인식의 층위에서 출현한 천재지변이 아니"라 "오히려 삶이, 그리고 몸이 성숙해가는 도정에서 나타나는 새로운 관심의 집적이며, 새로운 지평에의참여"에 지나지 않습니다.[11]

-대화 중에 이미 여러 차례 등장한 말이지만, 이제는 김 교수의작업에서 매우 중요한 개념 중 하나로 손꼽히는 '성숙'으로 화제를돌립시다. '성숙'은 김 교수가 구상하는 인문학의 이념이라고 볼 수있겠지요?

-그렇습니다. 성숙은 인문학의 이론과 실천이 만나는 접선接線, 그 지평선이지요. 워낙 지평선이라는 것이 절대적인 위치나 거리를말할 수 없지 않습니까? 지평선을 바라보는 사람은 대체로 자기스스로 이미 또 하나의 지평선에 속해 있다는 사실에 주목하지 않

는 법입니다. 자신의 위치를 출발점으로 삼아 그야말로 '끝없이' 펼쳐진 '다른' 지평선에만 정신을 팔고 감탄하는 법이지요. 그런 뜻에서 성숙은 하나의 지표입니다. 분명 하나의 지표이지만, 또한 지표라고 하기에는 그 의미와 위상에서 애매한 구석이 있는 것이 사실입니다. 하기야, 인문학의 탐색에서 기하학적 엄밀성을 흉내낼 필요도 없겠고, 그리고 몽매주의적 태도라고 오해받을지도 모르겠습니다만, 내 학문이 진위와 위계를 따지는 데 몰두하는 경직된 바로미터가 아니라 우선 역사요, 그 흐름새라고 한다면 애매함조차 그리고 어느 정도의 오해조차 넉넉히 품을 수 있겠습니다. 제가 구상하고 추구하는 인문학에서는 성숙과 더불어 '변혁'이 두 다리를 이루고 있는데, 우선 성숙이 변혁으로 가는 필요조건입니다. 물론 성숙그 자체가 또 다른 의미에서 변혁이기도 하지만 말입니다. 이미 그진단마저 범람하고 있는 실정이지만, 오늘날 우리가 당면해 있는세계적이며 복합적 위기들은 인류의 생존 그 자체를 위협하고 있는 성격의 것들입니다. 인간의 성숙이 뒷받침되지 않는 처방은 결국 근본적이며 효율적인 변혁에 이르지 못한 채 미봉책으로 잠시얼굴만 비쳤다가 사라지고 말 것입니다. 바로 이 점에서 사회과학의 길과 구별됩니다. 물론 서로 공조共助해야 할 부분이 적지 않다는 사실을 따로 언급할 필요는 없겠지요. 제도와 체제 개혁에 초점을 맞추는 이들의 눈에 비친 성숙의 이념은 한갓 주관주의이거나사태의 진상을 호도하는 감상주의에 불과할지 모르겠습니다. 그러나, 이것은 매우 미묘한 문제인데, 인문학자의 입장이라면 변혁 그자체 못지않게 변혁을 이루는 '인문학의 길'에 일차적인 관심을 두어야만 할 것입니다. 가령 기업가나 노동자, 수학자나 사회학자나 모두 개혁에 관심을 가질 수는 있겠지만, 그 관심의 성격과 그 관심이 구체화되는 방식이 모두 같을 수는 없고, 또 같을 필요도 없지 않겠습니까? 인문학자로서 이 테제에 접근하고 있다는 사실에 어떤 특이성이 있는지를 늘 염두에 두어야 한다는 말이지요. 요컨대 '어떤 식으로든' 변혁을 성취하기만 하면 된다고 한다면, 공들여 인문학의 길을 닦을 이유가 단숨에 없어지고 맙니다. '모로 가도 서울만 가면 된다'는 식의 결과주의는 인문학의 길이 아닙니다. 예를 들어 '개발독재'라는 테마만 하더라도, 개발보다는 '독재'에 더 관심을 두는 것이 인문학의 운명인 것입니다. 아무튼…… 어쩌면, 매우 조심스러운 추단인데, 이 '성숙-변혁'의 구도는 내 피 속에 녹아들어 있던 수기-안인修己-安人의 전통이 오늘의 현실 속에서 새로운 모습으로 부활하고 있는 것이 아니겠는가, 하는 묘한 생각에 사로잡힐 때도 있습니다.

   -저도 김 교수가 행한 몇몇 강연에 참석해서 질문한 적이 있지만, 가장 흔히 제기되었던 반론은 '성숙이란 너무 주관적인 개념이어서 인문학의 이념으로 설정할 만한 보편성이 있겠는가' 하는 것이었습니다.

   -성숙은 소위 '보편주의'를 표방하지는 않지만, 공부의 지표나 이념이 될 만큼 충분히 보편적이라고 생각합니다. 물론 이 개념을 이해하는 데에 이견이 있고 수용하는 태도에도 다양한 차이가 있

습니다. 그리고 우선 우리 언어생활에서 너무 느슨하고 평범하게 쓰이는 말이기도 하지요. 그러나 기왕에 엄밀한 공리公理를 설정하려는 욕심이 아니라면, 용례의 느슨함이나 해석의 다양성이 곧 보편성을 상실한 자의恣意로 전락하는 것은 아니지요. 워낙 인문학은 복잡성과 다층성의 영역에서 벌어지는 활동이니까요.

-우연히 S 출판사 사장을 만났더니 김 교수가 내년 봄에 출간할 책의 제목이 '인식에서 성숙으로'라고 일러주더군요. 성숙이라는 이념도 인식중심주의에 대한 반발의 취지가 강한 모양이지요?

-그분이 섣불리 말씀하셨네요. 그 책의 제목은 여전히 고심 중에 있습니다. '손가락으로, 삶으로, 성숙으로'라는 제목을 구상해봤는데, 혹자는 제목이 너무 길다고도 하고, 또 '손가락'이라는 낱말이 어색하다는 지적도 하고……. 그건 그렇고, 성숙의 이념이 인식의 단계를 넘어서면서 자기 모습을 구체화하는 것이고, 따라서 인식중심주의의 전통이 강할 수밖에 없는 철학과 인문학에서는 당연히 반동적인 색채를 띠게 되겠지요. 그러나 성숙의 도정에서 인식의 의의와 역할을 도외시하는 것도 '무리'한 노릇입니다. 진화사에서 보든, 단지 문화사에서 보든 어차피 '인간됨'에서 의식의 위치와 기능은 핵심적이니까요. 금세기에 들어서면서 의식철학과 주체철학이 겸손해지고 있는 것은 사실이지만, 이 추세가 곧 의식과 인식을 인간됨에서 떼어놓을 수 있는 증거로 여겨져서는 곤란하겠지요. 아무튼 성숙의 도정을 걸어가면서 이성중심주의, 혹은 인식중

심주의를 어느 정도 내려다볼 수 있게 된 것 자체가 중요한 성숙의 정표일 겁니다.

　-김 교수는 최근에 쓴 글에서 "우리 학문 현실에 대한 자성이 성숙과 해방이라는 내용적 화두를 지닐 수 있다면, 그 형식적 화두의 한 가지는 '탈脫논문중심주의'가 되어야 할 것"[12]이라고 밝힌 적이 있습니다. 지금 다룬 성숙과 연관해서 본다면, 논문중심주의에 대한 비판은 어떤 뜻을 가지고 있는 것입니까?

　-제가 던지는 여러 모습의 비판은 대체로 우리 학문의 자생성과 주체성을 위한 방법적 전략으로 귀결됩니다. '앎과 삶의 통풍'이라는 제 학문의 지표도 같은 취지를 품고 있고요. 이러한 관점에서 제 생각을 살펴보시면, 단편적인 언급으로 여겨지던 것들도 제자리를 찾아갈 것입니다. 학인 개인의 성숙이나 학문세계 전체의 성숙은 모두 자생력의 배양과 주체성의 확립이 그 기본입니다. 제가 "공부의 시작이란 우선 남의 소리를 남의 자리에 돌려주는 일이며, 제자리를 찾아 제 소리를 내는 노력에 있다"[13]고 한 것도 마찬가지입니다. 이것은 전혀 배타주의나 협소한 민족주의 따위가 아닙니다. 이미 여러 글을 통해 개방성, 학제성, 역사성 등을 제 학문의 태도로서 밝힌 바 있지 않습니까? 민족주의 역시 초등학교 이후 제 관심을 끌지 못했다는 사실을 농반진반으로 말한 적이 있고요. 그러나, 아무튼 불행한 일이지만, 해방 이후 우리 땅에서 이뤄진 논문 쓰기─'논문'이 아닌 점에 주목해주십시오─는 우리 정신문화의 온

축을 창의적으로 계승시키면서 주체성을 확립하고 학문의 자생성을 길러나가기보다는 대부분 오히려 논자論者와 독자 모두를 삶의 역사와 터로부터 소외시키고, 자신의 정신적 정체성을 애매모호하게 만들며, 급기야는 거대한 문화식민지의 굴레 속에서 조그만 연결 장치의 고리 구실로 전락시키는 표징에 지나지 않게 되었지요. 논문중심주의에 대한 비판이 중요한 것은 논문 쓰기가 단순히 텍스트의 정합성을 챙기는 일이나 그 진위를 따지는 데에서 끝나지 않기 때문입니다. 논문 쓰기의 콘텍스트에서는 역사학과 정치학, 경제학과 심리학, 심지어 종교와 형이상학이 경합하고 있습니다.

  ―김 교수가 여러 차례 밝힌 대로, '논문 폐기론'을 주장하는 것은 아니지요?

  ―네. 원전중심주의에 대한 제 비판이 '원전폐기론'이 아니듯이 논문중심주의에 대한 제 비판도 '논문 폐기론'으로 이어지지 않습니다.[14] 저는 단 한 번도 논문을 폐기하자는 주장을 해본 적이 없고, 또 이미 여러 글을 통해서 이 대목에 대한 제 생각이 '논문 폐기론'이 아니라는 점을 명시적으로 밝힌 바도 있습니다. 그런데 바로 여기에 오해가 무성합니다. 모 신문 기자는 이 대목에 대한 내 생각을 정리하는 기사를 쓰면서, '논문은 인문학에 부적절한 방식'이라는 제목을 뽑기도 했지요. 오해에도 종류가 많지 않습니까? 그러나 사실 이런 유의 오해는 무성의한 독서의 표본으로서 글쓴이를 우울하게 하는 주범이지요. 지난봄의 어느 강연장이었던 것 같습

니다. 평소 안면이 있던 서울 P 대학의 J 교수가 "김영민 교수의 철학은 자주 접해서 익히 알고 있는데……"라고 서두를 떼면서 장황하게 늘어놓는 비판이 바로 '논문 폐기론'에 대한 것이었습니다. 그의 주장이 하도 완강하고 일견 맹목적이어서 나중에 제가 사석에서 정색하고 물어봤더니, 글쎄, 이런저런 잡지에 실린 단평短評이나 제 작업을 보도한 여러 신문 기사를 읽은 것이 전부라더군요. 글쓰기 문제는 아닙니다만, 최근 중앙대학교 학보에서는 제 글[15]을 두고 논쟁이 있었어요. 흥미로운 것은, 제 글을 비판하는 쪽이나 옹호한다는 쪽이나 모두 정작 당사자인 저를 소외(?)시키고 있다는 인상이 짙었다는 점입니다.

　-아마 J 교수는 '논문' 형식을 갖춘 '원전'만 보느라고 김 교수의 '잡된 글쓰기'를 읽을 여유가 없었나봅니다.

　-아마도 그렇지 않을 겁니다. 우리가 무분별하게 숭배하는 '원전', 그리고 그 원전이 쓰인 과정은 오히려 대부분 제가 뜻하는 '잡스러운 글쓰기'의 정신과 친화력을 지닙니다. 간단히, '잡스러움'이란 근본적으로 삶과 앎을 소통시키려는 글쓰기의 태도이며, 그 창의와 실험과 용기와 전략입니다. 무릇 한 시대의 정신Zeitgeist을 품고 있는 원전이란 그 시대의 삶과 그 삶의 특수성이 인류의 보편성에 이어지는 방식을 표현해주는 법입니다. 반복하지만, 원전과 논문이 제 타깃은 아닙니다. 원전과 논문이란 쉽게 넘어설 수 있는 만만한 대상이 아닙니다. '잡된 글쓰기'가 비판하는 대상은 오히려

논문이라는 고깔을 쓴 채 원전 앞에서 매스 게임을 벌이는 한 무리의 인형들과 그 행태지요. '잡된 글쓰기'는 결국 자기 음성을 내려는 노력이며, 그 음성이 온축되어 깊이와 역사를 얻어가는 과정입니다. 따라서 '잡된 글쓰기'는 그 근본에서 줏대와 자긍의 문제인 것입니다.

—바로 그 점에서 '잡된 글쓰기'가 탈식민성 테제와 이어져 있다고 봐야겠군요.

—그렇습니다. 우선 논문이라는 글쓰기 형식의 역사를 규명하게 되면 자연히 논문지상주의의 옹벽에는 금이 가게 마련입니다. 예나 지금이나 이론의 진공을 빠져나와 역사의 현장 속으로 들어가는 것이 가장 확실한 우상 타파의 길이지요. 글쓰기의 주변을 불순하게 배회하는 정치와 심리와 경제와 역사의 바람을 모아서 글쓰기의 단순성과 순수성에 대한 신화를 날려버리는 것입니다. 우연한 일이지만, 이것은 데리다가 서양 형이상학의 목에 들이대는 해체의 방식과도 닮았습니다. 이처럼 논문과 일정한 거리를 유지하게 되면, 논문중심주의야말로 우리 학인들이 서양의 학문 체제에 가장 '점잖고 고급스럽게' 순치되어 있는 모습이라는 사실이 확연히 드러납니다. 줏대 없는 순치, 바로 그것에 다름 아닙니다. 논문을 쓰는 사람의 개인적 열정과 성실에 상관없이, 그리고 그 전략의 입안자가 있든 없든, 논문중심주의라는 형식 숭배는 이 땅의 정신적 자원들을 실질적으로 통제하는 가장 교묘한 지배의 전략으로 기능하

고 있는 것입니다. 최근 부산 S 대학의 B 교수가 제 책의 서평을 하면서, "저자는 논문중심주의를 비판하면서 탈식민성의 숙제를 글쓰기 층위에서 풀려고 시도한다"[16]고 했는데, 바로 보신 것이지요. 논문중심주의의 정치학과 역사학을 폭로하는 순간 '잡된 글쓰기'의 의의와 가치가 자연스럽게 실증됩니다. 그것은, 속으로는 우리 학문의 자생성을 함양하려는 탈형식의 형식이며, 밖으로는 정신의 종속성을 청산하고 주체성과 보편성을 아울러 계발해나가려는 줏대요 자긍이며 실험이자 용기인 것입니다.

　-세계가 한 마당이 된 지금, 더구나 보편성을 미덕으로 삼는 철학 영역에서 구태여 탈식민성의 논리를 힘주어 강조할 필요가 있을까요?

　-역시 제가 자주 듣는 반론입니다. 하지만 저로서는 그 반론 자체가 매우 궁색하게 느껴져서, 솔직히 진중하게 답변을 드릴 마음마저 생기지 않는 편입니다. 되도록 짧게 정리해보지요. 이 대목의 토의에 이르면 어느 편이든 대단한 몰상식이 난무한다고 생각합니다. 대체로 등에 선명한 배번背番을 달고 다니는 국수주의자가 아니면, 협궤의 텍스트중심주의에서 평온히 살고 있는 사이비 보편주의자로 양분되고 말지요. 좀 심하게 표현하자면, 국수주의자는 머리가 모자라고, 보편주의자는 몸이 모자라는 법입니다. 가령 그 나름의 명성을 얻고 있는 재미 철학자 K 교수의 논문 「한국철학이란 가능한가」[17] 등에서 펼치는 논리는 제가 보기에 거의 하나의 독

특한 몰상식에 가깝습니다. 여기서 상설할 수는 없지만, 그 논문의 근본 전제는 서양 철학이 규정해놓은 보편성의 우산을 펴놓고서 그 그늘 아래에 들어올 경우에만 타자의 학문을 인정하겠다는 사이비 보편주의이며 고급한 제국주의에 다름 아닙니다. 좀더 근본적인 차원의 지적이지만, 제 생각에는 보편성이 아니라 역사성이 학문성의 실체인 것입니다. 이야기가 길어지겠는데, 이 대목은 제가 앞에서 말한 '진리-일리-무리'의 도식에서 어느 정도 해명한 것이어서 중복을 피하도록 하지요.

–아직도 건드리지 못한 주제가 적지 않은데 벌써 준비한 시간이 끝나갑니다. 마지막으로 좀 사적인 질문을 하나만 드리고 마무리하도록 해야겠습니다.

–김 교수의 다술多述은 일종의 전략입니까?

–더러 운명도 전략으로 쓰이지 않습니까?

17. 지금, 글쓰기란 무엇인가[1]

-오늘 주제가 '지금, 글쓰기란 무엇인가'라는 좀 거창한 것이어서 먼저 글쓰기 개념부터 나름대로 명확히 해두고 이야기를 풀어가는 것이 순서일 듯합니다.

-사상사적으로 볼 때 우리에게 특별히 기하학적 전통이 두드러진 것도 아닌데 논의를 시작할 때마다 먼저 정의定義부터 내려야 한다는 생각이 널리 퍼져 있는 듯합니다. 그러니 글쓰기 문제를 논의하기 전에 그 개념을 정의해야 한다는 생각은 일견 당연해 보입니다. 그러나 제게는 이 당연함이 일종의 강박에서 유래하는 초조함으로 여겨질 뿐입니다. 제 자신 그간 글쓰기와 관련된 여러 글을 써왔지만 한 번도 엄밀한 정의를 흉내 낸 적이 없지요. 심지어 어떤 글에서는, 주어진 논제가 되는 개념을 아예 정의하지 않는 편이 낫다는 주장을 펼치기도 했습니다. 제가 이해하는 인문학이란, 분명한 정의를 목표로 삼는 탐색도 아닐뿐더러, 정의로부터 출발하는 경주는 더더욱 아니기 때문입니다.

-그렇다면, 글쓰기가 논의되는 배경이라도 살펴주시지요.

-역시 간명한 답을 할 수 있는 주제가 아닙니다. 그러나 철학사적인 맥락에 국한시켜서 그 개요를 짚어볼 수는 있으리라고 생각됩니다. 아시다시피, 서양 근대 철학 300여 년 동안에는 글쓰기가 중요한 철학적 이슈로 등장한 적이 없었다고 해도 과언이 아니지요. 한마디로, 글쓰기는 서양 근대 철학의 주된 관심거리가 아니었습니다. 이를 소박하게 평하자면, 중요한 것은 '뜻'이지 '글'이 아니었다는 이야기죠. 여담이지만, 바로 이 대목에서 데리다가 말하는 소위 '음성중심주의'가 논급될 수 있겠습니다. 그러나 여기서는 상설하지 않겠습니다. 데카르트를 그 기점으로 삼는 서양의 근대 철학이 몸의 일부인 손, 그리고 필기도구가 간여하는 글쓰기 활동에 철학적 의미와 가치를 부여할 수 없었을 것은 당연합니다. 소위 이성중심주의의 전통 속에서 이뤄진 주체철학, 혹은 의식철학은 '정신'이라는 보편 공간 속의 인식을 그 주된 행위로 규정했기 때문입니다. 특히 제가 말하는 글쓰기 철학은 종이나 펜, 그리고 몸, 특히 손가락에 대한 관심이 없이는 가능하지 않습니다.

소위 '언어적 전회'를 통해서 그 중요한 일단이 설명됩니다만, 20세기 초에 들어서야 비로소 철학이 본질주의나 정신주의에서 제대로 벗어나기 시작했던 것이지요. 대체로 이 언어적 전회라는 사건은 20세기와 그 이전 사이를 구획하는 중요한 분기점이 되지 않습니까? 글쓰기 자체가 철학화되는 추세의 앞머리에도 이 분기점이 중요한 역할을 하는 셈이지요. 일단 의식의 '밖'으로 나와서 언어의 '안'으로 들어서지 못하는 한 글쓰기 철학은 어불성설이기 때문입니다. 물론 글쓰기 철학은 내외니 안팎이니, 그리고 본질과 현상의 차별 자체를 의문시하기 때문에, '안'이나 '밖'이라는 낱말 자체가 그리 적확하지는 않습니다만. 어쨌든 글쓰기 철학이란 글 '속'에 있는 뜻, 정신 '속'에 있는 관념, 그리고 형식 '속'에 있는 내용을 캐내는 작업과는 질적으로 다르니까요. 그러니까 내용중심주의, 혹은 그 한 사례인 인식중심주의에 머물러서는 글쓰기를 철학적으로 주제화할 가능성이 소실되고 맙니다. 글쓰기 철학은 말 그대로 우선 '쓰기'의 철학인 셈인데, 그런 점에서도 인식론의 '보기'나 해석학의 '읽기'와 다릅니다.

아마도 서양의 현대 심리학사와 비교해봐도 좋으리라 생각됩니다. 정신주의적 면모가 강했던 구조주의 심리학이 점차 외화되면서 기능주의 심리학이나 행동주의 심리학이 나오지 않았습니까? 근대 철학의 일반적 태도와 글쓰기 철학의 관계는 구조주의 심리학과 행동주의 심리학 사이의 관계를 통해서 유비적으로 읽을 수 있으리라고 여겨집니다. 그렇다고 해서 글쓰기 철학을 곧장 행동주의의 일종으로 봐서는 곤란하겠습니다만.

정리하자면, 작금 글쓰기, 혹은 글쓰기 철학에 대한 담론이 활발해진 배경에는 서양 근대 철학의 이성중심주의, 인식중심주의, 음성중심주의, 내용중심주의, 그리고 정신주의에 대한 거대한 반동의 흐름이 자리하고 있습니다. 또한 철학이 미시화, 각론화되는 현상, 혹은 심지어 최근에 논의되고 있는 철학의 '자기초극'이라는 주제와도 관련 있다고 생각됩니다. 따라서 논의를 좀더 진척시킨다면, 인간의 내면적인 성찰과 반성에서 벗어나 글쓰기 행위 자체를 주제화하는 태도가 철학사, 혹은 사상사적인 맥락에서 어떤 위치와 의미를 지니겠는가, 혹은 이러한 변화가 철학 내부에서 자생하는 필연성인지 아니면 다만 시의적 변용인지 하는 문제 등을 따져볼 수 있으리라고 생각됩니다.

-자연히 현실 인식의 문제를 건드리게 되는 것 같습니다. 글쓰기 철학의 전개는 당연히 현실 인식과 관련되는 부분이 있겠지요. 이 관련성에 따라서, 방금 지적하신 대로, 자생적 필연성인지 아니면 시의적 변용인지 하는 문제가 결정되리라고 봅니다만, 어느 쪽인가요?

-두 가지로 나누어서 이야기하고 싶군요. 앞서 언급한 배경 설명과 조금 중복되겠습니다만, 우선 우리 한국의 지역적 현실을 벗어나서, 이를 둘러싸고 있는 20세기의 지성사적 현실을 보면서 글쓰기, 혹은 글쓰기 철학의 의의를 따지고 싶습니다. 서양 철학사의 지평에서 보자면, 세기가 바뀌는 과정에서 가장 중요한 변수는 뭐니뭐니해도 앞서 언급한 '언어적 전회'라고 해야겠지요. 19세기 말까지의 근대 철학은 유파나 개인 사상가의 특색에 따라서 나름대로 다양한 모습을 보이고 있지만 그 주된 성격은 알다시피 '의식철학'이라는 말로 포용할 수 있는 어떤 사유의 콤플렉스였습니다. 그러니 근대인은 우선 '의식'이었고, 철학은 우선 '의식본질적 활동'이었던 것입니다. 그러나 언어적 전회 이후의 서양 철학은 의식으로

부터 언어의 지평, 혹은 언어성으로 급격히 그 관심을 옮기는 전반적 추세를 보였습니다. 그러니까 가령 언어분석철학은 의식 내재적 본질을 파악하는 '반성의 작업'도 아니고, 그렇다고 의식이나 언어 바깥의 객관적 실재를 드러내는 '발견의 활동'도 아니었던 것입니다. '안'에 있던 관념과 '밖'에 있던 실재 모두가 언어의 세계 속에 들어와 서로 만남으로써 색다른 게임을 벌이게 되었다고 할까요. 이른바 '언어 게임Sprachspiel'이나 담론에 대한 관심이 그 토대를 얻게 된 셈이지요. 언어철학이나 구조주의, 해석학 등이 모두 언어성 Sprachlichkeit에 각별한 관심을 두고 있는 점도 이 같은 배경에서 보자면 쉽게 납득이 가지요. 오해의 소지를 무릅쓰고 간명하게 평하자면, 제가 구성해가는 글쓰기 철학이란 의식철학과 언어철학, 그리고 해석학의 다음 세대에 해당되는 셈입니다.

두 번째로는, 우리 땅의 지적 현실과 관련해서 글쓰기 철학의 의의를 살펴볼 수 있겠습니다. 이 문제는 우리의 국내 현실과 이어지면서 자연스럽게 새로운 색채를 띠게 됩니다. 우리는 나름대로 독특한 역사와 전통 아래 학문의 흐름을 이뤄왔지만, 아시다시피 각종 내우외환과 함께 식민지 경험과 분단이라는 엄청난 질곡을 겪어왔고, 또 지금까지도 다양한 형태의 대외 종속관계, 체화, 혹은 무의식화되다시피 한 타자화의 경험에 시달리고 있기 때문에 이 같은 우리 역사의 특이성을 염두에 두면서 글쓰기 문제를 살펴봐야 할 것입니다.

해방 이후 벌써 반세기를 넘기고 있는 시점이지만, 아직 우리 학계에서는 글쓰기의 주체성과 자생성을 포함한 학문 일반의 자기

반성마저 극도로 빈약한 실정입니다. 몇몇 학인이 산발적으로 나름의 노력을 하고 있는 것으로 압니다. 그러나 그들의 작업은 대체로 문체의 계발이나 장르의 파괴와 범람 정도에서 머물고 있습니다. 심지어 자신의 난필亂筆을 합리화하기 위해서 글쓰기 문제를 교묘하게 악용하는 사람도 있는 듯합니다. 다술多術이 난필을 정당화할 수는 없습니다. 특히 기법 위주의 포스트모더니즘을 자기식으로 수용해서 개인의 스타일 계발에만 치중한 나머지 우리 독자와의 교감을 스스로 끊어버리는 사례도 있다고 봅니다. 어쨌든 이들은 대체로 글쓰기 활동에 숨어 있는 거대한 학문 체계의 전략적 공조, 혹은 공모에 대해서는 둔감한 상태인 것 같습니다. 국내의 학인들은 글쓰기 자체를 근본적이고 포괄적으로 주제화하지 못하고 있습니다. 너무나 심한 욕이 되겠습니다만, 솔직히 절대다수의 학인들은 아직 '글짓기' 단계에 머물러 있는 실정이지요. 솔직히 말하자면, '글짓기'에서 '글쓰기'로 넘어갈 수 있는 계기 중 한 가지는 글쓰기의 오랜 경험인데, 우선 글쓰기에 너무나 나태한 학인이 수두룩합니다. 그들은 대체로 너무나 '심오한 사색가'들이어서 일 년에 한 편 짜깁기한 논문만을 제출하는 것으로 학자의 소임을 다한다고 여기는 축들이지요. 그러나 이 대목에 오래 머물러 있으면 험구가 될 듯하니 더 이상 상설하지 않도록 합시다. 어쨌든 그들의 학문은 여전히 '뜻'을 전하는 일에서 끝나고 있고, '글'과 글이 쓰이는 활동과 과정, 그리고 그 역학과 깊이에는 주목하지 않고 있습니다. '뜻'의 영역에서와 마찬가지로, 아니, 어쩌면 더욱 심하게, '글'의 영역에서도 그들은 맹목적인 서양바라기 행태를 계속하고 있는 것이죠. 이런 점에서, 글쓰기 문제는 한편으로 학문적 자긍심, 혹은 탈식민성의 숙제와 깊이 관련되어 있기도 합니다.

　-여기서 논의하는 현실 인식의 문제에는, 철학적 주체가 이 세계를 어떻게 해석하는가 하는 것이 그 핵심을 이루고 있겠습니다. 세계관, 혹은 세계 해석이라는 관점에서 글쓰기 철학의 위상을 정리해둘 필요도 있을 것 같은데요.

　-글쓰기의 배경과 동기는 그것만으로도 한 편의 긴 논문을 얻을 수 있는 주제이지만, 글쓰기는 우선 글 쓰는 사람이 자신이 살고 있는 세계를 해석하는 방식에 따라서 다양하게 그 속내를 드러내고 있는 것도 사실입니다. 서양의 근대 학문사에서 보이는 글쓰기 양식이 좋은 사례가 될 것입니다. 진부한 지적이지만, 서양 근대 학문은 과학이 지배적 담론으로 군림한 역사였다고 간추릴 수 있습니다. 중세의 신학과 마찬가지로 근세의 과학은 제반 학문을 독식하고 독점한 메타언어였던 셈이지요. 그러므로 글쓰기 역시 과학적 체계와 구색을 갖추는 것으로 학문성의 겉모습을 유지할 수 있었던 것입니다. 다시 말하자면, 과학적 틀과 체계가 곧장 객관성과 사실성이라는 근대 학문성의 본질과 투명하게 이어졌기 때문에 그 매체로서의 글쓰기는 주제화될 수 없었습니다. 리오타르의 말처럼, 과학적 글쓰기의 독재가 서사의 위기를 몰고 왔다고 말할 수 있을 지경이었죠. 실증적 과학성이 학문성의 모델이 된 것이야말로 근대 학문의 요체일 테니까요. 부분적인 반성과 개혁에도 불

구하고 이러한 경향은 지금까지 계속되고 있습니다. 역설적인 것은, 서양에서는 바야흐로 근대성 비판의 물결과 함께 근본적으로 반성 내지는 보완되고 있는 이 경향이 우리나라에서는 여전히 맹목적으로 답습되고 있다는 사실입니다. 논문 쓰기에 목을 매고 있는 현상도 결국은 '과학성이 학문성의 모델이다'라는 강박의 연장선상에서 볼 수 있는 우울한 풍경에 지나지 않습니다. 요컨대 근대 학문의 과학적 글쓰기는 당연히 과학적 세계 이해의 뒷받침을 받고 있습니다. 사실 이것은 매우 깊은 역사가 있는 이야기입니다. 그리스의 피타고라스에게까지 소급되는 근대 과학의 세계관은 인간의 이성에 의해서 그 합리성과 아름다움이 수학적, 체계적으로 설명될 수 있는 '코스모스kosmos'입니다. 이들이 이해했던 세계는 기하학적인 방법으로 설명될 수 있는 명료하고 합리적인 대상이라는 말이지요. 설명 가능성explicability은 이들의 세계관을 떠받치고 있는 중요한 심인인 거죠. 그러한 자신감, 그리고 이를 조직적으로 구체화시킨 것이 바로 '선진 문명의 제국' 아닙니까? 이성적 인간, 설명 가능성, 그리고 코스모스, 이러한 것이 지금까지 횡행하고 있는 과학적 글쓰기를 뒷받침하는 인성론이자 심리학이며 또 형이상학인 것입니다.

이처럼 글쓰기의 주변을 역사화시키면, 우리의 역사와 터에 알맞은 글쓰기라는 주제가, 그리고 그러한 욕심이 자연스럽게 생겨납니다. 글이란 순일무잡한 매체가 아니며 글쓰기란 단순무구한 활동이 아닙니다. 이미 지적한 것처럼, 나름의 형이상학과 인성론의 역사를 지니고 있는 행위의 앙금이기 때문이지요. 따라서 역사와 터가 바뀌면, 아니 심지어 사조思潮만 바뀌면 글쓰기의 성격과 지형은 바뀝니다. 그러므로 이것은 실로 철학적인 깊이와 인문학적 탄력성을 갖춘 주제인 것입니다. 그러나 우리 국내의 학계 현실은 이 같은 학문의 기본조차 제대로 성찰하고 있지 않은 실정입니다. 이미 서양에서마저 반성의 대상이 되고 있는 근대 실증적·과학적 글쓰기의 틀을 더욱 완고하게 지키고 있습니다. 주인보다 주인집 개를 다루기가 더 힘들다는 말이 있지 않습니까? 가령 저도 주위의 노인 중에서 가끔 '왜정시대가 더 좋았다'는 말을 뱉는 이들을 만난 적이 있습니다. 종속되고 구금된 상태가 오래되면 자유와 주체성마저 스스로 주체할 수 없는 지경에 이르게 되는가보지요. 바둑이나 두고 커피나 마시면서 학과의 여조교와 농담을 나누는 것으로 오전 시간을 다 보내는 사람이 아니라면 다 알고 있는 사실일 텐데, 글쓰기의 반성은 이미 서양에서 상당한 수준에 이르고 있고, 그 일부는 매우 빠르게 국내에도 수입되고 있습니다. 인문학적 애매성이 과학적 명료성과 어깨를 나란히 하면서 제자리를 찾아 그 가치를 인정받고 있는 분위기는 이제 생소하지 않습니다. 낡고 경직된 합법성보다는 자유로운 상상과 일탈의 실험이 용인되고, 심지어 일종의 혼돈과 아나키까지 눈살을 찌푸리지 않고 대할 수 있는 지적 성숙이 이뤄지고 있지 않습니까. 장르 파괴나 학제간 연구의 활성화는 당연히 새로운 글쓰기의 모색으로 이어지고 있고요. 전통적으로 강세를 보이던 물리과학이 다소 겸손해지면서 생물학적, 생태학적 감수성이 폭넓게 퍼지는 현상도 결코 글쓰기와 동떨어진 사태라고 볼 수는 없을 것입니다.

-이제는 좀 구체적으로 이 시대의 글쓰기에 대한 반성과 새로운 전망의 움직임을 짚어보도록 하지요. 우선 논문 쓰기를 하나의 사례로 두고 생각해보면 어떨까요. 논문은 주註가 있어야 하고, 또 주의 숫자나 제시된 참고문헌의 종류에 대해서도 일반적인 규정이 있습니다. 이 같은 형식성은 논문의 질을 결정하는 데 중요한 단서가 되기도 합니다. 기존의 논문 쓰기에 대한 인식, 그리고 변해가고 있는 논문 쓰기의 새로운 움직임과 관련해서 글쓰기 문제를 생각해보면 좋을 듯합니다.

-개인적으로 두 가지를 지적하고 싶습니다. 먼저 1994년 가을 호『문학과 사회』에 「논문중심주의와 우리 인문학의 글쓰기」라는 글을 낸 적이 있는데, 그 내용을 요약하면서 논의를 풀어보기로 하지요. 제가 보기에는 논문의 골격을 이루고 있는 형식 체계의 문제점만을 따지는 것은 좀더 중요한 사안을 간과하게 하는 위험이 있습니다. 논문 속에 발을 들여놓기 전에 일단 그 주변을 살펴야 할 것입니다. 말하자면 논문이라는 형식이 정착된 역사와 그 정치역학에 대한 논의가 필요하다는 얘기지요. 개략적으로 보면, 논문이라는 글쓰기는 서양 근대 학문, 특히 19세기 실증과학의 그늘 아래에서 이뤄진 형식적 장치이며, 또 잠시 논급했지만 이것은 그 나름의 고유한 형이상학과 학문론, 심지어는 인성론의 뒷받침을 받고 있는 글쓰기라고 볼 수 있겠죠. 논문이라는 논증적 글쓰기의 형태는 서양의 학문사가 남긴 절충이며 흔적이라는 사실에 유념하는 것이 우선 요구됩니다.

이처럼 논문을 역사화하게 되면, 우리가 마땅히 먼저 물어야 할 것은 논문의 내용적 정합성이나 통일성, 혹은 그 형식적 규격보다는 논문의 형성사와 우리 학문사 사이의 거리, 그리고 그 거리의 조율 문제가 될 것입니다. 제가 보기에 우리의 논문 쓰기에 있어서 가장 큰 문제는, 바로 이 문제를 묻지 않는다는 사실인 것 같습니다. 20세기의 마지막을 살고 있는 이 땅의 학인들은 논문을 쓰는 행위가 대체 무엇을 뜻하는 것인지, 단 한 번도 그 근본과 주변을 진지하게 묻지 않은 채, 수입해서 짜깁기한 내용만을 채우는 데에 급급해하는 실정입니다. 대학 학부의 졸업논문에서부터 대학교수의 정년퇴임 기념논문에 이르기까지 연중행사처럼 논문을 쓰고 있지만, 왜 학문성이 그러한 형식성의 구속을 받아야 하는지, 그리고 그런 식으로 순치되어가는 자신의 역사적 실체는 무엇인지, 그리고 그런 식의 글쓰기만을 계속하는 것이 필경 모든 앎의 권리 원천이 되는 삶의 복잡성과 우연성을 제대로 도닥거려줄 수 있는 것인지를, 그야말로 단 한 차례도 진지하게 캐묻지 않고 있다는 것입니다.

논문 쓰기와 관련해서 또 한 가지 지적하고 싶은 것이 있습니다. 논문의 역사성에 대한 비판과 아울러서, 현재 우리 사회의 학인들 사이에서 실제로 이뤄지고 있는 논문 쓰기의 과정에 대한 솔직한 반성이 있어야 한다고 생각됩니다. 요컨대 우리 학계의 논문 쓰기를 둘러싸고 있는 구조와 관행이라는 것이 한 사람의 학인이 논문을 쓰는 전 과정에서 소위 학문적인 양심과 창의성을 최대한 발휘할 수 있도록 섬세하게 배려하는 성격의 것인가 하는 문제를 제기

하고 싶습니다. 지금도 수많은 학인이 밤을 밝히며 논문을 쓰느라
고 애를 먹지만, 논문 쓰기의 과정을 솔직하게 까 보인다면 부끄러
운 구석이 적지 않으리라고 생각합니다. 지나치게 경직된 형식의 무
게는 창의와 전향적 실험을 막아버리고, 그 막힌 자리에서는 당연
히 물이 고여 썩는 법이지요. 그러므로 학문성의 상당 부분을 형식
성에 의해서 전유하게 하는 것은 역으로 학인들의 학문적 양심을
형식성의 그늘 속에 묻어버리는 결과를 낳을 수도 있는 것입니다.

이제는 바야흐로 서구추수형의 사고와 모방적 글쓰기에서 벗어
나 우리의 경험과 그 토양에 알맞은 학문의 내실과 글쓰기를 회복
하고 계발할 때라고 봅니다. 대개 잘 깨닫지 못하는 대목인데, 우리
학문의 내실을 가꾸는 일은 글쓰기의 혁신과 깊이 맞물려 있습니
다. 그러나 아쉽지만, 이 '맞물림 현상'에 대해서는 여기서 상설하기
어렵겠습니다. 현재 논문이 우리 학인들의 가장 일반적인 글쓰기
형태이므로, 우선 이 논문 쓰기에 대한 전반적인 성찰과 반성이 있
으면 자율적이고 자생성 있는 학문활동을 위한 비판과 전망도 가
능해지리라고 봅니다. 글쓰기와 그 틀이 단순히 생각이나 현실의
반영이 아니라 경험과 사고를 형성하는 적극적인 촉매라는 사실은
이미 상식이 아니던가요? 하여튼 논문의 역사학, 정치학, 심리학은
인문학의 새로운 글쓰기를 위해서는 반드시 짚어져야 하며 또 비
판적으로 검토되어야 할 것으로 생각됩니다.

비슷한 욕심에서 저는 '원전중심주의原典中心主義'라는 말을 고안
해봤습니다. 논문이라는 형식성도 우리 학인들을 옭아매는 강박
중 하나이지만, 이에 못지않게 중요한 사실은 논문의 내용을 채우

는 태도와 원칙 속에 드러나고 있는 또 다른 강박입니다. 지금 우리 학인들의 논문 쓰기를 지배하고 통솔하는 중앙집권적 구심력은 소위 '원전'이라는 것들입니다. 원전으로부터 태어나지 않은 생각은 정신의 사생아이고, 또 원전으로 돌아가지 않는 생각은 사상의 이단아라는 표준화된 강박은 집요하게 우리 학인들의 가슴을 누르고 있습니다. 원전을 적절히 인용하고 기댈 때에만 학문성이 보장된다고 믿는 태도도 논문투의 글쓰기 형식을 갖춰야만 학문성을 챙길 수 있다고 믿는 강박과 마찬가지로 타성적, 타율적이며, 심지어 퇴행적이기까지 한 것입니다. 우리가 섬기고 있는 원전들이란 대체로 우리의 역사와 토양에서 만들어진 것이 아니지요. 이 수입품들은 학문의 보편성이라는 애매한 장막을 치고 역사와 토양의 특이성을 전혀 돌보지 않은 채 전가의 보도처럼 군림하고 있는 경우가 허다합니다.

논문을 역사화시키듯이 원전도 마땅히 역사화시켜야만 합니다. 원전을 역사화시키면, 그 원전도 고민하던 한 개인의 창의와 실험, 그리고 도발과 일탈이 구체적인 역사와 토양 속에서 권위를 얻음으로써 만들어졌다는 사실을 쉽게 깨닫게 될 것입니다. 따라서, 엄밀히 말하자면, '원전중심주의'란 이미 원전의 정신을 오히려 배반하고 있는 태도에 다름 아니지요. 우리가 바야흐로 학문의 근대성을 확립하고 자생自生의 미래 학문사를 열어나가고자 한다면 이 '원전중심주의'를 상대화할 필요가 있습니다. 신라가 당唐을, 조선이 명明을 쳐다보고 있었듯이, 일본과 미국과 구라파의 원전만 목이 빠져라 쳐다보고 있는 행태는 지금도 계속되고 있습니다. 모든 논의의 처음과 마지막을 원전에 의지함으로써 개인적으로 안심하고 또 제도적으로 인정받는 태도는 마땅히 지양되어야 한다고 생각합니다. 무릇 공부의 시작이란 자기 음성을 찾아가는 길이 되어야 하지 않겠습니까? 소위 원전이라는 것들은 오직 중요한 참조점이요 이정표일 뿐이지, 출발점도 아니고 목표 지점은 더더구나 아닌 것입니다. 철학자를 포함한 학인들은 대학마다 넘쳐나지만 사상가는 거의 전무하다시피 한 이 웃기는 현실의 배경에는 바로 이 원전중심주의라는 고급스러운 '노예제'가 자리잡고 있는 것입니다.

　-원전이라는 내용적 구심력과 논문이라는 형식적 틀을 아예 철폐하자는 주장인가요?

　-그렇지 않습니다. 제 비판은 논문이라는 형식 그 자체나 몇몇 특정한 원전을 향한 것이 아닙니다. 제가 '논문중심주의'니 '원전중심주의'니 하는 개념을 고안해서 특별히 강조하는 이유도 그 같은 오해를 염두에 두었기 때문이지요. 글쓰기의 형식이나 내용은 늘 공정한 경쟁 체제를 이루는 것이 매우 중요하다고 생각합니다. 서구추수주의의 풍조 아래에서 수입해 들여온 논문 형식과 원전은 이른바 '특권층'에 해당된다고 볼 수 있겠지요. 그러나 원칙상 학문에는 특권도 없으며 비밀스러운 뒷문도 없어야 합니다. 다양한 형태의 글쓰기 방식이 허용되어야 하며, 마찬가지로 다양한 전거典據가 자유롭고 경쟁적으로 유통되어야 합니다. 그러므로 제 관심은 특정한 대상이나 형식이 아니라 그것들이 서로 어울려서 만들어가

는 지형의 조화에 있는 것입니다.

　-지금까지는 글쓰기 문제를 글을 쓰는 자의 입장에서 논했는데, 이제는 글을 읽을 사람과 관련해서 이 문제를 짚어볼 필요가 있지 않나 하는 생각이 듭니다. 진정한 글쓰기라면 자기 욕망을 드러내고 표현하는 것뿐만이 아니라 글 읽기로 자연스럽게 전이될 수 있는 것이어야 한다고 봅니다. 글쓰기 문제가 논의되어야 하는 중요한 이유 중 하나는 바로 여기에 있다고 생각합니다. 논문뿐만 아니라 딱딱한 비평문 등이 소수의 사람에 의해서만 읽히는 상황과 관련해서 글쓰기의 문제점이 지적되어야 한다고 봅니다. 이 점에 대해서 이야기를 좀 해보도록 하지요.

　-우선 대단히 중요한 문제라는 점을 힘주어 지적하고 싶습니다. 나는 다른 글에서 이것이 인문학의 '사활'이 달린 문제라는 극언을 한 적도 있습니다.

　인문학의 경우 독자라는 문제는 자연과학의 경우와는 매우 다른 의미와 중요성을 지닙니다. 인문학이나 자연과학이나 넓게 봐서 결국 그 앎이 삶으로 돌아가는, 그리고 돌아가야 하는 것은 같습니다. 다만, 돌아가는 방법에서 명백한 차이를 보이지요. 바로 이 차이에서 둘 사이의 독자 문제가 다른 위상과 성격을 띠며 나눕니다. 단순화, 그리고 특징화시켜서 본다면, 자연과학의 앎이 일반 대중을 만나는 곳, 즉 그 앎이 삶과 교차하는 접점에는 인문학의 경우와는 다르게 '상품 시장'이라는 것이 있습니다. 이 경우 자연과학의 독자들은 대체로 부담 없는 소비자의 역할을 상당 부분 떠맡고 또 즐깁니다. 정리하자면, 한쪽 끝에는 소위 '이상적 독자'가 있는 셈이고 다른 쪽 끝에는 '상품 소비자'가 있는 셈이지요. 가령 자연 과학의 최종 소비자인 일반 대중은 전기를 이해하지 못해도 전열 기는 사용할 수 있고, 위세포 점막의 기능을 제대로 이해하지는 못 해도 소화제는 쉽게 먹을 수 있습니다. 그러나 가령 하이데거를 읽 는 독자들은 오직, 그리고 영원히 '독자'들일 뿐이며, 어떤 경우에도 독자의 역할을 내팽개친 채 상품을 사용하거나 소비하는 편리한 '소비자'의 자리로 옮아갈 수 없는 것입니다. 요컨대 독자가 '이해'하 지 못하면 『존재와 시간』은 실질적으로 한 줌의 휴지 조각에 불과 하지만, 전기나 약리 작용을 이해하지 못해도 전열기나 소화제는 여전히 우리 생활에 실질적인 유익을 줄 수 있지요. 이것은 매우 간단한 이치이지만, 바로 이 이치에서부터 인문학의 독자관이 형성 되는 것입니다. 그러므로 문제는 '이해'입니다. 즉 인문학의 앎은 바 로 '이해'라는 통로를 통해서 삶과 소통한다는 말이지요. 그러므로 독자의 이해를 유도하는 것이 곧 인문학의 사활이 달린 관건이라 고 해도 과언이 아닙니다. 이해를 통해 성숙하고, 성숙을 통해 변혁 의 지평을 열어가는 것, 바로 이것이 인문학의 길 없는 길이기 때 문이지요. 이해가 이처럼 중요한 테제가 되면 당연히 글쓰기는 매 우 민감하게 자신을 운용할 수밖에 없습니다.

그러나 가령 특별히 우리 철학계의 풍토에는 인문학의 이와 같 은 기본적 처지에 대한 배려가 거의 없다고 느껴집니다. 독자의 외면이라는 현상은 철학의 영역을 포함해서 논증적 형식의 글쓰기를 고집하는 분야에서는 그리 새로울 것도 없지요. 철학에 대한 별 근거 없는 소문들은 우리 정신문화의 근대에서 초보적 계몽기를 바야흐로 넘기고 있는 지금에까지 계속되고 있고, 이 소문들에 독자들은 원칙 없이 휘둘리고 있습니다. 매우 경박하고 한시적인 처세술이 철학으로 둔갑하여 베스트셀러 대열에 오르는 것에는 이와 같은 배경이 있다고 여겨집니다. 한편 철학자들은 인문학의 특성과 그 생장의 역학을 유념하는 것 같지도 않고, 따라서 적절한 글쓰기의 철학과 테크닉에 대한 반성 및 고민에도 대체로 게으른 편입니다. 이렇게 보면 문제는 중층적이고 또 심각합니다. 따라서 철학의 글쓰기에서도, 아니 특히 철학의 글쓰기에서 선구적으로 독자 수용의 문제가 진지하게 논의되어야 한다고 봅니다.

오해가 심한 곳이어서 다시 반복하는데, 이 독자 수용의 문제는 철학 바깥에서 행사되는 여러 압력의 결과도 아니고, 상대적으로 왜소해지는 철학의 영역을 확장해보려는 상략의 일환도 아닙니다. 그것은 인문학이 유통되는 방식에서 자연스럽게 생겨나는 본질적 욕심인 것입니다. 인문학은 독자가 없으면 죽습니다. 왜냐고요? 다시, 다시, 반복하지만, 인문학은 '소비'가 아니라 우선 '이해'가 필요하기 때문이지요.

독자 수용의 문제만을 고려하더라도 논문 일변도의 글쓰기는 곤란합니다. 논문이 근대 서구의 학문사에서 형성된 '하나의 글쓰기 양식'으로서 그 탁월한 성취를 증명한 것은 사실이지요. 그러나 우리 실정에서 보는 논문 쓰기는 이제 학문성 그 자체를 전유한다고 믿는 단 '하나뿐인 글쓰기'로 특권화되어 있습니다. 특권화가 오래되면 타락하는 것이 역사의 교훈 아닙니까? 따라서 우리 학계에는 글쓰기 시장이 아직 형성되지 못한 셈이지요. 논문에 의한 전적인 독과점 상태가 계속되고 있습니다. 우선 시장을 만들어야 한다고 봅니다. 글쓰기의 자유로운 경쟁 체제가 이뤄져야 하고, 우리 학인들도 자신의 역사와 전통, 그리고 경험에 비춰 글쓰기의 진정성을 '선택'할 수 있는 안목을 길러나가야 할 것입니다. 이러한 목적을 위해서는 우선 논문 독재에 대한 저항이 필수라고 여겨집니다. 모든 책임을 전가할 수는 없지만, 우리 학계의 글쓰기가 정체停滯의 순환망만을 엮어가고 있는 것은 실질적으로 논문중심주의 때문이니까요. 그러니까 논문중심주의에 대한 비판이 글쓰기의 자유경쟁 시장을 형성할 수 있는 물꼬를 트는 길이 된다는 말입니다. 글쓰기의 공정한 경쟁 체제가 형성되면 필경 생각의 깊이를 유지하고 창의성을 계발하는 데에도 적지 않은 역할을 할 것입니다.

이와 관련해서 또 한 가지 지적할 점이 있습니다. 그것은 외국의 글쓰기와 그 원전原典만을 바라보면서 우리 주변에 있는 동료 학인들의 학문적 성과를 체계적으로 수렴하는 데 게으른 풍토입니다. 한글로, 그러니까 소위 문토불이文土不異적으로 철학을 하는 주변의 동료 학인들을 언급해서는 그간 원전중심주의 속에서 살아왔던 자신의 지적 허위의식을 만족시킬 수 없기 때문이지요. 남의 글, 남의 나라 이야기 속에서만 학문적 권위를 두려는 발상은 이제는 거의 타성이 된 듯합니다. 우리 학문의 타율성과 식민성 그리고 그것의 제도화는 지금도 반복되고 있는 것입니다. "내가 볼 때 그들이 이른바 중국이라고 부르지만 나는 그 나라가 이른바 중앙中이 됨을 알지 못하겠다"[2]라고 갈파한 다산 같은 기개를 찾아볼 수 없단 말입니다. 학문의 자생성이란 무엇이겠습니까? 요컨대 자신의 전통을 창의적으로 계승하는 것이지요. 그리고 "자신의 전통을 창의적으로 계승하는 것"이란 실질적으로 무엇을 뜻하는 것일까요? 그것은 바로 자신의 언어로써 학문의 주체성을 세우려고 애쓰는 주변 학인들에 지속적인 관심을 갖는 것이며, 그들의 성과를 체계적으로 수렴하는 것이지요. 이 수렴의 역사가 학문의 자생성이며 주체성의 모태인 것입니다. 주변을 돌아보는 것, 우리 언어의 구체성과 그 임상성에 관심을 갖는 것, 독자의 이해 지평을 넓혀가려는 노력을 계속하는 것. 그러므로 원전과 논문으로 이뤄진 폐쇄 회로 속에서 전문가의 성城을 쌓아가는 것은 반反인문학적 태도가 아닐 수 없습니다. 중요한 것은 그 성의 크기와 규모가 아니라 얼마나 많은 사람이 그 속에서 살 수 있는가, 하는 문제입니다.

　-1990년대 이후 쉽게 접근할 수 있는 책들이 많이 쏟아져나온 것도 사실입니다. 그러나 쉬운 책이 많이 출판되었다고 해서 그만큼 많이 읽혔느냐 하는 점은 여전히 문제로 남아 있다고 봅니다. 그것은 우리의 문화 환경이 달라졌기 때문이라는 생각이 듭니다. 활자매체에서 영상매체의 시대로 넘어와버렸기 때문에 읽기가 쓰기만큼 힘들도록 되어 있는 그러한 상황인 것 같습니다. 그래서 영상매체 시대 속에서 이 시대의 글쓰기가 어떻게 나아가야 할 것인지, 이 문제 또한 우리가 짚어봐야 할 중요한 문제인 것 같습니다.

-우선 쉬운 책에 대해 한마디 하지요. '쉽다'는 말은 매우 느슨한 내포와 외연을 가지고 있어서 잦은 오해를 불러일으킵니다. 원칙적으로 같은 메시지를 전달하고, 같은 효과를 거둘 수 있으면서도 쉽게 쓸 수 있다면 미덕이 되겠지요. 그러나 실질적으로 표현이 바뀐 후에도 같은 메시지와 효과를 기대한다는 것은 비非인문학적 발상입니다. 제 경우, 표적은 '쉬움'이 아닙니다. 중요한 미덕이긴 하지만, 쉬움은 결국 부산물에 지나지 않습니다. 여기서 그 내용을 상설하기는 어렵지만, 초점은 '삶과 통풍이 되는 글쓰기'라는 이념입니다. 오해가 많은 이름이지만, '잡된 글쓰기'라고 부르기도 했지요. 앎의 폐쇄 회로 속에서 확대재생산되는 글쓰기를 벗어나 삶의 구체성과 복잡성에 긴밀한 글쓰기의 정신을 회복한다면 그 글은 자연스럽게 쉬워지기도 하겠지요. 그러나 여전히 '쉬움'은 내 글쓰기의 표적이 아닙니다. 가령 '삶과 통풍이 되는 글쓰기'는 우선 삶의 복잡성에 유의하는 글쓰기이므로 단순함에서 유래하는 쉬움과는 일단 거리가 있지 않겠습니까? 요컨대 잡된 글쓰기는 쉬운 글쓰기와 동연同延이 아니지요. 지적했듯이, 자연스럽게 그 일부가 겹치기야 하겠지만 말입니다.

근자에 영상매체에 대한 논의가 필요 이상으로 활발해지는 느낌입니다. 이와 관련해서 활자 문학의 위기를 지나치게 선정적으로 떠들고, 심지어 문자 시대의 종말을 점치는 사이비 과학적 예측도 더러 눈에 띄는 것 같습니다. 글쓰기에 대한 논의에서도 우선 이런 식의 대비 구도 내지는 위기의식이 지배적인 흐름인 듯합니다. 먼저 논의가 매우 선정적인 점을 지적하고 들어가야 한다고 봅니다.

매사에 들뜨는 '졸부식 고도성장사회'의 특색이 이 대목에서도 어김없이 드러나고 있지 않습니까? 오랜 전통을 창의적으로 축적, 승계해서 탄탄한 문화의 저변을 확보한 사회에서는 좀처럼 찾아볼 수 없는 현상이지요. 어쨌든, 그것은 그렇고.

제 판단에는, 현재와 같은 정도로 영상매체의 파급이 계속된다 하더라도 글쓰기에 대한 우리의 근본적인 태도와 정신은 당분간 큰 변화가 없을 듯합니다. 저는 이 문제를 넓은 의미의 진화론적 시각에서 접근하고 싶습니다. 아시다시피, 인간의 생물학적 진화는 인간의 문화적 진화와 조응하면서 긴밀한 연관 패턴을 이뤄왔습니다. 글쓰기나 활자문화, 그리고 영상매체도 필경은 인간 현상의 진화와 문화의 진화가 맞물리는 접경에서 큰 의미의 진화 과정을 겪으며 자신의 생존과 발전을 도모해왔다고 볼 수 있겠지요. 요컨대 공진화共進化의 패턴, 그 한 부분을 이루고 있는 셈이지요. 글쓰기나 책도 나름의 역사를 지니면서 문화적 진화의 과정을 거쳐온 하나의 '역사'라는 점에 유의해야 합니다. 영상매체와 글자매체의 차이점, 특히 글자매체에 대한 영상매체의 기술적 장점을 선정적으로 부각시킴으로써 마치 금세 새로운 지각 변동이라도 생겨난 듯 과장을 떠는 태도는 경박한 저널리즘을 연상시킬 뿐입니다. 활자에서 영상으로 옮아가는 현상은 가령 손가락에서 숟가락으로 옮아가는 현상과는 다소 다른 의미가 있습니다. 활자나 영상은 각각 나름의 전 포괄적 문화 체제를 형성하는 구심점이 된다는 뜻에서 숟가락과는 다르며, 따라서 좀더 폭넓은 문화적-진화론적 콘텍스트, 그리고 그 콘텍스트들의 교차 패턴을 살피면서 논의되어야 하리라고 생각합니다. 요컨대 문화적 인간 현상의 중요한 축을 이루고 있는 활자나 영상의 변천은 연관되는 여러 콘텍스트의 공진화 과정 속에서 논의되어야 한다는 것이지요.

20세기 후반에 들어서면서 개념에서 이미지로 옮아가는 추세가 점증하는 것은 부인할 수 없지만, 이미지가 개념을 대체할 수 없듯이 영상매체도 활자매체를 대체할 수는 없으리라고 판단합니다. 이것은 몸이 머리를, 그리고 감성이 이성을 완벽히 대체할 수 없는 것과 비슷한 이치입니다. 이것은 한쪽을 엎어버리고 다른 쪽을 내세우는 대체의 문제가 아니라 근본적으로 악센트와 밸런스의 문제입니다. 그러니까 '대체'가 아니라 '보완'이지요. 조금 벗어나는 이야기이지만, 비유적으로 설명하자면 니체의 망치나 데리다의 해체조차 대체 논리라고 생각되지는 않습니다. 조금 더 극단적으로, 그리고 원칙적으로 몰고 나갈까요? 제 판단에는 사상 혹은 문화는 워낙 '대체'의 문제가 아닙니다. '대체'는 진위의 잣대가 명백해서 진眞으로 인정받은 편이 위僞로 정죄된 쪽을 완전히 몰아낼 수 있는 경우에만 사용할 수 있는 말이지요. 쉬운 예로서, 1+1=?라는 문제 상황이 벌어졌을 때 2라는 진眞은 3이나 1이라는 위僞를 완벽히 대체할 수 있고, 또 대체해야만 합니다. 그러나 유교가 일시적으로 득세한다고 해서 불교를 대체할 수 없는 것이며, 자본주의가 공산주의보다 오래 살아남았다고 해서 이를 경직된 진위 싸움의 결과라고 볼 수는 없는 것입니다. 활자문화와 영상문화의 관계도 마찬가지입니다. 무릇 문화란 마치 무슨 컨베이어벨트의 단계처럼 그 시종始終이 분명한 것이 아니며, 또 대체의 논리가 지배하는 영역도 아닙니다. 따라서 좀더 넓은 문화사, 진화사의 맥락에서 그 엉킴의 모습을 살피는 것이 현명하리라고 생각됩니다. 좀더 자세한 논의는 1995년 여름호 『세계의 문학』에 실릴 「책은 죽는가?」라는 글을 참조하시기 바랍니다. 다른 예를 들자면, 가령 비디오섹스니 사이버 섹스를 실행할 수 있는 시대가 되었다고 해서 남녀가 서로 몸을 비비고 체액을 교환하는 섹스 문화가 급격한 변화를 보이게 되리는 예측은 테크놀로지와 시의성에 치우친 단견이라는 것입니다.

-김 교수님은 활자매체의 전망을 낙관적으로 바라보고 계신 것 같습니다. 말씀 중에 진화사의 맥락에서 문화사를 봐야 한다는 대목은 좀 낯설게 들리는데, 부연 설명을 해주시면 좋겠습니다.

-간단히 말씀드리면, 구술문화, 필사문화, 활자문화, 영상문화 등으로 치닫는 문화 현상에도 나름의 진화사라고 불릴 만한 흐름이 있다는 것이지요. 의사소통의 문화는 결국 인간됨being-human의 콘텍스트와 패턴, 즉 삶의 조건과 한계를 떠나서는 제대로 따질 수 없다는 생각이라고 할 수 있습니다. 활자니 영상이니 하는 소통의 체계는 인간됨의 조건과 한계의 경계선을 타고 스스로를 계발하고 운용합니다. 따라서 넓게 보자면 생물학적 공진화의 맥락 속에 있는 셈이지요.

-화제를 조금 바꾸지요. 근자에 문학과 철학계 일각에서는 소위 해체적 글쓰기를 운위하고 있습니다. 여기에 대한 김 교수님의 입

장은 어떤 것입니까? 그리고 김 교수님이 자주 말씀하시는 일리—
理 개념과 연관해서 이 문제를 풀어볼 수 있을까요?

　-역시 일리는 진리와 무리라는 두 극단적인 개념의 사이에서 스
스로의 운신을 조정합니다. 여담이지만, 진리란 극단적인 개념이지
요. 진리에 대한 강박이 심할수록 대체로 구심력적 사고와 글쓰기
로 흐를 가능성은 커집니다. 섭리攝理로 돌아가야만 하는 중세의
종교적 사유나 글쓰기, 그리고 수리數理가 그 마지막 잣대가 되는
과학적 글쓰기는 모두 이 구심력적 글쓰기, 혹은 진리의 글쓰기에
대한 좋은 사례가 될 것입니다. 이에 비해서 무리의 글쓰기, 혹은
원심력적 글쓰기는 이에 대한 반발과 저항의 뜻이 짙습니다. 독선
의 사고 아래 횡행했던 구심력적 글쓰기의 과거를 반성하고, 넓게
봐서 글쓰기 지형의 조화를 회복하기 위해서라면 이 원심력과 무
리의 글쓰기는 필요합니다. 저는 일부에서 다양하게 시도되고 있는
해체적 글쓰기도 이런 맥락에서 그 사상사적 소임을 지닌다고 생
각합니다.

　그런데 해체적, 혹은 아나키즘적 글쓰기—이렇게 부를 수 있다
면—는 더러 자신의 입장과 방향을 선명히 하지 않는 것 같습니
다. 하나의 중심으로부터 벗어나자는 해방의 모티브가 주된 것인
지, 혹은 다중심多中心을 위한 준비와 전략인지, 아니면 아예 중심
이 없는 무중력의 유희와 즐거움만을 노래하고 있는 것인지 하는
문제 말입니다. 하나의 중심 속에서 구심력적 사고만을 강요당하
는 것도 답답하고 참기 힘들지만, 특별한 문화적 전위前衛가 아닌

일반 다중으로서는 혼돈과 아나키 속에서도 오래 견디지 못하거든요. 제 판단으로는 무리로 빠져 들어가는 해체적, 혹은 아나키적 글쓰기만으로는 글쓰기의 미래를 열고 정착시키는 것이 어려울 듯합니다.

저는 그런 뜻에서 진리의 글쓰기와 무리의 글쓰기 사이의 긴장을 탄력적으로 조율하는 '일리의 글쓰기'를 계발하려고 노력하고 있습니다.

일리는 결국 우리 삶의 실제에 솔직하고 구체적으로 다가서려는 노력에 다름 아닙니다. 현실이 구심력적이고 하나의 진리로 통합된 것이라면 당연히 구심력적인 글쓰기가 그 권리 원천을 얻을 것입니다. 마찬가지로 현실이 원심력적이며, 나아가 무리와 혼돈과 아나키가 지배한다면 또 그런 식의 글쓰기가 자기주장을 펼 수 있는 존재론적 근거를 갖는 것이겠지요. 물론 우리가 체험하는 현실은 바닥 없는 절망과 허무, 부조리와 혼돈, 무리와 아나키의 면모를 보이는 것도 사실입니다. 이것은 진공 속에서 살지 않는 누구나의 경험입니다. 그러나 이와 동시에 우리는 여러 이치와 패턴의 보편성을 확인하면서 살아가고 있는 것입니다. 정감이 공유되고, 의사가 소통되고, 문화의 패턴 속에서 스스로의 인간됨을 확인하면서 산다는 말입니다. 저는 이러한 다양성 속에서 정착과 방황, 질서와 혼돈, 구심력과 원심력, 저의 해석학적 용어로 말하자면 진리와 무리를 창조적으로 지양하는 일리의 글쓰기를 계발하고 있는 것입니다. 제 판단에는 우리 삶의 콘텍스트도 일리들이 끝없이 얽혀 있는 것이고, 그 와중에 이뤄지는 우리의 이해도 일리의 맥脈을 타면서 가능해지는 것이기 때문이지요.

—새로운 문제가 계속해서 터지는군요. 이제 시간도 많이 흐르고 해서 못 하신 말씀과 함께 마무리를 해주시지요.

—성숙이라는, 일견 매우 범상한 개념으로 오늘의 글쓰기 논의를 마감하고 싶습니다. 앎과 삶 사이의 긴장을 조절해야 하는 우리 학인들로서는 당연한 일이지만, 글쓰기에 대한 고민과 전망에도 반드시 인간의 성숙이 병행되어야 한다고 생각됩니다. 이것은 글쓰기가 인식론을 넘어선다는 기술적인 이유에서도 그렇지만, 글쓰기의 성숙은 삶의 성숙에서 그 진정한 권리 원천을 얻는다는 믿음 때문에 그렇기도 하지요.

저는 그런 뜻에서 우리 역사 속의 빼어난 선학들이 사상가이면서 문장가이고 동시에 인격자이면서 무실역행務實力行의 실천가였던 사실을 마음 깊이 새기고자 합니다. 지금은 모든 것이 너무나 나뉘고 소외되어 있습니다. 생각 따로, 말 따로, 글 따로, 삶 따로 말이죠. 이렇게 살다보니 학문하는 사람의 근원적 자긍심마저 잃어버리게 된 것 같습니다. 신언서판身言書判이라는 말처럼 판단하기와 말하기와 글쓰기와 처신하기를 두루 일관되도록 한 전통을 오늘에 맞게 부활시키는 온고지신이 있어야 하지 않겠는가, 반성해봅니다.

글쓰기의 묵시록

18. 글쓰기의 징후, 혹은 징조의 글쓰기[1]

1. '쉬운' 비난

혹자들은 내가 '뜻의 학문'을 버리고 '글의 학문' 일변도의 글쓰기를 주장했다고 오해했다.[2] 이것은, 이른바 '논문/원전중심주의'에 대한 내 비판을 논문/원전에 대한 비판으로 곡해하는 조악한 사실주의와 닮았다. 이 오해 혹은 곡해 역시 아웃사이더의 움직임에 대해서 인사이더들이 보이는 반응의 범형에 쏙 들어간다. 유형화한다면 이 반응은 일종의 정신적 경기驚氣와 같은 것인데, 칼 포퍼식으로 말하자면, 위기의식에 휩싸인 주류 지식인들이 이론 마당을 버리고 다시 생존 투쟁의 구석기 마당으로 퇴보하는 꼴이다. (인간의 생존은 늘 일차적 생존의 마당으로부터 한 걸음 물러선 자리를 확보하는 방식에 의해서 좌우되지 않던가?)

이것은 특정한 내용의 수정이나 정보의 첨삭을 둘러싸고 벌어지는 논쟁과는 성격이 다르다. 아웃사이더는 인사이더들과 (우연히) 공유하거나/하지 못하는 내용이나 정보가 아니라 그 내용 혹은 정보가 얹히는 틀, 그리고 그 틀의 운용 방식에 더 관심을 보이게 된다. 이 두 세력은 이곳저곳에서 현실적으로 충돌하지만, 양자의 관심, 전략, 게임의 층위는 분별되며, 따라서 그 충돌의 접경에는 '동문서답'으로 이뤄지는 사이비 논쟁이 난무한다. (아웃사이더의 입장에서 보자면, 로티식으로 말해서, 상대의 무기와 싸움터를 전제한 채 비판에 임하는 것이 아니라 오히려 어휘를, 그 주제를 바꿔버리려 한다고 표현해도 좋을 것이다.) 이로써 인사이더들과 그 아류들은 제대로 된 비판이 아니라 쉬운 '비난'의 유혹에 휩쓸려든다.

마당이나 층層, 틀이나 구조, 아비투스나 에피스테메, 토대나 기준을 흔들어보는 것이 소크라테스로부터 연암燕巖에 이르는 아웃사이더들의 오래된 취미인데, 이 경우, 상식적으로 보더라도 인사이더들이 제대로 된 비판으로 응수하기는 매우 어렵다. 게임의 법칙을 바꾸려는 이들에게 그 법칙의 미봉이나 재조작은 제재의 수단이 되지 못한다. 그리고 그 법칙으로 세상을 유지해온 이들은 흔히 (부지불식간에) '조건반사적으로' 반응하는 가운데 기득권의 수혈로 인해 양육된 타율적 체질을 유감없이 보여주고 마는 것이다.

내가 분류/범주 투쟁을 벌이지 않고, 특정한 내용의 수정이나 정보의 첨삭에 욕심을 부렸다면 앞서 말한 종류의 오해나 곡해는 생기지 않았을 듯하다. 하지만 내가 논문/원전중심주의의 유형을 대별하거나 '뜻의 학문'/'글의 학문'으로 나누면서 범주와 분류를 문제 삼은 것이 그만 그들에게는 단순한 오류가 아닌 치명적인 죄罪로 비친 것이 아니었던가? ('작은 죄', 즉 실수는 늘 내용적인 것이지만, '큰 죄'는 늘 형식적인 것이며, 흥미롭게도 그 형식은 자기 속에 면죄부를 지니고 있다.)

이에 그들은 '비난'을 쏘아댐으로써 서둘러 '위기 관리' 체제 속으로 미끄러져 들어간다. 글쓰기에 무슨 조국이 있을까마는, 이들 인사이더는 위기 관리 체제 속에서 (글쓰기의) 통합적 민족주의를 재확인한다.

2. 논문의 유래가 망각된 것이 논문의 개념이다

내 주장의 한켠을 다시 집약하자면, 논문을, 그리고 모든 형식의 글쓰기를 역사화하려는 것이다. 체제의 타성적 옹호 속에 서식하는 허위의식을 헤집어내는 데에는 예나 지금이나 '역사화'만 한 것이 없다. 혹자의 말처럼, 형식의 변화는 늘 정치적 투쟁의 뜻을 지니는 것이니, 틀의 전횡과 양식의 독점을 방지하기 위해서는 '주류적 풍경'의 배후에 숨어버린 역사를 재가동하는 것이 무엇보다 중요하기 때문이다. 역사를 박탈당한 사실은 그 푸른색 객관성을 잃고 곧 이데올로기나 신화로 변신한다. 마찬가지로, 논문이든 학문이든 그 유입사流入史를 늘 당대의 사실과 풍경에 인유引誘하지 못할 경우, 그것은 이데올로기이며 신화에 불과하다. 니체식으로 표현하자면, '논문의 역사적 유래가 망각되었다는 것이, 바로 논문의 개념의 발달사에 속해 있다'. 아니, 현대 한국의 인문사회과학 전체는 바로 그 유래가 망각됨으로써 비로소 구축될 수 있었던 무역사의 역사였다.

논문은 공시적 구조나 틀이 아니며, 따라서 기호론적 관계로 환원될 수 있는 것이 아니다. 오히려 논문은 슬픔이며 아픔이거나, 허위이며 '휩쓸려 들어감'이다. 글은 그리고 학문은 많은 경우 창의이기 이전에 관습이며, 천재이기 이전에 모방이고, 상상이기 이전에 전통에 지나지 않는다.

그러므로 연암의 말처럼 법고창신法古創新이면 흡족하다. 그런데도 글쓰기는, 그리고 그 글쓰기를 짊어지고 다니는 학문은 주류의 관성에 의해 스스로를 '자연'의 위치에 옮겨놓고, '보편'의 휘장을 둘러씌운다. 내가 아웃사이더의 오래된 취미를 계승해서 마당이나 층을 바꾸려 한 것은, 그 특정한 마당이나 층의 '내용'에 관심을 표명한 것이 아니다. 그 시도는 바로 그 마당이나 층이 최근에 만들어진 곳이라는 사실, 그 마당과 층에 거주하는 사람들의 바뀐 체질에 의해서 그 삶의 정치학이 원격 조정된다는 사실을 설핏 드러내기 위한 것이다. (그랬더니 한 떼의 개들이 역시 '조건반사적으로' 짖어댔고, 이로써 "기득권의 수혈로 인해 양육된 타율적 체질"을 친절하게 증명한 것이 아니었더냐?)

3. 연대, 혹은 고립이 아닌 독립

정신문화적 변이는 유전되지 않지만 그 환경을 조금씩 바꿔나간
다. 글쓰기처럼 실존성과 메타비판성의 밀도가 비교적 높은 활동
의 경우, (살아남는) 변이는 그것 자체가 치열한 자기성찰의 노역일
수밖에 없다. 아울러 (근본적으로) 변이의 경우에는 에피고넨의 존
재 그 자체가 자가당착이므로 연대의 진정성을 확보하기 어려울
뿐 아니라, 그 연대의 몸짓이 흔히 오인誤認에 근거하거나, 상호 이
해가 높아지더라도 그 연대의 기동성은 극히 미약할 수밖에 없다.
글로 살아가는 집은, 그 노선에 상관없이 문인상경文人相輕하는 고
약한 버릇을 떨치지 못하지 않던가? 아웃사이더들, 즉 '독립하되
고립되지 않는 변이들'의 움직임이 고단하고 피폐할 수밖에 없는
원인은 반드시 인사이더들의 나태한 타성, 그 철벽 같은 권태만이
아니다. 아웃사이더들은 유전, 혹은 계승의 메커니즘을 갖지 못하
고, 과도한 실존적 자기성찰의 과부하에 부대끼면서 결국은 자중
지란에 빠지곤 하는 것이다.

아웃사이더들의 연대는 어떻게 이뤄지는가? 그 연대는 이슈를
쫓아 생기는 다만 한 줄기 진풍陣風에 지나지 않는가? 비판적 거리
감을 먹고 살아가는 아웃사이더들이 그 거리감을 좁히면서도 비
판적 메타화의 고삐를 늦추지 않는 길은 무엇인가? 변이가 일시적
변태나 부정적 캠페인으로 그치지 않는다는 사실을 어떻게 증명해
나가는가? 연대를 피해 연대를 추구하면서도 연대의 고질을 피할
수 있는 방식은 있는가? 문자적 계몽의 아웃사이더들이 체질과 동

선動線의 낡은 코드에 다시 포획되지 않을 수 있는 생활의 질質은 어떻게 습득되고 유지되는가?

4. 글쓰기의 징후, 혹은 징조의 글쓰기

변이變異는 고장이 아니다. ('빛나는' 주류가 만드는 그늘, 그 그늘의 효과가 없다면 대체 '변이'에 무슨 뜻매김이라도 가능하겠는가?) 변이도 그 나름대로 문제없이 작동하기 때문이다. 그 작동 방식이 달라 주변 시선이 곱진 않지만, 효율은 높고, '다르게 보기'라는 전래의 미덕도 건질 수 있으며, 간혹 예상치 못한 미학이 생기기도 하는 사실에 주목해야 한다. 역사에서 배울 수 있는 최선의 인문적 교훈은 변이의 뜻과 그 가능성이다.

아리스토텔레스식으로 말하자면, 변이는 현실태라기보다는 가능태dynamis에 가까운 것이다. 아웃사이더의 존재도, 이른바 '새로운 글쓰기'의 움직임도, 그저 어떤 가능성의 흔적으로 봤어야 했을 것이다. 나는 이 가능성을, 따라서 변이 혹은 아웃사이더를 두 종류로 분류할 수 있으리라고 본다. 징후徵候로서의 변이가 그 하나요, 나머지는 징조徵兆로서의 변이다.

징후symptoms는 겉/속을 한 쌍으로 지니고 있는 일종의 기호다. 언어 기호를 표현 기능Ausdrucksfunktion을 지닌 징후로 볼 수 있듯이, 역으로 징후 역시 하나의 기호 기능을 수행하는 셈이다. 소쉬르의 고전적 구분을 다시 활용하자면 '겉'은 시니피앙이라 할 만한 것이고, 이와 대조해서 '속'은 시니피에에 해당된다고 할 수 있다. 다시 공시/통시의 범주 속에 재배치해본다면, 당연히 징후는 겉-속의 관계로 이뤄진 공시태다. 징후로서의 변이/아웃사이더는 주류/인사이더의 '상태'를 알리는 지표이자 바로미터로 기능한다. 즉, 징후는 속을 드러내는 겉이요, 겉에 드러난 속인 셈이다.

이렇게 본다면, 주류가 변이를 배척, 배제하려는 태도는 실로 자가당착일 수밖에 없다. 왜냐하면 변이야말로 주류의 핵核 중 핵이며, 주류의 무의식이자, 주류 스스로가 놓치고 있는 '깊은 자아'이기 때문이다.

주류가 변이를 제대로 대접해야 하는 이유, 서로가 장기적으로 상부相扶해야 하는 이유가 바로 여기에 있다. 변이의 출처가 바로 주류의 내력이자 특히 그 근황近況, 그 먼 가능성이기 때문이다. 그리고, 앞서 말했듯이, 결국은 변이야말로 주류의 가능성을 역설적으로 증명하는 섭동攝動이기 때문이다. 가령 당대의 문체를 훼손시켰다고 해서 난세번촉지성亂世煩促之聲이라고 지탄받은 연암의 글쓰기는 18세기 말 조선 문풍文風의 '깊은 자아'가 아니었던가? 우리 학문의 주체성과 자생성이라는 논의 맥락 속에서 근년 새롭게 부활하고 있는 다석多夕(1890~1981)의 글쓰기 역시 우리 근현대 학문을 복류하고 있는 '깊은 자아'의 일종인 셈이다. 5~6년 전, 혹자들이 나를 일러 '새로운 글쓰기의 전도사'라고 통속화시켰지만, 나는 전도한 적이 도무지 없었다. 그 사안과 관련해서 내가 한 일은 없었고, 나는 그저 이 시대 주류 학문, 그 한계와 조건이 드러내 보인 징후의 하나였을 뿐이었던 것이 아닌가?

아는 대로, 전환 장애conversion disorder는 심리적 갈등이 적체되면 그 갈등이 신체적 증세로 전환되는 자기방어 기제의 일종이다. 사지의 마비, 발작, 일시적 실어증失語症이나 실명失明 등이 비교적 흔한 증세라고 한다. 이 증세들은 심리와 육체의 공시적 상관관계를 드러내는 징후의 일종이다. 이 경우 이 증세들은 그 자체로 독립성을 지니고 있는 기질적 실체라기보다는 오히려 '속'(심리) 사정을 알리는 바깥의 기표(신호)와 같은 것이다. 징후로서의 이 증세를 섬세하게 환대歡待해야 하는 이유가 바로 여기에 있다. 마찬가지로, 아웃사이더는 '잠재의 기호'로서 매우 조심스럽게 접근하고 살펴봐야 하는 것이다. 그러므로 변이를 곧 비난의 조건으로 내세우는 우리 학계의 글쓰기 풍토는 그 스스로 질병과 나태의 징후를 드러내고 있는 셈이다. 침묵의 현상학을 통해서 그 개인의 언어생활을 엿볼 수 있듯이, 변이가, 아웃사이더가 대접받는 그 현상학을 통해서 주류 학문의 허실을 가늠할 수 있다. 아웃사이더가 신떨음하도록 오히려 그 마당을 열어두는 사회가 바람직하며, 이로써 주류의 공시적 적체를 막고 정신의 통기通氣를 유지할 수 있는 것이다.

징조徵兆로서의 변이는 더욱더 환대받아야 할 이유를 안고 있다. 결론적으로 정리하자면, 변이/아웃사이더는 곧 주류/인사이더들의 미래이자 그 헌걸찬 자식이기 때문이다. 너는 네 권력의 분리/지배 체제를 위해서 스스로의 미래를 폐색시키고, 자신의 당당하고 옹골찬 자식들을 죽일 수 있는가? 분리/지배, 유형화/동일화의 논리는 모든 주류 권력의 자가당착!

징조omen는 징후의 공시적 구조와 달리 통시적 배열을 갖추고 있다. 따라서 징조는 겉/속이 아니라 현재/미래를 한 쌍으로 갖춘 기호의 일종이다. 역시 시니피앙/시니피에로 대별한다면, 현재의 상태는 시니피앙이며 미래의 가능성은 시니피에인 셈이다. 징후가 공간적 기호라고 한다면 징조는 시간적 기호인 셈인데, 징후가 질환의 구조를 드러내는 흔적이라면 징조는 그 흔적의 미래이므로 기대와 예지pre-tention 속에서 살아가는 모든 이에게 특히 후자의 의미는 각별할 수밖에 없다. 앞서 언급한 '자식'이라는 메타포도 징후보다는 징조에 더 어울리는데, 이미 레비나스를 비롯한 여럿이 언급했듯이 자식은 무엇보다 죽음, 즉 미래의 시간과 관련되어 있기 때문이다. 예를 들어 입덧이나 검버섯은 의학적 징후이기도 하다. 그러나 그것들은 무엇보다 미래 생명과 죽음의 징조인 것이다.

징조로서의 변이는 주류의 미래를 묵시한다. 자식이라는 존재는 곧 아버지의 규율과 집을 벗어나는 숙명을 거칠 수밖에 없듯이, 주류는 스스로에게 위협이 되는 자식을 낳아 기르게 된다. 오이디푸스는 라이오스 왕을 죽일 수밖에 없는 운명이지만, 라이오스는 오이디푸스를 '미리' 죽일 수 없는 법이다. 글쓰기의 운명도 그러한 것.

5. '대안'이라는 스캔들

'인문학 위기론'을 먹고 살아가는 인문학, 이 음울한 메타 학문의 미래는 짧을 것이다. 인문학의 오래된 알리바이였던 이 '메타화'는 이른바 지속 가능한 학문의 양식이 아니며, '삶의 뒤로 돌아갈 수 없다'는 딜타이식의 지론처럼 메타화로서의 학문도 삶의 뒤안을 오래 서성일 수 없는 법이다.

인문학은 이제 시휘時諱의 덩어리가 되었다. 대체로, 인문학은 고사할 것이다. 그 개념을 갱신하거나 그 외연을 확장시킨다고 부활하거나 과거의 영광을 되찾을 수 있는 것은 아니다. 투쟁-부활-죽음의 내러티브에는 로마라는 적敵이 '저기에' 있어야만 한다. 하지만 현재의 인문학에는 적이 없다. 그러므로 생산성 있게 싸울 수가 없는 것이다. 지금의 싸움은 악성惡性의 메타화, 혹은 자신을 스스로 갉아먹는 자가당착에 지나지 않는다. 고쳐 말하자면, 모든 것이 적이며, 인문학의 존재 기반이 바로 적이고, '자신의 꼬리를 먹고 산다'던 말처럼 인문학이 바야흐로 자신이 되어버린 적을 먹고 살 수밖에 없게 되었기 때문이다. 과학이 시속의 키워드가 된 이후 인문학이 위기에 봉착하지 않은 때가 없었고, 이후의 인문학은 기술 시대가 부지불식간에 만들어가는 거대한 기술 블랙홀 속으로 함몰할 수밖에 없기 때문이다. (아니, 기술 시대는 그 스스로가 '함몰'이며 자가당착에 다름 아니기 때문이다.)

나 역시 그 논의에 한 목소리를 섞었지만, 엄밀히 말하자면 '인문학 위기의 진단과 대책'이라는 통속의 논의에 이바지하고자 한 것은 아니었다. 오히려 내 지론은, '위기론'을 '알아도 모르는 체하고'[3] 자신의 자리에서 자신의 글을, 자신의 이치―理를 만들어 모으자는 소박한 원론일 뿐이었다. 1990년대 중반에 내 공부의 한 갈래를 이루었던 글쓰기 논의도 인문학 위기론의 대안으로 내놓은 것은 아니었다. 내 생각의 일단을 대안으로 오인한 채 그 내용이 비현실적이라고 비판하는 이들도 있었고, 혹자들은 내가 비판에 머물러 대안 모색으로 나아가지 않는다고 불평하기도 했다. 당시 나는 이들이 그저 게으르거나 무능하다고 여겨 재반론을 생략했지만, 내 관심은 '대안'이 아니었고, 이 노선은 지금도 유효하다.

우선 (인문학적) 위기론과 관련해서 터져나온(오는) '대안(부재)론'은 기득권 보수주의의 자기보호 기제가 우회적/상습적으로 노출된 현상이라는 의혹을 사기에 충분하다고 본다. 이를테면 내가 접한 '대안(부재)론자'들은 무엇보다 비판 자체에 뜨악해하거나 시뜻한 태도를 보여 스스로의 이중성을 노출시키는 꼴을 면하지 못했다. 대안과 비판 사이의 초보적 관계조차 이해하지 않으려는 태도를 지닌 채 시롱거리는 꼴은 생산성 있는 대화의 노력조차 얼어붙게 만든다. 그러면서 자기성찰과 비판을 매개로 현실을 어렵사리 통과하며 개성 있는 무늬人紋를 창출하려는 노력에 대해 정당한 응시도 공정한 평가도 없이 그 안이한 입술을 벌려 지레 묻는다. 대안은? 그러나 말이 아니라 생산된 글의 흐름이나 그 판세를 살피면, 대안(부재)주의자들은 대체로 대안에 관심이 없다는 사실을 금방 알 수 있다. 앞서 말했듯이, 그것은 일종의 지적 경기驚氣이며 다만 다소 세련된 문자의 허울을 쓰고 있는 이중성일 뿐이다.

새로운 글쓰기든, 비판적 글쓰기든, 그 무엇이든 인문학 위기론의 대안이 될 수 없으며, 나 역시 그런 주장을 편 적도, 거기에 동조한 적도 없다. 반복하자면, 이미 인문학 위기론은 '특정한' 대안을 붙여 극복할 수 있는 '특정한' 사안이 아니다. 특별히 과학이 그 보편적 실용성으로 위세를 떨친 이후 인문학은 늘 위기 담론의 속성을 떨쳐버릴 수 없었고, 이제는 내인內因, 외인 구별할 것도 없이 인문학 자체의 함몰을 예고하는 원인은 전 포괄적이다. 그리고 이 같은 사정을 호전, 역전시키기 위해 인문학이 주체가 되어 공격할 객체가 따로 있는 것이 아니다. 앞서 지적한 대로, 이미 인문학은 적敵을 먹고 살고 있으며, 어쩌면 우리 자신들의 체질과 언어와 버릇과 전망이 바로 우리의 적일지도 모르기 때문이다.

다시, 글쓰기와 관련한 그간의 내 작업은 무슨 대안이 아니라 주류의 속사정을 드러내는 어떤 징후 혹은 징조였다고 판단한다. 혹은, 인문학자 개개인이 나름대로 걸어가야 할 이력의 무늬 하나였을 뿐이다. 나는, 미력이나마, 내 삶과 글이 일치하는 부분을 펼쳐 보여서 하나의 사례를 조형했을 뿐이다. 그러므로 '대안'이라는 것은 내게 실소失笑를 금치 못하게 하는 완벽한 스캔들.

6. 이치는 단박에 깨치나 버릇은 오래간다 理雖頓悟 事非頓除

그 필자들이야 내 비판에 동의하지 않겠지만, 나는 이른바 '표현인문학' 논쟁에서 『표현인문학』이라는 작품—그것은 '작품' 이상의 '학술'이었던가, 아니면 그저 '상품'이었던가?—이 일종의 '자가당착' 이라고 비판했다. 물론 '표현인문학'이라는 이념에는 전폭적인 지지를 보냈으며, 오히려 나야말로 그 이념에 가장 근접한 글쓰기를 실천해왔다고 내심 자부해왔을 정도였다. 이를테면 나는 '표현인문학' 의 '뜻'에 큰 찬의를 표했고, 그 '글'에 작은 불만을 토로했던 것.

요컨대 나는 『표현인문학』이 '표현인문학적으로' 자신을 표현하는 데 실패했다고 주장했다. 자신의 '표현'을 통해 그 범주와 생리의 정당성을 재귀적으로 완결시키는 데 실패했다고 주장했다. "만일 주제와 지향의 푯대 아래 표현성이 없는 개념적 설명, 기의記意의 강박으로 일관했다면 그것은 표현인문학을 이해인문학으로, 그것도 인식중심주의의 아류로 환원시키는 자가당착일 것이기 때문이다."[4]

굳이 분류하자면 글(쓰기)은 뜻(읽기)에 비해서 몸에 가까운 활동이다. 따라서 글쓰기는 인식과 해석의 층위에서 구성되는 관념의 회집이나 분배 작업으로 환원되지 않는다. 달리 말하자면, (하이데거-가다머류의 철학적 해석학이 이해를 기능심리학이나 표상인식론에서 해방시켜 존재 양식의 문제로 정당하게 옮겼듯이) 의당 글쓰기는 표상이나 정신의 풍경에 관한 것만이 아니다. 그러므로 글쓰기의 공부는 정신주의mentalism와는 사뭇 다른 길을 요구하며, 무엇보다 글과 뜻 사이의 긴절한 교섭을 실천해나가는 절대 시간이 필요한 것이다. 이를테면 글은 우선 글의 시간으로써 대접해야 하는 것이다. 서산西山의 표현으로 요약하자면, "이치는 단박에 깨칠 수 있다 하더라도 버릇은 한꺼번에 가시어지지 않는다理雖頓悟 事非頓除."[5] 표현인문학이 (부분적으로) 실패한 것은, 앞서 지적한 대로 '표현인문학'이라는 이치(뜻)를 제대로 밝혀내지 못한 데 있는 것이 아니다. 그것은 '표현'이라는 버릇(글)의 문제를 고치는 데 실패했기 때문이다. 요컨대 『표현인문학』은 스스로의 의도(뜻)가 함축하고 있는 실천의 경지에 이르는 데 실패했다.

다 아는 대로 우리의 근현대 학문은 설익게 번역해들인 수입 학문 일색이었다. 뜻과 글 어느 쪽이든, 정신의 식민성은 이미 체질화되어 있다. 그러나 수입 학문은 이미 그 성격상 '글'보다는 '뜻'에 치우치게 마련인데, 앞서 말한 대로 '뜻'은 단박에 깨칠 수 있으나 '글'은 주체적, 자기성찰적 실천의 이력이 뒷받침될 때 비로소 생겨나기 때문이다. 아울러 '뜻'은 출판/지식상업주의에 의해 포장되어 쉽게 소비될 수 있다는 사실이 매섭게 지적되어야 한다. 우리 학계에 유달리 이론의 거품이 심하다거나 그 유통의 템포가 빠르다거나 앎과 삶 사이의 괴리와 소외가 지독하다는, 진부하게 반복되어온 지적은 모두 이러한 사실과 관련된다.

이것은 내가 줄곧 '인문학으로서의 글쓰기'를 강조해온 배경이기도 하다. 이와 대조되는 '인문학에 대한 글'이란 이른바 '뜻의 학문'의 일종으로서, 수입 인문학이 유통되는 초보적 방식의 하나이기 때문이다. 수입 이론에 발빠른 국내 인문학자들의 다수가 방대한 지식을 소비하고 있으면서도, 그 지식이 머릿속의 '뜻'으로만 구심화求心化되어 있을 뿐 '인문학'이라는 이름에 걸맞은 글의 실천으로 풀어내지 못하고 있으니, 인문학의 통전적 실천은 이미 글쓰기라는 궁지에서 그 한계를 극명하게 보여준다 하겠다. 인식과 관념이 '소비의 채널'을 통해서 피상적으로 유통, 소비될 뿐 내 글로, 내 몸으로, 내 삶으로 낮아지지 못하는 구조 속에서 학인의 대다수가 제1세계 지식의 소매상이나 훈고학적 고물상으로 살아가고 있는 것이 현실이지 않은가. 사실 지적 식민성의 구조와 환경 속에서는 '뜻-글-몸'의 회로가 유기적으로 피드백될 수 없는 것이 오히려 당연하다.

가령 여러 형태로 이뤄지고 있는 '교수 업적 평가제'의 경우, 이같은 학문 현실에서는 유형화된 뜻(관념)의 회집과 운용만 다룰 뿐, '글'들을 제대로 대접할 도리가 없다. '뜻의 학문'과 '인문학에 대한 글쓰기'가 주류를 이루고 있는 상황에서는 '뜻'을 살피고 그 계통과 자리를 따지는 것이 '평가'의 초점이 될 뿐, 인문학의 고유한 요소인 그 '글'을 평가할 수 있는 인력도, 제도도, 문화도 형성되어 있지 못한 것이다. 이미 반세기 전에 버트런드 러셀은, 철학적 글쓰기의 경우 사상가와 문장가를 따로 분리할 수밖에 없는 '불행한 일'에 대해 언급한 적이 있지만, 21세기 한국에서는 아직도 이 '불행한 일'이 마치 무슨 학문성을 수호하는 엄정한 잣대인 것처럼 번연히 통용되고 있는 것이다. '뜻→글→몸'으로 충분히 낮아지고서야 이른바 학문의 자생성을 책임 있게 논의할 수 있는 것이고, 아울러 글에 개성과 힘이 실리는 것이지만, '뜻의 학문'이 강고하게 회

전하고 있는 회로 속에서 여전히 인식과 해석의 (수입산) 관념들만
을 잰걸음으로 소비하고 있는 현실에서는 '논문'이라는 글을 제대
로 역사화할 수도 없을 뿐 아니라, 그 기량을 총체적으로 평가할
수도 없다.

글은 뜻과 함께 가며, 뜻도 글과 함께 흐르는 법이다. 대단한 체
험이나 통찰이 아닌, 글쓰기의 기초적 고민만으로도 이 사실은 손
가락 끝에 잡힌다. 글쓰기에도 그 나름의 난행도難行道가 없지 않
으나, 이 '손가락 끝'을 느끼는 데에는 그리 심오한 이치가 필요하지
않다. 사실 이와 같은 이치를 주제화시켜 면밀하게 따진 글들이 무
수한데, 왜 그들은 손가락 없이 글을 쓰기라고 하는 것인가?

3부 글쓰기의 묵시록

7. 중성성의 신화, '인식'과 '인정'의 사이

글쓰기의 영도零度 같은 것은 없다. 무조무색無調無色의 영도에 머무는 글은 이미 글이 아니라 하얀빛이 되어버린다―'관념의 빛'. 그것은 예를 들어 플라톤과 데카르트가 관심을 가진 광학적光學的 인식론으로 회귀하려는 정신주의의 낡은 욕망일 뿐이다. 물론 그렇다고 곧장 '자유와 혁명에 복무하는' 사르트르의 앙가주망 글쓰기를 떠올릴 필요도 없고, 마르크스 혹은 에밀 졸라식의 메니페스토를 요청하는 것도 아니다.

바르트의 설명처럼, 중성적 글쓰기가 "사실주의보다 한참 늦게 개발된 현상으로서, 도피적 미학의 충동 아래에서 생긴 것이 아니라 결국 '소박'을 성취하려는 글쓰기의 양식을 찾는 과정에서 나온 것"6이라면, 이 중성성 속에서도 여전히 영도란 존재하지 않는다. 글쓰기에서 영도의 부재는, 내 경우 '손가락'이라는 상징에 집약되어 있다. 뜻(이치)과 삶이 손가락에서 겹치고 엉키는 긴밀한 교섭의 과정이야말로 글쓰기의 요체인데, 거기에서는 모든 것이 '역사'다. 거기에서는 모든 것이 색깔이어서, 무색은 다만 권력의 환영幻影, 어느 공상의 단면일 뿐이다.

모든 글이 제 나름의 도수度數와 색채를 지니는 것은, 글쓰기라는 행위가 늘 '삶과 앎 사이의 통풍' 속에 놓이기 때문이다. 아르놀트 하우저의 말처럼, 문학과 예술에도 촘촘한 사회사가 엄존하듯이, 글쓰기에도 사회사가 엄연하기 때문이다.

삶과 앎의 통풍을 유지하면서 글과 뜻이 서로 조금도 양보하지 않고 팽팽한 긴장을 유지하고 있는 모습은 아름답다. 이것은 글이 맹목적으로 뜻만을 추종하지 않은 채 스스로를 돌아보는 근원적 자기반성이며, 이 태도로써 가능해진 거리감의 지평이며 성숙이다. 이것은 인식론과 미학이 경합하는 접점이며, 전통과 표정이 어울리는 경계이고, 마음의 안팎이 교통하는 지경이다.[7]

그러므로 글쓰기, 특히 학술 논문 같은 형식적 글쓰기에는 그 논문의 안팎이 만나는 접점을 유심히 살펴야 한다. 이른바 '논문중심주의'라는 것도, 그 형식의 내규內規가 그 형식의 바깥을 객관적으로 표상할 수 있다는 표상주의의 신화이며, 마치 거울상鏡像의 자아 같은 이 신화가 깨지기 위해서는 무엇보다 그 형식의 안팎이 소통되어야 하기 때문이다. 이 논문/원전중심주의가 지적 식민성이라는 테제와 이어지는 방식도 유사하다. 논문/원전이라는 형식성의 '체계' 뒤에 숨어 있는 이른바 '기지촌의 지식인들'은 이 거울상의 표상주의에 포박된 채 그 형식성을 견고하고 정치하게 다듬어냄으로써 그 형식의 바깥세계를 '체계적으로' 유형화시키고 배제한다. 형식적 체계의 회로 속을 가감없이 순환하고 자족하는 경험은, 완고한 사실과의 마찰이 제공하는 비판적 성찰의 기회를 역시 '체계적으로' 없앤다. 이것은 부르디외가 지적한바 "피지배자의 사고와 인식이, 그들에게 부과된 지배 관계의 구조에 따라서 구조화되면, 그들의 '인식congition' 행위는 필시 '인정recognition'과 복종의 행위가 된다"[8]는 것이다. 부르디외의 글을 이 글의 문맥에 맞춰 옮기면,

한국 학인들의 사고와 인식이, (서구로부터) 수입되어 부과된 글쓰기(관계)의 구조에 따라 구조화되면, 그들의 자율적 '인식' 행위조차 필시 타율적 '인정'의 행위로 전락해버린다.

8. 시간과 글쓰기

나는 이제 6~7년 전처럼 '인문학이 살아야 나라가 산다'는 식으로 말하지 않는다. 내 성정이 '나라'를 염려하는 편도 아니지만, 근년의 내 인문적 지평은 '동무'라는 개념으로 좁혀져서 회전하고 있기도 한 탓이다. '글의 안팎'이라는 말에 비치듯이, 의당 담론에는 그 사회사가 따라붙고 따라서 '운동성'이 없을 수 없으나, 이제 기세나 운동성을 따라서 움직이지 않기로 했다. 내 공부길에 견결함이 있다면 그것은 그저 자긍심의 문제일 뿐, 아무런 목적론을 내비치지 않는다. 글이든 말이든, 그것은 내 삶의 양식에서 우러나오는 무늬의 소산물일 뿐이니, 굳이 축을 잡고, 텔로스의 기치를 세우며, 한 사회 전체를 염려할 것은 아니다. 더구나 앞서 말한 대로, 인문학이라는 것이 자신을 적敵으로 삼아야 하는 괴물이 되고 있는 지경에서는 더욱.

한때 내 관심이었던 '글쓰기→ ←인문학→ ←근대성'이라는 (전략적) 회로의 중요성도 내세우지 않기로 했다. 솔직히 "학인 각자의 용기와 창의가 만드는 길이 새로운 글쓰기의 고민과 노력으로 이어지고, 이것은 특히 위기에 처한 인문학의 새로운 활로를 모색하는 가장 구체적이고 쉬운 전략이 될 수 있을 것이며, 마침내 이 전략의 실천을 통해서 '심층근대화'의 과제를 이뤄가는 '뿌리 깊은 진보'의 정신을 파급시킬 수 있을 것"[10]이라는 5~6년 전의 생각을 지금은 어떻게 처리해야 좋을지, 그저 두손매무리하고 있는 처지다.

세상은 인문人紋의 자존심조차 건사하기 어려운 풍경 속으로 급속히 떨어지고 있다. 이것은 인류의 학문(한나 아렌트)이나 문명(보드리야르) 전체가 '파괴적인 반환점에 도달했다'는 통찰과 깊이 연루되는 시각이자 체험이다. 인문학의 적敵은 더 이상 자신의 가면을 가리키는 친절을 베풀지 않는다. 그처럼 품위 있고 고전적인 적은 없다. 그 적은 그 가면이 곧 실체가 되어버린 적이며, 우리 문명의 터전이자 환경이 되어버린 적이며, 모든 유형과 상징의 틀을 점유해버린 적이며, 오히려 우리에게 일용할 양식을 제공해주는 적이기도 하다. 물론 그렇다고 더 나쁜 일을 막는다는 명분으로 적들과의 관계를 정당화한다는 것은 이미 저항의 형식이 아니라 무늬를 포기한 채 '얼룩'의 삶으로 빠지는 태도의 알리바이에 불과하다. 그러므로 남아 있는 일은, "그 어떤 새벽의 귀환도 약속하지 않는 시간성에다 글쓰기를 개방하는 것"?[11]

19. 글쓰기의 묵시록

─총체와 비약

1. "그날부터 그들은 매일 밤 서로 편지를 주고 받았다⋯⋯ 그녀는 언제나 사나이의 편지가 짧다고 나무랐다."[12]

연사戀辭의 분량을 불평하는 연인들의 얘기는 한가해 보이는 고 래의 사설私說에 불과하다. 이를테면 그것은 마음을 계교지심計較 之心으로 기능화한 근대, 그리고 연애를 사적 열정의 공식적 회로 로 정형화한 근대가 내통해서 만든 트기와 같은 것이다. 한편 그 것은 이중으로 중요한데, 사랑에 관한 인습의 도착倒錯을 드러내는 지표인 점이 그 하나요, 다른 하나는 그 도착에 글쓰기가 복무하 는 방식을 통해 글쓰기의 긴한 이치 하나를 보여주기 때문이다.

사랑은, 결코 잡히지 않는 바로 그 속성에 의해서 오히려 연명하 는 환상의 물매 효과[13]와 같은 것이다. 그러나 연인들은 습관처럼 사랑을, 그 사랑의 실체를 잡으려 하고, 이로써 사랑은 그 만고萬古 의 효용을 지치지 않고 유지하게 된다. 이런 점에서─즉 없는 기원 을 숨기는 척하면서 존속한다는 점에서─그 모든 연인은 곧 신神 이요, 그 모든 사랑은 곧 종교인 것이다.

연인이 편지를 쓴 것은 사실이다. 그러나 그 편지는 마치 신이 쓴 것처럼 속마음을 드러내지 않는(못하는) 안티노미의 구성과 '저지의 체계'(보드리야르)로 기능한다. 그러므로 편지 속에서, 더구나 '짧은' 편지 속에서, 연인의 연정과 신의 계시를 확인하려는 사랑과 종교는 제 마음대로 성공하고 또 필연적으로 실패한다. 그러나 그 실패만이 사랑과 종교의 유일한 환상적 동력이기에, 그 불평의 인습은 오히려 한갓 도착인 것이다. 더불어 사랑과 종교의 환상적 물매가 만드는 그 마음의 진자운동에 글쓰기가 동원되는 방식은 참으로 우스갯감이 아닐 수 없다. 사랑과 종교는 그 활동 속에서 필연적으로 애초의 약속을 지키지 못하고, 마찬가지로 글쓰기도 그 '쓰기'의 과정에서 '글'의 약속이 어긋난다는 사실만을 고유한 흔적으로 간직할 수밖에 없다. 헤겔이 칸트의 비판철학을 두고 꼬집었듯이, "인식의 시험은 인식하면서 할 수밖에 없다".[14]

> 편지는 아직 장관의 손에 있군요. 강점은 그 편지를 소유하고 있는 것에 있지, 그것을 사용하는 데 있는 것이 아니니까. 그것을 써버린다면 효과는 사라져버리지.[15]

말할 것도 없이 글쓰기의 배경과 동기에는 수많은 이치가 복류하고 교착한다.[16] 신성神聖을 문자 속에 구금, 그 진리를 현전시키려는 근본주의적 글쓰기에서부터 문자 그 자체가 상형象形의 우연성으로 해체되는 디지털 시대의 글쓰기에 이르기까지, 글쓰기는 사회 변동이나 문화 사조, 그리고 매체의 역사와 더불어 쉼 없이 변화한다. 그러나 넓게 봐서 한 가지만은 예외다. 종교적 문자근본주의, 그리고 제임스 프레이저나 아르놀트 하우저가 지적했던 '주술적 자연주의magical naturalism'를 제외한다면, 모든 글쓰기는 오히려 실재를 유예하거나 저지하는 이율배반적 체계를 구성한다는 사실이 바로 그것이다.

물론 글쓰기가 보여주면서 숨긴다는 것은 극히 진부한 지적이다. 그러나 보여주는 방식을 통해 숨기는 체한다거나, 혹은 숨기는 방식을 통해 보여주는 체하는 사실을 지적하는 것은 제법 새롭다. 플로베르의 소설에서 따온 구절이 플라톤 이래 계속 강화되어온 글과 마음 사이의 위계적 도착倒錯을 잘 보여준다면, 포의 단편 「도난당한 편지」는 인류의 문화를 그 근저에서 견인하는 환상과 부재의 효과를 여실히 보여준다. 부재의 환상적 효과는 특정한 영역과 소재에만 국한되는 것이 아니다. 그것은, 마음이 결절結節을 이루면서 소외되거나 투사投射되는 모든 인간적 현상에서 공히 드러난다. 물론 전기했듯이 종교와 사랑의 영역에서는 이 같은 현상이 유달리 도드라진다.

무릇 연서戀書라면, 그 속에는 연정의 틈, 부재, 그 함몰의 기미가 곳곳에 역설적으로 번득인다. 오히려 그 역설로써 사랑은 지속적으로 운신하는 동력을 얻는 것이다. 알다시피, 이 역설은 고해告解라거나 기원祈願이라는 매우 독특한 종교 행위 속에서 극도로 강화되기도 한다. 그러나 이 역설은 모든 종류의 글紋에 스며드는 특유하게 인간적인 현상일 뿐이다. 가령 인간의 신화적 사고와 태도 속에서 문화의 맹아로 거론되는 이른바 '잉여' 혹은 '거리距離'의 체

험이야말로 이러한 역설의 단초를 이룬다. 인간만의 실존을 잉여/
결손으로 특징짓는 철학적 인간학은 실로 재래시장의 파리만큼
이나 흔하다. 가령 에른스트 카시러의 문화론에 등장하는 '활동
Werk-표시Merk-상징Symbol'이라는 단계론 역시 바로 잉여의 체험
이 문화화 과정에서 점차 고차적으로 체계화되는 모습에 다름 아
니다. 말하자면, 문화文化가 문화文禍를 낳고, 역설力說이 역설逆說
을 낳는 인간의 가치표현적 욕망의 이중성을 드러내는 것이다. 글
(쓰기)라는 인류가 낳은 가장 탁월한 문화적 매체는 이 역설과 이
중성의 한가운데에 위치한다.

이중성과 이율배반, 저지沮止와 역설이라는 인간 문화文化/文禍의
특성은 글쓰기에서 고스란히, 그리고 가장 첨예하게 반복된다. 글
은 마음을 드러내다가도 홀연 숨기며, 숨기는가 하면 곧 드러낸다.
글은 그 무늬紋의 흔적만으로 없는 마음의 징후가 되었다가도, 한
순간 그 마음의 정상頂上에 꽂은 깃대처럼 엄연하게 그 실재감을
증명하기도 한다. 사물과 무관한 한갓 자의恣意의 기호였다가도, 어
느 순간 글은 사물과 직접 혼효混淆하는 물질성으로 다가오기도
한다. 글은 실재였다가, 실재의 전령이었다가, 실재의 흔적이나 징후
였다가, 실재의 상처나 껍질이었다가, (니체의 말처럼) 실재를 왜곡하
거나 은폐하는 안개였다가, (알튀세르의 말처럼) 실재의 환상과 이데
올로기를 부추기는 수동의 매체였다가, (보드리야르의 말처럼) 실재
의 부재를 거꾸로 속이는 중층의 알리바이였다가, 이윽고 전자적
상형 체계의 한 단말기가 되어 아무 의식 없이 그 체계의 구성 원
칙(=구조)에 복무하기도 한다.

이 논의에서 극히 중요한 점은 글과 인간, 글과 실재, 그리고 글과 사유의 사이에는 '타자(성)라는 심연'이 놓여 있다는 것이다. 노동이 표현주의적 가치를 상실하고 노동자로부터 소외되듯이, 무릇 글도 전래의 그 표현주의적 낭만성을 잃고 필자에게서 등을 돌린다. "60초 동안도 계속해서 생각할 수 없는 괴상한 말만 지어내는 따위 놈들과 경쟁하려구요?"[17]

따라서 '비약'이라는 행위는 키르케고르나 마르크스나 베르그송이나 비트겐슈타인 등의 생각에 고유한 이론이 아니다. 사실상 모든 글은 늘 비약(도약)의 요구에 직면해 있다. 요컨대 비약할 수 있는 것은 '이미' 글 이상이지만, 비약하려 하지 않는 것은 '아직' 글이하다. 이처럼 비약에의 지향志向과 그 실질적 무능 사이에서 글의 운명은 조금씩 진동한다. 예를 들어 기호학이란 이 진동을 내재화하는 최근의 소식인 것이다.

잘 알려진 대로, 키르케고르의 경우 실존實存은 인간에게 고유하면서도 근원적인 존재 방식Seinsweise이다. 그것은 신과 홀로 대면하는 이른바 '단독자'의 삶이다. 가라타니 고진柄谷行人의 설명을 원용하면 '개체-일반'으로 일괄되는 자기동일성의 변증법에서 벗어난 타자성의 발현이기도 하다. 무한한 열정에 의해서 뒷받침되는 이 주체성의 삶은 결단과 선택으로 점철되는데, 그 이치의 요체는 질적인 비연속성의 '비약'에 있다. 이 종교윤리적 비약의 이치 속에서 키르케고르는 헤겔의 본질주의적 동일성 논리를 초극하려 하는 것이다. 이 투기投己와 비약의 이치 때문에 그의 신앙은 루터류의 것과 달리 그 본성상 위험할 수밖에 없다. 실존주의 신학자 폴 틸리

히의 말처럼, 궁극적 관심의 형태를 띠는 신앙은 실존적 의심과 믿음이라는 양극을 지니는 것이다.

글(쓰기)이 위험한 것도 마찬가지다. 마르크스가 말하는 상품과 화폐 사이의 사회적 도약, 그리고 키르케고르가 말하는 실존적 투기로서의 종교윤리적 도약처럼, 글쓰기도 도약의 위험을 직면하면서, 혹은 그 직면의 긴장이 제공하는 역설적 탄력성에 의해서 자신을 운신한다. 전기했듯, 이미 글 이상이 된 글과 아직 글 이하에 머문 글 사이에서 글쓰기는 자신의 명운을 조절한다. 그 사이에는 도처에서 심연이 입을 벌리고, 글이라는 인류의 작란作亂을 단숨에 삼킬 각오를 단단히 하고 있다. "모든 말이 길을 헤매고 있었"[18]듯이, 모든 글은 운명처럼 위험하다.

2. 글쓰기의 명운에 개입했던 요인들은 다종다양하다. 글쓰기는 워낙 넓은 뜻에서 '세속적'(사이드)이기 때문이다. 혹은 바르트의 지적처럼, 글쓰기는 작가의 순수한 의도만 통과해가는 길이 아니기에 필자가 속한 역사사회적 상황과 전방위적으로 관련된 사건이다. 그러므로 '거미학hyphologie'이라는 용어가 시사하듯이, 텍스트는 완결된 진리와 의미의 포장이 아니라 생성 중인 사건이며 따라서 이른바 '시니피앙의 무한한 성좌星座'인 것이다. '유희jeu할 줄 아는 작가'라는 개념은 이러한 논의의 계선을 타고 등장한다. 이것은 티머시 모어와 볼테르, 그리고 니체와 데리다[19]가 계승한 구라파 사상의 물줄기 속에 엄연했던 명랑, 혹은 '유쾌한 긍정'의 정신과 상응하는 것으로, 첨단의 언어기호적 장식을 휘두르고 있긴 하지만

사실 그 내력은 낡디낡은 것이다. 유쾌한 긍정의 기호론은 푸코나 바르트가 호감을 지니고 들여다본 일본을 연상시키기에 충분하지만, 역설적이게도 일본이라는 풍토성과 기독교적 영성 사이의 거리감을 소설적으로 형상화한 엔도 슈사쿠의 글쓰기는 오히려 존재의 성화聖化를 지향한다.[20]

글쓰기의 유희든 혹은 성화의 글쓰기든, 무릇 글쓰기는 도약/비약의 위험에 직면하는 행위다. 또 그만큼 모든 글쓰기는 '세속적으로' 흔들린다. '자신은 자신의 바깥에 존재한다'던 헤겔이나 '자기 관계는 곧 타인과의 관계를 물고 들어간다'던 마르크스의 말처럼, 글은 곧 글 바깥에 존재하는 양식의 삶이며, 세속적 관계들 속에서 서성이고 흔들리고 교차하면서 자신의 의미와 가치를 저울질하는 행위다.

글쓰기를 일종의 계시로 여기는 태도는 글과 세속 사이의 간극이나 비약을 인정하지 않는다. 시내산에 불꽃처럼 강림한 유대인들의 신은 손수 십계명을 글쓰기 하는데, 그 신성은 일말의 틈과 비약도 없이 그 글쓰기 속에 현전한다. 이로써 그 의도는 세속을 비켜가고, 순수한 원전으로서 초역사의 권위를 얻는다. 모든 글은 타자를 향하지만, 역설적으로 그 글은 타자를 갖지 않는 것이다. 지상에 화육한 신神 예수는 단 한 번 손가락으로 글을 쓴다. 신처럼, 그러므로 손가락으로, 글을 쓰는 것이다. 매체 없이, 손수, 그 의도가 순수하게 현전할 수 있도록, 신은 그 신의 일부로 글을 쓴다.

푸코는 「저자란 무엇인가」(1969)에서 권위적 저자가 불필요한 언설의 미래 문화에 대해 예언한다. 그것은 글(쓰기)에 묻어 있던 종래의 중앙집권적 가치가 소멸하고 파편적 익명성의 순환으로 유지되는 문화를 가리킨다. 그는 사뮈엘 베케트의 말을 인용하면서, "대체 누가 말하든 무슨 상관인가?"라며 글을 맺는다. 푸코식의 구조주의 속에서 신神이라는 부동不動의 무한 지성이 익명의 순환 구조로 바뀐 것이다. 잠바티스타 비코식으로 고쳐 말하면, 인간의 사유라는 점을 통해서 신과 구조는 호환된다. 이런 식으로, 서구의 구조주의가 신학적 변용이라는 사실을 어렵잖게 짐작할 수 있다.

철학을 내내 답답하게 여긴 레비스트로스는 푸코보다 한결 분명하게 말한다. 그는 자신의 글쓰기를 '책이 나를 통과하는 사건'으로 기술한다. 통과한 이후에 생기는 '텅 빈 느낌'을 강조함으로써 그는 그 신화적 글쓰기의 순수함을 시사한다. 야훼의 모세처럼, 그역시 구조의 레비스트로스인 것이다. "책은 나를 통해서 지나가는 것이며, 나라는 존재는 몇 달 혹은 몇 년 동안 사물들이 만들어지고 정돈되고, 그런 다음에는 배설 작용처럼 서로 분리되는 장소입니다."[21]

3. 서양의 사상이 본질적으로 신학의 변주이듯, 그들의 글쓰기도 본질적으로 신학적이다. 말하자면, 글쓰기의 현실과 무관하게 글과 실재, 그리고 글과 영혼(사유)의 사이에 개재하는 심연을 무화시키려는 신학적 무의식이 복류하고 있는 것이다. 계시를 말하든, 구조를 개시開示하든, 영감靈感이 분출하든, 개인들을 호명呼名하는 음성이든, 혹은 무의식이든, 그 모든 글쓰기는 내가 말하는 세속과 비약의 이치를 인정하지 않으려는 동기 및 신학적 추억으로 완강

하다. 과연 이것은 하이데거가 말한 '존재신학onto-theology'의 추억이라고 할 만하다. 근년에 아무렇게나 인용되곤 하는 로고스중심주의logocentrism라는 말의 뜻은 오히려 이 완강함에 가장 가까우리라.

그러면 전자적 글쓰기의 공간은 얼마나 신학적인가? 혹은 그것은 과거의 형이상학에서 돌이킬 수 없을 정도로 탈신학화, 세속화된 것인가? 요컨대 기계는 영혼이 없으며, 기술은 그 본질에서 반反형이상학적인가? 글쓰기의 공간은 과거의 신화적 공간에서 얼마나 멀리 나아왔는가? 이 분야에서 그간 진행된 논의는, 전자적 글쓰기 환경이 종래의 텍스트가 누려오던 안정성, 기원성, 특권성, 개성, 권위성을 박탈했다는 진단에서 대체로 일치한다. 요컨대 글쓰기의 신학과 형이상학은 전자 공간 및 디지털 기호세계와 더불어 영영 퇴출되었다는 진단이다. 이 진단은 어느 정도의 진실을 담고 있을까? 역사적으로 보자면, 신의 의지가 기호와 아무런 간극 없이 일치하는 문자근본주의적 태도는 표의表意에서 표음表音을 거치고 기호의 자의성(소쉬르)의 세례를 받음으로써 괴멸된 것이 사실로 보인다. 그리고 마침내 디지털 환경 속의 글쓰기에 이르면서 글쓰기의 무의식 속에 꿈틀거리던 신학적-형이상학적 추억은 마지막 우상으로 파괴된 것처럼 보인다. 그리고 그 아방가르드가 다름 아닌 '디지털 코드'라는 것이다.

"알파벳이 근원적으로 상형문자에 대항했듯이, 현재는 디지털 코드들이 자모음 코드들을 추월하기 위해 그것들에 대항하고 있다. 근원적으로 알파벳에 토대를 둔 사고방식이 마술과 신화(형상적 사고)에 대항했듯이, 디지털 코드들에 토대를 둔 사고방식은 순차적, 진보적 이데올로기들을 구조적, 체계분석적, 사이버네틱적 사고방식으로 대체하기 위해 그것들에 대항하고 있다."[22]

빌렘 플루서도 콩트나 베버, 프로이트나 프레이저처럼 역사의 진보적 단계론을 글쓰기 공간 속으로 압축한 것이다. 나아가 그는 "디지털적 사고는 훨씬 더 빨리 승리할 것"이라고 비관적으로 낙관한다. 그는 전자적 글쓰기 시공간의 탄생과 더불어 패러다임의 교체를 말하면서, 이 새로운 시공간의 경험은 "'신神의 편재'와 '동시성'과 같은 낡은 개념들로는 파악되지 않는 모든 경험"이라고 규정한다.

신이 편재하던 시공간―물론 그 신은 전기했듯이 여러 형식과 내용을 지닌 채 형이상학적으로 변용해왔다―으로부터 전자적 네트워크가 편재하는 시공간으로 틀이 바뀜으로써 진정으로 변한 것은 무엇일까? 신의 뜻과 말씀이 편재하던 시공간에서 기계와 전자적 기호가 편재하는 시공간으로 옮아옴으로써 실질적으로 바뀐 것은 무엇일까? 이 장구한 변화의 와중에 글쓰기는 완벽하게 세속적으로 진화한 것일까? 다시, 기계는 영혼이 없으며, 기술은 그 본질에서 반反형이상학적인가?

현대의 기술문명이 형이상학적 사태라는 것을 직시한 이는 다른 누구보다 하이데거였다.[23] 잘 알려진 정식처럼, 그에게 있어 기술문명의 '닦달'은 존재망각Seinsvergessenheit의 허무와 일상적 권태라는 형이상학적 사건과 관련된 것이다. 하이데거에게 일관되게 중요한 문제의식은 현대 기술문명이 지닌 형이상학적 의의를 밝히는 것이고, 더불어 망실된 존재에 대한 총체적 직관을 회복하려는 일념의 다양한 변주였다. 그런데 꼭 철학사에서 과용되어온 '존재'(실재)의 총체성만이 형이상학을 품는 것은 아니다. 하이데거와 달리 헤겔처럼 존재가 곧 매체라는 입장에 선다면, 전자적 (글쓰기) 시공간의 편재성/총체성 그 자체가 곧 새로운 시대의 새로운 존재일 수밖에 없으며, 따라서 그것은 우리 시대의 가장 유효한 형이상학적 과제일 수밖에 없는 것이다. 이렇게 보자면 마셜 매클루언의 작업역시 최소한 그 지향에서 매우 형이상학적이다. 흔히 그의 작업의 정식을 '매체는 메시지'라고 요약하는데, 좀더 정확히 고쳐보자면 '매체의 총체성은 곧 메시지를 이룬다(드러낸다)'는 것이며, 더 나아가서 이 매체의 총체성 역시 응당 형이상학적 의의를 한껏 품지 않을 수 없는 것이다. 이를테면 편재하면서 그 나름의 총체를 이루는 것은 다 형이상학적 아우라를 얻게 된다.

신(영혼)이 글을 손수 쓰던 신화적 과거를 뒤로한 채, 새로운 글쓰기의 시공간을 채우고 있는 것은 다름 아닌 기계다. 그러나 기계에 새로운 신화가 기생하고 이윽고 기계-신Deus ex Machina으로 둔갑하는 것은 기계의 강도強度나 밀도에 따른 결과가 아니다. 기계-신은 기계의 총합이 아니다. '정통은 오히려 무의식'이라고 했듯이, 기계가 우리 몸처럼, 그리고 몸속으로 부드러워져서 우리의 체질과 욕망, 우리의 기억과 소망이 될 때 기계는 기계-신으로 둔갑할 여건을 얻는다. 영혼을 빼앗고 등장한 기계가 스스로 영혼을 갖는 것이고, 마침내 기계가 우리 시대의 영혼이 되는 것이다. 기계가 우리몸이 되는 그때에는 베르그송의 말[24]처럼 모든 것이 우스울 것이다. 그러나 그 우스움을 아는 사람은 극히 적을 것이다. 어떻게 보면 글쓰기의 역사는 간단하다. 신이 글을 쓰던 과거에서 기계가 글을 쓰는 미래로 흘러가는 것, 그것이 우리 역사의 전부이며, 그 거대한 한 순차順次인 것이다.

기계적 글쓰기는 그 총체성에서 이미 형이상학을 품는다. 인류의 마지막 형이상학은 기계 그 자체가 형이상학의 형식이자 내용인 형이상학을 가리킨다. 그러므로 글은 내내 신神들이 쓰는 셈이다. 우리는 마지막 신이 글을 쓰기 시작하는 시점의 문턱에서 살고 있다. 완벽한 무신無神의 총체로 이뤄진 새로운 기계-신의 글쓰기.

20. 미안하다, 비평은 논문이 아니다

1. 테리 이글턴식으로 말하자면, 논문은 비평을 '자연화'한다. 그렇기에, 역설적이지만, 자연화의 과정도 하나의 제도인 것이다. (엘리 아데에 의하면 실은 '자연'조차 자연스럽지 못한 것이다. 그것은 '우주'가 문화적 제도를 거치면서 자기규제적으로 형성된 개념이다.) 이것은 후학이 선학의 작업과 성취를 반드시 어떤 제도 속에서 평가하고 다시 그 제도 속으로 재배치한다는 사실로 드러난다. 그리고 그 평가와 재배치는, 자식이 부모를 자연화하고 후학이 선학을 자연화하는 역설逆說의 권위에 기탁한다. 그러나 그 권위는 자연스러운가? 대체 권위에 최종적인 자연스러움이 존재할 수 있는가?

논문이 비평을 자연화한다는 것은 우리 당대의 풍습이자 제도다. 그것은 말 그대로 '풍경'인 것이다. 그것은 마치 마르셀 모스(포틀래치, 쿨라)나 레비스트로스(제물祭物의 대체 원리)의 연구가 잘 보여주듯이, 권위는 그 추이推移의 일방향성에 기댄다는 것이다. 값싸게 말하자면, 감히, 거꾸로(?), 에세이나 비평 따위가 논문을 자연화할 수는 없다는 것! 그래서 이론은 비평을 자연화하고, 비평은 작품을 자연화하고, 작품은 현실을 자연화한다고 믿게 되는 것이다. 그러나, 그렇다고 치더라도, 그러면 논문은 대체 무엇이 자연화할 수 있단 말인가? 구미의 실증주의적 학술 제도가 잉태한 한국의 '논문중심주의'[25]는 결국 고대 그리스의 로고스중심주의, 하다못해 플라톤주의에라도 귀속해야 한단 말인가?

그러나 가령 그 로고스의 기원적 중심성 속에 다시 대리보충의 역사성으로서의 '차연'(데리다)이라거나 혹은 차이 그 자체로서의 경험(들뢰즈)이 새겨진다면, 비평을 포함한 다른 형식의 글쓰기에 대한 논문의 그 메타비평적 자연성과 인식론적 우위는 대체 어디에서 연원한단 말인가? 그러나 논문이나 논문중심주의가 제도이자 일종의 문화文化/文禍일 수밖에 없다면, 논문(중심주의)은 그 제도의 우연성을 좇아 다시 역사 속으로 돌아갈 수밖에 없으며, 이윽고 역사가 자연을 자연화한다는 자가당착을 스스로 노출할 수밖에 없다. 이를테면 논문이든 비평이든, 그 모든 글쓰기의 양식은 '자연'이라는 환幻을 중심으로 돌아가고 있는 환環의 한 계기에 불과한 것이다.

'이론의 복합체'로서의 논문이 최종심급의 글쓰기로서 비평을 자연화한다는 믿음은, 말하자면 결코 이룰 수 없는 점근선적漸近線的 욕망일 뿐이다. 그 자연화의 위계가 선적線的으로, 수직적으로 정당화될 수 있으리라는 욕망은 제도라는 무근거의 임의적 순환圓 속으로 끊임없이 뒤틀린다. 데카르트적 인식의 일방향성(직선성)이 이미 원환 구조에 포섭되었다는 모방 인류학적 분석과 비판[26](가령 스테판 가드너 등의 비판), 혹은 주체의 생성 그 자체에, (들뢰즈식으로 말해서) 초월적 경험의 근거로서 그리고 워낙ab initio 타인들의 존재와 인정이 구성적으로 개입한다는 헤겔-라캉식의 해설은 역사 속의 상징과 제도를 궁극적으로 자연화하려는 시도가 종교신화적 도그마 없이는 불가능하고, 그 시도의 마지막은 그 변증의 직선을 마감하는 어떤 오메가가 아니라 착각한 만큼의 편차를 지닐 뿐인 새로운 알파의 연속이며, 결국 그 전부는 하나의 원환을 이룬다는 사실을 보여준다. 카프카의 『성』의 은유를 빌려 말하자면, K가 맺는 성城과의 관계는 성을 향한 위계적 직선이 아니라 오히려 성하촌城下村의 인간들 속에 뒤엉키는 원환적 헤덤빔과 연기 Verschiebungen다.

2. 스스로 자연스럽지 못한 것이 다른 모든 것을 자연화하는 자리에까지 등극함으로써 자연적 지위를 참칭한 것을 바르트라면 '신화'라고 부를 것이다. 이 글의 논지에 얹어 재구성해보면, 신화란 어떤 식의 제도화를 통해 극적으로 자연화한 원근법적 도착이다. 19세기 이래 현대의 신화가 실증주의인 사실은 말할 것도 없다. 그간 끊임없이 이어진 실증주의 비판의 물결—역사주의든, 해석학주의든, 생태주의든, 영성주의든, 초월주의든, 문화주의든, 혹은 인문학주의든—은 이 사실을 반복강박적으로 재생산하고 있는 자본제적 체계의 현실을 조금도 바꾸지 못하고 있다. 어쩌면, 이미 주어진 체계의 알리바이처럼 심심찮게 재연되고 있는 그 의심과 비판은 현실을 사후적으로 추인하고 그에 순치되기 위한 '방법적이며 잠정적인' 것인지도 모른다.

물론 신화화한 그 자연은 응당 자연스럽지 못하다. 그것은 자연을 배제하는 방식을 통해서만 성립하는 자연성이기 때문이다. "유한한 자아에게는 도덕 법칙인 것이 무한한 자아에게는 자연법칙이 된다"[27]는 셸링의 유명한 명제를 빌려 재구성해보자면, 논문이 이론적 자연성에 대한 최종심급의 정당화라고 강변할 때, 평자가 아닌 학자로서의 그 필자는 이미 자기 자신을 제도의 환環 바깥에 위치시킨 무한한 자아의 일종으로 꿈꾼다. 그러나 논문이든 무엇이든, 특히 인문人紋의 시공간을 다루는 글쓰기라면 그것은 유한한 역사 속에서 명멸할 제도적 고안일 수밖에 없다. 논문이 실증주의적 형식 속으로 고착되면서 그 자신의 역사성을 잊고 (신화적) 자연성 속으로 퇴행하는 짓은 실로 가소롭기 짝이 없다. 글쓰기의 형식은 쉼 없이 변하며 나아가는 것이(었)고, 그런 뜻에서 무릇 글쓰기란 바로 그 글쓰기의 역사에 다름 아니다. 고쳐 말하자면, 글쓰기란 바로 그 자신의 역사가 실체인 역사다. 이와 대조해서, 니체식으로 표현하자면, '논문의 역사적 유래가 망각되었다는 것이 바로 논문의 개념의 발달사에 속해 있는 것'이다. 논의를 조금 확장시키면, '논문의 역사성을 망각함으로써 성립한 논문중심주의' 속에서 억압된 자기성찰적 문제의식들은 현대 한국의 인문사회과학 전체가 날림으로 건축되기 위한 뼈아픈 비용이었다.[28]

3. 가령 푸코의 지적처럼 고백(고해)은 특정한 권력-지식을 재생산해내는 제도이자 이데올로기적 장치다. 그것은 형이상학적 '깊이'라는 착각의 드라마가 재연되는 시공간이자 그 고백(고해)자의 자기 정체성이 내면으로부터 형성된다는 관념론적 오인이 고착되는

지점이기도 하다. 그러나 고백이 무엇보다 '풍경'인 것은, 풍경과 고백은 오직 그 기원(역사)의 곡절과 미구靡嘔를 망각함으로써만 성립하는 피상적 아름다움이자 감동이기 때문이다. 제주의 유채꽃 해변 풍경은 왜 아름다운가? 그것은 "제주 해협의 바다가 곧 제주 사람들이 역사에 바친 눈물의 양量으로 출렁거리는 것"29을 잊고 있기 때문이다. '사랑해!'—'웃지 않고는 도무지 분해할 수 없는 말'(바르트)인 문장이 아닌 고착─상황─라는 당신 애인의 고백은 왜 여태 당신에게 감동적인가? 그것은 그(녀)가 지난여름에 한 짓을 당신이 모르고 있기 때문이다.

마찬가지로, 논문의 깊이는 논문이라는 풍경에 개입하고 있는 학술 제도의 음영陰影과 그 원근법적 효과에 기댄다. 논문은 그 자신의 권위적 풍경이 성립하기 위해서 억압되었던 역사와 상처가 사후적 증상으로 되살아나는 것을 예방하는 형식적 정합성인 것이다. 그러나 논문이 아닌 비평은, 말하자면, 제주 사람들이 역사에 바친 눈물의 양量에, 그리고 그(녀)가 지난여름에 한 짓에 박진迫眞해들어감으로써 그 풍경의 정합성과 그 고백의 자연성을 압수하는 일일 것이다. 이것을 '역사화'30라는 개념을 중심으로 재서술해보면, "풍경과 기원을 동시에 드러내면서 양자 간의 유기적 관계를 내내 놓치지 않는 현명한 역사화의 가능성"31을 되묻는 일일 것이다.

논문이 이론들의 풍경을 열거한다면, 비평은 그 풍경 너머의 눈물(제주)과 웃음(사랑)의 계보학을 꼼꼼히 탐색해 들어간다. 비평의 계보학적 탐색에서 무엇보다 중요한 조건은 주체(화)의 비용이다. 세속 속으로 몸을 끄-을-고 나가는 주체화의 비용을 치르지 않는 글쓰기는 이미 비평이 아니기 때문이다. 세속 속에 글의 지형을 그리고 인문人紋의 맥리를 좇는 일은 자신의 실존을 비우고 깎아내는 내향적 비용과 더불어 성사된다. 그런 뜻에서, 그 주제나 대상과 무관하게 무릇 비평적 글쓰기는 자아의 서사를 구성하는 솔직한 능력을 바탕으로 한다. 인간들이 엮어낸 관계 속의 진실은 결코 값싸게 읽히지 않는다. 풍경이 그 문을 열어 은폐된 역사와 계보, 기원과 내력, 오해와 상처를 드러내기 위해서 필요한 것은 다만 이론들을 조회하거나 회집할 수 있는 능력만이 아니다. 그것에는 비평의 주체화를 위한 실존의 비용이 필수적이다. 어느 시인의 말처럼, "풍경이 아무렇게나 문을 열어주지 않"32기 때문이다.

그래서 비평가는 이론가와, 비평은 논문과 다른 것이다. 이론가의 논문이 삶의 상처를 숨기고 역사의 주름을 펴는 가운데 얻은 소득이라면, 비평가의 평문은 그 상처와 주름의 길을 마치 스스로의 증상처럼 드러내는 글쓰기이기 때문이다.

4. 그런 뜻에서 비평은 그 자체로 공부길이다. 가령 공부는 '지원행방知圓而行方'이라는 태도 속에 엿보이는 긴장而 —지원과 행방 사이의 어긋남/넘어감의 긴장—을 통해 가장 분명하게 예시되는 법인데, 논문이라는 풍경이 대체로 지원知圓에 머물러 그 유사실증주의적 원융일체圓融一體의 정연한 형식에 만족하는 데 비해, 공부로서의 비평은 지원을 '알면서 모른 체하는'33 그 결기와 근기를 통해 행방이라는 삶의 낮은 자리로 내려가는 이치에 유독 주목하는 방식이기 때문이다. 공부는 인식이나 분석 따위로 이뤄진 관념의

재체계화가 아니다. 공부는, 인식이나 분석이 그 재체계화의 정연한 알리바이로 등재되는 바로 그곳에서, 인식과 분석을 버리고('알면서 모른 체하고') 체계 바깥으로 그 촉수를 뻗는 가운데 시작된다. 그 것은 아픔과 슬픔의 촉수, 다스리고 보살피는 촉수, 어울리고 나누는 촉수, 다듬고 보듬는 촉수를 뻗는 방식이며, 그런 뜻에서 비평은 '이론과 함께 이론을 넘어서는' 탁월한 공부일 수 있는 것이다.

그 공부는, 주체의 주관적 성찰성이 체계의 비성찰성에 대한 객관적 성찰과 더불어 심화되는 겸전兼全의 노력 속에서 이드거니 나아가며, 그 노력의 결실이야말로 유물론-유심론, 전체-개인, 그리고 좌-우의 거시적 공과功過 분석의 이론적 분광을 넘어 비평의 새로운 가능성이 잉태되는 곳이기도 하다. 비평을 일상성과 관련시킬 때, 그 관련의 생산성이 움트는 곳이 바로 그 겸전의 지평인 것이다. 그렇기에 비평이 주목하는 그 일상은 이론적 풍경을 뒷받침하는 데이터 공간도 아니거니와, 마찬가지로 단지 사적 변덕의 활성 공간도 아니다. 오히려 그것은 울리히 벡의 '전기傳記의 지구화'나 '복수지연Ortspolygamie의 삶'에서 지적하듯이 '지극히 사적인 삶의 지극히 사적인 공간 속에서 둥지를 틀고 목청을 높이고 있는 지구화'[34]의 복합적 현상이다.

반복해서 말하자면, 비평은 이론과 함께 이론을 버리는(넘어서는) 자리, 개인과 함께 개인을 넘어서는 자리, 그리고 체계와 함께 체계를 버리는 자리에서 비로소 개화하는 글쓰기의 방식이다. 비평은, 문사는 오직 몸을 움직여 글을 쓰면서 공부할 수밖에 없다는 자기 한계와 조건에 대한 신체적 인식을 좇아 살아가는 방식이다. 이에 비하면, 논문이란 글을 쓰면서도 스스로 글 따위는 쓰지 않는다는 '이중적 허위의식double think'(조지 오웰)이나 지적 해리解離의 산물인데, 이로써 논문으로 생계를 유지하는 제도 학인들은 문채/문체에 대해 모순된 태도를 보이거나 글의 물질적 울림을 애써 외면하고 이른바 '뜻의 학문(글쓰기)'[35]에 고착되기 십상이다.

5. 비평은 앎을 삶 속에서 벼리고 담금질하는 방식이다. 그러므로 이론적 체계의 자기차이화에 머무르기 쉬운 논문과 달리, 비평은 글쓰기의 보살행을 거듭한다. 이 보살행이란 곧 일상의 정치성을 글쓰기의 '무관심한 관심으로서의 충실성'(알랭 바디우)으로써 구현시키는 노력을 가리킨다. 전술했듯이, 논문이 지원知圓의 형식적, 논리적 정합성에서 그친다면, 비평은 지원과 행방行方 사이而의 실천적 선택에 부단히 내몰리는 삶의 양식을 그 조건이자 한계, 그 동력이자 효과로서 보듬고 있다.

그러므로 비평은 늘 생활-정치의 문제이며 일종의 싸움인 것이다. 이에 비해 논문은 자주 이성적 화해의 제스처를 취하지만 지원의 형식적, 논리적 정합성 속에서 그 알량한 학술성을 고수하는 한 오히려 공소해진다. 하버마스식으로 말하자면, 생활세계 속으로 내려가는 글쓰기의 진득한 실천이 없는 한 그 모든 변증법적 제스처조차 관념론에 불과한 것이다. "이제 이성의 이름 아래 추구되는 의도된 화해는—이것이 마르크스의 헤겔 비판의 핵심이다—'이론' 안에서는, 모든 변증법에도 불구하고, 하나의 공상으로 머물 수밖에 없다. 구별되는 이성의 계기들 사이에는 어떤 형식적 연관성만이, 즉 논증적 정당화의 절차적 통일성만이 존재할 따름이다. 그래서 '이론', 즉 문화적 해석 체계들의 차원에서는 형식적 연관성으로 나타날 뿐인 것이 도대체 실현될 수 있다면, 그것은 '실천'에서, 다시 말해 생활세계에서 그렇게 될 수 있을 뿐이다."36

가령 "모든 이론은 그것을 개진한 이론가가 자기, 그리고 그를 둘러싼 세계와 어떻게 싸웠는가 하는 싸움의 기록"37이라고 할 때의 이론이란 곧 비평을 가리킨다. 내 말로 고치면, 이론을 묵히고 삭여 속으로 숨긴 비평을 가리킨다. 그것은 인식의 자기동일적 오연傲然과 해석의 태탕駘蕩스러운 평화의 세계가 아니다. 비평은 이론들의 지원知圓을 알면서 모른 체하는 가운데 힘겹게 현실 속으로 내려가는 자기삭제, 비움의 비용을 낱낱이 치른다. 더불어 행방行方이라는 자기구속의 실천적 일관성에 내내 기생하는 오해를 무릅쓰고, 지원이 행방으로 결절하는 이치脈理를 섬세하고 근기 있게 재서술해야 한다.

6. 비평의 싸움은 무엇보다 '자기-생각'과의 결별을 실행하는 실존적 도약의 실천이다. ('실존적'이란, 구조나 체계와 길항하는 내향성이 아니라 인간 존재나 그 관계의 한계를 직시·체감하고 그 벽을 뚫어내려는 결기와 근기의 양식을 가리킨다.) 자기-생각 속에서 '정보의 과잉'(닐 포스트먼), '해석의 과잉'(수전 손택), 그리고 '과잉 소통'(레비스트로스)으로 빚는 자기차이화의 관념론적 변증법이야말로 결단코 비평이 아닌 것이기 때문이다. 가령 '나는 생각하므로 존재한다cogito ergo sum'는 합리주의적 공리가 생각을 형식화한 뒤 존재를 그 형

식으로부터 논리적으로 연역한 것이라면 그것은 이론적이다. 그러나 『방법서설』(1637)이라는 제목과 사뭇 다른 기색의 실존적, 인간적 서술 속에서 드문드문 엿볼 수 있듯이, 망명지 화란에서의 생활을 사막과 같은 고독에 비유하면서, 일상적인 신념의 근거가 그저 당대의 습관과 선례들이기에 오히려 그 바깥을 탐색하라거나, 타인들의 의견을 파악하기 위해서라면 차라리 그들의 말이 아니라 실천을 보는 게 낫다고 여기면서 오히려 생각의 바깥으로 나아가려고 했다거나, 혹은 책의 가치는 자신의 무지에 대한 솔직한 고백과 함께 타인들의 동조를 거슬러 좀더 많은 사실을 의심한 것에 있다고 주장하는 모습은 실존적, 투쟁적, 타자(지향)적, 그러므로 사뭇 비평적이다. 혹은 키르케고르나 카프카가 약혼의 제도적 가능성을 아무래도 실행할 수 없었던 그 '생산적 무능' 속에서 쉴 새 없이 글을 써야만 했던 이방인적 고뇌[38] 역시 비평적이다. 혹은 비평으로 세상을 바꾼 에밀 졸라나 니체를 떠올려보라! 서구의 뇌수인 오이디푸스의 제국—플라톤주의와 기독교—을 내파하느라 그 거대한 도착倒錯의 벡터 속에서 반드시 미쳐야만 했던 니체가 써낸 방대한 자아의 서사도 두말할 것 없이 비평, 비평적이다. 미치지 않고는 써낼 수 없는 비평의 무게를 만나는 경험 속에서야 우리는 비로소 논문의 실체를 엿본다.

7. 이 비평적 싸움의 내역은 결별과 새로운 만남이다. 한편 그것은 이론 속으로 퇴각한 채 자아를 관념적으로 정렬하고 자의식적으로 통일하려는 인력과의 싸움이며, (어느 시인의 표현처럼) 아무리

손을 내밀어 잡아도 미끄러져 흘러내리는 너로부터의 척력과의 싸움이기도 하다.

이론들이 흔히 해석의 틀로 기능하고, 해석이 자기차이화의 변증법이자 나르시시즘(동화)의 체계화로 굳어갈 때, 비평은 자신의 몸을 끄-을-며 나아가는 곧 해석 이후의 것이어야 한다. 이로써 비평은 자기-생각의 틀을 깨고 나가 타자를 만나는 방식 속에서 점점이 글쓰기로 결절한다. 타자의 세계가 없으면 비평은 존속하지 못한다. 에세(이)essai가 간직한 애초의 의미를 급진화함으로써만 가능해지는 글쓰기, 바로 그것이 비평이라는 '타자를 향한 걷기'인 것이다. 마르셀 프루스트의 유명한 명제처럼, '유일하게 진정한 발견의 여행은 새로운 풍경을 찾는 데 있는 게 아니라 새로운 눈을 얻는 데' 있다. 아니, 눈이 아니라 새로운 손이며, 손이 아니라 새로운 발이다.

주_註

서문

1) 이 서문 속에서 겹따옴표 처리된 문장들은 주로 『탈식민성과 우리 인문학의 글쓰기』 (1996)의 초판본, 그리고 『손가락으로, 손가락에서』(1998)의 초판본의 서문에서 인용한 것이다.

2) 최남선, 「조선역사통속강화개제」, 『동명』, 1922.

3) '나라가 통으로 실패한 자리'에서 여전히 앓고 곪고 있는 곳은 여럿이지만, 특히 중요한 곳이 바로 일제 식민지 경험의 상흔과 후과입니다. 이는 대개 은폐되어 있으며 그 범위는 우리 학문 현실을 포함해서 전방위적입니다. 우리 스스로 부끄러워하거나 성찰할 것들을 죄다 빨아들이고 있는 이 역사의 블랙홀이 '나쁜 일본'이라는 표상이지요. 그렇기에 상처는 맹점으로 기능한다는 것입니다. 혹은, 관찰을 위한 구별은 바로 그 관찰의 맹점으로 기능한다고도 할 수 있겠지요. 이런 식의, 차마 역사나 정치에도 이르지 못할 정도의 이데올로기가 횡행하는 곳에 공부가 성실하게 현실에 박진할 도리는 없습니다. 그러므로 식민지 중의 식민지는 역시 내부의 식민지인 셈이지요. 잘못 꿰어진 첫 단추를 옹위하기 위해 줄줄이 사탕처럼 이어지고 있는 맹점들의 연합체를 개인들의 능력과 노력으로 깨트려야만 하는 것입니다.

4) 홍명희, 「『임꺽정전』을 쓰면서」, 『삼천리』(1933).

5) 이 아이의 이름은 엄서율인데, 초등학교 1학년이며, 내가 가르치는 어느 후배의 막내딸이다.

1부 기지촌의 지식인: 탈식민성과 글쓰기

1) 좀더 자세한 용례는 김영민, 「거시적·통시적으로 조망한 서구지성사의 얼개: 이원성과 명사적·요소론적 세계관」, 『서양철학사의 구조와 과학』(도서출판 은익, 1993) 7~58쪽; 「名詞, 그 위대한 왜곡」, 『컨텍스트로, 패턴으로』(문학과지성사, 1996)을 참조.

2) Iris Mudoch, *Sartre*(New Haven: Yale University Press, 1959), p. ix.

3) Richard *Rorty*, *Consequences of Pragmatism*(Minneapolis: University of Minnesota Press, 1982), p. xliii.

4) 일리 개념에 대해서는 다음 글들을 참조. 김영민, 「글쓰기와 복잡성의 철학: 일리의 해석학을 위하여」, 『오늘의 문예비평』, 1994년 봄; 「입장·경지·일리·성숙」, 『철학과 현실』, 1996년 가을; 『신없는 구원·신앞의 철학』(다산글방, 1994).

5) 복거일, 『캠프 세네카의 기지촌』, 문학과지성사, 1994, 8쪽. 이후 본문 중의 괄호 안의 숫자는 같은 책의 쪽수에 해당된다.

6) 김영민, 『철학과 상상력』, 시간과공간사, 1992, 42쪽. 시작始作과 시작詩作을 상보적으로 비교해서 시인의 뜻을 새겨본 글을 소개한다. 김영민, 「詩作과 始作」, 『시와 사상』, 1996년 봄호.

7) 특히 부산대학교 문헌정보학과가 보여온 학문의 식민성 문제와 글쓰기의 혁신에 대한 지속적인 관심은 주목을 요한다. 다음의 글은 그 노력의 압권이다. 김정근·김영기, 「문헌정보학 연구에 있어서 글쓰기의 혁신은 가능한가」, 『도서관학론집』 제22집(한국도서관·정보학회).

8) 원문은 다음과 같다. I don't think you made your case, but your paper was one of the most thoughtful and original papers. I think you are into something, but I don't quite see how to help you state it. Excellent job.

9) 이 책은 전면 개정 중이며, 조만간 다른 모습으로 다시 출판될 예정이다.

10) Dietrich Bonhöffer, *Widerstand und Ergebung*(München, 1952), 182쪽.

11) 가령 이왕주는 철학의 죽음에 대한 소문들을 네 줄로 가닥을 잡는다. 즉, 치유적 종말, 영웅적 종말, 지양적 종말 그리고 포스터모던적 종말이 그것이다. 자세한 내용은 이왕주, 「이 땅의 철학을 위해」, 『상상』, 1995년 여름호, 302~312쪽.

12) 김영민, 「논문중심주의와 우리 인문학의 글쓰기」, 『문학과 사회』, 1994년 가을호, 1266쪽.

13) '설명 가능성'이라는 개념을 통해서 서양의 과학적 세계관을 해명한 글로는 다음이 있다. 김영민, 「종교적 세계관과 과학적 세계관: 설명할 수 있음과 말할 수 있음」, 『기독교 사상』, 1992년 9월, 7~16쪽; 『서양철학사의 구조와 과학』.

14) Iris Murdoch, *Sartre*, p. ix.

15) J. A. Passmore, 「歷史의 客觀性」, 『歷史란 무엇인가』, 이기백·차하순 편(문학과지성사, 1990), 60쪽.

16) 그러나 글쓰기의 창조성이 드러나기 직전의 긴장을 머금고 있는 침묵은, 야스퍼스의 표현을 빌리자면 '말하지도 침묵하지도 못하는 어눌한 상태das Stummsein der Sprachlosigkeit, die nichts sagt, also auch nicht schweigt'가 아니라 '인식과 해석이 스스로를 완결시키는 창조적 공간으로서의 침묵'에 해당될 것이다. Karl Jaspers, *Der Philosophische Glaube angesichts der Offenbarung*(München: R. Piper & Co. Verlag, 1962), 195쪽. 언어와 인식의 문제에 연관된 침묵의 논의를 위해서는 다음을 참조할 것. Max Picard, *The World of Silence*(London: The Harvill Press, 1948); Bernard P. Dauenhauer, *Silence*(Bloomington: Indiana University Press, 1980).

17) 공간과 물체를 질적으로 변별했던 뉴턴적 발안이 현대 물리학자들의 다양하고 설득력

있는 공박을 받아왔던 것은 이미 상식이 되었다. 에너지 개념을 매개로 양자 간의 질적인 불연속이 양적 연속으로 변환될 수 있듯이, 침묵(무)과 언어 사이의 대조와 차별도 말하자면 '은폐된 질서the hidden order'의 복원을 통해서 병치 가능한 삶의 접맥된 두 측면일 뿐이다. 필자의 이 같은 논지는 다음 글들에서 상세하게 나타나 있다. 김영민, "An Unphilosophical Excuse for the Philosophical Significance of Silence", 『哲學世界』 제3집 (1992년 2월), pp. 231~251; 「認識과 沈默: 종교 언어의 새로운 가능성을 위하여」, 『세계의 신학』, 1992년 가을호, 19~56쪽.

18) R. Mehl, "Symbole et Théologie", *Le Symbole*, J. Menard (ed.) (Strasbourg: Université des Sciences Humaines de Strasbourg, 1982), 4쪽.

19) Paul Ricoeur, "Parole et Symbole", *Le Symbole*, 153쪽.

20) T. 혹스, 『構造主義와 記號學』, 정병훈 옮김, 을유문화사, 1984, 25쪽.

21) 그레고리 베이트슨, 『정신과 자연』, 박지동 옮김, 까치, 1990, 42쪽.

22) Carl Gustav Jung, 『무의식의 분석』, 권오석 옮김, 홍신문화사, 1990, 54쪽.

23) Jean Théodoridès, 『生物學史 : 先史 시대부터 1970년까지』, 이병훈 옮김, 현대과학 신서 25, 1974, 83쪽.

24) Albert Camus, *The Stranger*, tr. Stuart Gilbert(New York: Vintage Books, 1946), p.52.

25) Albert Camus, 위의 책.

26) 다음 책에서 재인용. Alfred North Whitehead, *Science and the Modern World*(Toronto, Ontario: the Free Press, 1967), p. 3.

27) Karl Jaspers, *Reason and Existenz*, tr. William Earle(The Noonday Press, 1957), p. 28.

28) Karl Jaspers, 위의 책.

29) 菊地昌實, 『あるべる·かみゅね』(白馬書房, 1977)를 참조.

30) Karl Jaspers, *Reason and Existen*t, p. 38.

31) 자세한 논의를 위해서는 다음을 참조할 것. Alfred Schutz, *Collected Papers* I(The Hague: Martinus Nijhoff, 1973), pp. 166~183.

32) Albert Camus, *The Stranger*, p. 95.

33) 여기서는 아무런 해석의 매개 과정 없이 직접 대상에 접근해서 그 대상을 순수한 모습 그대로 인식할 수 있다고 보는 실재론적 과학의 객관주의를 가리킨다.

34) 안정효, 『하얀 전쟁』, 고려원, 1989, 332쪽.

35) 안정효, 위의 책, 271쪽.

36) 안정효, 위의 책, 111쪽.

37) E. N. da C. Andrade, *Sir Isaac Newton*(Garden City, New York: Doubleday&-Company, Inc., 1958), p. 79.

38) Rainer Maria Rilke, *Letters to a Young Poe*t, tr. M. D. Herter Norton(New York: W. W. Norton&Co., Inc., 1962), 18쪽. 나는 다른 글에서 릴케의 글쓰기를 '필연성의 글쓰기'라고 이름 붙이고, 그 심인성을 비판한 적이 있다. 김영민, 「글쓰기(와) 철학」, 『철학과 현실』, 1996년 봄호.

39) 안정효, 위의 책, 138쪽.

40) 안정효, 위의 책, 24쪽.

41) 안정효, 위의 책, 14쪽.

42) 안정효, 위의 책, 175쪽.

43) 찰스 길리스피, 『과학의 역사: 과학적인 사고의 발달에 관한 에세이』, 이필열 옮김, 종로서적, 1983. 특히 4장 「프리즘을 가진 조용한 뉴턴」.

44) 안정효, 위의 책, 330쪽.

45) 데카르트와 연관된 수학주의에 대한 상세한 논의는 다음을 참조할 것. Etienne Gilson, *The Unity of Philosophical Experience*(New York: Charles Scribner's Sons), 특히 5장.

46) Stephen W. Hawking, *A Brief History of Time: From Big Bang to Black Holes*(New York: Bantam Books, 1988), pp. 10~11.

47) 존 로제, 『과학철학의 역사』, 최종덕·정병훈 옮김, 한겨레출판, 1989, 83쪽.

48) Albert Camus, *The Stranger*, p. 130.

49) Ibid., p. 144.

50) Ibid., p. 143.

51) Ibid., p. 154.

52) Ernst Cassirer, *An Essay on Man: An Introduction to a Philosophy of Human Culture*(New Haven: Yale University Press, 1962), p. 18.

53) 안정효, 위의 책, 7쪽.

54) 위의 책, 173쪽.

55) 위의 책, 13쪽.

56) 위의 책, 17쪽.

57) 위의 책, 43쪽.

58) 위의 책, 45쪽.

59) 위의 책, 86쪽.

60) 위의 책, 108쪽.

61) 위의 책, 108쪽.

62) 위의 책, 151쪽.

63) 위의 책, 137쪽.

64) 위의 책, 315쪽.

65) 다음 책의 1장 5절 「超越論的現象學からみた 「存在論的斷絶」としての分裂病」을 참조할 것. 松尾正, 『沈默と自閉: 分裂病者の 現象學的 治療論』(東京: 海鳴社,1987).

66) Iris Murdoch, *Sartre*, p. ix.

67) J. L. Borges, 『허구들』, 박병규 옮김, 녹진, 1992, 209쪽.

68) Jacque Derrida, *Writing and Difference*, tr. Alan Bass(Chicago: University of Chicago Press, 1978), pp. 39~40.

69) 이 공조 관계가 가능해지기 위해서는, 관련되는 상이한 두 층위(논리 계형)의 통약 가능성을 방법론적으로 해명해주어야 하며, 이는 결국 일리의 해석학이 조야한 상대주의에

서 벗어날 수 있는가 하는 문제와 깊이 얽혀 있다.

70) Roger Brooke, *Jung and Phenomenology*(London: Routledge, 1991), pp. 36~42.
71) Mikhail Bakhtin, 『장편소설과 민중언어』, 전승희·서경희·박유미 옮김, 창작과비평사, 1992, 80쪽.
72) Mikhail Bakhtin, *Problems of Dostoevsky's Poetic*s, tr. Caryl Emerson(Minneapolis: University of Minnesota Press, 1984), p. 79.
73) 자네트 윌프, 『미학과 예술사회학』, 이성훈 옮김, 이론과실천, 1990, 73쪽.
74) 이 둘을 함께 묶는 것에 곱지 않은 시선을 보낼 평자들이 있겠지만, 이 글의 성격과 의의를 눈여겨본다면 작품과 작가에 대한 기존 문단의 평가가 이 글의 논지를 품평하는 기준점이 되지 못함을 알 수 있으리라고 본다.
75) 글쓰기의 동기는 세분할수록 무한정으로 분류할 수 있겠지만, 우선 쉽게 생각해볼 수 있는 것으로는 다음의 아홉 종류가 있을 것이다. ① 어떤 종류의 결핍으로부터 자극되어 이를 대리 보상하려는 욕망, ② 고전적이며 원론적인 동기로서, 짧은 기억을 문 속에 옮겨서 기억을 안전하게 영속시키려는 욕심, ③ 표현을 통해서 자신을 확인하고 정리하거나 의미 자리를 부여하려는 동기, ④ 마치 글을 탈처럼 사용함으로써 자신을 은폐시키려는 동기, ⑤ 세상에 대한 복수의 염손이나 공격욕을 펜촉에 담는 무의식적 욕동, ⑥ 꿈의 역할에서처럼, 현실에서 이룰 수 없는 원망을 충족시키려는 동기, ⑦ 문자의 물질성을 끊임없이 환치換置시킴으로써 문자를 넘어서려는 플라토닉한 발상, ⑧ 비상 충동이나 초월욕, ⑨ 수행과 성숙의 도정으로서의 글쓰기 등. 김영민, 「글쓰기로, 스타일로, 성숙으로」, 『오늘의 문예비평』, 1996년 여름호.
76) 장정일, 『장정일의 독서일기』, 범우사, 1994, 27쪽.
77) Roland Barthe, *The Pleasure of the Text*, tr. Richard Miller(New York: Hill & Wang, 1975), pp. 18~19.
78) 동양 신학의 정착을 위해 전위에서 노력하고 있고, 특히 해체주의와 불교를 창조적으로 접합시키면서 탈식민지와 탈근대 신학의 글쓰기 방법을 모색하고 있는 김승철은 신학자로서는 드물게 주변 학문에 밝고 열린 시야를 얻은 학자다. '무주'는 그의 글쓰기 방식이 원용했던 불교 개념 중 하나다. 그러나 그는 최근 이 개념을 이미 비판적으로 보기 시작한 듯하며 따라서 이를 과도기의 한 국면으로 여기는 듯하다. 글쓰기를 주제로 나와 대담한 다음의 글을 참조할 것. 「지금, 글쓰기란 무엇인가?」, 『오늘의 문예비평』, 1995년 봄호, 15~45쪽.
79) Mark C. Taylor, *Erring*(Chicago: The University of Chicago Press, 1984), pp. 150~151.
80) 위의 책, 151쪽.
81) 김영민, 『신없는 구원·신앞의 철학』, 7쪽.
82) 조혜정, 『탈식민지 시대 지식인의 글읽기와 삶읽기 2』, 또하나의문화, 1994, 31~32쪽.
83) 김희보, 『논문과 리포트 쓰기』, 종로서적, 1990, 16쪽.
84) Kate L. Turabian, *A Manual for Writers of term paper, theses and dissertations*(Chicago: The University of Chicago Press, 1965), p. 18.
85) '탈중심의 즐거움'을 노래하는 이들이 적지 않음은 이 태도가 한편 선정적으로 범람

하는 지경에 이르렀음을 시사한다. 하지만 내가 일리 개념을 통해서 해방과 정착을 동시에 노리는 데서 알 수 있듯이, 나는 이 즐거움이 변혁을 위한 선언문으로서의 역할을 할 뿐이지 우리 삶의 현장 속으로 들어와서 일상성을 어루만져주는 노래가 되지는 못한다고 판단한다. 무리無理를 우리 삶의 지속적 일상성으로 볼 수 없다는 내 주장이나, 배회와 부유의 글쓰기를 오랫동안 권려할 수 없는 내 입장도 비슷한 배경을 지닌다. 내친김에 좀더 지적하자면, 우리의 현실은 포스트모더니즘을 진지하고 지속적으로 수용할 수 있는 토양이 전혀 아니다. 나 자신도 한때 즐거운 전염병에라도 걸린 듯이 탈현대의 여러 '담론'에 탐닉해서, '탈脫'자만 들어도 미리 주눅이 드는 주변의 학인들 사이에 준전문가 구실을 버젓이 하면서 몇 편의 글도 쓴 적이 있지만, 우리 삶의 구체성과 복잡성에 주목하게 되면서부터는 온돌방 안에서 깨진 콜라병으로 전위예술을 벌이는 짓에 전처럼 손쉬운 마음으로 동참할 수 없었다. 인문학적 전통의 절맥으로 부유하는 토양 위에서, 무엇이든 신기하고 돈 되는 것이면 마치 하룻밤 사이에 전국적으로 노래방이 번지듯이 퍼지는 현상을 근본적으로 재고해야 마땅한 마당에, 여전히 역사와 터도 족보도 없는 수입품 중계상으로 자족하고 있는 지식인의 한 사람으로 남고 싶은 생각은 없었다.

86) 인문학의 이념을 지식의 축적이나 문제의 해결이 아니라 '성숙'이라고 설파해온 나로서는 한국 개신교의 종교 현상을 이 인문학의 성숙과 대비시켜서 길고 가슴 아픈 글을 써볼 욕심을 가지고 있다. '긴' 글이 될 것은 내 마음속에 쌓인 말이 많기 때문이지만, '가슴 아픈' 글이 될 것은 그 긴 글에도 불구하고 인간적 성숙을 외면했던 종교 행태가 변함없이 지속될 것이기 때문이다. 구원이라는 먼 선물을 빌미로 성숙이라는 가까운 의무를 외면하면서 벌이고 있는 짓들이야말로 한국 개신교의 최대 불행이라고 믿는다.

87) 김영민, 『신없는 구원·신앞의 철학』, 52~56쪽.

88) 김영민, 위의 책, 55~56쪽.

89) 김영민, 위의 책, 53쪽.

90) 김영민, 위의 책, 56쪽.

91) 김영민, 위의 책, 56쪽.

92) 하이데거의 『존재와 시간』 중 385쪽을 번역한 것인데, 1984년에 쓰인 어떤 논문으로부터 재인용한 것이다. 이 인용문이 사용되는 글쓴이와 출전은 사정상 밝히지 않는다.

93) Rosemarie Waldrop, "The Joy of the Demiurge", *Translation*(University of Delarware Press, 1984), p. 42. 다음에서 재인용함: 유영난, 『번역이란 무엇인가』, 태학사, 1991, 11쪽.

94) 후설의 시간론 등에서 사용되는 전문 용어인데, '전향적 지향 의식forward intentional gaze of consciousness', 혹은 미래에 대한 임박한 기대 의식을 가리킨다. 자세한 쓰임새는 다음을 참조할 것. 김영민, 「파지, 회상, 그리고 예지」, 『현상학과 시간』, 도서출판 까치, 1994, 61~80쪽.

95) Albert Camus, *The Stranger*, 130쪽.

96) Albert Camus, 위의 책.

97) 하일지, 『소설의 거리에 관한 하나의 이론』, 민음사, 1991, 19쪽.

98) 하일지, 위의 책, 21쪽.

99) Gertrud von Le Fort, *The Song at the Scaffold*(New York: Image Books, 1961),

p. 91.

100) *The Concise Oxford Dictionary of Proverbs*, ed. J.A. Simpson(Oxford: Oxford University Press, 1985), p. 129.

101) 텍스트에 대한 전통적 이해를 서술한 것인데, 대동소이한 묘사들이 여러 작가의 작품 속에 나타나 있지만 여기서는 특별히 바르트의 표현을 원용했다. Roland Barthes, *Le plaisir du Texte*, Coll. Points(Seuil, 1973), p. 100.

102) Ludwig Wittgenstein, *Philosophische Untersuchungen*, #109.

103) Ibid., #124.

104) 수잔 K. 랭거, 『예술이란 무엇인가』, 고려원, 1993, 15쪽.

105) 김영민, 『현상학과 시간』, 54~57쪽 참조.

106) 톡톡히 따질 기회가 있겠지만, 이런 종류의 학문성을 수입해서 비판 없이 계관桂冠을 씌운 것이 대한민국의 학문사라고 봐도 좋을 것이다. 사실 이 글의 묵시적인 주제와 취지는 이러한 성격의 학문성을 특히 인문학 영역에서 비판적으로 검토하여 우리 삶의 구체성과 복잡성에 어울리는 학문성을 규명하고, 나아가 그러한 학문성에 알맞은 글쓰기 방식을 모색해보자는 데 있다.

107) 김광수, 『논리와 비판적 사고』(철학과현실사, 1990)의 5장 「오류 분석」 참조.

108) 여기서의 텍스트는 어떤 방식이든 '읽힐 수 있고 또 원칙적으로 이해되는 대상'(문서, 예술 작품, 주장, 표정, 신호, 시늉, 눈짓, 징조, 민심民心, 분위기 등)의 총체를 가리킨다.

109) H. G. Gadamer, *Wahrheit und Methode*, 2. Aufl.(Tübingen, 1965), pp. 285~288.

110) 수잔 K. 랭거, 『예술이란 무엇인가』, 42쪽.

111) Bertrand Russell, *The ABC of Relativity*(New York: Mentor Books, 1969), p. 13.

112) 라이얼 왓슨, 『생명조류』, 박용길 옮김, 고려원미디어, 1992, 151쪽.

113) 라이얼 왓슨, 위의 책, 152쪽.

114) 라이얼 왓슨, 위의 책, 160쪽.

115) 라이얼 왓슨, 위의 책, 177쪽.

116) 물론 이제는 바람조차 제 마음대로 부는 것이라고 여기지 않게 되었다. 고전 역학은 코스모스Kosmos라는 개념으로 대표되는 단순계를 취급하던 분야였는데, 최근 비선형 동력학nonlinear dynamics 등의 발전으로 종래 고전역학에서 설명할 수 없었던 복잡계의 혼돈 현상들을 설명할 수 있게 됨에 따라서, 여태까지는 무작위적인 혼돈 현상이라고 여겨지던 것들 속에서도 특정한 질서가 자리하고 있음을 밝힐 수 있게 된 것이다. 물의 비등沸騰, 바람의 방향, 낙엽의 낙하 등과 같이 선형線形 방정식으로는 그 양태를 파악할 수 없었던 현상들이 이제 어느 정도 정성적定性的으로나마 이해할 수 있게 된 것이다. 다음 책을 참조할 것. James Gleick, *Chaos: Making a New Science*(New York : Viking, 1987).

117) J. B. 브로노프스키, 『인간등정의 발자취』, 김은국 옮김, 범양사출판부, 1991, 23쪽.

118) Erwin Deutsch, *Arztrecht und Arzneimittelecht*(Berlin: Springer Verlag, 1983), p. 154.

119) Erwin Deutsch, 위의 책, 153쪽.

120) 라이얼 왓슨, 『생명조류』, 156쪽.

121) 그레고리 베이트슨, 『정신과 자연』, 27쪽.
122) 김영민, 『신없는 구원·신앞의 철학』, 7쪽.
123) 김영민, 위의 책.
124) 김영민, 「언어성의 허실: 언어는 미치지 못하여 비틀거린다」, 『서양철학사의 구조와 과학』, 175~185쪽.
125) F. Waisman, *Contemporary British Philosophy*, ed. H. D. Lewis(London: George Allen & Unwin Ltd., 1961), p. 448.
126) 김영민, 「소문과 변명」, 『신없는 구원·신앞의 철학』, 49~76쪽.
127) Karl R. Popper, *Objective Knowledge: An Evolutionary Approach*(Oxford University Press, 1971), p. 266.
128) Ibid., p. 261.
129) Ibid..
130) Galilei Galileo, *Dialogues Concerning Two New Sciences*, tr. H. Crew&A. de Salvio(New York: Dover Publications, 1914), pp. 207~208; 존 로제, 『과학철학의 역사』, 최종덕·정병훈 옮김, 한겨레출판, 1989, 63쪽.
131) 카를 브루노 레더, 『세계 사형백과』, 이상혁 옮김, 하서, 1991, 189쪽.
132) 카를 브루노 레더, 위의 책, 188~189쪽.
133) Karl R. Popper, *Objective Knowledge*, 259쪽.
134) Barry Hindess, 「과학방법론」, 『포퍼』, 신일철 엮음, 고려대학교출판부, 1990, 90쪽.
135) Barry Hindess, 위의 책, 135쪽. Karl Popper, *The Logic of Scientific Discovery*(New York: Harper & Row, 1968), 68쪽.
136) 존 로제, 『과학철학의 역사』, 83쪽.
137) 『춘향전·심청전·장화홍련전·옹고집전』, 지하철문고, 1980, 151쪽.
138) 원래 이 논의의 간결한 초고는 다음 책에 나와 있는 것인데, 여기서는 일리보다는 복잡성에 초점을 맞춰서 토의의 정도와 범위를 높여본 것이다. 『신없는 구원·신앞의 철학』, 121~123쪽.
139) 김영민, 『철학과 상상력』(시간과공간사, 1992), 4장 「고전과 상상력」, 33~38쪽.
140) 카를 브루노 레더, 『세계 사형백과』, 61쪽.
141) 하일지, 「경마장의 오리나무」, 『세계의 문학』 1992년 가을호, 326~328쪽.
142) 권오룡의 번역으로 도서출판 책세상에서 1990년에 출간.
143) 권오룡은 본문 속에서 이를 '판결'이라고 옮기고 있다. 위의 책, 126쪽. 혹자는 이를 '선고宣告'라고 옮겼다. 김천혜, 「신비로운 부정의 문학」, 『카프카』, 김광규 엮음, 문학과지성사, 1978, 58쪽.
144) 위의 책.
145) 그레고리 베이트슨, 『정신과 자연』, 187쪽.
146) 그레고리 베이트슨, 위의 책.
147) 그레고리 베이트슨, 위의 책, 187~199쪽.
148) 그레고리 베이트슨, 위의 책, 391쪽.
149) 라이얼 왓슨, 『생명조류』, 306쪽.

150) 최근 몇 년 사이에 내게 학문적으로 가장 큰 감동을 준 대표적인 인물은 왓슨과 이미 앞에서 인용한 바 있는 베이트슨이다. 의심할 여지 없는 천재들인 이들의 책은 이 땅에서는 별로 읽히지 않고 있지만, 신의 발바닥에 가장 근접해 있는 생각들임에는 틀림없다. 독자들의 일독을 권한다. 박용길과 박지동 씨의 돋보이는 번역 솜씨도 독서에 도움을 줄 것이다.

151) 이미 인용한 포퍼의 *Objective Knowledge*를 참조할 것.

152) 칼 포퍼, *Objective Knowledge*, p. 166.

153) 이 글에서는 콘텍스트, 층위, 논리 계형, 차원 등의 용어들이 다소 애매하게 섞여 사용되었다. 그러나 의미론적 변별이 논지를 결정하는 성격의 글이 아니므로, 글의 처음에 밝혔듯이 정의定義 문제에 까탈을 부리지 않았다.

2부 손가락으로, 손가락에서

9. 부재不在를 찾아 떠나는 무늬 - 글쓰기로서의 문학과 탈자본제적 삶의 씨앗

1) 김정란, 『비어 있는 중심_미완의 시학』, 언어의세계, 1991, 49쪽.

2) 박상륭은 "여성주의의 차원을 넓히고 높여 우주적인 데까지 끌어올려놓고 있다"면서 김정란의 글쓰기가 성취한 도저到底함을 토로한다. 박상륭, 「옴와기소리 몸」(발문), 김정란, 『그 여자, 입구에서 가만히 뒤돌아보네』(세계사, 1997)에 수록, 178쪽.

3) 김정란, 위의 책, 47쪽.

4) 같은 글, 14쪽. 김정란의 시 「오후 세시」에서 재인용한 것.

5) 같은 글, 51쪽.

6) 오정희, 「구부러진 길 저쪽」, 『96 올해의 문제소설』, 신원문화사, 1996, 252쪽.

7) 박세현, 「정선 가는 길」, 『정선 아리랑』, 문학과지성사, 1991.

8) 최원식, 「80년대 문학운동의 비판적 점검」, 『생산적 대화를 위하여』, 창작과비평사, 1997, 55쪽.

9) 다음의 글 속에 이 대목에 대한 배경 설명이 있다. 김영민, 「삶과 앎 사이의 무늬(연재 1)」, 『철학과 현실』, 1998년 봄호.

10) 황종연, 「근대성을 둘러싼 모험」, 『오늘의 문예비평』, 1997년 여름호.143쪽.

11) 관련되는 논의는 다음 책의 1장(「인문학, 죽었는가 살았는가」)에 나와 있다. 김영민, 『진리·일리·무리: 인식에서 성숙으로』(철학과현실사, 1998).

12) 김승희, 『33세의 팡세』(문학사상사, 1994), 27쪽.

13) 구모룡, 「희망을 찾아서: 90년대 시의 한 지향성」, 『신생의 문학』(전망, 1994), 56쪽.

14) 김지하, 「결별」(부분), 『한국현대대표시선III』, 창작과비평사, 1993, 40쪽.

15) 최원식, 「한국문학의 근대성을 다시 생각한다」, 위의 책, 16쪽.

16) 서영채, 「소설의 운명」, 『오늘의 문예비평』, 1996년 봄호, 199쪽.

17) 김영민, 「진리·일리·무리: 인문학의 일리지평」, 위의 책.

18) 서영채, 위의 글, 209쪽.

19) Newton Garver·이승종, 『데리다와 비트겐슈타인』, 민음사, 1998, 270~271쪽.

20) 이 주제와 연관된 논의의 일단은 다음의 글에 담겨 있다. 김영민, 「슬픔, 종교, 성숙, 글쓰기: 박완서의 경우」, 『손가락으로, 손가락에서: 글쓰기(와)철학』, 민음사, 1998.

21) 서영채, 위의 글, 211쪽.

22) 서정주, 「시작노트」, 『현대문학』, 1998년 1월, 127쪽.

23) 김영민, 「글쓰기의 물리학·심리학·철학」, 『오늘의 문예비평』, 1996년 봄호, 241쪽.

24) 같은 글.

25) Mikhail Bakhtin, 『장편소설과 민중언어』, 전승희·서경희·박유미 옮김, 창작과비평사, 1992, 68쪽.

26) 서영채, 위의 글, 209쪽.

27) Bahktin, 위의 책, 69~70쪽.

28) 최원식, 「80년대 문학운동의 비판적 점검」, 위의 책, 54쪽. 최원식의 여러 표현이 그러하듯이 이 말도 그 시사적 함축이 돋보이는데, 다만 매우 중요해 보이는 이 명제에 대한 상설이 없어 아쉽게 느껴진다. 여담이지만, 그는 그 식견이나 글의 원숙함에 비해 지나치게 당파적으로 비친다. 그러나 삶을 바라보는 시각에 당파성이 없을 수는 없으니 글쓰기에도 당파성의 경사가 자연스레 묻어난다. 다만, 그 방향과 정도에서 절제와 겸손이 있어야 할 것이다. 이 점에서 윤지관의 지적도 경청할 만하다. "당파성의 가능성 여부는 필경 자본주의 체제와 맞서는 집단적 주체를 형성해낼 수 있느냐는 질문과 이어진다. 당파성이란 어느 일개인의 성향이나 이념이 아니라 바로 사회 변혁을 담보할 집단적 주체의 지향과 성격을 말하는 것이기 때문이다."(윤지관, 「해방의 서사와 세기말의 문학: 다시 당파성을 생각하며」, 『당대비평』, 1997년 가을호, 266쪽).

29) 이광호, 『환멸의 신화』, 민음사, 1995, 16쪽. 다음에서 재인용. 황종연, 위의 글, 151쪽.

30) Richard Rorty, *Contingency, irony, and solodarity* (Cambridge: Cambridge University Press, 1989), p. xv.

31) 김동식, 『로티의 신실용주의』(철학과현실사, 1994), 407쪽.

32) 『문학동네』, 1995년 봄호, 191쪽.

10. 수난과 열정의 뫼비우스 - 김승희의 글쓰기

1) F. 니체, 『우상의 황혼』, 박준택 옮김, 박영사, 1981, 24쪽.

2) 김승희의 편지(1997년 2월 5일) 중 일부.

3) 一指, 『禪 이야기』, 운주사, 1996, 245쪽.

4) 김영민, 『컨텍스트로, 패턴으로』, 문학과지성사, 1996, 13쪽.

5) 조두영, 『임상행동과학: 종합병원 정신의학』, 일조각, 1991, 367쪽.

6) 김영민, 「글쓰기의 물리학·심리학·철학」, 『오늘의 문예비평』, 1996년 봄호.

7) 김승희, 『33세의 팡세』, 문학사상사, 1994, 12~13쪽.

8) 김승희, 「슬픔과 놀며」, 『미완성을 위한 연가』, 75쪽.

9) 김승희, 위의 책, 10쪽.

10) 김영민, 같은 글, 250쪽.

11) 김승희, 같은 책, 9쪽.

12) Friedrich Nietzsche, *Also sprach Zarathustra*, Saemtliche Werke, Band 4 (Berlin: Deutscher Taschenbuch Verlag de Gruyter, 1980), p. 48.

13) 오탁번, 「천재와 광기를 분별있게 소유한 시인」(해설), 김승희, 『미완성을 위한 연가』(나남, 1987)에 수록. 214쪽.

14) 김승희, 「유서를 쓰며」, 『누가 나의 슬픔을 놀아주랴』, 미래사, 1991, 59쪽.

15) 김승희, 『세상에서 가장 무거운 싸움』, 세계사, 1995, 自序.

16) 김승희, 위의 책.

17) 김승희, 위의 책, 16쪽.

18) 김승희, 「솟구쳐 오르기·3」, 위의 책, 13쪽.

19) 김승희, 「솟구쳐 오르기·6」, 위의 책, 24쪽.

20) 김승희, 「모든 신발이 불편하다」, 위의 책, 74쪽.

21) 김승희, 「두부 디자이너」, 위의 책, 77쪽.

22) 김승희, 「세상에서 가장 무거운 싸움·1」, 위의 책, 11쪽.

23) 김승희, 「안전벨트를 맨 사람」, 위의 책, 79쪽.

24) 김승희, 「인형의 시대·1」, 위의 책, 97쪽.

25) 김승희, 「토끼들의 시대」, 위의 책, 81쪽.

26) 정효구, 「늑대와 함께 달리는 여인」(해설), 김승희, 『세상에서 가장 무거운 싸움』(세계사, 1995)에 수록. 151쪽.

27) 宮本武藏, 『五輪書』. 小山騰淸, 『미야모토 무사시』(고려문화사, 1994, 370쪽)에서 재인용.

28) 김승희, 「세상에서 가장 무거운 싸움·2」, 같은 책, 67쪽.

29) 내 책(『탈식민성과 우리 인문학의 글쓰기』, 1996)에 대한 배병삼의 서평에서 따온 것. "오염된 학술 내리치는 詩的 채찍", 『시사저널』 371호(1996년 12월 5일), 102쪽.

30) 프리드리히 니체, 『반시대적 고찰』, 임수길 옮김, 청하, 1982, 120쪽.

31) 프리드리히 니체, 『우상의 황혼』, 박준택 옮김, 박영문고, 1981, 22쪽.

32) 프리드리히 니체, 위의 책, 33쪽.

33) 김승희, 「팔복」, 위의 책, 83쪽.

34) 김승희, 「토끼들의 시대」, 위의 책, 80~81쪽.

35) 김승희, 「솟구쳐 오르기·5」, 위의 책, 21쪽.

36) 김승희, 「모든 신발이 불편하다」, 위의 책, 74쪽.

37) 김승희, 「늑대를 타고 달아난 여인」, 위의 책, 92쪽.

38) 김승희, 「사이코 토끼」, 위의 책, 84쪽.

39) 김승희, 「모순의 무릎」, 위의 책, 87쪽.

40) Friedrich Nietzsche, *Also sprach Zarathustra*, pp. 58~59.

41) 이왕주, 『철학풀이·철학살이』, 민음사, 1995, 68쪽.

42) 김승희, 「사이코 토끼」, 같은 책, 85쪽.

43) 김승희, 「邪戀」, 『누가 나의 슬픔을 놀아주랴』, 48쪽.

44) 김승희, 「왈, 가라사대」, 『세상에서 가장 무거운 싸움』, 70쪽.

45) 김승희, 「모든 신발이 불편하다」, 위의 책, 75쪽.

46) 이 대목은 다음의 글을 골격으로 삼아 쓰인 것이다. "세상에서 가장 무거운 싸움", 문학 속의 철학, 『부산일보』, 1996년 4월 22일.

47) 김승희, 「제도」, 같은 책, 72~73쪽.

48) 정효구, 「순정과 자유의 시인」(해설), 김승희, 『누가 나의 슬픔을 놀아주랴』(미래사, 1991)에 수록. 145쪽.

49) 김승희, 「비행기 납치」, 『세상에서 가장 무거운 싸움』, 세계사, 1995, 60~61쪽.

50) 김승희, 「솟구쳐 오르기」, 위의 책, 12쪽.

51) 김승희, 「솟구쳐 오르기·2」, 위의 책, 14~15쪽.

52) 김승희, 「솟구쳐 오르기·10」, 위의 책, 35쪽.

53) 김승희, 「솟구쳐 오르기·1」, 위의 책, 13쪽.

54) 김승희, 「세상에서 가장 무거운 싸움」, 위의 책, 24쪽.

55) 김승희, 위의 글.

56) 니체의 서신 중에서 채록한 것인데, 그 전거는 확실하지 않다.

57) Friedrich Nietzsche, 위의 책, p. 59.

58) 정효구, 「늑대와 함께 달리는 여인」(해설), 김승희, 『세상에서 가장 무거운 싸움』(세계사, 1995)에 수록. 154쪽.

59) 김승희, 『누가 나의 슬픔을 놀아주랴』, 미래사, 1991, 自序.

60) 김승희, 『세상에서 가장 무거운 싸움』, 세계사, 1995, 77쪽.

61) 김영민, 「글쓰기의 물리학·심리학·철학」, 『오늘의 문예비평』, 1996년 봄호, 241-242쪽.

11. 시작詩作과 시작始作 - 문화文禍 시대의 글쓰기

1) 『시와 사상』 1996년 봄에 같은 제목으로 실린 글을 개작한 것이다.

2) Henri Bergson, *Comedy* (New York, Garden City: Doubleday & Company, Inc., 1956), p. 62.

3) 이것은 '일리―理'라는 나의 해석학 용어를 구체화시키는 개념의 하나인데, 다음 책에 그 뜻의 대강이 해설되어 있다. 김영민, 『컨텍스트로, 패턴으로』(문학과지성사, 1996).

4) 김영민, 위의 책, 153쪽. 자세한 것은 '복잡성과 애매성』(150쪽 이하) 대목을 참조.

5) 위의 책, 「표정, 그리고 컨텍스트와 역사성」(157쪽 이하) 대목을 참조.

6) 이와 관련된 소략한 논의는 다음의 글을 참조할 것. 김영민, 「그림 앞에 선 글자의 변명: 채근하는 美學, 망서리는 解釋學」, 『예술부산』, 1997년 봄호(통권 1호).

7) 우리 사회를 '졸부'라는 개념으로 분석·비판하고 인문 정신의 빛에서 그 대안을 제시한 글을 소개한다. 김영민, 「우리 근대성과 인문학의 과제」, 『현대사상』, 1997년 여름호.

8) 이어령, 『말』, 문학세계사, 199호, 10쪽.

9) 三輪正, 『몸의 철학: 의미·언어·가치』, 서동은 옮김, 도서출판 해와달, 1993, 36쪽.

10) Thomas Hanna, *Bodies in Revolt: A Primer in Somatic Thinking* (New York:

Delta Book, 1972), p. 196.

11) 이 대목은 그 취지와 표현이 다음의 글과 일부 겹친다. 김영민, "복제시대의 감성", 『대구매일신문』, 1997년 3월 28일.

12) Norwood Russell Hanson, *Observation and Explanation*(New York: Harper &Row, 1971), p. 18.

13) 미하일 바흐친의 말. 다음에서 재인용함. 츠베탕 토도로프, 『바흐친: 문학사회학과 대화이론』, 까치, 1988, 34~35쪽.

14) Susan Sontag, "On Style", *Against Interpretation*(New York: Farrar, Straus, & Giroux, 1966), p. 22.

12. 슬픔, 종교, 성숙, 글쓰기 - 박완서의 글쓰기

1) 박완서, 『한 말씀만 하소서』, 도서출판 솔, 1994.

2) 신경숙(외), 『1995년도 현대문학상 수상 소설집』, 현대문학, 1995, 468쪽.

3) 조혜정, 「박완서 문학에서 비평은 무엇인가」, 『탈식민지 시대 지식인의 글읽기와 삶읽기』, 또하나의문화, 1994, 249쪽.

4) 김영민, 「논문중심주의와 우리 인문학의 글쓰기」, 『문학과 사회』, 1994년 가을호, 273쪽.

5) 자세한 것은 다음의 책을 참조. 김영민, 『탈식민성과 우리 인문학의 글쓰기』(민음사, 1996).

6) 박완서, 위의 책, 15쪽.

7) 김성기, 『패스트푸드점에 갇힌 문화비평』, 민음사, 1996, 60~61쪽.

8) Michel Foucault, *The Order of Things*(New York: Vintage Books, 1973), p. 38.

9) 박완서, 위의 책, 10쪽.

10) 박완서, 위의 책, 11쪽.

11) 모리스 블랑쇼, 『문학의 공간』, 책세상, 1990, 287쪽. 원문은 '(없)다'가 아니라 '있다'인데, 내 글의 논의를 위해서 임의로 패러디한 것이다.

12) 박완서, 「내 이야기에 거는 꿈」, 『그 가을의 사흘 동안』, 나남, 1993, 12쪽.

13) 어느 날의 깊은 밤, 다소 상기된 손가락을 놀리면서 흘려놓은 일기문의 한 토막이다. 자신의 일기를 인용하는 것은 인용의 기초를 망각하는 태도라고 교전敎典은 가르치겠지만, 나야 늘 교전敎典과 교전交戰하는 사람 아닌가.

14) 미셸 푸코, 「계몽이란 무엇인가」, 『모더니티란 무엇인가』, 김성기 엮음, 민음사, 1996, 356쪽 이하.

15) Anthony O'Hear, Experience, *Explanation and Faith: An Introduction to the Philosophy of Religion*(London: Routledge & Kegan Paul, 1984), p. 205.

16) 박완서, 위의 책, 25~26쪽.

17) Sigmund Freud, *The Future of an Illusion*(New York: Doubleday & Company Inc., 1964), pp. 70~71.

18) Ibid., p. 80.

19) Ibid., p. 46.

20) Ibid., p. 68.

21) 김영민, "바울 개종의 정신사적 의미: 다시 역사로, 다시 삶으로!", 『교수신문』, 1997년 2월 3일.

22) 一指, 『달마에서 임제까지』, 불일출판사, 1992, 20~21쪽.

23) "이슬람의 무서운 바람: 근본주의는 부정부패 정권의 대안이 될 수 있는가", 『한겨레 21』, 1996년 9월 19일.

24) 송두율, 「남과 북의 학문공동체를 주창한다」(대담, 김창호 중앙일보 기자), 『역사비평』, 1996년 겨울호, 345쪽. 나 역시 비슷한 논조의 주장을 담은 글이 있어 소개한다. 김영민, "탈식민성과 우리 인문학의 근대성", 『한국철학자 연합대회보』(부산대학, 1996년 11월).

25) 「심포지움: 탈식민주의 신학의 모색」, 『신학사상』 95집, 1996년 겨울호, 12쪽.

26) 김승철, 『대지와 바람』, 다산글방, 1994, 93쪽.

27) Dietrich Bonhoeffer, *Widerstand und Ergebung* (Muechen, 1952), p. 182.

28) 박완서, 위의 책, 28쪽.

29) 박완서, 위의 책, 106쪽.

13. 글자와 그림의 경계에서 - 채근하는 미학, 망설이는 해석학

1) 이것은 정과리의 표현을 빌린 것인데, 새로운 매체의 출현과 더불어 탄생한 새로운 문화의 향유 방식을 설명하는 대목에서 나온 말이다. 「특집좌담: 무엇을 할 것인가?」, 『현대사상』, 1997년 봄(창간호), 49쪽.

2) Mark C. Taylor, *Erring*(Chicago: The University of Chicago Press, 1984).

3) 자세한 것은 다음의 글을 참조. 김영민, 「가벼움에 대해서: 앎·느낌·기법·해석」, 『문학과 사회』, 1996년 여름호.

14. 글쓰기의 물리학, 심리학, 철학

1) 이 글은 기왕에 발표한 다음의 글들과의 연장선상에서 읽힌다. 「글쓰기, 복잡성의 철학: 일리—理의 해석학을 위하여」, 『오늘의 문예비평』, 1994년 봄; 「논문중심주의와 우리 인문학의 글쓰기」, 『문학과 사회』, 1994년 가을; 「원전중심주의와 우리 인문학의 글쓰기」, 제 7회 문정포럼(부산대학교 문헌정보학과), 1995년 5월 19일; 「지금 글쓰기란 무엇인가?」(좌담: 김승철) 『오늘의 문예비평』, 1995년 봄; 『복잡성의 철학과 우리 인문학의 글쓰기』, 민음사, 1998. 특히 다음 글은 이 글의 모태가 된 것이다. 「글쓰기의 지향: 글쓰기(와)철학」, 『철학과 현실』, 1996년 봄호.

2) 中庸章句의 일부.

3) 자세한 것은 다음 글을 참조할 것. 김영민, 「복잡성과 잡된 글쓰기: 글쓰기의 골과 마

루」, 『복잡성의 철학과 우리 인문학의 글쓰기』, 민음사, 1998.

4) 조르주 장, 『문자의 역사』, 이종인 옮김, 시공사, 1995, 41쪽.

5) 이 점과 관련된 논의는 다음을 참조하면 좋을 것이다. 김영민, 「글쓰기: 의식·육체·손가락」, 『컨텍스트로, 패턴으로』, 문학과지성사, 1997.

6) Ludwig Wittgenstein, *Tractatus Logico-Philosophicus* #5. 6

7) 김광규(편), 『카프카』, 문학과지성사, 1978, 33~34쪽.

8) 장정일, 「개인기록」, 『장정일 문학선』, 예문, 1995. 괄호 속의 숫자는 페이지를 가리킴.

9) 김승희, 『33세의 팡세』, 문학사상사, 1994, 12~13쪽.

10) 김승희, 위의 책, 14쪽.

11) 김승희, 「유서를 쓰며」, 『누가 나의 슬픔을 놀아주랴』, 미래사, 1991, 59쪽.

12) 김승희, 『33세의 팡세』, 27쪽.

13) 김승희, 『누가 나의 슬픔을 놀아주랴』 서문.

14) Rainer Maria Rilke, *Letters to a young Poet*(New York: W.W. Norton & Company, 1962), pp. 18~19.

15) Ibid., p. 20.

16) 이청준, 『잃어버린 말을 찾아서』, 문학과지성사, 1991, 74쪽.

17) 이청준, 위의 책, 221쪽.

18) 송유미, 「명태」, 『허난설헌은 길을 잃었다』, 전망, 1993, 45쪽.

19) Berel Lang(ed.), *Philosophical Style* (Chicago: Nelson-Hall, 1980), p. x.

20) 김정근·김영기, 「문헌정보학 연구에 있어서 글쓰기의 혁신은 가능한가」, 『도서관학론집』, 한국도서관·정보학회, 제 22집, 56쪽. 특히 부산대학교 문헌정보학과가 보여온 학문의 식민성 문제와 글쓰기의 혁신에 대한 지속적인 관심은 주목을 요한다. 나 역시 그들과 긴밀히 교류하면서 학문적인 격려와 조율이 있었음을 밝혀둔다.

21) 위의 글, 38쪽.

22) 위의 글, 40쪽.

23) 이 문장은 독서 중에 채록해둔 것인데, 그 전거를 밝히지 못한다.

24) Roland Barthe, *The Pleasure of the Text*(New York: Hill & Wang, 1975), p. 6.

25) Ibid., p. 5.

26) 이 겨를에 내 지우知友 두 사람의 작업을 소개해도 좋을 듯하다. 이왕주(부산대학교)는 글쓰기의 철학에 천착하지는 않는 편이지만, 이를 원용해서 '철학사 쓰기'라는 개념을 철학함의 새로운 지평으로 옮겨보려고 노력 중이다. 그에 따르면, 철학함은 우선 사유의 유통流通이 아니다. 따라서 그가 말하는 철학사도 사유의 배설물을 모아놓은 전시 공간이 아니다. 그는 각자가 각자의 관심과 시각에서 철학사를 '글쓰기'함으로써, 그리고 바로 그 행위를 통해서 철학힘의 새로운 지경을 확보해보려고 하는 것이다. 다음의 글을 참조할 것. 「철학사 쓰기」, 『철학과 현실』, 철학문화연구소, 1995년 여름호. 김승철(부산신학대학)은 동양 신학의 모색이라는 과제를 중심으로 글쓰기의 종교철학에 깊은 관심을 보이고 있다. 이를테면 신학자로서는 드문 관심의 여로旅路인 셈인데, 특히 『금강경』에 나오는 무주無住의 개념을 원용해서 '무주의 글쓰기', 혹은 '술어적 글쓰기'를 계발하고 있어 주목을 요한다. 다음의 글이 좋은 가이드가 될 것이다. 「불타는 책과 각주의 반란」, 『상상』, 1995년 봄

호.

27) Susan Sontag, *Against Interpretation*(New York: Farrar, Straus, & Giroux, 1966), pp. 3~14.

28) Susan Sontag, "On Style", Ibid., p. 18.

29) Ibid..

30) Ibid., p. 22.

15. 글쓰기로, 스타일로, 성숙으로

1) 이 글의 이론적 모태가 된 것은 다음 책에 수록된 「복잡성과 잘된 글쓰기: 글쓰기의 골과 마루」 중 마지막 부분이다. 김영민, 『탈식민성과 우리 인문학의 글쓰기』(민음사, 1996). 아울러 다음은 이 글의 논지만을 간략히 요약한 것으로서 시간상 먼저 쓰인 것이다. 따라서 이 글은 다음의 글을 보완·확대해서 상세하게 평설한 셈이다. 김영민, 「스타일로, 성숙으로」, 『철학과 현실』, 1996년 여름호.

2) 김승희의 단편 「아마도」에서 차용한 수사.

3) J. M. Bochenski, *Wege zum Philosophischen Denken*, p. 59. 이 책은 개인 소장용 복사본이어서 출판사나 발간 연도의 기록이 없다.

4) 원시인들에게서 흔히 발견되는 소위 '생각의 전능성'이라는 개념이나 포퍼가 비판하는 심리의 포괄적 '설명력explanatory power'은 적절한 사례가 될 것이다. Karl R. Popper, *Conjectures and Refutations: The Growth of Scientific Knowledge*(New York: Harper & Row, 1965), ff. 35.

5) 글쓰기에 따르는 성숙의 경지를 밝히고, 그 경지를 해석학적 지평과 연계시키는 작업은 내가 계발하고 있는 일리 개념의 구체성을 드러내는 전략 중 하나이다. 아직은 단편적이어서 미진하지만 이 논의에 대한 고민의 흔적은 다음에서 찾아볼 수 있다. 김영민, 『컨텍스트로, 패턴으로』(문학과지성사, 1996).

6) Richard Rorty, *Philosophy and the Mirror of Nature*(Princeton, New Jersey: Princeton University Press, 1979), p. 325.

7) 다음은 이 변전의 계기를 세 가지 범주에 열 갈래로 나누어 간략히 그 각각의 특성을 밝힌 글이다. 김영민, 「글쓰기의 물리학·심리학·철학」, 『오늘의 문예비평』, 1996년 봄호.

8) 이청준, 「지배와 해방」, 『잃어버린 말을 찾아서』, 문학과지성사, 1991, 114쪽 이후.

9) 오탁번, 「천재와 광기를 분별있게 소유한 시인」(해설), 김승희, 『미완성을 위한 연가』, 나남, 1992에 수록. 215쪽.

10) 김승철, 「엔도 슈사꾸와 동양신학의 글쓰기(I)」, 『오늘의 문예비평』, 1996년 봄호, 262~263쪽. 김승철은 앞서나가 있고, 앞서나간 만큼 숨어 있지만, 향후 한국 신학계의 자생적 전망을 위해서는 쓸모 있는 한 갈래를 이루게 될 것으로 기대한다. 다만, 그의 글쓰기 철학은, 말하자면 글쓰기 신학으로 기울어 글쓰기 행위나 그 형식적 측면에 대한 관심이 적은 편이다. 가령 그의 글이 문체에 대한 배려를 소홀히 하는 편이라는 느낌을 주는 것도 이런 사실과 무관하지 않으리라고 여겨진다.

그러나 그의 글쓰기 신학의 전개 과정에서 좀더 중요한 의문은 다른 쪽으로부터 생겨난다. 우리의 종교 현실은 아직도 계몽적 자아의 확립이나 비판사회학적 배려로부터 자유롭지 못한 실정이며, 현장의 실속을 캐면 상상 밖의 봉건적·후진적 요소들이 도처에서 똬리를 틀고 앉아 있음을 알 수 있다. 이러한 상황을 정당하게 수렴한다면, 그의 글쓰기 신학이 지향하는 자기부정의 모티브가 혹 또 다른 이상주의나 관념론의 한 단서로 오해받을 소지가 없을까 하는 우려도 있다. 그는 비슷한 고민과 자성을 거치면서 한때 경도했던 해체론적 글쓰기에서 빠져나온 전력이 있는데, 마찬가지로 자기부정의 글쓰기에서도 현실 감각을 살릴 수 있는 모티브가 필요하다고 여겨진다.

11) 특히 다음 글을 참조할 것. 김영민, 「세상의 복잡성과 컨텍스트의 다층구조」, 『탈식민성과 우리 인문학의 글쓰기』, 민음사, 1996.

12) 김영민, 「종교적 세계관과 과학적 세계관: 설명할 수 있음과 말할 수 없음」, 『기독교사상』, 1992년 9월, 7~16쪽. 좀더 자세한 논의는 다음 책, 특히 1장(「거시적·통시적으로 조망한 서구 지성사의 얼개: 이원성과 명사적·요소론적 세계관」)을 참조할 것. 김영민, 『서양철학사의 구조와 과학』, 도서출판 은익, 1993.

13) 김영민, 「논문중심주의와 우리 인문학의 글쓰기」, 『문학과 사회』, 1994년 가을호.

14) 관련 기사는 『교수신문』, 1996년 4월 8일. 『시사저널』, 1996년 4월 18일.

15) 하이데거의 『존재와 시간』 중 S. 385 대목을 번역한 것인데, 어떤 논문으로부터 재인용한 것이다. 이 인용문이 사용되는 사정상 글쓴이와 출전은 밝히지 않는다.

16) Brand Blanshard, "On Philosophical Style", *Philosophical Style*, Berel Lang (ed.) (Chicago: Nelson-Hall, 1980), pp. 124~125.

17) 김영민, 「가벼움에 대해서: 앎·느낌·기법·해석」, 『문학과 사회』, 1996년 여름호, 918~919쪽.

18) M. Heidegger, "Hoelderin und das Wesen der Dichtung", *Erlaeuterrung zur Hoelderin Dichtung*(Vittorio Klostermann, 1981), S. 38-39. 다음에서 재인용. 최신일, 「이해의 학으로서의 해석학」, 부산대학 박사논문, 1995, 81쪽.

19) 김승희, 「제도」, 『세상에서 가장 무거운 싸움』, 세계사, 1995, 72쪽.

20) 『북매거진』, 1995년 12월 20일, 28쪽.

21) 김영민, 「다중多衆과 인문학」, 『오늘의 문예비평』, 1995년 겨울호, 137쪽.

22) 자세한 것은 『탈식민성과 우리 인문학의 글쓰기』에 수록된 「원전중심주의와 우리 인문학의 글쓰기」를 참조할 것.

23) 다음 책의 4장을 참조. Benedict de Spinoza, *A Theologico-Political Treatise* (New York: Dover Publications, Inc., 1951).

24) Rosemarie Waldrop, *The Joy of the Demiurge, Translation*(University of Delarware Press, 1984), p. 42. 다음에서 재인용함. 유영난, 『번역이란 무엇인가』, 태학사, 1991, 11쪽.

16. 1996년 11월 하순 -글쓰기, 그 운명의 전략

1) 이 글은 내 '글쓰기 철학'의 도정에서 마련된 쉼터이며, 그 쉼터에서 이루어진 한담이다. 아직도 미진한 구석이 많은 작업이어서 발걸음을 늦추고 뒤를 돌아볼 처지는 아니지만, 여러 사정으로 중간 보고서를 작성할 필요를 느낀 탓에 별스런 욕심을 부리게 되었다. 사실은 금번 겨울의 연재분으로서 다른 글을 준비해오던 중이었는데, 아내도 없는 늦가을 밤을 일없이 새우다보니 그만 글이 지나치게 길어져서 계간지용으로는 적합하지 않게 되었다. 그래서 연재를 한 번 쉴 요량으로 구모룡 교수에게 연락을 했는데, 이 마음 좋은 지기知己가 넉넉하게 말미를 주는 바람에 뜻하지 않게 이 글이 생겨난 것이다. 그간 내 학문의 한 갈래로서 다듬어온 글쓰기 철학에 대해서 여러 형태와 방식의 반향이 있었으므로, 한 번쯤 내 생각의 가지들을 정리해서 품을 것은 품고 뺄 것은 뺄어야겠다는 생각이 있었다. 특히 그 반향의 적지 않은 부분은 오해에 기인한 것이었으므로, 나의 무성의로 인해서 그 오해의 골이 깊어지는 것을 또한 좌시할 수만도 없었다. 그런데, 급기야 나는 오해를 사랑하는 지경에 이르게 되었지만, 그렇다고 오해를 다스리지 않을 수도 없는 터. 우리 속담처럼 사랑하는 놈, 매 한 대 더 준다는 생각으로.

2) 김영민, 「가벼움에 대해서: 앎, 느낌, 기법, 해석」, 『문학과 사회』, 1996년 여름호.
3) 김승철, 「잠된 글쓰기와 현실의 성화聖化」, 『출판저널』, 1996년 11월 20일, 17쪽.
4) 김영민, 「칼날같이 맑은 정신으로 곪은 상처를 도려낼 때」, 『교수신문』(100호 기념 특집 시론), 1996년 11월 4일.
5) 김영민, 「글쓰기의 물리학·심리학·철학」, 『오늘의 문예비평』, 1996년 봄호.
6) 김영민, 『탈식민성과 우리 인문학의 글쓰기』, 민음사, 1996, 214쪽 이하.
7) 김영민, 위의 책, 277쪽.
8) 김영민, 『컨텍스트로, 패턴으로』, 문학과지성사, 1996, vi쪽.
9) 김영민, 「진리·일리·무리: 인문학의 일리지평」, 『오늘의 문예비평』, 1996년 가을호.
10) 김영민, 위의 글, 208쪽.
11) 김영민, 위의 글, 184쪽.
12) 김영민, 「글쓰기로, 스타일로, 성숙으로」, 『오늘의 문예비평』, 1996년 여름호.
13) 김영민, 「입장, 일리, 경지, 성숙」, 『철학과 현실』, 1996년 가을호, 31쪽.
14) 다음 책 중에서 「논문중심주의와 우리 인문학의 글쓰기」와 「원전중심주의와 우리 인문학의 글쓰기」를 참조할 것. 김영민, 『탈식민성과 우리 인문학의 글쓰기』.
15) 김영민, 「인문학, 죽었는가 살았는가: 우리의 근대성, 근대성 속의 우리」, 『시와 사상』, 1996년 가을호.
16) 『시사저널』, 1996년 12월 5일, 102쪽.
17) 심재룡(외), 『한국에서 철학하는 자세들』, 집문당, 1986.

1) 이 글은 1995년 봄 『오늘의 문예비평』에서 마련한 같은 제목의 특집 좌담을 개작한 것이다. 원래 남송우 교수(부경대학 국문과)의 사회로 김승철 교수(부산신학대 조직신학)와 내가 대담한 것인데, 이 글에서는 남 교수의 질문과 나의 답변만으로 각색했다.

2) 다산이 쓴 「送韓校理使燕序」의 일부.

3부 글쓰기의 묵시록

1) 이 글은 『탈식민성과 우리 인문학의 글쓰기』(민음사, 1996)와 『손가락으로, 손가락에서』(민음사, 1998) 등 내 책 두 권을 바탕으로 쓰인 것이다.

2) 내 글쓰기 철학이 지향하는 정신의 요체는 바로 이 같은 종류의 이분법적 비평binary-type critique을 해체하려는 일종의 '복잡성의 철학'이라는 점을 기억한다면, 이런 식의 역공, 혹은 오독은 내 글letter만을 흘린 것이 아니라 내 생각의 에스프리를 놓친 것.

3) '알아도 모른 체하기'는 그간 내가 이런저런 용도로 애용해온 개념이다. 여기서 이것은 특정한 구조 속에 포박된 개인이, 따라서 개별자적 노력만으로 그 구조를 뒤집거나 벗어날 수 없는 개인이 미래 연대의 구성을 예비하면서 '구조와 함께 구조를 넘어' 살아갈 때 채택할 수 있는 일시적 전술이다. '알아도 모른 체하기'는, 당연히 아이러니의 일종인 셈이다.

4) 『교수신문』, 2001년 6월 19일자.

5) 西山, 『禪家龜鑑』, 불일출판사, 1998, 99쪽.

6) Roland Barthes, *Writing Degree Zero*(New York: Hill & Wang, 1968), p. 67.

7) 김영민, 『손가락으로, 손가락에서: 글쓰기(와)철학』, 민음사, 1998, 168쪽.

8) Pierre Bourdieu, *Masculine Domination*(Cambridge: Polity Press, 2001), p. 13.

9) 김영민, 「동무론: 연대, 혹은 인문적 삶의 양식」, 『사회비평』, 2002년 봄호.

10) 김영민, 『손가락으로, 손가락에서』, 170~171쪽.

11) Michel Foucault, *The Archaeology of Knowledge*(New York: Harper & Row, 1972), pp. 202~203. 인용문 중의 '글쓰기'는 원문 중의 '역사'를 교체한 것이다.

12) 플로베르, 『보바리 부인』, 민희식 옮김, 삼성출판사, 1992, 170쪽.

13) 관련되는 논의는 내 책을 참고. 김영민, 『사랑, 그 환상의 물매』, 마음산책, 2004.

14) 헤겔, 『철학강요』, 서동익 옮김, 을유문화사, 1998, 67쪽.

15) 에드거 앨런 포, 「도난당한 편지」, 『포우, 검은 고양이(외)』, 이희춘 옮김, 금성출판사, 1981, 73쪽.

16) 관련되는 논의는 다음의 내 글을 참고. 김영민, 「글쓰기의 물리학, 심리학, 철학」, 『손가락으로, 손가락에서』, 민음사, 1998.

17) 제임스 조이스, 「끔찍한 사건」, 『더블린 사람들』, 김병철 옮김, 문예출판사, 1977, 143쪽.

18) 이청준, 「떠도는 말들」, 『잃어버린 말을 찾아서』, 문학과지성사, 1981, 27쪽.

19) "그 반대쪽은 니체적인 긍정, 즉, 세계의 유희와 생성의 순수성에 대해 유쾌하게 긍정

하는 것, 흠도 없고 진실도 없고 기원도 없는 기호들의 세계에 대해 긍정하는 것이 될 것이다." J. Derrida, *Writing and Difference*, tr. A. Bass(Chicago U. Press, 1978), p. 292.

20) 관련되는 논의는 다음의 책을 참고. 김승철, 『엔도 슈사꾸의 문학과 기독교: 어머니되시는 신을 찾아서』, 신지서원, 1998.

21) 레비스트로스, 『가까이 그리고 멀리서: 레비스트로스 회고록』, 송태현 옮김, 강, 2003, 145~146쪽.

22) 빌렘 플루서, 『디지털 시대의 글쓰기』, 윤종석 옮김, 문예출판사, 1998, 262~263쪽.

23) M. Heidegger, *The Question Concerning Technology and Other Essays*, tr. W. Lovitt(Harper: New York: 1977).

24) H. Bergson, *Comedy*(New York: Doubleday, 1956), p. 79.

25) 김영민, 「논문중심주의와 우리 인문학의 글쓰기」, 『탈식민성과 우리 인문학의 글쓰기』 (민음사, 1996)

26) Stephen L. Gardener, *Myths and Freedom, Equality, Modern Thought and Philosophical Radicalism*(New York: Greenwood Pub Group, 1998).

27) F. W. J. 셸링, 『철학의 원리로서의 자아』, 한자경 옮김, 서광사, 1999, 78쪽.

28) 사회학자 김동춘의 진단에 따르면, 바로 이 탓에 한국에서는 사회과학이란 게 아예 존재한 적이 없다. "우리 근대사는 '내가 누구인가'라는 질문이 설 자리를 마련해주지 않았다. 그리하여 '무엇이 문제이고, 무엇이 해결되어야 하는가' 하는 데 대한 근본적인 논의가 드물었음은 물론 그러한 문제 제기 역시 구체성을 결여하고 있었다……. 어떤 사람들은 사회과학은 이제 한물갔다고 말하지만, 앞에서 말한 이유 때문에 필자는 한국에서는 사회과학이 존재한 적이 없으며, 아직 우리는 사회과학을 세워야 하는 단계에 있다고 생각한다." 김동춘, 『한국 사회과학의 새로운 모색, 창작과비평사, 1997, 12쪽.

29) 고은, 『제주도: 그 전체상의 발견』, 일지사, 1976, 298쪽.

30) "블랙홀 같은 에고ego 속으로 하염없이 회귀하면서 기껏 나르시스의 거품이나 헐떡이듯 뱉어내는 원자화-비주체화된 소비자 인간들로 하여금 연대와 사회적 실천에 적절하고 효과적으로 나설 수 있게 하는 정도와 방식의 역사화." 김영민, 「생활양식의 인문정치와 역사화」, 『문예중앙』 118호, 325쪽.

31) 위의 책, 같은 곳.

32) 송재학, 『풍경의 비밀』, 랜덤하우스, 2006, 95쪽.

33) 이것('알면서 모른 체하기')은 내가 만들어 쓰고 있는 개념들 중에서 가장 오해가 잦은 것인데, 그 상세한 용례는 다음 책을 참고할 것. 김영민, 『동무론: 인문연대의 미래형식』, 한겨레출판, 2008.

34) 울리히 벡, 『지구화의 길』, 조만영 옮김, 거름, 2000, 144쪽.

35) '글의 학문'과 '뜻의 학문'을 구분하고, 둘 사이의 변증법적 긴장을 통해 새로운 인문학적 글쓰기, 혹은 '쓰기로서의 인문학'을 구상한 글을 참조할 것. 김영민, 『손가락으로, 손가락에서: 글쓰기와 철학』, 민음사, 1998.

36) 위르겐 하버마스, 『의사소통 행위이론 1』, 장춘익 옮김, 나남출판, 2006, 528쪽.

37) 김현, 『반 고비 나그네 길에: 김현 산문집』, 지식산업사, 1978, 215쪽

38) 카프카는 그의 약혼녀에게 약혼과 혼인의 의식을 '남녀가 함께 묶여서 단두대에 끌려

가다`라는 이미지로 표상한 편지를 보낸다. 다음의 책에서 재인용: 엘리아스 카네티, 허창운 옮김, 『카프카의 고독한 방황』, 홍성사, 1982, 61~62쪽.

297

블랑샤드, 브랜드Blanshard, Brand 541

블랙모어, 수전Blackmore, Susan 8

블릭센, 카렌Blixen, Karen 7

비트겐슈타인, 루트비히Wittgenstein,
Ludwig 30, 56, 115~116, 123, 233, 268,
640

ㅅ

ㅇ

15

인간의 글쓰기
혹은 글쓰기 너머의 인간
ⓒ 김영민

1판 1쇄 2020년 5월 1일
1판 3쇄 2023년 9월 26일

지은이 김영민
펴낸이 강성민
편집장 이은혜
마케팅 정민호 박치우 한민아 이민경 박진희 정경주 정유선 김수인
브랜딩 함유지 함근아 박민재 김희숙 고보미 정승민 배진성
제작 강신은 김동욱 이순호

펴낸곳 (주)글항아리 | 출판등록 2009년 1월 19일 제406-2009-000002호
주소 10881 경기도 파주시 심학산로 10 3층
전자우편 bookpot@hanmail.net
전화번호 031-941-5159(편집부) 031-955-8869(마케팅)
팩스 031-941-5163

ISBN 978-89-6735-768-9 03100

잘못된 책은 구입하신 서점에서 교환해드립니다.
기타 교환 문의: 031) 955-2661, 3580

geulhangari.com